学习实践继承发展

学习·实践·继承·发展

——北京博物馆学会保管专业第11～13届学术研讨会论文集

北京博物馆学会　编

文物出版社

封面题字：崔学谙
责任编辑：张晓曦
封面设计：周小玮
责任印制：张道奇

图书在版编目（CIP）数据

学习·实践·继承·发展：北京博物馆学会保管专业第11～13届学术研讨会论文集／北京博物馆学会编．—北京：文物出版社，2014.11

ISBN 978－7－5010－4152－7

Ⅰ.①学… Ⅱ.①北… Ⅲ.①藏品保管（博物馆）－文集
Ⅳ.①G264.2－53

中国版本图书馆CIP数据核字（2014）第267689号

学习·实践·继承·发展

北京博物馆学会保管专业第11～13届学术研讨会论文集

北京博物馆学会　编

*

文物出版社出版发行

北京市东直门内北小街2号楼

http：//www.wenwu.com

E-mail：web@wenwu.com

北京宝蕾元科技发展有限责任公司制版

北京京都六环印刷厂印刷

新华书店经销

787×1092　1/16　印张：37.5

2014年11月第1版　2014年11月第1次印刷

ISBN 978－7－5010－4152－7　定价：150.00元

学习·实践·继承·发展

——北京博物馆学会保管专业第11～13届学术研讨会论文集

前　言

（代序）

本书是北京博物馆学会保管专业第11、12、13届学术研讨会提交论文的合集。由于北京博物馆学会保管专业学术研讨会每年召开一次，每年一个主题，围绕主题还有一二个副题，所以这本合刊的内容很丰富，大致可以归为藏品保管、保护、征集，保管员职业道德建设和其他五类，总计文章92篇，约60万字。

这是一本关涉博物馆藏品保护和利用诸多问题的文集。有的文章谈藏品保管的规范、管理模式，有的文章谈各类不同质地的藏品的保护和修复，有的文章就现阶段藏品的征集谈对策和经验，有的文章谈藏品保管员职业道德素养的重要性，有的文章就文化产业的发展谈给藏品保护带来的问题及对策，还有的文章专论藏品数字化管理问题。另外，随着各地新建、扩建博物馆的实际，有些文章就文物库房建设发表了经验之谈。特别应该提及的是，近年来新建了一批行业博物馆，如民航博物馆、中国电影博物馆、北京汽车博物馆等，在藏品征集、分类、定级、建档诸方面都遇到很多问题，以往的从文史类藏品为依据制定的分类定级标准有些难以对号入座。经过这些年的不断探索、实践，他们都摸索出了一些经验，成文发表，很有借鉴意义。这些文章见诸文集，也望读者关注。

这是一本迟到的文集。迟迟未版的原因主要不是经费，而是提交文章的总体质量。这本文集中有不少文章很有水平，是实践工作的总结，又有理论高度，对博物馆藏品建设有指导作用。特别是一些从事保管工作多年的业务专家，如陈菁、张丽华、蔡路武、韩战武等人，他们的论文都是多年实践经验的理论总结，即或是一些短文，也都言之有物，发人思索，很值得一读。但是我不得不说，整理收集的一些文章水平不高，有的是老生常谈无新意，有的只是一些工作总结和体会，甚至有些文章的观点还存在问题。难怪审稿的三位老专家看过后提出是否结集出版的问题。他们尖锐地指出，有些文章质量比起以往是个倒退！因此，出不出版这个文集就成了一个颇为纠结的问题。思忖再三，还是决定出版。理由有三：1. 自 2001 年起，每年一次研讨会后都会根据情况出版论文集，或当年一本，或几年合刊，这已成惯例。为了延续这个传统，还是决定出版；2. 尽管有部分文章水平不高，但还有许多文章有相当质量，结集出版对保管员队伍业务水平提高有利；3. 兑现承诺。每年研讨会提交的论文，学会都承诺结集出版，这不仅有利于业务建设，也有利于保管员队伍的稳定。基于以上三点，经与有关专家磋商再三，最后达成出版的一致意见。讲以上理由，只是希望业内读者了解其中的原委，以便在阅读文章时心中有数。

这本文集是一面镜子，映照出博物馆业务研究和业务队伍令人担忧的现实状况。不是说中国博物馆的发展是“黄金期”吗？怎么又出现令人担忧的状况呢？我想对这个问题应该面对现实，认真思索，具体分析。确实，改革开放 30 余年来，我国的博物馆事业飞速发展。从 2000 年起以每年增加 100 座博物馆的高速发展，最新数字目前全国有博物馆 4165 座，其中民办博物馆 811 座。就北京市而言，现有注册博物馆 171 座，按户籍人员计算人均博物馆占有量仅次于伦敦。这些新建博物馆建筑宏伟、造型优美、设施设备先进、数字化程度很高，堪与世界一流博物馆比拼。我个人认为，所谓“黄金期”，主要是指这些——数量和硬件条件。当然，这一时期博物馆展览水平的大幅提高，也是不容忽视的重大成绩，但在“黄金期”中所占比重不大。而博物馆发展的软件基础——科研，则被轻视或忽视，在轰轰烈烈、热热闹闹的大场面下掩盖着科研滞后。而科研滞后的直接原因就是业务人才队伍的建设被忽视。特别是近年来，随着一批批老专家、业务骨干的退休，博物馆业务队伍青黄不接，科研滞后，水平下降问题更显突出。由此导致博物馆的主要产品——展览的平庸化、同质化。平庸也好，同质也罢都是现象，而其本质是科研滞后，业务队伍弱化。博物馆本来就是一个公益性的文化机构，以收藏人类文化遗产，通过科研而向公民宣传教育的专业机构，业务性极强。而有些博物馆，把主要精力和财力放在“硬件空间”上，而对真正体现实力和品质的“软件空间”却投入不够，如必要的专业队伍、人才资源和智力机构、科研课题的立项、科研成果的推荐和推广利用等等。有些博物馆很少或没有专门的业务研究部门；个别博物馆的机构设置，更像一个政府部门。据《上海科技报》第五卷第一期刊登的《恪守科技博物馆的主业》一文披露的官方数据，“在全国357个科技馆中，总共有科普创作人员603人，平均每个科技馆只有1.7人；有269个科技馆连一个科普创作人员都没有。这组数据从一个侧面暴露了科技馆轻视主业，造成人才匮乏的现状”。科技馆如此，其他类型博物馆也或多或少地存在上述问题。不得不说的一个事实是，近年来，博物馆的行政化、官僚化日趋严重，而其职业化、专业化则日益削弱。其结果可想而知。现在大家看到的这个文集，就很明显地反映出这个问题。博物馆的保管专业如此，其他专业呢？希望看到这个文集的保管专业人员，能意识到自身的问题，刻苦学习，力争在不长的时间内成为业务骨干；希望看到这个文集的文物博物馆行政管理负责人员和博物馆馆长能警觉起来，行动起来，把科研和业务队伍建设视为当务之急，果断采取有效措施，解决好这一问题。如果这番话能起点作用，吾愿足矣！

北京博物馆学会　崔学谙

2014年10月

目　录

藏品保管

藏品保护

藏品征集

保管员职业道德建设

其　他

藏品保管

颐和园园藏文物的形成、保管和利用

北京市颐和园管理处　王鸿雁

颐和园的园藏文物，包括书画、古玩、钟表、家具、铺垫 、帐幔、日常用品以及露天铜器等各种宫廷陈设。作为中国最后一个封建王朝倾力兴建的最后一座大型宫苑，颐和园在掇山理水、建筑布局、花木配置等方面都达到了极高的成就，而与建筑、园林相互依存的陈设，同样是琳琅满目，精美绝伦。清王朝灭亡后，颐和园中的陈设作为文物一直被妥加保护。目前，颐和园园藏文物计有 4 万余件，时间上自商周、下至晚清，跨越了中国三千多年的文明历史；品类涵盖到铜器、玉器、瓷器、木器、漆器、书画、古籍、珐琅、钟表、竹器、乐器、根雕、杂项等，几乎囊括了中国传世文物的所有门类。其中不乏稀世珍宝。

一　颐和园园藏文物的形成

颐和园园藏文物的形成大致经历了三个阶段。

一是清漪园时期，以专门制作和调集为主；二是颐和园时期，以征集和大臣进献为主；三是清朝灭亡后，古物南迁及文物的再分配。其中，1860 年英法联军和 1900 年八国联军的两次劫掠，给颐和园的陈设带来了毁灭性的灾难。1933 年的古物南迁，将颐和园 60% 的文物调归他处。

清漪园时期的陈设，盛于乾隆、嘉庆，衰于道光，毁于咸丰，荒于同治。乾隆、嘉庆时期，清王朝国势鼎盛，国库充裕，乾隆帝又精于鉴赏，对文玩多有搜罗，商周之铜器、唐宋元明之瓷玉及书画在所不少，加之专门制作和臣子进贡，当时记录在册的清漪园陈设多达数万件，清廷内务府专门设立《陈设清册》，建档管理。道光二十年（1840）鸦片战争后，由于清朝国力转衰，清漪园“陈设”有所裁撤。咸丰十年（1860）遭英法联军焚掠后，清漪园各处陈设多残破不整，珍贵文物基本无存。

清漪园陈设之来源多是专门制作而成。乾隆十五年开始修建清漪园的同时，清室造办处便奉命为清漪园制作陈设。造办处设有绘画、镀金、琢玉、织绣、银嵌等作坊42种，专为皇家制作各类精致的用品。乾隆帝自己有时会提出“恭造”样式，集天下能工巧匠，命人监工制作。清漪园由此集中了大量的珍贵陈设，数量既多、品质又精且极具品味。因为乾隆帝不在园中居住，所以清漪园陈设的特点是以鉴赏、把玩为主，使用为辅，注重陈设的品质。清漪园陈设的形式、内容与建筑的形式和使用功能相配套，各类陈设的设计、成造，甚至摆放都要经过皇帝的严格审批。

清漪园陈设的另一来源是从皇宫内调入陈设。清宫陈设档中有许多关于从紫禁城往清漪园调送陈设的记载。乾隆帝还经常谕令将园内陈设与宫内、圆明园、热河、盘山等处陈设进行互换。

以上记载，仅为清漪园陈设来源的很小一部分。乾隆、嘉庆两朝，园内的陈设多达4万余件。道光二十年“鸦片战争”后，国势大衰，为缩减经济开支，收存了一些陈设物品，至咸丰五年时园中实有陈设37583件。咸丰十年“英法联军”火烧清漪园，陈设罹遭掠劫。同治四年查得劫后余灰中尚存陈设4725件。

颐和园修复后，穷奢极侈的慈禧太后以祝寿为名极力搜罗奇珍异宝，颐和园陈设再度丰盈。但由于清王朝国力今非昔比，慈禧太后的艺术修养亦远逊于乾隆帝，颐和园陈设的价值与品味较清漪园时已大为失色。

颐和园时期的陈设与清漪园不同，由于园林的功能从乾隆时的仅供游娱变为慈禧太后长期居住，园内陈设随着建筑形式及功能的转变，减少了佛像，而增加了大量的生活用品，特别是晚清的工艺品。颐和园的修建资金紧张，已经耗尽了国库的贮银，清宫造办处也处于瘫痪状态，不能像清漪园时那样量体裁衣，按所需制作陈设，而是在沿用清漪园陈设旧物的基础上，运用各种途径调集陈设。颐和园陈设最主要的来源是慈禧太后利用万寿庆典收存的贡品和置办的陈设。园中陈设从光绪十四年（1888年）正式公开建园时开始调集。清内务府档案记载：光绪十四年正月初五，慈禧太后下达懿旨，将所有南海各殿内原有铺设旧铺垫改移洋楼内收存妥协并造具注册以备昆明湖应用。同年八月十一日，又下达懿旨把560件圆明园的木器交给海军衙门照旧式修补见新，修理齐整后分别摆放颐和园各殿内。光绪二十一年（1895年），颐和园工程停止后，由建园的工程单位海军衙门及造办处对清漪园残存陈设216件领去修理，安放园内。为补充陈设的不足，又从宫廷各处调来大量陈设。另外，慈禧太后万寿庆典在颐和园举行数次，收受了大量贡品，绝大多数被摆放在颐和园的殿堂中。

光绪二十六年（1900年），八国联军侵华，颐和园陈设又遭抢劫，好容易收集来的奇珍异宝几乎为之一空。光绪二十八年、光绪三十年，慈禧太后接连在颐和园举行寿庆，王公大臣争相进献珍玩奇物，外国使臣也纷纷进献西洋制品。据光绪三十年（1904年）十月《京话日报》载："皇太后万寿将近，各王公大臣都恭备礼物孝敬，连日海淀一带抬送贡物的人络绎不绝都用大黄盒装盛，外面贴着黄寿字，有两个人抬的，有四个人抬的，都向颐和园送去。"颐和园中陈设又复丰盈。

清朝灭亡后，颐和园各处的宫廷陈设被作为文物进行保存。民国时期由于时局动荡，颐和园文物出现了不少浮存。而开始于1933年的古物南迁，使得颐和园园藏文物在质量和数量上都发生了重大变化。

1931年，日本发动九一八事变，侵占中国东北，虎视中原。为使颐和园等处陈设免受战乱破坏，1933年3月底至4月底，民国政府组织了古物南迁。南迁中，颐和园文物前后分三批南运，共编650号，计有640箱、2夹板、1油布卷及7麻袋包。中华人民共和国成立后，1950年颐和园南运古物北返，由中央统一调度，成立北返文物临时委员会。1951年1月4日召开颐和园北返文物分配委员会会议，议定归还颐和园文物共76箱、12草包麻袋捆。这些文物于1月17日运回颐和园。

"古物南迁"使颐和园的园藏文物发生了很大变化。原运古物650号（640箱及7麻袋包2夹板1油布卷），北返时仅余267箱（京字4箱非颐和园之物），且各箱封条累累，已非南运时编号，箱中之物亦有损伤。在这次北返颐和园古物只占原南运古物的40%的情况下，又分配给故宫657件，归还颐和园只 325 件，仅为原南运古物的 13% 。

重新分配文物后，颐和园文物也还有过调出调入，数量不大。比较有纪念意义的是收回流失国外的文物，1975 年 7 月 16 日英国哈丁博士无偿送还 1860 年“英法联军”掠自清漪园的清代铜鹤及石雕插屏三件；1993 年，美国工商保险公司董事长格林伯格将流失海外的宝云阁铜窗 10 扇无偿赠还颐和园。

颐和园园藏文物体系，经历了改朝换代的历史变革，经历了兵灾、火劫、南迁北返的历史变故，最终形成了今天的结构和规模。

二　颐和园陈设文物的清查和保管

无论是清朝作为日用陈设品时期，还是清朝灭亡后作为历史文物时期，颐和园的陈设文物都得到了严密的保护和管理。

清漪园时期非常重视对陈设的清查和管理。乾隆年间制定了严格的定期查核制度并建立起详细的陈设档册。清漪园时期，清查陈设的工作由内务府负责。内务府《则例》规定，内务府大臣每年年终须清查园内陈设一次，将清查数目汇总呈览，每五年彻底查验一次，并换造新册二份。清查时，先由内务府报经皇帝批准，派总管内务府大臣一员，带人按册清查。参与清查的官员两人一班查点一处，每三日一换，轮流进行。查点的同时，将园中陈设依建筑为单位登记造册。陈设册对殿堂中陈设的名称、件数以及安放位置都有非常详尽的记录，并对殿宇内部的面貌有细致的描绘，从中可以分析出各座建筑的形式、用途，是研究清漪园陈设、建筑及其沿革的珍贵资料。这些陈设册现在大部分都保存在中国第一历史档案馆中。

嘉庆年间严格执行清漪园陈设清查制度。在清查时不仅详细记载各类陈设的件数，而且对陈设的添安和裁撤情况都明确记录。例如，嘉庆十五年十月二十五日，内务府报称，清漪园陈设例应每逾五年清查一次，兹已届五年，请派总管内务府大臣一员前往清查。十一月二十二日，内务府大臣常福等报告，查得清漪园佛像、供器、字画、铺垫等陈设，自嘉庆十年起，至嘉庆十五年止，陆续添设陈设二百二十四件，共 41915 件。

道光、咸丰时期对清漪园陈设的清查汇总工作虽略有懈怠，但陈设的清查造册制度仍在执行。咸丰五年内务府清查奏称园中实存陈设 37583 件。咸丰十年，英法联军入侵，清漪园陈设被掠一空，五年一次的例行陈设清查造册工作被迫中止。同治四年内务府对劫后幸存的陈设进行清查，查得清漪园仅存完整陈设 4735 件。

颐和园时期虽仍循清漪园旧例，每逾五年由皇帝钦派内务府大臣一员主持陈设清查工作，但实际的执行状况远不如清漪园时认真负责。陈设的登记也远不如清漪园时细致有序，仅记录各殿宇中陈设的名称和数量，未标明其安放的位置。光绪二十六年又届清查之期，由于八国联军的侵占，清查工作延至二十七年十二月二十五日进行。清查后，交存三本清册：《颐和园现存古铜瓷玉陈设注册》、《颐和园现存桌张围插挂屏景泰蓝铜器清册》及《颐和园现存残缺瓷铜木器书籍座钟注册》。光绪二十八年，又将园内新收集的一批陈设，立为《颐和园天字号陈设册》。光绪三十四年，光绪帝和慈禧太后相继去世后，隆裕太后将颐和园各殿座及殿内文物封存，交给管理颐和园大臣派员接收看管。清朝灭亡后，根据民国政府与清室商定的“善后办法”，颐和园中的文物陈设作为溥仪的私产受民国政府的保护。1916 年，清室内务府对颐和园陈设进行过一次清点，除原有在册的陈设外，又新立了《颐和园现存新瓷玻璃器灯只清册》。1921 年 11 月 29 日，溥仪命内务府大臣绍英查核颐和园陈设。此为清室最后一次陈设清查。此时期，颐和园作为逊清皇室的私产，文物陈设仅维持原状，未有置办陈设的记载。

1928 年 7 月 1 日，民国政府内政部接收颐和园，此次接收，对封存在各殿堂的珍贵文物未有点收，仅接收了各殿宇的钥匙。1928 年由管理颐和园事务所所长赵国源、市政府和各局人员等组成清查委员会，彻底清查颐和园文物，“逐件粘贴号签，造具详细簿册，呈府备案。”这是颐和园公园时期第一次由上级明令开殿清查。1929 年为筹办颐和园陈列馆、图书馆，市政府指令组织委员会，再次对陈设进行清查，并聘请专家对文物进行鉴定。对选提陈列之物品分别定名，厘定尺寸及重量，拍摄影片，并将号签 1714 张先送市政府加盖印章发还后分别粘贴，制作标牌，分别选册。对图书判别版本，分类编目。这次清查工作比较严肃认真，工作方法比较科学，但是此次造册只限于选提陈列之物品，因此仍然没有对接收清室遗留全部陈设物品全面完整的记载。

1933 年中国因“九一八事变”进入军事时期，经北平市政府批准，颐和园将陈设装箱 40 只南运。此后，1936 年、1942 年、1946 年、1947 年、1948 年历任所长交接时，均循例选具《颐和园图书古玩清册》存查。

在解放战争平津战役中，颐和园园内未经炮火，陈设等物品未受破坏，但许多陈设已残缺不齐。北平和平解放后接管颐和园，对于书画古玩以原管理颐和园事务所的系列清册为依据，按件点收。1950 年在北返古物归还颐和园前对现有文物进行了清查，制订了文物管理制度、殿堂管理制度，购置卡片柜，实行卡片管理。文物北返后，归还颐和园陈设 325 件，只为原南运古物的 13%。颐和园管理处对这些文物登记造册进行管理。

“文化大革命”中，颐和园的文物工作受到了较大冲击，由于颐和园职工强烈的文物保护意识，大部分文物得以保全。20 世纪 70 年代，颐和园管理处在中央及北京市各级政府的支持下，展开了全面的文物清查保护工作，以清查文物为重点，进行清查、鉴定、回收、整修、库房整理各项工作。同时邀请市文物管理处、故宫博物院相关专家对园藏文物进行鉴定定级。20 世纪 70 年代的清查鉴定，是颐和园改为公园后第一次比较全面的清查鉴定。在清查鉴定的基础上，80 年代后逐步加强了文物保管措施：为一级、二级文物测量、拍摄，制作特别保护囊匣；为文物库安装通风设备；制作专用保险柜和存放柜；安装警报器。同时，进一步完善藏品登记制度和文物管理制度。

在完善文物保管制度的过程中，颐和园库房保管的弊端渐渐暴露出来。颐和园园藏文物，除了陈列在殿堂中的一小部分外，基本上收藏在几处古建改造的库房中。这些库房均建筑年代久远，潮湿阴冷，对文物尤其是纸绢类文物的保管非常不利。建设新型的现代化文物库房的需求日益迫切。1993 年，颐和园管理处派人赴上海、天津等处参观学习，考察了上海博物馆、豫园文物库、天津博物馆等处的库馆建设，初步形成了建设颐和园文物库馆的思路和理念。之后，经过反复的专家论证，1998 年在颐和园文昌阁以东原光绪御膳房旧址，修建了大型的现代化文物库馆——文昌院。文昌院占地 7000 多平方米，由地下库房和地上展厅两部分构成。库房和展厅内，安装了完备的照明、防火、防水、防盗、防虫、通风、恒温、恒湿设备和先进的安全探测报警系统。

在将文物搬迁至文昌院库房的过程中，对园内文物进行了清查、测量、登记、拍照、建卡、建帐，完善了文物的登记和保管制度，并进行清洁、包装和妥善保管。同时，对旧的库房进行了整理，包括文物的清点、登记、除尘、分类、装箱、排架，库房本身的修补、内部空间改造，以及安防消防设施的安装。而对于仁寿殿、德和园、玉澜堂等原状陈列的殿堂，也进行了内部整修，整修时撤出的各类文物，在清洁除尘、烫蜡保养和维修复制后进行回陈，确保殿堂文物良好的展陈状态和展览环境。

三　颐和园园藏文物的展陈利用

颐和园园藏文物，是颐和园文化的重要部分，它的保护和利用与颐和园的文化建设息息相关。颐和园作为中国皇家园林的集大成者，有着极为丰富的文化资源，其中就包含大量精美的原藏文物。如何充分利用园藏文物传播中国传统文化，展示颐和园文物精髓，是颐和园园藏文物保护和利用的重要内容，也是颐和园文物事业发展的重要方向。

颐和园文物的展陈利用始于民国时期。1930 年，颐和园首次将排云殿、德辉殿、玉华殿、云锦殿、紫霄殿、芳辉殿六处辟为陈列室，作为专题陈列向世人展示各类文物；保持仁寿殿临朝听政及乐寿堂、玉澜堂帝后居住的原状，作为原状陈列向世人展示文物及其存放环境。

1949 年颐和园重新开放后，承袭了民国时专题陈列和原状陈列并存的展览形式。专题陈列有仁寿殿南配殿建筑图样陈列室、乐寿堂东西配殿供器陈列室、德辉殿铜器陈列室、紫霄殿玉器陈列室、云锦殿图书陈列室、芳辉殿磁器陈列室、玉华殿钟表陈列室、水木自亲车舆陈列室；原状陈列殿堂有仁寿殿、玉澜堂、乐寿堂、排云殿四处。后来，随着时代的变迁，颐和园的文物陈列殿堂不断发生变化，但陈列方式一直不外乎专题陈列和原状陈列两种。

20 世纪 80 年代，随着颐和园文物全面清查、鉴定工作的深入开展，园藏文物的展陈方式有了较大的变化。1988 年，在原清朝总管太监李莲英原住的永寿斋进行了以太监文化为主题的综合性展陈布置，南殿内陈列小型泥塑帝后銮舆卤簿，展示慈禧太后来园随行数千人的庞大队列。东殿内用灯箱陈列“泥人张”制作的中国历代大太监故事的泥塑像。是对图文解说及沙盘情景再现等展览方式的大胆尝试。1992年在清华轩开设了以“园藏珍品”为主体的综合展陈，将珍贵陈设置于控制温度湿度之玻璃柜中陈列，首次开放乾隆时期遗存此处的伊犁石碑，并将石碑上镌刻的乾隆帝《御制五百罗汉堂记》、《平定准噶尔勒铭伊犁之碑记》、《平定准噶尔后勒铭伊犁之碑记》、《西师诗》碑文拓片，陈列于室内展出。内容丰富，形式灵活，使用了较多的现代展陈模式和元素。80年代后，颐和园文物除在颐和园内展出外，还多次赴外巡回展览，足迹遍及上海、天津、南京、广州、武汉等十多个城市，甚至远赴日本大阪。

文昌院建成后，不仅承担着收藏、保管文物的功能，而且将文物的展陈工作推进到一个新的水平。自2000年对外开放以来，文昌院引进了博物馆文物分项展陈模式，将文物分列在铜器、玉器、瓷器、古籍四个专门的展室进行展示，同时还设立了两个综合的展室集中展览园藏文物中的精品。这种展陈模式系统而直观地向游客介绍了颐和园园藏文物的种类和精髓，极大程度地传播了颐和园的文物信息和文化内涵，给颐和园带来了很大的社会效益和经济效益。

史前遗址博物馆藏品保管工作的思考

西安半坡博物馆　高云昊

在博物馆这个“大家族”中，有一类博物馆是建立在经过考古发掘的史前人类活动遗址上的，即本文所称的“史前遗址博物馆”。史前遗址博物馆的藏品可分为两大类，即不可移动藏品和可移动藏品。不可移动藏品是指该馆所保护的史前遗址本体，包括经过考古发掘而露明保存区域和尚未进行考古发掘区域，其整体范围即由当地人民政府核定公布的“保护范围”。可移动藏品是指该史前遗址中的出土遗物，即生产工具和生活用具等各类器物、人类骨骼标本、动物骨骼标本以及该馆根据科研、陈列展示的需要而收藏的从该史前遗址中提取的各种典型遗迹如房址（局部）、灶坑、柱洞、墓葬等的套箱考古标本和建筑残块标本等。有的史前遗址博物馆甚至还收藏有其他史前遗址的出土文物、标本，以及史前遗迹（房屋居住面、墓葬）的套箱考古标本。史前遗址博物馆的一切业务活动就是以这样的藏品为中心而开展的。拥有不可移动的史前遗址本体，而这一史前遗址本体既是藏品，又是展品，这就是史前遗址博物馆最为显著的特征，也是与其他博物馆的重要区别。鉴于史前遗址博物馆具有独特鲜明的个性，因此，在藏品保管工作中，根据自身特点，考虑到既要便于对藏品实施有效保护，又要便于藏品的提供利用，在确保藏品得以妥善保存的前提下，突出藏品的使用价值，以利于开展科学研究、陈列展览等业务活动。

本文是对史前遗址博物馆藏品保管工作的认识，尚欠成熟，谬误之处，请专家学者指正。

一　史前遗址本体——土质藏品的保管

史前遗址本体是史前遗址博物馆赖以建立而存在于社会、服务于社会的基础。在对史前遗址进行了考古发掘的基础上建立博物馆，在我国实现得很早。当我国第一座史前遗址博物馆——西安半坡博物馆建成开放后，日本博物馆学家小川光旸先生曾赞叹道："半坡遗址……在新石器时代农耕部落遗址上面建一大罩屋作为主厅这一点是划时代的"[①]。当西安半坡博物馆建馆四十周年之际，著名博物馆学家苏东海先生撰文这样予以历史评价："当六十年代西方博物馆界还在争论遗址能不能进入博物馆行列时；当1962年12月联合国教科文组织在巴黎通过的《关于保护景观和遗址的风貌与特征的建议》中刚开始提出建议，对遗址和景观'应考虑建立专门博物馆'的时候，中国的半坡遗址博物馆早已把博物馆建筑矗立在遗址之上了。那时没有任何一个国家想到像半坡博物馆这样建造这么宏伟的大厅把部落遗址科学地涵盖起来，这是一个创举。半坡遗址博物馆用事实回答了把博物馆建立在遗址的种种疑问。半坡博物馆的实践，从高起点上把传统博物馆的保护、科研、展示的基本职能与'物加环境'的新思维出色地统一起来了。无怪日本学者小川光旸说是具有'划时代'的意义。"[②] 可见，在博物馆群体中，史前遗址博物馆确实是一种特别的类型。史前遗址本体是主体，史前遗址博物馆是客体。史前遗址本体存在与否，决定着史前遗址博物馆的存在与否。试想，倘若史前遗址本体不复存在，这座史前遗址博物馆自然不会存在。"皮之不存，毛将安附？"道理十分浅显，不言自明。显然，史前遗址本体就是史前遗址博物馆开展各项业务工作的重心所在，是保管工作的重点，应该对其现状、保存环境予以更多的关注、监护，尽可能采取有效措施使其得到有效保护。

史前遗址本体是不可移动的，是原地原状保存的。其保存的场所，仅有经过考古发掘的露明保存区域处在保护性建筑物内，并且公开展示，彰显了史前

---

① ［日］小川光旸著、丁义忠译：《亚洲的遗址博物馆——现状与课题》，《中国博物馆》1985年第4期。

② 苏东海：《应该对半坡遗址博物馆进行更高的历史评价》，《中国文物报》1997年10月12日。

遗址本体的既是藏品，又是展品的鲜明个性；而尚未考古发掘区域则地处露天，其地表上往往经过人工绿化；二者皆处于自然保存状态。

史前遗址本体属于土质藏品，较脆弱，较易损，应重视保管工作循序渐进地开展。其必不可少的工作如：第一，建档建卡。将基本情况记录在案，尤其是开裂、病害、损坏等现状均应详细记录，以便有条件开展技术保护工作时能够提供有益的资料。第二，实施监护。对露明保存区域实施温湿度、空气、降尘等环境监测，最理想的是能够达到实时监控；对尚未考古发掘区域实施巡察监护。诚然，进行这些工作均应作详细的记录。第三，露明保存区域若发生盐析、酥解、坍塌、苔藓滋生等病害时，除记录在案并严密观察外，如具备技术条件，应及时治理。此外，对待史前遗址本体这一土质藏品，也能够像对待可移动藏品那样，投入足够的工作情感和工作热情，甚至更多的精力。史前遗址本体的保护工作十分艰巨，然而也十分迫切，任重道远，不可掉以轻心。

二　可移动藏品的分类设库

如前所述，可移动藏品是该史前遗址本体中出土的遗物，以及从该史前遗址中提取的建筑残块标本和套箱考古标本。在我国，史前遗址博物馆的建立以西安半坡博物馆为早。该馆自建馆伊始，就数次接收了有关单位移交的史前时期文物。随着该馆的业务工作发展，在举办古生物化石展览时，又接受了有关单位移交的古生物化石标本，从而形成了既有该馆所保护的史前遗址的出土文物，又有其他史前遗址的出土文物，还有古生物化石标本等藏品多样性的格局。另外，长期以来，该馆始终致力于科研和史前时期文物的收集。最盛时期是 20 世纪 70、80 年代，该馆考古队发掘、试掘了史前聚落遗址及旧石器地点约 20 处，调查并复查了史前时期和商周时期的遗址数百处，收获极丰，并且建立了关中地区的新石器时代文化发展序列。正是开展这些考古发掘工作，使该馆的藏品不断得到充实，而且还提高了藏品的品位。该馆的主要藏品都是考古发掘品，分别代表了距今 7000 多年前的白家文化、距今 6000 多年前至 5000 多年前的仰韶文化诸类型文化、距今 5000 年左右的龙山文化。此外，还有史前人类骨骼标本、从史前遗址中提取的建筑残块标本和套箱考古标本，以及在晚商时期的作坊遗址中出土的青铜器等文物，在西周晚期墓葬中出土的文物等历史时期的文物。数十年来，该馆还征集到大量的古动物化石标本。

根据上述情况，该馆基于自身特点，逐渐确定了以史前时期的文化遗物、人类骨骼、动物骨骼和古生物化石为主，适当征集史前时期典型的墓葬、建筑物、构筑物等遗迹标本（采取套箱技术提取）的征集范围，以保持鲜明个性，不断丰富馆藏。“以史前时期为主”则是该馆始终把握的收藏特点。

上述可移动藏品中，大致可分为文物藏品、标本藏品等。如从材质（质地）方面看，文物藏品包括：石器、陶器、骨器、角器、蚌器等；标本藏品包括：人类骨骼，动物骨骼，土质遗迹标本（指墓葬、灶坑、柱洞、房屋居住面、建筑物残块标本）等。以主要考虑保持重要史前遗址考古发掘材料的完整性为主，并且突出藏品的使用价值，以利于开展科学研究、陈列展览等业务活动，可移动藏品的分类设库实施以下方案：

（一）按时代分类

将史前时期文物藏品与历史时期文物藏品区别开来，分别归类设库，即设立“史前时期文物藏品库”和“历史时期文物藏品库”。

（二）按遗址（区域）分类

该馆以保藏大量的出土于半坡遗址和姜寨遗址的文物藏品为主要特点，将这两个遗址的文物藏品分别进行集中统一保存、管理，使这两批考古材料各自集中在一起，保持其完整性，以利于科研和提陈，即设立“半坡遗址文物藏品库”和“姜寨遗址文物藏品库”予以保存、管理。这两个库内的温湿度必须严格地加以控制，确保温度为20℃、相对湿度为50%。

（三）按文物等级（价值）分类

文物藏品中，属于珍贵文物共数千件，其文物等级分别为一级、二级和三级。将这三个等级的文物藏品分别设立“一级文物藏品库”、“二级文物藏品库”和“三级文物藏品库”予以重点保存、管理。这三个库内的温湿度必须严格地加以控制，确保温度为20℃、相对湿度为50%。

（四）按材质（质地）分类

青铜器等金属材质的历史时期文物藏品，设立“金属文物藏品库”予以保存、管理。

（五）按自然属性分类

人类骨骼标本和古生物化石标本等标本藏品，分别设立“人类骨骼标本藏品库”和“古生物化石标本藏品库”予以保存、管理。另外，所收藏的一些历史时期及时代不明确的人骨标本，可归入“人类骨骼标本藏品库”。

上述的分类设库方案中，尽管没有将文物藏品按照博物馆传统做法——按照材质（质地）进行分类设库，但已考虑到了文物藏品的物理特性，只要确保库内温湿度达标，既有利于文物藏品的保护，又有利于文物藏品为十分方便科研、提供使用的目的的实现。

三　套箱考古标本的保管

此类藏品多为土质，诸如房屋居住面、灶坑、柱洞、墓葬等，均体量较大。这些来自于考古发掘所提取的套箱考古标本，往往是当时考古发掘所见最为典型的遗迹，是珍贵的考古材料和科研资料，所以才会不惜代价实施提取，归馆入藏。对这类藏品应给予足够重视，设立专库实施集中统一保存、管理。其保管工作除建档建卡外，有必要在每件套箱之外设一小牌，注明遗址名称、出土单位编号、提取时间等，最好附有反映该遗迹出土情况（即现状）的照片。此小牌可固定在套箱上。这样的做法，对日常管理工作来说会十分方便。

史前遗址博物馆属于专门性博物馆，其以史前遗址本体及其出土文物为轴心开展博物馆各项业务工作。“收藏是博物馆最古老的职能，博物馆的第一职能”①。“藏品依然是与博物馆相关的知识、职能和价值的核心”②。博物馆藏品

① 苏东海：《苏东海论历史地辨证地看博物馆三职能》，《博物馆的沉思：苏东海论文集》（卷三），文物出版社2010年版，第264页。

② 苏东海：《博物馆的时代主题、时代特征与博物馆的发展走向》，《博物馆的沉思：苏东海论文选》（卷三），文物出版社2010年版，第39页。

保管工作的重要性勿庸置疑。在博物馆事业不断发展的进程中，博物馆人都应该坚持“藏品就是博物馆之根”这一理念，不断加强藏品的科学管理工作，使藏品得以长久保存，更使博物馆的核心价值和历史使命得以完全实现。

浅谈新建馆如何做好藏品管理基础工作

——以北京新文化运动纪念馆为例

北京新文化运动纪念馆　阿其拉图

改革开放30年来，我国博物馆事业蓬勃发展，建立、扩建、改建了大批的博物馆。北京新文化运动纪念馆作为全国唯一一家全面展示五四新文化运动历史的综合性博物馆，自2002年在北大红楼旧址建馆以来，通过各种途径征集到4000多件文物，包括大量近代名人的手稿、著作、信件、期刊等藏品，集中反映了五四新文化运动时期历史的变革及经济、文化、教育等各个方面的变化。这些藏品不仅对于研究五四新文化运动提供了原始的资料，而且更能客观地反映当时的历史。在过去十年中，我馆的文物不仅在数量上有所增加，而且在各方的帮助和努力下，藏品保管方面也取得了很大成绩。

一　藏品征集

藏品作为博物馆存在的物质基础，藏品的数量和质量直接影响陈列展览的内容及研究的成果。因此作为新建立的博物馆来说，藏品的征集工作显得非常重要。因为博物馆的性质不同，征集的文物也不同，并且受到经费、人员等客观条件的限制，所以必须制定符合自身条件的藏品征集方法。北京新文化运动纪念馆建馆以来共征集到4000多件文物，在征集的过程中，通过不断学习、不断探索，制定了一套自己的征集方法。

（一）明确征集范围

新文化运动纪念馆以国家文物局制定的《近现代文物征集参考范围》为标

准，根据自身的情况制定了征集文物的对象和范围。首先，与新文化运动相关的文物。新文化运动是一次前所未有的思想解放和启蒙运动，并为马克思主义在中国的传播开辟了道路。陈独秀在其主编的《新青年》刊载文章，提倡民主与科学，批判传统纯正的中国文化，成为五四运动的先导。在这一时期，陈独秀、胡适、鲁迅等人成为新文化运动的核心人物。因此其征集范围覆盖面广，包括这些名人的著作、手稿、信件、当时的报纸、杂志及传播马克思主义的相关文物。其次，与北大红楼相关的文物。北大红楼建于 1918 年，是原北京大学文科、图书馆及校部所在地。这里曾经是新文化运动的重要营垒、五四爱国运动的策源地、中国共产党的重要发祥地之一。蔡元培、陈独秀、毛泽东等都曾在这里工作过。许多著名学者都在这里讲过课，同时也是许多的革命团体及先进刊物的阵地。因此我们要征集与红楼、北大文科图书馆、先进的革命团体、在这里发行的刊物及在这里工作过的名人相关的文物。再次，反映当时历史时期的文物。五四新文化运动对中国思想文化、政治发展方向、社会经济潮流、教育、文学艺术等有着深远的影响。因此我们征集的文物可以包括当时社会发展各个方面的文物，这对于研究五四新文化运动、北大红楼及那一段特殊时期的历史都有着重要的意义。

（二）加强制度管理

我馆根据自身条件和客观因素，制定了藏品征集制度。首先，征集的文物应符合本馆的特色。征集的藏品大部分应该是与五四新文化和红楼相关的文物，这样有针对性的藏品征集不仅有利于我们今后工作的开展，而且有利于节省开支。其次，设立专门的部门多途径征集文物。我馆文物征集由陈列展览的人员负责，他们通过名人后代的捐赠、购买、拍卖行等形式征集文物。再次，做好藏品征集的相关手续。我馆征集的文物在交接时必须由征集人做好清单，把文物的名称、件数、完残情况等做好详细的说明，这对于此后的保管工作十分有利。

二　藏品保管

征集到的文物，是为了更好地研究、利用，方便于博物馆各项业务的正常开展，因此做好藏品保管的工作是非常重要的。由于我馆征集文物的性质及客观条件的限制，馆藏品管理的工作主要从以下几点展开。

（一）藏品接受

我馆征集过来的藏品首先进行整理，并做好相关的接收手续。这是今后核对文物的原始材料。其次要认真仔细地做好原始清册。内容包括批号、日期、登记号、名称、件数、质地、尺寸、现状、来源、经办人、价格、备注等相关信息，认真填写不能有差错。我馆的文物大部分为纸质，由于时间久远、保存不当等原因，有些藏品已破损、发黄、污渍、发霉，因此我们根据文物本身的情况，进行清理、消毒，这样也有利于文物寿命的延长及更好地利用。

（二）藏品鉴定、登记

我馆的藏品虽然数量上不是很多，但涉及的内容广、人物多。而且管理人员由于受限于人数、知识背景等原因，不能独自完成藏品鉴定这种科学性较强的工作。为此我们从国家博物馆返聘相关的专家学者帮助我们识别藏品的真伪、断定年代、确定其价值，为我馆的藏品定级工作打下了基础。

藏品登记是博物馆保管藏品的依据，是藏品管理中的法定程序，不得随便更改。因此，在填写总登账时一定要按照规定严格执行。内容包括登记日期、总登记号、分类号、名称、年代数量、尺寸重量、质地、完残情况、来源、级别、备注等，需要认真填写，并进行核对、专人管理。

（三）藏品分类、定级、编目、建档

在藏品分类上，各个博物馆都有一套自成体系的方式，其目的是科学管理和方便查找。由于我馆的文物大部分是纸制品，所以在分类上也相对简单，是按照入馆的时间顺序来划分的，这样也方便查找和利用。

藏品定级是藏品管理的原则，也是藏品有效的管理方法。2010～2011 年，在对我馆的部分文物定级中，一级品共 59 件，这不仅是对我们近十年征集工作的肯定，也为我们今后的各项工作打下了基础。在文物定级的成果上，今年的 5 月份我馆举办了文物精品展，共展出 50 多件文物，其中一级品有 29 件。

同时召开了研讨会，得到了各方的认可。

藏品编目是博物馆藏品科学管理、科学研究工作中一项关键性工作。它既是藏品深入鉴定的过程，也是工作成果的体现。藏品编目卡是藏品的缩影，通过卡片可以很清楚地了解藏品的概况。我馆在做藏品编目卡时，严格按照卡片上的要求认真填写，确保准确、工整，有利于查找使用。

在藏品建档方面，我馆按照藏品保管要求为每件藏品建立一份档案。内容包括藏品的原始资料、藏品照片、编目卡、相关的研究资料、鉴定资料等。藏品档案为研究藏品提供资料，对藏品管理也有重要的价值。目前我馆已把一级品的档案做好，准备接下来把二、三级品建档的工作做完。

三　库房管理

藏品库房管理是藏品保管的重要环节之一，不仅关系到藏品安全也关系到藏品的寿命。我馆从以下几点入手做好库房管理工作：首先是藏品的排架。我馆收藏的文物大部分是纸质类的，所以在排架时把内容相关联的、尺寸相近的放在一起，这样方便查找和使用。其次是库房管理制度，这关系到藏品的安全。为此，我馆制定了一系列制度并严格执行。如“藏品出入库制度”，藏品出库时候必须认真填写藏品提借单，并由部门主任签字，一级品必须由馆长签字方可出库。“库房防火安全制度”，我馆每年都会签订安全责任书，库房安全是其中最重要的一部分，并且定期检查库房设备和线路以确保安全。三是库房的日常管理。每次出入库房要填写时间和事由，检查库房的设备是否运行正常，如有异常应及时向上级汇报并立即解决。在夏天雨季时，必须下库房观察是否漏水。平时要定期清扫库房，保持整洁。

四　藏品保管员

藏品管理的工作是由藏品保管员完成的，因此培养好藏品保管员是博物馆的重要任务之一，我馆在这方面也做了许多的努力。作为藏品保管员，首先要热爱文博事业，遵纪守法。需要有责任感、上进心，不断学习研究，坚持制度，以身作则，秉公办事，不谋私利。其次要不断地充实自己。文物藏品中包含有大量信息，要清楚地了解这些需要很多专业的知识。因此我馆支持藏品保管员去参加进修班、研讨会等，同时请相关的专家为我们做讲座，学习相关的知识。藏品管理的工作不只是简单地搬运文物、保护文物的安全，而是要学会研究文物、鉴定文物，这样才能更好地完成这项工作。

综上所述，过去的十年中，我馆在藏品保管方面取得了很大的成绩，基本形成了符合本馆特色的藏品保管体系，但同时也存在许多不足。在藏品征集方面，虽然目前已有4000多件文物，但和其他兄弟馆相比还远远不够，限制了我们业务活动地深入开展。所以我们在文物征集方面应通过拓宽渠道，以征集到更多的文物。在藏品保管方面，在各方的帮助和努力下，藏品定级、编目、建档等基础性工作已做了大部分，但还有一些工作由于人员等问题尚未完成。同时虽然制定了相关的藏品管理的规章制度，但不是很健全。在今后的工作中要借鉴其他馆的相关制度并结合自身的情况改进完善。在藏品库房方面，虽然库房的条件设备比以前有了很大的改善，但由于经费等原因尚不能达到很高的水平。在藏品保管员方面，在提高自身能力的同时，馆里也应创造更多的机会让保管员学到更专业的知识。最后希望在现在的基础上，我馆在藏品保管工作方面能够取得更大的进步，成为一个水平较高、展现五四新文化运动历史的综合性博物馆。

从北京古代建筑博物馆保管工作的科学化建设历程看中小博物馆文物保管工作中的几个问题

北京古代建筑博物馆　董绍鹏

中小博物馆，作为目前国内蒙古博物院物馆中的主体成分，与大型博物馆一样担负着有形及无形的文化遗产保护工作。特别是专题性馆，在某种程度上还要发挥着大型馆通常不能涉及到的职能，比如单一品种或单一用途的文物收藏。由于近十几年来民间收藏热的兴起，这种专题性馆的蓬勃发展在民营博物馆界有方兴未艾之势。从某种意义上说，专题博物馆的发展应该代表着博物馆未来发展的主流。

北京古代建筑博物馆（以下简称古建馆）。成立于 1987 年，定位为国内第一家以收藏、展示、研究中国古代建筑技术、艺术和文化发展，及进行古建科普宣教活动的中型专题博物馆。这个定位就决定了古建馆的藏品种类在大类上是各种古建构件、从属品，小类上主要是指石、陶（砖瓦）、木、琉璃、竹、泥、纸、金属等，其中石、陶数量居多。大类上的用途相对单一，但小类的质地可是多种多样，几乎传统文物涉及的质地都有涉猎。这就对古建馆这个中型馆来说带来相当的保管责任，我们面临的保管责任、成本一定程度上不亚于大型馆。

目前，古建馆的藏品整体状态基本完好。回想多年来的基础建设欠账为藏品工作带来的一些问题，有些问题造成的影响可能在今后相当长的时期里才能体现。这些问题归纳起来有这么几项：

首先是观念落后带来的影响。长久以来，古建馆没有一处正式的文物库，为保管工作的开展设置了关键性的不利因素。建馆初期，由于作为馆舍的古建尚处于大规模修缮阶段，当时将保管部临时办公室内的一部分作为库房，保管不上展线的不多的文物。随着古建修缮的逐步完工，又将先农坛太岁殿西配殿的三间作为临时库房，虽然保管专用铁皮柜到位，但保管环境严重不符合安全保卫要求，与其他职能区域没有实施彻底隔离，技术设备更是缺失，造成当时个别文物出现受潮、粉化等受到自然力侵蚀的现象。1998 年起，终于规划出一座 60 平方米建筑作为专用库房，且初步实现三铁一器，安装空调调节保管的物理环境。但好景不长，2000 年冬因本馆三产开发之用，刚刚启用一年有余的库房又被迫腾出，搬到太岁殿拜殿西稍间的古建内，作为临时库房。以此一直到 2011 年。这座临时库不仅安防设施不到位，更令人担心的是还紧靠会议厅的公厕，每年都会出现污水管道的跑冒滴漏，十年间出现多达数次的“水淹七军”，库内地面大面积被污水浸泡；同时还发生过馆内施工工人随意攀爬古建梁架施工向库内遗撒施工废料、随意开凿石膏板材的隔离墙体等恶性事故。如此落后不合乎安全保管要求的所谓文物库房，不止一次的受到市文物局主管领导的严厉批评和安全部门的警告。这个局面的出现，与当时博物馆只重视经济创收、不重视基础建设的管理思路密不可分。在博物馆具有一定能力的情况下，思想认识上“等靠要”的守摊落后意识浓厚，能用来创收的场所都用来创收，没有把博物馆的职责认识到位。这种严重落后时代的认识相信在 2011 年之前具有一定的市场。随着 2011 年国家文物局针对博物馆经营问题作出的重要指示的落实，博物馆今后还是要把自身建设，尤其是博物馆公益职能的发挥摆在首要位置，多想多动，在本职上下大气力改进工作。

其次是发展规划上的不切实际，造成保管条件的长时间得不到改善。古建馆早在 1998 年时，就有将西坛墙附近收回的一处大型建筑装修后作为专用库房使用，并考虑将保管部门搬迁于此，办公保管两得其利的想法。但由于当时机械的保守思想的阻挠，认为“库房留在太岁殿院内，四墙围合安全系数高”，看不到太岁殿等古建的展厅定位是大势所趋，造成一次改变保管环境机会的错失，以后虽有将前述西坛墙附近规划为库房的想法，并连续十年作为滚动计划上报市局，但因规划决心不够、缺乏具体实施细节，导致十年间的漫长等待，实质上是将文物库房这个博物馆基础设施建设中的头等大事搁置。这种改善文物保管条件工作中的消极思想，给保管工作的开展带来难以想象的难度，可以说保管部门是在可以想象的困难条件下完成上级主管部门的相关工作要求。

第三，因前述两方面的问题，造成文物保管技术设备的无法到位。相信这种情况应该是所有中小型馆的通病。前两项是保障，没有保障即便是先进的设备也无法发挥出真正的效能。

可以坦诚地说，前述的三种情况造成古建馆文物保管工作长期徘徊不前。尽管保管人员严格按照国家文物局的相关规定制订出库房文物的提用、上架、出库、入库等系列操作规范，在保管制度的制订上做到了按馆情出发、以保护文物安全为第一，但苦于客观物理环境的长期得不到改变，系列保管中的科学管理措施只能停留在愿望上。

目前保管工作的改善，得益于2011年本馆基本陈列《中国古代建筑展》的改陈。自2009年开始，馆里有意识地加强对保管工作的投入，制订出基本陈列改陈与基础建设工作双管齐下的工作思路，借改陈的时机为困扰多年的文物保管环境的改善做出实事。这也得利于全馆停滞多年的基础设施改造的同步运作，在客观条件上，如资金、人力、物力、场所的调整等方面为文物保管条件的改善打个翻身仗奠定了关键必要的基础。博物馆领导阶层的重视是保管工作旧貌换新颜的关键点。在规划阶段，明确出分几步走的做法，一是将前述提及的西坛墙附近的建筑彻底翻建为钢梁结构的水泥砖房，建筑面积约200平方米，作为新的文物库，安置馆藏文物；二是选取馆内空地建设彩钢临时库，使用面积约为130平方米，安置改陈中撤换出展线的展品，三是决定将所有帐外文物统一收存，实行场地集中管理。这三项新举措实施的前提，都是提前安排安防系统的到位，做到文物存放的安全无障碍化。三项工作的实施仅用10个月即告完成。可见，博物馆当家人的管理思路在文物保管工作中的作用，尤其是各项基础设施落实方面起着决定性作用。

基础设施改善了，保管部门自身的管理工作就要走上制度化、科学化的正轨。尽管十几年前在一切尚处于维持阶段时保管部门就制定出符合国家文物局精神又具有博物馆自身可操作性的保管制度。但随着事业的深入，到2011年春按照库房建设的新情况，部门总结了以往的经验教训，认识到文物保管物理条件的改善是对保管工作的巨大挑战与机遇，挑战是指保管人员从未遇到的全新正式库房，要有可能的精神准备用最大气力快速面对适应全新环境；机遇则指经过漫长等待，保管条件的彻底改善为今后保管工作迈上一个新台阶打下了物质基础和提供了进步的可能性。简而言之，就是利用把握基础设施改善这一机会，争取将文物保管工作提升到新档次。为此部门统一思想认识，要求以更为严格的态度进行管理工作。

首先明确了管理员的分工，按照新情况将三位管理人员分别对口定位于：文物库为主库，由两位老库管员（其中一人为部门副主任）共同管理，因库内又分为东西两部分，两人又明确东西各为一人专责，全库安置作为国家财产账上的馆藏文物、复制品及拓片；彩钢临时库为副库，由一位老库管员带领一位新库管员共同管理，安置参考品及模型。这样的分工做到重点突出、责任明确、新老人员搭配合理，同时还能做到由老同志以实际工作带动新同志以尽快提高工作能力。

其次，根据新的条件重新更定库房管理制度，在原有操作规程基础上加强温湿度检测等库房管理常规项的记录，分季节汇总数据，为确定库房基础设施的继续添置提供了科学依据。今年，在一年来监测数据分析的基础上，确定添置大风量换气机以替换下原先的小型换气扇，做到以较小的成本换取较大的管理效能。

第三，再次强化分库管理的意愿，将管理的人力成本争取再次降低。原计划是不同品种文物合库管理，初步实施过程中带来较为高企的人力成本，文物的分区目的没有达到，提用及核查工作都存在一定的杂乱性，尤其是给核查工作（文物核账）带来不便。为此，进入2012年后，部门调整管理思路，上报馆里后于夏初重新采购文物钢架，将原来临时安置模型的文物库西侧库全面腾空，将采购的新钢架放置于此，将这里定位成石质文物专库，这样馆藏文物中的石质文物可以集中上架管理，为明确文物在库中的方位以为管理提用之便打下基础。

第四，通过业内交流以不断提高管理水平，了解业内新动态，做到取它家之长补己之短。随着工作的逐次开展，我馆在业内工作成绩的口碑逐渐建立，一些兄弟单位渴望到馆里交流经验。对我们来说，这都是千载难逢的好机会，作为中型馆中文物保管基础设施刚刚起步的情况，我们迫切需要广大兄弟馆莅临指导，指出我们的不足，通过双边交流互通有无，取长补短，将来我们还要走出去，从众多中小型馆中汲取管理工作的养分，不断充实自身，以期在今后的工作中取得更好的成绩。

从古建馆文物保管工作发展历程中，不难看出尽管保管工作的成功开展应当是多种因素共同努力的结果，但从业人员“人”的因素还是占到主要，人的素质得不到改善，其他因素难以起到应有功效。这似乎已是业内多少年来的共识，也是对从业人员的最基本的素质要求。但不能否认的是，与我们愿望相反的情况却无时无刻在发生着。因此说，博物馆事业的发展瓶颈还是要从人的身上做文章，还是要改变内因。外因取决于内因，这一朴素的哲学观点将作为长期指导博物馆，特别是今后指导中小型馆自身事业发展的理论基石。我们希望众多中小型馆能够发挥自身的优势，在今后发展中紧跟时代脚步，与大型馆一道成为社会主义精神文明建设的中流砥柱。

浅谈书画藏品的保管与研究

黑龙江省博物馆　孙立萍

藏品保管员是藏品最直接的管理者。为进一步强化文物保护，保管员要加强保护技术的学习，明确藏品的损坏不仅受制作材料的影响，还与不适宜的温湿度、光辐射、虫霉等客观环境因素有关，要相应地采取一定的措施实现藏品的科学保护。书画与其他文物相比，更易受损，保管不妥就会发生虫蛀、霉变、褪色等现象，使一幅完整的字画面目全非，失去其艺术价值。如果我们了解到字画容易受损的弱点，采取一些有效的防治措施，将会在一定程度上延缓其变旧破损的进程，从而使字画寿命延长。

第一，根据空气的温、湿度及空气所含质的不同采取有效措施。

藏品在博物馆建筑物小环境内，受到影响最显著的是空气湿度，故防干燥、防潮是文物保存环境的必要措施。通过长期的观测试验，笔者认为相对湿度在40%～65%较好，过高易于霉曲繁殖，过低藏品易被损坏。而空气温度在15～25℃间缓慢波动，藏品一般不会损坏。馆内空气污染也会使藏品发生物理反应、化学反应、生物反应，最终导致文物藏品的质变。保管人员应利用温湿度调节设备改善室内的空气环境，经常注意温湿度数值变化情况。此外，还要注意室内的卫生，做到防尘除尘。在紧密堆放的箱子、柜或抽屉中装吸湿材料。而对于贵重纸质品如印刷品和绘画等，可上下柜间不断通风，让空气流动是较好的办法。

第二，防止紫外线光辐射对藏品的破坏。

有机质藏品如丝绸、书画等对光线辐射的损害极其敏感。光辐射中紫外可见光、红外线、过量的光照，都在一定程度上会使藏品发生光化学反应，导致有机质文物的质变、强度降低、褪色或翘曲等。最有效防止光线损害的方法是库房建筑应避光，室内采用能吸收阻止紫外线的材料，光源亦进行紫外线吸收过滤。箱柜、抽屉等贮藏器具也应与光源保持一定距离，避免热效应。

第三，做好藏品的防霉、杀菌、杀虫工作。

霉菌微生物极易在有机质地文物里繁殖、发育，使文物腐败变质。潮湿是虫菌生长的温床，只要将温湿度控制在一定范围内，生物、微生物都不会发育。在藏品入馆前，保管人员一定严格检查，室内做好净化处理，经杀虫后方可将有机质地文物装匣入藏。严格控制温湿度指标，定期检查藏品，发现害虫及时处理，同时以不损坏文物为原则。目前已经测验出有些物理方法、化学药剂是不能用来杀虫灭菌的，如曝晒纸质、用毒性太大的二氯苯等。保管员要多方查阅资料，学习先进技术，反复研究，做好文物保护工作。

因书画是用宣纸、绢、绫、帛等作底，时间久了很容易虫蚀破损，更怕潮湿又忌干燥。为最大限度地延长其寿命，保护书画工作非常重要。下面笔者就以我馆书画藏品保管为例谈一下自己的体会。

一　书画藏品的日常保管

黑龙江省博物馆藏品库房建于 1982 年，为砖石混合结构的五层楼藏品专用库房，因黑龙江冬季寒冷其墙体较厚，为内外两层墙（防止墙体上霜）。每个库房有两个通风口与暗设在墙内的孔道相通，由引风机进行通风。库内安有暖气，采用热水循环取暖。共五层楼，书画藏品库房设置在二楼，因为底层相对阴冷潮湿，顶层阳光照射比较强烈，屋顶万一漏水又是不可弥补的损失，书画库房选择在二楼比较合适。所收藏的字画，按年代分出大类，古代书画及现代书画分柜放置，根据作者编号建卡，卡片中包括画名、作者、质地、尺寸，级别，入藏时间，现状，鉴定意见等，科学详细的记载，以便于查找。书画均放在封闭的箱、橱、柜内，使字画能拥有一个稳定的有限空间，避免直接受侵蚀和污染。正规地按此方法保管和建档。但这并不是说一旦放进去就万事大吉，因为它还是会受到侵蚀的。不论是立轴、屏、对联、手卷、册页、还是扇面、斗方等字画，基本上属纸质品和丝织品两种，因为都含纤维质，所以具有吸湿性。装裱字画用过的糨糊，含有蛋白质和糖，这又是蠹虫赖以生存的食粮。一幅字画若不精心保护，就很容易遭受各种侵蚀，从而损坏变质，保存久的字画被虫蛀是常见的一种毁坏现象。这种蛀虫，人们常称“蠹”虫，每年夏季随着温度的升高，蠹虫也大量繁殖。防止的办法，可用樟脑丸、樟脑精块等类药物驱虫。这种樟脑药主要通过其自然挥发出特殊的气味来防虫，具有较好的驱虫效果。使用时可以将樟脑药用纸包好放在收藏字画的周围（不能直接放在字画上）。此药一年之中最好分期放二次，春秋两季放置，这样防虫效果更好。但许多品牌的樟脑丸都含有对二氯苯这种化学物质，对人体有副作用。建议最好用芸香草或樟木丸，对书画和人体健康均没有副作用。书画藏品对温湿度有较高的要求，有条件可利用一些恒温恒湿设备进行控制，如果过于潮湿，纸张、绢容易生霉、生虫；如果过于干燥，书画作品又易变硬、变脆。科学实验证明，害虫、霉菌的生长繁殖与空气中湿度、温度有着直接关系。温度在10℃以下，大多数害虫就停止发育和繁殖，相对湿度在65%以下，霉菌就失去正常生长发育的可能，冬季为防止室内干燥，书画库房四组暖气关闭两组，室内配加湿器调节，夏季利用早晨比较凉爽天气及时开窗通风，雨天禁止开窗，并用吸湿机降低湿度。因此书画库内温度控制在10～20℃之间，相对湿度控制在40%～65%之间。因为书画属于吸湿性物质，过度干燥容易干裂。书画是用面粉制成浆糊之类的黏着剂进行装裱过的，干燥到一定限度，黏着剂受干燥而发脆，会造成书画物理性朽坏，倘是相对湿度降至45%以下，持续较长的时间，书画就有损坏危险，为此，2012年保管部又量身定做了恒温恒湿柜子，为防止害虫的滋生，在设计制造藏品柜、盒时做了有效的保障措施，即在每个内层板上都加装一层樟木板，上面再铺上保护垫。这样就达到长效防虫的目的了。放置字画的架、柜、箱等不能紧贴地面或墙壁，要把它垫置到适当高度，或离墙有一定距离，还应时常检查挂在墙上的绘画背面的墙壁是否有潮湿现象。书画存放时要平放，切勿竖置，更不要在书画上面放置重物使书画受压，根据书画规格配制画盒，并在盒内放些吸潮剂。书画裱件存放时不宜卷得过紧或过松，如果卷得过紧天地头两侧就会留下画心与边料接缝的压痕，影响书画的美观，严重时还可能导致裱件的变形或出现脱落；如果卷得过松，容易折毁书画，使书画出现一道道折痕，特别是对古旧书画损害更大，正确保存书画片的方法是：可将书画片下面衬一层幅面相当的薄宣纸或皮纸，以纸卷为轴将书画芯卷起，并用白纸或塑料膜包装，放在画盒内或书橱内。立轴可取出在室内悬挂通风，这样可防止虫蛀，否则将影响书画作品的收藏寿命。同时也会使立轴横披等书画作品瓦卷变形，影响美观，但也不宜长期悬挂，挂一段时期后要卷起收藏。

二　保管员展阅书画操作规范及注意事项

悬挂或展示书画作品时要慎重。拿画时，手要戴上细薄棉手套；与画距离很近时，不要咳嗽；展阅手卷必须在桌案上，案面要求洁净，不宜放置锐器或茶水、墨水瓶之类，以免展阅过程中对书画造成损伤。展阅书画时绦带、别子，要平顺放在包首上，然后双手大拇指在内，四指在外，随展随卷。两手指不要接触画面，防止卷尾未展部分掉落地下。收卷时双手随时整理斜度，卷毕，一手握住外杆，手卷垂直放于案上，一手掌心按住侧面顺势将画卷卷紧，别好。册页，将面子启开，四指插在两画页背面折叠处，慢慢上提翻阅。手避免接触画页正面。如果是散页，要一开一开顺序翻阅，不要随便乱抽提拿。悬挂书画时要一手持画钗挑住画绳，一手托住书画未展开的部分，然后慢慢放开来将书画挂起，然后取出画钗。展示书画时要一人牵引画绳，另一人两手持轴头将书画展开，切忌两手向上持书画中间部分，否则手指会将书画划出折痕。对于无轴头的书画作品，展示时要用两指夹住，使画件从指缝中通过。暂不装裱的书画芯不可随便折叠摞起，否则存放时间一久就会从折叠处折断，或在折处留下黑色折痕，以至装裱后影响美观。展示书画或为书画照相切不可用图钉钉于墙上或用浆糊粘于墙上，否则会直接损坏画芯。

书画外运包装，要长短分类，以每包不超过 10 件为佳，用纸、棉、泡沫在轴头间垫实，用线绳或麻绳在两端和中间，捆牢。外包装以牛皮纸、油纸或沥纸、塑料纸之类包好，以防雨湿。如果放入箱内，包裹好的书画也须用纸或泡沫加固垫实，箱子要平放，禁止倒立，以免运输途中发生碰撞。

三　书画的修复及装裱

博物馆保管员除掌握保护技术外，还要全面细致检查藏品现状，学习运用文物修复处理方法，如清洗、加固、复原、纸张脱酸等。根据藏品现状，具体分析，分别处理，尽量采用原制作方法和工作程序，运用与原件一致或相近的材料，坚决反对以不成熟的技术使用不合要求的材料修复珍贵文物。藏品保管员一般不负责修文物，如修文物，必须经领导批准，这是文物保管员乃至文物工作者不可推卸的责任，否则，不是保护文物而是破坏文物。保管已经破损的古旧书画更要禁慎，一时不能修复的不要随意展示，以避免书画再度破损。如果是已破碎的书画则更要防止散片丢失，以免给将来修复带来困难。无论是新旧书画，只要原裱尚能悬挂，画心尚无破损，一般不要急于揭裱修复，因揭裱一次就会对书画的纸素损伤，如果以裱书画脱落或画心破损严重，则应及时进行揭裱修复。

对于出现霉点污渍的书画作品处理方法是：

第一，霉斑，用75%的酒精加脱脂棉再用吸水纸擦拭。

第二，墨渍，20%的双氧水加脱脂棉再加吸水纸擦拭。

第三，便污，20%的双氧水加布再加吸水纸擦拭。

第四，返铅，20%的双氧水加脱脂棉再加吸水纸擦拭。

第五，油渍，用铁熨斗加热，在下面用吸水纸垫着。

书画作品已经出现虫蛀现象，建议使用8489和AD99防虫杀虫剂。这两种药为无公害新药，发霉严重的建议送交给专业装裱师通过化学药剂消除后复裱。

中国博物馆迅猛发展背景下的藏品保管工作

北京古代钱币展览馆　阎　芳

20 世纪 80 年代以来，中国博物馆事业进入了一个新的阶段。30 多年来，全国博物馆新建工程和改扩建工程不断，如陕西历史博物馆、上海市博物馆、河南省博物院、首都博物馆以及国家博物馆等一批博物馆的新建和改扩建工程相继完成。与此同时，全国博物馆数量迅速增加，以北京市为例，继 1997 年注册登记博物馆数量达到 100 座后，2011 年北京市博物馆家族中又添中国妇女儿童博物馆、房山地质公园博物馆、中国消防博物馆 3 个“新丁”，使得在京注册博物馆总数达到 159 家，平均每年以 3 ~5 座的速度递增。这一数字在世界排名第二，仅次于英国的伦敦。

一　藏品保管工作在博物馆中的地位

博物馆是为社会及其发展服务的非营利的永久机构，并向大众开放。它为研究、教育、欣赏之目的征集、保护、研究、传播并展示人类及人类环境的见证物。从博物馆的这一定义可以很清楚地看出博物馆的基本功能是收藏、研究、教育。藏品是博物馆为了社会教育和科学研究的目的，根据自己的性质，搜集保藏的自然界和人类社会物质文明、精神文明发展的见证物。任何一个博物馆都必须收集保藏文物和自然标本。因为藏品是博物馆全部活动的物质基础，所有社会教育和服务，陈列、研究，编辑出版物等等，都离不开藏品。没有藏品，就不成其为博物馆。所以，从博物馆的内部关系来说，收藏、保管文物标本是博物馆的首要功能。

二　新形势下的藏品保管工作

世界上的博物馆，包括中国的博物馆，都在发生着变革。当人类进入第三个千年，我们很高兴地看到，博物馆的观众在不断增长，我们的工作领域也在不停地扩大。但是，观众人数的增长也给博物馆带来了挑战，因为这意味着更多的需求和责任。当今的博物馆观众不仅期望看到好的展览和陈列，而且希望享受到高水平的信息、解读、餐饮、零售等服务。如果我们希望保持现有的观众并逐步吸引新的观众，我们就必须将他们的需求和期望始终放在我们考虑的第一位。在这种背景下，博物馆藏品的保管就显得比以往更为重要。保管新方式的引进为藏品保护和吸引观众提供了更为有利的条件。

博物馆是人类社会文化遗产的主要收藏机构、宣传机构和科学研究机构。博物馆藏品具有重要的历史、科学或艺术价值，是国家宝贵的科学文化财富，是博物馆存在的重要物质基础。博物馆藏品保管工作肩负着藏品的搜集、鉴选、管理、保养、修复、开发利用等多方面的重要任务。新形势下保管工作内涵的扩展，反映出博物馆对藏品保管工作更进一步地认识，是博物馆自身发展不断适应社会变化的结果。

藏品是博物馆赖以存在的前提。著名实业家、教育家张謇创办了近代第一个博物馆，也即成为中国博物馆藏品保管工作的滥觞。以后历经整个 20 世纪风雨沧桑，可以说，中国博物馆事业从创建到繁荣的百年，也是博物馆藏品保管工作发轫到现代化发展的百年。一百年来，藏品保管工作受到古代金石书画传统、西方考古学、博物馆理论、当代高新科学技术的影响，从突破传统的“古董”思维定式，到当今方兴未艾的藏品信息建设网络化，跻身世界博物馆藏品科学管理的行列，基本形成了中国社会主义特色的博物馆藏品管理体系。

藏品保管工作的意义和作用在实践中被不断证实，保管工作并不是单纯的事务性工作，其工作质量的好与差、效率的高低、保管手段的优劣、管理水平的先进与落后，无不直接影响到博物馆各项业务活动顺利、有效的开展。针对藏品保管工作所面临的形势和任务，对我们的工作提出了更高的要求，需要我们进一步努力。我们又不能不看到，藏品保管工作一直是我国博物馆建设中的薄弱环节，存在一些亟待解决的问题：

第一，专业人才匮乏。由于藏品保管工作的特殊性，要求从事这一职业的人员具备较高的职业道德，责任心，相应的专业知识和技能。而目前这些人员当中业务高、精、尖人才缺乏，所必需的藏品鉴定、管理、修复等专业人才新老交替之间出现了断档。

第二，经费短缺。一方面，文物征集工作受此影响，文物来源枯竭，藏品系统不完整，阻碍了博物馆展陈和研究的发展；另一方面，文物保护经费不足，不能对文物进行及时的灭菌杀毒处理。不能按藏品材质分库，并按其需要的温湿度环境要求存放。

第三，基础管理工作薄弱。许多藏品缺乏原始资料，难以建立科学记录档案，难以根据其最初的来源发掘其背后的故事及历史内涵，从而影响了藏品的研究工作，也极大地影响了藏品信息化工作。

第四，藏品信息化程度不高。近几年，藏品信息化工作得到了重视和发展，逐步开始向管理科学化、规范化、标准化的目标迈进，然而问题依然存在。大多数博物馆虽然已经按照上级单位要求使用了计算机藏品管理软件，但是完成情况和使用效率并不乐观。

三 新形势下藏品保管工作应该注意的问题

在博物馆建设方兴未艾的同时，与此相适应的，必须进一步加强博物馆理论的研究，以指导博物馆实践。尤其是针对上述博物馆藏品保管工作现状，博物馆工作的基础—藏品保管工作应该注意哪些问题，是我们应该研究的重点，以保障其他工作得以顺利开展。

（一）藏品保管法规的重要性及藏品保管标准化

1. 藏品保管法规的重要性

博物馆藏品保管工作的最终目的是要使藏品延年益寿，为当代和子孙后代所用。为了实现这一目的，在保管工作中不仅需要采用科学的技术和方法，还必须有一种必须遵循的准则，这就是博物馆藏品保管法规。藏品保管法规是指由国家制定或认可，并由国家强制力保证执行的博物馆藏品保管工作中各种行为规则的法律、法令、条例、规则、决定、命令、章程、办法等法律性文件的总称。这些法规是国家保护、管理博物馆藏品的法律依据，具有法律效力。藏品保管法规是实现藏品保管工作科学化、规范化和现代化的重要保证。加强藏品保管法规建设是提高保管工作水平的关键。

法治是人类文明发展的产物。运用“法治”对博物馆藏品进行管理和保护，是目前社会形势发展所需。社会越发展，科学越进步，立法建设也就越完善。我国社会各项事业蒸蒸日上，博物馆事业取得了较大的发展，与博物馆密不可分的藏品保管法规建设也由《中华人民共和国文物保护法》、《博物馆藏品管理办法》、《文物藏品定级标准》等许多相关的法规和条例构成了我国藏品保管的完整法治体系。

2. 藏品管理人员遵纪守法的必要性

博物馆藏品管理工作人员依据法律，担负起保护管理国家文化财产的重大责任。他们自己必须首先是遵纪守法的模范，提高法治观念，依法办事，恪尽职守，这是搞好藏品保管工作十分必要的保证。

遵循藏品保管法规，不仅可以消除保管工作中的许多弊端，还可使保管人员清楚地认识到自己的工作职责，有明确的工作目标和是非观念，建立严格的工作秩序，排除消极，调动一切有关的积极力量，按照客观规律和科学方法做好保管工作，提高藏品保管工作水平。

3. 博物馆藏品保管标准化

随着博物馆作用的发挥和入馆收藏品的数量、品种的不断丰富，被提供陈展、研究的藏品范围、调用次数也随之扩大，藏品遭受自然和人为损害的威胁日趋严重，加之国家对博物馆重视程度不断提高，社会各方面对博物馆的期望值不断加大，藏品保管工作更为繁杂、繁重。因此，在加强博物馆藏品保管法制建设的同时，结合藏品保管的特点和规律，运用标准化的原则、原理和方法，对保管工作的各个环节、各项工作、各类人员，有针对性地制定和实施各种标准、规范、程序、规程。在一定范围和一定程度上统一、简化、协调保管工作的各个方面，规范保管人员的角色行为，做到保管工作奋斗有目标，管理有章程，检查有尺度，考核有准则，奖惩有依据，妥善地、安全地做好藏品保养、保护，使之“延年益寿”、最大限度地发挥作用，是博物馆保管工作按现代管理的要求，逐步实现从定性管理向定量管理转变，从传统的经验管理向以标准化管理为基础的科学管理转变的有效途径和方法。

藏品保管标准化是以科学技术和实践经验的综合成果为基础，通过对藏品保管实践中的重要性工作和概念进行归并、简化、统一、优化，制订、实施标准，进而最大限度地避免重复劳动，实现最优协调、最佳秩序、最大工作效率和社会效益的综合性科学管理方法，是保管工作业务技术的联结纽带，信息交流的共同依据，比较、评价的尺度准绳。藏品保管法规和藏品保管标准化两者互为联系、互相作用。藏品保管法规是实现藏品保管工作标准化的法律依据和重要保证，藏品保管标准化是藏品保管法规的定量化、效率化、具体化。因此，加强藏品保管标准化工作实是确保藏品保管法规顺利贯彻的有效手段，是藏品保管科学化、现代化的必然。

（二）情感因素在藏品管理工作中的作用

在文物入藏、登账、鉴选、分类、编目、建档等保护管理系列工作过程中，保管员投入的不仅仅是时间和精力，还有热情、期待和理想，并在工作中产生种种情感，这便是保管员的情感因素，它大致可分为两个方面：一是对藏品的珍惜爱护之情。体现在行动上，就是了解和掌握其自然属性，予以精心保管，细心呵护，利用相应的设施与技术，努力延长其物质生命，以传之后世。二是在发掘藏品人文内涵的过程中，因与其思想情感相共鸣而产生的崇敬、热爱、自豪之情。努力发掘藏品内涵，了解和掌握其社会属性，并将其转化为信息状态。通过陈列等多种方式传播于社会大众，使藏品的精神内核在传播中为社会共享，在传承中永生。

1. 情感因素对保管工作人员热情的激励作用

对藏品的妥善保管建立在对藏品研究了解的基础上，保管员的情感因素对藏品管理工作的进行具有极重要的激励作用。藏品以其独特的形象语言，记载着历史文化信息，但由于岁月的隔膜，使它在今人眼中往往就像一部部无字天书。保管员必须对它进行最基本的解读认知，才能定名登账，编目建档。因此，认知藏品首先是工作需要，同时，保管员作为工作行为主体，往往带着求知欲投入对藏品的认知，从而产生兴趣，激发工作热情。

2. 重视对藏品保管员职业道德的培养

敬业精神是衡量保管员思想素质的一个重要指数，它既非头脑中天生固有，也不是某次思想教育立竿见影的效果，而是保管员在长期的学习和工作中，逐步产生、发展、养成的爱岗敬业的思想感情。

我们应该重视对藏品保管员职业道德的培养。藏品保管员的职业道德是由其工作性质、特点和职责决定的，是与藏品保管员的具体岗位、工作任务紧密联系并受其制约和规定的道德规范。根据我国目前博物馆的实际情况，藏品保管员的职业道德应该包括：遵纪守法，模范执行党和国家的政策；热爱本职工作，树立高度的工作责任感；坚持制度，以身作则；秉公办事，不谋私利；襟怀坦荡，实事求是；虚心好学，精益求精的工作作风六个方面。

（三）藏品库房管理及科学管理制度的重要性

藏品库房在某种意义上讲，是博物馆的心脏。博物馆的藏品除了临时提供学者、专家进行研究以及短期出国展览和国内馆际交流外，大部分是陈列在博物馆的展厅和保存在藏品库房内。尤其是，一个筹建多年的博物馆，藏品库房保存的藏品往往多于展出的藏品。1986 年文化部颁布的《博物馆藏品管理办法》中明确规定：“藏品应有固定、专用的库房，专人管理。库房建筑及保管设备要求安全、坚固、适用、经济。”1989 年国家文物局、公安部联合发出了通知，明确要求“一、二级文物库房要保证有铁门、铁窗、铁柜和报警器”。因此，博物馆藏品库房，是博物馆建筑的一个重要组成部分，是关系博物馆藏品是否安全和保管好坏的重要条件。藏品库房选址是否合适，建造结构是否科学，布局是否合理，设备是否齐全，将直接影响藏品的寿命、安全、保管和利用。

制度是有秩序地进行工作的保证，也是顺利完成工作任务的保证。制度是从工作实践中总结出来的经验，一个好的制度形成必然会给工作带来生机。如果工作没有制度就会矛盾百出，造成混乱。藏品管理工作更是如此。《博物馆藏品管理办法》规定，对藏品科学管理要“制度健全”。藏品库房要进行科学管理，也必须建立健全科学的管理制度，才能有效地将藏品管理好。这就要求各博物馆结合本馆实际需要，有针对性地制定精简、确切的相关藏品保管的规章制度，比如：提取登记制度、库房管理制度、藏品核查制度、温湿度记录制度、防虫防霉消毒制度、钥匙管理制度、库房进出人员登记制度等基本制度。制度一旦制定，就不仅是藏品保管员应遵守，而是全馆人员都应遵守。

（四）重视文物藏品档案管理

藏品信息由藏品及藏品信息档案两部分组成，对藏品进行科学化、规范化管理的同时，对藏品信息档案的管理工作也是不容忽视的。《中华人民共和国文物保护法》第三十六条规定："博物馆、图书馆和其他文物收藏单位对收藏的文物，必须区分文物等级，设置藏品档案，建立严格的管理制度，并报主管的文物行政部门备案。县级以上地方人民政府文物行政部门应当分别建立本行政区域内的馆藏文物档案；国务院文物行政部门应当建立国家一级文物藏品档案和其主管的国有文物收藏单位馆藏文物档案。"因此准确区分馆藏文物的等级并健全档案，突出反映各类馆藏文物的价值、状况，进一步发挥文物的优势，使其更好地服务当地经济建设，就成为文物博物馆事业发展中的重要工作。

藏品档案是对藏品原始资料进行全面、系统的鉴定研究，经过整理后立卷的各种资料，是藏品科学管理的重要依据。它对藏品具有十分重要的考察和使用价值。藏品档案是一个长期积累的过程，应将藏品入馆前、后有关资料均搜集整理入档。藏品档案内容详尽，是对藏品进行科学管理的历史记录和研究成果的体现，也为陈列展览、科学研究提供了重要的科学依据。同时，对藏品的安全提供备查的证据资料。一旦藏品被盗或受损，则有案可查，避免造成重大损失。建立藏品档案，可以减少提取藏品的次数，在一定程度上缓解了"保"与"用"的矛盾。因此，博物馆藏品必须建立藏品档案。目前，各博物馆已经在国家文物局的要求下，对三级以上藏品建立了藏品档案。更重要的是在今后的工作中逐步对所有馆藏品建立档案，并将原有档案不断补充和完善。而且，逐步提高藏品档案的使用率，是我们应该关注的。

随着博物馆事业的不断发展，馆藏文物数量与日俱增，对藏品档案建设的规范化和标准化提出了更高的要求，档案的最终目的就是合理利用。只有认真开发利用才能发挥其社会效能，为社会各界提供服务，为社会和谐发展提供服务。

（五）进一步加强藏品信息化、数字化管理

博物馆藏品保管是一项十分复杂而又繁琐的工作。从事保管工作除了要经常、及时地进行藏品的登记、分类、编目、保养和修复等一系列工作外，还需要把有关藏品的信息迅速、正确地提供给利用者。要提高保管工作的效率，达到现代化的科学管理，从发展趋势看，藏品信息化、数字化管理应进一步加强。

在博物馆对馆藏文物的手工管理流程基础上，加入数字化藏品管理方式，这是博物馆数字化工程中的一个基本工作。这里面涉及对藏品的管理，除进行藏品基础信息的管理之外，还涉及了征集信息、帐目管理、藏品保管以及鉴定信息、修复信息、展览信息的管理等等。有了藏品的数字化系统之后，检索、查找、资料的核对等等藏品的保管工作，就变得方便、清晰。对博物馆藏品的数字化，国家文物局发布了相关的数字化标准，并发布了一套统一的藏品管理系统供各博物馆采用。

参考文献

［1］国家文物局：《博物馆藏品保管工作手册》，群众出版社 1993 年版。
［2］丁竹：《论博物馆藏品保管工作》，《文物世界》2006 年第 5 期。
［3］刘凤桐：《情感因素在藏品保管工作中的作用》，《中国文物报》2007 年 1 月 12 日。
［4］王琦：《谈如何做好博物馆藏品管理工作》，《现代管理》2008 年第 2 期。
［5］梁吉生：《中国博物馆藏品保管》，《中国文化遗产》2005 年第 4 期。

恭王府文物保管工作的实践与创新设想

文化部恭王府管理中心　周劲思

文化部恭王府管理中心文物保管部成立于2003年，至今已历九年。九年来，保管部从零开始，将文物保管工作逐步开展、完善，并结合本单位具体情况有针对性的进行了创新设想，希望能够为保管工作开拓更宽广的思路。

一　文物保管基础工作的开展

2003年，恭王府迎来了新的机遇和挑战，文化部决定以恭王府原址为基础，筹建国家级的王府文化博物馆，原行政级别从处升为局，职能则从一个单纯的旅游开放管理单位向兼具旅游管理、娱乐休闲、文化传播、教育收藏等多重功能的博物馆转型。为此，恭王府管理中心先后成立了古建修缮部、展览陈列部、文物保管部、图书资料部、公共教育部等多个博物馆职能性业务部门。其中，文物保管部是最基础，最重要的业务部门之一。成立之初，文物保管部一方面面临大量文物征集、保管、复制等工作的开展，另一方面，则又存在人员匮乏、无库房、无业务基础的状况，因此随后几年，首先开展的是一系列文物保管的基础工作。

第一，建立一系列保管工作相关制度。

俗话说：没有规矩，不成方圆。规矩就是制度，是用来规范和约束人们思想行为的标准，是人们需要共同遵守的规章条例、规则办法等的总称。实践证明，文化事业单位中，同样需要加强制度建设，才能实现其科学化、规范化的管理。早在1952年，辽宁省博物馆已建立起一套科学的登记、出入库手续等保管制度，并把相关的工作办法和经验发表在《文物参考资料》1953年第4期上，向全国进行了推介，为保管工作奠定了重要的基础，此后我国博物馆的文物保管工作逐渐向规范化、制度化迈进。各馆除遵守国家文物局制定的规章制度外，还根据各自的具体情况制定各自的规章制度。因此，恭王府文物保管部在成立之始，首先根据业务发展需要，制定了一系列规章制度守则等，如文物库房安全管理制度、文物管理保护制度、馆藏文物借展（借用）管理制度、接受文物捐赠奖励办法、文物安全操作规定、文物藏品修复管理规定、文物复制仿制工作管理规定、文物拍摄管理规定、文物帐目管理制度、文物征集管理规定等。这些制度基本涵盖了文物保管工作的各个方面，为今后全中心进行文物的征集、保管、复制、研究、展览等工作奠定了安全保障的基础。

第二，编制具有恭王府特色的总登记号，建立系列的档帐卡。

藏品总登记帐是博物馆收藏文物、标本的基本帐，其性质是国家文物财产帐。藏品一经登帐，就必须保证帐与藏品相符。为此，登帐前，必须为每件藏品建立档案和卡片，将卡片和实物核对无误后，方可登入藏品总登记帐。

2003 年前，恭王府收藏有一批清代红木家具，并有一批清皇室后裔捐赠的字画，但这批藏品既没有系统的帐目，也没有像样的库房保存，而是以存货的方式堆积在各个部门，可想而知其保存状况根本达不到保护标准。为此文物保管部首先寻找了较为合适的库房，将这批藏品集中保存，同时开始着手建立藏品总登记帐，并为每件文物建立相应的档案、卡片。

在建立总帐的过程中，文物的鉴选是最为关键的步骤。恭王府虽然早在 1982 年就被定为国家级文物保护单位，但大家对它的保护认可仅限于建筑园林本身。而对其所持有的可移动藏品并没有仔细的鉴定和划分，更没有足够的管理保护意识。虽然以前恭王府的文物早已流失殆尽，但自 1988 年恭王府花园对外开放以来，通过购买、捐赠等方式又陆续收藏了一批酸枝木家具、名人字画等。在建立总帐的过程中，保管部对这批藏品进行了甄选。经鉴别，家具材质虽不是很高档，但时代确为晚清，且有资料显示，晚清王府中也会搭配使用酸枝木家具，因此剔除掉其中的新制家具，将晚清酸枝木家具全部纳入总帐。名人字画则进行了分类。针对恭王府是清代王府这一特点，将爱新觉罗家族后人的字画全部保留，尤其将 1997 年由台湾友人万公潜捐赠的 33 幅溥儒字画（溥儒为恭王府嫡系后裔，并在恭王府居住过多年），作为重要藏品收藏。而其他字画不纳入总帐范围，以后可按照资料保存。

确定总帐范围和内容后，下一步就是要编制具有恭王府特色的总登记号。藏品总登记号是按藏品登入藏品总登记帐的先后，用阿拉伯数字编排，从1号至无穷。为区别收藏的馆别，通常各馆还会在自己的藏品总登记号前加上本馆的代号。因恭王府管理中心未来的发展目标是恭王府博物馆，所以经过保管部集体研究讨论并报领导审批后，决定将所有藏品进行统一登记，以GWB（即恭王府博物馆的拼音首字母）为开头。另外因客观原因，恭王府藏品基数很小，而藏品在未来增速也不会太快，因此为方便管理，我们的编号就从1号开始，即从GWB1至无穷，并不再单设分类号。完成总帐编写后，又陆续为每件藏品拍照，登记，编写了藏品卡片和档案。

第三，明确部门职能和岗位职责，使每个人都明确自己的目标。

文物保管部工作成立六年来，一直是结合自身情况摸索进行，成员构成由最初的没有专业人员，到逐渐配置专业人员，并培养年轻人进入专业领域。目前，已形成比较稳定合理的队伍，保管员，总登录员按国家文博制度规定均由专人担任，并规定了各自的岗位职责。同时部门职能也随着中心业务工作的开展而日渐明确。

二　充分利用文物，实现保管与利用的和谐统一

2003年，恭王府府邸面临全面修缮，其中尚有中国音乐学院附中没有撤出，所以整个管理及办公环境都很不规范，办公条件简陋，拥挤且零乱，在此情况下，根本无法保障一个符合国家规定条件的藏品库房。但即使如此，管理中心还是尽全力在现有条件下，为文物保管部寻找合适的库房。从2003年至今，随着府邸修缮的进程，文物保管部仅藏品库房就搬迁了四次。然而受客观条件所限，库房面积紧张，保存条件不够完善的问题至今仍未完全解决。这固然与我们是古建筑遗址保护单位有关，先天不足，很多工作无法展开。但却也并不表示就完全无所作为。

第一，以展代藏，充分利用空置的殿室展示所收藏的明清家具。既解决库房小，保存条件不好的问题，又增加了展示内容，满足了观众需求。

从2003年开始，针对恭王府的业务发展需要，文物保管部把文物征集方向定位于明清家具，同时有选择有重点地征集少量符合王府等级又适合殿堂摆放的器物。目前恭王府古家具藏品总数已达到三百余件。这些古家具一部分用于开放经营，一部分展于多福轩、锡晋斋等复原性陈列，但剩余部分如果全部放在库房，则一是没有足够的地方存放，二是库房无法随时开窗通风，容易滋生霉菌等。与此同时，开放后的府邸，因没有足够的文物支撑，一些原本计划制作《奕䜣展》、《和珅展》等展览的配殿展厅还不能如期开展，处于闲置状态。于是，我们决定根据古家具的种类，将府邸西路的葆光室西配殿，锡晋斋东、西配殿分别布置成客厅，书房、卧室等，如此一来，既解决了库房面积小，无法存放古家具的问题，又充分利用了这些藏品，使观众进到王府后不会看到过多的空置殿室。而且展厅因每天都有专人管理，可以定期开窗通风，对家具进行清洁，非常有利于家具的保护。

第二，利用所征集文物，布置贵宾休息室等不经常开放的地方，既提升了古建筑的文化内涵，也是对各位领导和贵宾展示和汇报阶段性工作成果的方法。

在对恭王府府邸各殿堂屋室的修缮装饰过程中，我们发现所征集的家具、文物除了可摆放在展厅中，以展代藏外，也可以布置在贵宾休息室这样重要的对外接待场所。对收藏品如此利用的好处如下：首先，提升了古建筑的文化内涵。新制的家具无论制作的如何精美，如何能以假乱真，其气质都无法与古家具相比，古家具因为其特有的历史沉淀，摆放在古建筑中，二者浑然天成，相得益彰，为贵宾接待室添色不少。其次，贵宾接待室的来客均是有一定社会地位和社会影响的人，将征集的文物收藏品摆放在这里，既是对各位领导专家的成果展示汇报，也能就此与大家及时沟通，引起各级领导和社会人士对王府文物征集的重视和支持。再次，贵宾接待室有专人管理，定期通风透气，打扫卫生，对古家具的保养维护有利。最后，解决了库房面积紧张的问题。

三 独辟蹊径建立王府文物数据库

清代王府文物流失严重，目前进行征集也是困难重重，一方面王府文物流失时间长，范围大，信息很难收集。另一方面，随着文物价格的快速增长，王府文物价格因其身份特殊，数量稀少且品质较好，一直价值不菲，因此恭王府博物馆如果仅仅靠征集来丰富藏品显然并不现实，但如果没有足够的藏品，又如何建立起以王府文化研究和展示为中心的恭王府博物馆呢？几年的工作实践，我们文物保管部也一直在探索新的思路，新的路径。

第一，力求建立一个全面完整的清代王府文物数据库：在全国，乃至全世界范围内及时抢救目前流失严重的王府文物，并进行搜集、整理和研究，从而使有限的王府文化资源在恭王府得已永久保存。

文化部恭王府管理中心，虽然还没有对外挂牌称恭王府博物馆，但自2003年以来，一直在按照博物馆思路发展。针对自身是清代王府遗址的特点，恭王府一直在进行有关清代王府文化的研究，王府建筑、王府文物、王府生活、王府宗教等等内容，都在研究范围之列。就王府文物来说，由于近代百年历史变迁的原因，流失散落非常严重，想通过文物，研究、反映王府文化有很大困难。但在2008年夏筹备重点开放的展览《大清王府文化展》时，工作人员却发现，虽然现在搜寻、征集清代王府文物比较困难，但就全国范围来看，很多博物馆还是分散收藏了不少王府文物，但由于它们在各个博物馆的收藏均不成系列，不能形成一定主题，所以大多躺在库房未被利用。如天津博物馆的醇亲王银印，北京故宫的怡亲王画像，辽宁省博物馆的和亲王铜鎏金如意，北京艺术博物馆的恭亲王书画作品等。因此恭王府通过借展的方式，同这些博物馆合作，借助“大清王府文化展”的主题，将这些文物有效地进行组合和展示，很好地从各个侧面反映了清代王府的政治、经济、生活等内容。

这个展览筹办的成功，也给了藏品管理工作者一定启示。就恭王府来说，目前作为北京地区唯一一座能够对社会开放的清代王府，理应主动肩负起研究王府文化，搜集抢救王府文物和资料的责任，但因为本身缺乏藏品，目前王府文物、资料的征集又困难重重，所以把眼光落在其他博物馆的藏品上是很契合实际的做法。因为对很多馆来说，当年收集这些藏品是机缘，但至今并没有形成系列，各馆对它们也不重视，常年搁置库房没有出展机会，也难得有人想起来研究其价值。但这些藏品对恭王府这样的专题博物馆来说，却非常具有展览和研究价值。如果有一种方法，能够把这些文物的信息资料都集中起来，一方面恭王府有资金、有展场、有充足的游客量，另一方面则有主题的需要，在恭王府展出，这些藏品的价值能够发挥其最大的作用。鉴于这种情况，虽然目前藏品调拨存在很大困难，藏品归属权不能轻易改变，我们却不妨把眼光投远，走出固有的老圈子，主动去与其他馆沟通，互相探讨多渠道的合作方式，如一起办展览，一起出研究成果，做一个虽无实际藏品，却具有研究和使用价值的王府文物信息资料库等等，这些具体的工作使藏品的利用价值达到最大化。

第二，未来目标是开放王府文物数据库，达到全球资源共享，以便后人能及时了解真正的清代王府和王府文化。

对于社会公众来说，博物馆既是文物收藏单位，又是一个可以深入了解相关知识的场所，因此，实现博物馆的资源与公众间的共享，就是博物馆未来发展的一个重要方向。北京的清代王府曾经有上百座，但目前保存完整并能够对社会公众开放的却仅余恭王府这唯一一座，因此恭王府博物馆也成为全国唯一一个能够向公众展示清代王府和王府文化的平台。如果王府文物数据库能够建立并达到资源共享，那么观众在这里，则不仅仅能够看到清代王府的建筑和园林，还能够通过网络终端或其他信息平台，直接看到更多的文物标本信息，这些文物信息可以在数据库中通过不同的表现形式，更加生动翔实的反映清代王府的人物、生活、经济、文化等历史原貌。

正值国家深化体制改革，推动社会主义文化大发展大繁荣的时期，博物馆等文化事业单位，在面临巨大挑战的同时也面临良多的机遇。在这种大环境下，文物保管部一方面要做好各项基础工作，保障文物安全，另一方面也要尽可能开拓思路和工作内容，在新的机遇和挑战面前思进取，谋发展，为博物馆的整体业务发展担当更多重任。

藏品保管与研究

坦克博物馆　李佐权　侯　林　赵　寒

我国拥有五千多年悠久历史，现存各类文物藏品数量众多，它是博物馆存在的根本，是博物馆一切业务活动的物质基础，是博物馆发挥社会功能的关键依托，是博物馆存在的价值所在，是博物馆的生命线。因此，各馆搜集、收藏与本馆密切相关、具有一定历史价值、科学价值和艺术价值的文（标）本作为藏品，丰富本馆的展品和文化内涵。加强博物馆藏品保管工作、对具有代表性的藏品进行多方面研究，具有重大意义。目前，我国大多数博物馆因诸多原因，藏品得不到有效的保管，许多情况令人深思和担忧。

一　藏品保管库房条件简陋

文物的保护需要良好的条件，而大部分博物馆的藏品保护管理条件差。一是长期以来，很多博物馆没有像样的库房，还有的利用旧房改造库房，潮湿漏雨，环境较差，面积严重缺少，藏品拥挤，远远达不到藏品保护的要求。二是设备设施老化，有的甚至缺乏一些基本的保护设施。库房建设（改造）未考虑文物防震、防雷、防虫、防潮、防干、防光和防尘等方面的因素，导致文物自然损坏严重。在藏品的保护设施方面也缺乏条件，有些藏品就用包装纸一包摞在一起，更谈不上使用囊匣保护，不论是库藏品还是陈列品都仅用几个框子，几个柜子，再加点防虫、防潮剂，未采取其他保护措施，还有甚者将一些珍贵文物放在普通的商业橱窗中进行展示，对文物根本谈不上任何保护。这些文物现在看起来没事，但到了我们子孙后代再去观看的时候，估计就变样了。此外，在防火、防盗方面也缺乏必要的考虑，近几年来，由于防火、防盗造成的文物损坏也屡见不鲜，如2011年5月8日香港博物馆藏品在故宫展览时被盗。有的连基本要求都达不到，更不要说自动报警系统、烟感系统、电视监控系统等保护措施。三是目前我们的环境对文物的损坏比任何一段时间都要严重，空气质量劣化，特别是城市空气中二氧化硫增加，对文物藏品造成了严重的损坏。同时，藏品的照明也对一些光敏物质造成一定损害，加快了文物的损坏速度。

二　藏品养护技术手段落后

随着时间的推移，许多博物馆的馆藏文物自然损坏和人为损坏严重，再加之博物馆的现代化保护技术水平差，大多数博物馆对馆藏文物的保护仅停留在看看数量、查查温度的工作层面，对馆藏文物中遇到的特殊问题找不到合适的方法，特别是在文物修复和复制中遇到种种棘手的问题，没有设备和技术来解决，而只能眼睁睁地看着文物随着时间的推移而消逝。同时，博物馆是一个清水衙门，需要的是热爱博物馆工作，守得住清贫、耐得住寂寞的人才。一般博物馆，单位条件一般，待遇一般，人员流动困难，专业人才进不来也留不住，加之文物保管岗位人员本身流动频繁，又缺乏经常性的培训和学习，导致岗位人员业务不熟，专业技能差。目前，大多仍处于较为原始的手工管理阶段，大多数博物馆专业工作技术含量都不高，藏品信息资源开发利用的技术附加值偏低。无论是藏品的登记、编目、管理，还是藏品的修复、保护、陈列和研究，都处于较为落后的手工操作阶段。

三　保管人员业务素质不高

文物藏品的管理工作是一项认真细致的基础工作，因此，保管人员的素质高低及工作中的规范化程度如何，将直接影响文物的保护、利用及研究等。藏品规范化、科学化管理要求藏品从接收、鉴定、登记、编目、建档、入库、管理、提用、统计、注销等方面形成整套科学化、系统化的管理程序。大多数博物馆都能根据本馆实际情况和工作需要，制定一系列的规章制度，如保管人员工作职责、库房管理制度、藏品出入库管理制度等，这是藏品管理工作走向规范化的前提条件。但制度的制定与执行往往出现脱节现象，不少单位在实际工作中往往不按规章制度执行，加之保管人员有时变动，新上岗人员大多未受过正规训练，专业知识掌握不足，造成藏品管理缺乏规范性、科学性。主要表现在：藏品帐、卡的登记工作上，存在定名不准、文物收藏时不登记来源或来源不清、藏品登记只记总帐、帐目内容欠缺、计件混乱、帐物不符等现象。有的单位为了应付检查，突击登记，内容随意填写，出现重号、错号、无号现象。在文物鉴定和级别划分上，存在很大随意性，有时仅凭某参观者的一句话就草草定论，缺乏全面、细致的研究。在文物提取问题上，很多保管员根本不懂文物安全操作规程，常常随意提耳携梁。造成文物断裂、损坏等事故发生。诸如此类事实，如不加以改善，势必会造成更加严重后果。

如何做好藏品的保护和管理，是博物馆长期和经常性工作。

第一，领导思想高度重视。领导的关心、重视和支持是开展这项工作的先决条件，博物馆的领导在文物保管工作中应当起到“领头雁”的作用。首先，保护第一，领导要有高度的法律意识和责任意识，特别是法定代表人要对馆藏文物的安全负责，建立文物保护情况报告制度，定期向主管部门报告藏品的保护保管情况，要层层签订责任状，明确到自身担负的历史责任，以历史唯物主义为指导，以实事求是的态度来对待文物保护工作。其次，率先垂范，以身作则，自身积极参与到文物的保护队伍中来，要积极宣传藏品保护的意义，鼓励和培养一批热爱文博事业的从业人员。其三，转变传统观念，提升思路，要利用文物的本身价值，提高博物馆门票的附加价值，发挥藏品的社会功能，让博物馆走向学校、走向社区、走向社会。其四，要积极检查督促藏品保护保管工作，赏罚分明，发现问题及时纠正、解决。

第二，加强基础设施建设。博物馆首要任务是文物的保护与保管，《博物馆藏品管理办法》中明确规定，藏品应有固定、专用的库房，专人管理，库房建筑及保管设备要求安全、坚固、适用、经济。因此博物馆藏品库房是关系到藏品是否安全和有效保护的重要条件。其选址、结构布局、设施等是否考虑了地方的一些不可抗拒因素，是否合理妥当，将直接影响到藏品的寿命和安全。同时，要严格按照博物馆《安全保卫工作规定》、《文物系统博物馆安全防范工程设计规范》的具体要求。特别是一些新的文物库房的建设要充分考虑到这些方面的因素，严格按照防震、防雷、防虫、防潮、防干、防光、防尘、防火、防盗和防污染的“十防”要求进行设计。此外，在设备方面，要加快对文物保护设备设施的更新或添置，有条件的博物馆，要在现代化保护设备上加大投入。

第三，加大业务培训力度。大多数博物馆由于受人员及办公条件的影响，内设机构中往往没有设置专门文物保护研究机构和应用机构，这项工作一般都是由负责藏品保管的工作人员兼任。目前，多数博物馆的保管人员的素质普遍有了提高，但对藏品科学管理知识掌握有限，尤其是专业的文物保护科技知识和技能，知之甚少，加上这种专业知识的培训班开办不够，使不少已经在大型博物馆中运用的文物保护新科技和新方法都不能及时普及。各博物馆要重视文物保管队伍建设，国家文物局相关部门要多组织相关业务培训，把一些较先进的、适合博物馆应用的文物保护技术尽快传授，使博物馆的保管队伍早日成熟、强盛起来。当今，计算机已很普及，它不仅可以储存编目，还可以用计算机进行残缺文物模拟绘图及前期复原制作，进行库房温湿度的自动监控等。这些文物科技保护措施虽然不可能一次同时达到要求，只要我们坚定地树立起文物保护的长远目标并勇敢地肩负起这一重任，以积极、谨慎、认真的态度通过不懈努力，一定能为馆藏文物营造一个适合其保存的理想环境。

各博物馆作为一个相对独立机构，不仅要按照当前的方法做好藏品的保护和管理，而且要对本馆藏品的保管方式作进一步探讨和研究，找出适合藏品保管最有效的办法；对藏品进行科学鉴定和专题研究，在鉴别真伪的基础上，挖掘藏品在各个不同时期文化内涵，增长人们的知识、开阔人们的眼界，为我国的文化传统教育、爱国主义教育等精神文明建设发挥作用；对藏品进行安全保护研究，安全保护是藏品保管中最重要的，贯穿于藏品保管的各项工作，进一步做好藏品的安全保护工作探讨和研究，为博物馆安全发展做贡献，更好服务于社会。

浅谈高校博物馆藏品的管理

——以北京服装学院民族服饰博物馆为例

北京服装学院民族服饰博物馆　魏　婧

高校博物馆，从其诞生那天起就不断有人进行仁者见仁，智者见智的研究和讨论。有人称将其特点概括为“重要的专业教育和素质教育基地”，“重要的科普教育基地”，“对外宣称的重要窗口”，“资源丰富、具有巨大发展潜力”。也有人认为高校博物馆“有自身的优势，不管是专业博物馆还是综合博物馆，往往都与学校的优势学科有密切联系，与学校的传统学科有密切联系，也就是说，学校博物馆的科研力量集中是最大的优势”。但是这些研究中，很少涉及到作为一个博物馆的核心工作，即藏品的管理问题。而高校博物馆的藏品管理，这项工作既不同于高校其他国有资产，又区别于社会公共博物馆的馆藏管理。因此对于高校博物馆藏品的管理进行探讨，有利于高校博物馆藏品管理的规范进行，同时，对高校博物馆的发展，也是很有裨益的。

北京服装学院民族服饰博物馆是我国第一家服饰类博物馆，我馆收藏了近万余件藏品，其中包括服装、首饰、佩饰及织绣等。服饰，是一个民族历史、文化最重要的载体之一，民族服饰的收藏、展示和研究，对于保护民族文物，传承和弘扬民族的传统文化，有着重要的意义。目前，我馆对于藏品的管理，从入选到总账，都是按照国家文物局颁布的相关规定进行的。但是在实际的工作中，我们也遇到了一些困难，同时也提出来与同行讨论。

一　严把藏品入选关

我国有 56 个民族，其中少数民族 55 个，还有几个未经识别的民族群体。

此外，如苗族、藏族、蒙古族等还各种都有着众多的支系。这些民族究竟有多少民族文物，这是个无法统计的数字，现在被各类博物馆征集到多少民族文物，也无精确的数据。

北京服装学院民族服饰博物馆目前收藏的民族服饰类藏品中，涵盖了我国大部分民族的民族服饰，但是，我馆的藏品中各民族服饰的数量并不平均，西南苗族、彝族、瑶族等族藏品所在比重较大，而西北民族服饰则收藏较少。另外，我馆所藏藏品在系统性上有所欠缺，虽然单品精美但却无法满足全方位展示和研究的需要。因此，目前尚有大量的民族服饰类文物需要征集。即便这样，限于经费和保管条件的限制，我们也并不能将所见的民族服饰都征集入馆。那么，明确博物馆的入藏标准就是一个至关重要的工作。作为民族类博物馆藏品的征集，应该以查缺补漏和拯救濒危为原则，而在此之前就要求博物馆首先对本馆藏品有着全面的认识。

我馆对于文物的入藏，有着详细的计划，我们每年都会制定征集计划，根据对藏品的充分研究，有针对性地确定征集文物的范围。例如 2008 年，我馆策划筹建汉族服饰厅，在制定展陈方案之前，我们对馆藏的汉族文物进行了全面的调查，充分了解到馆藏的欠缺部分，是少数民族聚居区的汉族服饰，因此在制定 2009 年文物征集计划时，对于所欠缺汉族文物的收集就是当年的重点。并在当年，派专人到贵州、江苏和福建收集屯堡、江南水乡和惠安女装，来充实馆藏。

除了严格征集计划外，我馆还规定对于符合入藏标准的文物，在收藏的过程中，需要将与文物相关的信息以及文化背景等资料进行全面的收集。例如 2009 年我馆在前往贵州安顺屯堡地区，收集当地“明代屯军之裔嗣”汉族的传统服饰。当时了解到一位老大娘还保存着包括从头饰、服装、佩饰在内一整套完整的屯堡女装，经过协商，老大娘同意将这套衣服出售给我馆。同时，我们的征集人员还请老人家为我们完整展示了这套服装穿戴过程，并全程摄像。回到博物馆后，将录像信息连同藏品的其他收购信息一并转交给总账，制作藏品入藏前档案。

最后，对于有购买意向的文物，严格专家鉴定制度。随着经济的发展，文化事业的不断发展，文物收藏热在全社会内兴起，收藏的种类不断扩大，民族类服饰也逐渐开始成为社会收藏的热点之一。需求刺激了民族服饰类文物的买卖的兴盛。而在于此同时，随着社会的飞速发展，科学技术和生产力水平的不断提高，特别是改革开放以来，各族人民的生活方式也逐渐现代化，尤其是衣着服饰上的变化非常巨大，传统的民族服饰都被流行服饰所取代，甚至一些传统的织绣、印染工艺，也由于费时、费力和缺乏传承人等原因而不再有人问及。正因为这样，市场上文物需求增加与传统服饰的逐渐减少，致使各种鱼目混珠的情况应运而生。对于一个藏品的主要来源是购买的博物馆来说，在征集的过程中如何去伪存真，就成了至关重要的问题。我们的经验是，尽可能减少与中间文物商人的交易，而是到少数民族聚居区去实地调查、走访，在充分了解的情况下从使用者手中直接征集文物。这样就能基本保证文物的真实性、文物信息的准确性和全面性。而确有必要从文物商人手中购买的文物，我们在文物购买之前，先请相关三位以上的专家对分别文物进行鉴定，广泛征求意见，根据专家的意见觉得文物是否入藏。

总之，征集文物，是博物馆重要的工作之一。征集的工作的是否规范，直接关系到博物馆藏品的质量和藏品日后的各项管理工作，因此必须有计划的规范进行。同历史文物不同，民族文物，特别是近现代的民族文物的征集，多数是博物馆主动性的工作，藏品绝大多数都是通过购买的方式获得的。这就在工作中不但要求工作人员对本馆藏品有深入的了解，同时还要注意有征集对象相关的所有信息的完整记录，还要有一定去伪存真的能力和相关检验制度。

二　民族服饰类藏品帐的制作

藏品被征集到博物馆正式入藏，就要进入到藏品总账、分类帐等各项账目管理的阶段。藏品是博物馆的生存之本，是博物馆开展活动的基础。在拥有相当数量的民族服饰类藏品后，如何有效地对藏品进行科学管理，这个问题直接影响到藏品的保存，展示和研究。而对于博物馆藏品管理最基本的方式，就是通过博物馆各式藏品账目来完成的。

尽管国家文物局对于藏品管理非常重视，相关的规定不断出台。中国文物信息咨询中心也按照国家文物局的相关规定，研制了《馆藏文物信息管理系统》，并开始逐步在全国各级博物馆推行使用。但是，国家这些对于藏品帐登记中需要用到许多信息指标，更多是针对历史文物的，对于近现代文物，特别是近现代民族文物来说，还有许多地方，如藏品的定名、分类和描写等内容，是需要各馆根据自己的实际情况来自行确定的。

例如关于藏品的定名，对于历史文物来说，是有着较为明确的规定的。但是对于民族文物来说，这样的规定就略显不够明确。民族服饰的名称多数都有民族自己的称呼。例如“查尔瓦”，是彝族语言音译，实际上彝族男子所穿的毛织的斗篷。在这种情况是，如果统一按照服装的标准命名来给这类藏品定名为“斗篷”，就会影响其作为彝族传统服饰的特点；而如果尊重民族习惯，按照其民族语言的音译为其定名，那么就目前所见，就有“查尔瓦”、“擦尔瓦”、“查而哇”等多种书写方式，哪一种才能作为这类藏品标准的定名也很难选择。另外藏品的定名问题还涉及到多种名称的问题，如满族的传统服饰马褂，另外还有马甲、坎肩等不同名称。这类有着多个名称的藏品，在博物馆藏品管理指标库中，并无统一的标准，各馆一般都是自行选择，甚至有些馆在藏品总账中几种名称都有使用的情况。

又如民族服饰类藏品的民族归属问题。虽然新中国成立后的民族划分工作将我国民族划分为五十六个，但是现在还有部分民族对于其定名和归属存在异议。例如海南的苗族，无论从起服饰特点还是语言、信仰上，都与广西瑶族差异不大，而与分布在贵州的苗族，却相差悬殊。在对这批苗族服饰进行分类和展示的时候，就常常引起争议。

由此可见，民族文物的信息指标库的统一建立，定名标准、分类标准等各项标准的逐步确立，将是博物馆藏品工作的一个重点，而这项工作，应该是由一线的有民族文物收藏的博物馆实际操作的工作。

本馆在遇到此类服饰藏品时，目前的做法是以尊重民族习惯为第一原则，并将其他信息记录在藏品档案中。同时也期待着民族文物工作者的共同努力下，尽快确定民族文物信息指标库的建立和相关标准的出台，能够使我们的工作更加规范化。

三 高校博物馆藏品管理遇到的困境

高校博物馆，作为游离于高校的职能部门和社会公共博物馆之间的部门，除了兼具优点之外，其遇到的问题也是很突出的。而在藏品管理方面的问题，就尤为突出。

首先是藏品管理人员素质的提高。第一，高校博物馆作为学校的一个职能部门，工作人员相对较少，很少有高校博物馆能够做到有专人分管藏品管理工作。同时，由于对教学和科研工作的意义不大，藏品管理人员往往在高校博物馆人员设置时被忽略。第二，作为高校博物馆藏品管理的工作人员，对于藏品保管、保护应该有相应的专业知识作为支撑。而在高校博物馆中，并不可能为保管人员提供如此专业性强的相关培训；文物部门组织的此类培训，又往往只针对与系统内工作人员。例如，此前国家文物局曾举办多次纺织品文物修复的培训班，与我馆的藏品保管工作有密切的关系，我馆也多次派人联系，但是都因非系统内而无法参加。第三，与此相关的，高校博物馆藏品管理人员的职称评定，又是同社会公共博物馆人员一起评定，无法参加这专业培训和了解相关资讯，对于高校博物馆人员的职称评定也有着很大的影响。

另一个困境，在高校博物馆藏品管理的经费来源方面。高校博物馆的经费来源有两项：一是高校下拨的与其他职能部门相同的基本经费，二是科研经费。基本经费主要用于支付博物馆日常工作的花销，并不支持藏品的保管和保护。而科研经费，多数是从教育部申请到的，涉及藏品保护的内容常常无法申请得到。由于缺乏文博领导部门的直接领导，与国家各级的文博领导部门没有隶属关系，因此又无法从国家文物局申请经费和项目，用于的藏品保管和保护。因此可以说，高校博物馆藏品保管和保护的费用十分有限。

四 结 语

就任何一个博物馆而言，藏品管理都是其基础和核心工作，是推动展览、科研和文化传承工作的基础，对高校博物馆也不例外。为了更好发展高校博物馆事业，使之为教育事业和社会文化事业服务，就需要国家教育部和文物局联系出台针对高校博物馆的规章制度，使高校博物馆工作更加完善。

参考文献

[1] 尹彤云：《大学博物馆的过去、现在和未来》，《中国博物馆》2004 年第 4 期。
[2] 王艳芳：《学习型社会构建中的高校博物馆》，《西北成人教育学报》2007 年第 2 期。
[3] 周晓陆、徐燕：《试谈我国高校博物馆的特点》，《中国博物馆》1997 年第 12 期。

浅谈新馆建成后藏品保管工作需注意的几点问题

中国妇女儿童博物馆　张　磊　刘治平

藏品是博物馆存在的物质前提，是建立博物馆的必备条件。同时，藏品也是博物馆开展科研、宣教等各项业务活动的物质基础，是将各项业务工作有机联系在一起的核心。近年来，我国博物馆事业飞速发展，博物馆的数量如雨后春笋般迅速增长。截至2010年底，我国注册博物馆数量已达3020家。其中，北京、上海等城市已经达到了每10万人一座博物馆的国际平均水平。至2011年底，北京地区注册博物馆有159家，这一数字位于世界第二，仅次于英国的伦敦。然而在这一系列喜人的数字背后，却是难以掩饰的实际问题。量多并不等于质优，隶属于文化文物系统的中小型博物馆暂且不论，单就很多非文博系统的博物馆、纪念馆甚至是爱国主义教育基地而言，自筹建伊始即出现藏品管理问题的绝非少数。诚然，随着我国经济实力的不断增长以及国家对博物馆事业发展的日渐重视，很多新建博物馆的规模和设备设施水平都是一流的，然而这些拥有着一流设备、宏大馆舍的新馆所面临的问题其实一点不比中小型新建馆少，甚至更多、更严峻。作为藏品保管的基层工作者，如何解决在实际工作中可能遇到的诸多问题，是我们应该考虑的，也是与我们息息相关的。

一　库房设计规划

在一个理想化的博物馆里，藏品库房的规划会自馆舍筹建伊始就被设计师充分考虑，库房所处楼层会位于整个博物馆大楼中最合理的位置。如果在多雨的南方，库房所处的位置绝不会是大楼顶层或是建筑成本效益高而防潮成本更高的地下室，甚至连博物馆本身的选址都会因为考虑到地基沉降、环境温湿度等问题而更为慎重。库房的空间总量不但要大，且会根据博物馆藏品的实际情况来做到合理的库区分配，如果库房占用多层楼还要会考虑电梯容量和装卸的便利问题等等。但是，理想和现实总是有差距的。现阶段我国新建博物馆的建筑设计和库房设计大部分还是脱节的，库房设计不但没能从“让库房尺寸和位置更为契合”的角度来单独制定施工计划书，而是在很多时候不得不为其他方面让路。如果展厅面积需要扩展，那么减少的肯定是库房面积。如果走廊或休息区需要扩展，减少的很可能还是库房面积。毕竟博物馆的总体面积摆在那里，让更多的参观者欣赏到更多的藏品好像总是更为重要。这种想法在很多人眼中是无可厚非的硬道理，在设计师的眼里也是如此，毕竟你不能要求每位设计师都充分理解藏品对于博物馆的重要性和藏品库房对于博物馆的重要性，所以出现很多展厅面积“幅员辽阔”而库房面积“捉襟见肘”的设计方案就不足为奇了。

对于基层藏品保管员来说，上面提到的库房设计规划问题好像离我们的本职工作有些遥远，这些领导决策层面的问题我们不应该，也没什么能力去涉及，但未来的几年甚至几十年始终与库房为伴的却是我们，库房对于藏品保管的功能性是否足够强大和便利对于保管员来说是至关重要的。试想如果让一位藏品保管员在一个不足 100 平方米、温度 30°、湿度超过 80% 的库房内从上千件藏品中找东西会是个什么场景。因此，为了避免这种可怕的情况发生，藏品保管员或保管部门的部门领导应摒弃库房规划与我无关的态度，从新馆建设伊始就切身参与到库房设计中来，提出诸如“让库区离主要出入口和藏品登记室近些以减少藏品的频繁运输”、“大空间可单独预留重物的存放位置”等建议。最为关键的是要首先让博物馆的决策者对藏品和藏品库房的重要性有着足够的认识和理解，才能让他们在与设计师沟通时选择最为合理的库房设计方案，只有库房的重要性得到应有的重视，库房内的藏品才能得到更好的保护，我们的工作才能更高效的开展，博物馆的收藏功能才能更好地发挥。这一点对于非文博系统的博物馆来说尤其重要，你不能指望决策者都具有相关的博物馆专业知识，甚至指望他们都是藏品保管员出身，这就太过理想化了。

二　柜架选择和日常管理

如果说库房设计的空间与位置对基层保管员来说是心有余而力不足的话，那么对于库房内柜架的选择权基本我们还是掌握的，决策者也大都会在这一方面认真听取我们的意见。新馆的建立等于是一张白纸，柜架的选择上如果打下一个良好的基础，对于日后工作的开展是大有裨益的。柜架的设计制作首先应该考虑的是藏品的安全保护问题，作为藏品长期存放的柜架，其安全系数一定要高，无论是材质的选择还是尺寸的大小。木质柜架就比较适用于南方和一些恒温恒湿设备相对匮乏的库房，而铁质柜架则更适用于温湿度条件相对稳定的库房。其次，柜架还应该尽最大可能地便于藏品的利用。现阶段国内蒙古博物院物馆的排架方法有先器型后时代、先时代后器型、顺序排位等多种方法，这些方法都各有利弊。由于各个博物馆的性质、规模、藏品侧重点、库房条件等因素皆有不同，很难说有一套适合于各馆、各库房的排架原则。究其根本，就是一定要根据所在博物馆自身的藏品性质特点制定排架方案，切不可照搬。即便是综合类博物馆，其藏品的侧重点也还是有的。新馆库房在选择柜架和制定排架方案时一定要把握好这一点，因馆制宜才能更合理地管理和利用藏品。同时，由于新建馆都在经历一个从无到有的过程，排架时为未来的藏品预留出空间也是很有必要的，特别是库房面积本来就不充裕的中小型博物馆更是如此。

此外，还有一种新馆难以避免的极端情况会出现，就是库房暂时没有柜架。出现这种情况一方面可能由于新馆建立的进度过快，藏品征集与馆舍建设、库房建设等同步进行，且藏品征集速度很快，而库房却尚未投入运营，当然库房内的柜架更是不会存在。这种情况下，租用或借用文博系统兄弟单位的临时库房是一个比较可行的办法。由于租用库房的临时性，且藏品存放数量很大，若使用柜架，存放空间会远远不足。藏品不得不装箱放置，虽然这样会对藏品利用造成一定困难，但也只能如此。这就要求装箱单要登记清楚，方便查找。一式三联的装箱单比较实用，一联放置箱内、一联贴在箱外，另一联保管员留存。藏品提用出箱时要及时勾填装箱单内容，且三联要保持一致，注明提用时间和出处，藏品用毕后要及时回箱。待到库房建成，柜架到位后再根据各馆实际情况合理上架。需要注意的是，租用库房切不可租用非博物馆性质的其他库房，毕竟藏品库房和一般库房的差异巨大，藏品的安全会难以保证，风险巨大。另一方面造成暂无柜架的情况则是新馆处在柜架招投标或制作期间而形成的真空期，这种情况持续时间相对较短，出现的问题也相对少些。

三　温湿度控制

藏品库房设计的成功与否，很大程度上是取决于对库房温湿度的控制是否成功，对藏品保护环境温湿度的控制也是藏品保护最基本的条件。近年来新建馆库房的硬件条件相对于旧有博物馆没有温湿度调节系统的库房已有了长足的进步（很多老馆的文物库房都依托于古建或相对陈旧的简易建筑）。这些新建馆的库房大部分仍然建于地下，但地下库房外墙的防水、防渗工作在设计时已被充分考虑。藏品库房内的温湿度基本上都采用大型空气调节设备来控制，甚至采用了中控电脑统一进行监督和调节，对存放不同材质的不同库别进行管理。按道理说，这套系统对藏品库房的温湿度控制已经相对完善，但抛开整套管理系统的高昂购置费用和运行成本不说，实际运行起来面临的问题依然很多。空调设备很难达到温度与湿度的平衡，当温度达标时湿度多会偏低，当湿度达标时温度则也会很高，这在冬夏两季室内外温差较大时表现得尤为明显。除了库房内部环境以外，室外空气的温湿度水平也会直接作用于藏品库内，毕竟库房的密封系统不可能做到和抽真空的包装袋一样，而且库房的通风也是必要的。如果在夏天的南方，藏品库内的湿度会大得惊人，当然抽湿机的效果还是不错的，但让它们昼夜运转显然是不现实的。加之很多新建馆的温湿度调节系统在试运行时都处在调试阶段，甚至尚未投入使用，更甚至由于建筑问题而出现漏水的情况。

既然会有上述的种种状况出现，除了依赖这些高科技设备之外，加强对藏品库房日常温湿度的监控和记录就非常有必要了，甚至要对博物馆所处地区的四季气候有所了解，小型单体的温湿度记录仪用起来就很便捷，而且这种仪器可以直接连接电脑绘制曲线图，为保管员省去了很多时间。在掌握了不同藏品库的温湿度变化规律之后，就可以有的放矢地做一些细部工作以改善局部环境，比如在箱柜中放入吸湿材料、调温材料或利用真空包装袋和防潮箱等。囊匣、锦盒的作用也不可忽视，锦盒等包装可以明显减缓温湿度的变化速度，木质的藏品柜架也会对温湿度的急剧变化起到很好的缓冲作用。对于展厅中藏品的温湿度控制，现在大部分新馆已采用恒温恒湿柜，这种展柜对小环境的温湿度控制便于调节也很有效。对一些不具备该条件的展柜来说，柜内用烧杯加水以增加湿度等措施也不得不采取，虽然这样会很影响展陈效果且要频繁的开启展柜，当然温湿度记录仪也是必不可少。总之，无论库房还是展厅，对温湿度的实时监控和记录都非常重要。

四　征集弊端和账册建设

由老馆改扩建而建立的新馆，由于其拥有几十年的藏品管理经验，面临的多是硬件条件提升后带来的适应性问题，诸如温湿度调控设备的操控、库房新排架方法的应用等等。这些老馆的账册建设一般不会有新的问题，从藏品搜集、鉴选到登记、编目再到统计、注销，一套适用于该馆的流程和制度会让这类新馆更快更好的进入角色。然而对完全意义上的新馆来说就不同了。上文提到，由于博物馆事业受到国家的高度重视，很多非文博系统的博物馆纷纷建立。这类新馆在建立时，具备各自优势，但由于专业人员匮乏而造成的问题也不可忽视。

很多隶属于各大系统（如部队、妇联等等）的博物馆之所以能快速建立，就在于其能充分发挥系统优势，集中力量大范围开展文物征集工作，能在短时间内完成大量文物征集工作。这对新馆的建立来说有着无可比拟的优势，然而由于征集人员的临时性及专业知识有限，其开展的征集工作就会有很多弊端和隐患。首先是藏品质量问题，藏品之所以称为藏品就在于其有历史、科学等价值，博物馆不是杂货铺，更不是废品回收站。其次是原始登记清册信息的完整程度问题，由非专业人员填写的原始登记册往往信息缺失严重，很多藏品的收藏价值会大打折扣，近现代文物尤其如此（容易产生这种问题的博物馆、纪念馆却又往往以近现代文物为征集重点）。盲目的征集只会带来更大的包袱，不符合本馆展览主题的藏品甚至毫无价值的物品会使鉴选、注销工作十分繁重，也会让本就不宽裕的临时库房更加拥挤不堪。藏品信息的缺失又会大大增加日后科研工作的难度，甚至会让一些本具价值的文物因此埋没。

当这些质量参差不齐的文物、资料等集中流入到保管部门后，对它们的处理一定要慎之又慎。首先是藏品总登记帐万万不能盲目填写，由于藏品总登记帐的性质是国家文化财产账，藏品一经登帐就必须保证账物相符，任何修改都要经过严格完善的程序才能进行。这些良莠不齐的文物和资料必须要按照国家规定的定级标准按原则严格筛选，非藏品的一定要剔出。若是不分优劣的盲目登帐，后患无穷。其次是藏品注销一定要慎重，由于文物征集工作开展时的弊端，数量庞大的捐赠凭证会在很多捐赠者手中，一些空头的承诺更会留在捐赠者心中。捐赠者要求博物馆开具捐赠证书无可厚非，但这些捐赠凭证上的物品很多在经过鉴选之后并不具备入藏条件，如何妥善处理这部分物品的确是个棘手的问题。在网络飞速发展的今天，社会舆论的影响比之前任何时候都要大，如果持有凭证的捐赠者来馆看不到自己所捐物品而又得不到任何合理的解释和通知时，其后果可想而知，这对于博物馆的打击是非常大的。同时，由于藏品信息在征集时的缺失，更不能因盲目注销而让有价值的藏品（特别是近现代）流失。

五 结 语

新馆建立后藏品保管工作中需要注意的问题还有很多，上文提到的几点仅仅是很小的一部分。新馆的建立必然要涉及大量藏品的运输，对这些藏品的预防性保护和包装工作需要注意的问题也很多。藏品在进入新库房前的消毒，用何种消毒气体，在什么地方，怎样确保消毒效果和安全性的问题同样不可忽视。电子账目的完善和标准的统一、藏品库房的防虫防霉工作等等。作为一名藏品保管工作者，自身所处博物馆的规模大小、条件几何我们都无从选择，但只要我们充分认识到藏品保管这一工作的重要性以及自身所肩负的责任，那么我们面临的很多问题也都是可以解决的。换句话说，只有藏品安全，你我才安全，无论是事业还是内心。

参考文献

[1] 国家文物局:《博物馆藏品保管工作手册》，群众出版社 1992 年版。

[2] [斯里兰卡] 亚历山大·阿里克著，王冠一、许淑贞译:《简述博物馆藏品库以及藏品保管系统的规划》,《博物馆研究》2009 年第 1 期。

[3] 段晓微:《试论博物馆快速发展给藏品安全带来的问题》,《北京博物馆学会保管专业第四—八届学士研讨会论文选编》，中国林业出版社 2009 年版。

[4] 宋长忠:《浅谈小型博物馆藏品保护》,《北京博物馆学会保管专业第四—八届学士研讨会论文选编》，中国林业出版社 2009 年版。

[5] 钟作英:《从博物馆藏品的预防性保护说起》,《北京博物馆学会保管专业第四—八届学士研讨会论文选编》，中国林业出版社 2009 年版。

[6] 王湛:《文献类藏品的科学上架与合理利用》,《北京博物馆学会保管专业第四—八届学士研讨会论文选编》，中国林业出版社 2009 年版。

[7] 丁月英:《略谈档案库房温湿度调控》,《湖北档案》1999 年第 2 期。

[8] 蔡钢铁:《书画库房的建筑与设备》,《中国博物馆》1989 年第 2 期。

周口店遗址博物馆藏品管理模式的探索

周口店北京人遗址博物馆　赵桂珍

周口店遗址位于北京西南的西山脚下，它是更新世古人类遗址中内涵最丰富、材料最齐全和最有科研价值的一处。早在70万年前，我们的祖先用勤劳和智慧在这里繁衍生息。为此周口店遗址共发现了27处化石地点，其中发现四类不同时期的古人类化石、近百种动物化石，以及丰富的用火遗迹和近十万件石器。面对大量的藏品，周口店遗址博物馆根据藏品的种类、特点和保存环境的不同，按照文物保管一套程序进行藏品保管，在实践中探索出适合本馆藏品管理工作的保管方法。

一　在藏品保管的基础工作中寻求自己的管理模式

（一）制定藏品管理的规章制度，是做好藏品保管工作的基础

健全的规章制度是藏品科学管理的依据和准则，也是藏品有秩序得到完善保护和利用的保证。藏品的管理规章制度，应在实践的基础上制定，并在不断总结经验中，逐步充实、修改、完善。周口店遗址博物馆的藏品保管人员参与并制定了：第一，藏品的征集、鉴定、登记、分类、编目制度。第二，藏品库房的管理。第三，藏品的提用、注销和统计。第四，提用馆藏品的制度。第五，库房安全和库房的工作细则。并结合本馆的具体情况，逐步补充制定出各种详细的规定和细则。2010年，周口店遗址博物馆对藏品管理制度进行了进一步的完善，增加了馆藏文物核查监督制度，对馆藏文物上监下管，加大了藏品安全监管职责。

（二）藏品保管工作在实践的基础上发展，逐步探索出一套适合本馆的藏品保管方法

周口店遗址库房内保存着两千多件石制品和四千多件未定名的化石标本，大量的化石标本上落满了灰土，库房内没有良好的恒温恒湿条件。千头万绪只能从基础做起，首先藏品保管人员对藏品进行了初步的清洗和整理，建立了藏品总帐。在2005年和2006年，周口店遗址博物馆聘请中国古脊椎动物与古人类研究所古生物鉴定专家和石器鉴定专家对标本库房内古脊椎动物化石和几千件石器分别进行了鉴定。对各类藏品进行科学分类，分为古人类、古生物、石器、文化遗物等，并对各类藏品进行定名、和定级，编目、建档等一系列保管基础工作。

（三）藏品保管工作井然有序，藏品排架科学合理

藏品排架也是博物馆藏品保护工作中的重要环节之一，藏品分类后，按类入库排架，同类的藏品分在一起，藏品排架中我们严格遵守藏品排架的摆放要求：做到上轻下重，上小下大的合理规范排架操作，避免柜架头重脚轻，确保藏品柜架的安全。周口店遗址的人类化石都是复制品，但这些人类化石模型比较珍贵，要做囊匣收藏，排架摆放。库房内保持相对适宜的恒温恒湿。

（四）藏品管理中引进数字化，建立标本数据库

藏品管理中引进数字化，是近年来博物馆藏品管理发展方向之一。数字化管理藏品，可以免去大量重复劳动，减少藏品出借时间和次数，有效地保护藏品安全，并保证藏品信息的即时更新。

建立馆藏文物信息化系统。馆藏文物信息化系统是目前博物馆数字化进程中比较成熟的系统之一。完善的藏品信息管理系统，实现了藏品征集、编目、建档、入库、库房管理等一整套流程的信息化，使纸质的信息载体转变为数字信息，藏品总登记账例外，具有以下优点：促进藏品管理工作的规范化、标准化；便于统计藏品，数字规范科学；信息检索方便快捷，图片等信息存储丰富。

2005年，周口店遗址博物馆建立了本馆的标本数据库，按照周口店遗址博

物馆化石标本的分类，分成了古生物库、古人类库、石器库、文化遗物库以及资料库，该数据库的特点在于：在搜集化石标本资料的同时，也搜集标本的相关著录资料，使化石标本的档案得以健全并能够随时查用，在搜集本馆藏品信息的同时，也搜集了保存在其他部门的周口店遗址出土的化石标本，如南京地质陈列馆、中国地质博物馆等，使藏品管理系统成为馆藏信息共享的系统。在2010年周口店遗址博物馆对原有数据库进行了升级改造，新的标本数据库将以原有数据库为基础，保留原有数据及表格样式，新增加互联网访问功能、博物馆共享功能、安全控制、数据备份等功能，同时提供标本录入的优化配置。

在馆藏文物信息系统建立的同时，必须同时保存传统的藏品管理方式。藏品是国家财产，每件藏品的征集、编目、建档、入库等，都需要留有一套完整的纸质档案，保证藏品的信息的完整性和原始性；藏品信息化管理虽然有查用方便等诸多优点，但也存在一定的弊端，例如数字化信息容易发生丢失，藏品信息可能被篡改的情况。因此，笔者认为，馆藏文物须信息化管理与传统管理并存，二者相辅相成，利用馆藏文物信息系统进行查对、核实和统计，而由传统纸质管理方式作为原始档案。

二　藏品的保养和复制也是藏品保护管理的重要方法

（一）藏品保养

藏品保养是藏品管理必不可少的环节，保持藏品的历史价值、艺术价值和科学价值。只有保存藏品的本来面貌，才能保持其珍贵价值，定期地对藏品进行保养和修复，能够使化石标本脆弱部分更加坚固，减少外界化石风化的影响，这是一种加强标本保护的预防性措施。为了使藏品以崭新的姿态为观众服务，周口店遗址博物馆于2011年启动了化石标本的保养工作，聘请中国古脊椎动物与古人类研究所赵忠义老师对馆藏标本进行全面的保养修复工作。藏品保管人员全力配合，加强学习，不断提高业务素质，从而对保养的材料，保养方法和实施步骤进行了深入的学习和掌握。

（二）藏品复制

藏品复制工作是藏品工作中的一项重要组成部分，复制品是藏品利用的重要而有益的补充。为了使藏品得到更好地利用，满足展示、研究、科学普及和社会教育，甚至博物馆相关文化产品开发等相关功能，使藏品能够在更多的领域发挥功能和作用，藏品复制是非常有必要进行的。

针对藏品复制工作，周口店遗址博物馆也曾进行过有益的尝试。在周口店遗址的早期发掘工作中，就曾经为研究之便利而进行复制。周口店遗址早期发现的古人类化石在 1941 年珍珠港事件中不幸失踪，至今是个悬而未解之谜，幸运的是在发现这些古人类化石的同时，及时进行了复制，这些复制品模型就如同古人类化石本身一样，陈列在博物馆内，依然发挥着它应有的独特魅力，供人类学家进行古人类体制特征的研究，并使其研究成果进行社会教育，为社会公众服务。这种复制技术一直沿用至今。藏品复制过程需要从库房中提用藏品，因此也存在着发生藏品安全事故的可能。为了藏品的安全，周口店遗址博物馆严格制定了藏品复制的规范化管理方式，首先复制之前严格检查藏品状况，如有损坏现象，首先要对标本进行保养修复。其次严格控制藏品复制过程中使用的材料，在藏品复制过程中，要适当引进新技术，新材料，新工艺，让现代科学技术为保护古代文化遗产服务。第三严格藏品复制程序等。随着藏品复制技术的进步，科学管理水平的提升，周口店遗址博物馆的藏品复制技术也会更加完善。

三　藏品的研究和利用是藏品管理的目的

藏品管理的最终目的是藏品的研究和利用，藏品保护管理是研究和利用的前提和基础。如何使博物馆藏品蕴含的信息资源，为陈列展览，科学研究服务，并使其研究成果为社会公众服务，最大限度的转化为社会价值。是每个博物馆应该深思的问题。

（一）藏品研究

藏品是国家宝贵的科学文化财富，是博物馆一切活动的物质基础。在保护好的前提下研究藏品，也就成为博物馆科学研究的重点内容，周口店遗址博物馆和中国古脊椎动物与古人类研究所专家成立研究小组，对出土的人类化石、古脊椎动物化石和石器等进行深入研究，并对古气候，环境和植被生长进行深入调查，将研究成果发表专著。近几年来，各大专业报刊出版文章二十多篇。并将研究成果进行陈列组合，同大家一起分享研究成果。

（二）藏品利用

对于博物馆而言，藏品利用主要是社会教育。陈列展览是社会教育的表现形式，周口店遗址博物馆的专业性较强，传统的陈列展览方式较为严肃和刻板，而展品多为化石标本，不具备一定的专业基础的观众，参观过程中也较难深刻理解其内涵。如何让陈列展览更吸引人，观众能够参与进来，与之互动，周口店遗址博物馆将陈列展览采用数字化展示方式，可以深入浅出地帮助观众普及相关专业知识，产生探索古人类、古生物、古环境知识的兴趣。为了使陈列展览更生动，2003 年起，周口店遗址博物馆开始大力开发陈列展览中数字技术的应用，采用了电脑触摸屏、开发三维动画、魔法卡片等方式进行数字化展示，取得了良好的效果，在随着展示项目进行的公众调查中，得到了很好的反馈。

三维动画电影：利用三维成像的方式，表现了周口店遗址出土化石人类——北京猿人、山顶洞人的生活，以及他们生存的环境等。

内容丰富的触摸屏：新增多个触摸屏，从考古和田野发掘常识、北京猿人的生存环境和生活场景、北京猿人时期生存的动物、山顶洞人的生活场景、周口店遗址的发现与发掘等多个方面进行展示，同时，利用连连看、找不同等广大观众熟悉的小游戏，将科普知识以寓教于乐的形式，与广大公众群体进行互动。

四 结 语

社会在进步，科技在发展，周口店遗址博物馆的藏品保管工作在紧张有序的进行，在近几年的藏品保管工作中，积累了一些经验。每个博物馆都应该根据自身馆藏品的特点，并结合博物馆实际，建立自己的特色的藏品保管方法，在日常的基础工作中不断创新，加以完善，努力创建比较完善的藏品规范化管理体系。同时作为一名藏品保管员，应该不断地提高自身的综合素质，更加有效地管理藏品。

参考文献

[1] 王宏钧:《中国博物馆学基础》，上海古籍出版社 2001 年版。

[2] 北京博物馆学会:《博物馆藏品保管学术论文集》，中国林业出版社 2009 年版。

藏品研究在新形势下博物馆工作中的必要性

四川博物院　张丽华　彭代群

进入21世纪以来，中国博物馆事业进入了一个新的历史发展时期，特别是近年来，各地新建、改建、扩建的博物馆相继建成，博物馆事业蓬勃发展，博物馆工作呈现出繁荣的新景象。新时期、新形势下博物馆的藏品研究、藏品保护、陈列展览、宣传教育等工作都面临着前所未有的机遇，与此同时，压力和挑战也接踵而至。藏品的进一步深入研究，是博物馆各项工作顺利向深度推进的前提和基础。必须加大对文物的研究力度，这种研究，不仅仅是一种普及性研究，而是一种以各个地区、各个历史时期、各个不同民族的特点和特色为基础的专业性研究，只有这种专业性研究，才能真正彰显博物馆藏品特色，使博物馆成为历史文化的教育和展览研究基地、成为公众终身教育的基地。新形势下的博物馆，对藏品的深入研究工作的重要性，必须被充分的认识和重视。

一　博物馆免费开放对藏品深入研究的要求

2008年1月23日，中宣部、财政部、文化部、国家文物局联合下发了《关于全国博物馆、纪念馆免费开放的通知》。根据通知，全国各级文化文物部门归口管理的公共博物馆、纪念馆，全国爱国主义教育示范基地将全部实行免费开放。这一政策的实施，是进一步提高政府为全社会提供公共文化服务水平的重要举措，是实现和保障人民群众基本文化权益的积极行动。这一政策极大地调动、激发了公众走进博物馆的热情，也对博物馆提出了新的要求。各个博物馆实行免费开放后，观众流量激增，博物馆一改过去门可罗雀的萧条景象，迎来前所未有的参观高潮。公众纷纷走进博物馆的同时，也对博物馆的工作提出了新的要求。博物馆如何面对社会，面对公众，都因此而发生了很大的变化。面对新的格局，博物馆在持续发展、科学发展的道路上，需要思考和解决许多新的问题。藏品保管和研究工作，是博物馆其他各项工作的前提和基础，加强藏品的研究，是提升陈列展览、宣传教育等工作质量必不可少的基础。

（一）面对博物馆免费开放后的观展热潮，博物馆采取的应对措施

面对公众前所未有的观展热潮，各博物馆都相应实施了各项应对措施。在基础设施方面，博物馆都积极引进现代科学技术，加强展厅温度湿度的调控、加强博物馆安防设施等等。在宣教方面，许多博物馆都采取了招募志愿者、义务讲解员等措施。四川博物院在此基础上还推出了招募小小讲解员和老外讲解员的活动，此举一出，在社会上掀起了一股小小热潮。寒暑假间和平时周末的时间，很多小学生以及在成都学习的外国留学生则以成为博物馆的义务讲解员为荣，同时，也为四川博物院增添了一道独特的风景。另外，四川博物院还在展厅增设了观众互动区域，让观众能够亲身参与模拟某些文保、修复等工作；设置了儿童托管区，可以让幼儿在托管区玩耍，保证了家长在参观展览时幼儿的安全。这些兵来将挡、水来土掩的应对措施，很大程度上有效解决了目前面临的一些问题和挑战。

（二）面对观众的热情，博物馆开动脑筋、大胆尝试

目前，在大多博物馆中，尤其是综合类博物馆，文物展仍旧在各个综合类博物馆占据着主导地位。这种展览一般是长期展览，内容和形式基本固定。为了补充博物馆陈列展览的单一性，许多博物馆都采取引进各种专题展览和临时展览或与其他馆联合办展等。

引进临时展览和专题展览是对博物馆展览最快捷、最有效的补充。在深入挖掘馆藏资源举办精品基本陈列的同时，积极引进高水平临时展览是补充本馆展览资源不足的重要途径。高质量的、具有重要学术价值的专题展览越来越受到公众的关注和肯定。而联合国内蒙古博物院物馆界的实力，基于“资源共享、优势互补”原则，开展馆际间联合办展和交流办展，既降低了引进展览的费用，更加强了博物馆之间的联系和沟通。这些举措，一定程度的丰富了博物馆的展览，满足了不同观众的观展需求。

另外，很多博物馆还在其他方面做出了大胆的尝试和创新。如四川博物院自2009年5月新馆开馆以来，一直为如何办好展览，让更多的人能走进博物馆，让更多的人能得到博物馆的熏陶，不断探索，先后推出、筹办了流动博物馆、少儿博物馆、花灯博物馆等多种活动。

2010年初，四川博物院流动博物馆正式成立。成立一年半以来，流动博物馆把展览办到了山区、老区、少数民族、贫困地区的百姓家门口。使免费开放的精神传至各个角落，使得珍贵文物走出“深闺”，走入老少边穷地区。

四川博物院本着“公众的需求就是我们的追求”的办馆理念，贯彻落实“三贴近”，满足广大人民群众的文化需求，把博物馆回馈给社会大众，于今年5月18日正式启动“华灯博物馆”光彩工程，打造博物馆之夜。华灯博物馆一改博物馆5点闭馆的模式，在每个月第一周的周六晚6点半至8点半，免费向公众开放。四川博物院此举开创了全国博物馆在夜间向公众开放的先河，成为蓉城之夜的一道风景线。

四川博物院目前正在筹建的四川少年儿童博物馆是为全省少年儿童“量身定做”的博物馆。少儿馆将是教给孩子探索知识、发现知识的趣味乐园。少儿馆的设计主要针对6~12岁的孩子，将采用高科技互动性教育模式，结合四川博物院文物特色和巴蜀历史文化，打造出四川韵味。少儿博物馆建成后，将采取“请进来，走出去”的方式，与流动博物馆相结合，力争用3~5年时间实现四川省城乡全覆盖。

（三）深入藏品研究是一切工作的基础

如何让公众保持对博物馆的热情？如何留住公众，让公众能第二次、第三次、第四次不断的走入博物馆，并自觉把博物馆作为终身教育的殿堂？这是一个长期的课题，需要博物馆人深思、熟虑、慎行。

为了保证博物馆的观众能够保持对博物馆的热情，核心工作即内容丰富、形式多样的高质量的展览。让观众能在博物馆中驻足甚至流连忘返，必须要有堪称精品的基本陈列和高质量、高水平的临时或专题展览。如何保证展览质量，让公众在观展同时，获取更多知识，关键在于展览发掘的深度，这就要求策展人员对藏品有着深度的了解，那么对藏品的深入研究的重要性即被突显出来。而对藏品的研究，是展览的选题、组织展览内容、提炼展览大纲的前提。博物馆拥有大量的珍贵文物，大多数博物馆可能不足十分之一甚至于百分之一的藏品有幸跟观众见面。而真正公之于观众面前的这些文物，或许都是博物馆展览几十年来反复展陈的。这就需要博物馆人能以藏品研究为基，结合观众的需求，推出更多为观众需要、喜闻乐见的好展览。随着博物馆的免费开放，对馆藏文物的研究和合理利用提出了新的要求。从业人员必须改变观念，深入研究和发掘文物内含的丰富信息，保障博物馆的展览能不断推陈出新，吸引广大公众保持持续的热情不断走入博物馆，自觉把博物馆作为终身教育的基地。

无论是基本陈列、临时专题陈列、联合办展，还是其他方式的探索如流动博物馆、少儿博物馆等等，展览的质量和水平是他们的前提和基础。博物馆要不断地保持其活力，必须时时思考自身的文化能量，通过对藏品的不断深入研究，结合观众的需求，把藏品本身所具备的信息及其之间的联系忠实的演绎出来。

二、各项新技术、新手段在展览中的应用，对藏品的研究提出了更高的要求

博物馆展览是在有限的空间内、利用有限的物品、凭借有限的设计展示手段，实现围绕某一主题的藏品背后包括物质、情感、艺术、历史等知识的表达。一切展览手段及辅助展品运用，都是为了表达展览的主题。在科技高度发展的当今，科学技术的发展促进了艺术观念的变革和表达手段的多样性，大量的新技术、新手段在博物馆的展览中被采用。陈列艺术吸纳了诸如建筑、绘画、雕刻、电影、音乐等种种艺术实践的特征，大量消化和使用了当代科学和技术领域内的前沿成果。如场景复原、超写实雕塑、3D影像以至于视频动漫、计算机模拟等陈列技术语言逐渐渗透到更多的博物馆的展览中，冀以增强展览的观赏性及观众与展览的互动性。一方面使一般手段难以展现的、抽象的事物形象逼真的充分展现在观众面前；另一方面开创了全新的互动模式，实现了与观众的互动交流。

博物馆的展览一成不变的维持传统的展览内容和方式，肯定是行不通的。即便是改进了陈列手段，在展览中运用了其他多样性的表达手段，如果陈列内

容、文物还是从前展览的重复的话，观众离开博物馆时也仅仅对某个陈列手段留下感官上的记忆。在一些博物馆的展线中，为了吸引观众的眼球，设计者不惜花费资金和精力，大量使用场景复原、雕塑、幻影成像等手段，有的展览人工造景甚至占据了1/3，其引人注目的程度甚至超出了人们对文物的关注度。辅助展项常常应作为交代时代和社会、自然背景氛围的辅助手段存在，它们只能点缀，而决不能喧宾夺主。毕竟博物馆展览的主体是文物藏品，而不是高科技技术的展出。过分使用辅助手段，且不能精准把握藏品的内涵和背后的故事，藏品的精神内涵则不能被解读，或不能解读好。

新技术、新手段在博物馆的展览中的应用，对藏品的深入研究提了新的要求。这些高科技的辅助手段，充分刺激观众的感官，如果此时藏品本身的信息不能充分被表现，被理解，观众在参观中所获取的则仅仅感官的刺激，那么观众离开博物馆后，或许仅对某个展览表现手段有记忆，而忽略了展览的主体——文物中蕴含的信息和知识。

三、信息化在博物馆工作中的应用，给藏品的研究带来便捷的同时也带来了挑战

自2001年开始的珍贵文物数据库建文物调查及数据库管理系统建设工作，已于2010年底全面完成。珍贵文物调查项目的完成，为我们搭起了文物登录、研究、管理、利用的平台。随着第三次文物普查工作的展开，进一步预示着藏品的信息化时代的到来。加之近几年网络在各行各业中广泛应用，网上博物馆、数字博物馆等开始兴盛，传统博物馆的业务工作与计算机网络上的活动紧密结合起来，使实体博物馆的职能得以充分实现。信息化给藏品的研究和利用带来了方便和快捷，同时也对藏品的研究提出了更高的要求。

我国博物馆工作已经由封闭型转为开放型，对于藏品的研究，也正由封闭走向开放。资源共享后，博物馆之间可以互相研究相关文物，整合各馆资源，加强馆际交流，提升展览质量。文物信息资源共享，为藏品的研究提供了广阔平台，也给博物馆人提出了新的要求。博物馆工作者不再是关起门来仅仅研究本馆文物，而是通过网络平台了解其他馆藏品基本情况，对藏品研究的广度深

度都有了更高的要求。

四　新形势下文物征集工作对藏品研究的需求

自20世纪80年代左右开始，全国的很多考古队都同博物馆分离开来，自此，博物馆不再能得到考古发掘品，博物馆的新增藏品只能依靠捐赠和征集。新形势下，博物馆事业蒸蒸日上，征集工作也得到资金等方面支持。对文物藏品的研究，必然是开展征集工作的前提。

首先，要对本馆所藏文物的体系有充分了解，才能有目的、有方向征集本馆所需藏品。只有了解本馆藏品特色及定位，才能准确把握文物资源，找准文物征集的目标和方向，制订文物征集的计划和方案，有针对性地开展文物征集工作。

其次，必须深入藏品的研究，积累和提高鉴定能力。这样在征集工作过程中才能在当今鱼龙混杂的文物艺术品市场以及纷繁错乱的复杂形势下做到去伪存真，征集到符合博物馆入藏要求的文物藏品，确保文物征集的数量与质量，不断地为博物馆征集入藏具有历史价值、科学价值和艺术价值的文物藏品。

综上，藏品的深入研究对博物馆事业发展至关重要。但目前很多博物馆都存在业务人才短缺、研究能力不足的情况。很多博物馆为摆脱此困境做出了许多尝试。以四川博物院为例，四川博物院自2009年新馆开馆以来即与四川大学等高校和学术研究机构合作，一方面，利用双方优势资源，联合培养高层次人才，为博物馆藏品研究及其他方面学术研究储备研究人员，从整体上提高博物馆业务人员素质和藏品研究的水平；另一方面，利用博物馆的藏品优势和院校的学术能力，合作研究相关藏品课题；另外，邀请高校及学术研究机构的专家来博物馆为博物馆工作人员作相关专题的讲座，以开阔视野、增强理论，指导实践。

随着时代的发展、人民素质的提高，博物馆已不再仅仅是刻板的堆砌文物和数据、图表的历史课堂，而已成为公民学习、娱乐、社交、休闲的新宠。博物馆的工作任重道远，对藏品的深入研究也非一朝一夕即成，博物馆人只有不断的钻研、探索，立足于藏品的研究，把握时代的脉搏，结合观众的需求，把博物馆事业推向一个又一个高峰。

浅谈博物馆藏品入藏标准

——以周口店遗址博物馆为例

周口店北京人遗址博物馆　宁　娟

藏品的收藏是博物馆的基本职能之一，因此，博物馆藏品的入藏工作就显得尤为重要。现在博物馆门类众多，收藏品涉及广泛，从地质、天文到当代航天科学，从古生物到各个自然学科，从各个门类的科学技术到文学、工艺、美术以至国防军事，从一个国家、地区的历史到个别卓越人物的和各个民族的风俗，都有不同的博物馆。总之，当今的博物馆藏品收藏工作从宏观到微观、从本国本地区到异国他乡，各种实物例证和资料都是博物馆收藏的对象。因此，博物馆藏品的入藏标准也都有各自鲜明的特征。下面就以周口店北京人遗址博物馆为例，简述一下周口店遗址博物馆的入藏标准。

一　制定藏品征集办法，明确藏品征集标准

博物馆根据自身性质不同，都会制定相应的藏品征集办法。藏品征集是博物馆根据其性质、特点的需要，通过各种途径有目的的不断补充文物或标本的基本业务工作。博物馆应在藏品征集之时，就明确藏品征集的标准，制定符合本馆实际的征集办法和标准，遵循目的明确、藏品体系完整、计划科学、预见性强的原则进行藏品征集。

周口店遗址博物馆为一家自然科学类的专题性遗址博物馆，藏品征集工作涉及面较窄，与此同时，史前人类的遗物及史前的古生物化石数量又是巨大的。为了藏品征集工作的方便和准确，经过多年的实践，周口店遗址博物馆摸索出了适合自身的藏品征集办法和标准：

第一，周口店遗址所处地质年代为更新世，包含的27处化石地点中，时代最为久远的为上新世的古生物化石地点，而其中大部分为更新世化石地点，因此，周口店遗址博物馆藏品征集的最首要的标准，就在于化石标本的地质年代，必须为上新世以来的化石标本。

第二，古生物化石，古人类化石及文化遗物等，其科学价值主要在于推断出远古时代的地质构造、环境、生物演进的痕迹等。这些都与化石出土的地点密切相关，离开了其所出土的地点，则无法确认它的地质年代、埋藏环境以及与其他化石标本之间的关系等等重要的信息，而使得化石失去了研究的价值。因此，周口店遗址博物馆征集的藏品，必须有明确的出土地点。

第三，周口店遗址博物馆为一家专题性非常强的博物馆，因此，征集的藏品主要还是以周口店遗址出土的化石标本为主，尤其是在战争中失踪的古人类化石标本，更是寻找和征集的最重要对象之一。其他化石标本主要起的是辅助和比较研究的作用。

第四，近年来，藏品的范围也逐渐在扩充。因此，某些重要的历史资料，与本馆的沿革密切相关的文件等，也纳入了周口店遗址博物馆的征集范围。

第五，周口店遗址藏品征集标准：

1. 古人类化石

（1）应具有确切的发掘地点、发掘时间，其出土地应保存化石出土时的状态，以便于后来的发掘研究；

（2）以寻找到周口店遗址出土的“北京人”、山顶洞人化石为主要目的。

（3）在周口店遗址范围内发掘出土的古人类化石为主要搜集对象。

2. 古生物化石

（1）应具有确切的发掘地点、发掘时间，其出土地应保存化石出土时的状态，以便于后来的发掘研究；

（2）化石应保存完好，无残损，有明确并可辨认的分类特征；

（3）化石应具有其所在地质年代的典型性或独创性特征；

（4）以周口店遗址范围内出土古生物化石为主要搜集对象。

3. 石器（石制品）

（1）应具有确切的发掘地点、发掘时间，其出土地应保存化石出土时的状态，以便于后来的发掘研究；

（2）应具有石器所在时代的典型性特征，或在确认其出土地点情况下，具有独创性；

（3）以周口店遗址范围内出土石制品为主要搜集对象。

4. 文化遗物

（1）应具有确切的发掘地点、发掘时间，其出土地应保存化石出土时的状态，以便于后来的发掘研究；

（2）应具有文化遗物所在年代的确切特征，并具有一定代表性；

（3）以周口店遗址范围内出土文化遗物为主要搜集对象。

5. 其他

（1）周口店遗址重大发现过程中的证物，如发现第一个头盖骨时的原始发掘记录、发现古人类化石当日的发掘日志等；

（2）与周口店遗址发现、发掘及研究息息相关的专家，如杨钟健、裴文中、贾兰坡等院士在周口店遗址发掘时期的遗物，包括发掘工具、发掘记录、图纸、照片资料等。

第六，对于征集得来的标本，周口店遗址博物馆组织负责研究工作的相关专家进行专门的鉴定，对化石标本的来源地进行深入研究和发掘，以确定标本的信息。与此同时，对藏品进行分类、鉴定、定名和登记工作。

二　制定藏品入藏标准的意义及制定要求

藏品收藏是博物馆各项基本职能实现的基础，藏品的入藏工作更是藏品工作的基石，因此，藏品入藏的标准的重要性是毋庸置疑的。

根据周口店遗址博物馆的实践经验，藏品入藏标准的制定须考虑以下几个方面的内容：

第一，藏品入藏标准须与本馆的性质相符合，在此基础上可以有所扩展。

博物馆的门类众多，所收藏的藏品也五花八门。而博物馆的分类在很大意义上决定于其所收藏的藏品，因而，把好藏品入藏关口是十分必要的。周口店遗址博物馆作为一家专题类遗址博物馆，所收藏的藏品均与遗址出土化石标本或者与周口店遗址的沿革相关，扩展的藏品收藏内容也是古人类、古生物或者古人类的文化遗物等方面藏品，与周口店遗址博物馆的性质密切相关。

第二，藏品入藏标准应具有前瞻性。

当今社会的发展是极为迅速的，各种科学技术、研究成果以及文学艺术等等都在日新月异的发展。藏品收藏工作需要及时有效，入藏标准的制定也需要具有前瞻性，及时将新的藏品纳入入藏范围。周口店遗址博物馆将周口店遗址相关的重大科研成果、发掘工作等等的资料收集工作，作为藏品入藏工作的基础。

第三，藏品入藏标准应该具体可行。

作为藏品入藏的规范和指导文件，博物馆的藏品入藏标准应该具体而详细，可操作性强，可以随时对照并指导藏品入藏工作。周口店遗址博物馆的入藏标准历经了数次的修改，随着藏品工作的进一步进行，还将进一步完善这一标准，使之更加具体可行。

第四，藏品入藏标准与博物馆的研究、展示和社会教育工作紧密结合。

藏品的收藏和保管是博物馆各项工作的基础，而藏品利用又是对藏品收藏工作的促进，为了使藏品入藏更加科学合理，藏品入藏标准还应与藏品的利用，即藏品的研究、展示和社教工作，二者紧密结合，藏品入藏标准应在制定之时就考虑到这些藏品利用的内容。

三　周口店遗址博物馆入藏标准

周口店遗址博物馆原本由科研单位主管，按照自然标本的管理方式进行管理，与文物藏品管理有很多不同之处。2006 年北京市文物局启动了藏品清库调查工作，为了配合此项工作，周口店遗址博物馆对原有展出的化石标本重新按照文物藏品的管理模式进行了重新的整理，履行了入藏工作手续，在入藏过程中，发现了很多问题，因此，制定了周口店遗址博物馆的入藏标准，按照此标准对化石标本进行了登记，解决了如下几个问题：

第一，解决了复制品能否作为藏品入藏的问题。

1941 年，周口店遗址出土的“北京人”头盖骨化石和山顶洞人头骨化石在二战混乱中失踪，至今下落不明，然而周口店遗址博物馆内保存着当年根据化石标本复制的石膏模型。这些模型严格地复原了“北京人”头盖骨化石的细节，在化石实物下落不明的情况下，它们是最为接近化石标本本身的模型。古人类学家和体质人类学家能够根据它们，对“北京人”和山顶洞人进行研究，其科研价值甚至超过了一些普通的实物标本。因此，周口店遗址博物馆将馆内展出的早期复制的“北京人”头盖骨化石及山顶洞人头骨化石作为藏品进行登记；1951 年以后又陆续发掘出土的人类化石标本的复制模型则仅仅作为参考品，作为展示和社会教育之用，不予入藏。

第二，解决了对古生物化石标本、石器以及人类化石模型进行定级的问题。

周口店遗址博物馆内保存的藏品是以古生物尤其是动物化石、石器和人类文化遗物为主的自然标本，另外还包含人类化石模型，这些藏品国家鉴定委员会并没有相关专家和详细的细则能够进行明确的定级。自 2005 年以来，周口店遗址博物馆先后请了古哺乳动物学、鸟类研究专家、旧石器时代考古学、地质学等方面的专家，历时一年多的时间，对周口店遗址博物馆内的藏品进行重新的鉴定和定级，并初步拟定了周口店遗址博物馆藏品自定级标准如下：

1. 一级品认定标准

（1）周口店遗址出土的古人类化石；包括各个化石地点的，如第 1 地点、山顶洞、第 4 地点、田园洞等。

（2）周口店遗址出土的具有典型代表性、保存完整的古生物化石；按照地质年代不同、古环境和埋藏条件等划分其典型性。

（3）周口店遗址出土的具有典型代表性的石器。一级石制品应具有该地点代表性的打制方法、代表性的岩性，或者该地点极为稀少的岩性打制的石器也可认定为一级品；不同地质年代和不同地点分别认定。

（4）见证周口店遗址早期发掘中，代表古人类化石出土的发掘记录。

2. 二级品

（1）周口店遗址出土的具有代表性、保存完整的古生物化石。按照地质年代不同、古环境和埋藏条件等划分其典型性。

（2）周口店遗址出土的具有代表性的石器，打制方法及打制痕迹明显而且清晰，岩性具有代表性。

（3）见证周口店遗址早期发掘中代表性化石标本出土的发掘记录。

3. 三级品

（1）周口店遗址出土的具有代表性、保存较为完整的古生物化石。

（2）周口店遗址出土的较具代表性的石器。

（2）见证周口店遗址早期发掘过程的发掘记录，以及周口店遗址发掘相关专家的有关记录。

4. 一般藏品及参考品

一般藏品：周口店遗址出土的一般完整或不完整、但具有可鉴定的分类特征的古生物标本，以及形制和打制痕迹较少且不典型的石制品；有明确出土地点的非周口店遗址出土的古生物化石标本；或周口店遗址发掘方面相关专家的遗物及发掘记录。

参考品：周口店遗址出土的较为破碎、无法鉴定的古生物化石标本，以及周口店遗址地层内出土的砾石、断块等。

四 结 语

藏品入藏工作是藏品工作的前提和基础，因此，做好此项工作的必要性不言而喻。目前我国步入了博物馆事业大发展的时期，各门各类的博物馆层出不穷，想要制定一个统一包括所有门类的藏品入藏标准，实现起来是有一定的难度的，也没有文献能够参考，如需进行，则需要大量的调查和研究。因此，周口店遗址博物馆在立足本馆实际的基础上，从藏品征集工作做起，制定并执行了本馆的藏品入藏标准。在未来的工作中，这一标准还必将不断地完善和补充。

试析博物馆入藏标准问题

——以内蒙古博物院为例

内蒙古博物院　于宝东

藏品历来为博物馆立馆之本，是博物馆业务工作基础之基础，是博物馆实现可持续发展、发挥社会服务功能的动力和源泉。藏品的重要地位，在整个文博界堪称共识，藏品搜集自然随之成为博物馆首当其冲的要务。

博物馆入藏问题，多年来集中讨论于藏品搜集的意义、条件、途径等方面，但“入藏标准”在国内博物馆学研究领域中几乎处于回避的议题之列。我国文物保护相关法律法规仅提及“入藏标准”一词，均未出台相对统一的界定和规范，以致博物馆在实践中各自为政，莫衷一是，很大程度上影响了博物馆的进一步发展。本文尝试以内蒙古博物院为例，就此问题与同仁充分交流，以期有所收获。

一　对“博物馆入藏标准”的基本认识

21 世纪的今天，全球经济已经由工业经济时代向服务经济时代转变。发展服务业成为建立节约型社会的关键一环，也是构建社会主义和谐社会的重要途径之一。我国已将服务业置于战略高度。对于服务业的发展，标准化起着不可替代的引领作用。它对内能够形成服务业发展的制度环境，服务组织进行科学管理，保护公众合法权益；对外能够有效应对国际竞争，提高我国的竞争力、控制力和自我保护能力。作为规定服务应满足的要求以确保其适用性的标准，服务标准的制定堪称各服务行业领域实现科学发展的奠基石。

在我国国家服务业标准体系中，文化、体育业标准是其不可缺少的组成部分，文博标准又是文化标准中的重要内容之一。2006～2009 年，国家文物局已立项的文物保护标准，围绕不可移动文物、可移动文物、文物调查与考古发掘、博物馆、文物保护、博物馆信息化及信息化建设等多个方面。根据国家文物局公布的相关数据，合计正在制定中的和已颁布实施的项目，国家标准41项，行业标准69项。“十二·五”期间，我国将针对不可移动文物，考古发掘和文物标本的检测、分析，文物术语、代码等重点开展基础性标准研究。截至目前，尚未看到官方将博物馆入藏标准提上议事日程。

我国文化部1986年发布的《博物馆藏品管理办法》第七条、第二十一条提到“入藏标准”，《国务院对确需保留的行政审批项目许可的决定》（国务院令第412号）中第465项提到“博物馆处理不够入藏标准、无保存价值的文物或标本审批”。笔者尚未查到其他官方文件存在关于“入藏标准”更为详细的内容。

鉴于以上情况，笔者以为，对博物馆入藏标准实施标准化刻不容缓。

一方面，在当今全球化、信息化、网络化时代的冲击下，随着我国经济的迅猛发展，民间流散文物市场相当活跃，供需两旺，市场交换活动日益频繁，文物流动过速，使得许多珍贵文化遗产流失民间，征集机会把握难得，稍纵即逝。另外，经济的快速发展与充分交流，同时也推动各民族逐渐沿着主流文化、先进文化的向心力聚集，走向民族融合，民族同化。许多优秀的民族文化遗产在此过程中逐渐消亡，若不及时抢救，很难再找到历史的痕迹。博物馆作为社会公益性文化机构，对抢救和保护文化遗产，承担着义不容辞的责任。博物馆搜集藏品的工作应当获得大量重视和资金支持，应当纳入统一、规范的标准体系。

另一方面，进入21世纪，我国文博界迎来了第三次兴建现代化博物馆的浪潮，在全国各地不断推进文化大发展大繁荣的良好政策环境里，博物馆越来越多地以市场收购作为新增藏品的主要来源。可博物馆在我国是公共文化服务机构，市场化水平不高，资金实力不足，面对缺乏统一规范的情况，难免出现失误。因此，在市场经济条件下，如何确保藏品搜集工作科学、有效、安全地开展，如何通过相对统一的标准来规范和引导市场，确保公平合理，确保价有所值，都是亟待解决的问题。

就“博物馆入藏标准”本身而言，笔者以为，其基本概念就是对博物馆搜集新增藏品的具有相当适用性的要求和规范。我们可以将其视为一套评价体系，最好分别加以制定和实施。内容包括：

1. 博物馆入藏选择依据规范；

2. 博物馆入藏搜集途径及其程序规范；

3. 博物馆入藏档案规范。

这三者是博物馆藏品搜集的三个主要阶段，依顺序构成藏品搜集工作的主要内容，缺一不可。

二　“博物馆入藏选择依据规范”框架设想

博物馆入藏选择依据规范的确定是一个复杂的系统，其不可避免地受到博物馆自身性质、特色定位、发展方向、资金基础、保管条件、保护技术、科研水平、展示能力等多方面因素的制约。在博物馆逐渐走向多样化、特色化、突出个性道路的发展趋势下，制定这样类型的规范存在相当的技术上的难度。

为了解决入藏标准的技术问题，又能体现标准广泛的适用意义，增强藏品搜集工作的科学性、合理性，提高搜集资金的利用效率，我们可以采取原则性的表达方式在宏观维度加以制定。

博物馆入藏选择依据应当至少考虑如下几项：

1. 博物馆现有藏品分布情况：具体分析藏品的各种分类，绝对数量、相对数量和级别分布状况，能构成完整或基本完整的系统的范围，藏品优势，在优势范围内的藏品缺环与薄弱部分等。

2. 博物馆现有学术研究水准：具体分析藏品研究水平，历史文化（科学知识）研究水平，陈列设计研究水平等。

3. 博物馆的特色定位：具体分析博物馆的个性特征，代表性文化品牌等。

4. 博物馆的发展方向：具体分析博物馆中长期发展规划，可持续发展的目标、道路等。

5. 博物馆陈列展览的需求：具体分析博物馆陈列展览的主题，表达和宣传的诉求与效果，内容设计，形式设计等。

6. 藏品出土情况：具体分析国内外相关藏品出土情况等。

7. 流散文物市场情况：具体分析民间收藏情况，古玩市场销售情况，拍卖会情况，文物执法案件有关情况等。

8. 国内外博物馆机构收藏情况：具体分析国内外相关藏品收藏情况等。

9. 国家和省级文化政策情况：具体分析其文化政策导向、趋势、内容等。

以内蒙古博物院为例，本院2007年7月正式落成并开始试运营，是自治区规模最大的综合性博物馆，具有典型的时代性、地域性和民族性特征。

内蒙古博物院藏品资源丰富，以特色见长，分为自然标本与文物两大系，并借此为依托，倾力打造以“草原文化”为主题理念的系列基本陈列和专题陈列。其中，“远古世界”、“高原壮阔”、“地下宝藏”、“飞天神舟”四个基本陈列介绍内蒙古地区的自然变迁史，景物交融，栩栩如生；“草原雄风”、“草原天骄”、“草原风情”、“草原烽火”四个基本陈列以板块串珠形式展示草原文化从古代——近代——现代的纵向发展线条，简明生动，通俗易懂；“草原日出”、“风云骑士”、“草原服饰”、“苍穹旋律”、“草原华章”、“古道遗珍”六个专题陈列以亮点聚焦方式呈现草原文化六大精彩之处，清新庄重，雅俗共赏。各陈列多方位、多角度，纵横交错，点面结合，从宏观到微观系统描述了内蒙古的完整形象，个性鲜明，引人入胜。

通过综合分析，内蒙古博物院藏品现有优势主要集中在三大部分——历史文物、民族文物、古生物化石。其中历史文物以史前先民、匈奴、鲜卑、突厥、契丹、蒙古等北方民族历史文化遗产见长，从旧石器时代一直到近现代时期，十分丰富。民族文物主要集中于蒙古族、鄂伦春、鄂温克、达斡尔等少数民族文化遗产，涉及政治经济、文化生活、民情风俗等内容，异彩纷呈。古生物化石以中生代恐龙化石和第三纪、第四纪哺乳动物化石为主，展现内蒙古“化石之乡”的特色。

博物院现有藏品与内蒙古文物资源出土情况基本吻合。作为自治区的首级窗口单位，内蒙古博物院代表着自治区的第一整体印象。经过半个世纪的积累，院藏已达15余万件/套，沿着时代脉络构成了相对基本完整的体系。然而，根据以上标准参照分析，内蒙古博物院藏品主要存在如下问题：

第一，新石器时代文物数量不够丰富，尤其史前珍贵文物较为缺乏。内蒙古地区史前文化众多，极具特色，其中东部地区的兴隆洼文化、赵宝沟文化、红山文化、富河文化、小河沿文化、夏家店上层文化等，享誉世界。作为“中华文明曙光升起的地方”，应当大量征集此类文物，举办相应的专题精品展。

第二，蒙元时期文物数量多，种类多，非常具有代表性，但是对于打造特色主打品牌资源而言，其珍贵文物仍然不能同时满足多个精品展览的展示需要。由于蒙元时期考古出土文物较少，如果不大力在民间征集传世品，收藏、研究、展示等均会受到一定程度的局限。元上都遗址申报世界文化遗产工作目前进入关键时期，此时我们更需要大力征集蒙元时期珍贵文物，为元上都主题展览提供充足的展示基础，以实际行动支持申遗工作。

第三，蒙古族、鄂温克族、鄂伦春族、达斡尔族、俄罗斯族为主的少数民族文物亟待大量征集，补充院藏。当前，在世界经济一体化和中国经济迅猛发展的时代浪潮下，如何保护内蒙古地区各个民族（主要指蒙、汉、回、满、鄂温克、鄂伦春、达斡尔、朝鲜、俄罗斯等 9 个世居民族）的传统文化，尤其是对物质文化和与其紧密关联的非物质文化的保护与传承是摆在我们面前的重要任务和历史使命。随着内蒙古地区鄂温克、鄂伦春、达斡尔、俄罗斯等四个人口较少民族传统文化的保护工作的深入，国家文物局近年对四少民族文物事业亦十分重视。然而我院现藏四少民族文物有 800 余件套，俄罗斯族文物仅有 1 件，急需进一步加强抢救性征集，弥补严重缺环。

可见，博物馆入藏选择依据规范能够帮助博物馆用科学、合理的思维、角度，找到现存藏品的症结所在，从而去判断入藏标准的大方向、大前提、大范围，这对博物馆的可持续发展是行之有效、大有裨益的。

三　“博物馆入藏搜集途径及其程序规范”框架设想

博物馆入藏搜集途径及其程序规范在制定技术上和广泛的适用性上相对容易得多。在实践工作中，严格意义上讲，不同的搜集途径中，其搜集程序是不完全相同的。事实上，作为标准，不宜事无巨细，大框架罗列出来，具有相当的可操作性和指导意义即可。

国家现行《文物藏品档案规范》在解释“来源单位或个人”时提到搜集方式，其中列举了“拨交”、“移交”、“交换”、“拣选”、“捐赠”、“收购”、

“征集”、“采集”、“发掘”等几项。文中部分名词有解释，部分没有。笔者以为，上述搜集方式有些名词概念模糊，比如“征集”；有些名词相互之间存在外延上的交叉，如“拨交”与“移交”；有些名词之间呈现依属关系，如“拨交”与“拣选”；有些搜集方式存在当前现实中的“执行难”问题，如“移交”。本文建议搜集途径应当根据新世纪市场经济环境重新斟酌，谨慎拟定。

博物馆入藏搜集途径建议以业内公认的几项为主：

1. 考古发掘：博物馆依法运用科学方法发掘埋藏在地下的遗存文物。

2. 标本采集：博物馆依法有目的地采集自然标本。

3. 社会搜集：对流散在社会、民间的各种文物、标本资料的搜集。

（1）拨交：博物馆依法接收经主管部门批准调拨或主管部门制定其他单位拨交的藏品。

（2）接受捐赠：博物馆依法无偿接受其他组织或个人所有的藏品。

（3）馆际交换：收藏单位之间依法交换藏品。

（4）收购：博物馆在流散文物市场通过购买取得藏品所有权。

博物馆入藏搜集程序建议如下：

1. 制定《博物馆藏品搜集中长期规划》。

2. 制定《博物馆藏品搜集年度计划》。

3. 根据规划、计划，开展市场调查、民族学调查等，多方搜集藏品信息。

4. 邀请专家进行初步鉴定。

5. 起草《藏品拟搜集方案》上报文物主管部门、财政主管部门。

6. 邀请专家组织举办“拟搜集藏品鉴定工作会议”，文物主管部门、财政部门列席。

7. 根据“拟搜集藏品鉴定工作会议”结论，申请藏品搜集经费，上报文物主管部门、财政主管部门。

8. 文物主管部门、财政主管部门审批，拨款。

9. 博物馆转账支付收购款项。

10. 严格做好科学的原始记录，建立藏品搜集档案，确保记录的真实、可靠、准确、完整。

11. 办理藏品移交手续，填写《新增藏品移交单》，完成各级审批签字手续并入库。

注："收购"之外的其他搜集途径中，可以免去上报财政主管部门的程序。

此程序主要以内蒙古博物院为模板罗列，以下是文物征集流程图：

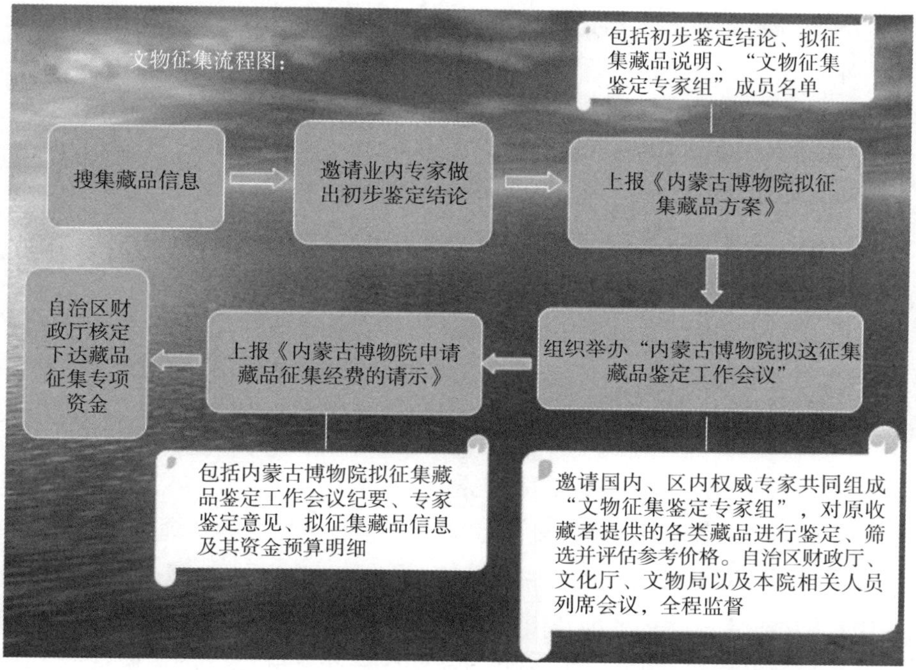

内蒙古博物院藏品征集流程执行期间以来，受到文物主管部门和财政主管部门的广泛认可，是探索此类工作道路的良性开端，日后将随着博物馆藏品搜集的标准化进程不断加以更新和完善。

四 "博物馆入藏档案规范"框架设想

在国家已经出台《馆藏文物登录规范》和《文物藏品档案规范》的前提下，制定"博物馆入藏档案规范"似乎存在制定标准上的重复劳动。然而，"博物馆入藏标准"最好是一个完整系统，建立入藏标准相对独立的评价体系，既有助于体现博物馆藏品搜集的重要意义，有利于将藏品搜集完整地纳入科学、规范、合理、有效的管理，也为博物馆其他各项核心业务工作的良性发展打下坚实的基础。况且，"博物馆入藏档案规范"毕竟也有自身的特点，有的内容并不完全囊括在现行《文物藏品档案规范》之中。

入藏档案规范建议包括如下内容：

1. 藏品原收藏人基本信息：姓名、身份证复印件、联系方式。

2. 藏品基本信息：入馆登记号、名称、质地、传统数量、实际数量、年代类型、年代、类别、级别、重量、尺寸、完残状况、照片、来源方式、流传经历、出土情况。

3.《藏品拟搜集方案》：含《专家初步鉴定意见书》、《拟搜集藏品信息表》、《藏品搜集鉴定专家组成员名单》

4.《申请藏品搜集经费的请示》：含《拟搜集藏品鉴定工作会议纪要》、《专家鉴定意见书》、《藏品搜集经费预算明细》。

5. 文物主管部门、财政主管部门批文。

6. 藏品搜集专项资金放款凭证。

7. 转账支票复印件。

8. 藏品原收藏人收款凭证、缴税凭证。

9.《新增藏品移交单》：含藏品各项基本信息、原收藏人基本信息、各级负责人签章、总账管理员签章、保管员签章、时间等。

10. 专家鉴定有关的各种音像资料。

注：同项目的登录细节可以参照《馆藏文物登录规范》和《文物藏品档案规范》的相关要求。

以上为本文对博物馆入藏标准的初步框架设想和简要分析。入藏标准是一个复杂的评价体系，而标准化的制定本身也是一个规范的、原则性的系统要求过程，非一时之功。此框架必定不够成熟与全面，不妥之处，敬请方家指正。

参考文献

[1] 详见国家文物局2010年3月5日发布的《关于征集2010年度文物保护行业标准制修订计划项目建议的通知》的附件4：《2006－2009年已立文物保护标准研究制定计划项目一览表》。

[2] 详见全国文物保护标准化技术委员会主任委员张柏同志于2010年3月31日发布的《全国文物保护标准化技术委员会2009年度工作报告》。

博物馆藏品保管工作有感

广东省博物馆　冯素阁

藏品是博物馆重中之重的工作，因为藏品是博物馆的主体，没有藏品就不可能称其为博物馆。所以，在这个岗位上工作，是藏品保管员的自豪和骄傲。认识文物保管工作的重要，想方设法保护好文物，是时代赋予我们的使命。

每一个文物藏品保管员，都必须懂得自己岗位的职责和肩负历史赋予我们的重任，认真执行保护好文物的各种措施。如广东省博物馆以及其他许多博物馆都相继新建了馆舍和库房，在文物保管工作硬件措施已经具备的基础上，各项软件制度必须健全。文物库房保卫 24 小时不脱岗值班；各种监控、录像等设备齐全；库房保管员和值班人员必须经过消防培训，熟悉消防设备，掌握灭火技术，履行职责，消除一切隐患，确保文物藏品库房的安全；库房保管员所管库室藏品要求操作规范，提借手续、健全，如陶瓷器和易碎物品，必须做到轻拿轻放；库房保管员不得泄露文物藏品存放秘密。只有采取可靠的安全措施，制定必要的规章制度和严格的管理程序，才能使文物藏品得到妥善的保护和充分的利用，使文物保管工作更加规范化和科学化。

目前，我们广东省博物馆有了新的库房、新的文物柜、新的囊盒等等。保管员走进库房，看到明亮的灯光，一排排整齐的文物柜，干起活来心情就舒畅。我们还有什么理由不做好文物保管工作呢？所以热爱博物馆，热爱文物工作，做好本职工作的责任感更加强烈。保管好祖国的文物是我们义不容辞的责任。

总之，藏品保管员要做到爱岗敬业，勇于探索，勤于思考，不断创新！这既是博物馆藏品保管工作的需要，也是博物馆事业发展的需要。

浅谈专题博物馆藏品的鉴选入藏标准

北京古代建筑博物馆　潘奇燕

当前，对于如何办好博物馆，推动博物馆事业向前发展，使博物馆走向创新之路，思考更多的就是怎样加快博物馆数字化建设，建立博物馆信息传播平台，如何提升服务水平以及休闲娱乐、拓展博物馆教育功能途径等等，博物馆的藏品建设在人们心中有逐渐被弱化的趋势，正像有学者认为的那样：现代博物馆有些步入迷茫，大量的关注点集中在了实现社会效益最大化；在实践层面集中于教育功能、服务功能、宣传功能等的研究，博物馆关于保存、储备供研究功能已经被这些有所掩盖。也许这些担心显得有点多余，但笔者认为，如果让博物馆成为人们生活的一部分，使博物馆成为储存、传播最新科技信息的载体，成为人们知识更新的理想课堂，成为学术信息的传播枢纽，提高博物馆在社会文化生活中的地位，走可持续发展的道路，博物馆不应忽视传统的本质与定位，它的视野不能仅仅局限于现在，它的内涵、它的关注点主要来自于过去。因此，必须强调的是藏品是支撑博物馆存在的基础元素，博物馆的藏品建设在整个博物馆事业中是最基础的也是最重要的。

一　藏品入藏标准的局限制约了征集工作

说到藏品就让笔者想到在实际工作中的体会。今年我馆对展出十多年的基本陈列进行了改造，展览主题不变，依然是《中国古代建筑展》。在编写陈列大纲工作中，内容框架和文字在原有的基础上进行了调整与充实，但在实物上，普遍感到馆藏品的匮乏，这在很大程度上降低了陈列效果，无法更好地诠释展示内容。经过反思，笔者认为这大概多少源于我馆以前对藏品入藏标准的把握及历史的状况所致。我馆是 20 世纪 90 年代初成立的古建筑专题博物馆，建馆初期的馆藏品主要是考古所、文研所及兄弟馆调拨的少量文物，这些藏品远不能支撑一个基本陈列，展览中大部分使用图片、图纸代替。90 年代末，北京市政府进行城市规划及危旧房屋改造，于是我馆及时抓住这个机会加大征集力度，在地方文物部门的配合下，先后抢救征集了数百件富有特色的各式各样的门墩、上马石、滚墩石、石栏板、泰山石敢当、砖雕、瓦当、琉璃等建筑构件。由于我馆文物库房还在基本建设中，加之建筑构件收藏又相对占据空间以及征集经费的限制等等多种原因，后来对入藏标准做了相应调整。在只征集所谓“高品相”、“有价值”的条条框框的限制下，征集工作不得不放慢脚步。后来在市场经济大潮的影响下，更使得文物征集工作走上举步维艰的道路，到最近几年我馆几乎没有新品入藏。这就不得不使我们对我馆藏品入藏标准进行重新审视。其实对新建博物馆而言，我们深深体会到了文物征集是这个博物馆基础业务建设的生命线。博物馆筹建工作中碰到的最大困难、最急迫任务之一就是文物征集。由于我馆属于建筑类博物馆，历史遗留下的大都属于不可移动文物，散落的建筑构件数量相对不是很多，因此在文物征集这项工作中就要放开眼界，特别是在制定和执行入藏标准时应考虑藏品范畴及相关领域信息的延伸。笔者认为中国古代建筑自成体系、博大精深，古代的能工巧匠不仅为人类留下了故宫、祈年殿、应县木塔等无数恢弘的建筑，同时这些巧夺天工的建筑也反映了当时科技的发展和建造水平，因此这些传统建造技艺、工艺等内容以及相关的工具都可以作为藏品收藏，这些都属于有形与无形的文化遗产。

二　藏品是科技成果、文化遗存、自然标本、综合记忆的实物

博物馆作为一种社会服务机构，是以文化传播为表现形式的。无论是以专业化为基础的功能方面，还是以社会化为基础的职能方面，博物馆在社会结构中发挥着多种功能，扮演着重要角色。如今随着时代的发展、人们思想观念的变化及博物馆门类的迅猛增加，使博物馆悠久传统的身份也融入了许多现代化精彩纷呈的元素。对于藏品的认识，随着时代发展也进行了不断的调整，藏品概念所涵盖的范畴也随之不断扩展。80 年代初以前，我国博物馆界普遍把博物

馆藏品等同于博物馆收藏的文物、标本。在《中国博物馆学概论》中写到“博物馆是文物和标本的主要收藏机构”，“藏品是博物馆业务活动的基础，……如果没有藏品，没有文物和标本，便不能称之为博物馆”。由此可以清楚地看出博物馆藏品即文物、标本。80 年代中期，人们对藏品有了新的认识，认为不再是一般意义上的文物，而且也不局限于文物范畴，藏品是博物馆根据自己的性质，为了社会教育和科学研究的目的，搜集保藏的自然界和人类社会物质文明、精神文明发展的见证物。90 年代人们对藏品又有了更进一步的阐述，就是这些见证物的种类，几乎包含了自然界和人类社会存在过的和陆续出现的一切。正像匈牙利学者玛利亚·巴泽认为的那样：博物馆三维空间的实物已被博物馆的不断发展所突破，二维空间的实物、无形实物都已被看做博物馆的物而入藏。因此藏品不仅是特定形态的物质载体，同时也是信息载体，这就使我们认识到，文物是珍稀、珍贵、年代久远、与重大事件、人物活动有关，而藏品则不是。就我馆藏品征集、鉴选、入藏工作而言，应该从本馆的实际出发，以我馆事业发展的大背景、大环境制定标准，不能局限在文物的范畴，一些与传统建筑制作相关的有形与无形的各种工艺、资料都可作为藏品入藏，这样即可大大丰富我馆基本陈列实物内容，又可为研究提供依据。20 世纪末，我馆重新修订了藏品管理办法，扩大了本馆藏品范围，增加了复制品、拓片，建立独立账目管理。之所以把复制品和拓片也归在了藏品之列，这主要源于我馆在新的历史条件下依据本馆未来发展总体目标和基本定位进行的调整。北京古代建筑博物馆坐落在先农坛古建筑群内，先农坛始建于明朝永乐十八年，是明清两代皇帝祭祀先农、太岁诸神、举行耤田大典的场所。因此先农坛历史文化、建筑沿革、祭祀礼仪也是我馆业务工作的一项重要内容，保留目前“先农坛”和“古代建筑”两个主题，合理开发利用先农坛的文化遗产，借助先农坛扩大本馆知名度和社会影响力，推进先农坛建筑群的整体保护。为恢复先农神及太岁神祭祀陈列，需要复制一批先农坛祭祀器物。由于历史的原因，先农坛内的祭祀器物、陈设如今无法找回。我馆通过多次走访相关单位，对祭祀器物有了一个初步的把握，并依据《清会典》、《清会典图》、《清会典事例》等文献上的记载对祭祀用的器物进行复制，虽然是复制，但在器形、质地、色彩、尺寸上基本还原清光绪朝先农坛、太岁坛祭祀器物的原状。工艺也比较考究，作为复制品收藏、陈列。在我馆复制品管理制度中规定：“复制品制成后，应和原件一起照相存档，并附上标志，以免真伪混淆。复制品所用的材料，工艺和复制数量等应做好详细记录存入藏品档案。”

事实上，博物馆收藏的是历史，正像考古不是“挖宝”，而是挖“信息”一样，博物馆收藏多少珍贵文物并不重要，重要的是它能反映一个历史信息。哪怕是收藏一根针，但是填补了一个空白，那也是有意义的。

三　创新观念，注重新时期藏品建设

博物馆是人类社会中的一种文化现象，作为一种特殊的社会文化事业实体，其本质是在不断地揭示保存藏品社会性自身价值和最大可能地实现藏品社会性价值的过程。博物馆藏品鉴选、入藏是博物馆的一项重要工作，藏品的价值需要不断进行研究和发现，依据自身性质、任务和社会需要搜集并经过鉴选符合入藏标准，博物馆对自己的收藏应该有一个明确、具体的定位，尽量形成一个比较完整的体系。博物馆的征集、整理、修复、保管工作属于记忆职能，其工作在于有选择地、尽可能多地收集与适当地储存人们历史活动的各种证据。我们应该认识到，博物馆作为文化传承机构，它本身是多元文化的载体。

前面谈到我馆藏品入藏时间绝大部分是在建馆初期文研所、考古所和一些大馆的支援以及20世纪90年代利用城市改造时机抢救征集来的。当前博物馆藏品来源是一些小馆和我们这样的专题博物馆一个亟待解决的问题，如今市场经济异常活跃，如何把社会流散的文物、资料和标本迅速转化成博物馆藏品——世代相传的国家宝藏和科学文化遗产，形成具有博物馆自身特色的系列藏品结构，构建博物馆藏品物质文化与精神文化优势。同时，将博物馆藏品优势迅速转化成藏品信息优势，即借助陈列展览这一具有博物馆特色的核心文化产品和建立在文物藏品档案基础上的博物馆藏品信息数据库工程这一信息技术服务平台，以发挥博物馆藏品更大的社会效能，实现更好的社会效益，是进入全球化时代和信息化社会这一新形势下博物馆藏品管理工作面临的重大理论课题和现实任务。从历史文化的角度切入，博物馆是一个地域历史和文化积累的总和，肩负着收藏过去、教育现实、传承未来的历史使命。如何更好地发挥博物馆的社会教育和科研功能，一直为社会所关注。对公众来说，他们需要的不只是一顿免费午餐，更应是一场文化盛宴。这就需要博物馆不断扩大藏品范围，提高展示传播水平，以此来强化文化的感染力和辐射力。

藏品是人类历史文化的宝贵遗存，它起着见证、传承、再现历史的独特作用，也是文博单位陈列研究的物质基础。因此，对文物藏品进行有效保护、合理利用、科学管理和深入研究，是历史赋予我们文博工作者的神圣职责。保管工作是使一件物品成为博物馆正式藏品，通过规定的工作程序进行填写规定的各项凭证，使物品为博物馆所有、所管理，成为博物馆藏品，这时博物馆对该藏品负有保护、管理、展示的权利和义务。并通过挖掘、收集、整理和保存这些藏品来夯实博物馆工作的基础。无论多丰厚的文化资源，多么优越的文化传统，只有通过挖掘研究来发挥现实的作用。

单霁翔局长在阐述“十二五”期间我国博物馆事业发展的重点目标时指出：要加强藏品保护及科学研究，夯实发展基础。加强20世纪和当代人类生存及其环境物证的收集、保护、研究、展示，不断充实藏品体系。激励博物馆根据办馆宗旨和方向及时调整收藏策略，建立馆际藏品资源交流共享激励机制，提高藏品合理利用效率。创新博物馆与考古研究机构的协作机制，做好考古发掘品的收藏。在新的历史时期，中国博物馆选择的是一种可持续发展战略，可持续发展要求处理好当前发展与未来发展的关系，要求今天的发展必须为未来的发展留有余地，合理地利用自然与文化资源，保护生态平衡。

当人类俯视世界文明的发展进程，总会对祖先创造的伟大文化艺术抱持着缅怀与追忆。透过对世界文化遗产的缅想、追溯、好奇与探索，我们体会到文明创造者思智的纤细与豪迈，文化交流融会的启发与创意。穿梭于历史回廊、追溯文明轨迹、欣赏人类遗产的光泽，透过不同时代与地域的文物，了解古往今来文明的多元角度，这就是博物馆里跨越时间与空间的藏品所呈现出的魅力。

中医药博物馆的藏品保管和征集工作特点及思路浅谈

北京中医药大学中医药博物馆　韩晓雯

随着社会上中医养生热的兴起，原本默默无闻的中医药博物馆逐渐走进人们的视线。以北京中医药大学中医药博物馆为例，不但观众人数与日俱增，也有越来越多的中小学校和企事业单位将中医药博物馆作为举办科普活动的场所，越来越多的旅游机构带领游客前来参观，各大媒体进行采访报道，各种大型科普文化活动也主动邀请中医药博物馆参与活动。

与台前这些热闹风光的情景相比，博物馆的藏品保管和征集工作便是默默耕耘的幕后工作了。但藏品是博物馆开展教育工作的基础，中医药博物馆的藏品保管和征集工作有自身的特点，也面临着不小的困难和挑战，在此以北京中医药大学中医药博物馆为例，并参考笔者了解的其他中医药博物馆的情况，试作分析。

一　中医药博物馆的现状

目前，在我国的中医药博物馆中，中医药高校及研究机构附设的博物馆为主体，如北京、上海、成都、广州、福建中医药大学等高校，及中国中医科学研究院、重庆中药研究院等研究机构，都设有博物馆。一些中药企业出于自身文化推广的需要，也在近年来陆续建立博物馆，形成中医药博物馆中的一个重要门类，如北京的同仁堂、御生堂，山东东阿阿胶，杭州胡庆余堂，广州陈李济等等。除此以外，一些省市的中医院和地方政府也设立了中医药博物馆。与此同时，兴建国家中医药博物馆的提案也不断被提出和论证，但具体方案尚未提上议程。

中医药博物馆在规模上多属于中小型博物馆，在属性上可归为行业博物馆或专题博物馆。由于多为高校博物馆，始建时多以辅助教学为初衷，因此高校的中医药博物馆的藏品和展陈比较系统化，专业性较强，趣味性和通俗性不足，开放程度不够，有些博物馆至今仍未完全面向社会开放。同时，高校的中医药博物馆还面临着人员、经费、空间有限等问题。但近些年来，随着中医药和传统文化逐渐受到重视，各高校也在博物馆上投入更多，很多高校博物馆进行了改扩建，硬件条件得到了很大的提升。而企业办中医药博物馆相对而言经费更加充足，开放程度更高，在藏品征集方面更加灵活，有自身的优势。

总体而言，中医药博物馆作为专题博物馆，其主题关乎健康与医疗，又植根于中国传统文化，对于公众而言有天然的吸引力，因此有着庞大的潜在观众群，社会关注度持续上升，在藏品的征集、保管、利用方面大有可为。

二　中医药博物馆藏品保管工作的特点和思路

中医药博物馆的藏品保管工作有着自身的特色，这与其藏品的属性有关。一般的博物馆，可归为历史类或艺术类，属于人文科学领域，科学技术类，属于自然科学领域，而中医药本身就是一个交叉学科，其理论体系与中国传统哲学密切相关，是中国传统文化的一部分，而其学科分类又隶属于医学，属于自然科学范畴。中医药博物馆的藏品可大致分为历史文物和自然标本两大类，历史文物包括历史上使用的中医医疗用具、制药工具、名医手迹、药店仿单等等，是唯一而不可复制的，具有较高的历史价值和艺术价值，而自然标本则是中药所用的动物、植物和矿物标本，是可再生、可重复制作的，具有科学价值。这就决定了中医药博物馆的藏品保管工作须按照藏品的属性由不同专业的保管人员分别负责。历史文物的保管人员须具有扎实的文史知识基础和丰富的文物鉴藏及保护专业背景，从专业上来说，以历史学、博物馆学、考古学专业为主，同时还要具备一定的中医药知识基础。而自然标本的保管人员须具备中药学专业背景和标本的采集、制作、保护方面的技能，以中药学专业的保管人员为主，需要具备较强的实际操作经验和能力，同时也要学习一些博物馆学、文物学方面的知识。这种专业性强和学科交叉的特点，对中医药博物馆的藏品保管人员提出了很高的要求，学校的单一专业教育和理论学习无法满足中医药博物馆的工作需要，还须在工作中不断学习和接受培训，弥补自身专业素养上的短板。

另一方面，由于中医药博物馆多属于中小博物馆，规模、经费和人员有限，藏品的数字化管理和利用显得更为重要。以北京中医药大学中医药博物馆为例，博物馆在教育部“大学数字博物馆建设”项目经费和学校配套经费的支持下，建成了网上的中医药数字博物馆，包括医史馆和中药馆两个部分，基本实现了对全部藏品的数字化管理和展示，工作人员和社会观众可以在网站上根据医史文物的名称、类别、时代、质地、出土地点，中药标本的药名、拉丁名、别名、药用部位、产地、药性、药味、功能、主治、归经、加工炮制等信息进行检索，即可了解到藏品全方位的信息。这一数据库内容丰富，检索便捷，不仅成为观众在网上参观博物馆，学习中医药知识的窗口，也为博物馆保管人员在日常工作中查询藏品信息，对藏品进行管理和利用提供了方便。一个数据库同时满足公众浏览和内部管理的需求，使藏品管理更加省时省力，这对于人员和经费有限的中小博物馆来说是十分实用的。当然，为了保证藏品信息的安全，仅供内部使用的线下藏品账目也是必要的。

三　中医药博物馆藏品征集工作的特点和思路

如前所述，中医药博物馆在现阶段大多是中小馆，用于藏品征集的经费有限，对大多数高校博物馆而言，藏品征集行为，特别是在市场上收购珍贵文物和标本面临诸多限制，不如一些企业和私人博物馆灵活。因此，高校的中医药博物馆的馆藏大多来源于早年通过多种途径（调拨、收购、捐赠等）的积累，尤其是其中价值较高，堪称“镇馆之宝”的藏品，多依靠历史基础，新近征集的藏品数量和价值有限。如何扩充馆藏，提升藏品质量，成为中医药博物馆，尤其是高校中医药博物馆面临的难题。

从医史文物方面来说，中医药博物馆由于自身行业的限制，从考古发掘、国家调拨等途径获得古代文物的可能很小，从行情日益高涨的文物市场收购古代文物，以大多数中医药博物馆的能力，得到价值较高，又贴近中医药主题的精品也很难。可以说，从古代文物的等级上，中医药博物馆难以与国家或省市的历史类博物馆相比。中医药博物馆要想提升藏品质量，只能从特色上下功夫。中医是一门传统的科学和技艺，但它并不是摆在陈列柜里的古董，而是仍在传承中不断发展的文化。如果我们转换思路，不仅把目光局限在古代文物上，而是将现当代文物纳入视野，那么藏品征集的范围就广了许多。不管是中医药高校，还是中药企业，与现当代知名中医及其后人都有较为密切的联系，中医药博物馆可以充分利用这种资源，收集名中医的处方、手稿、医疗用具、书画作品等等，高校博物馆还可以录制名医授课的视频资料，中医院博物馆可以保存名医诊疗的视频资料等等，这些文物和资料，都是中医在传承和发展中的见证，其价值会随着时间的流逝日益突显。注重现当代文物的征集是中医药博物馆扩充馆藏，形成特色的思路之一。

从中药标本方面来说，药用动物、植物和矿物标本种类众多，某些珍贵药材的价格也与日俱增，从博物馆藏品征集的角度来讲，不可能面面俱到，仍须从特色上寻求突破。博物馆可以根据自身的馆藏基础和资源优势，选择某一门类的中药标本展开征集，在这一门类的标本中尽量求全、求精。中药取自自然，其分布有很强的地域性，各地的中医药博物馆可以根据当地的物产特色来选择藏品征集的方向。中药企业博物馆更强调藏品与产品的密切结合，可以根据企业的明星产品选择标本征集的方向。这样的标本征集方式可以利用有限的经费，形成特色收藏，避免各地中医药博物馆藏品展陈雷同的问题。

在各种类型的博物馆中，中医药博物馆的数量不算多，却有着鲜明的特色，其藏品保管和征集工作也是如此。笔者在此仅据自身经历，就其特点作一粗浅分析，并就工作中形成的思路略谈一二，期待与师长和同仁们交流讨论。

参考文献

［1］和中浚：《中医高校博物馆及中医药博物馆建设的喜与忧》，《成都中医药大学学报》（教育科学版）2010 年第 1 期。

对文物保管工作的一点认识和想法

中国妇女儿童博物馆　吕梦雅

笔者从事文物保管方面的工作刚满一年，此前的四年，是在社教担任讲解员，并且负责组织社教活动。这两种工作的内容和性质截然不同。进入新的岗位以后，学习熟悉业务的同时，在实际工作中，笔者逐渐感受到两种工作的思路和方法有很大的差异。以下，笔者就粗浅地谈谈个人对文物保管工作的一点认识和想法。

第一，关于工作记录。文物保管工作是一项细致、缜密的工作，随时做好工作记录十分必要。文物保管工作的核心就是藏品，但是保护和管理的对象不仅是文物藏品这个“物”本身，还包括附之于“物”的一整套信息，如文物藏品的名称、年代、尺寸、现状、来源、图片、相关文献资料及入馆时间、保存位置、出入库记录、修复记录等等。藏品的任何变动，包括性状的改变或位置的变动等，都要在相关的信息记录中有所反映。因此，针对藏品变动的情况，及时录入对应的账册是必不可少的。

除了各种正规的账册、表单以外，“过程性记录”也十分必要。笔者这里所说的“过程性记录”，是由保管人员个人进行的、非正式的记录，包括时间、地点、参与人员、状况描述以及特别说明等内容。在实际工作中，以“项目”为单位，我们完成一个项目的周期往往比较长。时间长了，有些细节难免遗忘，如果仅凭记忆，非常不可靠，可能会出现失误，有违于保管工作的特性要求；如果出现责任不清的情况，也会出现扯皮现象，不利于工作开展，容易产生矛盾。

以我馆举办“第二届全国女美术家作品展”为例，我们的工作伴随展览的开始到结束。从筹备到展出，后续又推出巡展，整个展览持续 10 个月。在工作周期内，我们的工作涉及作品接收、上展、撤展、包装运输、点交、作品退回等多个环节。除了本馆各部门以外，还涉及若干外单位，在每个环节都会有关于展品的大量信息往来。把这些过程及时的记录下来，既是对展品安全的保障，避免差错；一旦出现问题，也便于厘清责任，找到原因，及时改正。

第二，关于文物入藏的账册登记。征集的文物经过鉴选，同意入藏以后，登录账册。《入藏凭证》登录的重要依据是文物征集的原始记录，因此在登帐时，对原始记录的确认一定要细致认真，每个字都要确认清楚。登帐绝不是拿着原始记录简单照抄，对于字迹不清楚或记录内容不确实的地方，也不能想当然、凭感觉，马虎处理，一定要与征集人员一一确认。在征集人员确定的情况下，才能登录入账；征集人员不能确定的，要留待查实后，再补充登录。一定不能在没有搞清楚的情况下，草率登录。

第三，关于文物包装。从事文物工作以来，笔者逐渐发现，文物包装是一门很大的学问，非常值得探索和学习。尤其是现今，各文博单位之间的交流与合作越来越频繁，文物运输的频次增加，必然对文物包装提出更多要求。在文博界，文物包装并不是一个新问题，而是一个老问题，前人在这方面必然积累了很多好的经验和方法，需要我们多加学习，勤问勤学勤练。作为新馆新人，我们学习的对象不仅包括老馆老前辈，还有合作的艺术家，甚至一些物流公司，在他们身上常常可以学到一些独到的经验和好的办法，还能发现更好、更实用的包装材料和工具，这些都为我们的工作带来帮助。

向他人学习的同时，自己动脑筋也必不可少。文物的包装并非一成不变，通用的是原则，而具体的包装方式或方法则要根据实际情况因事而异。这一点首先要求我们对文物要多观察、多了解、多研究，对运输的条件和可能遇到的问题有充分的估计，在此基础上，找到适当的包装方法。文物包装似乎是一个技术的问题，但是笔者认为，最挑战我们的并不是技术，而是始终保持创新的思维和负责任的态度，不流于习惯，既要学习经验，但不能一套经验用到底；同时也要不厌其烦，不能图省事，潦草处理。秉持着责任心，将好的经验和新的情况结合起来，对每一次的文物包装都“量体裁衣”，才是最难能可贵的。

第四，关于文物保管的制度和规范。初入文物部，笔者就感受到文物保管工作非常讲究“规矩”，凡事都要根据制度和规范，绝对不能想怎么干就怎么干，一切要照章办事。其实，制度与规范的重要性以及建立制度规范的必要性毋庸置疑，这里无需笔者多言，“制度规范与人”的问题才是真正的难点所在。当每一个员工都遵守制度和规范时，制度和规范才有意义。作为基层员工，与文物打第一手交道的人，我们必须严格按照规范行事，这是我们的职责，从步入这一行业开始，就需要我们把这种观念不断深入。但是要想做好保管工作，也需要全馆各级人员都遵守规范。在实际工作中，不排除有这样的情况，领导的意愿有违规范的要求，“是否能够始终如一地坚守规范”是对文物保管人员的考验。因此，对笔者个人而言，学习规范、掌握业务是必须的，但这些还是外在的，相对来说是容易的，更重要的、也是更难的是从内在真正建立起对规范和制度的“敬畏”之心——我，不能逾越制度规范；我所做的事，亦不能违背制度规范。

最后是笔者个人的一点体会和思考。进入文物部以后，笔者深深感受到，做文物工作需要有严谨的态度。严谨体现在“实事求是”，无论是文物鉴定、登记入藏、出入库，还是包装、运输，每个环节都不能马虎，每一项工作都要有规有矩地做，要按照客观规律办事，不能主观随意。其次，文物工作者一定要有法律意识。我们的工作不仅有制度和规范，更重要的是受法律的制约，这和作为普通公民遵守国家法律法规的意义是不同的。我们工作中的每个举动看似是日常的、常规的，其意义却不仅仅局限于单位的业务，而是很有可能已经触及到法律的边界。相对于我们日常遵守的法律，这些法律规定似乎不是那么“显而易见”，或许容易忽略，所以更加需要重视。这个边界固然是一条“红线”，是对我们行为的制约，但是从内在来说，也是对从业者道德性的要求。因此，笔者认为学习相关的法律法规不应当只是一味地看到“不能”，诸如“我不能这么做”、“那样做是违法的”等等，而是从中体会“我的工作到底意味着什么”、“我的工作所要求于我的是什么”、“公与私的界限在哪里”。这些问题的答案不仅能帮助我们做好工作，把握好界限，而且有助于提升我们的职业道德。笔者认为不单是在文物保管方面，整个博物馆行业想要获得持续、长远的发展比学识、专业更重要的就是道德。

论民航博物馆藏品之分类

民航博物馆　杨　昆

博物馆的藏品分类既是一项基础性工作，同时也举足轻重，它不仅反映出一个博物馆的藏品定位、收藏方向等问题，也涉及藏品保护、利用等多个方面。因此博物馆藏品分类应该结合征集、保护、展示教育等各方面因素，综合考虑制定。历来各博物馆对藏品的分类五花八门，没有一个统一的标准，有按照时间划分的、有按照质地划分的、有按照民族划分的等等，但是归纳起来，按照藏品质地和用途划分占到绝对数量。民航博物馆是行业性博物馆，藏品分类除了遵循博物馆规律，也要兼顾民航规律，在具体分类时，可以按照藏品保护需求制定一个分类标准，按照藏品方便利用的需求再另行制定一个标准，这样的复合分类法才更符合实际。现代随着计算机技术的普遍应用，博物馆藏品数字化也是个大趋势，在藏品分类时，也要结合藏品数据库的模式与特点。另外，对于像民航博物馆一样的新建馆，藏品分类不是一蹴而就的事情，不能急于求成，应该结合实践，在工作中发现问题、解决问题，及时改善，这样才能使藏品分类工作达到事半功倍的效果。

一　民航博物馆藏品概况

民航博物馆是民航局直属的行业性博物馆，也是国内唯一的一座国家级民航业博物馆。它位于北京首都机场辅路200号地区，于2011年11月正式开馆。目前博物馆共收藏反映民航发展及成就的藏品8000余件。

由于是新建馆，民航博物馆在筹备初期，便面临藏品定位、分类、定级等诸多基础性问题。鉴于民航业的特殊性，从1903年美国莱特兄弟驾驶飞机成功飞行至今，世界民航业才刚走过百年历程，因此，相较于其他传统博物馆，民航博物馆所收藏的藏品都是近现代乃至当代的实物、资料，尤其以新中国成立至今的藏品居多。这些藏品时间上分布十分接近，怎么来对其合理的分类管理是摆在藏品工作者面前的一大难题。

二　建馆初期藏品分类思路

博物馆的藏品分类不仅反映出一个博物馆的藏品定位、收藏方向等问题，也涉及藏品保护、利用等多个方面。我们在对藏品进行分类时不能只站在藏品工作者的角度，觉得怎么方便自己管理便怎么制定标准，而应该从整个博物馆的业务出发，甚至还应考虑到社会观众及社会爱好者、研究者的需求。因此博物馆藏品分类应该结合征集、保护、展示教育、研究等各方面因素，综合考虑制定。

针对藏品分类，至今也没有一个能适应全国各博物馆的分类标准，首先是各个博物馆收藏的文物、标本千差万别，很难制定一个具有普适性的分类方法；其次，藏品分类不光涉及到藏品保管，也涉及到博物馆的展陈、研究等其他业务工作，从不同的工作角度出发，便会有许多种不同的分类需求。对于民航博物馆，藏品分类又更加特殊，分类标准不仅要符合一般博物馆工作的科学规律，符合文物藏品管理工作的各项技术要求，也要符合民航行业的特性和各要素间的相互联系规律。

纵观目前博物馆的藏品分类方式，有按照时间划分的、有按照质地划分的、有按照民族划分的等等，但是归纳起来，按照藏品质地和用途划分占到绝对数量。具体主要有以下四种：第一，按质地分类；第二，按藏品功能和用途分类；第三，采用多层级单向的复合分类法；第四，按照不同需求分别分类。

民航博物馆筹备之初，采用的是质地和用途结合的多层级复合分类法，即先按照藏品的质地不同将藏品分为金属类、纸制品类、音像资料类、化学类、复合材料类、织绣类、皮革类、竹木类及其他九大一级类目，又在每大类下按照用途划分为 47 个二级类目，二级类目下又按照通行习惯划分出若干三级类目。例如，在“纸制品”一级大类下又分为文献资料、出版发行物、票证、手稿、航图、地图及其他等7个二级类目，其中，在文件资料二级类下又划分出法律法规、公约、规章制度、决议、决定、宣言、机关文书、布告、电报、报告、通知、通报、令、总结、请示、函、档案、文件、信件、统计资料、简报、会议文件、名册、登记册、工作日志、日记、材料、协议、说明书、履历书、飞行动态记录、古籍善本等32个三级类目。

这样分类的优点是，首先有利于对藏品的保护管理，民航业的藏品质地差别很大，上至天上飞的飞机，下至各种通讯导航设备、服装、徽章、证件等，如果不按照质地分的话，将各种材质的藏品混在一起保存，例如金属仪器设备如果和服装在一个库房，肯定会出问题；其次，质地下再按照用途划分二级、三级类目，这样做对藏品的划分可谓十分细致，方便对某一类藏品的查找利用，例如想研究民航各企事业单位历来所制定的规章制度，首先在“纸制品”中查到“文献资料”，然后在“文献资料”中搜索“规章制度”，非常快捷。

但是时间稍长也会发现这种方法存在很多不足，第一，藏品类目数量分布不均，有的类别藏品数量非常之多，像“纸制品类”，它的下面可以分为二级、三级，且每一级都有相当数量藏品；相反，另一个大类“竹木器”类，藏品总共也仅有十几件，它的二级类目分为飞机模型、办公设施、牌匾、雕塑及其他等，每项下藏品只有数件甚至一件，其实二级分类就是藏品本身，更无需向下再分第三级。第二，分类过于细致，尤其是第三级类目过多，给工作带来很大不便。再拿“纸制品”举例，它的下面“文献资料”一项藏品就达二千余件，而要将这二千余件藏品又向下细分为三十二项三级类目，对于藏品工作者的难度可想而知，但是记清楚这些分类本身就是一件头疼事，再混杂其他工作，很难保证在分类中不出错误，如果这样，分类也就失去其意义。第三，民航业有其固有的行业规律和业务联系，针对某一种业务领域的研究、展览对博物馆至关重要，比如，想要研究一下有关机场的发展演变，针对这一具体业务功能的藏品，在上述的藏品分类表中是不能直接找到的，这便是在实际使用中发现的新问题。

三　目前民航藏品分类方法

面对以上在工作中逐渐暴露出的问题，民航博物馆也专门组织人员进行讨论、研究，如果明知有缺陷还不改正，那以后的问题可能越来越多。但是任何一种制度规范的确立，改变起来都会非常麻烦，需要进行大量的重复劳动，费力费时。于是，民航博物馆的藏品工作者经过反复研究，决定在不浪费人力物力，尽量减少不必要损耗的前提下，对藏品分类进行局部调整。

这次调整也结合了藏品数字化的工作同步进行。目前博物馆数字化已经是大势所趋，尤其对于一些新建立的博物馆，从一开始就将先进的工作理念和方式吸收进来，民航博物馆就在积极做藏品数字化的工作，其中一样非常重要的任务便是建立藏品数据库。藏品数据库不仅可以大大提高工作效率，增加藏品储存信息量，同样也对藏品的管理和利用提供很大的便捷。

综合在工作实践中的经验和藏品数据库的特点，民航博物馆调整后的分类标准，突破以往的单项或者多层级分类，从藏品保管和藏品利用两方面对藏品进行分类，这两种分类是平行关系，互相之间并没有上下的层级联系。具体如下：首先第一个分类表是将以前质地、用途结合的分类表作一简单体调整，将分类确定为两层，这样简明易记，方便操作，条例也更加清晰。如此，对于之前已经登好的账目也只需要微调即可。其次，按照民航业的业务领域不同，第二个藏品分类表按照民航行业各业务区块加以划分，即分为政府机关类、航空公司类、机场类、空管类、民航保障企业类、民航科研教育类以及历史类、其他类等八个大类，下面不再另设分类。

四　工作体会

博物馆的藏品工作是最基础也是最重要的工作，而藏品分类又是基础中的基础，重点中的重点。对于一个新建馆尤其是行业博物馆，我们可借鉴的经验很多，但是需要开创性的工作更多。我们不仅要学习掌握博物馆的相关专业知识，同时也应该了解熟悉行业特点，只有将两者有机结合，才能开拓出一条适合本博物馆的工作思路。就藏品工作而言，我们要认真研究本馆的实际，因物设类、因需设类，在优先保证藏品安全的情况下，尽可能地以方便管理、方便提取利用、方便研究等等作为藏品分类工作的原则，这也贯彻落实了“保护为主、抢救第一、合理利用、加强管理”的十六字文物工作方针。

浅谈博物馆藏品分类标准化

中国妇女儿童博物馆　张　磊

近年来我国博物馆事业飞速发展，博物馆建设达到历史上前所未有的高潮。其中，以艺术、民族、民俗、自然等内容为代表的专题博物馆逐步取代传统的历史、综合类博物馆，发展为博物馆类型中的主流。专题博物馆较之综合类博物馆，其区域特点更为鲜明、行业特征更为突出。与此同时，由于专题博物馆的概念较为宽泛（纪念性博物馆也属专题性博物馆范畴），在各类专题博物馆中，既有汽车博物馆、丝绸博物馆及各类人物、事件纪念馆这样的专题中的“专题馆”，又有诸如妇女儿童博物馆这样专题中的“综合馆”。由此可见，专题博物馆藏品的多样性和复杂性与传统综合类博物馆相比有过之而无不及，甚至某些藏品在征集和保管方面的专业性要求更高。在藏品分类问题上，规范化、标准化对于专题博物馆来说同样非常重要。

一　藏品分库与分类

所谓分类，即是对分类对象按一定规则要求，分门别类地加以区分并进行组织。现阶段我国图书和自然标本的分类和检索已经形成了一套高效可行的标准化模式，其原因在于图书和标本的物质属性相对统一，对于它们的分类可以仅从非物质属性方面入手。同时，由于各个图书馆的藏书分类在大类上基本一致，只会存在由于藏书侧重点或专业性不同而产生的一些细化子类别上的补充。而博物馆藏品则具有突出的广泛性特点，不同博物馆藏品的特点和性质都不尽相同，可谓包罗万象、穿越古今。博物馆藏品的物质属性和功能属性既复杂又广泛甚至产生重叠，二者形成了难以区分的交融状态，分类学体系中的

“唯一性”难以成立，由此博物馆业界对于藏品分类标准的问题就成为了始终在探讨又始终无法解开的死结。

由于博物馆藏品的分类在物质属性和功能属性两方面可以相对独立，就出现了以各自为侧重点的两条分类体系，一条偏重于“保”，一条偏重于“用”，持不同观点者在20世纪八九十年代的一段时间内论证的十分激烈。以藏品卡片为主的检索模式使得藏品的分类等同于分库，或以藏品质地为主分库以利于藏品的保存，或以藏品功能为主分库管理以便于藏品的利用。受限于当时计算机水平在博物馆行业的应用尚处于初级阶段，利用计算机检索功能对博物馆藏品进行管理尚且无从谈起，出现这种基于分库管理的藏品分类概念是完全可以理解的。时至今日，随着计算机技术的飞速发展，博物馆信息化建设的水平早已超越了几十年前前辈们的想象，藏品管理系统的建设和应用，使得博物馆藏品以物质属性为核心的分库保存和以藏品功能属性为核心的分类利用并行不悖。博物馆藏品在分类保存和利用上纠结的问题似乎随着藏品信息化的不断推进得以解决，然而藏品分类标准化进程面临的困难之处绝非仅限于此。

二　藏品分类标准化

所谓标准化，就是标准的制定、发布、实施的整个过程。标准化的前提是标准，这种标准既要有充分的科学性，更要有广泛的实践性。博物馆的藏品不同于工厂生产线上可量化的机械零件，对于藏品分类来说，无论是物质属性上的分类标准还是功能属性方面的分类标准都存在界定困难的问题。同时，藏品属性的复杂和各个博物馆性质的不一致也使得博物馆之间很难形成统一的分类标准。

（一）物质属性分类

从藏品保护角度来说，按照材质对藏品进行分库管理现阶段在各个博物馆达成了共识，根据藏品的物质属性配以最为合适的温、湿度环境是保护好藏品的重要条件。一般情况下，藏品可按材质分为“石、陶瓷、金属、玉、织物、纸、杂项”等几大类，由于藏品的物质属性是客观存在的，对于物质属性单一的藏品来说，将其根据材质划分入上述类别比较直观易行，但对于物质属性重叠的藏品来说，划分标准的确定则成为了藏品有序管理和保护的关键。然而这一划分标准的制定却面临着很多现实困难，假设这里有一件蒙古族头冠，上面既有有机质的皮、毛、珊瑚，又有无机质的金、银、铜料，物质属性上有机质和无机质的保存条件截然不同，对温、湿度的要求也差异很大。如果从不同物质所占比例来划分的话，假定皮毛比例占50%以上便划分入有机质库房，然而这种比例如何界定？是靠目测还是借助更为先进的分析仪器？目测显然要比采用昂贵的分析仪器更具操作上的可行性，但目测的标准又会因人而异，也就没有了标准可言。退一步说，假设采用材质分析仪器对这件头冠进行了分析，得出的结果是有机质和无机质的比例各占50%，这又该如何划分？标准又如何统一呢？

在藏品按照物质属性分类的过程中，诸如此类的藏品并不占少数，更绝非个例。针对这类物质属性重叠的藏品，现阶段各个博物馆一般都有一套符合各馆实际情况的界定标准，但也正是由于部分藏品在界定上存在模糊地带，这套标准执行起来或多或少的也会存在因人而异的情况（这里的因人而异主要指每位保管员在每次执行标准时的差异，因为保管员的岗位是相对固定的）。为了使这部分藏品的物质属性分类标准化，这就要求保管员在对藏品进行分类时，做到每次分类执行的标准前后一致。比如饰品的材质判定以主体材质为主镶嵌物为辅，或物质属性重叠的藏品优先保护有机质部分，或按照有机物无机物比例界定，各占一半的以有机质优先等等。标准的设立只是标准化的一部分，真正做到按照标准去执行，才是标准化的关键所在。对于藏品的功能属性分类来说也是如此，而且执行的要更加严格。

（二）功能属性分类

藏品的功能属性分类与物质属性分类一样，都存在“唯一性”的问题。物质属性在分类时，“唯一性”的执行是按材质分库保存文物的前提，在功能属性分类时，“唯一性”则是科学构建藏品数据库和检索系统的保证。由于博物馆藏品所具备的功能属性非常丰富，功能重叠的现象极其普遍，使得这种在功能属性分类过程中的“唯一性”执行起来极其不便，概念模糊的区域非常广泛，功能属性的分类标准很难制定，标准化就更无从谈起。

自2002年国家文物局发布《博物馆藏品信息指标体系规范》、《博物馆藏品二维影像技术规范》以来，以数据库为核心开发的博物馆藏品管理系统日臻完善，藏品功能属性分类工作中对于标准化、规范化的需求愈发迫切，藏品管理系统所具有的"检索"特点也在客观上促进了藏品分类标准化进程的加速发展。所谓检索就是从诸多门类庞杂的事物中找到自己想要的东西，藏品功能属性分类工作的最大意义也就在于此，检索就是为了利用，检索的速度越快，准确率越高在一定程度上就可以说明藏品分类越科学、越合理，藏品的利用效率也就越高。以藏品卡片模式为传统的检索方式，检索效率较低，准确率和速度很难同时保证，对于馆藏文物熟悉程度不够的人员（新入职保管员或部分藏品提用人员）来说更是如此。基于藏品管理系统的检索方式则可以解决速度和准确率并存的问题，但形成有效检索的先决条件却依然是藏品分类的标准化，藏品分类标准不统一就会导致数据库构建错误，数据库有错误就不能进行有效检索，失去了有效检索，藏品管理系统也就失去了大部分的意义。

（三）藏品检索与分类标准化

正是由于藏品功能属性的重叠与复杂，对分类标准的界定要求也就更高，对于藏品管理系统来说，分类标准的统一也是充分发挥其检索优势的前提和保证。藏品管理系统是基于数据库建立起来的，一个庞大的数据库是藏品系统检索功能得以运行的基础。藏品分类工作其实就是藏品基本信息录入工作的一部分，是藏品数据库建设过程中的一个重要环节。藏品信息录入过程中，每件藏品都要填写详细的藏品属性信息。这种电子版的藏品卡与传统卡片一样，都是以藏品物质属性分类为基础，其不同之处在于其在藏品功能属性方面信息量更大，属性划分更为细致，优势则在于可以通过多种检索的途径提高藏品利用的效率。藏品管理系统的检索方法主要应用的是字段检索法，一件藏品的信息由"名称"、"年代"、"功能"等多个单独的字段信息构成，对每个字段的划分都需要做到标准一致，比如某件藏品的年代产生在两个时代之间，比如一件唐代葡萄镜的定名是叫"海兽葡萄镜"还是叫"瑞兽葡萄镜"，这都存在标准划分的问题，只有标准确定了，并严格按照标准去执行，才能使得藏品每个字段的信息都准确一致，才能避免子类交叉或重叠的问题，才能充分发挥藏品管理系统强大的检索优势。另外，规范术语的使用也是分类标准化执行的重要环节（特别是对于“定名”和“现状”字段来说）。为了更好地执行藏品分类的标准化，在藏品信息的录入过程中藏品管理系统可以适当增加一些“下拉选择”的录入方式，或采用“选择”、“录入”结合的方式，以避免单纯文本录入造成的规范术语使用不当或描述用词不准确、不统一等问题。

三 结 语

标准化、规范化是博物馆各项工作开展的大势所趋，然而目前我国几乎每家博物馆的《藏品分类标准》都是不同的。性质相同的博物馆在藏品分类原则、体系或类目上或许有更多的相似之处，性质不同的博物馆在藏品分类上的差异则大相径庭。每家博物馆在藏品分类工作开展的过程中，贯彻的力度也各有不同，有的标准本就不科学，有的则是有标准却执行的很随意，要出台一部博物馆系统通用的藏品分类法还有很长的一段路要走。作为保管员，我们只有在充分了解本馆藏品的基础上，贯彻或制定本馆的分类标准，踏实、细致的做好分类标准化工作，才能让藏品更好的得以保存，让藏品更好地发挥其应有的社会作用。

参考文献

[1] 陈禹:《文物信息的分类与检索》,《黑龙江科技信息》2007 年第 4 期。

[2] 罗葆森:《数字化博物馆建设的保证与完善》,《中国文物报》2002 年 8 月 2 日。

[3] 严建强:《文物藏品质地优先四层次十进位分类法》,《中国博物馆》1997 年第 1 期。

[4] 李之龙:《关于博物馆藏品分类与藏品组织的关系》,《东南文化》1993 年第 4 期。

[5] 何直刚:《藏品分类略说——附述三系三段分类法》,《中国博物馆》1986 年第 3 期。

试论专题博物馆的藏品分类

——以北京人艺戏剧博物馆为例

北京人艺戏剧博物馆　杨　琳

藏品分类是藏品科学管理、整理研究和提供使用的中心环节，对博物馆藏品管理工作水平高低有着举足轻重的影响。科学的分类方法是协调藏品的保护与利用这一主要矛盾的突破口，也是博物馆藏品管理、陈列展览、科学研究等工作的基础和重要保证。本文拟就北京人艺戏剧博物馆为例试论专题博物馆藏品分类问题。

一　我国藏品分类现状

随着博物馆学的蓬勃发展，藏品分类学作为博物馆学的一个重要分支，引起越来越多的博物馆人的关注和思考。藏品分类的规范化是博物馆自身建设的需要，是博物馆科学管理的重要前提，也是衡量博物馆科学化现代化的标志之一。

长期以来，众多博物馆的专家学者对博物馆藏品分类问题进行了深入的研究，提出过不少真知灼见。早在五六十年代，傅振伦先生在他的著作《博物馆藏品保管》中，就提出藏品按质地分类的方法；80 年代宋伯胤和何直刚先生先后提出“四部四项十进位分类法”和“三系三段分类法”，都是对藏品分类的有益尝试。特别是自 1985 年以后，藏品分类的探讨成为全国性的博物馆课题，曾经先后在福州“全国博物馆藏品保管工作会议”和呼和浩特“中国博物馆学会保管专业委员会第二次学术讨论会”上两次对博物馆藏品分类标准化问题进行大规模的专题讨论，并形成了博物馆藏品分类办法讨论稿，试图拟定一个博物馆藏品统一分类法。然而由于藏品分类的复杂性，这份讨论稿也只是藏品分类学研究的一个阶段性成果，距离真正的规范还有一定距离。

现今我国博物馆通常采取的藏品分类，大多是复合分类法，即先分大类，每大类下再分类目，有的两层，有的三层。藏品分类大体有以下几种标准：第一，藏品质地分；第二，藏品用途；第三，藏品制作时代；第四，藏品的工艺；第五，藏品征集来源；第六，藏品所属古今族别；第七，藏品所属国别。

上述分类标准是我国博物馆工作者在几十年的工作中摸索出来的成果，对大多数历史博物馆来说是比较科学的分类方法。由于各馆藏品类型各异、数量不一，馆藏情况复杂，许多博物院也会在此分类基础上结合自身特点做出调整。

随着现代科技的飞速发展，社会化进程大大加快，博物馆发展的势头更为迅猛。不仅博物馆数量有很大增长，博物馆类型更加多样化，所承担的社会责任也更为丰富与重大。2010 年 11 月，国家文物局单霁翔局长指出："最近几年，我国博物馆建设迎来前所未有的高潮期。中国已有博物馆 3200 多个，并继续以每年 100 个以上的速度增长，每 3 天就会有一个新馆诞生。从博物馆种类看，发展主流从传统的综合、社会历史等类型，转向艺术、科技、民族、民俗、生态、遗址、自然、地矿及各专业等专题博物馆类型。"

专题类博物馆成为现今我国新建博物馆的发展趋势，各地、各行业均以此作为发展区域文化或行业文化的契机，以满足人们日益增长的精神文化需求。专题博物馆以某一类型的历史文化、行业文化或遗址故居等为主题征集、保护、研究、传播并展示人类及人类环境的见证物。专题博物馆收藏主题突出，藏品类型较之传统博物馆简单，但却有自己的馆藏特色与展览风格。若仍一成不变地遵循传统的分类标准，必然给藏品管理工作带来许多不便。在博物馆发展的新形势下，博物馆藏品分类学必然也将出现新的突破。北京人艺戏剧博物馆属于以话剧为主题的专题博物馆，藏品分类有其自身的特殊性，对北京人艺戏剧博物馆藏品分类的研究能为专题博物馆的藏品分类规范提供更多的材料与思考。

二　北京人艺戏剧博物馆藏品分类

北京人艺戏剧博物馆位于王府井大街 22 号首都剧场的四层，是国内首家展示话剧艺术的专题博物馆。2007 年 6 月 12 日正式对社会开放，至今已走过六个年头了。

根据其性质特征，北京人艺戏剧博物馆的藏品亦有其自身的独特性，不能简单地按照藏品质地或器物种类时代进行划分。北京人艺戏剧博物馆藏品分类从北京人艺戏剧博物馆的功能、藏品性质出发，在遵循藏品分类大原则的基础上，充分考虑到戏剧博物馆的个性特点，决定将藏品按性质划分第一层级，共分为剧目文案、剧目舞美与院史三大类，在此基础上进一步按功能属性划分第二层级与第三层级。

（一）剧目文案

剧目文案分为剧务、宣传、剧本、手稿四个亚类：

1. 剧务指剧目在创作、演出过程中产生的资料，包括：演出日报表、演员日记、导演笔记、人物自传、案头、座谈会记录；

2. 宣传包括说明书、海报、喷绘、明信片、戏票；

3. 剧本包括演出本、导演本、场记本、单行本；

4. 手稿包括创作手稿、创作札记、导演阐述、书信、题跋。

（二）剧目舞美

剧目舞美分为设计图、服饰、道具、模型、杂项五个亚类：

1. 设计图包括总设计图、灯光设计图、服饰设计图、道具设计图、效果设计图、化妆设计图；

2. 服饰包括服装、头饰、首饰、鞋帽；

3. 道具包括装饰道具、手持道具、实用道具、效果道具；

4. 模型包括舞台模型；

5. 杂项包括舞台设备、参考品。

（三）院史

院史分为文献、手稿、书刊传单、印章证件、礼品纪念品、音像制品、名人遗物、字画、杂项九个亚类：

1. 文献包括报告、指示、文书、通知、电报；
2. 手稿包括作品、信件、题词；
3. 书刊传单包括书籍、报纸、传单；
4. 印章证件包括印章、证件、奖章、奖状、纪念章；
5. 礼品纪念品包括艺术品、工艺美术品；
6. 音像制品包括照片、底片、录音带、录像带、光盘；
7. 名人遗物包括生活用品、办公用品；
8. 字画包括书法作品、绘画作品、书画作品；
9. 杂项包括摄录机器、剧场设备、老家具、牌匾。

值得一提的是，其中剧目文案与剧目舞美类另设一个剧目编号，剧目编号以戏为序，每个戏编一个号，按演出年代顺序依次往下排，如遇复排或重排剧目不另设编号，与首演剧目合并。

北京人艺戏剧博物馆采取以戏为序，按藏品功能属性分类分层的复合分类法主要出于以下几方面的考虑：

第一，北京人艺戏剧博物馆的性质与藏品特征及发展规律。

博物馆藏品分类必须以辩证唯物主义和历史唯物主义为指导思想，遵循科学原理，符合逻辑关系，结合自身的藏品特点，来拟定具体的藏品分类法。

作为话剧艺术类专题博物馆，普及话剧理论，收藏、展示、研究北京人民艺术剧院的舞台艺术及历史是戏剧博物馆办馆的宗旨与根本任务。戏剧博物馆的藏品收集工作就是围绕舞台剧目与剧院历史这两个部分铺陈开来，剧目是剧院安身立命的根本，也是剧院历史最有力的说明，对北京人艺戏剧博物馆来说，更是其收藏的精髓与特色。

北京人艺戏剧博物馆现有藏品六万余件，馆藏以现代文物、纸质藏品为主，其中剧目藏品是馆藏主体，与剧目有关的藏品近四万件。除为建馆而向社会征集的少量藏品，大部分藏品由北京人艺其他处室移交而来，主要分为三部分：艺术处移交的剧目艺术档案；舞美处移交的舞美设计图、服饰道具等；院办公室移交的院史资料。藏品来源在一定程度上反映了话剧剧目的制作流程与剧院剧目生产发展的规律，为戏剧博物馆藏品分类开拓了思路，指明了方向。北京人艺戏剧博物馆是一所话剧类专题博物馆，既要遵循博物馆的一般发展规律，又要从话剧制作流程中寻找自身规律。从北京人艺戏剧博物馆的角度来看，以剧目为序，按话剧制作链条进行划分，可以将繁杂的藏品有序地串联起来，分门别类，为藏品管理工作提供坚实的基础。

第二，藏品的保护与科学管理。

博物馆藏品具有重要的历史、科学和艺术价值，是国家宝贵的科学文化财富。实物性、不可再生性是藏品的基本特点，因而科学地保护和管理藏品是藏品分类的基本原则。

不同质地的藏品，所要求的保存条件也不同。以质地为标准划分藏品第一层级的分类法是许多博物馆现行的方法，但对戏剧博物馆而言却不一定是最理想的分类法。北京人艺戏剧博物馆所包含的藏品质地类型相对简单，主要分为纸制品与纺织品两大类，保存条件大致相同，要求库房相对湿度为50%~55%，室温控制在16~18℃之间。戏剧博物馆虽未以质地为标准来分大类，但所采用的功能性质分类方法基本已将藏品质地区分开来。如手稿、字画、服饰等都自成类别、分库保存，这样既有利于藏品保护，又便于工作人员的管理。

第三，藏品的提供使用。

博物馆藏品分类的另一个目的就是便于展览研究、提供利用。科学的分类方法要求能够快速准确地检索查询并提取到所需要的藏品。

北京人艺戏剧博物馆的陈列展览分为两大类：常设展览与临时展览。常设展览设在馆内，分为序厅、历史厅、人物厅、剧目厅（3个）、舞美厅、观众厅、艺术家走廊九个部分，共展出藏品2000余件。展出脉络可划分为剧院历史、演出剧目两条线。临时展览也是北京人艺戏剧博物馆的一大特色，现主要包括剧目巡演展览和专题展览两大类。剧目巡演展览以巡演的剧目为主题策划，在巡演场地展出。展览内容包括剧目的导演、编剧介绍，演出阵容，舞美设计，演出历史等。策展检索时只要查询到剧目的对应编号，再根据需要查找的类别就能快速地找到需要的藏品。专题展览是在对馆藏文物进行系列化研究的基础上所策划的，如北京人艺戏单展与北京人艺老照片展，这些展览主题本身就是藏品分类中的一个小类别，只需在其类别下挑选需要展出的展品即可。戏剧博物馆以戏为序的复合分类法对于现今展览的藏品检索与利用来说是比较高效的方法。

剧院复排剧目、院内外进行话剧研究是博物馆藏品使用的重要内容，科学的分类方法能大大提高工作效率。复排剧目时，剧组会检索该剧目之前排演的所有资料，舞美设计者会找出以前的设计图纸及模型观摩研究。话剧研究基本以某一话剧，或某个导演、演员的作品，或某类型的话剧为主题进行研究，无论哪种方式，以戏排序分类的方法都能快速地达到检索目的。

北京人艺戏剧博物馆建馆仅六年，其藏品管理工作也仅仅是起步阶段，从近来的工作情况来看，以戏为序的复合分类方法适合戏剧博物馆的实际情况，既有利于藏品的保护与管理，又能便于检索、提供使用，有一定的可行性与适用性。博物馆的藏品分类工作是一个复杂的系统工程，许多细枝末节一时难以考虑周全，需在以后的工作中根据实际出现的问题认真分析研究、加以完善、不断细化，向科学化、规范化发展。

三　结　语

专题博物馆的藏品既有广义文物藏品的一般属性，又有其特殊属性。因而每个专题博物馆都不能机械照搬其他馆的分类模式，既要遵循博物馆藏品管理分类的大原则，又要充分结合本馆实际情况，考虑到博物馆自身性质及馆藏特点，寻找其内在逻辑性及发展规律，抽丝剥茧，平衡好保护与利用之间的关系，制定一个高效科学的藏品分类方法。

专题博物馆的发展对我国尚未有统一标准的藏品分类法提出了新的问题与思考。统一性是一切事物的根本原则，与其说博物馆界需要制定一个具体的分类标准，不如说应该制定一个总的原则或规范，让各博物馆的藏品分类方法都能在共性中坚持其个性，达到统一性与多样性的辩证统一。

颐和园书画类文物的分类、编目与建档管理刍议

北京市颐和园管理处　王晓笛

颐和园是集园林艺术、博物馆展示、文物古建管理为一体的综合型世界级文化遗产。作为皇家名园，晚清时期的政治历史大事都发生在园中，慈禧太后更在园中居住游乐长达 15 年之久，因此颐和园保留着丰富的文物藏品，其中书画类文物更是晚清时期艺术风格的集大成体现。

一　书画类文物的分类

颐和园藏书画类文物主要以皇家创作及收藏为主。书画类文物带有特殊时代背景，年代限定于清中期以后，故而其分类方式不同于一般文物分类，应当结合颐和园藏品特点和实际情况，科学而有效地进行复合式分类。即先分大类，在每大类下细分类目，逐渐细化，形式具有颐和园书画文物特色的分类方式。

首先以藏品的实际情况出发，突出体现书画类文物的保藏特点，其次还要考虑藏品的属性，颐和园所藏书画文物并不是单一的收藏、赏玩性质的藏品，书画文物中还夹带了许多时代特征、历史事件、人物背景，以及传统工艺、装饰艺术等相关信息在内。这些信息繁复而多样，应该结合皇家园林自身的特点，以复合型的方式进行划分，从根本上保护书画类文物信息的完整性。

颐和园传世书画类文物种类并不丰富，同时还受时代特性所制约。如果按传统书画质地、年代、类别划分，分类方式过于笼统、文物特征不够清晰、明显。例如以年代划分，很容易出现文物比重失调情况，因为颐和园所藏书画文物多在清中期（尤其在光绪时期）以后，如此划分就失去了分类的意义。或者按质地划

分为纸本、绢本，也没有凸显出颐和园藏品的时代特点和艺术风格，不适合园藏文物的实际情况。因此应以藏品的质地为主，兼顾书画类文物的功用、性质的分类方式，可分为三大类：一是皇家收藏、二是殿堂贴落、三是内檐匾额。

（一）皇家收藏

指以皇家收藏、赏玩为主的书画类文物，又可细分为宫廷绘画、词臣书法、万寿贺礼、帝后书画四个部分。1888 年慈禧重修颐和园，一年之内常驻园中，颐和园成为仅次于紫禁城的政治、文化中心。晚清时期，慈禧效仿乾隆皇帝复兴如意馆，以考试的形式大肆招揽宫廷画家，为其创作绘画作品。宗亲、大臣大量书写馆阁体书法作品，进献给慈禧太后，以沐圣恩。慈禧在颐和园多次万寿盛典，王公大臣纷纷书画作品进献寿礼，以表贺寿之意。同时，慈禧不仅喜爱收藏书画作品，也喜欢创作书画，但技艺并不高超，故而随侍女画家——缪嘉惠便成为她的代笔人，经常为其创作书画作品，然后加盖上慈禧的印章。除上述三种书画收藏之外，王公大臣也常按照懿旨创作书画作品，加上帝后印章，一般这类书画作品被称之为帝后书画。

（二）殿堂贴落

殿堂贴落是专指一种特殊的书画装裱形式，在清代建筑的内檐装修中广泛流行。贴落按形制可分为书画类贴落、隔扇心、春条和福寿方四类。颐和园内贴落多属于晚清时期，由宫廷画家和词臣书家绘制，其内容则是为了迎合慈禧太后的审美趣味而创作。贴落安置在殿堂内部，作为室内装饰的一部分而存在，其安放位置一般在内檐隔扇上方横披框上，或者直接粘贴在墙壁上，用于辅助室内陈设，起到增添殿堂内檐装修空缺的实际作用。这些贴落都可以撤换下来，装裱成轴，成为一幅独立的书画作品。还有一种贴置在殿堂内窗牖、隔扇内，尺幅、大小不一，多绘制诗文、花卉、山石等，量身制定，与内檐装饰融为一体，不可成为独立书画形式。春条又称为“吉祥话”，尺幅狭长，多为四字祝福话语，常放置在殿堂两窗之间的空隙中。“福方”与“寿方”，斗方形制，红色底纹绘制各种龙凤纹图案，楷体书写福字或寿字，一般安放在明间上方的匾额两侧。这四类作品皆可归纳在贴落范畴之内，属于殿堂内部装饰性纸绢类文物。

（三）内檐匾额

指古代建筑中悬挂于门上的牌匾。匾额作为装饰之用，表现了人们对建筑物名称、景色、情感的艺术性表述。颐和园藏匾额数量众多，但此处仅把建筑内檐中纸绢类匾额归属于书画文物之中。内檐匾额按照内容分为四字匾额和书法纸匾两类。四字匾额多为讴功颂德、绘景抒情、述志兴怀的题词，书法纸匾则为多字匾，形式各异，多为赞美功德的诗句。根据落款可知，四字匾额一般由词臣书家题写，有的也无落款人，直接加盖帝后印章。而书法纸匾则多有书写人落款，书写形式大于内容，多为赞誉功绩之意，悬挂在殿内隔扇或开间的门檐上方，是殿堂内檐装饰中不可或缺的艺术形式。

综上所述，书画类文物的正确分类，是管理颐和园书画类文物藏品的关键，是藏品保管工作的重要步骤。只有科学而有效的保藏、研究和利用好文物，才能充分发挥书画藏品的最大功用和价值。

二　书画类文物的编目

“藏品编目是将博物馆入藏的文物、标本进行最基本、综合的鉴定研究，做出较为科学而详细的记述、并编制成各种不同形式的目录”①。因此，颐和园书画类文物需要进行两部分工作：编制藏品编目卡和藏品目录。其中编目卡是记录颐和园书画类文物情况之根本，要求记述详实，不可避重就轻，一带而过。根据统一格式的《博物馆藏品编目卡》的内容填写可知，一幅完整的书画作品需要填写编目号、照片号、来源、级别、名称、时代、质地、尺寸、著录和文献、款识图记、出土地点或产地等 24 项相关内容。针对颐和园所藏书画类文物在填写编目卡过程中，应需要注意以下几点问题：

（一）来源问题

颐和园藏书画类文物的来源相对简单，大致可归纳为三种来源方式：一是

① 国家文物局：《博物馆藏品保管工作手册》，群众出版社 1992 年版。

皇家万寿贺礼，是慈禧在颐和园度过的6次万寿庆典上，王公大臣在应旨祝寿的同时，赠送给慈禧丰厚的贺礼，以表心意。这类书画文物应尽可能查找万寿贺礼的清单，以现有文物相互对应，正确填写，入宫年份、何人赠送等相关问题，坚决杜绝以讹传讹，把谣传当做史料记录。二是皇家收藏，包括宫廷书画作品、帝后书画、王公大臣作品等等。这类文物可以根据作品本身的收藏记录、款识、题跋、钤印等内容追溯根源。三是贴落书画、纸质匾额等作品，这类作品作为内檐装饰而出现，是实用价值与艺术价值的综合体现。追溯来源，首先要明确具体方位，再从粘贴位置、表现形式、作品内容等方面入手。在清点中发现有部分作品背面贴有原来位置的签条，应予以重视，这是记载书画文物来源的根本依据。

（二）定名问题

颐和园书画类文物由于创作时间多限定在晚清时期，是词臣书家和宫廷画家创作按照慈禧审美而创作的作品，带有清代宫廷书画特征，多以祥瑞题材为主，主题、图案、风格相近不容易辨析。宫廷绘画和词臣书法以及贴落作品大多都带有“臣字款”，书写、绘画内容清晰可辨，书画文物定名相对清晰，不容易混淆。一般文物名称分为三个部分：一为年代、款识或者作者；二为特征、花纹或题材、颜色；三为器型或功用，这三方面为基本原则为文物定名。如：

年代	作者	题材	形制
清	张恺	松鹤图	绢本

书画作品有一定规律性，如果碰到二人合作，要写上二人姓名。或者是多人合作，只写前两人的名字加上“等合作”字样著录。对颐和园贴落作品的定名问题中，还要详细添加具体位置情况。因为贴落作品的题材相似，创作者以同一题材多幅创作，为了避免著录时产生错误，应标明出其殿堂内摆放方位。

（三）书画尺寸

书画文物中尺寸大小是著录的关键，在无法辨识书画文物内容时，可以通过尺寸大小辅助识别书画作品。书画文物的尺寸需要用卷尺测量，基本单位为厘米，一般书画作品可按照基本测量方式进行。颐和园所藏的殿堂内部贴落，在测量作品全幅尺寸之外，还要测量出画心尺幅，为今后在修复或者复制文物时，提供正确的尺幅大小。再如匾额类作品，是否量取边框外檐尺寸，是书画文物尺寸著录的关键。对于内檐匾额，也可以采用整体量取边框外部长宽尺寸，然后单独量出画心尺寸的方法进行测量。

（四）完整程度的记录

书画作品年代久远，不易保存，文物完残情况应当详细著录在册。在文物入库前标明完残程度，不仅对文物保管工作负责，还可以根据书画文物伤残情况制定出相应的保护措施，明确修复方案。在文物交接、外借、展出时，能够明确责任，保证文物不会受到二次损害。颐和园内部分书画贴落受殿堂内部环境影响较大，画面出现绷裂、虫蛀、酥脆、腐化、霉菌、污渍等情况，应在书画著录中明确写明残坏情况，注明位置和程度，色泽深浅等损耗问题。对于破损严重的地方还应局部拍照，与全作一一比对位置，在记录中标明。

（五）款识、题跋、印章的著录

款识题跋、印章、收藏、鉴赏题跋等内容都是书画著录重要的组成部分。颐和园藏书画类文物除赏玩类书画作品之外，大多是为宫廷画家和词臣书家所创作，其基本形式为“臣字款”书画。“臣字款”带有明显时代特征，以工整的楷书书写，“臣”字略小，字体偏右，书画家姓名略大于“臣”字，在姓名后面还要加上“恭绘”、“敬绘”等字样，形成“臣某某某恭绘”或者“敬绘”的样式。姓名后面加盖齐正规矩的正方形印一或两方，钤在款识的正下方，印文一般为“臣某某某”、“恭画”或者“臣”等字样。此外，晚清帝后的收藏、赏玩印章也是书画著录的重点，颐和园藏书画作品上经常带有“光绪皇帝御览之宝”、“慈禧皇太后御览之宝”等皇家御印。慈禧常以书画自娱，其代笔画家缪嘉慧，根据懿旨创作书画，然后盖上“慈禧皇太后御笔之宝”印章。在内檐匾额上，一般会钤盖“慈禧皇太后御览之宝”、“数点梅花天地心”、“和平仁厚与天地同意”三枚印章，形制上带有一定规律性。

（六）文物拍照

为书画文物拍照，是记述文物情况的重要环节，一般书画作品可以直接拍摄，但书画贴落一般粘贴在内檐隔扇框上，尺幅较大，撤换下来的作品不易整幅拍照，可以采用专业摄影台，固定好边角，月广角镜头拍摄。整理好书画照片后，与书画作品的名称、尺寸、内容相互对应，在照片后面编写编号，然后填入编目卡中，予以对应。

在编写好编目卡以后，需要逐一检查，确定无误后，才能填写制卡人和年月日。为了完善文物工作，便于查找和研究工作的开展，需要制定藏品目录，以卡片、书本式和活页式三种作为目录，一目了然，藏品清单清晰可见，能够充分反映全部藏品的实际情况和信息，成为书画类文物藏品的重要检索方式。

三　书画类文物的建档管理

书画类文物档案的建立其实质是在对原始文物资料进行全面系统的研究与鉴定，经过各种资料的整理、归纳而后，形成的科学管理依据[①]。从资料搜集到整理档案，再到档案成册，最后形成系统管理，这是一个循序渐进的过程。正确填写由国家文物局统一印制的《藏品档案册》，其中“资料搜集”是书画类文物档案管理的关键，还涉及到文物信息包括：作者小传、搜集过程、鉴定印记、著录和有关资料、修复、装裱复制记录、照片等等。在详实记述书画类文物关键的信息和内容后，藏品档案才能汇编成册，便于今后文物工作的开展。

颐和园藏书画种类相对统一，但附加信息繁多。例如一件书画类文物藏品的完整信息，不仅包括画面上的作者、内容、钤印、落款、纸张、装裱形式等等，还附带着时代信息、创作背景、审美趣味、创作意图，甚至是在殿堂内的实际位置（尤其是殿堂贴落和匾额位置）等等。如代笔问题的审定，代笔其实质是一种作伪现象，只不过是获得被仿者允许的造假创作而已。但是颐和园藏

① 国家文物局：《博物馆藏品保管工作手册》，群众出版社 1992 年版。

书画文物的代笔问题则特指由帝后直接指派某一书画家，根据帝后的审美情趣，创作出他们喜爱的书画作品。在根本意义上这种情况不应该成为作伪，而应当归属在宫廷书画范畴内的特殊形制作品。再如搜集资料的明确问题，应对藏品如何出现，怎样被征集到颐和园，与何人、何事有关系，以及藏品原来的放置位置、在史料上是否有记载，是否挪动过等相关问题都应准确记录在档案中。这些都是重要的作品史料依据，不可轻视，应当认真填写在藏品档案中。

随着信息时代的来临，数字化成为藏品档案管理的新坐标，纸质档案管理与数字化技术应用则进入到并行不悖的新时代中。藏品信息管理系统包括“信息检索、出入库管理、更改记录、藏品统计”四个主要内容，其中信息检索和统计保管工作计算机化的基本内容①。首先，信息数据库的建立不仅在根本保证了藏品著录的质量，也在更加细化文物标准化的管理要求。再通过数字化管理把藏品文物转化为信息资源，充分开发利用馆内藏品资源，从而提升博物馆管理事业的新里程。颐和园的数字化信息管理还处于建设阶段，在纸质著录完成的基础上，按照国家文物局 2001 年发布的《博物馆藏品信息指标体系规范（试行）》、《馆藏珍贵文物信息指标著录规范》等法令，逐步完善颐和园书画类文物的基本数据，力求达到数据精确，指标客观统一，并扩充落后的数据信息和影像资料等方面内容。

就书画类文物而言，制度管理与技术应用应该同时发展，不仅要关注藏品本身的艺术价值，更要把藏品放在全人类的历史文化背景下去研究和探讨。宫廷艺术虽然被时代的审美所束缚，单一的放库房内的古代遗存只能被称作“文物”，而它所承载的文明信息、社会变迁、历史沧桑、艺术感染都难以发挥其真正作用。因此建立数字化档案管理，共享藏品信息是我们当前需要改变的认知观念，文物是全人类的珍贵历史藏品，书画作品需要观赏者才能被称之为艺术品，只有被广泛使用和鉴赏，才能凸显它的历史价值和审美趣味。同博物馆一样，颐和园也具有向公众展示文物、服务教育、传播知识的宣传功能，而数字化藏品信息只是颐和园建立智慧园区的一部分，创建文物管理标准，细化日常文物巡查，定位文物电子地图、文物管理数据仓库建立，并结合遗产监测工

① 王宏钧：《中国博物馆学基础》，上海古籍出版社 2001 年版。

作的开展等等。数字化管理的广泛应用改变颐和园原来闭塞的展示方式，丰富历史、传播文化，开创了颐和园皇家宫廷文化发展的新时代。

当然，时代的发展奔流不息，颐和园在文物藏品管理方面还有诸多不足之处，还需要在实践中不断学习。就现阶段情况而言，传统文物分类方式早已不能满足人们日益增长的精神文化需求，藏品管理已经基本完成信息化的转变。但是，标准化管理并不是藏品管理的唯一的定式，还需要在实践中不断细化各种文物门类，建立系统分类标准，从根本上保留文物信息时代性和完整性。

浅谈行业博物馆藏品征集、分类、注录、建档的规范化问题

——以中国铁道博物馆为例

中国铁道博物馆　纪丽君　谭瑞杰

中国铁道博物馆（以下简称铁博）是中国唯一的国家级铁路专业博物馆，是中国铁路文物藏品收藏展示、宣传教育、科学研究的专门机构，是保护铁路历史遗产、传播铁路科技知识、宣传铁路建设成就、弘扬铁路先进文化的公益性场馆，现有正阳门馆、东郊机车车辆馆和詹天佑纪念馆 3 个展馆，如此规模的展馆在行业博物馆界亦不多见。自对公众开放以来，始终立足于本馆特色，形成了自己的风格和特色，成为拥有较全面反映中国铁路发展全貌的行业博物馆。从 2003 年更名至今，铁博从全国各地征集了 8000 余件藏品，收藏范围自中国铁路创始以来产生并遗存的，具有历史、艺术和科学价值的；与重大历史事件、重要社会活动或者著名人物有关的以及具有重要纪念意义、教育意义或者史料价值的；存世较少的代表性见证物；其时间跨度从清末民初至今达一百余年，基本覆盖了中国铁路发展历史，形成了价值较高的收藏系列。2012 年，首次文物定级 77 件（套），一级文物 44 件（套）。2013 年，文物定级 38 件（套），一级文物 6 件（套）。文物鉴定工作不仅为铁博的文物管理工作开创了局面，也为整个铁路文物的定级鉴定提供了借鉴和依据。藏品征集人性化、藏品分类专业化、藏品注录合理化、藏品档案数字化等规范化问题不仅是铁博文物藏品管理工作的基础，也是衡量铁博工作水平的重要标志。

本文就藏品的征集、分类、注录、建档等规范化问题，谈谈在工作实践中的认识和体会。

一 藏品征集人性化

铁博在铁路藏品征集上有其得天独厚的条件，专业对口，熟悉铁路文物，了解文物分布的范围；有收集渠道。铁博在征集工作中基本上做到了：明确征集范围，有侧重点；事前调查研究，阅读有关文献、报刊资料；根据陈列和研究的需要；有预见性和前瞻性；作为展示铁路发展历史和铁路科技的中国铁路博物馆，藏品征集必须围绕着铁路历史这一中心内容展开。

第一，征集本行业、本专题的相关的藏品、资料，丰富铁路历史文化的内涵。

征集人员要全面掌握铁路一百多年发展的历史，掌握铁路文物的数量、分布、特征、保存现状、环境状况等基本情况，以及藏品本身与人物、事件的关系。要有强烈的爱岗敬业精神；有较高的文物专业鉴定水平，丰富的经验；通过信息反馈，获取藏品的信息渠道。

第二，征集铁博展览的缺项藏品，有重点、有目的地征集不同的藏品。

由于铁路藏品种类繁多，必须在调查研究的基础上，使征集的藏品尽可能成系列，并具有代表性和典型性。对一些距离现在很近的藏品，要有前瞻性，有些东西的潜在价值没有经过时间的沉淀，不容易被发现，所以要尽可能把收藏面放宽，把收藏标准把握得准确些。

第三，多渠道开展征集工作。

铁博在建馆之初，也得益于各铁路单位和兄弟博物馆的大力支持和帮助，为铁博的开馆和展示、研究打下了坚实的基础。但是依靠外界帮助的同时，必须得学会自己走路，于是我们与文物市场、拍卖公司、收藏家建立友好的合作关系，他们也积极提供线索，对我们的征集工作的开展做出很大帮助。

第四，征集无法获得所需藏品实物的时候，注重相关藏品资料的征集。如相关的藏品照片，藏品资料等。

第五，加大宣传力度，提高公众对铁路文物藏品的认识，并形成一个良好的收藏保护的氛围。

通过举办相关的学术交流、专题讲座、陈列展览等活动，使公众更多地了解铁路藏品丰富的内涵，满足公众接触和感受铁路文化的需求和愿望。

第六，从部属单位征集可移动铁路文物时，原则上采取无偿征集的办法。

凡部属单位所有的固定资产中被确定为可移动铁路文物并需要征集的，按照财务管理规定，核减该部属单位资产，该可移动文物送交铁博正式接收后，列入铁博固定资产。

第七，无偿捐赠和有偿捐赠。

对于无偿将铁路文物捐赠给博物馆的单位和个人，我们对他们的捐赠行为表示感谢，鼓励他们这种爱护铁路文化的行为，表扬他们对博物馆的信任和贡献。并与捐赠者保持联系，邀请他们免费参观博物馆；捐赠的藏品在展出、出版时根据捐赠者的要求，标明其单位、姓名并发放捐赠证书，给予适当的精神鼓励或物质奖励，以带动其他收藏爱好者也来积极投入到铁路文化事业中来。对于捐赠藏品数量多、质量高的单位或个人要举办捐赠仪式或举办捐赠品展览等。

对于有偿将铁路文物捐赠给博物馆的个人，首先要了解捐赠者的意图和藏品详细情况、数量以及捐赠条件，然后对藏品进行鉴定，确定该藏品符合收藏条件后，向捐赠者支付相应的奖金。

二　藏品分类专业化

为了达到藏品的科学管理、保管、利用与查找，铁博按照铁路运输专业机车、车辆、线路设备、铁道信号与通信设备、运输组织与调度指挥等五大门类进行基础分类。此种分类是铁博在参考《博物馆藏品保管工作手册》中对分类的划分和针对藏品的特色，在铁路五大门类的基础上合理确定藏品的分类方法，该分类法也不是一成不变的，它将随着铁博收藏情况的发展和变化而不断调节，既能反映收藏的状况，具有一定稳定性，又能对铁路收藏起指导作用。目前铁博已经形成一套比较成熟的分类体系。

1. 文献资料类：包含记载铁路建设、运营、管理等内容，如书籍、公文、凭证、契约、任命状等 19 项。

2. 图纸类：包含绘制铁路建设、运营、管理等内容，如草图、蓝图、线路图等6项。

3. 表册类：包含反映铁路客货运输、财务管理等方面内容，如时刻表、票价表、运价表等5项。

4. 票证类：包含铁路客货运输、铁路建设等内容，如客票、站台票、股票、债券、邮品（票、封、折）等12项。

5. 书画类：包含反映铁路内容，如书法、绘画、拓片等3项。

6. 牌石类：包含记载铁路内容，如牌、匾、碑等5项。

7. 勘测设计工具类：包含铁路勘查设计和科学研究内容，如测量仪器、计算器具、摄影器材等6项。

8. 章类：包含铁路业务和铁路历史内容，如：徽章、印章（公章、人名章、站名章、作业章、标记章）等

9. 家具类：包含铁路专用及通用的，如桌、椅、柜、凳等8项。

10. 服装服饰类：包含铁路专用服装服饰的，如各类铁路制服（上装、下装、鞋、帽、领带、配饰）、职务标识等。

11. 音像制品类：包含反映铁路内容的，如照片（正片、负片、反转片）、电影胶片、录像带等7项。

12. 纪念和荣誉物品类：包含反映铁路内容的，如纪念品、荣誉品等。

13. 通信设备类：包含铁路专用通讯设备的，如电话机、电报机、客运广播系统等8项。

14. 信号装置类：包含铁路专用信号装置的，如信号机（臂板信号机、色灯信号机、机车信号机）、信号标志、闭塞设备、转辙设备（电动转辙机、道岔握柄）等9项。

15. 客货运输类：包含铁路客货运输专用设备工具用具的，如设备器材工具用具、客票印刷机械设备等5项。

16. 机车车辆类：包含铁路使用的牵引动力和乘载装载工具的，如蒸汽机车、内燃机车、电力机车、机辆器材设备等14项。

17. 线路工务类：包含铁路使用的，如：钢轨、道岔、轨枕、工务工具用具等8项。

18. 钟表锁具类：包含铁路用计时器具和锁闭器具的，如铁路专用钟表、

铁路专用锁具。

19. 模型沙盘类：

20. 其他：暂无法归入上述分类的实物，可归入此类。

鉴于铁博文物的复杂性和多样性，许多文物具有多重属性，在实际分类中不可避免会产生交叉，因此我们还在不断地完善中。随着行业技术的发展变化，新征集到馆的文物展品越来越多样性，原有的分类方法已不能满足，通过采用易宝藏品管理系统进行不断地优化和修改，较有效地得到了解决。

三　藏品注录合理化

藏品是博物馆一切业务活动的物质基础，藏品登记注录工作在整个藏品管理工作程序中是一个承上启下的重要环节，其工作程序是一个逐步深入、逐步完善的过程，每一步骤都有各自的要求和规范。只有通过合理、有效地对藏品信息进行登记著录，才能更好地管理和利用藏品。

铁博最初的藏品以蒸汽机车、内燃机车等机车车辆为主，后陆续面向全路征集铁路机、车、工、电、运等各方面的藏品，在丰富馆藏的同时，对入馆藏品信息登记著录工作提出了新的要求和内容。初期的藏品登记著录按照博物馆的《藏品总登记账》实行统一的格式和登记标准，对于藏品的定名、计件、计量单位、时代、现状、来源等信息要严格按照文物行政部门制定的规范进行记录，逐件、逐项登记。

随着网络信息时代的来临，数字化技术的发展开始普及，这为藏品登录、保护、管理和利用等提供了更为便利和有效的方式。2005 年，铁博引进易宝藏品管理系统，开始对藏品信息进行数字化建设和管理，同时保留纸质档案管理。根据铁博行业藏品特性，在输入方式上分为金属输入、纸质输入、木质输入、织物输入、陶瓷输入、玻璃输入、皮革骨输入、塑料输入、石质输入、杂类输入等十项数据库表项填报，并设置相应的子类输入。根据 2001 年国家文物局《博物馆藏品信息指标体系规范（试行）》的内容，选出适合铁博的藏品自然属性、管理和研究等相关信息方面数据库指标项。2012 年，铁博作为北京市可移动文物普查试点单位之一，根据文物普查项目在全面推广阶段执行的

《馆藏珍贵文物信息指标著录规范》，规定的每件藏品登录 28 项核心指标项，包括文物名称、时代、类别、级别、完残、尺寸、质量、特征描述、保护记录等内容，进行了细致的描述和规范的梳理。

在工作实践中，我们发现在大规模数字化藏品登录前颁布的标准和规范并非专为数字登录制定，故在一些指标项（如藏品年代、分类、计件方法等）还不够细致、不能完全适应数字登录的精确需要，特别是多媒体数据和新的行业性藏品的加入，需要不断进行修订完善，以保证数据指标的客观、准确、适用。所以，铁博藏品登记著录工作在标准化的基础上做到合理，适应更多新内容，确实做到博物馆临时或永久接受的一切物品得以恰当地、全面地做出记录，以利于证明出处、鉴定断代、记录状况并进行处理。

四　藏品档案数字化

藏品档案，是博物馆对藏品实施的管理行为的记录。是反映藏品全部情况的记录材料。藏品档案包括每件藏品有关的历史资料、鉴定记录、修复记录、使用记录、有关的研究著作以及照片、拓片、器物绘图、检验报告等等。从藏品入藏之日起，就要时刻关注收集与该藏品相关的资料信息，包括它的制作、流传或出土，所有者的情况，入藏博物馆后的动态情况等，这些资料既是科学管理保护、展出利用和研究的依据，又是各项工作成果的反映。

铁博初期藏品档案是按照传统的纸质管理模式进行登记、分类编目建卡等，由专人负责记录、管理总登记账簿，严格按照规定格式、逐条逐项用不退色墨水笔填写。工作量大、程序多，藏品数量和种类庞杂，易造成书写错误、分类错乱和档案信息不全等问题，加大藏品管理工作的难度。

随着藏品信息管理数字化的建设，应用计算机信息技术对藏品档案进行更科学的管理是一种必然趋势。铁博藏品管理系统涵盖了藏品管理、库房管理、征集管理、鉴定管理、照相管理、装裱管理、暂存品管理、照片管理等八项内容，建立了藏品信息数据库，设置数据录入、数据查询、报表统计、库房查询、库房盘点等内容。根据铁博藏品的多样化，调整藏品信息结构，对藏品数据项目进行添加。通过设置操作权限，对使用该系统的用户身份进行分级授权，实现管理系统角色权限，一般用户进行数据录入、修改等内容，管理员进行数据管理、后台设置等，高级用户进行数据查询、浏览藏品图片等内容，了解馆藏文物数据信息。

2013 年，铁博借助上报定级文物档案这一契机，根据《中华人民共和国文物保护法》2002 年修订后的规定，建立馆藏文物档案的备案制度，按要求建立一级藏品档案。利用易宝藏品管理系统，传统的纸质档案按照规定的格式在报表制作中加以反应，并对应相关联的数据指标项，包括每件藏品有关的流传经历、鉴定记录、修复记录、使用记录、有关的研究著作以及照片、拓片、器物描述等等。通过计算机网络数据库技术、多媒体技术等，将分散于不同载体、不同地理位置的信息资源以数字化的形式存贮，通过网络化的方式链接，实现资源共享。目前铁博各场馆的藏品管理都引入易宝藏品管理系统，并统一规范了数据库指标项，设计了符合国家文物局规范的各种报表式样，配备懂专业文博知识和计算机操作的藏品档案管理人员，逐步实现藏品信息存储数字化、传递网络化、管理电脑化。与传统手写方式的档案管理，数字化的档案管理工作存在建档方式便捷、信息收集快速、保管方式安全、利用方式高效等特点。通过专业藏品管理软件，输入藏品相关资料，对藏品档案要求设置统一标准，如藏品名、年代、质地等信息用一定的格式固定下来，保证档案卷宗的整洁、美观、清晰。做好藏品档案管理数字化工作，是博物馆控制藏品的有效工具，藏品管理工作信息是否全面准确，直接关系到藏品管理工作的效率和藏品的安全。

五 结 语

铁博在藏品征集、分类、注录、建档的规范化问题上，还处于探索阶段，这依赖于一批思想认识统一，业务素质过硬的专业管理人才和完善健全的藏品管理规章制度，在不断强化自身功能作用的同时，使博物馆业务工作得到有效运作和科学管理。

浅谈外国邮票的科学保管

中国邮政邮票博物馆　王晓娟

藏品是博物馆存在的基础，是开展各项业务活动的物质保证。藏品保管是博物馆主要业务工作之一，其任务是对馆藏文物进行收藏、保护和整理研究。

中国邮政邮票博物馆隶属于中国邮政集团公司，主要任务是对邮政邮票文物进行保管、鉴定、陈列、管理和宣传。馆内收藏有中国各时期邮政、邮票文物及世界各国交换来的邮资票品。笔者在研究保管部外票组从事外国邮票研究和保管工作，根据几年来的工作经验，拟从外国邮票的藏品来源、整理、保护等方面谈几点外国邮票保管的拙见。

一　外国邮票的日常保管

（一）藏品来源

我馆收藏的外国邮票主要来源是与万国邮政联盟交换的世界各国邮票。万国邮政联盟简称“万国邮联”，是商定国际邮政事务的政府间国际组织。我国1914年加入了万国邮政联盟，并于1924年开始与万国邮政联盟的会员国进行票品的交换。万国邮政联盟共有190个会员国，这些会员国每年定期将发行的邮票通过万国邮政联盟交换到我馆。如我馆收藏有1949年以前的“万国邮联邮集”，1972年中华人民共和国恢复在万国邮政联盟的合法席位以来邮联各国发行的邮票、小型张、小版张、小全张等。另外，馆内还藏有集邮家及国内外友人捐赠的外国邮票、首日封、纪念封、邮品等。以上这些来源构成了我馆外国邮票藏品的基本体系。

（二）藏品整理

我馆研究保管部外票组每年要接收世界 220 多个国家和地区新发行的邮票，要对其进行识别、制作贴片，登账及上架。收到邮票后，我们首先把万国邮政联盟寄来的外文邮票清单翻译成中文并录入电脑存档，打印清单后仔细核对票品的信息，内容包括：票品的国家、名称和发行时间等。核对无误后，再用统一的格式把邮票的信息打印成贴片。然后根据邮票票幅的大小裁切好护邮袋并套在邮票外面，再将装有邮票的护邮袋贴在贴片上。最后在制作好的贴片外面套上起到防尘作用的透明塑料袋，以便更好地保护藏品。

前文提到的对外国邮票进行识别，指的是对邮票发行国家及邮票铭记的识别，这是外国邮票整理工作中的一个重要环节。外国邮票种类繁多，数量巨大，每一套邮票都承载着各国各地区社会发展的信息。铭记是邮票票面上用来表示该邮票发行国家（或地区）和发行机构的标志。各国邮票应当用拉丁字母标明原寄国国名，但各国一般以文字图案、缩写字母或特殊标记来标注。现在不同国家（地区）发行的邮票，除个别的未印铭记外，几乎都有自己的邮票铭记，同一国家（地区）在不同历史时期发行的邮票可有不同的邮票铭记。根据各国邮票发行的特点，识别外国邮票铭记的方法，总结经验有以下几种：

1. 文字识别

看文字标注。或是仅印本国文字，或加注英文，英文缩写，或是多种文字并列等等。如马来西亚邮票直接加注英文标识“MALAYSIA”；邮票加注本国官方语言的缩写字母，如法国“RF”、美国“USA”或“US”，前苏联“CCCP”；多种文字并列标注，这些文字迥异，容易判断，邮票大多是亚洲、非洲国家发行的，如斯里兰卡等；有的国家文字特殊，容易识别，如日本、韩国、泰国等。

2. 图案识别

用图案标注。最典型的是英国，英国邮票上不印国名，不标任何铭记，而以女王侧面肖像为标志；通过邮票的票面图案判断其发行国。如埃及邮票，大多是金字塔图案，瓦努阿图邮票，大多是热带岛屿，鸟类图案等。

3. 票形识别

异形邮票，矩形之外的各种形状的邮票。如心形邮票常见于法国等。

4. 特殊标记识别

有些邮票，邮票票面上有特别的标志。认准标志，就可以相应地知道邮票发行国。如匈牙利邮票以国内主要民族马扎尔的名称代替国名“MAGYAR”；瑞士邮票上标注的是神话人物“HELVETIA”。如联合国邮票，无论是在纽约发行，还是在维也纳、日内瓦，发行邮票上都有联合国的标志。包括有些欧洲欧罗巴成员国国家发行的欧罗巴邮票，印有“EUROPA”字样等。

5. 货币单位识别

邮票大多都是有面值的，面值上有货币单位，每个国家的货币单位不同，所以记住货币单位也为识别邮票的国别提供了便利条件。如苏联的“K”（戈比）、罗马尼亚的“LEI”（列伊）。如美国、葡萄牙、斯洛文尼亚等国的某些邮票用英文字母代替面值。

（三）藏品上架

藏品主要存放在密集架中，我们对库房密集架进行科学管理及合理化排序、编号，对整理完的藏品进行分类上架。密集架共有 24 列，我们按顺序将每列密集架排序编号，并在密集架上贴好所有编号。编号为密集架的每列、每柜、每行建立了三集目录，1 - 24 按这个顺序为密集架编号的第一级；每列密集架有 5 组柜架，共 10 个为第二级；每个柜子由 6 行组成，是编号目录的第三级。举例如密集架上第 7 列第 1 个柜子的第 2 行，编号就为 7 - 1 - 2。

我们把库房柜架进行划分，将外票藏品按照世界各大洲进行地区分类，同时密集架的顺序按照藏品的地区划分为亚洲、非洲、欧洲、北美洲、南美洲、大洋洲等区域，每大洲按国名汉语拼音字母的顺序排列国家。

每次整理好的藏品要按国别上架，并且制作好的藏品贴片按照国别先装在对应国家的样票册中，最后样票册再统一上架。每册样票册的背脊上都标识藏品的发行国家和发行时间，同时每排的密集架侧面贴有信息卡，明确的标注每列架子上保存藏品的信息及具体位置，如要找到英国 2001 年发行的邮票，我们可以先找到发行国，根据样票册标注信息上的发行时间，最后再找到如英国

2－3－2的位置，这样有助于查找和提借，便于保管员取放藏品。

（四）藏品保护

藏品保护是为维护藏品质量，阻止或延缓藏品劣化变质而采取的防护技术措施，是藏品保管的一项重要内容，保管人员需对藏品进行日常的科学保护。

外国邮票的材料，可分为纸质和非纸质两大类。我馆外票藏品中大部分属于纸质文物，非纸质藏品比重很小。邮票库房的温度、湿度、蛀虫、微生物、紫外线等环境因素都会影响邮票藏品的寿命。我馆针对邮票纸质的特性，不断探索，采取了积极有效的防治措施，使邮票的寿命得到最大限度的延长。

1. 控制温湿度是邮票藏品保存环境的必要措施

邮票藏品是由纸张、油墨、背胶等经过印刷工艺而制成的纸质品，有的藏品含有背胶，因温度增高时，背胶会产生自然脱胶、裂胶现象，致使老化速度加快，耐折度降低；湿度过高时，藏品就会成为微生物的良好养料，受潮后容易发生霉变或背胶溶胶现象。为控制库房温湿度，我馆采用了楼宇自控系统，运用计算机及其网络技术，自动控制库房的温湿度。温度设定在20℃，幅度不得超过±2℃。湿度设定在50℃，幅度不得超过±5℃。

2. 降低生物危害对邮票藏品的影响

生物对藏品的危害来自害虫和微生物。害虫喜欢阴暗、潮湿的环境，故可长期寄居在库房。微生物主要是霉菌，霉菌作用可破坏邮票藏品的纤维素，造成藏品强度降低，有机酸会使藏品酸性增加，使藏品泛黄、碎裂。为降低虫害、霉菌对邮票藏品的影响，我馆制定了严格的库房管理制度，保持库房空气清洁，不滞留灰尘和空气污染物，杜绝水及食物进库，定期更换放置防霉驱虫剂，定期对库房进行消毒灭菌处理，定期清扫库房和密集架等。

3. 减少光线辐射对邮票藏品的损害

邮票属于光敏性藏品，在光辐射的作用下，易发生化学作用，导致藏品翘曲、退色、发黄，导致有些刷色（如大红色）变黑。我馆合理地解决了陈列与保护、采光与避光的矛盾，既要充分发挥藏品作用，又尽可能减少光线辐射的危害。库房置于楼层中心位置，并采用无紫外线的人工光源，低照度照明，藏品密封避光保存。

二　外国邮票保管工作的两点想法

（一）提高保管人员综合素质

博物馆担负着促进社会培养人才成长的任务，同时博物馆本身也需要大批不同类型、不同层次的专业人才。具备一定文化知识和专业技能的保管人员是保障博物馆事业发展最基本的条件。保管人员只有不断地学习、刻苦的钻研、努力提高业务素质，真正做到精通业务，这样才能更好地对藏品进行深入的研究，成为外国邮票藏品的专家。

1. 培养复合型保管人员

保管人员除了要精通所从事业务的学科知识及博物馆学识外，还要博学、广才，要具备专业的知识和研究业务的水平。如外国邮票保管人员不仅要精通中国及外国邮票的知识，还要具备一定的外语水平、世界地理知识等。要定期参加专业技能培训，更新保管员的知识结构，扩充业务技能，通过不断学习来增强保管员的岗位专业技能，以达到知识全面，完善知识结构的目的。

2. 注重对“物”的研究

邮票文物的收藏和保存是我馆的基本任务。外国邮票保管人员在做好藏品妥善保管的基础上，要对藏品有更高的认知，不仅仅是只限于能够按时完成平时的保管工作，而更高的要求是要更广泛、深入地发掘藏品的信息，并将藏品的信息充分利用起来。如果能够在平时主动地去学习了解相关的藏品信息，并把研究成果以各种形式储存、展示、传播，所创造出来的成果，才是真正充分利用了藏品资源，体现了藏品价值。如果保管人员对馆藏的文物不研究，不了解，不知其背后的价值，就根本无法对其进行更科学的保管。“物”的研究就是注重对藏品的研究。每一枚外国邮票背后都有其特有的内涵、意义、价值，而保管人员要承担起对外国邮票进行研究的任务，通过科学的研究工作来揭示外国邮票背后的故事，从而判定它的学术、历史和艺术价值。

（二）加强藏品数字化管理

信息时代，外国邮票科学管理的有效提升也依赖于数字化开展的程度。只有提升数字化和强化数字化在保管工作中的应用才能切实提高科学管理工作的质量和水平。从保管工作现状来，数字化应从实际情况出发，从小处做起，不断累积丰富各项数字资源，这会对保管工作的发展后劲产生动力。

加强对藏品管理系统基础数据库的完善，是我馆实现藏品保管数字化的重要步骤。以外国邮票保管工作为例，为提高外国邮票保管效率，我们应充分利用计算机、扫描仪、数码照相机等设备对票品档案的文字、图像、视频资料等信息，进行系统、准确地存储备份、扫描采集，提供准确高效的查询、统计等功能性服务。内容应包括对外票藏品国别、发行时间、数量和存放架位的位置进行检索，记录藏品的出库时间、理由和去向及入库归还时间等。这样可以使外票保管人员很轻松地从电脑中检索到藏品的位置。并且使得外票藏品除展出外，无须翻看样票册，减少了票品的流通次，降低损坏的风险。

总之，外国邮票藏品是国家宝贵的科学和文化财富，对其科学的保管和利用，是保管人员义不容辞的职责。我们应该根据藏品的特点，加强对馆藏文物的管理，不断提高业务水平，发掘潜能，为博物馆的发展开辟更广阔的空间，打造更大的平台。

参考文献

［1］王宏钧：《中国博物馆学基础》，上海古籍出版社 2001 年版。

［2］杨海涛：《外国邮票》，辽宁画报出版社 2001 年版。

［3］王乐：《博物馆馆藏管理刍议》，《商情》（教育经济研究）2008 年第 6 期。

中国电影博物馆藏品分类与鉴定工作的论述与思考

中国电影博物馆　李雪梅

由于中国电影博物馆是新建馆不久的艺术类博物馆，在藏品分类、如何鉴定等工作方面没有现成经验可以借鉴。电影物品是一类比较特殊的物品，一百多年的中国电影在我们这个具有几千年文明历史长河记载的国度中只是一瞬间。但作为一门特殊的综合艺术，电影在它一百多年的迅猛发展过程中，如何充分全面反映和影响着人们的生活、记载和传递电影文化、见证中国电影的发展，是我们藏品工作者探讨和研究的首要问题。因此，藏品搜集、分类、建档以及藏品鉴选极为重要。下面是结合本馆藏品特点在电影物品搜集、分类、藏品鉴定以及制定标准方面的几点思考做法。

一　电影物品的搜集范围及分类

电影是大家喜闻乐见的一种综合艺术形式，电影从不同的侧面反映当时的政治、经济、军事、人文等不同方面的状况。我馆作为世界最大、全国唯一一家国家级电影专业博物馆，承担着展示、研究等综合功能。因此，我们在确定藏品征集范围时突出“专”和“全”，“专”是指只涉及和电影有关的藏品，“全”则是指电影的创作、生产、宣传等涉及的所有方面和环节的藏品都是我们的搜集对象。电影物品从内容上讲，包括剧本、道具、器材、出版物和宣传品等，材质涉及纸、胶片、金属、木、布等，为便于保存和研究，经过反复讨论研究，最终确定搜集的范围为下面15类。

1. 电影剧本——较有影响力的影片，或由影人收藏、签名等具有特殊流传经过的电影剧本（包括：文学剧本、分镜头剧本、工作台本、完成台本等）；

2. 简介——年代久远或具有特殊流传经过的，或较有影响力影片的简介（包括：本事、故事梗概等）；

3. 手稿——由党和国家领导人，影人等相关人士亲笔书写的，在电影史上具有一定意义和史料研究价值的手稿（包括：创作手稿、艺术分析、创作札记、音乐创作稿、案头记录、工作日记、导演阐述、笔记本等各类手写稿）；

4. 服饰——著名影人在重要影片中所穿着、佩戴的主要服饰或在生活中所穿的具有一定历史意义的服饰；在艺术上和制作工艺上具有一定特色和研究价值的服饰（包括：服装、鞋帽及各种佩戴品）；

5. 电影海报——原则上收藏全部影片的宣传海报，数量每款不少于 10 份；

6. 设计图——具有一定的文化内涵和史料研究价值，或在艺术上或制作工艺上具有一定研究价值的设计图（包括：美工设计图、场景设计图、拍摄机位图、服装设计图等）；

7. 出版物——与电影有直接关系的能反映电影史上较有影响力的事件或政策，或具有一定历史情节的（如由影人收藏捐赠的）电影出版物（包括：图书、期刊、报纸、画册、连环画等）；

8. 电影文献——记录并反映电影史上较有影响力的事件或政策的文件（包括：决议、宣言、布告、电报、标语、指示、通知、总结、信函、传单等）；

9. 道具——在较有影响力的影片中使用的主道具，并在制作材料、工艺、技术等方面有一定代表性的；

10. 牌匾——在电影史上较有影响力的电影机构、团体成立时制作的；在电影史上具有一定历史见证价值和考证依据的各种牌匾（包括：标牌、厂标、厂牌、匾牌等）；

11. 奖品——所有由政府及行业内颁发的正式奖项（包括：奖杯、奖牌、奖章、纪念章等）；

12. 器材—能反映影片在制作、放映中使用的主要设备，或影人使用过的具有一定历史意义的器材（包括：摄影器材、录音设备、洗印设备、剪辑设备、照明器材、放映设备等）；

13. 影音——在电影发展史上具有一定学术、史料、艺术研究价值，与电影有直接关系的拷贝、影人采访视频、录音等影音资料（包括：电影拷贝、录音带、录像带、唱片、激光唱盘、激光视盘等）；

14. 照片——与电影史上较有影响力的电影、影人、电影事件有直接关系的，具有见证价值的照片原件；确认原件不存在的，存世稀少的翻拍件（包括：接见照、会议照、定妆照、剧照、工作照、生活照、场景照及上述各类照片的底片等）；

15. 其他——与电影史上较有影响力的影片、影人、电影事件有直接关系的物品；具有一定历史情结和见证价值的物品。

二　电影藏品的定级标准

各博物馆根据性质类别对藏品进行定级的依据各不相同，有的依据年代、产地以及稀有性，有的依据人物的影响力和物品的重要性。我馆根据文化部颁发关于《文物藏品定级标准》通知的原则，再结合电影一百多年的历史以及一系列电影物品的特点，在确保物品为真迹的前提下，重点考量其年代、重要性、影片的影响力以及稀缺性，并经过专家多次讨论研究后，制定了中国电影博物馆一级藏品定级标准（草案），凡具有下列条件的可确定为一级藏品。

1. 藏品必须经过严格的科学考证，来源清楚、真实确凿，且时代明确，遗存稀少保存较完整的原件。

2. 具有代表性影片创作人员的创作资料，如化妆、服装、道具等影片相关物品。

3. 具有代表性影片的宣传品、影片和创作人员获重要奖项的相关物品。

4. 党和国家领导人有关电影的批示、讲话和音像资料，纪录电影界重大活动与事件的各种载体。

5. 具有代表性的重要电影发明或革新的电影设备，在重要影片制作中使用过或著名影人使用过的，或有特殊流传经历的电影器材。

6. 年代久远有历史文化价值的早期电影物品，或者社会影响大，艺术文化价值突出的现当代电影物品。

三　成立中国电影博物馆藏品鉴定委员会

标准制定固然重要，但根据标准进行藏品鉴定的主体同样重要。考虑到中国电影博物馆是新建馆，电影物品很广，类别很杂，它既有一般物品保管鉴选的共性，又存在其自身的个性，因此，中国电影博物馆藏品鉴定委员会的专家人员需要具备电影历史与博物馆学的双重专业素质。而目前的现实情况是电影史专家不太了解藏品鉴选的有关法规和博物馆知识，而博物馆方面的专家又对电影史不很熟悉。为此，根据中国电影博物馆现在的实际情况，在选择藏品鉴定委员会委员方面，比例基本按照电影史专家占三分之一，博物馆专家占三分之一，博物馆藏品保管专家占三分之一，兼顾到各个专业，起到互相学习，互相补充的作用。并在符合原有条件的基础上，同时也为在鉴选过程中更好的操作，特设立了五大类及五个组：手稿类、剧本类；电影器材类；电影美术设计图类和政策把关，这样的人员组成既科学又符合中国电影博物馆的藏品特点，并制定了中国电影博物馆藏品鉴定委员会章程，明确了藏品鉴定委员会委员的职责、权利、义务以及组织机构、工作流程等。

四　中国电影博物馆藏品鉴定流程

我馆的鉴定流程如图一所示，在整个鉴定操作过程中，坚持“宁缺毋滥”的原则，坚决把好“初选”、“终审”两道关。在初选时，首要问题是“真”，要彻底理清该藏品的来龙去脉，这是后续工作的前提和基础，藏品失去真实性，就不能称为藏品，就没有鉴定的意义和必要；其次就是要整理好待鉴定藏品有关资料，提交鉴定委员会专家初审。终审就是要充分发挥鉴定委员会专家的作用，鉴定会上各位专家各抒己见，通过讨论结果（少数服从多数），确定藏品的等级，鉴定专家在鉴定意见栏签字，并将鉴定等级录入藏品档案和报市文物局备案。

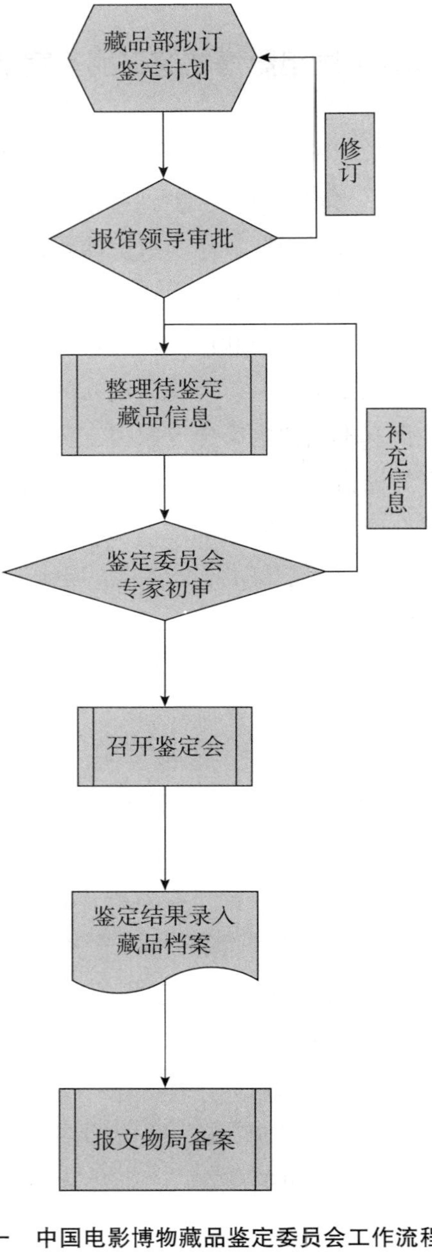

图一　中国电影博物藏品鉴定委员会工作流程图

五 结 语

在此项工作的开展过程中，我馆领导高度重视，精心组织，在市文物局有关领导的支持下，集中了一批文博界和电影界专家经过反复讨论，终于制定出了《中国电影博物馆一级藏品定级标准》（试行）。鉴定标准的出台和组织机构的健全，有力促进了鉴定工作的开展，为以后的藏品搜集、分类和鉴选工作提供了指导。随着实践的不断深入，在一件藏品对照标准的具体把握和藏品入藏范围的取舍上，仍有很多问题需要明确和细化，作为国家级专业博物馆的藏品工作人员，需要不断学习，把握规律，并在继承和发展中做好本职工作。

浅议藏品保管工作中的几个问题

北京鲁迅博物馆　张淑君

藏品是指博物馆依据自身性质、任务和社会需要搜集并经过鉴选符合入藏标准，完成登记、编目等入藏手续的文物和自然标本。许多藏品本身就是精美的艺术品，能给人以美的享受，提高人们的艺术修养和文化素质。

（一）藏品在博物馆的地位和作用

1．藏品是博物馆存在的基础

藏品是“博物馆业务活动的物质基础”。一个博物馆的建立和发展，首先是从搜集藏品开始的，如果离开了藏品，博物馆就失去存在的价值和意义。藏品是博物馆赖以生存和发展的重要因素和根本保证。缺乏藏品，陈列、展览就缺少特色；缺乏藏品，历史研究就缺少实物依据；缺乏藏品，宣传教育更无从谈起；没有藏品，就没有博物馆。

2. 藏品是决定博物馆性质的依据

博物馆的性质必须以藏品而定，有某种性质的藏品，博物馆才能命名为某种性质的博物馆。所以，藏品的内容，决定博物馆的性质。

3. 藏品的数量和质量决定博物馆的规模和地位

藏品数量多寡、质量优劣，是衡量博物馆规模和地位的重要标志之一。就是说，一个博物馆藏品不但要求数量多，而且还要拥有相当数量的具有重要历史价值、艺术价值和科学价值的珍品，这才能引起学术界的广泛关注，受到社会各方面的普遍重视，从而享有较高的声誉。例如鲁迅博物馆藏品建立了鲁迅文物库、鲁迅藏书副本库、鲁迅著译版本库、鲁迅图书库、特藏库、胡风库、社科新书库、照片库等。目前，鲁迅博物馆的馆藏文物、图书等藏品 7 万余件。其中，有鲁迅的手稿、生平史料、藏书、藏画、藏碑拓片、藏友人信札等文物藏品；有许广平、周作人、周建人、章太炎、钱玄同、许寿裳、胡风、江绍原、魏建功、瞿秋白、冯雪峰、萧军、萧红、叶紫、柔石、冯铿等人的遗物；有大量的鲁迅著、译、辑、编著作版本和鲁迅研究著作版本、现代文学丛刊与新旧期刊；还有大量中外版画的名家名作，以及吴冠中、李可染、蒋兆和等一批大师级的作品，从而奠定了它一级博物馆的地位。

（二）如何做好博物馆文物保管工作

1. 健全博物馆文物保管工作制度

健全的工作制度是文物保管工作的重要保障，因此，只有认真落实各项规章制度才能使得博物馆的各项工作得以顺利地进行。要健全工作制度，各博物馆应互相学习，相互借鉴，共同讨论；根据自身博物馆的特点，吸取和借鉴其他博物馆的优点；根据国家法律的相关规定，制定和完善适合自己的工作制度。除此之外，也可以借鉴国外先进的管理方法和制度，使得文物保管工作更加规范化和法制化。然而科学合理的工作制度不仅仅是相互借鉴和探讨就可以解决的，而是经过长期的工作实践和经验教训换来的，只有经得起实践考验的工作制度才是正确合理的。因此，在日常管理工作中要善于总结，吸取经验教训，切实完善现有的文物保管工作制度。

2. 重视专业人才的引进与培养是提高藏品管理的必要条件

从事文物保管工作人员的思想素质是首要的，“文物大于天”是对从事这项工作的人员基本要求，视文物为自己的职业生命，是文保人员应具备的基本素质。

博物馆文物藏品保管部是一个专业性要求较高的部门，保管人员需要具备相应的专业知识。尤其是老一代的保管工作人员的陆续退休或调离，近两年不断有年轻人员加入到保管部门，保管专业知识相对匮乏，应开始不断注重保管专业人才队伍的引进和培养，开展长期培养计划和短期培训等形式的教育工作。笔者记得在刚来馆的时候，国家文物局系统还与某些大学合作，开办一些相关文博系统的专业课的学习与培训，文博系统的职工通过学习大大提高了对文博专业技能的掌握。同时单位也会请一些老专家，经验丰富的专业人士，举办业务培训，进一步建立完善技术传承机制，加强文物保护技术的传帮带和交流作用，努力提升现有专业人才的业务水平，使工作人员边学、边干、边提高，更快更好地适应博物馆各项工作的需要。通过相互学习，相互促进、开阔视野、开拓思路，促进思想观念的转变，达到专业技能和综合素质的全面提高。

新时期博物馆文物藏品保管工作要达到预期的目标不仅仅需要完善的管理制度，更需要素质高、技术过硬的专业人才。因此，搞好馆藏文物保管工作加强在职工作人员的业务技能培养和综合素质培养是关键，同时又要引进大量的专业人才。对各馆的工作人员要做到年年培训、年年考核，从而促使文物保管工作人员不敢有一丝懈怠，时刻保持工作人员高超的职业技能，对工作人员的技能学习加以鼓励和支持。除了加强对工作人员的专业技能培训，还要注重培养工作人员的法律意识，全面提高工作人员的业务素质。

3. 改善库房条件，保障藏品安全

藏品的不同质地决定了藏品保管地点应具备的条件。譬如鲁迅博物馆属人物博物馆，纸质文物居多，除了鲁迅文物库房能够保证恒温恒湿，其他库房因条件所限，均达不到恒温恒湿。如有些库房设在顶楼，由于受太阳光的照射，温度很高。特别是每至盛夏，致使库房内温度急剧升高，温湿度无法调控。为了便于对库房温度的监测，库房内都会放置温湿度计，虽然库管员每天都需开窗通风，但温度数据统计都会在35℃左右，有时会更高，每次进出库房都会出一身汗。这种情况下人都无法吃得消，更何况对藏品及书籍的保护。尽管库房都陆续安装了单体空调，仍然难以从根本上解决问题。同时，又缺少其他现代的必需保护设备，加快了书籍、报刊的虫蛀、脆化、霉变，作为库管员除了坚持每天换气通风外，也呼吁相关部门加大资金投入，尽快实现文物库房的改造。

4. 预防其他外在因素对藏品库的影响

现代的博物馆为了取暖的需要都安装暖气管道，暖气的楼层都会安有阀门，每到冬季取暖季节都需要上水试暖。这个时候就要特别小心，要求上水时每个库房要留人看管，以防阀门漏水殃及库内藏品，特别是书籍类的藏品，一旦被淹则是损失惨重。

如果库房被安置在楼房顶层的话，更要防止夏天雷雨天气的影响，特别是暴雨天气时由于雨水的大量倾泻使得雨水不能及时排出，屋顶雨水大量囤积造成库房漏雨、渗雨致使文物受损。所以在下大雨或暴水时，库管员应及时到岗检查库房是否安全，如有安全隐患及时上报或清除。

（三）藏品保管工作的基本要求

1. 不断完善藏品管理制度

建立健全藏品管理制度是文物保护基础性工作，不仅要高度重视，更应认真贯彻执行，发现问题及时补充。博物馆的规章制度对于实现博物馆的目标，保证博物馆工作任务的完成具有重要意义。它能协调人们的行为，使我们在工作中有规可循，有章可依，从而保证博物馆各项工作有条不紊地开展。藏品管理制度的制定要有科学性，要符合博物馆工作和事业发展的规律。要与时俱进，不断把那些在实践中证明不够完善或过时的规定，及时加以修正补充，以保证规章制度的活力和效应。例如鲁迅馆先后制定了《北京鲁迅博物馆文物藏品定级标准》，《北京鲁迅博物馆藏品、图书的征集采购范围》，《北京鲁迅博物馆馆文物藏品、一般藏品、图书期刊界定标准》，《北京鲁迅博物馆图书、期刊管理办法》，《北京鲁迅博物馆图书、期刊使用办法》，《北京鲁迅博物馆文物藏品、一般藏品管理办法》，《北京鲁迅博物馆文物藏品使用办法》、《北京鲁迅博物馆一般藏品使用方法》等，对以前不完善的进行了补充。

特别是《北京鲁迅博物馆馆文物藏品、一般藏品、图书期刊界定标准》，更是对分类标准做了明确的界定。

第一，文物藏品。

凡是与鲁迅有直接关系的历史文化遗物，以及与鲁迅有关的具有历史、文化艺术价值的遗物均为文物。具体如下：（1）鲁迅文物：鲁迅生平活动的一切遗物。如鲁迅手迹；鲁迅著译、编校、辑校、作序、印物的绝版和稀有的图书资料；鲁迅个人收藏；鲁迅生活遗物。（2）特藏文物：鲁迅亲属遗物；鲁迅友好的遗物；以及与鲁迅有来往人的具有历史、文化和艺术价值的遗物。

第二，一般藏品。

具体如下：（1）名家（暂定）文库：鲁迅研究专家，文化名人的具有历史、文化、艺术价值的手稿、藏品等。（2）馆藏艺术品（不含鲁迅藏艺术品）。（3）鲁迅研究者，知名文化人的具有历史、文化、艺术价值的手稿、藏品等。（4）馆史资料、鲁迅纪念活动资料、图片（照片）等。

说明：一般藏品中经本馆专家委员会鉴定属于国家规定的文物类别者列入文物范畴。

2. 藏品库房的科学管理延长藏品寿命

藏品进入库房后，加强日常管理和养护，努力创造有利的环境，以减缓藏品的自然损坏速度，防止有害物质的侵蚀、防止不良环境的影响、防止藏品因摆放不当而受损。在这种科学管理下，延缓藏品老化的进程并使其延年益寿，就一定会成为现实。

3. 藏品库房要设专人管理

博物馆的藏品库是国家的宝贵财富，其管理人员肩负着为中华民族传承文明的神圣职责。因此，藏品库房要有固定的专职人员管理（通常是双人管理），绝对不允许由其他岗位人员兼管或聘请临时用工。由于藏品保管员距离藏品最近，也是接触藏品机会最多的人，所以培养一批训练有素的、事业心和责任心兼备的藏品保管员是至关重要的。对于刚刚从事藏品库房管理工作的保管员，要进行严格的职业操守教育和业务培训，使他们懂得自己肩负的神圣使命和藏品库房管理工作的重要意义，懂得藏品库房管理的工作内容和程序。懂得藏品库房管理工作的基础知识和操作规程，知晓藏品保管工作的制度和应遵守的有关法规等等。从事多年藏品管理工作的老藏品保管员，也应结合工作中的实际问题，深入研究藏品管理工作中的各种问题，不断提高藏品库房的实际操作和管理水平。

4. 藏品出入库房要严格手续

要使博物馆藏品库房管理有序，不出差错，就必须严格把好藏品入库和出库关。所谓严格，就是要严肃认真、一丝不苟，就是按制度办事。凡入库藏品必须填写入库清单。登编人员在移交藏品前将入库藏品信息填入《藏品入库清单》，与藏品一起送藏品库房点交。藏品保管员点交时，要认真核对藏品名称、总登记号、数量、现状、完残情况，然后分别在藏品入库清单上签字盖章并注明收藏库房号。如发现《藏品入库清单》的信息与对应的藏品不符，藏品保管员有权拒绝接收。

5. 藏品排架

为使藏品能合理、整齐地存放在固定的位置上，也就是对藏品的一个定位。一般在排架的顺序上是采用流水号，为了考虑到藏品的安全，可以把小件放在上面，大件器物放在下面。

6. 制作盒套

对于线装书及珍贵版本的图书，为了有利于对它们的保护及提取的便利，还要对其进行尺寸的测量，制作出适合装取的盒套，并在盒套外标注书号。

（四）藏品研究与利用

博物馆在保护文物藏品的基础上，为了进一步使文物藏品有一个更好地推广及利用，加强藏品研究工作同样十分重要。

例如鲁迅馆影印出版了一些鲁迅收藏的文物。如《北平笺谱》、《鲁迅藏汉画像》；近年来又利用所现存的近现代名人捐赠的书籍，影印出版了《近现代名人手札》、《钱玄同文集》；利用馆藏文物制作各种文物展览，推出了对外交流展。2013 年，为加强对外交流，促进鲁迅文化的传播，扩大中国文化在世界范围的影响，鲁迅博物馆围绕“三个中心，一个园地”建设目标，积极践行“走出去办展”，先后赴日本、马来西亚、巴基斯坦和尼泊尔举办了“和光——鲁迅中日友好儿童版画展”、“鲁迅生平展”、“中华名人展”和“鲁迅生平与创作展”四次展览，受到当地民众的热烈欢迎和媒体的高度关注。展览充分展示了鲁迅文化的深厚底蕴及其所承载的民族精神，不仅开创了博物馆对外交流的新局面，更迈上了面向国际展示自身文化、拓宽国际视野、加强沟通交流的新平台。

藏品管理是一项复杂的工作，也是充满挑战的工作，它需要我们对藏品的管理理念、管理方式、管理人员的培养等方面问题进行不断地探索和完善，从而形成先进的藏品管理工作理念、严密的组织体系、科学的运用机制、高科技的保护手段，使藏品更久远地保存，更广泛地利用，真正实现现代博物馆“为社会发展和社会公众服务”。

参考文献

[1] 北京博物馆学会：《博物馆藏品保管工作指引》，中国书籍出版社 2012 年版。

藏品保护

发展文化产业与文献藏品保护

中国国家博物馆　林　硕

一　文化产业大发展使保管工作呈现新特征

（一）文化产业发展与博物馆

“文化产业”是指从事文化产品生产，提供文化服务的经营行业，包括按照工业化标准生产、再生产、储存、分配文化产品、文化服务的一系列活动。在中共十六大报告中，首次明确提出“文化事业”和“文化产业”两个概念。前者旨在弘扬民族文化、传承民族精神，侧重于公益性质；后者则是以文化为依凭，按照市场价值规律，利用文化产品和服务实现经济效益。尽管博物馆属于“文化事业”范畴，但无疑是“文化产业”大发展的重要推手，二者密不可分。文化产业的形成与发展植根于深厚的文化积淀之上，而博物馆正是传承历史文化、展示人类历史文明进程的最佳载体，肩负着向文化产业提供文化资源的重责大任，是文化产业发展的重要基础。文化产业在经营中可以充分利用、发掘博物馆丰富的藏品资源，藉此实现经济价值和社会效益。在双方开展合作的过程中，博物馆内的宣教、外事等部门都会在不同程度上与文化企业产生联系，保管部也不例外。这就要求保管员对文化产业发展现况有所了解，针对保管工作可能遇到的新挑战，制定新举措，适应新变化。

（二）博物馆保管工作的新挑战

文化产业大发展对传统意义上的博物馆保管工作提出许多新挑战，本文主要探讨藏品使用率上升和维护藏品知识产权两个问题。

1. 藏品使用频率上升问题

博物馆藏品的使用主要涉及展品提陈、馆际交流、出版和复仿制等几个方面。随着文化产业的蓬勃发展，藏品使用率呈现出逐年上升的态势，下面进行具体分析。

首先，展品提陈愈加频繁。随着经济发展和人民生活水平的提高，尤其在文化大发展的推动下，观众来博物馆参观的次数达到了新高峰。以国家博物馆为例，自 2011 年 3 月新馆试运营至 2013 年 8 月，累计接待游客约 1410 万人次，每日平均客流量在 15000 人以上，日最高峰值超过 4 万人。在观众参观次数愈加频繁的同时，他们对展陈内容的要求日益提高，不但要观赏珍品、精品，还要常看常新。这就需要博物馆保管部门与展览部门协作，提高展厅陈列品的更新速度，以适应观众的欣赏需求。

其次，馆际交流日益增加。文化大发展并非着眼于个别省、市，而是一种全局发展，“全国一盘棋”。在文化繁荣发展的带动下，各省、市、自治区博物馆间的馆际交流如火如荼地展开。同时，改革开放的持续深入使中国博物馆界与国际同仁之间的交往日益密切。以国家博物馆为例，自 2011 年3 月新馆试运营洎今，已与德国、英国、法国、意大利、列支敦士登、日本、土库曼斯坦、哈萨克斯坦以及新西兰诸国的博物馆和文化机构进行过交流与合作。特别是 2012 年在法国凯·布朗利博物馆（Musée du Quai Branly）举办的《味蕾的诱惑—中国饮食和烹饪（Les Séductions du Palais，Cuisiner et manger en Chine）》展览，获得法国文博界高度赞誉。该展是国家博物馆新馆落成后在欧洲举办的首个大型展览，向泰西展示了中国的文化实力与文化内涵。伴随国内、国际馆际合作的深入开展，藏品使用率愈加频繁。

第三，出版和复仿制需求上升。在政府提出大力发展文化产业之前，博物馆保管部门主要接待业内专家、兄弟单位和高校师生，满足其研究、观摩、复制、仿制藏品等相关需求，基本面向学术界。随着文化产业大发展，博物馆馆藏的各类藏品受到社会各界的广泛重视。一方面，文化企业将博物馆藏品视为会产金蛋的母鸡，希望以之为蓝本制作仿古工艺品。另一方面，在社会主义市场经济体制下，博物馆在保持其整体公益性的同时，在局部范围内也存在着文化产业部门，亦会对馆藏文物提出了仿制申请。正是在馆内、馆外、业内、业外各方合力的作用下，藏品出版和复仿制频率逐年攀升。从长远的角度看，此举既不利于藏品保管工作的正常展开，亦不利于我国文化产业的良性发展。

有鉴于此，保管部门要针对文化产业大发展造成藏品使用频率提高这一现况，制定新策略，在保证藏品安全的同时，兼顾业务需求。在新的历史条件下，一名合格保管员的责任不仅限于保护藏品安全，还要统计藏品的使用量与使用频率，据此编订适合自身库房特点的“藏品循环利用周期表”，将藏品的养护期与利用期相结合，合理安排藏品的提用。

2. 藏品知识产权的维护问题

国家对文化产业的大力扶植，使书籍和影音产品的制作、传播空前繁荣。近年来，由于国内保护知识产权的意识较为薄弱，部分市场主体为了追求经济利益，不遵循法律法规，侵占他人知识产权的现象频发，主要手段是盗用图片、侵犯著作权、商标权。如 2009 年，四川一家民营企业将中国国家博物馆馆藏一级品“东汉击鼓说唱陶俑”，这个多次登上历史教科书的经典形象注册为自己的商标。类似行为扰乱了市场秩序，损害了知识产权所有方的权利。但从另一个侧面思考，这亦反映出知识产权所有方维权意识淡漠，事先并未采取保护措施，处于被动维权的位置，给博物馆人敲响了警钟。有鉴于此，作为征集、典藏、陈列和研究自然和人类文化遗产的博物馆，应对保护藏品知识产权给予足够重视。作为保管工作者，要明确自己的职责不仅是保护藏品本身安全，还要确保其知识产权不受侵害。2007 年，世界知识产权组织（WIPO）发布的《博物馆知识产权管理指南》指出：博物馆的知识产权有版权、商标权、专利权、网络域名和工业设计五种。其中“版权”包括：博物馆藏品的摄影图像、录音及出版、视听音像作品、以 CD 或者网络传播为媒介的多媒体产品、印刷形式或者电子出版形式的出版物。对于上述版权，保管员要主动进行预防性保护，避免侵权事件发生。

博物馆藏品种类繁多，面对“藏品使用频率上升”和“维护知识产权”两个新挑战，应对之策不尽相同。笔者就职于国家博物馆文献碑帖库，权且以文献藏品为例展开论述。如无特殊说明，文中所提及的文献属于广义范畴：涵盖典籍、信札、奏折、上谕以及碑帖等，即王西庄所谓：“偏霸杂史、稗官野乘、山经地志……祠庙迦蓝碑碣断阙之文”。

二　建立文献循环利用周期表，以适应藏品使用频率上升的趋势

（一）文献藏品的使用量和使用频率迎来新高峰

在文化大发展的推动下，社会上掀起一股复仿制文献的热潮，致使藏品使用量和使用频率达到新高峰。一方面，文献提用种类和使用量明显增加。此前，文献库主要面向研究学者和业内同仁，藏品利用率并不高，提用种类也只限于各朝实录、上谕以及名人信札。今时不同往日，文化产业的繁荣发展使社会对文献的需求日益增加。文化企业愈加热衷于仿制文献，或做成仿古线装本、或制为馈赠精品书，各种创意不胜枚举；所仿文献的种类也进一步扩大，涵盖正史、实录以及宋元明清乃至民国的善本书刊。另一方面，提用文献的频率趋于频繁。随着民众文化素养的上升，其对典籍文献的欣赏水平也日渐提高。他们不再满足于单一版本的书籍，各类批点本成为市场新宠。权以《红楼梦》为例：在一个相当长的时期内，人民文学出版社 1957 年出版的，以“程乙本”为底本的《红楼梦》占据着市场，被称为“通行本”。近些年来，红学再掀热潮，读者不再满足于通行本，包括脂砚斋批注本、戚蓼生序本、蒙古王公本、列宁格勒藏本在内的不同版本的《红楼梦》成为新宠。为了满足市场对版本的追求，某些此前已经拍摄或结集出版过的文献，由于文化企业的出版构想、规制要求不同，可能需要二次拍摄，造成重复提用。综上所述，文献藏品使用量和使用频率达到新高峰（详见图一）。

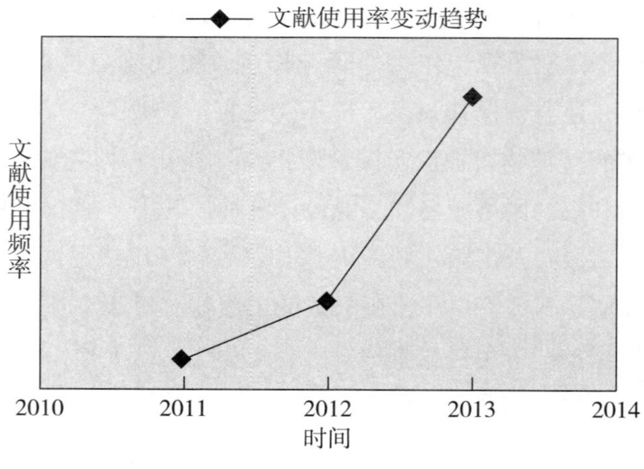

图一　文献藏品使用频率变动趋势图（2011～2013 年）

（二）层层把关，控制文献的复仿制频率

在展陈藏品更换速度加快、馆际交流日益频繁、出版及复仿制申请增多的共同作用下，藏品使用频率逐年上升。前两种情况是博物馆的常规业务，属于公益范畴，不能降低其使用率。在此情况下，唯有尽量控制文献藏品的复仿制使用率，以适应文化产业大发展。

1. 复仿制文献过程中可能出现的物理损伤与化学损害

复仿制文献的主要方法有“照相制版法”、“手工描摹法”、“珂罗版制版法”、“光电誊影法”、“木板刻印法”以及“锌版制版法”，博物馆界最常使用“照相制版法”。该法先使用照相器材对文献进行逐页拍摄得到底片，再将底片制成金属印版，最后付梓。无论采用何种方法对文献进行复仿制，都难免对藏品造成物理、化学损伤。

物理损伤主要是指复制、仿制过程中，外力对文献造成的损害。大多数文献古籍，尤其是宋、元刻本，经过岁月的风霜磨洗，完残情况不甚乐观。在拍摄底片的过程中，即使保管员加倍小心，也仅仅是将文献破损的可能性降到最低；从长时段的角度看，破损的发生是必然的。正如《博物馆藏品保管工作指引》指出：“动用藏品越多，文物损伤的概率就越大”。同时，在没有统筹规划的情况下，毫无章法的频繁提用文献进行复仿制，会打乱藏品正常养护周期，导致细小残破得不到及时修复，破损将愈演愈烈。

化学损害主要来自于文献复仿制过程中的光照。由于绝大部分文献属于有机质文物，与无机物相比，对光辐射的敏感性更强（参见表一）。国际上一般以勒克斯作为单位表明物体被照明的程度，即光通量与被照面的比值。1 勒克斯（lux）的照度为 1 流明（lumen）的光通量均匀分布在面积为 1 平方米的区域。当光照度超过 300lux 会对金属器产生损害。然而，仅仅 50lux 的强度便会对文献造成损害，故一般将 50lux 作为文献可接受光照度（日本专家选用 100lux）。过度光照对文献的纤维质地具有较大破坏性，可能导致纤维内分子结构出现断裂、机械性能减低，进而使纸张产生褪色、脆裂、粉化以及泛黄等老化现象。相较古代文献，近代文献更容易感光褪色，主要原因有二。首先，近代文献大多使用安尼林（Aniline，苯胺）墨水，该墨水的特点就是耐久度差，

易于褪色。其次，部分近代文献是有色的，相较于黑色文献，彩色文献更容易吸收光线而导致局部受热引起分裂性损坏。因此在处理近代信札、手稿时要格外注意防光。

表一　博物馆藏品承受照度推荐值表

藏品种类	对光敏感度	照度推荐值（lx）
古籍、信札、书画、纺织品、彩色印刷品、邮票、染色皮革、树胶彩画、植物标本等	高度敏感	≤50（lx）
家具、竹器、木器、藤器、漆器、骨器、油画、壁画、角制品、天然皮革、动物标本等	中度敏感	≤150（lx）
金属、石材、玻璃、陶瓷、珠宝、搪瓷、珐琅等	不敏感	≤300（lx）

与防光要求相悖的是：对文献进行拍照时，不可避免地要使用闪光灯、照明灯等光照器材。由于各家博物馆采用的摄影器材、辐射功率以及藏品被照面积不尽相同，故很难统一计算出拍摄对文献造成的光照损害。一般情况下，现在专业和业余的普通摄影闪光灯系统，都是由一个填充疝气的电子管组成；而电子管通常是硼硅酸盐玻璃制成，其光谱所含紫外和红外辐射都很多。尽管电子闪光灯只在曝光时照射藏品，所产生的热效应微乎其微，但从理论上闪光灯非常强烈的脉冲仍可能会对藏品产生某些特殊影响。故专家认为：即便没有任何特殊影响，也应有限制地使用闪光灯。除闪光灯外，照明灯的光照也会对文献产生影响。当下使用的照明灯一般是钨丝灯和金属卤化物灯两类。前者属于热光源，长期照射会产生热效应；后者则属于相对安全的冷光源，但照明强度略逊一筹。为追求最佳的藏品拍摄效果，国内外许多博物馆并未用金属卤化物灯替换钨丝灯，仍采用热光源进行照明，此举使拍摄文献藏品的危险系数大大增加。为此，一方面要敦促摄影部门尽快将钨丝灯更换为金属卤化物灯；另一方面，保管员在监督拍摄的过程中要控制好拍摄时间，避免文献受到长时间照射。

综上所述，为减少复制、仿制文献过程中可能造成的物理损伤与化学损害，应避免反复提用、藏品，尽可能降低制使用率。

2. 层层把关，控制藏品的复仿制频率

针对上述可能导致文献损毁的现象，保管部门负责人和保管员应对藏品的复仿制过程层层把关，严格审查。第一关，明确保管工作的核心是确保藏品安全。无论馆内、馆外任何部门、单位使用藏品都要按照正常程序进行，严格执行相关出入库手续，将藏品安全放在首位。第二关，在提用文献前，保管员和相关领导应对复仿制申请进行沟通、磋商。一方面，甄别该文献的保存状态是否适合提用，判断该文献的出版是否具有广泛的社会意义。对于保存状况堪虞的、受众面较少的藏品，推荐更换其他。另一方面，当同一种文献，库房内保存有多个版本时，如使用方无特殊要求，应尽量提供流传时间最短、保存状况最好的一版。以《兰亭序》拓本为例。不仅唐太宗、清世宗等君主对其推崇备至，历代书法家亦对此篇情有独钟。唐、宋以降，各代摹本、临本及拓本层出不穷。如北宋黄庭坚、元代赵子昂、明之董其昌、清人张得天皆有《兰亭序》拓本传世。相对而言，黄山谷《兰亭序》拓本的历史价值和艺术价值最高，但流传已近千载，完残情况并不乐观。而张得天的《兰亭序》拓本，其价值虽难以望黄、赵之项背，然在四版中流传时间最短，保存品相尚佳。从保护藏品的角度出发，保管员应将清代张得天的《兰亭序》拓本提供给使用方。第三关，提用文献后，先由保管员对文献册页、卷轴进行隐患排查。如发现册页、卷轴存在粘连、松动等现象，利用时要格外小心，以免翻动文献时造成损毁。第四关，拍摄过程中，保管员坚持亲自为文献翻页，不假手他人，密切监控藏品使用状况，结合不同质地文献的特性控制拍摄时长；如遇变故，即刻收回藏品。第五关，对于此前已经拍摄过的文献，遵循尽量不重复提取文献的原则，提供底片供人使用。出版方如有新要求，保管员可配合摄影部门在底片上进行标注、调色等修改。通过以上五关，层层设防，可以有效降低藏品的利用频率。除此之外，保管员还可尝试建立“藏品循环周期表”，对藏品的使用量进行合理规划，双管齐下。

（三）制定“文献藏品循环利用周期表”，合理安排藏品使用量

1. 制定“文献藏品循环利用周期表”的必要性

为适应文献藏品使用量和使用频率上升的趋势，保管员有必要依据各类文献的特质，结合自身库房的养护周期，制定“藏品循环利用周期表”。对藏品进行循环利用，是借鉴农业史上著名的“三圃制”。三圃制是一种旨在保护地

力的轮耕制度，曾被欧亚各国广泛运用于农业生产。在三圃制发明前，农民只顾种植作物，并未给土地足够的时间恢复地力，待地力耗尽便弃耕撂荒。而掌握了三圃轮耕法的农民将一块耕地平均划分为等面积的三部分，即春播地、秋播地和休耕地。春播地在春季播种大麦、豆类；秋天则在秋耕地种植小麦；处于休耕期的土地并不播种，而是作为公共休闲场地，以使地力逐渐恢复。三块区域的利用时间渐次轮换，循环往复，耕作效率倍胜于前。保管员建立“循环利用周期表”的目的也是给藏品充足的养护时间。基本做法是：以季度为单位，每季度定量开放几类文献供有需要的单位进行复仿制，其余则进行日常养护。欲建立循环利用周期，需要对藏品进行细化分类，才能最终确定每次开放哪几类文献。面对古籍、碑帖、手札、诰命等种类繁多、数量不一的文献，采取何种原则对其进行分类，莫衷一是。下面笔者分别采用几种方案进行尝试。

2. 文献藏品分类方案

方案一，按质地分类。文献藏品主要是善本典籍、碑帖拓片和手稿信札等几类，绝大部分属于纸质藏品；只有敕书、上谕、科场夹带和皮质手卷等一小部分藏品属于丝、棉、皮革质品。倘若按文献质地制定循环周期表（参见表二）：第一季度提供纸质藏品；第二季度提供皮质文献；第三季度提供丝质文献；第四季度提供棉麻制品。那么，第一季度的业务负担将明显重于其他各季，不甚科学，难以达到循环利用之目的。

表二　文献藏品按质地分类表

开放时间	可供使用文献的种类	藏品质地
第一季度	古籍	纸质
	碑帖拓本	
	题本、奏本、奏折	
	手稿、信札	
	舆图	
	经卷	
第二季度	圣旨	丝质
第三季度	羊皮手卷	皮革
第四季度	科场夹带	棉麻

方案二，依照朝代划分。由于文献藏品主要是纸质藏品，经历过历史上的兵连祸结，天灾人祸，流传至今的大多是唐、宋以后的藏品。与铜器、瓷器和陶器相比，文献藏品的时间跨度并不大，且主要集中在明清两代及民国时期，时间颇为集中，这是由文献的藏品性质决定。试想一下，假如按朝代沿革顺序分类（参见表三）：第一季度开放数量极为有限的唐代及唐以前的文献；第二季度开放宋、元文献；第三季度开放汗牛充栋的明、清两代文献；第四季度开放民国以来的文献。那么，下半年的文献使用率必将远高于上半年；非但没有实现循环利用藏品的初衷，反而造成藏品使用频率更加集中，适得其反。因此，按朝代划分也不现实。

表三　献藏品按时间分类表

开放时间	可供使用文献的朝代	藏品数量
第一季度	唐以前（含唐代）	少
第二季度	宋、元	少
第三季度	明、清	多
第四季度	民国以降	多

在制定方案三时，笔者充分汲取了前两种方案的经验教训，将各季度可提供文献的种类与文献数量的多寡相联系。以第一季度为例，保管员将藏品数量较多的古籍类文献与数量较少的藏文经卷类配合在一起。以此类推，每一季提供的文献种类都是有主有次，众寡分明（参见表四）。“文献藏品循环利用周期表”为藏品划定了休耕期与开放期，此举既保证了藏品的循环利用，又将藏品使用量和使用率保持在一个合理的水平，适应了文化大发展过程中文献藏品使用率上升的新趋势。当然，依据各库房的实际状况制定、完善循环周期表是一个长期的过程，不可能一蹴而就。在现阶段，至少要保证文献利用三个月后，回库养护一年左右；尤其是藏品自外部巡展归来后，因温湿度和光照条件变化较大，需要更长的时间适应环境。

表四　文献藏品循环利用周期表

开放时间	可供使用文献的种类	藏品数量
第一季度	古籍	多
	经卷	少
第二季度	题本、奏本、塘报、奏折	多
	圣旨	少
第三季度	手稿、信札	多
	舆图	少
第四季度	碑帖拓本	多
	羊皮手卷	少

三　树立藏品知识产权保护意识，建立长效监督机制

（一）保护藏品知识产权是新时期保管工作的新内容

藏品的保护管理，是保管部门的中心工作。传统意义上的保护管理主要使藏品能处于最佳的保护环境之中，尽量防止藏品的自然损坏和避免人为伤害。在妥善保管的前提下，尽力扩大藏品的利用范围，取得良好的社会效益和经济效益。然而，文化产业大发展给保管工作又增添了新内容，即保护藏品的知识产权不受损害；这也是《中国文物、博物馆工作者职业道德准则》对保管员提出的要求。在日常工作中，保管员要树立产权意识，按照藏品特性，对展陈藏品知识产权、库存藏品知识产权进行预防性保护；对已出版或已授权藏品知识产权进行持续跟踪保护，确保藏品知识产权的完整性，防止盗版侵权事件发生。

（二）文献藏品的知识产权保护

1. 展陈文献的知识产权保护

部分保管员往往忽略对展陈文献的知识产权保护，认为文献已点交给陈列部门，安全责任主体发生变化，知识产权应由后者负责，实则不然。由于陈列部门与保管部门的工作性质不同，故不可能了解每件展陈文献的特质、特性。

这就要求保管员在布展、撤展过程中积极配合展览部门的工作，相伴始终。文献的使用价值决定它不同于其他藏品。一般藏品的使用价值都涵盖历史价值、艺术价值和科技价值三种。然而，文献的价值主要通过藏品所记录的历史信息体现，其历史价值远远大于艺术和科技价值，因而必须对文献所承载的信息进行保护。与其他藏品相比，保护文献信息不被盗拍难度较大。许多青铜器上也有记录历史信息的铭文，但文字大都是在器物内壁，盗拍较为困难。文献则不然：为便于观众欣赏，展览中陈列的文献册页、卷轴大都平铺在展柜内，上面的文字直接面向观众。而上谕、诰命以及敕命等丝质文献在展示过程中，更需要放置平整，不可褶皱，否则易致断裂，内容易遭盗拍。上述文献，尤其是单页手稿、信札被盗拍后，很容易被不法之徒进行仿制，或流入文物市场、或进行学术欺诈，为害甚剧。为更好地达到保护展陈文献知识产权之目的：首先，可以在文献展柜前指派专人值守，防止偷拍。其次，可以在所展出的文献上做一些技术处理。例如，在展出信札类文献时，可将信札原有封套作为遮挡物，掩住信纸上的部分内容。如此，既不影响展品的美观，又使偷拍者难以获取信札的完整信息，无法据此进行仿制。最后，纸质文献在展陈过程中易出现装订开裂及掉落纸片、纸屑的情况，为此保管员在更换展陈藏品时，要格外注意对展柜进行检查，防止文献残片遗留、遗失，确保文献信息的完整。

2. 库存文献的知识产权保护

库存文献的知识产权保护和展陈文献的知识产权保护既有相同之处，又存在区别。相同点在于二者都是防止盗拍，不同之处在于防患对象存在差异。藏品放置在展厅内，主要的防患对象是某些偷拍者；而在库区内，主要防患对象则是保管员。从某种意义上，库存文献的知识产权保护是一种内控机制。通常情况下，每个库房会配备两名以上的保管员，他们仅仅是文献的管理者，并未被赋予文献的使用权。保管员要使用文献进行研究、拍摄，也必须和其他人一样登记、填表，经上级主管领导批准后方可使用。由于历史原因，某些博物馆并非每个库房配备两名以上的保管员，仍旧是一人管一库，内控机制并不健全。某些库房虽然有两名以上的保管员，人手齐备，但彼此间碍于情面，往往默许同袍私下拍摄文献。此外，除了同库房的保管员需相互监督外，还要杜绝不同库房保管员之间的“串库现象”。例如，铜器库房的保管员对文献颇有兴趣，利用同在库区的便利条件，进入文献库房“参观”。上述现象的形成是保管工作内控机制不健全的反映，应尽快予以纠正，建立更具体的细则。任何保管员未经部门领导批准，不能对保存在库房内的文献藏品进行拍照、临摹。强化内控机制并不是对保管员的不信任，恰恰是出于对保管员的爱护，是健全藏品科学管理制度的重要组成部分，也是藏品管理系统化、科学化的必然要求。

3. 已出版或已授权藏品的知识产权保护

很多保管员在保护库存文献和展陈文献知识产权的过程中能做到尽职尽责，却常常忽略对已出版或已授权藏品的持续保护。保管员在对藏品进行养护、整理和研究的同时，还负有长期监督“已出版或已授权藏品知识产权保护”的重责，需要抱以高度的责任心。一部文献经过提取、拍照、后期制作、生产、销售等环节后，由馆藏藏品变为一件流通中的文化产品，供大众欣赏、收藏。在流通的过程中，可能出现以下几种破坏知识产权的情况。第一种，不法之徒从已取得授权的正规书籍、图录上截取部分内容，进行盗版翻印；第二种，不法之徒从博物馆自身出版的文物图录上截取内容，印刷牟利；第三种，已取得授权的企业超出授权的许可范围，越权使用；第四种，已取得授权的个人或企业，将图片或著作权转让与未经授权的第三者。类似情况不胜枚举，实难尽述。作为保管员，应该建立藏品知识产权数据库，为库房内每一件已授权他人使用的藏品建立档案，记录在册；定期按照数据库在网络上进行关键词检索，按图索骥，对可能出现的各种盗版情况进行排查。此外，保管员还需与图书资料部门进行配合，在每期购进新书中翻查有无侵权现象。保管员唯有通过对知识产权的长期监督和持续保护，坚持不懈，持之以恒，方能确保博物馆藏品知识产权不受侵害，推动博物馆保管事业的进一步发展。

四 余 论

博物馆的性质属于公益性文化事业单位，不以实现经济利益为目标，但这绝不等于保管部门要自绝于文化产业之外。不仅社会上的文化企业要以保管部为助力，博物馆内的文化产业部门同样需要依靠和利用库房内丰富的馆藏资源。然而，面对浩如烟海，动辄几十万件的馆藏文物，无论是馆内、馆外的产品策划人，都难免陷入“盲人摸象”的窘境，无所适从。此时，保管员们的业务优势便派上了用场。作为与文物接触最紧密的群体，保管员对库房的藏品可谓如数家珍，熟悉每件藏品的历史、艺术和科学价值，可以“顾问”的身份为文化产业提供优秀的创意，结合他们的需求和库房的实际状况，合理安排藏品的提陈、利用，以达到保护与利用兼顾的双赢局面。

文中列举了新时期保管工作的两个新特点，即藏品使用频率上升以及知识产权的维护，并提出了初步解决构想，不甚全面。文化大发展方兴未艾，保管部门所面临的挑战层出不穷。这要求广大保管员不断提高自身业务能力，转变观念，拓宽视野，学习新知识，解决新问题，才能紧跟时代步伐。要在实际行动上真正做到与时俱进，并是听几堂课，读几册书那么简单，需要将日常工作与文化产业大发展的历史现状相结合。在日常维护藏品时，保管员就应该自觉观察、留意哪些藏品存在出版的可能，哪些藏品会受到市场青睐；悉心甄选出一部分贴近大众，图文并茂且通俗易懂的藏品记录在案，以备日后查找。唯有如此，方能适应新时期保管工作的新特性，推动文化大发展的列车以更加迅猛的速度开往下一站。

参考文献

[1] 王鸣盛：《十七史商榷・序》，清乾隆五十二年洞泾草堂刻本。

[2] 傅振伦：《博物馆学概论》，商务印书馆 1957 年版。

[3] [美] Douglas A・Allan 等，包遵彭、娄志清等译：《博物馆概论》，正中书局 1964 年版。

[4] 国家文物局：《博物馆藏品保管工作手册》，群众出版社 1992 年版。

[5] [英] 汤姆森著，国家文物局博物馆司、甘肃省文物局译：《博物馆环境》，科学出版社 2007 年版。

[6] [意] 马里奥・米凯利、詹长法：《文物保护与修复的问题》卷三，文物出版社 2009 年版。

[7] [加] 斯托洛：《博物馆藏品保护与展览：包装、运输、存储及环境考量》，科学出版社 2010 年版。

[8] 北京博物馆学会：《博物馆藏品保管工作指引》，中国书籍出版社 2012 年版。

[9] 李晓东：《文物保护理论与方法》，故宫出版社 2012 年版。

浅谈博物馆文化教育与文化产业开发

北京市颐和园管理处　隗丽佳

博物馆以其特有的文化资源和文化方式为社会服务，构成了独特的博物馆文化形态。博物馆文化是城市文化的重要组成部分，与作为背景的城市文化互动互益。城市文化因为博物馆及其文化积累而凸显历史纵深感，增添了深沉理性、高雅脱俗、平和宁静。

作为历史的记录者和展现者，同时是传统文化的重要承载者，博物馆不仅为今天记录过去，也为未来留存今天。它展示历史与现实间的关系，展望未来的发展方向。博物馆的这一特性决定了它是公共文化的积极参与者和推动者。其作用也不仅仅表现在文物的收藏、研究和陈列，还表现在为引领公共文化建设、弘扬文化精神、搭建多元文化交流平台等方面所承担着特殊的作用。以其独有的文化资源和文化方式为社会发展服务。

一　博物馆与精神文化需求

世界范围内的现代化发展和全球化趋势，使民族之间的文化交流、碰撞和融合更为剧烈，另一方面也使人们更加关注自己的民族文化传统，关注自己的文化之根。关注传统、了解和认识传统，是面对现代化浪潮冲击的人们的精神需求。而博物馆特别是历史性的博物馆，它可以帮助人们以具体的物化的形式直观地认识和了解民族的传统文化，了解民族成长和发展的历史，进而告诉人们他们是怎么来的，现在的生活社区是如何形成的。让人们更去关注民族文化发展的进程。在现今的时代发展进程中，在精神层面，人们更加依赖博物馆。

博物馆能够为人们提供多种精神文化需求，从直观的艺术鉴赏提升到历史观、人文精神层面，进而升华为科学的社会发展观教育。有人概括说“博物馆文化以其民族凝聚力，诉说着民族文化的博大精深、源远流长；以其历史穿透力，演绎着漫长历史的沧桑巨变、岁月坦诚；以其文明渗透力，寻觅着人类文明的悠悠源头、绵绵根脉；以其艺术感染力，守望着城市生命的精神家园、民族自豪”。博物馆以具有丰厚文化底蕴的文物藏品等文博资源为基础，与社会人文与自然环境相适应，为现代化的社会文化发展提供精神动力和智力支持。

二　博物馆文化的前世今生

在一个社会的文明体系中，博物馆文化是其十分重要的一环。以往，博物馆是将欣赏艺术和学习知识作为与观众交流的平台，把传播信息和知识作为博物馆的主要社会责任，将学习和知识作为博物馆的核心价值。这一价值的定位使得我们的陈列形式趋于学术化，展示手段趋于艺术化，而教育方式则趋于课堂化，这一价值取向和工作方式使得博物馆教育只适合于一些特定人群，缺乏普适性。

如今，随着博物馆转向并定位于服务大众文化，博物馆的观众构成出现了结构性的变化，博物馆充当的社会角色也有所改变，从对物的照看，发展到对人的关注，以至现在要参与社会的变革和发展，成为服务社会变迁和发展的健康力量。

面对新的形势和任务我们应重新思考和构建博物馆的价值观，重新确定博物馆的社会责任和任务，重新构建与广大观众的沟通和交流平台，架起一座沟通公众与社会的文化之桥。博物馆最基本的使命是服务社会和保存遗产。博物馆作为典藏和展示文物的场所，它是联结过去、现在和未来的文明纽带，是透视一个城市文明发展的窗口。

现代意义的博物馆不是历史或自然遗存物的场所，而应是一个底蕴深厚的社会文化机构。博物馆的力量是文化的力量。

在新的形势下，“宣传教育、服务社会”是博物馆工作的主要职能；陈列展览是博物馆最核心、最主要的文化精神产品；保障和维护人民群众的基本文化权益，不断满足人民群众日益增长的精神文化需求是博物馆的主要社会责任。

人们到博物馆参观，不仅是寻求知识，也是社会认同和社会位置的体现。博物馆承担着参与和推进社会发展的责任，它在为观众提供适应其个性化的学习条件和学习内容时，也要适应社会发展的需要。

三　现代博物馆与社会文化活动

当代博物馆教育是以社会发展对公民个人素质的要求为依据和蓝本的，博物馆要在具有自身特色教育活动中体现公民教育的主旨。为此，博物馆要注意营造与增强观众公民意识、公民素质和自我发展能力有关的情景、环境和条件，提供有助于观众提升其公民意识和素质的活动与内容。

当代博物馆的业务活动不仅是专业学术工作，也应是社会性活动，是沟通公众与社会的渠道。在开展宣传教育，服务社会的活动中，博物馆应充分发挥自己的作用，重点抓好以下三方面的工作：

1. 走出博物馆，把业务触角伸向社会基层

博物馆是传承历史文化和社会文化的社会教育部门，它的工作目的，就是从历史的角度传播优秀文化，对现实社会解疑释惑，起到化解矛盾的作用。通过加强联系，强化合作，逐步形成社会基层单位与博物馆的固定素质教育基地，是新时期博物馆发挥社会教育功能的新的重要形式。

2. 推动和鼓励建设社区博物馆

在有条件的社区，利用历史形成的特有的民俗文化、民间文化，建设小型的博物馆，繁荣社区文化，是稳定社区秩序的重要形式。

3. 注重下一代的健康成长，抓好未成年人的思想教育和社会知识教育

未成年人的大部分生活时间在社会、在家庭，博物馆如何通过学校，通过社区，加强沟通合作，真正建立起未成年人的素质教育基地，是新时期博物馆配合社会教育，发挥自身教育功能的一种重要形式和任务。

四　博物馆与文化产业开发

（一）博物馆与文化产业之间的关系

在当今多元文化碰撞、需要固守并高扬起我们文化大旗的时代，作为公益

事业的博物馆又对文化产业的各个领域产生着巨大的影响，二者密不可分。文化产业的形成与发展是植根于深厚的文化积淀之上的，而博物馆正是传承历史文化、展示人类历史文明进程的最好载体，因此必将成为文化产业发展的重要基础，在文化产业的形成与发展中发挥重要的作用。文化产业在经营中可以充分利用、发掘博物馆丰富的文物资源、文化信息及其精神内涵，创造出巨大的经济价值和社会效益，其经济收益又可以用来促进博物馆等社会公益事业的发展。

（二）博物馆的性质决定其在文化产业上的地位

博物馆属于纯粹意义上的公益事业，因此并不具备形成真正意义上的文化产业的基础。博物馆的文化事业属性，并不妨碍其部分采取文化产业的方式进行运作，即文化事业与文化产业两种方式运作。在文物的保护、研究和传播展示的基本服务活动方面采取事业的方式运作；而在开展其他传播展示活动时采取产业的方式来经营。例如，举办临时展览，开发销售有特色的文化商品和提供观众需求的各种文化服务活动等。这些文化活动的劳动耗费可以采取价格补偿，利用市场机制将其生产的文化产品和服务，依照商品交换的原则，获得经济效益，索取投资的经济回报。这样运作要历经市场风险的考验，经营得不好有可能其投资被淹没在商海之中，但这并不会影响文物的保护和传承。这是在满足观众参观文物陈列的基本需求后提供的服务活动，观众可以根据自己的需求及经济能力自由选择，不会影响博物馆的公益性质。而且还能更有效地促进历史文化的广泛传播，形成博物馆多元化投资和多种所有制共存的新格局，缓解我国落后的文化生产与人们日益增长的文化需求的矛盾。

博物馆是一个主要以实物为媒介的历史文化信息的传播机构，以其陈列展览为主要传播模式。但陈列展览这种传播模式也有一定的局限性，陈列的文物是历史文化信息的载体，不能用于交换，受传者只能到现场来体验和感受，致使受传者的范围较小，仅以文物陈列与观众对话往往太单一。将文化产业的方式引进博物馆的传播活动中，创建一种文化商品的传播模式作为辅助手段，弥补陈列展览模式之不足。

（三）博物馆文化商品开发的意义

文化商品作为历史文化信息的载体，它可以进入流通领域，通过交换伴随着人们走出馆门，走出国门，走进人们的日常生活和工作，使文化传播活动在馆外继续延伸，使受传播者的范围不断扩大。文化商品作为历史文化信息的载体，可以尽量减少文物的出面率，提高文物的利用率，大量采取复制手段和发挥电子及网络等高新传播技术的作用，开创博物馆历史文化传播的新局面，进入综合传播的新时代，实现高效传播之目的。

随着新型博物馆的大量涌现以及旧有博物馆馆舍、展陈的更新换代，新科技成果、新工程技术在博物馆展示中的应用，带动了相关的展览设计制作、装潢设计、建筑施工、材料设备、工艺技术、安保技防等产业的发展；博物馆的开放带动了旅游市场、休闲娱乐、图书音像制品及旅游纪念品开发、文化交流、新闻宣传、影视拍摄、会展业等相关产业，并进一步对文物市场、收藏拍卖、人才流动、出版发行、教学科研、技能培训等产生深远的影响。博物馆事业的发展对于拉动内需、带动社会经济的发展及相关产业发展的作用虽然是间接的，但其影响是深远的，效益是良好的。

（四）博物馆产业化发展与产业经济收益

博物馆事业所产生的经济效益应当包括两部分：

其一是直接收益，即博物馆通过门票、举办展览及发行图书音像制品、旅游纪念品销售等相关业务活动所获得的经济收入。从表面上看，它虽具有一定的经营活动性质，但与其他产业根本不同的是，由于博物馆的公益性，博物馆的收益全部用于补贴和发展公益事业上，其主办者并不能从中获取利益。因此，博物馆的收入不属于产业经营收入范畴。同时，博物馆通过上述活动所创造出的无形文化财富及巨大的社会效益才是更为重要的。

其二是间接收益，即通过博物馆事业的发展带动文化产业及其他相关产业所产生的经济效益。这部分效益虽然是间接的，但其间接地为其他相关产业的发展提供了广阔的市场。因此，作为宏观管理机构的各级政府都不应忽视博物馆等社会公益事业对经济的拉动作用。

（五）博物馆产业化发展有利于塑造城市文化形象

博物馆在现代城市中具有鲜明的地方文化特色，负有塑造城市精神形象的责任，在提升社会文明水平、树立社会共同的道德准则和行为规范方面发挥着重要的作用。通过不同地区间文化的交流与影响，展现文化的包容性、开放性、多元性与融合性，又通过某种渠道传播到全国各地，影响着其他地区观念的转变。以上的方方面面，博物馆应充分揭示它、利用它、展示它，宣传引导人们在行为意识、思想观念上发生潜移默化的改变与升华，在提高公民综合素质和公德水平的基础上，最终达到塑造并代表城市文化形象、影响城市的发展方向、体现最新人文科学理念、引导社会价值取向的目的。通过城市文化形象的改变，对于改善投资环境、吸引外资、提升市文化产业的竞争力、开发旅游市场必将产生巨大的推动作用。

五　开展博物馆文化产业创新的举措

（一）加强出版物等文化产品的推出

目前，对大多数博物馆而言，观众通过展览看到的展品仅是其馆藏文物的一部分，要想让观众对博物馆有比较全面的了解，编辑出版各种图书和音像制品是非常必要的。到博物馆来的观众历史文化素养高低不同，有些人对博物馆陈列的展品或主题有可能是完全陌生的，如果缺少必要的说明引导，通常难以凭借其经验的联想来理解文物展品的真正内涵意义。即便是专业工作者，由于专业及分工等原因，也并不是所有的人对所有展品的价值和意义都十分了解，他们仍然需要借助讲解或各种层次的出版物来理解展品的内涵和展览的主题。对一般观众来说，图文并茂、通俗易懂的出版物就显得更为重要。当这些出版物被观众带回家、带回国，就会成为一种扩大博物馆影响的有效宣传品；将陈列展览内容制成音像制品出售，观众既可以把它当做参观博物馆的纪念品，又可以当做进一步了解博物馆、学习历史文化的教材。

（二）开展特色文化展览及文化活动

随着人们日益增长的精神文化需求，人们更加渴望看到不同城市不同国家的文化展览，但是人们可能没有那么多时间去休假去旅游去领略异国文化异地文化，那么这个时候就需要博物馆作为的精神文化补给站，能为人们提供更多的有特色的异国或者是异地文化专题展。

（三）配合陈列展览，开发具有代表性的文物复仿制品

随着社会物质文化生活水平的不断提高，观众来博物馆已不满足于单纯看陈列展览，他们还希望购买一些自己喜爱的文物的复仿制品，带回去继续观赏或收藏。另外，一些科研院所由于展示研究工作也需要购买一些文物复仿制品；博物馆一些具有代表性、社会影响大、观赏性强的文物复仿制品也可作为政府及各部门的馈赠礼品，这都为博物馆制作文物复仿制品提供了更多更大的市场空间。当然，文物复仿制品必须在国家政策许可范围内开发生产。

（四）以藏品为基础，设计具有特色的旅游纪念品

旅游者大都有一个共同的心理特点，即购买有特色的旅游纪念品，或留作长久纪念，或馈赠亲朋好友。在国外，一些博物馆不但把开发具有本馆藏品特色的旅游纪念品作为新的经济增长点，而且还作为传播历史文化信息的新途径。在国内，由于越来越多的观众在参观博物馆时都想寻找到能反映博物馆特色和代表博物馆文化品位的旅游纪念品，不少文博景点开始认识到开发特色旅游纪念品在更有效地发挥博物馆传播功能和提高传播效果方面的重要作用。但除少数博物馆在这方面做出明显成效外，大多数博物馆的纪念品仍然品种单调、雷同，且文化含量低，不能满足观众的购买需求。我们应该充分认识到，博物馆通常是一个城市或地区历史文化的代表或象征，以其丰富多彩并具有代表性的藏品资源为依托，开发兼具实用、欣赏和收藏价值的纪念品，最能彰显地方历史文化的个性，也最能吸引观众并激发观众求购的欲望。在这方面，博物馆具有自己的特殊优势，大有文章可做，应该付出努力。

（五）增添有特色的娱乐休闲场所

很多游客反映，现在去一些博物馆除了一两个小时的参观，再没有别的活动。现实情况表明，努力把博物馆建成集参观、餐饮、购物、休闲娱乐为一体的综合文化活动场所，满足游客多方面的需求，是我们的重要职责。因此，博物馆应从自实际出发，在不影响博物馆参观环境和总体氛围的情况下，可以开

些茶座、咖啡吧和快餐店以及画廊、文博书店等，有条件的还可以举办一些小型乐舞演艺活动。通过增加休闲服务，延长观众在博物馆的逗留时间，还可为旅游纪念品的销售创造更多的机会。

（六）适时开展鉴赏讲座和咨询服务

一般的收藏爱好者由于缺乏必要的文物鉴定知识，往往上当受骗，迫切需要专业人员的指导。在这方面博物馆既有一大批训练有素的专业人员，又有丰富的实物藏品，可以适当搞一些有偿的文物鉴定培训、鉴赏讲座以及咨询活动，既可普及历史文物知识，满足民间收藏爱好者的需要，又能获得一定经济效益。

作为博物馆文化事业的管理者和工作者，利用博物馆文化资源特色的优势，在提高市民综合素质和道德水平的同时，培育文化消费市场的形成、促进文化产业的发展成为了历史赋予我们的责任。这一方面是保护我们优秀历史文化传统的要求，另一方面也是应对文化市场的要求，发展博物馆事业的要求。因此，博物馆通过自身活动适应、引导文化消费市场形成的同时，必将在文化产业的发展中发挥重要的作用。

参考文献

［1］赵冬菊：《博物馆发展文化产业之我见》，《重庆城市管理职业学院学报》2009 年第 6 期。
［2］李林娜：《博物馆文化产业发展的意义与原则》，《中国博物馆》2003 年第 3 期。
［3］原三军：《发展博物馆文化产业之管见》《文博》2006 年第 3 期。
［4］叶俊之：《我国博物馆文化产业开发问题》，《中国博物馆》2003 年第 4 期。
［5］曾红玲：《试论对博物馆发展文化产业的认识》，《大众文艺（理论）》2009 年第 18 期。

博物馆文化产业发展中的藏品保护

中国长城博物馆　屈甜笑

一　博物馆与文化产业发展的关系

文化产业，这一术语产生于20世纪初。它的英语名称为Culture Industry，可以译为文化工业，也可以译为文化产业。文化产业作为一种特殊的文化形态和特殊的经济形态，影响了人民对文化产业的本质把握，不同国家从不同角度看文化产业有不同的理解。联合国教科文组织关于文化产业的定义如下：文化产业就是按照工业标准，生产、再生产、储存以及分配文化产品和服务的一系列活动。博物馆是一个不追求赢利，为社会和社会发展服务的公开的永久性机构，它的性质决定了其不适宜作为主体直接进入市场，但是博物馆对文化产业的发展有较大影响，也有着密切的联系。

（一）博物馆为文化产业发展提供丰富的资源

文化产业依赖于文化而发展，与公益性事业相比，更注重经济价值。博物馆有着丰厚的藏品资源与文化积淀，包含历史、科技、人文自然等众多方面。文化产业发展既可以开发和利用博物馆中的各种藏资源，又可以挖掘博物馆文化的内涵，提供延续博物馆展览展示内容的互动参与项目和服务。

（二）博物馆与相关文化产业

博物馆作为文化传承、记载人类历史的重要载体，是文化产业发展的重要基础。博物馆有着丰富的可供开发和形成产业的资源。博物馆可以依据自身的文化特点，透过藏品和展览的展示，开发体现本馆特色和相关文物艺术和文化特征的产品，塑造本博物馆的文化品牌，扩大本馆在社会的影响力，提高博物馆的经济和社会效益。

1. 编辑出版各种图书与音像制品

通过编辑、出版各种文字图书和制作各种音像制品可以让观众博物馆的发展历史、展览的文化背景以及各种馆藏文物有一个更全面、清晰的了解。我馆印刷出版的《中国长城博物馆》画册，就从长城沿线的文物、长城的修筑历史和维修保护以及博物馆开展的各项活动等方面为观众提供一个更加深入了解长城和博物馆文化的工具。

2. 开发特色纪念品和具有代表性的文物复制品

每个地区都不同于其他地区的特色文化，观众在游览博物馆时可以体验到博物馆的文化底蕴，会想带一些有纪念意义的产品回家收藏或是当做礼品赠送给他人。我馆根据展览的主题内容，经营各种观众喜欢的长城文化产品，包括长城模型，带有长城标志的钥匙扣、长城艺术作品以及明信片等。

二　藏品保护与文化产业发展

藏品是博物馆的重要物质基础，具有不可替代性和不可再生性的特点，博物馆的基础业务工作就是藏品保护工作，保护藏品实质是保护藏品的历史价值、艺术价值和科学价值。只有做好文物保护工作才能通过藏品所衍生出来的各种信息、知识以及产品，制作特色文化商品投入市场。下文将结合本馆藏品保护工作实际情况探讨在发展文化产业中如何更好地保护藏品。

（一）博物馆藏品保护的现状

作为一个以长城为主题的小型专题性博物馆，在藏品的数量、质量，人员配置等方面都无法和大型博物馆相比。目前由于藏品库房的面积较小，空气也不流通，各类藏品无法分门别类收藏。各种藏品混合着摆放，因而给藏品的管理工作带来很大的不便，也不利于不同质地藏品的保护。由于资金的短缺，设备陈旧落后，科技保护能力差。没有足够的经费用于购买防潮、防湿设备，更无力安装现代化的完善的科学的空气温湿度调节系统。人员的配置也不全，缺乏藏品鉴定、修复、保护等方面的专业技术人员。藏品的鉴定、修复、保护等工作都需要求助大型博物馆。

（二）藏品保护的具体措施

1. 改善库房环境

博物馆藏品库房环境是关系博物馆藏品是否安全和保管好坏的重要条件。藏品长期贮存会发生各种变化，要使藏品保存长久，必须使其得到妥善的保管。影响藏品质量的环境因素，主要为空气温度、空气湿度、空气污染、光线辐射、昆虫危害、微生物繁殖等。所以，我馆 2013 年要根据现有条件，筹集资金，努力改善藏品库房的环境。在库房加装恒温恒湿系统、门禁系统、风淋系统，购买囊匣和密集柜等设备，尽力做到防虫、防菌、防污染、防潮、防尘、防光、防震、防盗、防火、防破坏。

2. 加强人才队伍建设

藏品库房的管理是博物馆藏品保管工作的重要环节，关系到藏品的安全，利用藏品的方便，以及博物馆文化产业发展的进程。这一切的关键就在于保管人员的专业水平。加强队伍建设，我馆从两方面着手：第一，引进专业人才。招聘或调入博物馆相关专业的人才；第二，培养人才。积极参加文博系统组织的培训学习、请大型博物馆的专家到馆讲课指导、旅游淡季组织职工自学专业知识。

3. 做好藏品的日常管理工作

一直以来我馆根据制度健全、账目清楚、鉴定确切、编目详明、保管妥善、方便查用的原则做好藏品的日常管理工作。对所有的馆藏文物进行编号、造册、填卡、登记、拍照、建档，基本掌握了馆藏文物的现状，为制定科学合理的藏品保护方案提供准确可靠的数据。

4. 实行现代化科学管理

随着科技的进步，信息时代已经来临，在很多博物馆都实现了藏品的现代化科学管理。虽然我们是一个小型博物馆，但也要与时俱进使藏品得以科学的管理和合理的利用。我馆在市文物局的指导下，安装了专业的藏品管理系统，建立了专人负责的藏品信息数据库，对现有的藏品进行清点、拍照，并将藏品的名称、时代、尺寸、来源、照片、文字描述等28项指标一一输入，方便藏品的保管、查询，从而提高了藏品保管工作的效率，为更好的发展文化产业奠定了基础。

三　合理利用藏品，促进文化产业发展

随着经济的发展，社会公众的精神文明需求也发生了明显的变化，这为博物馆的文化产业发展提供了良好的契机。同时，随着人们对文化遗产概念认识的深化，作为人类文化和自然遗产重要保护机构的博物馆，将承担起传播和弘扬文化遗产的历史重任。深入挖掘藏品的历史、艺术和科学价值，并加以合理有效的运用，是促进文化产业发展的重要途径。

（一）对藏品进行科学研究，发现其文化价值

开展对藏品的科学研究，是发挥藏品作用的前提基础，既是一种必要的保护措施，又是一种重要的利用形式。只有尽可能全面地、深入地、长期地对藏品进行深入研究，才能不断深化对藏品价值的认识，才有可能进行有效的保护和合理的利用。对藏品的研究是多方面、多层次的。不仅要研究藏品的质地、来源、年代、工艺等，也要研究与藏品有关的历史、政治和文化内涵及与社会背景、风俗民情等，在此基础上，还要研究藏品的现时保护和利用情况，为今后更好的保护和利用打好基础。

（二）提高文物展览水平，发挥其文化价值

要实现藏品的合理利用，发挥其文化价值，在展览中应注意以下几方面。首先，要提高文物的展出频率，开展多种形式的展览如联展、借展、巡展等，组织丰富多彩的展览给社会公众；第二，要在深入挖掘藏品的丰富内涵的基础上，与时俱进，选择正确的主题引导公众参观；第三，合理运用新技术、新材料营造展览环境，实现展览的思想性、知识性、科学性和艺术性的完美结合；第四，要确参展藏品的安全，配备符合规定的防火、防盗、防损害的技术设

备；第五，要逐步建立整个博物馆系统完善的陈列工作规范，切实提高展览水平，在确保藏品安全的前提下，最大化的实现藏品在文化产业发展中的价值。

参考文献

[1] 余从源：《博物馆文化产业与开发》，《魅力中国》2010 年第 4 期。

论文化产业发展背景下的博物馆藏品保护与利用

北京市古代钱币展览馆　陈琳琳

北京是一座有着三千多年建城史和八百多年建都史的历史文化名城，文物资源十分丰富，分布在北京地区的一百多家博物馆，收藏着大量的文物藏品。在深化文化体制改革中，如何在保护文物藏品不受损害的条件下最大化的满足藏品利用的要求，是文化产业发展的方向。

一　博物馆文化产业产生背景

博物馆一词来源于希腊语“Mouseion”，意思是“供奉缪斯及从事研究的处所”。1989 年 9 月在荷兰海牙举行的国际博物馆协会第 16 届全体大会将博物馆定义为“为社会及其发展服务的非盈利的永久性机构，并向大众开放。它为研究、教育、欣赏之目的征集、保护、研究、传播并展示人类及人类环境的见证物”①。因此，可以看出，博物馆具有收藏、研究、教育三大基本功能，而藏品是博物馆存在的前提。进入 21 世纪，在经济全球化、政治多极化、文化多元化的背景下，博物馆提出了“以人为本”为宗旨，将有助于人的发展和愉悦作为主要任务，博物馆致力于研究人与物的关系，博物馆藏品不是强调其实用性，而是强调其意义。欧洲也将博物馆的定义从“非营利机构”解释为“不以盈利为目的的机构”，因此，文化产业蓬勃发展起来。“文化产业”这一概念起源于西方资本主义国家，在英美等发达国家有极为重要的地位。在我国，文化

① 王宏钧：《中国博物馆学基础》，上海古籍出版社 2001 年版。

创意产业这一概念首次被提出来是在《国家“十一五”时期文化发展纲要》中，党中央在十七大报告中提出推动社会主义文化大发展大繁荣，指出深化文化体制改革，完善扶持公益性文化事业、发展文化产业、鼓励文化创新的政策，营造有利于出精品、出人才、出效益的环境。并于十七届六中全会通过了《中共中央关于深化文化体制改革推动社会主义文化大发展大繁荣若干问题的决定》，为博物馆发展文化产业提供了理论依据和指导方针。

二　博物馆藏品保护与利用的关系

藏品是博物馆为了社会教育和科学研究的目的，根据自己的性质，搜集保藏的自然界和人类社会物质文明、精神文明发展的见证物。人类在历史上创造的具有历史、艺术、科学价值的文化遗存，大部分都已经毁灭，保存下来的仅是其中的一小部分，尤为珍贵。藏品是博物馆存在和发展的基础，由于自然因素和人为原因，博物馆藏品经常会受到各种破坏，因此藏品保护极其重要。藏品保护最佳地是文物库房，博物馆库房往往具备先进的设备，温湿度条件适宜，是文物保护的最佳场所。但是，博物馆藏品为社会服务，是博物馆的发展宗旨和最终目的，因此，博物馆藏品除了在库房收藏之外，还承担着展览陈列、科研、教学、文化产业开发及普及等多重任务。一方面，博物馆藏品需要更加安全的环境和手段维护其质量，延缓质变过程，控制降低质变速度；另一方面，博物馆藏品要为社会主义文化大发展大繁荣服务，为观众服务，要通过各种手段，直接或间接的接受各种行业的利用。并避免在利用的过程中，由于各种复杂的原因使藏品遭受到各种侵蚀和破坏，致使文物藏品失去收藏价值。因此，博物馆文化产业的发展就是要在保护与利用之间架起一座桥梁，在文化产业发展的背景下，博物馆要坚持可持续性的良性发展，保护与利用关系不应该是矛盾与对立，相反，文化产业的发展是对博物馆藏品的合理利用，对博物馆藏品保护应起到促进与支持的作用。从根本上说，藏品利用与保护的目标相同，都是要最大程度的传播民族文化，延续人类文明。

三　博物馆藏品的利用分析

博物馆职能可以总结为两个方面，即为物服务和为人服务。为物服务主要是基于博物馆收藏、研究这一根本职能；为人服务主要是基于博物馆教育、传播这一根本职能。而博物馆文化产业的发展主要是强化以人为本，为人服务这一职能，即藏品的合理利用这一职能。具体利用形式有以下几个方面：

博物馆藏品首先要为陈列展览服务。这是博物馆实现其社会功能的主要方式，是博物馆与观众之间进行交流的方法和途径。通过陈列展览，社会大众可以在博物馆里得到更多的科学知识和文化艺术享受，更大限度的实现社会效益和经济效益。

博物馆藏品其次要为科研服务。博物馆是以实物资料为特征的知识信息交流中心，它以丰富的馆藏吸引着众多的科研工作者，因此，为科研服务是博物馆的一项重要职能。它可以利用博物馆藏品为科研工作提供实物研究，再将研究成果反作用于博物馆藏品保护。

博物馆藏品要为文化产业开发及文化普及服务。它可以使博物馆藏品得以全面综合的利用。博物馆藏品具有重要的历史、科学或艺术价值，是不可再生的人类财富，不能进入市场，而文物藏品所蕴含的文化内涵和文物特征却可以经过量化生产进行复制和传播，这就是博物馆文化产业发展的内容。文化产业不仅能够弘扬民族文化，而且能够为博物馆公益事业的发展和藏品保护提供资金保障，是一种可持续性的发展模式。

例如英国在利用博物馆发展本国文化产业方面成效显著，英国政府对一些知名博物馆及其附着的历史文化资源予以重点关注，同时进行深层次的产业开发。如莎士比亚是英国著名剧作家和诗人，这是一笔极其深厚、开发不尽的文化宝藏，英国政府把它作为国家级文化产业项目来进行开发。莎士比亚故乡位于英格兰中部的斯特拉福特小镇，莎士比亚故居是一幢两层半木制小楼，英国政府依照莎士比亚生活的时代的样子对故居进行了修复和装饰，并修建了很多相关配套设施，如莎士比亚皇家歌剧院、博物馆、图书馆、纪念塔、莎士比亚研究中心等。莎士比亚歌剧院从每年的 4 月到 10 月会轮流上演莎士比亚的剧作；莎士比亚纪念塔中立有分别象征着莎士比亚创作的哲学剧、悲剧、喜剧和历史剧的哈姆雷特、麦克贝恩夫人、法尔斯达夫和哈尔王子这四座人物铜像；莎士比亚研究中心大厅的玻璃屏风上绘有众多莎士比亚剧中人物，收藏着数以万计莎士比亚各种版本的著作、剪报、剧照等；博物馆不能把自身藏品当做商品进行经营，但可以开发博物馆的旅游纪念品，因此在小镇商店出售的商品名目繁多，这些商品多与莎士比亚及其作品有关，如莎士比亚剧中涉及到的面具、羽毛笔、书籍、明信片、玩具、邮票等，这些商店从一个个小纪念中心，发展成为推动文化教育的主要延伸机构和重要的创收来源；政府还开发了莎士比亚母亲玛丽·阿登、妻子安妮·赫舍薇和女儿苏珊的故居；并在莎士比亚及其家人的故居旁边修建了一些餐饮店和咖啡店等，这些所占面积相当巨大的商店和餐饮店极大地满足了参观者休闲和购物的需要。当然在这里参观的游客还能够充分领略莎士比亚一生辉煌的艺术成就，能获得文化旅游的乐趣。斯特拉福特这一成功的文化产业开发项目是英国充分利用莎士比亚这一历史文化资源的结果①。

四　文化产业发展背景下的藏品合理利用对博物馆发展及藏品保护的支持作用

纵观博物馆发展史，必须承认的是，资金短缺一直是许多博物馆面临的首要问题，因此，在保证藏品安全及社会效益的前提下，如何合理的实现经济效益，并将经济效益营利反哺于博物馆事业发展是博物馆文化产业发展的主线。例如美国大都会博物馆，馆内自主开发的文化产品近2万种，每年寄出1300多万本商品目录，为60余万人邮售商品，营业额超过1亿美元；我国的上海博物馆，自主开发出1600余种文化产品，年销售额达到数千万元，为博物馆的发展及藏品保护贡献了力量。因此，博物馆藏品的合理利用也对博物馆事业发展及藏品保护起到了支持的作用。主要体现在：

合理利用文物复制品，既有利于保护珍稀文物藏品，又能通过规模化生产

① 陈淑荣、施楠：《博物馆资源与英国文化产业》，《经济研究参考》2013年第2期。

满足文化市场需要，为博物馆产生经济效益。藏品资源只有在保护好的前提下科学利用，发挥文物作用，才能有利于历史文化的传播和传承，如果只是束之高阁，则是一种文化资源的浪费。文物复制品可以有效传播古代文化，在博物馆中，文物复制品展示是重要的展览方式，可以保护珍稀文物免受运输、光照等造成的损害；对于个人而言，充分尊重和体现文物文化内涵的复制品，能够满足人们对古代艺术品审美的体验。

文化产业为文物保护提供了有力的资金保障。应用新技术、新设备装备的文物保护库房、实验室、修复室等，无论是建立还是运转，都需要大量的资金保障，因此，通过文物合理利用产生的效益，就可以给予文物保护有力的资金保障，现代化的博物馆离不开文化产业的蓬勃发展。

文化产业发展为文物征集提供了有力的资金支持。文物收藏是博物馆的重要功能之一，除了考古发掘、国家调拨文物以外，很多有价值的文物都以传世品的形式保存在私人或者企业手中，要想使之成为馆藏品，大多需要通过交易的方式，因此，需要大量的资金支持，国家对此投入有限。为防止文物流失，并使其得到有效保护和合理利用，就需要博物馆文化产业的积极支持。

文化产业发展有利于拉近民众与博物馆之间的距离，增强民众文物保护的意识。博物馆文化产品的开发一般都会立足于本馆独具特色的收藏品，目的是使观众参观完展览后，能够买到与之相关的纪念品，并通过纪念品了解藏品的真实面貌，或者由藏品元素、装饰图案所取材的藏品时代和相关背景知识。使观众产生强烈的民族自豪感和对文物保护的主观意识。

例如英国著名设计师盖尔斯·吉尔伯特·斯科特设计的红色 K8 电话亭，因设计独特在 20 世纪 20～80 年代之前曾经风靡伦敦及英国各大城市，成为伦敦的象征。随着现代通讯技术的迅猛发展，红色电话亭已经毫无用处，英国电信公司几次想把红色电话亭统统拆除，但是这一方案遭到了公众的强烈反对，人们认为这种红色电话亭应当被当做珍贵文物保护起来，因为它们是英国艺术的象征，也是英国历史和社会文化的标志。后来，红色电话亭被用来展示艺术、诗歌，甚至变身为迷你图书馆。有的艺术家将红色电话亭的外形打造成大本钟模样，有的艺术家用超现实主义概念将电话亭设计成一块块、支离破碎的形体，仿佛象征着电话亭已经走入历史；有的艺术家将电话亭设计成马戏团和魔术表演的场所。在艺术家的打造下，这些作为英国历史和文化见证的红色电话亭变身成了各种有文化创意的作品①，吸引着来自世界各地的游客。

新形势下，对文物保护与利用的关系如何认识和处理，如何做到有效保护、合理利用我们的藏品资源，做好文化传承和传播，是历史赋予我们的使命，是保护人类共有文化遗产、维护世界文化多样性的必然要求。与世界先进国家相比，我们还只是文化大国，算不上文化强国。我们要在中央深化文化体制改革中，寻找出路，保护好、利用好丰富的文物资源，服务当代、惠及民生，传承后代、泽被子孙，这是当代文物工作者应有的文化自觉。

参考文献

[1] 博物馆发展论坛组委会：《博物馆发展论丛》，北京燕山出版社 2013 年版。

[2] 杨海峰：《博物馆藏品利用中的保管》，《中国博物馆》1988 年第 4 期。

① 陈淑荣、施楠：《博物馆资源与英国文化产业》，《经济研究参考》2013 年第 2 期。

在发展文化产业中如何保护好藏品

——以中国长城博物馆为例

中国长城博物馆　杨静峥

国际博协章程规定："博物馆是一个不追求营利、为社会和社会发展服务的、公开的永久性机构。它为研究、教育和欣赏的目的，对人类和人类环境的见证物进行收集、保护、研究、传播和展览。"博物馆作为公益性事业机构，是一个地区文明和文化的象征，博物馆所藏的文物藏品是人类社会共同的财富。随着经济的发展和人们生活条件的改善，越来越多的人将更多的时间和财力投向文化和休闲方面。高品位的文化生活已成为人们追求的目标，这对博物馆事业也提出了新的要求。为此，中国长城博物馆同国内的许多博物馆一样都在尝试发展文化产业，例如为公众提供休闲娱乐服务，开发生产具有自身特色的旅游纪念品，举办各种类型的专题展和巡回展览等等，希望通过这些渠道让公众能够与文物藏品进行"零距离"地接触，使文物藏品真正做到物尽其用，高效益地为社会公众服务。但与此同时，我们也深知博物馆的文物藏品是历史的见证，是国家宝贵的科学文化财产，其不可再生性更加要求我们要做好保护工作，尤其是在多途径提高藏品利用率，发展文化产业的过程中文物藏品遭到损坏和破坏的几率更高，这对博物馆藏品的保护措施提出了更高的需求。如何在发展文化产业中保护好藏品，结合我馆的藏品保护工作和实际情况我认为要注意以下几点：

一　加强环境因素的控制

在现代化的建筑物中，藏品所遇到的危害常常要比它们过去的任何时候都大：变化多端的温度、高低不均的湿度、紫外线的照射、周围环境中的各种气体都会损坏文物藏品。例如博物馆的温湿度，高温通常会产生低湿度，如果空气太干燥，皮革制品就会变硬，编制品和纸张就会脆化，木材将会干裂；如果太潮湿，霉菌就会在皮件和纸张上繁殖，真菌和虫害就会使木材腐烂，使金属锈蚀。除此之外，日光和荧光灯中紫外线的照射会造成物品褪色并使有机物质变脆，大气中的二氧化硫和其他气体成分将使色素减退并腐蚀金属和石料。博物馆作为一个人工的生态系统，其环境中任何细微的变化，都有可能引起更大的问题。因此，博物馆要努力改善保管、保存条件，以防止因环境不利造成文物受损现象的发生。

第一，做好温湿度的控制。保存文物适宜的温度为15～25℃，相对湿度为45%～65%。为此，我馆安装了中央空调和电子温湿度记录器，严格控制和检测库房及展柜的温湿环境。同时季节的变化也会带来温湿度的变化，所以结合本地区的实际情况我们还会采用自然通风或机械通风及吸热法等来达到适当控制温湿度的要求。除此之外，不同质地的文物对于温湿度的要求也不尽相同，应有所区别的进行保护。例如，在我馆藏品中金属类文物较多，而金属类文物又很难保存，在稍微潮湿的环境中，就容易被氧化。为了保护好这类文物我们在其展柜内放置了干燥剂用于吸湿。对于珍贵的文物，如“世界文化遗产证书”我们还购置了恒湿恒温展柜，对其进行专门保护。

第二，做好光线的控制。博物馆在自然光源和人工光源的选择上要遵照科学的标准，严格按照国家文物局关于博物馆照明设计规范的规定执行。在采用人工光源进行照明时，要选择对文物损伤小的照明设备，合理控制光线的照射角度及照射强度，减少光照的时间，同时还要协调好方便观众欣赏与藏品保护之间的关系，也要考虑到观众进入展厅前，眼睛必须先适应博物馆的灯光。

第三，做好灰尘的控制。首先，对展柜加强密封措施，防止因展柜缝隙过大导致灰尘大量进入柜内并附着于藏品上造成损害的问题。其二，在展室内设置除尘设施，对空气中的尘粒进行吸附，在展室门厅设置吸尘地毯或塑料地踏，以减少地面及空气中的浮尘。其三，在展室内定期投放防潮、防虫的药品，以减少孢子类细菌借助灰尘在展室内繁衍的机会。除此之外，我馆还会对中央空调进行定期清洗，以防止灰尘的进入。

第四，做好有害气体的控制。首先，确保展览厅或陈列室各展柜密封良好，防止有害气体的进入。其二，使用空调装置净化、过滤灰尘及有害气体。其三，在博物馆的四周设置绿化带，以保证展馆有一个很好的环境，使其自成一个优良的环境系统，这样不仅美化了环境，而且可以进一步净化空气，保护藏品。

二 做好利用中的藏品保护

随着博物馆文化产业的不断发展，展陈形式不断变换更新，藏品的使用频率也大大提高，利用文物藏品组织出国或异地展览、临时展览，编辑有关展览、藏品的出版物，制作文物销售复制品等颇为频繁，使得藏品进出库房成为常态，利用中藏品的保护也日益成为博物馆藏品保护中极为重要的一环。可是，多数中小型博物馆由于缺乏资金的强有力支持，单纯追求“少花钱、多办事”。当外出展览，有限的资金用于展览的制作上时，牺牲掉的只能是文物和包装。有些博物馆文物的包装简单，甚至一些包装的大小与文物的尺寸并不配套，这样非常容易导致文物的损毁，所以为了确保藏品利用过程中的安全，要做好以下两方面的工作：

第一，藏品运输途中的安全。藏品运输途中的安全，主要解决的就是藏品的包装问题。由于藏品的质地不同，形状各异，所以它们的包装也应区别对待。首先，在选择包装材料时必须十分谨慎，应该使用有弹性的、在任何情况下都不会损坏展品的材料。必须考虑到这些材料是否会弄脏展品；是否是酸性的；是否会散发出有害气体或起凝聚作用；是否会藏有或引诱害虫等。其次，在包装时大件藏品需有囊盒包装，再装入柜箱，箱内有空隙处必须使用泡沫充垫固定，以免晃动。小件藏品必须装入囊匣，囊匣需按文物的大小、形状制作，并用海绵、纸条等填充空隙，以便更好地固定文物。最后，在每一个集装箱上都要附有装箱卡，每个小箱子具体存放在集装箱的什么位置都要有详细的记录。这样才能确保运输途中的藏品安全。

第二，藏品使用中的安全。藏品使用中的安全主要指的是文物在提借、陈列布展、拍摄或复制文物的过程中，最易出现人为的损坏。对珍贵易损的文物拿取时要做到用双捧持、轻拿轻放、不可提梁携耳或持柄而行。在接触书画、织绣和金属文物时，要戴上手套，以免汗水对藏品的损害。文物陈列时禁止用钉子固定文物。查阅纸制类文物时，严禁用手指沾唾液翻阅，严禁用墨水抄写，严禁吸烟和饮水，以防止沾污、损坏、浸湿文物。在提取书画藏品时，要有严格的制度，如果遇到阴雨天气、温湿度不适，不能提取书画。藏品出库，每次提取使用时，要检查藏品是否有干裂和霉变，这些都要在出库单上填写清楚，回库时同样要做细致的检查，出现问题及时解决，然后做好消毒、防虫、防尘处理后才能回库。在藏品需要拍照时，对光照敏感的文物要尽可能地减少强光的照射，尽量用自然光或冷光摄影。也可尽量用复制品代替原件拍摄。

三　运用信息技术，保护藏品

由于历史、技术、经济投入和观念陈旧等原因，我国文博事业的信息资源建设相对滞后，使得对藏品的管理很多时候停留在被动保护上，在研究、利用藏品方面建立长期有效的工作机制还不是很理想。信息技术的运用是保护藏品行之有效的办法。延续历史和弘扬中华民族的悠久历史和优秀文化是博物馆的历史重任，全力以赴采集文化遗产信息，建立博物馆信息网络，已经成为当务之急。我国博物馆信息化主要包括以下四个方面的内容，笔者认为这些都与藏品的保护息息相关。

第一，从藏品的管理上说，博物馆藏品的保存是博物馆最基本的一项工作，而在藏品保管过程中，传统的手工操作方法效率很低，仅一件藏品就要经过接收、鉴选、登记编目、入库、保管、提用、核对注销和统计等十余项业务流程，包含着大量的文字工作和表格设置，大量的重复劳动使保管员过于疲劳和紧张。而保管员的这种状态是非常不利于藏品的保护的。电脑具有强大的信息贮存、处理能力和准确的记忆力，在文档和图像处理能力方面具有明显的优势，采用藏品信息的电脑化管理，不仅有利于藏品资源的长久保存，还利于藏品信息的便捷利用。所以，在 2010 年我馆就开始着手建立馆藏文物信息管理系统，以实现藏品管理的数字化和信息化。

第二，博物馆以藏品为基础，博物馆的主要业务工作包括征集、鉴定、保管、研究、社会教育等，都是围绕着藏品在运转。藏品信息的数字化管理为各业务部门提供了信息支持，随时按照藏品的名称、时代、作者、纹饰、器型等不同的索引条件查找出与之相符的藏品信息，缓解了藏品的提用与保护的矛盾，使得业务人员不必在工作中频繁地请保管员提出藏品的原件，在藏品信息数据库中就能获得相关信息。由于减少了对藏品的直接接触，藏品的安全性自然就提高了，同时也减轻了库房保管员的工作量，从而使其在工作中精力充沛、效率更高。

第三，从藏品的陈列上说，通过网络把数据库信息推向社会，建立网上博物馆。网上博物馆是以因特网为媒介，展出博物馆的藏品，它利用现代信息技术将馆藏的文物、图像、科学数据等收集起来，经过数字化技术的处理，通过国际互联网络的传播，实现博物馆藏品信息资源的全社会共享。首先，网上博物馆不受展品存放和展览场地条件的限制。博物馆内有些珍贵藏品由于本身的质地，对温度、湿度、光线等条件要求很苛刻，难以长久在展厅公开陈列展出，在库房内存放时间相对较长；而且博物馆举办展览往往受场地的限制，不能将全部藏品展出。网上博物馆很好地解决了这些问题，也保证了藏品的安全。其次，网上博物馆能加强博物馆馆际之间的横向交流与合作。博物馆藏品信息在网上传播，方便了兄弟博物馆的学习借鉴，馆际借展等，只要在网上浏览，确定参展的藏品即可，省去了从库房中提取原件的过程，减少了与文物直接接触的不利因素，从而更好地保护了藏品。

综上所述，博物馆在发展文化产业过程中藏品的保护，是一项新的、重要的、科学性很强的工作。作为文物的守护者，博物馆要不断创新工作方式和手段，加大对文物展出环境因素的控制，做好利用中文物的保护，重视运用现代信息技术对文物进行保护，从而形成科学的专业化的藏品保护体系。

做好文物藏品的保护，将有利于延长藏品的寿命，使藏品能更好地服务于社会，服务于民众，同时也能为博物馆文化产业的发展提供更丰富的文物资源和文化信息，使文物藏品创造出更多的经济价值，从而促进博物馆事业的可持续发展。

浅谈宋庆龄故居展厅与库房文物的保存环境

宋庆龄同志故居　刘　沛

北京宋庆龄同志故居，是一处全国重点文物保护单位，“青少年教育基地”。作为宋庆龄同志在北京工作和生活的地方，这里保存有宋庆龄同志和孙中山先生的大量珍贵遗物。因此，对故居和遗留文物进行科学有效地保护，是一项十分重要的工作。本文拟就宋庆龄同志故居内展厅和库房文物的保存环境进行探讨，通过运用多学科的知识技术，对故居和文物进行科学保护，延长保存寿命，更好地发挥宣传和教育作用。

一　宋庆龄故居概况

北京宋庆龄同志故居坐落在风景秀丽的什刹海后海北沿，是一处庭园建筑。这里原为中国末代皇帝爱新觉罗·溥仪的父亲醇亲王载沣府邸的西花园，占地面积约2万多平方米，建筑面积约为5000平方米。中华人民共和国成立后，党和政府决定在北京为宋庆龄同志修建一处住宅。1962年，周恩来总理受党和政府的委托，亲自指挥筹备。在总理的关注下，这座王府花园经规划改造，修葺一新。1963年4月，宋庆龄同志迁居于此，在这里工作、生活了近20年，直至1981年5月29日逝世。1981年10月，中央决定将此住所命名为“中华人民共和国名誉主席宋庆龄故居”。在邓颖超、廖承志等中央领导同志的亲切关怀下，对故居进行了全面整修，保留和恢复了宋庆龄同志生前工作和生活的场景，并按原貌和原状进行陈列展示。除故居旧藏外，还在全国范围内征集相关的文物、资料，筹建展览，并于1982年5月29日宋庆龄同志逝世一周年之际正式对公众开放。现在这里已成为一处接待中外宾客，传播中国历史文化，对青少年和广大民众进行爱国主义教育和社会主义教育的场所。

二　宋庆龄故居文物的分布状况

宋庆龄故居现有文物藏品 2 万余件，主要是纸质、纺织、瓷器、金属、木器等五大类文物。这些文物的保存主要分为三部分。

第一部分文物保存在故居的主楼内。这里曾经是宋庆龄同志生活、工作过的地方，现在这些文物主要以原状陈列的方式向观众进行展示。在一楼的小客厅及小餐厅内，陈列着当年宋庆龄同志接待领导人、国际友人等中外宾客时的桌椅，墙上悬挂有毛泽东主席和孙中山先生的画像。二楼是宋庆龄同志的卧室及书房，均为原状陈列展览，向观众展现了宋庆龄同志晚年生活、工作的场景。

第二部分文物是在“宋庆龄同志生平展”等展览中参展的文物，目前保存在展柜中对外开放。其中有向社会和个人征集，或友人收藏并捐赠给故居的宋庆龄和孙中山先生的相关文物。如孙中山先生的外孙女戴成功捐赠的文物等。使人们通过参观展览，对宋庆龄和孙中山先生一生奋斗的经历有所了解。同时也为研究宋庆龄和孙中山先生的学者提供了相关文物资料。

第三部分文物为目前放置在库房中的文物。其中部分文物会随着外展和内展的展示需求，与展柜中的文物进行调整和更换，或根据需要直接提取后参展。

三　文物保存与所在环境的关系

故居作为文物保存、展示的场所，其环境对文物寿命的影响较大。馆藏文物保存的好坏，既取决于文物材料本身的性质，也取决于它所处的环境[①]。当环境因素（温湿度、灯光照明、空气质量）偏离理想条件时，文物材质就会趋

① 郭宏：《文物保存环境概论》，科学出版社 2001 年版。

向已改变的环境而与改变后的环境达到另外一种平衡[①]。在一个平衡状态向另一个平衡状态改变时，材质不可避免地要发生一些化学组成或结构形态上的改变，这种改变破坏了文物原来的稳定状态，就会导致文物不同程度的病变[②]。环境变化越剧烈、越复杂，文物材质为适应环境进行的状态改变就越频繁，文物材质的损坏的速度越快、损坏现象越严重[③]。正因为环境对故居文物的影响较大，所以对展厅和库房环境进行探讨、研究，采取措施控制影响因素，使故居文物保存在合适的环境中，是一个亟待解决的问题。

环境主要包括展览区域内的空间环境和文物的保存环境。其一，空间环境。空间环境又分为外部空间环境和内部空间环境。外部空间环境主要是指外界的气候。宋庆龄故居紧邻二环，地处后海北岸，对故居环境的影响主要是温湿度和空气污染的变化。内部空间环境是指展览场馆建筑内的环境，在通常情况下与外界环境相通。如现在以原状陈列的方式向观众进行展示的，宋庆龄同志生活、工作过的故居主楼。由于外界的大气环境会不断发生变化，因此，温、湿度及污染物的浓度也会随着外界环境变化而变化，这些差异会直接或间接地影响故居的内部空间环境。其二，文物的保存环境。这里需要说明的是，文物保存环境不仅仅是指狭义上的故居内文物保存的小环境（即库房环境），而且还包括了对观众进行文物藏品展示的场所环境（即展厅环境）和宋庆龄同志的原状陈列。由于文物库房和展厅的保存环境相对于大的空间环境来说区域较小，所以控制起来会较易，实施也会更加有效。当然，只有将这三部分结合起来，才可称得上是对文物总体保护环境的一个较为完整的考虑。从以上分析不难看出，故居的整体环境包括了文物的保存环境，而文物保存环境又是故居环境的重要组成部分。因此，故居藏品保护的好坏与文物的保存环境密切相关，需要引起我们的足够重视。

四　温湿度环境及指标对文物藏品的影响

由于宋庆龄同志故居文物藏品的特殊性，如何将藏品长久的保存下去，藏

---

① G. Pavlogeorgatos. Environmental parameters in museums. Building and Environment, 2003, 38.

② ［英］加瑞·汤姆森：《博物馆环境》，科学出版社 2007 年版。

③ 陈元生：《湿度调节研究综述》，《上海博物馆文物科技论文集》，1996 年。

品所处的保存环境很关键。

故居文物保管的场所，应具有适宜的文物保存环境。可根据外界环境的不断变化，采取相应的控制措施，使故居的文物藏品尽可能地处于一个相对稳定的环境中，降低环境变化给文物藏品带来的损坏。

（一）温湿度变化对文物藏品的影响

文物保存环境的因素大概包括：温度，湿度，光照，空气污染物（如可吸入颗粒物、硫化物、氮化物、甲醛）等，其中最主要的因素之一，是环境温、湿度变化给文物藏品带来的影响。温、湿度在环境中忽高忽低的频繁变化，对文物十分不利。

1. 湿度

如果文物所处环境湿度过高，将有利于微生物的生长繁殖，使纸张类和丝织品类的藏品出现霉变等现象；大气中的有害物质、酸性气体（CO_2、NO_2、SO_2 等）、灰尘等，易被潮湿纸张中的水分所吸收，形成有腐蚀性的酸。随着吸附能力的增强，会加速纸张的损坏。湿度太低，字画、丝织品等有机质文物，易发生干裂、酥粉、起皱等现象。

2. 温度

温度升高，将加速文物藏品材质的老化速度；加快霉菌、害虫的生长繁殖速度；加速有害杂质对藏品的破坏作用；使有机质文物出现脱水、收缩等状况。温度过低，将致使文物藏品强度和弹性下降，易使文物变得脆硬。文物材质内部的水分在低温下易产生结露；尤其在温度低于0℃时，会出现冰结现象。

温度和湿度两者是相互影响、相互作用的。温度高时，蒸发到空气中的水汽量就会增加，空气会变得潮湿。反之，温度低时，蒸发到空气中的水汽量会减少，空气会随之变得干燥。温、湿度的变化可直接影响，甚至决定文物发生物理变化、化学变化、生物变化的程度。因此，控制住温度和湿度这两个最基本的条件，将文物保存在适当的温、湿度环境中，对文物的保护将起到极其重要的作用。所以，我们有必要对故居库房的温、湿度环境进行监测，对影响文物藏品的因素进行控制。

（二）文物保存环境的温湿度指标

温度和湿度，是直接作用于文物材质的两个最普通、又是最主要的因素。首先，任何材质所构成的文物都有他们各自适宜的温度和湿度的限度，如果超过了这个界限，文物就容易产生病害。其次，温、湿度又是直接影响，以至决定物理、化学、生物作用的两个基本条件。从而也说明了温、湿度环境与文物材质的关系。因此，对于不同材质的文物藏品，需要有不同的温、湿度环境。根据温、湿度对不同质地藏品的影响，通过查阅文献①，普遍认为不同材质的文物藏品，需要有相应的温、湿度保存环境（详见表一）。

表一　文物藏品最佳温湿度数据

藏品质地	最佳温度（℃）	最佳相对湿度（%）
金属类	18～24	35～40
竹木类	16～20	55～60
陶瓷类	18～24	45～50
纸类	18～20	55～60
皮革类	16～20	55～60
丝棉麻毛	16～20	55～60

（三）宋庆龄故居文物保存情况

目前的2万余件文物，分别在主楼的一层、二层进行原状陈列，和在“宋庆龄同志生平展”中对外进行展陈，其余文物存放于库房中。

① 张承志：《保藏学原理》，科学技术出版社1999年版；Carallini T，Massa S，RuSSO A. 著，马涛译：《博物馆最佳环境条件》，《文物保护与考古科学》2001年第5期。

1. 主楼文物原状陈列情况（详见表二）

表二　宋庆龄故居主楼文物原状陈列情况

<table>
<tr><th></th><th>名称</th><th>所在位置</th><th>文物存放情况</th><th>保存条件</th></tr>
<tr><td rowspan="5">主楼
原状陈列</td><td>小客厅</td><td rowspan="2">主楼一层</td><td rowspan="5">按照宋庆龄同志生前生活和工作的场景，对常用物品就地原样保护</td><td rowspan="2">配备一台除湿机</td></tr>
<tr><td>小餐厅</td></tr>
<tr><td>卧室</td><td rowspan="3">主楼二层</td><td rowspan="3">暂未配置专业的温湿度设备进行调节，受外界温湿度影响。但因位居二层，受湿度影响较一层要小</td></tr>
<tr><td>书房</td></tr>
<tr><td>小厨房</td></tr>
</table>

从表二的情况说明中可以看出，主楼的原状陈列基本都没有配备温湿度调节的设备。因为主楼是20世纪60年代的建筑，墙体较厚，地基较高，对外界温湿度起到了一定的隔离作用。但在阴雨季节，主楼一层会变得潮湿，所以配备了一台除湿机以调节湿度。

2. 库房情况

宋庆龄故居的2万余件文物藏品，主要有纸质类、纺织类、瓷器、木器、金属等五大类文物。故居除原有文物库房外，根据需要又新建文物库房4间，分别为纸质品类库房、纺织品类库房、金属品类库房、木器类等库房。具体情况详见表三。

表三　宋庆龄故居库房情况

<table>
<tr><th>库房名称</th><th>主要存放文物</th><th>保存条件</th></tr>
<tr><td>原库房1</td><td>纸制品</td><td rowspan="3">受外界温湿度影响，暂未采用专业温湿度设备进行调节</td></tr>
<tr><td>原库房2</td><td>纺织品</td></tr>
<tr><td>原库房3</td><td>瓷器、画作</td></tr>
<tr><td>新建库房4</td><td>纸制品库房</td><td rowspan="4">配备非专业温湿度调节设备，一定程度上受外界温湿度影响，金属品库房配备一台除湿机</td></tr>
<tr><td>新建库房5</td><td>纺织品库房</td></tr>
<tr><td>新建库房6</td><td>金属品库房</td></tr>
<tr><td>新建库房7</td><td>木器品库房</td></tr>
</table>

新建文物库房北侧设有一间设备房，主要对新建的四间文物库房，进行温

湿度调节和控制。设备房内有三台非专业湿度调节设备，当湿度降到45%时设备启动，达到60%时停止。温度控制，采取了户外与库房分别抽取空气到设备室进行气体交换的方法，交换后的空气再被输送回库房。虽说是温度控制，但是此方法导致了地下库房间接地受到了外界温湿度的影响。所以新建库房的温湿度，暂未达到文物藏品要求的收藏标准，目前尚未全面投入使用。

3. 温湿度数据监测

为了使文物在更好的库房环境下进行保存，我们对各库房及原状陈列进行了温湿度数据统计（如表四所示），总结文物藏品所处环境的变化规律。

表四　宋庆龄故居库房温湿度记录　（温度:℃，相对湿度:%）

地点	时间 / 温湿度	2010 年 11 月平均值	2010 年 12 月平均值	2011 年 1 月平均值	2011 年 2 月平均值	2011 年 3 月平均值
小客厅小餐厅	温度	14.4	11	8.5	9.2	13.9
	湿度	37.2	34.3	35	33.2	33.7
卧室书房	温度	15	9.9	5.9	6.9	13.8
	湿度	40.1	33.7	33.3	29.3	25.7
原库房 2	温度	14.5	9.4	6	6.9	10.3
	湿度	37.9	31.8	31.8	29.3	26.8
原库房 3	温度	15.2	9.7	6.7	7.1	9
	湿度	38.9	32.7	33.9	30.4	31.4
纸制品库房	温度	20.7	17.9	17.5	16.3	14.9
	湿度	53.8	54.6	53.8	53.5	51.6
纺织品库房	温度	20.6	17.9	17.3	16.5	15.1
	湿度	53.8	54.4	53.7	53.3	51.5
金属品库房	温度	18.9	17.9	17.6	16.5	15.6
	湿度	53.9	54.8	53.9	53.5	53.2
木器品库房	温度	20.7	17.8	17.4	16.4	15.2
	湿度	53.9	54.7	53.8	52.9	52.8
室外天气	温度	8.1	3	0.8	2.4	9.7
	湿度	34.7	19.7	18.2	18	17.1

从表四可以看出，冬季库房的温湿度，相较于文物保存的适宜温湿度还有一定差距。主楼各原状陈列及库房的温湿度因为受外界温湿度影响较大，全部低于文物保存的温湿度指标；而新建的四个文物库房，温度基本在 14～21℃的区间中波动，基本符合文物保存的温度指标，但湿度普遍在55%左右波动，对于金属类文物保存是不利的。夏季库房的温湿度受外界气候影响均有大幅度提升，湿度有时会达到80%左右，这对文物的保存产生了不良影响，必须进行有效控制。

五 文物库房温湿度环境控制措施

1. 文物库房温湿度控制措施

适宜的文物库房环境条件对文物会起到保护的作用，而不适宜的库房环境条件则会给文物带来不可弥补的损害[①]。如果库房的环境与相关文物保存环境质量标准有一定距离，就必须采取相关控制措施加以改善，直到完全适宜于文物的基本保存要求[②]。

新建文物库房虽然配备了恒湿恒温设备，因设备专业性不强，导致地下库房温湿度尚未完全达标。夏季时，因雨水较多，库房的湿度会大幅度提高，故居在金属类库房内放置了除湿机，在需要的时候进行开启，以降低库房间内的湿度，保证文物藏品的安全。

故居还藏有大量的服装和纸张文物。其中大部分服装都已穿戴过，服饰留有一些汗渍和污渍。部分纸张年代已久，已出现折痕和酥脆现象。不同的文物要根据它们的现状来进行保存。目前故居文物库房内的藏品，最适宜的温湿度的控制方法是使用恒湿恒温调节设备，根据各类文物的需求设定不同的温、湿度，通过调节各文物库房的温湿度，使不同类型的文物藏品都能在自身适宜的温湿度下进行保存。

---

① Kristin Gysels，Filip Delalieux，Felix Deutsch，et a1. Indoorenvironment and conservation in the Royal Museum of Fine Arts. Cultural Heritage，2004，(5).

② 付倩丽、王伟峰：《浅谈秦兵马俑巡展中的环境控制》，《文物保护与科技考古》，三秦出版社 2006 年版。

2. 宋庆龄故居温湿度控制措施

宋庆龄故居主楼的库房及原状陈列均未安装恒湿恒温调节设备，只有一层的原状陈列内放置了一台除湿机，在夏季湿度过高的情况下，工作人员会将其开启，用来降低原状陈列内的湿度。除此之外，原状陈列还会在天气晴好的时候，采取开窗通风的办法对室内温湿度进行调节，工作人员会根据每日检测的温湿度情况及外界天气情况，对原状陈列进行每周几次的通风调节，包括开窗通风及开启除湿机，可使室内湿度降低 10% 左右，是目前比较有效的调节手段。

近年来，故居在环境控制上加大了力度，增加了一些设备。但考虑到原状陈列的重要性，不宜对建筑进行大的改动。在采用一些简单易行的控制方法调节温湿度后，环境得到了一些改善，文物保存状况有所好转。可见，随时掌握和改善文物保存环境的变化，并采取相应的控制措施，对于藏品的保护极为重要。

目前，宋庆龄故居在对文物环境进行监测的基础上，通过除湿机、自然通风等人工调节方式来控制温湿度，在改善文物藏品的保存环境方面，起到了一定的作用。但是，故居的部分文物库房还未达到文物保护的要求，只能通过一些调节措施来改善文物的保存环境，使文物得到一定的保护。因此仍需不断努力，为文物藏品的保存创造更好的条件。

建议如下：第一，可考虑在小范围内放置硅胶进行局部吸湿，或利用空调系统等控制器进行温湿度控制，重点文物配备恒湿恒温柜，使文物处于一种相对稳定环境中。第二，由于故居文物存储比较分散，展厅及原状陈列面积较大，工作人员完成一次巡检工作，花费时间较长，且利用人工检测和抄表式，每日记录温湿度的次数极为有限，夜间也无法巡查记录，无法掌握故居内完整的环境变化信息。如采用无线温湿度监测系统，代替传统的人工巡检手抄记录方法，就可以随时掌握故居内环境状况，一旦出现问题，可及时采取措施，避免文物受到损坏。该系统采用无线通讯方式，通过放置在各个陈列柜、展厅及文物库中的采集节点构成无线通讯网络，集中监控。无线网络工作在国际通用的数据传输频段，其通讯距离可覆盖整座建筑物。每个无线采集节点可采集多种空气环境信息，中央监控系统可实时动态显示各个采集点的位置信息及该点的空气状态信息，当某个空气环境指标超出限制值时，系统自动发出报警信息，并对历史报警信息进行存储，可浏览2～3年内由各节点采集来的所有空气状态数据，为改善故居文物保存环境，提供详细资料，实现对文物的有效保护。

六 结 语

通过以上对文物环境影响因素的分析和控制方法的研究，可以得出这样的观点：虽然文物材料自身的物理及化学性质是材料损坏的内在因素，但因为内因是不可改变的，所以我们要在文物所处的环境因素上下功夫。虽然环境因素是导致文物藏品发生材质变化，损坏变质的外部因素，但它是可以通过我们人为的工作来予以控制的。控制好外因的变化，可以减缓内因变化带来的问题，使文物的病变速度降低或减慢。因此，对外因即文物藏品所处环境进行监测和分析，并在研究基础上进行有效控制，是保管文物藏品比较合理的保护方法。相信在不久的将来，通过故居工作人员的共同努力，会使故居文物得到更加妥善的保护。使中外宾客在参观宋庆龄同志故居和“宋庆龄同志生平展”等展览后，通过文物和图片的展示，直观地了解宋庆龄同志从青年时期起追随孙中山先生投身革命，直到生命最后时刻所经历的风风雨雨。通过文物展示宋庆龄这位伟大女性的崇高品德、情操和毕生追求，再现她为人民鞠躬尽瘁的崇高精神，为中国革命事业奋斗一生的光辉业绩。

新建博物馆文物库房恒温恒湿的保障

中国妇女儿童博物馆　刘英明

文物库房是博物馆建筑核心部分之一，文物库房环境保护是文物库房的关键，文物库房温湿度控制是文物库房环境保护的重点。一个科学性、合理性及可持续性的现代化文物库房将关系到博物馆文物的收藏、保护、管理、研究等多个方面。

本文将根据博物馆文物库房温湿度调试和整改工作中的经验，对文物库房环境控制的重要性、库房规划设计原则进行阐述；分析文物保管人员参与库房设计、库房选址、库房建筑布置规划对库房温湿度控制的作用；分析总结地下库房密闭性的保障和恒温恒湿设备的选用等问题进行分析总结。

一　文物库房是博物馆建设的最重要组成部分

1. 文物库房环境对文物的保护起着至关重要的作用

博物馆文物库房是博物馆建筑的重要组成部分，是博物馆文物是否能得到安全和妥善保管的重要保障条件。文物储存随着时间的延续，由于各种原因将会发生物理的、化学的、生物的变化。但是，我们可以通过有效地控制文物保存环境使文物能够保存的更为长久，减少文物损坏、变质的可能性。目前，中国妇女儿童博物馆有文物 3 万余件（套），展出文物只是其中一少部分，大部分文物还需要在文物库房长期的保存。所以，文物库房必须为文物提供妥善的、长期温湿度恒定的保存环境。

2. 科学安全的管理和利用文物需要稳定的场所

博物馆文物管理主要工作涉及到接收、清洁消毒、技术处理、拍照、鉴选、登记、编目、入库排架、建档、提用、统计等工作。为了使这些工作有条理的顺利开展，在文物库房设计规划之中，就要充分考虑到文物管理工作的需要，提供一个功能齐全、稳定工作场所。方便文物保管员科学安全的管理文物。

博物馆收集保藏文物后，将会面临许多文物利用工作，本馆工作人员、馆外人员都将对文物进行一系列的科学研究和展出工作，为确保文物在研究和展出利用阶段的安全，减少文物在馆内的重复搬运，必须提供一个科学安全、稳定工作场所。

因此，文物库房在文物的收藏、管理、保护等方面起到至关重要的作用。建设一个设施完备，功能合理，安全可靠，环境恒定的现代化文物库房应是博物馆设计规划工作人员重视的工作。

二　文物保管员参与库房整改的作用

文物库房是文物保管员的日常工作阵地，文物保管员对文物库房的实际应用最为了解，所以文物保管员应当参与到库房的规划设计当中。

目前，全国各博物馆文物库房都存在各种各样的问题，例如，温湿度没有达标，运输路线重复，工作区规划不合理等。导致这些问题的出现的一个主要原因就是文物保管员没有参与到文物库房的规划设计当中。文物保管员在日常工作的经验总结中，深知以上问题对文物保管的重要性。在新馆和老馆运营使用中，很多博物馆又开始对库房进行调试和整改。中国妇女儿童博物馆文物库房于 2011 年进入调试和整改阶段，文物保管工作人员提出的有关温湿度恒定的建议，成为建筑工程专家主要整改的方面。

三　文物库房的设计原则

博物馆文物库房的建设必须遵守《中华人民共和国文物保护法法》、《中华人民共和国文物保护法实施条例》等有关法律法规。从本馆的实际情况出发，因地制宜，做到功能齐全，设施完善，满足文物收集、整理、保管、利用等工作需要。

文物库房建设必须充分考虑对防震、防雷、防火、防盗、防虫菌、防潮、防干、防光、防尘和防污染等“十防”工作；必须充分考虑文物库房与文物保护的关系、与周围保存环境的关系；必须充分考虑到与文物保管员的关系、与研究展出的关系；必须充分考虑到馆内文物运输的顺畅，避免重复运输、避免过长距离运输、避免运输中遇到障碍。

我馆在文物库房恒温恒湿调试和整改工作中，邀请对博物馆库房环境控制有多年经验的专家和建设工程师进行了多次研讨，对文物库房整改项目开展了严谨的可行性研究，编制了《文物库房整改方案》、《项目可行性报告》等，为文物库房的调试和整改打下了坚实的基础性工作。

四　文物库房的选址及内部布置规划

文物库房的科学选址和合理内部布置规划对保管员日常工作的顺利开展起着十分重要的作用，对文物库房内部环境的控制起到一定的辅助作用。

1. 文物库房的选址

我馆地下共四层，文物库房安排在地下二层。文物库房安排在这层中可以有效地隔离文物库房与外部环境。降低了外部环境温湿度对文物库房温湿度的影响，对库房内温湿度控调起到极大的辅助作用；减少了外部空气对文物库房的污染，防止有害气体进入库房；减少了外部有害生物进入库房，减少虫霉的产生可能；避免了自然光线直接照射入库房内部。地下文物库房减少了这些不利因素对文物保存环境的影响，对文物保护起到辅助作用。

2. 文物库房功能区的划分

目前，我馆文物库房正处于调试和整改中，没有投入到实际使用当中。保管员在日常工作中和参与文物库房调试和整改工作中，对文物库区内的文物储藏区域、运输干道和环廊、业务操作管理区域、总账室、临时库房、库前区等区域做了认真思考和总结。

文物按照质地分类有金属类、书画类、砖陶瓷玉器类、丝绸织绣皮革类、漆木牙角骨类等。我馆文物储藏区域有四个库房组成，文物将按照质地的不同分别储藏于四个库房内。不同质地的文物对存放环境的温湿度条件和光线照度都有不同的要求，每个库区根据不同质地类别的文物，设置特定的温湿度标准和光照标准。

库区主要干路通道约为 3 米宽、3.5 米高，方便文物的进出库房内。四周环廊约为 2 米宽，隔断库房与周围建筑物连接。环廊可以起到防潮、防水、防尘、防污染的作用，降低文物库房受外界环境影响温湿度的波动，有利于库房空气环境的控制，环廊还是安全防护规划设计的一道设防屏障。

业务操作管理区域，是文物进出库房前进行一系列的业务操作管理的地方。这个区域主要完成文物的接收、清洁消毒、技术处理、拍照、鉴选、登记、登记编目、建档、提用、统计、研究，鉴赏、文物提取等工作。该区域关系到文物的科学管理，关系到利用文物的方便，关系到文物对外业务的开展。

总账室用于存放文物管理文书，主要有文物总登记帐、文物入库凭证、文物提用凭证，文物目录，编目卡片，文物档案（每件文物有关的历史资料、鉴定记录、修复记录、使用记录、有关的研究著录、照片、拓片、器物绘图、检验报告等），文物统计账目等。

日常业务操作、总账管理不在库房内进行可以有效地减少人员进出库房对温湿度的影响，使库房内的温湿度稳定性增强。

五　文物库房的关键——温湿度的控制

文物库房温湿度与保管好文物，延长文物寿命有很大关系。因为温湿度对不同文物制成材料的影响很大，高温高湿会使纸张水解、老化速度加快，会使丝织品、毛织品产生霉菌、细菌繁殖，会使铁器、青铜器锈化，会使光化作用增强，会使有害气体、灰尘吸附能力增大。我馆关于文物库房的温湿度整改设计要求是 3 号、4 号文物库在新风风量不低于 10% 时，室内环境常年稳定在温度 18℃，正负 2℃；相对湿度 55%，正负 5%。特别要求包括北京地区极端天气条件下，夏季温度 37℃以上，相对湿度 90% 以上，冬季温度 -12℃以下，相对湿度 20% 以下时温湿度依然稳定在规划设计要求范围内。为达到温湿度要求，我馆在以下几点上进行了认真研究和整改设计：

1. 减少库房外环境对库房内环境的影响

从北京地区近两年的室外湿度测试来看，特殊天气情况时，夏天湿度能达到90%以上，冬天湿度能小于10%，有时一天之内湿度也会发生较大变化。从这些差距可以看出减少室外湿度对室内影响的作用。从库房内的检测来看，室外环境温湿度对地下二层的影响也是有的，所以做好核心文物库区的密闭工作是十分重要的。

目前，我馆库房位置和建筑布局对控制文物库房温湿度的是有利的。地下二层和环廊对隔绝库房于室外环境是有一定作用的，强于地上库房的密闭性。所以，地下库房在实际整改和调试时，需要重点考虑的地方是风阀、送风管道和库门等环节。

风阀，分为手动和电动。一般用在空调通风系统管道中，用来调节新风与回风的风量。电动风阀价格相对较高，但可以有效控制风量和室内气压。我馆的规划设计是将新风量控制在10%以内，在不影响室内空气质量下，平稳控制温湿度。

送风管道，是连接恒温恒湿机和文物库房的管道，作用是将已设定好温湿度的风送入库房。所以，做好送风管道的密闭工作对有效的控制地下库房温湿度恒定起着重要作用。

库门方面，我们应在日常进出库房制度上规定，减少库门的打开次数和减少打开时间。库门的设计上可以采取大小门的规划或者推拉门的设置，减少外界空气进入库房内，减小外界对库房内温湿度的影响。

2. 文物库房温湿度控制系统应单独规划

我馆地下二层库房整改将设计单独的恒温恒湿空调制冷系统，不与馆内中央空调共同使用，在现有库房空调机组的基础上增加了一个单独的冷源控制系统。馆内中央空调在春秋季节不使用时，中央空调的冷源系统将不开启，地下库房所需冷源无法保障，温湿度控制就无法进行。单独的冷源系统可以方便维修与维护，更安全的运行库房恒温恒湿系统。文物库房对温湿度的控制要求更加严格更加稳定，单独系统可以更有效地控制温湿度。

3. 恒温恒湿机组的选用

对于地下库房除湿控制是一个关键，传统的精密空调制冷强而除湿弱，除湿干燥系统不能很好地满足实际的需要。所以，不应该选择精密空调作为地下文物库房的环境控制设备，而应选择恒温恒湿的空调。

恒温恒湿的空调机组性能要依据本馆库房面积、层高来定，应本着略高于正常需求来选用适当的机组。恒温恒湿机组的选用和安装完成后应积极和设计工程师、机组厂家、博物馆内物业工作人员共同开展调试和研究。

4. 自动控制系统应用

恒温恒湿空调机常年不间断开启，会造成大量的用电量，相应就会增加经济投入。在有效的对库房内温湿度的控制与调节的同时，我们还应当考虑节约问题。在了解北京地区气候变化情况与规律，对不同情况应采取不同措施。在对北京气象站实测的室外温湿度数据和我馆地下库房在不开启恒温恒湿机时温湿度数据进行整理分析后，我馆在整改方案中提出采取自动控制系统适时开启恒温恒湿机的方法来调控本馆文物库房温湿度。

另外，文物库房温湿度控制应设置物业专职人员，并安装远程监测系统，对库房内多点进行温湿度的监测。

中国妇女儿童博物馆隶属于全国妇联。建设中国妇女儿童博物馆，是推动我国妇女儿童事业发展的一件大事，是老一辈革命家和几代妇女儿童工作者的共同心愿。同时，也是文博工作者愿意奉献智慧和心血的人生事业。

专业性博物馆馆藏照片类藏品保管保护初探

中国电影博物馆　夏　霁

中国电影博物馆，是目前世界上最大的国家级专业博物馆，是纪念中国电影诞生100周年的标志性建筑，是展示中国电影百年发展历程、博览电影科技、传播电影文化和进行学术交流研究的艺术殿堂。作为一座新建馆，其藏品不仅与传统印象上的博物馆有着相似性，同时也拥有着不一样的时尚风采。因此，在新馆建成后的藏品保护及库房保管工作过程中，我们既要学习和借鉴各传统博物馆的经验，吸取前人的教训；也需要在我们的实际工作中总结自身专业特点、结合我馆自身实际情况，从而做出更有效地藏品管理保护工作。下面就以中国电影博物馆照片类藏品为例，对此类藏品的保管保护进行初探。

中国电影博物馆馆藏有大量的与电影有关的珍贵照片。众所周知，由于照片是感光材料制成的，它对环境中的温湿度、酸度非常敏感、易受到侵蚀和损坏，所以对保存环境条件要求较高，从而影响了保管和利用。之前，人们常对底片的保护研究比较多，而忽视了对照片的保护研究，特别是一些由于各种原因丢失底片的珍贵档案照片的保存就显得弥足珍贵了。

中国电影博物馆照片类藏品从征集、登账到入库上架保护现已有一套完整且较规范的管理系统。在征集方面，征集人员按时填写征集单并尽量完整征集信息，留下历史的痕迹；账务人员对根据照片的年代、内容、尺寸、完残情况、珍贵程度等信息总体把握并为其科学定名，再根据类别给予分类号；在移交库房过程中做好交接手续，按照分类号库房再给予库房上架编号，并利用无酸照片盒、防磁柜对照片予以收藏保管，尽可能地保证减少外部环境对它的影响。在保护过程中，定期对藏品进行安全检查，在一定范围内控制温湿度，做到及时发现情况并处理。我馆照片类藏品中大多来源于近现代，其霉变、虫蛀、褪色、折裂等现象发生很少，基本属于良好。在这种情况下，延长近现代照片寿命、维持并尽量恢复已发生破坏照片的状况，则是我们需要研究的问题。

一　电影照片类藏品的编目研究

照片的收藏相对比于其他类藏品是较为新兴的事物。对于与电影相关的照片来说，将其在种类繁多的名目上针对本馆需求编目上架，更少有借鉴。

（一）照片类藏品的登记编目

中国电影博物馆具有着一般博物馆的普遍性和其专业性馆的特殊性，它的藏品不仅源于古老的年代，而且也紧跟现代的步伐。中国电影博物馆藏品库房中涵括了国内外不同时期电影的各类型藏品，在与国际接轨的标准下具备一套适合本馆的编目索引系统，是藏品保护的基本要求，同时也是提高收藏数量与质量的保障。

目前，我国博物馆通常采取的藏品分类，大多是复合分类法，即先分大类。每大类下再分类别，有的两层，有的三层。在藏品分类标准中，大都侧重于从藏品的保护和管理的角度考虑，为的是便于藏品安全管理，以及能迅速提取使用。若我馆能更多地从研究博物馆的性质和历史形成的藏品特点出发，参照有关学科的分类体系，使分类方法具有科学逻辑性，达到便于藏品的科学管理、整理研究和提供的中心环节；便于整理研究、提供使用的主要目的，将更为理想。

照片编目工作是博物馆专业工作者对已登记入藏的照片、图片进行基本研究与鉴定，将其内涵，即时间、地点、人物、事件、历史的重要性加以概括记述，编写出言简意赅的文字说明；再根据其内容，进行综合或专题性的科学分类，编制出不同形式的目录。经过编目登帐后的图片与历史照片是提供给馆内外办展览和对历史事件、人物研究所作的一项极其重要的基础性工作。所以，编目的好坏直接影响到博物馆各项业务工作的质量，对图片进行管理中的一项重要的工作环节。

以下是总结的基本编目项目内容（21 项）及编目人员应严格遵循的编目公式说明。

1. 序号：为藏品录入批次帐中给予的编号。

2. 藏品号：指藏品按顺序给予的编号，另外在号码前冠以藏品号标识。

3. 类别或属性：如手稿类、服饰类、海报类、道具类、照片类等。照片类分有：剧照、定妆照、艺术照、生活照、各种活动照、单人照、合影等。分类号最好能尽可能多反映出藏品的信息，如：我馆可做 ZP01016、ZP11016。“ZP”为“照片”的拼音首字母，首位数“0”和“1”分别表示为彩色照片和黑白照片，“16”是编号；如果有 3 张为一套的彩色照片，则可写为“ZP01016－1、ZP01016－2、ZP01016－3”。

4. 名称：藏品定名必须观点明确，以揭示图片的主要内容和特征为原则，文字力求确切、简明。例如：电影《红旗谱》彩色剧照、1990 年村里与潘虹彩色合影。

5. 年代：藏品年代凡确知具体时间者应注明年、月、日，如：1998 年 07 月 07 日，或 19 世纪 60 年代。

6. 地点：省、自治区、直辖市、国家。详细地点写在说明中，要求写当时名称，括号内注明现在通用名称，如：北平（北京）、上海。

7. 来源：注明 ×× 捐赠、×× 单位拨交、借自 ××、购自 ××、翻自 ××。

8. 摄影者：指照片的原作者。

9. 照片种类：版（片）别，有可能既有版又有片或者是既有彩色片又有黑白片。

10. 现状：用专用名词，如：角残、霉点、污渍、沙眼、药膜脱落、纸基变脆、撕裂、折痕、泛黄、褪色等。

11. 尺寸：按厘米计算，如：27.3×16.3 厘米（cm）。

12. 照片入馆日期：一律以入藏登记单上的征集日期为准。

13. 征集人：××、××等。

14. 入馆凭证号：为入馆文物征集单编号。

15. 证书编号：指本馆给予文物捐赠者《捐赠证书》登记号。

16. 说明：按时间、地点、人物、事件、意义五要素填写。

17. 档案：包括保密、级别、鉴定、修复、附带材料、流传经过等，在相对应的项目后打√为有，×为没有。

18. 备注：照片相关信息。如照片上有主角、导演签名等。

19. 登录人：××。

20. 登录时期：如2003年01月03日。

21. 审核人：××。

（二）库房的编目上架管理

在2010年照片统一规划整理前，库房照片类藏品主要按照藏品的捐赠批次、藏品捐赠人、具体影人的分装方法予以上架管理。例如：首先，按征集批次分装。同一批次征集的藏品装入同一本照片册，其中装有不同人物的单人人物照、合影、影片剧照、定妆照、参加各类活动照，彩色照片、黑白照片等，和相关的资料照片。其次，按捐赠人分装。相同捐赠人不同批次所征集的藏品装入同一本照片册。最后，按具体影人名字分装。其中包括原件、复制件，其规格尺寸不一，且部分附底片，或附底片但不能与照片所匹配。

经实践总结，在整理的过程中我们发现，使用此方法所编目上架的图片说明，由于没有制定出统一、规范的编目规定、要求和书写格式各异等现象，给藏品查找带来诸多不便，此方法的弊端在于：

第一，参考点不能适应不断扩充的捐赠人和层出不穷的新老影人数量，对于保存空间有着无限大的需求量；

第二，按各批次的捐赠数量和按各个影人制作照片册，其照片有多有少，造成了密集架排列分布不均匀，保存空间浪费；

第三，不能很好地解决照片定义间穿插的部分；

第四，不宜快速查找提取，几乎每次查找都要翻遍所有照片册；

第五，不易及时对照片做针对性检查和定期巡查，使其定损困难，稍有不慎则易造成二次损害；

第六，对修复保护造成的困难。

综上所述种种情况均不适宜对照片的管理与保护，然而随着人们对信息交流速度要求的提高，制定统一、规范的图片管理要求势在必行 。

在此情况下，根据我馆实际保管情况与电影的推陈出新之快、经典影片和著名影人层出不穷的特点。我们选择首先以 26 个字母为参考点标示藏品首字母名称，这样便不会出现以各个影片影人名称为子分类造成的排架不平均、查询检索繁琐的状况。

在我们工作中，遇到了大量名目的电影与电影人，而各个电影及电影人中又包括各种名目的照片，如：影片开机仪式、影片首映式、影片（人）剧照，影片（人）定妆照、影人生活照、影人艺术照、各种奖项的颁奖活动、电影节、合影、酒会及电影相关资料照片等等。而在这之间，我们的照片类藏品仍在丰富扩充着。所以，经过多方调研学习及讨论，我们最终形成了适应于我馆的现试行的库房编目上架模式，大体如图一所示：

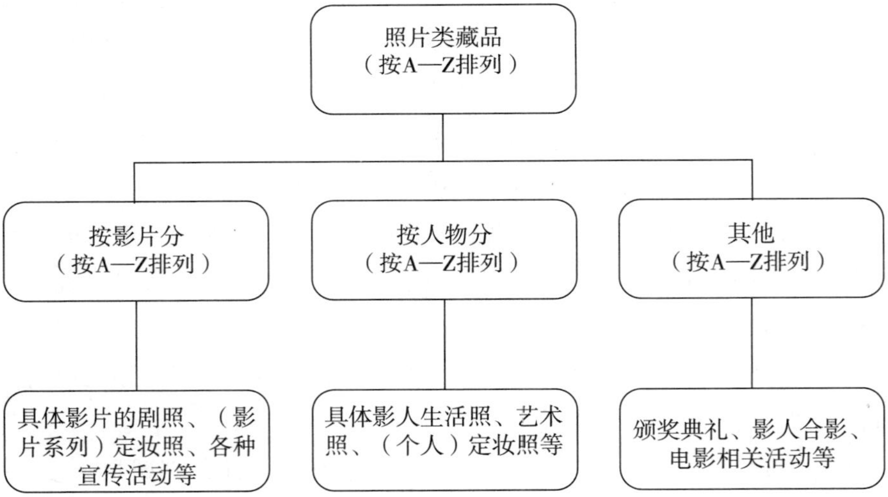

图一　库房编目上架模式

1. 首先照片类藏品均放于密集架防磁柜中，此空间分为三大块：影片、人物、其他。

2. 每大块中均分别排列以 A－Z 为名称的照片册。

3. 影片、影人或活动按照其名称首字母拼音放入相应字母的照片册，并做好库房编号以便于对照片册内部照片位置的查找。

4. 若名称为字母“A”的照片册装满，则补充新照片册“A－2”，以此类推。

这样，便使其不同批次时段征集来的照片化碎为整，做到科学管理、完整资料、整体保护，并能按查找步骤最快速的根据藏品分类号、库房上架号检索应用。

二 电影照片保护的研究

照片保存环境的好坏对照片的长期保存有着重要的影响。空气中的有害气体，如二氧化硫、二氧化氮、过氧化氢、硫化氢等，在潮湿空气的共同作用下能够在照片的表面形成酸性物质，这些酸性物质能够与组成影像的金属银相互作用，并生成溶于水的银盐，使其造成影像的褪色、变色、直到影像消失。另外，很多照片的包装物，如漂白过的纸张、聚氯乙烯塑料、涂料、油漆等一些物质，或本身具有酸性，或能够放出有害气体，这些物质与照片接触之后，对整个照片的长期保存，都会产生不利影响。

（一）传统照片的基本结构与损害原因

1. 传统照片的结构组成

传统照片是指以感光纸为载体的影像结构，相纸就是在全黑的环境之下，把含有卤化银晶体的感光乳剂均匀地涂在白色纸基上的一种摄影用感光材料。相纸结构基本相同，都是由纸基、白粉层（即钡地层）、感光乳剂层和明胶保护层组成。

2. 传统照片常见病害

第一，照片断折、表层龟裂。

纸基的作用是给银盐影像提供一个稳定的基底，如果基底本身不稳定，不管是热胀冷缩或是其他因素造成基底变化，对于其上的影像都是不利的。由于其界面间的性质有着比较大的差异，任何的弯曲都可能造成损害。负载影像的纸基经过多年的保存，在光、热、氧及酸碱物质等的老化作用下，纸基强度降低或因水保留率下降引起收缩、龟裂与皱折。

第二，影像模糊、褪色。

早在 19 世纪 40 年代黑白照片影像的迅速消褪就引起了人们的关注，迫使人们研究黑白影像的保存问题。照片与底片都是由感光材料制成的，黑白照片画面的主要成分是银和明胶，彩色照片画面的主要成分是染料和明胶。银盐感光材料上的黑白影像是由银构成的，银是不活泼的贵金属，在空气中较为稳定，这些为银盐黑白影像的长期保存提供了可能性。但在黑白影像长期保存的过程中，银、明胶、染料都会在不同条件下产生变质作用，而失去原有的特征使照片变色和褪色以及发生不同程度的各种形体损伤。几乎全世界都公认引起黑白影像褪色的普遍因素是海波，即水洗不彻底残留在照片上的硫代硫酸钠是大多数黑白影像衰退的主要原因。除空气中的二氧化碳和水汽引起海波分解而使黑白照片发黄外，照片生霉也可造成海波的分解生成硫磺，硫磺与黑白影像中的银，作用生成黄色硫化银，也会使影像发黄。现在的研究表明，对于大多数黑白影像而言，银被氧化是影像褪变的真正普遍原因而不仅是海波的残留，银尽管被认为是不活泼的贵金属，但它与大多数金属一样，确实能与空气中污染物和水汽发生反应而被腐蚀。在保管过程中，黑白影像内的银在污染空气、潮湿环境和污物等因素存在下，会反复地被氧化和在乳剂层内再次沉积，使银影像由于管理不妥而逐渐模糊、褪色和出现麻点。

第三，霉菌污染。

传统照片的保存温度在 20℃左右、湿度 60% 左右时，是霉菌繁殖的理想环境，而照片乳剂层中的明胶的主要成分是蛋白质是大多数霉菌和细菌等微生物的理想营养物质，因此照片乳剂层就极有可能发生霉变。霉菌和细菌等微生物会以明胶为食物迅速生长繁殖，霉菌在生长繁殖过程中能产生多种酶类（蛋白酶，纤维素酶，糖化酶等）和含有色素的排泄物。通常霉菌不会造成明胶的快速损坏，但是如果黑白照片存放时间长，又有适当的温、湿度条件，那么霉菌就会迅速繁殖造成照片影像层明胶的明显损害。此外，微生物在汲取营养的同时，明胶自身也会在微生物的作用下发生降解。降解后会造成明胶分子中多肽键的水解变为简单的氨基酸，研究表明任何具有破坏肽键的溶肮酶的微生物都可使明胶发生降解。使明胶降解的主要细菌是芽孢杆菌和假单胞菌。这样黑白照片乳剂层的明胶极有可能会发生缓慢液化，使分散在感光层中的银粒子也随之发生扩散移动，从照片的整体外观上就看到了银影像的变形、消褪的现象。发霉现象一般是从边缘开始再逐渐向里延伸。

（二）传统照片的保存方法

保护照片时应重视照片的保管方法，尤其是彩照的科学保管方法。一般黑白照片是单层乳剂，不存在色彩平衡问题，所以保存性相对较好；而彩色照片是多层感光乳剂，外界保存条件对各层乳剂感光性能的影响往往不同，保存不当极易引起彩色影像偏色，所以彩色照片的保存性较差，容易发生褪变，因此，在保存彩色照片时特别应注意防光；防火和有害气体。珍贵的彩色照片可采用低温真空冷藏法以延长保存寿命，贮存前应在密封袋内放人硅胶。为了延长彩色照片的保存寿命，可对彩照进行加膜处理，加膜处理后可有效隔绝外界因素的影响，如果在加膜的塑料薄膜中加入过滤紫外线材料，就可有效防止彩照的褪变。

黑白和彩色照片应在密封，低温和干燥的条件下保存。照片不宜放在塑料袋影集内，因为塑料袋会产生结露，从而造成照片的粘连与影像的褪色，照片也不适宜存放在不干胶影集内。照片应存放在不易结露的影集内，中间衬半透明的保护纸，可以制成一定规格的照片盒，也可以是活页影集。

因此，针对纸质照片和底片的怕潮湿、怕寒冷、不耐高温、怕不当受力、不宜使用含酸夹纸、怕光照等特质，其保存保管需注意以下几个方面：

1. 防潮湿，老照片长期放在潮湿环境中，照片发霉，表面形成粉状，或照片粘在一起，其放置保存的最好温度应在 10℃左右，相对湿度低于 15% 的地方。而底片保存的适宜环境，则是温度应在 13 ~ 15℃，相对湿度为 35% ~ 45% 。保存环境可使用适当数量的变色硅胶作干燥剂，为防潮除湿的措施。经过受潮的干燥剂颜色有所变浅，体积也因吸湿后变大，变色硅胶干燥剂可再干燥后可反复使用。

2. 忌暴晒，老照片更不宜放在阳光照射的地方，经过长期照射的照片会褪色、变黄。

3. 防高温，高温会使老照片发生化学变化，加快破损。

4. 照片要平铺保存，不要卷折，防止断裂。

5. 不要沾上脏东西，对新收集到的老照片、底片，需首先要清理表面，用软毛刷轻轻掸净浮土，然后用专业的保护袋（盒）予以保管存放。

6. 搞好库房的环境卫生，以防止灰尘及有害气体的侵入损坏，同时做好防火、防虫蛀鼠咬等工作，以确保照片档案的万无一失。

7. 利用无酸性材料预防、减少腐蚀。如无酸袋、无酸薄膜、无酸纸、无酸盒、无酸笔、无酸胶带等。

在一般保存过程中，藏品按其"具有特别重要、重要、比较重要一定、历史、艺术、科学价值"分类，在人力和设备有限的条件下，根据藏品本身价值，划分等级，区别对待对珍贵文物应当重点保护。有效地做好温度控制，湿度控制，酸碱度控制，收藏密度控制，防霉虫菌尘等，不断寻找更佳的保存方法具有更重要意义。

（三）利用数码技术对传统照片的信息保护

对传统照片的保护要重视照片载体的保护，不仅如此也应重视利用现代科技手段对照片信息进行的保护。照片档案信息的保管工作与其他的保管工作一样，以维护档案的完整与安全，延长档案的寿命为基本标准。照片档案的保管条件相对于其他载体档案的要求更高，应按科学的方法，保管好，做好入库检查与库内定期检查，并作详细记录，以备查考与补救，使照片信息能长久保存。

我们也可以利用光盘技术存储照片信息，一方面可保护照片信息，同时可抢救即将损坏的照片信息，利用计算机处理还可实现褪色照片的恢复。此外还可提高照片档案信息的利用效率。照片档案信息的输入设备通常采用扫描仪，也可采用数码相机或数码摄录机作为输入设备。

（四）照片的修复

照片的修复主要是针对在保管与利用过程中，形体受到损伤、画面被污损、影像已衰褪的照片与底片，将其通过修复，弥补这些缺陷，使之有利于保存使用。

对不同状况照片的修复与保护方面，照片、影片上的影像修复方法很多，可以分为物理方法、化学方法以及自动化方法等。

1. 物理修复

在博物馆、档案馆的照片档案中，只有照片而无底片的现象十分普遍。对于这类照片，进馆后就应当立即将其进行翻版制作底片，而将照片作为凭证妥善保管。一旦这类照片发生损坏，应立即进行修复。当照片因某种原因受损，需要新的照片来代替原版照片时，最简单直接的方法就是把受损照片换下来进行翻拍。翻拍复制修复方法，是把照片档案的影像从已污染、损伤的载体转换到新获得新的照片并且增强信息强度或去除污损，以达到利用与保存信息的目的。若是照片局部变黄或出现黄斑，应加以色斑颜色相同的滤色镜进行翻版。滤色镜密度大小的确定，可用与色斑相同的滤色镜观看，直至看不见色斑为止。

在做数码翻拍过程中，最好的保存老照片的方法是：

第一，用数码相机、扫描仪或者翻拍设备把老照片翻拍下来保存，可以很方便地保存、修版、加工、复制、放大等等。

第二，注意翻拍的时候尽量用高级一些的数码相机，以取得更高的分辨率和质量，为以后加工打基础。

第三，注意翻拍时的用光，调整好光线的冷暖和照度，不要使老照片在色彩和对比度上失真。

2. 化学修复

在过去的一百年里，化学家、影像保存学家都对褪变色银影像提出了许多修复方案。如中子活化法，硫脉清洗法，卤化再显影法等等，其中卤化再显影法处理简便，成本低，不需特殊的专用设备，且修复效果好的。该方法是将影像金属银和化学衰变过程中生成的银盐，氧化漂白成卤化银，然后显影还原成金属银。一般黑白照片的修复在修复照片前应首先检查影像乳剂层明胶的状况若明胶已有明显衰变分解迹象时，就不可采用该化学复原的方法。否则将使乳剂层脱落，造成无法弥补的损失。

3. 计算机辅助修复影像

计算机辅助修复影像，是利用计算机自动影像处理系统（AIPS）制备替补复制件和修复某些有特殊价值的黑白及彩色照片文件。修复是在照片本身的破坏程度不是很大，或者可以用移植的办法补全，保持原照片的质感，这样就可以尽量不作大的修改。但对于破损较严重的照片，如绒面的，带布纹或斑点的，就需要翻新的手段来处理，全面的修整照片结合色彩的渲染和背景的处理可以让照片在保持原有相貌不变的情况下焕然一新。

总之，文物是中华民族的一个象征，它具有很高的艺术、精神、研究、欣赏、历史价值。它有利于保护历史文化，能给后人留下宝贵的文化财富，促进精神文明建设，促进当地经济发展。文物也是祖先留给我们的无价之宝，是金钱买不到的。经过多少年的风风雨雨和战乱，流传至今的文物相对来说已经不多了。它不能再生产，而且随着时间的推移，能够留传于世的文物会越来越少，所以十分珍贵。文物保护学这门新兴的文理交叉并重的综合性学科，其内容是多方面的，对文物进行保护时的方法也不唯一，可以有多种选择，这就需要对文物保护原则有深入的理解。文物工作者的任务和职责是保护好它，而不仅如此，保护的意义更在于使之能够发挥其社会价值和作用，为我国的建设做贡献。

浅谈博物馆藏品包装

中国妇女儿童博物馆　陈争艳

随着我国博物馆免费开放的深入开展，国际间、馆际间文化交流日益增多，博物馆藏品的利用也更趋频繁。这些文化交流开拓了视野，丰富了研究信息，对文博事业的发展具有促进作用。在如此频繁的交流活动中，保障藏品在保管、出入库、展陈、运输等环节中的绝对安全，是我们文物工作者义不容辞的责任。博物馆藏品不同于一般物品，其不可估量的价值和不可再生的特点，决定了其保护工作的特殊性。对藏品的保护，主要是防止其受到自然和人为因素的损害。危害藏品保存的自然因素包括：温度、湿度、光线、尘埃、有害气体、害虫、霉菌等；人为因素体现在藏品使用过程中造成的磕碰、磨损、震动等。

一　藏品包装研究意义

博物馆藏品，类别繁多，器形不同，质地各异。可以说一件器物一个样。而每一件藏品，无论是出土品还是传世品，大都经历千百年乃至上万年的沧桑巨变，外表看似完整，其内部结构早已随着时间的推移发生着种种变化，质地脆弱，经受不得任何外力碰撞。以期从根本上提高藏品包装工作的管理水平和服务质量，并为相关部门制定有关藏品包装工作的发展策略和制度规范提供详实缜密的理论依据，从而使社会各界对文物藏品包装的认识不断提高，使文物藏品包装在文保工作中的基础性作用充分发挥，更好地服务于文化遗产保护活动，促使我国文物藏品包装工作沿着系统化、科学化、规范化的方向健康发展。

二　藏品包装理论概述

（一）藏品包装的内涵

藏品的包装指藏品在保存和使用过程中，为保持其本身所包含的历史、艺术、科学价值不受影响，而应用适当的材料、容器以及相关技术的保护措施。

（二）藏品包装的必要性

一件藏品，为其量身定做的包装能起到很好的防潮、防霉、防光、防虫、防尘、防锈、防震、缓冲等功能。社会发展到今天，包装已发展成一门涉及物理学、化学、力学、机械学、自动控制、工艺美术等多学科的综合性科学，许多新发明、新材料、新工艺已越来越多地被文物保护所借鉴，藏品包装亦然。

三　藏品包装材料的使用

包装材料分为内包装和外包装，根据不同用途选用合适的包装材料，使包装材料科学化。

聚氨酯泡沫体最适合做软垫材料其有弹性和柔软的优势不仅具有质地较软易于切割功能，还可以承受撞击力的特性。但是这种材料不稳定，比较适合与短途运输。可以加一层无酸纸或高密度聚乙烯合成纸在泡沫塑料和藏品之间作为阻隔物。具有双强度的保障藏品在保管、出入库、展陈、运输等环节中的绝对安全，是我们文物工作者义不容辞的责任。博物馆藏品不同于一般物品，其不可估量的价值和不可再生的特点，决定了其保护工作的特殊性、聚苯乙烯或纤维板等的材料都可以做内部包装盒。这种材料制成的包装盒可以使藏品免受水分的伤害。同样，泡沫塑料核心体和表面两层牛皮纸板中间夹有粘土和聚苯乙烯泡沫塑料的材料也可以用来制作藏品内部包装盒。此外，一种无酸、无木质素的档案波纹板。一种层压金属片和塑料板材料的隔水薄膜，可以阻止水蒸气或氧气渗透进去。这种材料用来做盒子的衬里是比较合适的，可以保持藏品内部的微环境。

四　藏品静态保存包装方法

藏品静态保存一般含义是指藏品在库房中的保护。博物馆藏品的科学管理，关系到藏品的安全，关系到利用藏品的方便，关系到藏品防止不良环境的影响，使藏品有一个良好的存储条件，这是博物馆工作的重点环节。博物馆藏品种类繁多，质地各异，为了保护好各类藏品，必须创造出能够防止各类藏品遭受损失的正确的保管条件，而这些良好的条件是根据博物馆界长期积累的实践经验和科学理论制定出来的，只要能维持这些条件，就能延长藏品的寿命，使之达到长期保存的目的。

博物馆藏品大致上有非金属类的陶器、瓷器、印章、石器、石刻、砖瓦等，金属类的铜器、铁器、金器、银器、锡器等，还有有机质地的纺织品、漆器、木器、竹器、书画和自然标本等，它们的保护方法各不相同。影响藏品保存的诸多常见因素包括：温度、湿度、霉菌、虫害、光、尘埃、有害气体等，藏品保存环境要做到防虫菌、防潮、防尘、防光、防震、防盗、防火、防破品社会效益的发挥。藏品进入库房后，加强对它的保护管理，防止有害物质对它的侵蚀。

（一）易潮湿类藏品的包装

1. 纸质藏品

一般包括书法、绘画、文献、古籍、拓片、纸币等。绘画、文献、古籍、拓片、纸币等多可平放、折叠或叠压存放于专用樟木橱柜，注意防潮、防虫即可。书画类一般采用筒式画套或包袱式画套包装，画套外层要坚固耐久，内层要柔软，讲究的画套，外层用缎，内层用绸做成，一般的画套外层为粗布，内为细软的府绸布做成，更讲究的还做木匣，这样不但能防潮、防霉、防虫还防磕碰、磨损。

2. 织绣类藏品

对光照敏感，又易受霉菌和虫害的影响，应根据藏品大小专门定制多板层的抽屉式橱柜或木盒，将织绣品按棉、毛、丝、麻等质地分开存放，一层一物或一盒一物平展摆放，尽量不折叠，上面再用软纸铺盖，适时施放杀虫剂，这样既可防虫，又可避免取放时刮伤藏品。如库房条件不允许，此类藏品亦可叠放，但要用软纸层层隔开。展平，用RP材料逐件封护，在封护膜内均放置防潮剂及氧指示剂，隔绝虫、霉、尘埃、湿气影响，封护好的织绣藏品单独放置于层板或木盒中，避免光照、磕碰和磨损。

3. 一般立体藏品

器形各异，复杂多样，基本采用囊匣包装。配备囊匣有利于藏品防尘、防潮以及日常工作中安全提用。囊匣对藏品的保护作用不仅在于防尘，更重要的在于防震，除了可防轻度地震外，主要是防人为震动。我们在搬动藏品时，囊匣大小要适宜，特别是内囊的制作很关键，其形状要随藏品的器形而量身定做，材质也要依据藏品的不同质地和保存情况而有不同选择。

内囊的大小要与藏品尺寸相吻合，内囊过小，如果将就使用就会对藏品造成积压损伤；内囊过大搬动时藏品在里面晃动，就会造成摩擦受损。对于外囊的要求，除了美观之外，最重要的就是坚固。外囊的坚固一是做工要保证质量，第二就是要注意选材。早先外囊材料主要是用纸板，藏品体积小，纸板就可薄一些，藏品体积大，就相应增加纸板的厚度。厚纸板也有一定的承受力，但纸板受潮易变形散架，特别是南方的气候潮湿，库房条件简陋的地方，这个缺陷更加明显。后来有改用木质夹板做外囊的，夹板的硬度较纸板大，承受力也就大且不易变形，特别厚重的藏品就需要木板做外囊，使之有足够的承受能力，用以保证藏品的安全。

以往的囊匣多数以棉花为卧囊，在布料、粘合剂的选择上没有严格的要求，以致造成藏品本体无虫害，而囊匣变成了防虫、防潮的重点，总结传统经验，我馆偏向于使用海绵或聚氯乙烯泡沫塑料做内囊铺垫，海绵软性、弹性、可塑性均适用，同时还防潮、防虫、防蛀。做囊匣要根据器形不同而设计不同的内囊，如带盖、带座的要在匣内专设一个位置用于放盖、座；细长突出的、有堆贴、浮雕的藏品，匣内设计时应避免直接贴身依附，应另设卡点，卡在器物可受力的部位，以固定器物，而卡点与器物接触部分也应做好隔垫。应记住，根据不同的器物进行设计才能起到保护藏品的作用，否则会起反作用。还有，对于器物表层有施彩、剥落现象的藏品要特别注意，其包装应不让器物直接与内囊接触，因为取、放来回摩擦会造成器物表面损伤，所以这样的器物在装入囊匣时还应以软纸进行包裹，让这一包装层与丝绸面接触，可以最大程度减少表面损坏。

4. 笨重型藏品的包装

笨重型藏品如石器、石刻、砖、瓦等。一般来讲，砖、瓦、石器的质地都比较坚固，对光照、通风的条件要求也不严格，因此此类器物的包装相对来说也较简单一些。小件砖、瓦、石器都可制作囊匣，大型石刻、砖、瓦因形态较大可直接装入适宜的木箱或直接放于库房内，装箱的箱子内壁六面均要放置泡沫塑料板，填充结实，以防磕损。

五　藏品动态保存包装方法

藏品动态保存是指藏品在利用过程中的保护。藏品利用率日益增长，从充分发挥藏品的社会效益来说是件好事，但同时也意味着藏品损伤机会增多，所以，在利用藏品的时候必须解决好利用过程中的包装与运输问题。藏品动态保存与静态保存不同，二者具有一定的共性，又有其不同的特性。藏品动态保存包装要既能满足静态保护要求，而又突出具备藏品在动态下防碰防震功能，用科学的方法保证藏品在利用过程中装卸、拆包、清点工作顺利开展，做到万无一失。

（一）藏品动态保存内包装

防震是藏品动态保存包装中的首要课题。博物馆藏品大多历经沧桑，内部材质不同程度变得脆弱而娇贵，极易因震动而出现损伤，尤其是藏品在搬动、运输的晃动颠簸中，应避免藏品直接触及外包装和硬物，造成碰、摔、擦等机械性损坏，在这里，传统的囊匣就非常适用。但是，要清楚地认识到藏品静态保存使用的囊匣与藏品动态保存使用的囊匣是有所不同的，动态保存状态下的囊匣对于细节方面的要求更高。

1. 纸质藏品

书籍、文献、档案、图片、拓片多可折叠或平放，便于装箱，在运输途中主要是一个防潮和防虫的问题。书画作品的形制多样，常见的有轴、卷、册等，轴、卷、册一般都应有书画套加以保护，这样可以避免藏品擦伤画轴或画册，书画套外再加上形状适宜的囊匣，然后加上防虫、防潮剂一起放入箱内，可保万无一失。书画作品中的扇面、版画、水彩画、素描等作品极易折裂，这类作品可用硬纸夹来加以保护。纸夹选用厚纸板制作，所用纸板事先必须经过杀虫、灭菌处理。作品用软纸包好之后再用两个纸板夹紧扎好，平放于箱内即可。油画是绘画藏品中的一种，但油画所用材料及形制都有别于卷轴、册页。油画尺寸一般较大，加之画面上涂的颜料层较厚，触动后颜料极易脱落，这时可先将油画按其大小加以归类，选其尺寸近似的放在一起，并用略大于画面的薄板将它们一一隔开后，用绳扎紧捆好放于箱内，同时，由于油画最忌潮湿的特点，在箱内一定要加放防潮剂。

2. 织绣类藏品

动态保存包装应根据藏品大小量身定做木盒，在保证前文提到静态保存包装手段下，于藏品上铺上一层薄而光滑的纸张，在纸上铺一层棉毡，作为木盒内填充物，这样就可避免运输途中颠簸将藏品抛动造成损坏。

3. 立体类藏品

立体类藏品在运输中一定要有囊匣与之相配再装箱。要加以注意的是藏品置于囊匣内，对于有链、有环、有嘴的藏品要选用棉纸、泡沫塑料分别进行再包装，以防颠簸损伤；可拆卸的部分均要拆分另行包装；有空隙或镂空处用棉纸、棉花填注，以防震荡；藏品腹腔禁放其他物品，器内空隙大的，应放入纸屑或塑料等填充物，用以支撑加固；人像的头和手足、动物的头尾四足，要裹包，再同身体包成一体，如有凹凸不平处，应填平补齐；小件藏品一般都较精细，如印章、钱币、玉饰件等，这类藏品不宜单件做囊匣，单独做囊匣太小，装箱时容易丢失，可采用按类别几件合装一个囊匣较好。

4. 特殊藏品

所谓特殊藏品，主要是指器形特殊或形体硕大的文物，这些藏品可根据器物大小制作专门的箱子，并于箱子内放置厚泡沫塑料板，然后再根据器物形状在泡沫塑料板上一一掏出适宜的空间，使包裹好的器物放入箱内后其凹凸部位与泡沫塑料相吻合。另外，一些大型的带足器物，自身重，加之年代久远，足多残或粘接，实在难以承托自身，所以在包装时，就应在器物底部加衬垫物，以避免或减少足部承重而受损。

六　藏品动态保存外包装及应遵循的原则

1. 外包装规范化

藏品外包装应坚硬、牢固、密封、开启方便，较合适的外包装材料是木箱，它软硬适度，薄厚恰当，既坚硬牢固又安全方便。外包装箱应是可组合的，在藏品装箱前，先用长螺丝将箱子的底板和四周的箱板牢固地组合在一起，藏品装完后，再在放好的囊匣上加一层厚泡沫塑料板，最后用长螺丝把箱盖牢牢固定在木箱上，这样就避免了以往藏品装箱后加盖钉时，因用力敲击铁钉引起箱内藏品震动，而造成藏品损坏的可能性。

2. 外包装合理化

首先在藏品装箱前，在箱底、四壁加防潮材料，用厚泡沫塑料板置于箱底和四壁，然后再放入藏品。这是由于藏品内包装是一个个独立的个体，大小轻重各不相同，装入大木箱时不可能由于木箱在搬运过程中容易擦伤和开散，就需要用金属将边角包裹加固，并在箱体两侧板壁上加装拉手方便抬放。木箱盖边缝隙处用防水胶带或防水垫封好，这样可相对密封，起到防潮作用，箱内湿度短时期内不会有太大变化。箱外应标明防潮、防震、防倾倒标志。

3. 外包装科学化

举办藏品展览及藏品搬迁，每次所搬动运输的藏品一般都是批量进行，数量由数十到数百、数千乃至上万件不等。由于藏品的形态不同，质地各异，大小轻重不同，包装时不可能整齐划一，因此在包装、反复装卸和开箱清点等工作程序中极易出现错装、漏装等事件，一错一漏，会给工作带来极大的麻烦。在包装运输过程中如何采用科学方法防错防漏，成为摆在我们面前的一大课题。藏品装箱时，为了心中有数，防止错乱，应同时制作装箱清单。装箱单的内容包括：箱号、点交号、器物号、器物名称、件数。

七 结 语

藏品的包装是一门严谨而精细的技术。长期以来，博物馆界对藏品的包装，更多的是依赖具有丰富实践经验和强烈责任感的藏品管理工作者，利用传统经验来施行，缺乏系统深入的研究，也没有形成一支专业队伍。而在国际上，文物或艺术品包装被当做一门专业技术，有专人对此进行研究，一些有名望的运输公司都拥有自己的包装专家，专门负责文物或艺术品的包装与运输。因此，博物馆界应加强对藏品包装的研究和交流，在继承传统方法的基础上，大胆引进先进的新技术新工艺，为确保文物安全，弘扬祖国悠久历史文化，做出贡献。

参考文献

[1] 肖学智、白坚：《文物工作基础知识讲座》，《文物管理》2009 年第 3 期。
[2]《全国馆藏一级文物建档备案工作》，《中国文化遗产》2011 年第 4 期。
[3] 徐微明：《小议文物档案及其管理》，《浙江档案》2010 年第 5 期。
[4] 刘晓晨：《新时期文物藏品档案工作的点滴思考》，《兰台世界》2009 年第 7 期。
[5] 程莺：《浅淡文物档案的价值》，《浙江档案》2010 年第 6 期。

西藏博物馆藏品特色与保护

西藏博物馆　卫　国

西藏博物馆于1999年10月建成开放，2008年被评为国家一级博物馆。西藏博物馆占地面积5万平方米，目前藏品数量为60000余件（套），其中珍贵文物总数共43531件；其中，一级文物1001件，二级文物15789件，三级文物26746件。馆藏品涉及唐卡、佛教造像、古籍文献、丝绸服装、唐卡、宗教法器、皮革、卡垫、瓷玉器、乐器、封诰、印章、贝叶经、桦树皮经书、动植物标本等内容。通过基本陈列及大量外（巡）展，以珍贵文物藏品为载体和佐证，向广大国内外观众直观地展示了西藏历史发展脉络和西藏自古以来就是中国领土不可分割的一部分的史实。历经十余年的发展，西藏博物馆通过自身藏品特色的优势及广大专业人员的不懈努力，我馆在保管、保护、研究、宣教、展示等方面取得了一定的成绩。

一　藏品特色

西藏博物馆的馆藏文物约60000余件，藏品数量多、种类全、品位高，包括各种类型的史前文化遗物；历代政府颁赐的封诰、玺印、金册、礼品；多种质地和造型的佛、菩萨、人物造像；珍藏至今的稀世孤品贝叶经和桦树皮经书；宗教法器；竹木漆器；骨牙器；珐琅器；织绣；碑帖；雕刻工艺；钟表仪器；用金粉、银粉、珊瑚粉等书写的手抄本、印刷本的各种梵、藏文典籍；流派众多、五彩纷呈、内容广泛的唐卡；藏医药、外科手术器械；精美丽质的元明清瓷器、玉器；独具特色的民族传统手工艺品、乐器、服饰及其他金银玉器及外国文物、捐赠文物、征集文物、其他文物等。

1. 史前文物

通过对藏东昌都的卡若遗址、小恩达遗址以及雅鲁藏布江中游流域的拉萨曲贡遗址、贡嘎昌果沟遗址等的考古发掘证明，早在数万年前，西藏高原就已经有原始人类在生存活动。在距今5000年前，藏族先民进入了新石器时代。高原上的先民们从很早就开始了与其他地域的文化交流。

2. 印章文献

7世纪，松赞干布统一西藏，建立吐蕃王朝。641年，迎娶文成公主，与唐王朝联姻。13世纪，元朝建立了专门机构管理西藏地区事务，自此，作为中央政府管辖下的一个行政区域，西藏正式归入中国版图。此后历代中央政府都在西藏设立行政管理机构，并且对上层人物进行各种形式的封赏。作为证明和象征，印章和圣旨等文献代表着中央政府所赐予的地位和权力，被西藏的地方统治者珍藏着。现馆藏于我馆的此类文物则成为西藏历来是中国不可分割的一部分的有力佐证。

3. 贝叶经、桦树皮经书

贝叶经是指在贝得罗树的叶子上书写的佛教经书。在公元前400年左右的古印度，人们将典籍用梵文书写在贝叶上，集散页而成册，以供阅读、收藏。7世纪开始用于留学、传教等多种形式的交流，贝叶经随佛教传入吐蕃。但由于气候等原因，至今在印度已无法找到早期的贝叶经了。党中央、国务院非常重视对贝叶经的保护工作，历任中央领导均作出过重要批示，要求加强对贝叶经的研究、保护工作。我馆现存贝叶经数量为全国之最。

4. 唐卡艺术

唐卡即藏式卷轴画。唐卡是西藏传统文化中一种独特的艺术形式，它的起源可以追溯到吐蕃时期。唐卡的内容以宗教题材为主，也有很多关于历史、传记、文学、民俗、科学知识等的作品。如果按照制作方法和所用材料来区分，唐卡主要有两大类：以丝绢绸缎为材料，用刺绣、编织、拼贴或套版印刷等方式制成的叫做“国唐”；而用颜料在画布是绘制的则叫做“止唐”。止唐又可以根据画背景时所用的不同颜料划分为金唐、赤唐、黑唐、彩唐等。在不同的时代，不同的地域，唐卡产生了许多流派，其中影响比较大的主要有流行于卫藏地区，尤其是拉萨一带的勉唐画派，流行于康区一带的噶赤画派以及流行于后藏地区的钦赤画派等。

5. 佛经典籍

馆藏的藏文典籍著作包括佛教经典、历史、传记、天文学、医药学、文学等等，涉及许多领域，从中可以深深体会到藏民族所具有的深厚文化底蕴。典籍所使用的纸张“狼毒草”制成，具有防虫、防鼠的功能。部分典籍在书写时使用的是金粉、银粉或珊瑚粉，更显弥足珍贵。

6. 佛教造像

我馆现馆藏佛像1800余件。在交通不发达的古代，文化交流与地理环境密切相关，西藏地接中亚、印巴次大陆，直接与环喜马拉雅山各国接壤，各种文化在这里相互影响。早在7～8世纪吐蕃时期，汉地、于阗、尼泊尔、印度工匠都曾在西藏工作。10～13世纪的西藏造像多模仿外来艺术风格，而14～16世纪是西藏本地风格逐渐成熟的时期，15世纪达到西藏佛教造像艺术的高峰。18世纪前后，在清王朝的扶持下，格鲁派为代表的藏传佛教兴旺发达，促进了藏传佛教造像艺术的繁荣。

7. 瓷器、玉器

西藏博物馆馆藏瓷、玉器中的精品在全国博物馆中亦堪称首屈一指。从元代开始，随着西藏地区与中央政府的关系日益增强，大批内地的特产，尤其是宫廷的制品被作为赏赐品或者布施送到西藏。元、明、清的各种官窑名品、民窑佳作在我馆并不罕见，而一些在其他地区已经很罕见的绝品或孤品，在西藏博物馆却有完好的保存。

8. 宗教用品

西藏为全民信教的地区，藏传佛教的影响在藏族僧俗信徒的生活中几乎无处不在。大量含有宗教意义的器具不但在寺院中应用，在普通百姓人家日常起居中也不可缺少。因为藏传佛教在人们的心目中具有崇高的地位，所以使得这些宗教用具倍受重视，象牙、金、银、宝石等贵重物品在制作和装饰中被广泛使用，各种工艺也非常精湛。

9. 民俗生活用品

我馆通过移交、征集和接受捐赠等手段，馆藏了大量的民俗文物。西藏地处祖国的西南边陲，尽管世界屋脊上的自然环境相当严酷，却依然无法阻挡人们对美好生活的追求。根据高原生活的需要，人们或自行创制，或从其他地域、民族学习引进，形成了一系列具有鲜明特色的生活用具。

二　文物藏品保存环境调查

1. 关于青藏高原环境温、湿度的调查

由于青藏高原独特的气候条件以及我馆本身保护硬件设施不完备的局限，给文物藏品的安全保管及保护造成瓶颈制约（表一～四）。

表一　西藏拉萨年温度、相对湿度

	年平均值		月平均值适宜的月数	
拉萨	温度（℃）	相对湿度（%）	温度适宜月数	相对湿度适宜月数
	7.5	46	2	4

注：月平均温度、相对湿度适宜的月数，系指月平均温度在15～25℃，月平均相对湿度在45%～65%范围内的月数。在自然气候的温、湿度下理想保存文物藏品的月数极少。

表二　拉萨相对湿度（RH值—%）月平均值资料

月份	1	2	3	4	5	6	7	8	9	10	11	12
RH%	29	33	36	44	44	55	56	58	67	54	41	36

注：经检测我馆文物藏品库房雨季时RH值高达70%以上。

表三　相对湿度月平均值适宜的月数在4个月以上的相对湿度平均值范围为

适宜月数	城市	适宜月份的RH平均值范围（%）	不适宜月份的RH月平均值范围（%）	
4	拉萨	54～58	29～44	67

注：随着全球气候变暖的加剧，拉萨月相对湿度值呈现极低或极高趋势。

表四　拉萨全年月平均最高温度、相对湿度资料

月平均温度（℃）			月平均相对湿度（%）		
最高	最低	温度差	最高	最低	相对湿度差
27.4	-14.5	41.9	58	1	57

注：随着全球气候变暖的加剧，2009 年拉萨最高温度已达 30 度以上；昼夜温差极大；相对湿度差极大；文物藏品库房雨季时 RH 值高达 70% 以上。

经对西藏拉萨大气气候及藏品保存环境温、湿度调查、检测可见，仅靠自然气候环境来保存文物藏品是不可靠的，必须采取人为的调节控制措施，方能创造适宜的文物藏品保存环境，安全地保护优秀的民族传统文化遗产。

2. 关于展厅及库房温、湿度值的调查

西藏博物馆展厅面积 10000 多平方米，库房面积 4400 多平方米，共展示及收藏文物藏品 6 万余件。西藏博物馆实验室对展厅及库房的文物保存环境进行了较为系统的 RH 值检测。

第一，从整个展厅 1 月至 12 月的温度情况来看：1、2、3、4、11 和 12 月的温度偏低；7 及 8 月温度最高可达 27℃；1～12 月的湿度状况非常不理想（最底至 21%），与藏品管理规定中所要求的 18～22℃的温度与 50%～60% 之间的相对湿度相差甚远。

第二，通过对一楼库房（以东面库房为主）RH 值的检测，发现：1、2、3、4、5、10、11 和 12 月的温度较低或过低，并湿度也相对偏低；夏季雨量较大时的 7、8、9 月湿度可高达至 70% 以上。

第三，通过对二楼库房 RH 值的检测，发现：1、2、3、4、5、10、11 和 12 月的温度较低或过低，并湿度也相对偏低；5～12 月的湿度在 40%～50% 左右。

第四，通过对三楼库房 RH 值的检测，发现：1、2、3、4、10、11 和 12 月的温度较低或过低，并湿度也相对偏低；仅 7、8、9 月份的湿度值较为理想。

3. 关于保存环境空气质量的调查（表五、六）

表五　展厅空气污染危害及室内空气质量检测对照表

展厅名称	检测项目	检测明细	国家标准值	检测值
唐卡厅	物理性	温度	22～28	24℃
		湿度	50%～55%	33.2% RH
	化学性	甲醛	0.1mg/m^3	0.16 mg/m^3
		苯	0.11mg/m^3	0.19 mg/m^3
		甲苯	0.2 mg/m^3	0.18 mg/m^3
		二甲苯	0.2 mg/m^3	0.20 mg/m^3
		TVOC	0.6 mg/m^3	0.68 mg/m^3
民俗厅	物理性	温度	22～28	26℃
		湿度	50%～55%	31.9% RH
	化学性	甲醛	0.1mg/m^3	0.2 mg/m^3
		苯	0.11mg/m^3	1.5 mg/m^3
		甲苯	0.2 mg/m^3	0.3 mg/m^3
		二甲苯	0.2 mg/m^3	0.5 mg/m^3
		TVOC	0.6 mg/m^3	1.5 mg/m^3

表六　库房空气污染危害及室内空气质量检测对照表

库房名称	检测项目	检测明细	国家标准值	检测值
一层服装库	物理性	温度	22～28	23℃
		湿度	50%～55%	49.5% RH
	化学性	甲醛	0.1mg/m^3	2.0mg/m^3
		氨 NH_3	0.1mg/m^3	1.0mg/m^3
		苯	0.11mg/m^3	0.11 mg/m^3
		甲苯	0.2 mg/m^3	0.8mg/m^3
		二甲苯	0.2 mg/m^3	0.20 mg/m^3
		TVOC	0.6 mg/m^3	2.0 mg/m^3

续表

库房名称	检测项目	检测明细	国家标准值	检测值
一层实验室	物理性	温度	22～28	23℃
		湿度	50%～55%	40% RH
	化学性	甲醛	0.1mg/m^3	0.12 mg/m^3
		氨 NH3	0.1mg/m^3	0.9 mg/m^3
		苯	0.11mg/m^3	0.5 mg/m^3
		甲苯	0.2 mg/m^3	0.20 mg/m^3
		二甲苯	0.2 mg/m^3	0.20 mg/m^3
		TVOC	0.6 mg/m^3	0.60 mg/m^3

通过检测发现，保存环境的有害污染值均超出了国家标准值。

4. 关于恒温恒湿、库房门窗及地面等不达标的调查

我馆现有库房28间，由于建设初期设计上的缺陷，导致原有恒温恒湿间无法使用。现有库房门窗因密封条件不好，造成保存空间粉尘污染严重，水泥地面又加重和形成了二次污染。而雨季高达72%的湿度亦直接造成了一楼库房的严重潮湿。

以上针对文物藏品保存环境温、湿度值的监测显示，自然环境气候对藏品保存造成了极为不利的影响。

三　文物藏品保护工作开展情况

2001年，经过派遣相关人员到首都博物馆等兄弟单位进行专业技能学习及培训，并结合本单位文物藏品面临的实际状况，我馆成立了西藏第一座专业的文物科技保护实验室。博物馆保管人员为14人，其中实验室现有科技保护人员6人，其中高级职称3人，中级职称1人。在人员、设备、技术及资金均匮乏及岗位设置重叠的情况下，我们开展了以下工作：

1. 金属藏品的保护

我馆馆藏有3000余件佛教造像、宗教法器及枪炮类藏品，由于历经年代

的久远和保存等原因，造成文物藏品出现了锈蚀、破损、污渍等现象。为此，实验室工作人员通过采用弱酸溶剂、机械剥离及其他化学方法，对馆藏的400余件（套）出现问题的金属藏品进行了科技处理，取得了良好的效果。

2. 有机类藏品的消毒、杀虫

众所周知，由于地域性生活的习惯，藏民族对棉、麻、毛及皮革类制品形成了一定的依赖，因此，我馆馆藏中有大量的衣物、帽子、卡垫、马鞍等藏品。由于气候条件的影响和馆藏条件的制约，造成了这类藏品虫害易发及有效保存不易的局面。为达到预防和合理、有效保护的目的，我们不仅对出现问题的近千件（套）有机类文物藏品进行了密封消毒、杀虫处理，而且每年对易出现虫害的文物库房开展施放防虫药物工作。

3. 唐卡保护工作室

除对破损纸张类文物藏品进行加固、裱糊外，裱糊室工作人员着重对丝织品类文物藏品进行修复，通过自身完成和与兄弟馆合作，目前已抢救性保护完成了对20余件唐卡的修复。通过与首都博物馆合作完成了对唐卡、宝座垫料的保护修复。

4. 藏品复制

为配合我馆保护、合作、开发利用等工作的开展，实验室通过与相关单位合作，共同完成了对30余件（套）文物藏品的复制工作。2013年通过与首都博物馆合作，完成了对吉祥天母等5件文物藏品的复制，达到了预期效果。

5. 监测藏品保存环境温湿度

为全面掌握文物藏品保存环境的温湿度值，进而在有限的条件下，将合理的保存环境温湿度值控制在有效范围，我们在库房、展厅放置了20余台温湿度计用以观察、记录。

6. 解决局部保存环境存在的隐患

针对在雨季高湿（相对湿度70%）时对库房进行通风处理；对服装、唐卡、马鞍、卡垫等虫害易发等库房进行定期检查和放置防、灭虫害药物；对展厅纸张类、玉器类展柜制作了加湿器，提高藏品保存环境湿度，使RH值达到了较为理想的范围；为确保展厅瓷、玉器柜内文物藏品的安全，在柜底座加设支撑设备；对展示唐卡提供减少展面张力拉撑措施建议。

7. 净化展厅空气

随着全球气候变暖温度升高、免费开放后参观人数的增加、新展布置装饰以及文物藏品保护药物气味散发等因素，给展厅的参观环境造成了空气污浊的情况，为此，我们采用了内地兄弟馆普遍应用的高效空气净化设备。

西藏博物馆所藏文物均为传世精品，我们通过对馆藏品的展示和大力宣传，进一步以文物作为载体，向世人直观佐证了西藏历来就是中国领土不可分割的一部分的史实。总之，文物是不可再生的，作为保管人员，应努力使文物藏品有一个合理、有效的保存环境和保护手段。

参考文献

[1] 国家文物局：《博物馆藏品保管工作手册》，群众出版社 1993 年版。

[2] 马涛：《文物保护科学论文集》，文物出版社 2004 年版。

[3] 刘树林：《历代文物艺术品收藏保养知识手册》，中国书店出版社 2012 年版。

谈藏品安全中几个不容忽视的问题

山东博物馆　史春月

藏品是博物馆存在的物质基础，是博物馆赖以生存和发展的重要因素和根本保证。藏品安全是博物馆保管部的重要工作内容，是博物馆所有工作的前提，同时也是包括藏品的保护管理、提供利用和科学研究等工作的先决条件和基础。藏品安全在藏品保管和藏品利用的每一个步骤和细节都不容忽视。

近年来，随着文博事业的发展繁荣，越来越多的年轻人加入到这个队伍中来，为博物馆的建设、运转带来生机和活力。相对于博物馆其他部门和岗位，库房保管的工作似乎更加老套和传统，所以新进的库房保管员往往在藏品安全中不够重视细节，无论是传统的库房保管工作还是在藏品利用的过程中有些问题容易被忽视。在藏品保管、利用和研究的每一个环节皆存在：

一　库房保管工作中的藏品安全

藏品的保护是保管部门的中心工作，从文物、标本的搜集入库、登帐制卡、分类排架到修复保养，每一步都涉及到藏品的安全。库房内的藏品安全主要是保证藏品能够得到最佳的保护环境，尽量防止藏品的自然损坏，同时避免人为伤害。

文物、标本一旦办理了入库手续就将成为博物馆的藏品，就要开始对其进行保护。入库的藏品必须做好登记、编目、藏品的排架等工作。其中对藏品登记要仔细，不能错登漏登，入库手续不能减免，要确保细致、严谨，藏品和账册要反复确认点验。编目的藏品要做到分类科学、合理，对藏品特点要进行细致入微地研究，描述要尽可能做到审慎详实。

上述每一步骤都涉及到藏品的取放，尤其是藏品的上架工作应更加注意安全，有些保管员在进行一次排架不合适之后，又进行第二次甚至多次排架，藏品往往多次取放，而且有的甚至是一件藏品动，后面的多件藏品都要随之而动，不仅造成了大量的重复劳动，而且无法保证藏品安全。有经验的库房保管员在上架之前，就已经计算好藏品所需的空间，保证藏品一步到位，避免来回挪动。

库房的日常保管也不容忽视，库房应该注意清洁卫生，温湿度的记录和调节，防虫、防霉、防震等。其中对温湿度的记录十分重要。现在许多博物馆都在改建新馆，库房也基本实现了恒温恒湿。一些保管员往往不再注意温湿度的变化，记录也极为草率，不够准确。温湿度是藏品对环境要求的重要指标项，而目前很多的恒温恒湿系统还不够完善，仍需要保管员对其密切关注，准确记录，一旦有较大的温湿度的变化就及时采取措施予以解决。

国家文物局新下发通知，要求馆藏一级珍贵文物必须新做文物橱柜。馆领导为安全计，往往会希望各库房保管能根据自己库房文物的特点参与设计橱柜，或者对橱柜的设计提出要求，但是笔者发现好多同事纷纷忙于计算文物橱柜的容量和数量，确保文物能放得下，却忽略了文物“放得稳”的问题。这就是我们常说的预防性保护。文物橱柜如果在设计生产之前就充分考虑到荷载、防滑、防污染等方面，就能在使用过程中做到确保藏品安全，免除后顾之忧。

二　藏品利用过程中的藏品安全问题

藏品利用的方面十分广泛，包括展览、科研、拍摄、观摩、修复、复制、拓印等，每一个利用藏品的过程都涉及到安全问题。后几项涉及的工作往往专业性较强，反而会对藏品的安全有足够的重视，最容易被忽视的就是展览之用。

展览用藏品，分为本馆展览、境内展览和出境展览。无论是哪种形式的展览，都包括文物的包装、出库、点交、运输等程序。本馆的展览一般有保管员全程参与，比较能够保证藏品安全。这里重点谈谈兄弟馆借展或者出境展览过程中需要注意的问题。随着馆际交流的日益增多，文物的展览也更加频繁多样，一些有代表性的藏品出入库次数特别频繁，有的甚至刚从某展览撤回，立刻就点交给其他展览。这也容易使保管员对这种重复性的工作失去足够警惕性，尤其在点交的时候不够严谨和细致。一个展览的筹备、开展、结束的过程，藏品安全贯穿始终，有几个细节极易被忽略。

第一，藏品出库时的包装。随着展览条件地不断改善，现在藏品出借一般交付给专门的文物运输公司，这些公司在文物包装和运输方面都比较专业，有专门的包装材料和运输工具，基本上会给每一件藏品都做随形卧囊，可以最大限度地保证文物运输中的安全。这种情况保管员往往"太过信任"运输公司，在写点交单的时候轻描淡写"一交了之"。但是文物运输公司的专业体现在包装和运输过程，对于藏品本身，他们不可能深入了解。比如有的藏品比较特殊，像龙山文化蛋壳黑陶，看上去甚至拿在手里也只是比普通黑陶稍薄一些，事实上蛋壳陶器壁薄质脆，极易破碎。在点交这类文物时一定要跟包装工作人员反复强调，再怎么小心都不过分。

还有一些被借展的藏品并非完整品，比如陶器，有些在修复的时候为了更好地实现展出效果，加了颜色，几"以假乱真"。对于不熟悉该件藏品的人员来看，或许就会以完整品对待，这就需要保管员及时提醒，并将修复的地方指出，才能最大可能地在展出时保证藏品安全。

以上谈及的问题有的可能是出现在藏品点交之后。但是只要文物在保管员视线范围以内，本着对文物负责的态度，我们就有义务帮助最大程度的实现藏品安全。

第二，藏品点交单的填写。借展藏品的点交单必须详尽填写，有的保管员尤其是一些年轻保管员特别容易忽视这个问题，他们认为点交单只要有双方领导、负责人和经手人签字，至于内容怎样并不重要，这是一种思想认识上的错误。尤其是在填写完残情况的时候，有一些保管员认为出借的时候尽量写完整或基本完整，借入的时候尽量找残损，能多写就多写，其实这都是不对的。点交单如果不能如实反映藏品的完残，不仅不利于双方对藏品点交时实际情况的把握，而且会对藏品展览结束后藏品归库时的交接造成困难。

以陶器为例。陶器相比较其他类别来说，粘合修复的较多，有的甚至整件器物为多块粘合，如果忽略某处或是以简单的"粘合修复"一笔带过，在藏品归库时往往对有些疑似新残的地方无从把握，草率地交出去所以也只能含混地接回来。这不仅对藏品极不负责，对整个库房保管的工作来说也是不负责的表现。所以在文物点交过程中要十分重视点交单的填写，尤其对完残情况应该做到条理清晰，按顺序将修复处逐一客观描述，最好由双方共同指出，做到点交双方皆心中有数。

还有的保管员在点交的时候过分依赖照片，点交单上虽然注明以照片为准，但是由于照片往往拍得不够细致，在藏品归还的时候不仅不能作为依据，反而由于指示不明而引发新的问题。比如有一次境外展览涉及到一件铜鼎，完残情况仅写"一耳有裂缝"，其他依照片为准。结果藏品归还时，保管员评印象认为裂缝变大。结果翻查照片，发现多为整器照片，加之裂缝很细微，即便扩大照片也无法显示真实情况，只能"照单全收"。

所以，藏品点交过程中，完残情况的填写是一项十分重要的内容，不仅不能忽视、省略，反而要更加认真仔细，给予足够的重视。

三　藏品科研过程中的安全问题

藏品除陈列展览向公众展示的功能之外，也承担着供科学研究的功能。一些有研究性质的观摩、拍摄，复制、拓印等，都有可能对藏品的安全带来潜在的威胁。一般这种情况都有保管员陪同，但是有些非博物馆的研究人员或者其他行业的拍摄者往往对藏品缺乏足够的认识，因而在对藏品进行观摩或其他研究性利用时不够重视藏品安全，这就需要保管员适时提醒，并纠正其不适当的做法，确保藏品科研完好无损地进行。

为了最大限度保证藏品安全，拍摄、拓印等工作应该尽可能减少进行次数，这就要求博物馆对文物数据进行科学、精准地一次性采集，保证藏品在展览或其他用图时都能使用，减少重复拍摄。拓片也应该得到妥善收藏和保存，某些因拓印不同程度受损的珍贵文物，保管员应及时注明停止拓印。修复、拍照、复制、拓印等工作都必须有专业技术人员，在专业技术场所进行。

藏品安全是博物馆工作的重中之重，也是全国文博事业最重要的基本内容。博物馆库房保管是藏品安全的主要承担者。保管员作为博物馆工作人员的一部分，在博物馆工作中占据着非常重要的地位，国家珍贵的历史文化遗产由其收藏和保护，其工作质量直接影响着博物馆的工作成效，以及国家、民族文化遗产继承的重大问题，因此保管员必须具备良好的专业素质，并遵守博物馆职业道德准则。在藏品安全方面，要以高度的工作责任感，按照藏品管理的工作程序认真把关每一个环节，防微杜渐，谨慎认真，本着对藏品负责的态度，预防为先，将藏品安全的工作落实到每一个细节。

保管无小事，所有围绕藏品进行的工作都必须得到应有的重视，任何忽略或忽视细节的做法都应该坚决避免，只有在这个前提下，藏品才能得到应有的保护，充分地展示和深入地进行科学研究。

近现代民族文物的典藏与保护

中国民族博物馆　周婷婷

中国自古以来就是一个多民族国家，各民族在历史演进过程中，相互依存，休戚与共，共同创造出了璀璨的中华文明，给世人留下了丰厚的文化遗产。其中中国少数民族文化遗产类目繁多，特色鲜明，成为当下众多文化机构的研究重点，而承载少数民族特色文化的物证，即少数民族文物则成为国内各个民族博物馆典藏和保护的主要对象。

中国民族文物通常被划分为古代民族文物和近现代民族文物。古代民族文物大多典藏于建馆时间较长的国家或各地方综合性博物馆。而建立时间较晚的各地民族类博物馆，往往少见历史文物，藏品绝大多数为近现代文物。如何针对近现代民族文物的特点，建立起与之相适应的科学、规范的典藏程序与保护方法，是民族博物馆藏品保管研究的重点，也是馆藏近现代民族文物的保护需要。

一　近现代民族文物的内容与特点

民族文物有广义和狭义之分：广义而言，从民族产生至今各民族遗留下来的有价值的实物资料统称民族文物，其中包括考古发掘文物、传世文物和近现代民族文物……狭义的民族文物指近现代各民族所使用的文物。近现代民族文物，即狭义的民族文物，相对于历史学、文物学的研究而言，更贴近于人类学和民族学的研究范畴，因此，民族学范畴内的民族博物馆藏品保管以保护传承少数民族传统文化为核心目的，以典藏、保护近现代少数民族文物作为主要对象。

近年来，我国民族博物馆事业有了很大发展，众多民族博物馆，特别是民族地区的博物馆相继落成开馆，接待观众。这些博物馆绝大多数藏品为近现代时期各民族具有代表性的实物资料，包括生产过程中的工具、宗教祭祀使用的法器、日常生活中的用品、民间传统工艺的制品、服装饰品等等。它们构成了民族博物馆的基本藏品，是民族博物馆实现展览陈列、宣传教育、学科研究、博物馆数字化等职能的物质基础。

文物作为人类社会活动的物质遗存，具有历史性、艺术性、科学性和纪念性。民族文物相对于通常意义的文物，独具特色，特别是近现代民族文物特点更为鲜明。首先，近现代民族文物具有民族性。新中国成立后，经过民族识别确定了我国的民族是由主体民族汉族和其他 55 个少数民族共同组成。这些民族保留的传统文化及文化物质存在形式独具民族特色，如土家族的西兰卡普、布依族的蜡染布、维吾尔族的艾德莱斯绸、基诺族的砍刀布，这些都是具有民族工艺代表性的制品，也成为少数民族特有的族群符号。其次，近现代民族文物具有多元性。中华文化是中国各民族共同缔造的，其多样性正是中国 56 个民族各美其美，美美与共的表现。56 个民族文化各具特色，仅服饰而言，就千差万别，即使是同一个民族内部因支系、地域不同，服饰也完全不同。黎族服饰因方言区域不同被分为哈、美孚、杞、润、赛五种主要服装类型，就是一个很好的例证。正因此，近现代民族文物的种类繁多，数量巨大。第三，近现代民族文物具有文化典型性。民族文物就是民族文化在物质上的体现，中国各民族因地域分布不同，历史演进过程的差别，各民族的文化形态存有差异，其文化遗存也反映出不同族群典型的文化形态特征。某一民族的一件文物或同一系列文物的组合都表达出特有的文化信息，正如一件兽皮衣、一杆猎枪、一支鹿哨、一处“撮罗子”的组合折射出典型的北方狩猎文化。然而，随着城镇化步伐的加快，大量少数民族文化植根的生产方式已经不复存在，民族传统文化的保护显得尤为紧迫。第四，近现代民族文物民俗性强，有很大一部分为民俗文物。其中有少数民族人民大众在日常生产生活中使用的工具、物品，穿着的服装，生活中的礼器，民间书画作品，还有一些宗教用品。这些文物的质地以竹、木、皮、毛等有机物为主，国家博物馆收藏的近现代鄂伦春族文物中 88% 的文物为有机类，佤族文物中 80% 为有机类。近现代民族民俗文物中大量的有机物的存在增加了民族文物的保护难度。

以上民族文物特性加深了我们对民族文化的认知，同时也使得我们深刻认识到抢救和保护近现代民族文物的紧迫性和艰巨性。因此，民族博物馆要掌握近现代民族文物的特点和保管现状，加以研究，针对馆藏民族文物的典藏与保护提出方法与对策，承担起民族博物馆文物保护的责任。

二　馆藏近现代民族文物典藏与保护的现状与问题

“典藏”本意是将重要的典籍、典章收藏起来，后引申为对重要、珍贵物件进行收藏。同时“典”除了指典籍文献，还有“规范、法规”的含义。因此“典藏”不只是普通的收存，而是一个对重要物件采取规范性、制度化保管的过程。具体到博物馆行业，典藏是指博物馆对馆藏文物进行规范化、专业化收藏、利用和管理的流程性工作。

文物保护基本内容包含文物保护管理和文物技术保护。文物保护管理主要是防止文物遭受人为因素破坏，避免类似工程建设、盗抢犯罪、庋藏不当等造成的文物损毁；文物技术保护主要是从科学技术角度研究自然破坏力对文物的影响，采取措施预防文物损毁与劣化。具体到博物馆可操作层面，馆藏文物保护是从文物征集保护和文物养护保护加以实现的。

馆藏文物的典藏与保护是博物馆的基础业务。多年来，民族博物馆经过文物抢救征集、收藏保护，藏品数量显著增加，保管条件明显改善，取得了一定成绩。然而，民族博物馆对于近现代民族文物的典藏与保护还存在诸多现实问题，这些问题已经成为民族博物馆事业发展的牵绊。

（一）文物征集渠道复杂

我国改革开放以前没有一座真正意义的民族博物馆，少数民族文物被人类学研究前沿的德国、日本等国家的博物馆大量收藏，还有被西方的研究所、私人收藏者通过专营民族文物买卖的商贩所收购。这其中多为年代较久远、艺术价值高、民族代表性强的文物精品。近年来，国内收藏界也开始青睐民族工艺品的收藏，很多民族民间艺术品被私人广泛收藏，博物馆可收藏文物的数量与质量大大受限。加之，中国少数民族赖以生存的自然环境发生了翻天覆地的改变，传统生产方式被取代，民族传统文化植根的土壤消失了，近现代民族文物数量锐减，民族文物征集工作更显紧迫。目前，民族博物馆通过田野调查的方式已经很难搜集到具有历史感和艺术性的民族文物，更多遭遇的是上门推销的文物商贩和各种文物收藏机构的推荐，包括专家介绍的私人收藏家等，文物来源错综复杂。由此出现的大量伪信息、伪文物需要辨认，文物巨大差价需要考量，文物流传经过需要认真搜寻……文物征集渠道的复杂与风险成为民族博物馆典藏文物需要面对的问题。

（二）文物典藏缺乏行业标准

近年来，国家文物局发布了一系列文物工作行业标准，涉及博物馆藏品登记、管理、技术保护等内容，为馆藏文物的典藏与保护提供了参照。然而，对于近现代民族文物，这些指导标准还略显不足：就文物登录规范而言，行业标准对文物登录工作的范围、术语、定义、工作流程、相关档案的数据采集等都提出了明确的要求，但其基本信息的指标设置对于近现代民族文物的首要信息——“民族”属性存在弱化的问题；就文物定级而言，缺少针对于近现代民族文物的鉴定标准，使得文物无法分级，增加了文物鉴选和文物层级保护的难度，同时，这种无法可依、无据可查的现状也对具体的工作人员造成了极大的压力。时下，各民族博物馆都有馆藏文物管理办法，但针对近现代民族文物的典藏工作流却没有建立起各博物馆通行的标准，各博物馆文物登录规范、文物档案规范、文物数据库信息采集方法等都不相同。民族博物馆文物典藏行业标准的缺失将不利于民族文物的保护，不利于民族博物馆标准化建设。

（三）技术保护理论研究不足

近现代民族文物异常丰富，由于自身材质、年代和入藏前使用情况不同，文物大多受到不同程度的损坏。因此，建立文物技术保护理念，运用文物保护技术对民族文物进行保护是尤为必要的。目前，我国博物馆行业的文物保护技术已经比较成熟，有关文物技术保护的理念和原则，以及不同质地文物保护的传统与现代工艺、技法都有大量理论研究成果和领先的实施机构。这些都是民族博物馆开展文物技术保护工作的技术参考与操作支撑。然而，针对近现代民族文物的特殊情况，以上这些还是不够的。民族博物馆在文物技术保护的实际操作中还存有困惑：如近现代民族文物的收购价格普遍较低，但实施技术保护的复杂性与难度并不亚于传世文物，如何认识文物价格与技术保护成本的巨大差距，这是一个认知性的问题；又如近现代民族文物中很多是民间生产生活用具，使用痕迹明显，破旧情况严重，如何把握技术修复的程度，使其既保留民族文化原貌，又利于保藏，还能达到展示的艺术效果，这需要融和文物学、博物馆学、民族学、民俗学的知识，是一个理念性的问题。由此可见，民族博物馆开展对近现代民族文物技术保护工作，亟待解决的不是技术问题，而是认识问题。

三　馆藏近现代少数民族文物典藏与保护的思考与对策

目前，我国还没有真正建立起针对民族文物保护的法律法规，近现代民族文物的保护还没有受到特别重视。在文物保护管理层面出现了民族传统文化失传，近现代民族文物大量流失的现象，也造成馆藏近现代民族文物的典藏与保护理论支撑不够，缺乏行业标准，工作主观性大，不利于藏品保护。对此，民族博物馆首先要加强自身研究力量，建立起适合近现代民族文物典藏与保护的工作规则。

（一）建立馆藏近现代民族文物的典藏规范

参照国家文物局发布的《中华人民共和国文物保护行业标准》，结合各民族博物馆和研究机构的有关成果，制定适合近现代文物典藏的文物登录规范，对藏品从入馆、接收、登编、入库排架、提用到修复的典藏的一系列工作加以规范，提出工作指导。文物登录规范涵盖文物登录工作所内容，对馆藏文物、登录、总登记账、分类账、文物编目等专业术语给予准确定义；将填写《文物鉴定表》，填写《入库凭单》，采集文物影像资料，填写《文物登记表》，填写《文物总登记账》，填写《文物分类账》，填写珍贵文物档案，完善文物信息数据库，更新提用记录等项目明确为文物登录的流程；特别对文物登记内容的指标进行细化，确定文物登记号、文物入藏序号、文物名称、文物原名、文物类别、文物分类号、文物照片、民族属性、地区属性、时代属性、文物实际数量、文物尺寸（质量）、文物来源、文物搜集经过、文物鉴定情况、文物简述等作为民族文物基础信息，对文物存放位置，文物出、归库记录，文物修复、复制记录等动态情况也需要做跟踪填写。其中重点对民族属性、文物定名、文物分类、文物简述等指标作出特别要求，以此突出近现代民族文物的特色。

同时，还要建立起与文物典藏配套的文物档案规范、文物数据采集规范、文物出入库规范等，使得民族博物馆建立起规范化的文物典藏程序。

（二）探索馆藏近现代民族文物的保护模式

民族博物馆文物保护工作中的文物征集与保护管理工作在持续不断地开展，但是文物技术保护对于民族博物馆是一个新鲜内容。对此，民族博物馆要统筹馆藏文物的保护，即重视文物征集与文物管理，同时不偏废文物的技术保护。在文物征集方面，制定馆藏文物征集规划，建立近现代民族文物的文物鉴定委员会，严格填写文物原始资料特别是详细记述文物流传经过，使得文物征集工作客观、科学，有据可查，也为文物保管建立起了一手资料。在文物技术保护方面，首先制定近现代民族文物保护理论的研究课题，结合国内文物“保护现状或者恢复原状”的技术保护思想，研究近现代民族文物的技术保护原则、理念与要求；其次，学习现有文物养护的技术成果，结合近现代民族文物展开文物技术保护，重点要尊重各民族原有的特殊制作工艺，修复所需要的材质与技法要尽量按原有的工艺去操作；第三，重视文物预防性保护，对近现代民族文物的材质进行分类研究，对文物保存环境进行研究，而后制定一个有针对性的、科学的预防保护方案；第四，建立与少数民族民间技艺传承人的合作，共同开展对馆藏近现代民族民间艺术品的养护，即有利于馆藏文物的保护，也对逐渐失传的民族民俗传统工艺起到了抢救性的保护。

（三）加强馆藏近现代民族文物典藏与保护的对策

第一，完善我国目前已有的文物法律体系，加快对民族文物保护法规的建设。从近现代民族文物的特点出发，建立有针对性的文物保护的全国性法律法规，提升对近现代民族文物的重视程度，也为近现代民族文物的典藏与保护提供法律依据。

第二，加强民族博物馆学的理论研究，建立起跨博物馆学、民族学、文物学、民俗学、民间器物学等多领域的学科理论，形成可以支撑民族博物馆事业的发展的理论基础，利于馆藏近现代民族文物的典藏与保护。

第三，推动有关职能部门尽快出台一套在全国民族博物馆行业有指导性的馆藏近现代民族文物典藏与保护的行业标准，以推进馆藏近现代民族文物保管的规范化与科学化。

第四，加强民族博物馆文保人才队伍的建设，构建跨学科培养的长效机制，通过培养与实践使得民族博物馆藏品保管人员成为懂理论、会研究、能操作的专业人才，以提升对近现代民族文物典藏与保护的水平。

四 结 语

近现代民族文物是我国文化遗产的重要组成部分，是我国各民族传统文化的物证，也是各民族博物馆的物质基础。典藏与保护近现代民族文物是各民族博物馆的基础业务。因近现代民族文物的特殊性以及我国文物保护的现实情况，民族博物馆在典藏与保护时除存在自身软、硬件不足外，还缺少理论支撑和法规引导，表现为文物典藏缺乏标准，文物保护没有规范。因此，民族博物馆要进行深入的理论研究，以民族博物馆学理论为引领，推动民族博物馆典藏标准的建立，构建适合近现代民族文物保护的模式，从而实现对近现代民族文物的有效典藏与保护。

参考文献

［1］宋兆麟：《民族文物通论》，上海古籍出版社 2006 年版。

［2］北京博物馆学会：《博物馆藏品保管工作指引》，中国书籍出版社 2012 年版。

［3］国家文物局：《中华人民共和国文物保护标准汇编（一）》，文物出版社 2010 年版。

临时展览中藏品的管理与保护

北京宣南文化博物馆　宋媚丽

陈列是博物馆实现其社会功能的主要方式。除了基本陈列以外，临时展览作为丰富博物馆展示内容的一种有效方法，经常运用于博物馆的实际工作。通过组织临时展览，博物馆可以将各种藏品展示给观众，发挥藏品自身蕴藏的文化价值，满足不同观众的多方面需求，同时，也为培养和锻炼业务人员提供更多的实践机会。临时展览虽然是短期展出，但涉及藏品的研究、使用、保护、搬运等诸多问题，与基本陈列相比，在对藏品的管理与保护上更为复杂、多变，因而如何在临时展览中对藏品进行管理与保护是一项值得探讨的重要工作。笔者在工作实践中，总结出以下几个重要环节及突出问题：

一　由藏品到陈列品

（一）上展藏品的选定及组合

选取上展藏品是组织临时展览的一项重点工作，在确定陈列主题的基础上，对现有藏品进行充分的调查研究，考虑藏品表现的可能性，合理选取藏品是制定陈列大纲的关键。上展藏品的选择是否准确会直接影响展览效果，因此，要求藏品管理人员要与陈列设计人员进行充分沟通，在深入理解主题内容的基础上，选择最具展示效果的藏品以及具有辅助展示作用的相关藏品，必要时，可以围绕主题进行文物藏品征集。藏品选取后还要进行必要的组合设计，把相关的藏品组合在一起，形成完整的陈列。例如：在组织《物之记忆——寻找老北京的生活》时，我们将上展的一张八仙桌、两把圈椅、一副对联、一对胆瓶组合在一起，又搭配了老式座钟、笸箩、烟袋等辅助展品，复原了一组传统的老北京家中陈设。通过精心组合设计的藏品不再是单独展品，而是一个整体，展示效果更加直观、突出，观众可以很明显地感受到展览所要表达的意思。除了对上展藏品进行组合外，藏品管理人员还应该根据陈列品的构成情况，提出合理的展览路线，明确陈列品的主次关系，以发挥上展藏品的文物价值为视角，给予陈列设计人员一定的专业意见。

（二）在陈列设计中要充分考虑藏品的保存和展示条件

关于陈列设计方案具体包括的内容很多，有陈列的艺术形式、设计理念等，下面主要强调陈列设计中关于上展藏品的保存条件。

在临时展览的陈列设计中，我们应该对藏品的展出环境进行必要的分析，包括展厅的大环境和展柜的内部小环境。我们说博物馆的环境应该有益于藏品的保存，不论在库房收藏还是展览陈列，都应该维持一个相对稳定的环境条件，使藏品处于适宜的环境中，阻止或延缓其自然损坏过程。影响藏品质量的自然因素主要包括：环境气候、空气污染、光线辐射、昆虫危害、微生物繁殖等。对于有条件的博物馆，最好在展厅内装置空调系统和温湿度调控设备，必要时对建筑物周边及内部气候环境也要进行监测，使展厅整体大环境处于相对稳定、安全的状态。在采光照明上，应使用低度照明的冷光源，对于藏品而言，光线造成的危害有些是渐渐积累不易察觉的，因此我们在设计临展时要减少光线对有机质地藏品的损害，不要把藏品放到靠近发热光线的地方展示，特别是对光线敏感的藏品，不宜长时间的陈列，在陈列中还应定期旋转藏品。对于柜内环境而言，空间较为密闭，应尽可能地降低外界干扰。目前，现代化展柜逐步推新，通常都具备恒温恒湿、低度照明、防霉防菌的特点。对于珍贵藏品，可以运用现代化设备，减少环境对于藏品的损耗。

二　从库房到展柜

（一）藏品的提用

藏品的提用要严格按照《博物馆藏品管理办法》的相关制度执行，做到手续齐备、记录完整。即便是在馆内临时提用展出，也必须填写提用凭证。提用凭证应包含藏品基本信息、提取时间、退库情况、审批、办理人员情况四部分，工作人员要认真填写藏品完残情况、件数、提取和归还时间，以及经手人等重要信息。藏品保管部门还应建立规范的藏品提用手续和藏品出入库交接程序，由专人负责，做到账物分离。一级藏品提用须经主管副馆长或馆长批准，其他藏品经保管部门负责人批准，方可办理出库手续。藏品提用凭证是反映藏品流动、使用情况的重要依据，也是藏品规范化管理的重要环节，需要保管部门加以重视。

（二）藏品的清洁

对藏品进行清洁消毒一方面是从藏品上展的效果考虑，另一方面也是对藏品本身进行保护的一种措施。同时，在藏品的清洁过程中我们也能更全面、直观的了解藏品的保存状况，特别是完残情况的再次核查。在开展此项工作中，需要注意两点：一是采用正确的清洁方法，二是有一个相对宽敞、稳定的操作空间。关于清洁方法，因为文物在办理入藏手续时，为确保文物自身安全及库内原有藏品的安全，都要进行彻底的清洁消毒和必要的修复处理，所以一般情况下，上展前我们只需要简单清理藏品上存在的灰尘即可。水洗、干擦、风晾是经常用到的方法。如需要对一些重点藏品进行彻底清洁消毒时，应该研究制定可行性方案，利用传统技术和现代化设备结合的方式，确保藏品在清洁消毒过程中不受到外界的损害。另外，有条件的博物馆应专门设置一间有足够空间的藏品临时库房，作为开展藏品清洁消毒工作的场所。对于中小型博物馆来讲，也应安排一间临时房间。笔者所在的北京宣南文化博物馆也是一家中小型博物馆，藏品库房面积有限，在库房内开展大批藏品的清洁消毒工作，很有可能造成安全隐患。在实际工作中，我们将博物馆内的一处临时展厅用于开展藏品清洁工作，并在展厅外安放隔离带，有效解决了这一问题。

（三）藏品的运输

藏品从库房到展柜，运输是一个重要环节。在运输过程中，藏品容易受到外界环境及人为因素的影响，如不加以重视很容易对藏品造成不可弥补的损害。在实际工作中我们发现，还有许多藏品比想象的要易碎、易损坏的多。因而，在实施运输环节前，我们应该进行充分的考虑，制定切实可行的运输方案及实施过程。在人员安排上，做到专人专职，藏品运输与账目登记不混淆，在重点环节上安排重点人员把关。藏品搬运人员要对藏品的基本情况有正确认识，包括尺寸、重量，确保能独自搬运该藏品，如无法独立完成搬运时应提前寻求帮助，切记不能以手递物。在搬运纸质及缂丝类藏品时，手部应保持干净无液体，最好佩戴干净的棉质或塑料手套，减少人皮肤上的酸性油脂或盐性物质对藏品造成的损害。在搬运时，还应注意搬运的方法，切勿抓提藏品的突出部位，应采取双手托捧的方式，轻拿轻放。

另外，有些藏品在运输前还应进行必要的包装，特别是对于库房与展厅相距较远的博物馆来讲更应做好该项工作。在搬运小或轻的藏品时，应使用有保护垫的盘子或盒子。对于珍贵藏品，应该使用专业化的包装箱，使藏品尽量处于密闭的运输环境，减少外界造成的不良影响。此外，藏品在装箱前应使用棉布或薄纱进行包裹，并采用安全的聚乙烯泡沫填塞藏品与运输箱的空隙处，防止轻微的晃动、震动对藏品的影响。对于一些大型藏品的搬运，有条件的博物馆可以在对其进行必要的包裹后，使用机械化的运输工具进行搬运，减少人为搬运可能出现的不稳定因素。

（四）藏品的科学摆放

关于藏品的科学摆放问题，我们不仅要考虑展览的美观性，还要考虑藏品在展出过程中的安全性。以展柜陈列藏品是比较常用的展出形式。在选择展柜时要充分考虑藏品的特点，包括质地、重量、高度、大小，以及是否是组合展品等，同时，还要考虑可用展柜的种类和特点，将二者进行合理的安排。另外，有些像家具类的藏品往往采取直接陈列的展出形式。在设计摆放时我们要做到合理安排，将此类藏品的展示区域与观众参观区进行明确划分，使其在整个展线中处于相对安全的位置。以我馆《物之记忆——寻找老北京的生活》为例，在布置陈列时，我们将展厅划分为复原陈设区和参观展示区两部分。复原陈设区是一组老北京家中陈设，位于展厅的展台上，参观展示区设在展台下，利用 17 个展柜对其余藏品进行展示。二个区域间用隔离带划分开，减少了参观人群拥挤可能对藏品造成的安全隐患。在为藏品安排展柜时，我们首先调取了上展藏品的相关资料，确定无大型、特殊展品，排除了特体展柜的使用。并依据馆内现有平面展柜和坡面展柜的特点（柜内空间高度不同），将上展藏品按高度进行了分类，避免展柜选取不当可能对藏品造成的损坏。同时，还对一些形态不稳的藏品，用鱼线进行了加固。

三　展览期间藏品的安全及撤展

（一）人防、技防、物防相结合，确保藏品安全

安全保卫工作是博物馆的一项重要的日常工作。在临时展览期间，特别应该注意增加安全保卫力量。目前，大部分博物馆都安装了现代化监控、报警系统，“技防”、“物防”力量普遍得到了提升。但即便是再先进的安保设备也需要人来操作实施，分析这些年来博物馆藏品被盗的案件，其中不少责任事故与保卫人员失职有关。因此，强化“人防”意识也是非常重要的环节。以笔者所在单位为例，曾就藏品失窃组织过安全演练，提高馆内工作人员的安全防范意识。在涉及有重要藏品的临时展览时，白天都会安排业务人员进厅值班，并增加馆内工作人员巡视力度，同时，增加夜班值班人数。在“技防”方面，实行24小时实时监控，并通过调试监控设备，对重点藏品做到重点监控。

（二）藏品撤展及后续工作

在展览结束后藏品应及时归还入库，藏品保管人员要严格按照藏品提用凭证进行核对，在对藏品验收确认无误后办清相关手续。同时，还应做好藏品的动态统计工作，认真填写使用记录，完善藏品档案。藏品档案记录了该藏品本身的运动情况，是博物馆工作成果的反映，也是对藏品进行科学管理、保护研究的重要依据。

四　存在的突出问题及隐患

（一）藏品保护与陈列之间对立统一的关系

对于藏品保护的理解，我认为应该包含两层意思：一是努力通过各种人为

手段使藏品得到长久保存；二是对藏品进行科学化管理，发挥藏品的文物价值。藏品的科学化管理包括鉴定、研究、统计、建档、合理利用等。其中，用于临时展览陈列是藏品利用最为常见的形式之一。然而，二者又存在对立关系。临时展览一般小型多样，经常更换，这就涉及藏品会经常性出入库房，增加了藏品保护中的风险性。相比藏品库房，藏品在展厅陈列中存在的不定因素和意外情况更多、更复杂。同时，在从库房到上展陈列的过程中，藏品很有可能受到自然因素的影响形成潜在的损害。这二者之间的矛盾还间接体现在陈列部门与藏品保管部门的实际工作中。组织临时展览时，陈列部门更多的是从展览主题和提升展示效果的角度思考，希望展出更多珍贵藏品或具有直观性和说服力的藏品，以充实展陈、突出展览主题思想。而藏品保管部门，则是从考虑"藏品表现的可能性"出发，这其中包含两方面的意思：一是藏品是否与陈列主题一致，能够很好地展现展览所要表达的意思；二是藏品是否具备上展的条件，例如对于一些珍贵藏品每年提取的次数不宜过多，陈列时间不宜过长，还有像纸质藏品在灯光下有可能变质等问题。对此，我认为"藏品保护"应该是一项最基本、最基础的藏品管理工作，是我们开展临时展览的前提，我们应该树立以保护为基础，以利用为目的的工作理念，将二者统一起来。

（二）中小型博物馆组织临时展览时对藏品管理与保护中存在的问题

随着时代的发展，藏品科学保护的研究领域更加深入，与从前传统的藏品保护手段相比，今天我们可以借助科技的力量，开发、应用现代化的藏品保护技术和设备，延长藏品的寿命。但藏品保护先进技术的普及需要一定的时间，也需要一定的资金支持。对于中小型博物馆来说存在藏品保护技术的专业研究力量匮乏，对前沿技术了解和认知不够及时，购置藏品保护先进设备的资金有限等问题。由于保护设备和技术的不完善，在选择上展藏品时往往受到局限。例如，我们在组织《物之记忆——寻找老北京的生活》时，由于受到展厅光源的限制，上展藏品大多选择了瓷器和金属器，有意识地排除了纸质藏品。并且对灯光进行了调试，采用交叉照明的方法，避免光线对藏品进行直射，尽可能地减少藏品的损耗。对于有条件的博物馆还可以考虑制作藏品复制品。

另外，中小型博物馆对临时展览的藏品专业化管理缺乏系统的研究。藏品的提用程序、制度不健全，往往只重视藏品的实质保护，而忽视了藏品的动态统计和科学建档。

（三）临时展览中藏品的抗震问题

汶川地震中，大量文物藏品损毁，不少文物建筑坍塌，造成了无法挽回的损失。在痛惜文物损毁的同时，也给我们藏品保管人员深刻的提示：一方面是加强博物馆建筑和藏品库房的抗震建设；另一方面是藏品在陈列中如何抗震的问题。前者，我们通过建筑加固可以解决，后者，还需要藏品保管人员进一步的探索研究。在实践中，通常的我们在摆放藏品时应将其较为稳固的一面作为着力面，对于摆放不稳固的藏品可以制作支架或使用鱼线等辅助工具进一步固定，保证藏品在陈列时处于稳定状态。另外，展柜的摆放位置应该科学合理，远离障碍物。对于珍贵藏品应尽量采用静态的展示方式，在确保藏品安全的基础上寻求展示形态的创新。

（四）藏品安全的预防与处置

近几年来，博物馆藏品安全案件呈现反弹趋势，藏品丢失、失窃等恶性案件为博物馆藏品安全敲响了警钟。对于博物馆来说，我们需要提高藏品的安全防范意识，加强藏品保护措施，避免此类事件的发生。同时，每个博物馆都应针对藏品防盗制定具有可行性的安全预案，在遇到藏品损坏、被盗等事故时，工作人员能够及时进入联动状态，上报情况，查明原因，配合有关部门追查被盗藏品。对于存在失职行为的责任人，要明确责任，严格按照相关法律、行业法规及馆内规章制度进行处理。事件的当事人及相关责任人还应提交事故情况的文字说明材料，与藏品档案一同保存。

参考文献

［1］王宏钧：《中国博物馆学基础》，上海古籍出版社 2011 年版。
［2］国家文物局：《博物馆藏品保管工作手册》，群众出版社 1992 年版。

浅谈博物馆藏品的管理与保护

中国铁道博物馆　吴　千

博物馆藏品的收藏与保护是判断一座博物馆业务水准与管理的重要指标。而且博物馆对文物和标本收集的范围、特色、保存、维护、展览等内容，一向被列为博物馆最主要的业务和最基本的任务。笔者就文物藏品收录和保存、库存与展出等基本程序谈些浅显的认识，并就信息化管理纳入文物馆藏谈点个人建议，其目的使博物馆藏品各项管理更加具有科学化、程序化、规范化。

2002 年 10 月 28 日第九届全国人大常委会第三十次会议修订通过的《中华人民共和国文物保护法》，对文物的概念做了如下界定："文物，是遗存在社会上或埋藏在地下、内水和伪劣的历史文化遗物，是人类历史文化的实体，是不可再生的文化资源。"可见，藏品的管理和保护提到国家重要的议事日程，而博物馆是文物、标本的主要收藏机构，承担了文物管理保护的重要职责。笔者认为博物馆的藏品具有两点属性，一是具有历史价值、艺术价值和科学价值的属性，二是具有能保存、观赏、展览的属性。作为一名文博工作者，以所在的中国铁道博物馆为例，按照中国铁路百年发展史为主线，以铁路收藏品为基础，将馆内文物的陈列展览、教育推广以及研究方向等与馆藏品相配合为课题，突出铁路藏品接收、鉴选、登记科学做法。探索与推广中国铁道博物馆独具一格的专题特色管理。

一　藏品管理与保护的初始阶段

一般来讲博物馆内文物、标本的接收工作主要包括：原始档案、原始清单、凭证的接收、核对；入馆文物标本的原始登记、清洁消毒和技术处理等。

这是文物管理的初始阶段，其都要有妥善的环境和保管方法，否则会使更多人类珍贵的文化和自然遗产损毁于博物馆或博物馆工作人员的手中。因此，文物管理的起始阶段必须要高，要有妥善及科学管理意识，高起点才会对后续管理提供基础。如何做到高起点必须从两方面入手，首先，对文物管理者进行业务知识的培训，灌输和领会国家文物管理的文件精神，传授文物的历史价值和收藏价值，讲解人品和藏品的内在联系，培养一批具有高尚情操和业务能力的工作人员，中国铁路博物馆先后培训三批管理员工，并取得专业上岗合格证。其次，严格遵循藏品管理的原则。早在1986年6月19日，国家文物局就颁布实施了《博物馆藏品管理办法》，该办法规定，博物馆除设专人、专库等必备条件外，还应遵循以下藏品管理原则，即“制度健全、账目清楚、鉴定确切、编目说明、保管妥善、查用方便”。对于藏品的收藏和保护管理，是国家赋予博物馆的一项重要职责，在保管工作中，要以防为主、重点保护，并合理处理保护与利用之间关系。任何博物馆在建立之初，都会提前制定完备的藏品收藏制度，并严格按制度办事。根据藏品管理的基本原则，我们制定博物馆藏品管理的工作规范和程序，并要求员工熟记，这样为藏品的接收、鉴选、登记打下基础。

二　藏品接收、鉴选、登记的做法

在藏品接收时，第一，通常我们馆把收集来的文物、标本在没有决定是否作为藏品入藏前，所有的入馆品必须办理登记清册，这也是我们所说的“入馆凭证”。第二，在这一张“凭证”上，我们要记录许多关于藏品的原始资料。首先是藏品名称，包括它的学名、别名、俗名等。第三，藏品是否完整或残损情况，要求准确记录残损的部位、残损面积和残损程度。第四，藏品的来源和流传经过，这个也很重要，包括采集或发现的地点、时间，提供或曾持持有的人等，如果是捐赠或调拨的藏品，还要记录单位和个人的名称等信息。特别是我们馆还会接收部分早期铁路上使用的工具或信号通信物品，还要详细记录藏品的用途，如它的使用范围、结构以及功能。当逐级核对签字后，清册就交管总帐管理员收存，清册一般不能随意借阅，更不行涂改。每到年终，帐册管理员要依照时间、批号顺序，连同各种凭证一概装订成册，存档。第五，对文物、标本的清洁消毒和技术处理程序也是不容忽视的。当办理完入馆手续后，我们还要对藏品进行清洁消毒处理、修复处理、标本制作、照相、绘图等有关基础工作。刚刚征集入馆的文物标本，一般会由于原保存环境的影响，自身携带大量的霉菌虫卵，如不进行消毒处理，会使虫菌进入库房，这样，不仅会对藏品本身继续起到破坏作用，还会危害其他藏品的安全。通常，我们会根据器物质地的各类，采取不同的清洁处理方式。如果是不宜于水洗或干擦的纸选质文物和部分织物，采取风晾；形体较大、笨重且不规则的器物，采取机械除尘和药物清洗；质地坚实、不怕水浸的器物，采用水洗。在对入库文物进行清洁消毒处理之后，还应对已残损的藏品加以修复，以不失去文物历史原貌和应有价值为原则。除修复和照相外，绘图、测量、传传和囊匣制作也是藏品入库前可供选择的技术处理办法。

在藏品鉴选的过程中，全面把握其科学艺术价值和收藏价值。采取审慎、严格、手续健全的工作程序。对此，中国铁道博物馆成立了鉴定小组，首先会将入馆文物、标本按藏品和非藏品粗分归类，对一些重要的珍贵的藏品，提出初步鉴定意见，上报相关专业机构和各级领导部门审定。其次结合铁道博物馆的性质和任务，在坚持鉴定准确、选择慎重的原则基础上，必须考虑以下几个方面的：一是多组或重复件较多的文物、标本时，尽管选择具有入藏价值，品相好、数量较少的部分入藏，大体以能满足展览、借出、提用的限度为准；二是文物藏品中除价值较高或有特殊意义的以及孤品可将残件适量入库外，一般应少要或不要残缺较严重的文物、标本。入藏的残缺文物，应修复完整后再行入藏；三是对一些尚有争议、一时无法定论且价值较为一般的文物，应慎重决定，不能盲目清除或匆忙入库；四是对一些特殊类型的文物，留存较多的有关实物资料，可根据实际放宽尺度；五是对于声像和数字化资料可作业新的藏品类别入藏，因为它将越来越多地在博物馆事业发展中发挥积极作用。在鉴先藏品过程中，如出现分歧意见，或对一时难定论的，我们会暂时存疑，如实将各种意见记录在案，待以后深入研究。

在藏品登记时，本着准确、详实、全面的原则。登记总帐是藏品管理必不可少的一道程序。凡确定了产权并经过鉴定小组初步鉴定，认为有收藏价值的，就按规定办理入藏手续，并及时登入总帐，主样不仅使我馆馆藏文物标本做到有底有数，更重要的是发行了财产登记手续。在我们博物馆，总登记帐设专人管理，管帐的人不能兼管藏品。登记时只有按国家文物局规定的统一格式，逐件、逐项用不褪色墨水填写，并经藏品总登记员、保管部门主管人、馆长签字盖章后，才能生效。藏品一经登帐，就必须保证帐与藏品相符。如有订正或注销，要经主管部门领导批准后，在订正初用红色墨水划双线，线上方更正的内容，并在上面盖更改人的图章。藏品总登记簿主要包括的项目有：一是登记日期，藏品登帐日期；二是总登记号，即藏品的总号，标记藏品在博物馆藏品帐上的位置和先后次序，从 1 号到无穷。一件藏品只能有一个总登记号，如遇藏品因拨出、损毁、退还、终止等原因注销，此与也要永远留存。藏品总登记号要标在藏品上，但不能操作藏品的内容和外貌，标号的字迹要端正、清晰、牢固，部位要妥当、便于查索；三是分类号，这是辅助号，一般只写在帐上，卡上，而不标写在藏品上；四是名称和年代，指示该藏品的特征、功能、和通称；五是数量，一般以“件”为单位，单件藏品，按一件计算，编一个总登记号。成套藏品中组成部分可以独立存在的，可以按“套”编一个总登记号，实际数量则填写具体件数，成套藏品中组成部分不能独立存在的，按一件计，按整合编一个号，其不可分割的组成部分可给分号，但要在“实际数量”项内应注明组成部分的实际数量；六是尺寸、重量和质地；七是完残情况，通常用完整、残破、发霉、皱折、污迹、脱浆和脱线、生锈、退色、焦脆、残缺等表示；八是来源，藏品征集的方式和来源单位或个人；九是入馆时间；十是备注，比如收购价格、捐赠奖金和其他补充说明的事项。

在藏品编目环节里，科学分类、便于检索。因为编目工作是使藏品充分发挥作用。没有编目的藏品就等于一盘散沙，需用时就像大海捞针。可见藏品编目工作开展的如何，将直接影响到藏品的提供使用。国家文物局颁布实施的《博物馆藏品管理办法》规定：博物馆必须建立藏品编目卡片，编目卡片的反映藏品情况的具体资料，是藏品保管和陈列、研究的基本工作。我们中国铁道博物馆的藏品编目工作大体可以分为两个步骤，第一步是填写藏品编目卡，第二步是将编目卡按一定的次序组成一个逻辑体系，编成目录。其中藏品编目卡是每一件藏品的“缩影”，它简要地反映了藏品的简单内容及其外在特征，保管者和使用者可以通过卡片，快速了解馆中藏品的概况，它不仅是保管工作中的重要资料卡片，也是陈列展览、科学研究的基本资料。然后根据本馆陈列展览和社会提供研究资料的实际需要，做出编目办法和编目细则，以达到编目说明而又科学条理的要求。

在藏品保管中，我们博物馆的藏品，在经过鉴选、定级、登记、编目等一系列手续后，就可以入库了。藏品进入库房时，要按照藏品的质地、功能或性质进行分类，进行排架，以达到管理有序、查用方便的目的。由于藏品质地不同，所需要的环境也不尽相同。如纸质类和纺织品类藏品对温湿度的要求要高。有的柔软易损，有的坚硬，如混杂相处也很不安全，有的宜于平放，有是则体积高大，所需的柜架也各不相同。因此，分类排架要通过对藏品质地、外形、功能等分析，做出合理妥善的安排。橱柜按顺序排好，稳定牢固，确保藏品的安全。此外，每件藏品在确定也方位后要建立一个方位卡，或将藏品方位注入其他常用的藏品卡上，也可编制藏品方位的索引，以便于提用和检查。柜架摆放位置应考虑到充分利用库房，一般框架按顺序摆放，两排柜架中间间距不应小于2米，以保证藏品进出安全和库房内空气的流通。库房还设有防火、防盗、防潮、防虫、防尘、防光、防空气污染等设备。藏品出入库必须办理出库、归库手续。对藏品的数量和现状，需要认真核对、点交清楚。同时，我们馆还建立了《库房日志》，非库房管理人员必须经主管馆领导或保管部门负责人同意，才可进入库房，并在库房管理人员的陪同下入库。

三　藏品的信息化管理

博物馆藏品管理与保护，除日常的登记、分类、编目、保养之外，还需要把有关藏品的信息迅速、准确地提供给利用着，在当代信息爆炸的社会里，计算机技术及软件技术已普及到各行各业，推进了各项管理的系统化，规范化，将信息化管理纳入藏品的管理无疑是提高藏品管理不可缺少的重要工具和手段。尽管计算机藏品信息管理系统已经进入到了大多数博物馆的藏品管理中，但不尽完善，笔者认为博物馆信息化管理需要注重三个环节：第一，开发文物藏品软件，它可以随时按照藏品的名称、时代、种类等不同的索引条件，查找出与之相符的藏品信息，显示出所需藏品的卡片记录。系统会给出包括存放的库房位置、架位以及藏品的陈列、保护、利用简况在内的全部藏品信息。第二，当藏品出库时，核对出库准许凭证的相应口令，自动记录藏品的出库时间，自动删减藏品的库存数，藏品回库时，提供藏品的现状、数量等信息，供工作人员进行严格的回库查核。不同的操作，对藏品信息库的安全可靠性的影响是各不相同的。第三，防止电脑病毒侵扰。随着计算机技术的普及，电脑病毒和电脑犯罪也日益成为信息库的威胁，因此，我们馆将藏品信息管理系统中设置了一个“口令核定”功能，它对不同的使用者进行口令核对，确定其相对应的密级，然后提供与密级相应的操作。同时，馆里根据藏品数量，在这个系统中建立了“快速登录”的模块，避免了按常规的数据输入方法，增大初始建库的工作量，从而超过电脑技术上规定的“软件寿命”期。这种“快速登录”方式，可大大增加该系统的实际运行价值。

过去，不少博物馆的兴建计划中并未充分考虑到藏品保管的因素，不但人事编制少而不健全 ，而且在硬件设施上，也不能满足展品安全与维护的基本要求，从而留下许多遗憾。笔者认为博物馆藏品管理工作的质量，很大程度上取决于藏品存放的环境条件。温度和温度的剧烈变化，能破坏物体内部的平衡，致使许多藏品失去原来的色泽、甚至被完全损坏。这种质变现象是非常明显、迅速的。例如，纺织品的卷缩、纸张的变脆，发黄，竹木漆器的干裂以及油画色彩层次的剥落等等。不同质地的藏品，因其性能有别，所以适宜的温度和温度条件也不尽相同。在照顾各类藏品的共同特点时，比较适宜的温度范围是15～18℃，相对湿度范围是55%～65%，同时，保持库房或陈列室内的空气清洁度，不能含有臭氧、二氧化硫、三氧化硫、氨、氯等有害成分。博物馆可根据各自的环境条件和保护方法来制定一系列对于本馆内藏品的科技保护。

在博物馆的库房或陈列室内，应严格控制好温度和温度，使之变动不要过大，并且不要超过所要求的数值范围。内温度和温度的控制，可采用自动恒温、恒温的空气调节装置，以保证气候条件的稳定。应经常性地观察、测量和记录。测量温度可用普通的酒精温度计或水银温度计，测量相对湿度可用毛发湿度计或干湿球双柱湿度计等。每天至少两次将到的温度和湿度记录下来，并形成制度。当然，如果可以用现代化的电脑控制系统，可以更加严密地自动控制调节某一特定上范围内的小气候。因此，可以利用电脑来控制一个藏品库房和陈列室的气候。在气候自动控制系统中，根据不同质地的藏品各自的不同保管要求，编制出一整套对照明 、空调、勇气等装置的调节程序，使得无论哪一个气候季节，不管白天黑夜，都能始终如一地使库房、陈列室保持一个藏品保管的最佳温度、湿度、风力、光照等环境条件的组合。

以上是笔者结合中国铁路博物馆的现状及管理经验谈点个人观点，对于博物馆的藏品管理与保护是一个大课题，也是一项复杂的工程，需要研究、探讨的地方还很多，各馆的做法不尽相同，都有可学习借鉴之处。今后，我们将在文物藏品的管理和保护过程中，不断完善和改进工作方法，学习和探索博物馆管理的最新进展，使藏品的管理适应时代的需要，不断提档升级。

关于近代文物保管的认识及纸质藏品保护的探索与研究

北京新文化运动纪念馆　刘端端

在我国浩瀚的历史长河中，中国五千年的物质文化，为人类的文明做出了巨大的贡献，它凝聚了炎黄子孙的聪明才智，体现了社会的进步与发展，开创了世界美术史、艺术史的辉煌，国人为之骄傲和自豪。新中国成立以来，党和政府不断地给予了文博事业工作的支持、推动和发展，为这一古老而又崭新的事业不断地注入了新的活力和旺盛的生命力。

文物的保护、研究和展示，成为了博物馆事业当中密不可分的一部分，是博物馆工作的重中之重，而从事这一项工作的任务十分艰巨，尤其是文物保护管理工作是一项政策性、专业性、社会性很强的工作，怎样才能更好地充分发挥文物这一历史价值，是多年以来，文物保管工作者们不断探索和追求的奋斗目标。

关于文物的征集、收藏、管理，业界内人士大多在古代文物的研究领域颇有建树，而我今天着重要谈的是我国近现代文物保管工作的方方面面：

一　近现代文物的特征

我国的近代史是由封建社会转变为近代半殖民地半封建社会，实为数千年未有之变局。大批有识之士在戊戌变法失败后，开始创办实业救国之道，他们学习西方先进制度与科学技术，革新民族工业，倡办新式产业。在文化领域界也是如此，明末清初易代之际，负有亡国之痛的文化巨子们与之交相辉映，灿若星辰。他们不仅奠基了清代的文化走向，对后来整个中国文化的影响也是巨大的，尤其是被誉为清代三先生的黄宗羲、顾炎武、王夫之等。

20 世纪初，文学革命作为五四新文化运动重要组成部分得以迅猛发展，反映时代的积极的文学思想，新文化作品大量涌现，以鲁迅、郭沫若、茅盾、巴金、老舍、曹禺、徐志摩、郁达夫、朱自清、艾青等为代表的杰出作家们，他们创作的不朽的文学经典，为我们后人留下了一笔巨大的文化遗产。实质上历史文化价值远远超越作品本身的价值。

中国的近代史，虽然烽火连天，饿殍满地，可是我们的文学、戏剧、音乐、美术、书法、学术、教育等领域仍然取得了令人瞩目的成就；他们是历史灿烂星河中，熠熠闪光的群星，他们为我们提供了研究、探索这一时期文化领域内最重要的、最可靠的物质基础，从而领略这些文人巨匠们所创造出的壮丽辉煌的历史篇章。

这段历史虽然距我们这个时代很近，但它已成过去，历史不可能重复。这一时期所特有的精神文化食粮，与古人们创造出的物质文明交相辉映，同样的弥足珍贵，同样为中国和世界的文明发展作出了不可磨灭的功绩。现在必须面对时间带给我们的观念转换，注重和加大对近代文物的收藏与研究。今天我们保护好它，就是为国家担当，为后人负责，是我们义不容辞的责任。

二　全面保护近现代文物

什么叫全面保护？从某一角度讲，有的器物是一个独立体，有的器物是由多个或多重部分组成，也就是说一件主体器物附属多个配件或包装物，我们称之为附件。例如：杯托、套盆、拼盘、画盒、扇套、木匣等，这些原装附件与器物同等重要。在相当长一段时期内，不被人重视，认为它不够重要，结果出现了器物与附件分离、损害、丢失的现象时有发生。

如以一件卷轴书画藏品为例，作品除了有画心和托裱主要部分外，还要有天杆，地轴，轴头一对（轴头质地多由木、牙骨、瓷、铜等制作而成），外加画套或画盒等组成，我们称之为附件。主附件齐备无丢失、损害，才可称为完整器物。由于年代长久的关系，有的画套，尤其是布料材质，容易出现老化破损现象，如果不及时更换，对于画轴的保护会很不利。因此，不能小看了附件的作用与用途，它们的存在既是文物不可分割的一部分，也是我们保护文物的一个手段。

再比如一封书信，信纸、信封、邮票为一套完整之物，除此之外可能还会附上一张照片，它们之间就成为了一个相互依存的关系。有字为证，有照片为据实属难得。在分类置放柜架时，它们是不可分开的一个整体，分将开来势必造成一套完整的器物被人为拆散了，而后人在统计计算数量时会产生偏差，其结果本应是整套的器物，而不能团聚，天各一方。

以上两例藏品都为纸质品，纸质品是最容易受到伤害的物品，防霉、防虫、防潮、防紫外线至关重要。配备恒温恒湿设备必不可少，北方的冬春季节寒冷干燥，纸张易变干脆、断裂；夏季闷热潮湿，纸张易发霉、虫卵繁衍滋生。有了现代化设备和保护，效果不言而喻。

现在随着我国国力的不断增强，国家用于投资建设文物库房，增添现代化恒温、恒湿设备。根据大量的实验证明，纸制品最适宜的保存温度为 14 ~ 18℃，最合适的相对湿度为 50% ~60%，这样的条件不利于微生物、霉菌的生长和繁殖。控制湿度，主要用干燥剂变色硅胶。控制温度，则可用空调调节室内温度。

笔者认为人为因素处于最重要的地位。近代文物大多是由书籍、日记、手稿、信札、照片、报章、字画、生活、生产等物品和用品组成。藏品中又以纸制品为主。如何保护和使用它们，具备专业管理知识尤为重要。

1. 除尘。将纸张平铺在桌上，用电吹风的冷风与画面成 30°角，保持 10 ~ 15 厘米的距离左右扫一遍，或用拂尘毫笔轻轻拂去。

2. 防紫外光。避免阳光直射，灯泡与日光灯应与纸张保持 1 米以上的距离，并选用低功率灯光源。

3. 防虫。防止蛀虫啃食打洞，惊蛰时期开始投放天然樟脑精。

4. 防潮霉变。天气湿度过大时，纸张不宜离柜暴露，及时在柜、箱及展柜内放入干燥剂。如果能绝氧保存，不失为一种防潮、防霉、防虫的好办法。

5. 控制温湿度。随时观察调节适宜温湿度，使用密封性能较好的箱子、柜子在密闭的氮气环境中保存。

6. 防止无意识的伤害。接触纸制品时动作要轻缓，戴手套、口罩必不可少，看似不起眼的唾液、指上污渍都会对纸张构成伤害。

另一类纸质品——老照片，这在近现代文物中占有一定数量。老照片流传至今实属不易，通过它们再现了那个历史阶段的人文景观、市井风貌、服饰装束、流行时尚等等，为我们知道和了解它们提供了真实可信的历史痕迹。

根据老照片质地虽与纸张归属在一起，但它们并不完全相同，照相纸的上面有感光层的药膜，它是以照相明胶（动物胶）为主体的，它是动物性蛋白质一类的有机物质，极易腐败、发霉变质。因此，收藏照片一定要置放于通风干燥的地方，防止受潮、粘叠、发霉。理想的保存条件为：温度20℃左右，相对湿度30%～40%之间。

通常惯例是将照片放在照相簿内，或装在相框里等，它同样要求放在干燥的地方，不要被日光直接照射。否则照片容易发黄，甚至褪色。并要防止与一些酸性物质接触，以免照片发脆碎裂。

底片是复制照片的一种手段，底片的药膜虽然经过显影、定影等化学坚膜处理，但仍不耐摩擦。为了防止划伤、擦伤，应该注意几个问题：

1. 底片应装入平滑的透明纸袋里。

2. 观看时不要随便用手去接触药膜面，特别是手汗比较重的人，更容易印上指印，应拿两边。

3. 不要让灰尘、赃物粘在底片上，防止印放照片时产生白点。

4. 防止摩擦产生擦痕。

在底片和照片的纸张上，可以喷射0.05%的五氯苯酚溶液，这样即使在较差的环境下，也能防止发霉等一些问题，延长底片和照片的保藏期。许多重要的政治历史资料、技术资料等的底片和照片的长期保藏，能几十年、几百年地保藏下去而不使变质，做到这些还要开拓创新更科学的保存方法。

采取适当的保护措施，延长文物寿命，保护文物从我做，是每一个保管员义不容辞的责任和义务。

三　纸质文物的修复与复制

修复是使文物延年益寿的重要手段和方法，它们是相互依赖的关系，即修复中利用保护手段，保护中也常用修复手段。在工作中及时发现问题，及时处理，避免继续损坏。纸制品的修护主要有以下几个方面仅供参考：

1. 霉斑。纸张因受潮而产生出霉斑，用脱脂棉球蘸上酒精，轻轻擦拭霉斑处，除净为止。

2. 油渍。在纸张油渍处上方，铺一纸吸水纸，然后用熨斗（不要太热）轻熨几下。

3. 墨水。在污处下方垫上吸水纸，用20%的双氧水浸湿污斑，并在上放几张吸水纸，压上重物，吸水纸吸上墨污后拿起，反复几次直至除掉。

4. 指印渍。用柔软的布蘸上肥皂轻擦，再用吸水纸擦干。

对于纸质品的保护方法还会有很多，在长期的工作实践中我们还需要不断地摸索，不断地积累经验。特别需要注意的是，在做修复工作之前，先用类似纸张进行实验，成功后再进行修复，切勿盲目下手。修复工作来不得半点急躁。首先准备要充分，实验要谨慎，实施要慎重。

文物的复制是为了更好地保护原件，复制品的制作更需要有法可依。复制品不能完全按真品规格尺寸大小做，要超出其范围规格尺寸。复制出来后，应严格地进行登记备案，在展出和展卖时必须标明为仿制或复制，绝不能以真品面目出现，这不仅是对文化遗产的尊重，也是对后人高度负责。

参与复制工作提高鉴定能力，鉴别藏品所记录的历史真相，是保管员提高技能的手段之一。文物复制需要有较强的相关知识和操作能力，器物复制前，保管员应仔细观察它的那个年代所使用的材质、用料、工艺特征以及操作手段，注意复制中与我们现在使用的材料和手段有什么不同，复制后，它与原来的地方相差几何？掌握了这些，在鉴定中就不难辨别真假了。

现在照片的复制可以运用电脑科技手段，例如数码翻拍，扫描仪扫描到电脑上，刻成光盘，用计算机软件 Photoshop 进行修复、整理、保存，对照片进行塑封等。

四　做文物保护的忠实守护者

库房工作不但要有专业知识，还要有较强的心理素质，更要有坚持按照操作规章制度工作的态度。在老同志的带领下，笔者逐渐悟出了其要领，即精、稳、轻的身心协调状态。职业素质要求我们心理、身体协调配合十分重要。精：精神集中，精力充沛，精准无误；稳：持物稳固，脚步稳定，心稳不燥；轻：轻拿轻放，轻巧合力，轻缓移动。用眼睛的深处去看历史，用心灵的深处回到那个年代，用思想去认识其藏品背后所蕴藏的珍贵文化含量。笔者似乎与那个时代同在，那一刻仿佛我的灵魂与历史之手相握。

而今，笔者作为文博战线上的一名工作者，与来自不同院校、所学专业不同的同事们，为了一个共同的目标一齐奋战在博物馆保管专业战线上。在当今的文博事业中，更好地适应本职工作，还须不断地深入学习，不断地提高职业技能，不断地继续寻求宝贵经验。

目前我们正处在文博事业的大发展、大繁荣、大变革的热潮中。信息化时代，为我们打开了更广阔的视野，随着全球科学技术的不断创新与发展，我们迈入了高科技信息的崭新时代。电脑进入博物馆，用高科技手段参与到博物馆工作及藏品管理，既可提高博物馆现代化管理水平，又可以有效地保管整理大量的藏品，从而进入科学化、标准化、自动化的库房管理模式。

电脑化管理库房与藏品，是进入21世纪新时代的要求和必不可少的工具。学习和借鉴国内外博物馆的先进技术、人文理念、管理水平，是我追求的目标和理想。

过去，老一辈保管员全靠手工登记、编目、检索、查找等一系列繁琐、费时的方法进行操作，耗费了大量的人力、体力、精力；留给保管员钻研业务的时间还能有多少呢？

今非昔比，如今单位领导为我们提供了现代化的技术设备，给了我们充分展示自己才华的工作平台。出成绩，出成果，出人才是领导对我们的殷切期望和要求，这也是笔者的人生目标。笔者将为此做出不懈的努力。

文物搬迁中的科学保护

四川都江堰文化局　罗鸿亮　毛李蓉

博物馆文物藏品多为历史遗留，具有很高的研究价值，许多珍贵藏品更是具有唯一性和不可再生性。由于文物材质和时间等原因，许多文物藏品自身较为脆弱，运用科学的方法保护好文物是每一个文博科技工作人员义不容辞的责任。

随着文博事业的发展，文物保护的研究范围逐步扩大，文物保护技术应用水平逐步提高，研究科学保护文物的方法对延长文物保存寿命的意义深远。馆际间的交流工作增多，文物搬迁中对于藏品的合理包装与运输的探讨逐步深入。“5.12”地震后，都江堰市文物局文物库房严重受损，馆藏4万余件文物被紧急转移至成都博物院暂存。随着灾后文博体系重建的顺利结束，都江堰市博物馆的文物库房即将建成并投入使用，届时这些馆藏文物又将进行一次大规模搬迁。本文将结合都江堰市文物局馆藏文物应急避险搬迁的实例，阐述文物搬迁工作中关于藏品保护的一些看法。

一　准备工作

藏品的搬迁，即将藏品完好无损地搬迁到一个新的地方。准备工作充分与否，与文物搬迁是否可以顺利进行息息相关。准备工作包含两方面，人员的安排和运输队伍的选择。

文物搬迁不只是文物保管员的工作，而是一项全局或全馆协同的工作，每个部门的工作人员都应该积极配合。领导的高度重视、各个部门的积极配合、上下通力合作，才能确保大规模的文物搬迁工作顺利进行。首先，要成立领导小组，对文物库房的搬迁工作进行统一调动，统一指挥。特别是在前期的准备工作中，领导要格外高度重视，成立搬迁工作领导小组，对文物搬迁方案的编制、物资材料的准备、文物包装、核查登记、文物搬运等工作分工明确，相关工作细节进行核实。其次，要全体工作人员各级明确职责和任务，按分工做好充分准备，努力完成这项工作。

为防止文物失窃、运输受损，负责文物转运的运输部门一定要是国家正规的、专业化的运输机构。选择的运输工具，要充分考虑文物的特征和安全性，不能在没有任何安全保障的情况下运送文物。对于保存状况不佳、残损严重的文物，应对文物预先进行保护修复和加固处理，不能强行运输。

都江堰市文物局文物库房在“5. 12”地震中受损较为严重，屋顶瓦件大面积脱落，安防设备也不能正常使用。在局领导统一部署下，工作人员第一时间采用遮雨布对库房楼顶进行遮盖，并24小时轮流值守。全局干部职工同心协力、克服困难，在部队官兵的协助下，于震后第三天将4万余件文物顺利转移至成都博物馆文物库房暂存。都江堰市文物局原文物库房设施设备相对较差，加之转移工作的紧迫性，此次文物转运未制定详实的工作方案，许多工作细节未经过深入讨论。文物转移后，进行工作总结时发现，此次避险搬迁虽未严格按照常规的文物搬迁程序展开工作，但是文物的保护状况良好，除地震时由于货架倒塌导致文物受损外，未发现因应急措施不良造成文物受损的现象。全局干部职工积累了一次宝贵的工作经验，利于下一步文物顺利安全地运回都江堰市博物馆文物库房。

二　运输前的文物包装

（一）文物的内包装保护

有内包装物保护的文物，可以通过柔软、缓冲程度大的填充物来降低搬运文物时的振动传递，减少搬运过程中因不慎造成的震动、摩擦、碰撞等机械性的损伤。对大数器物型文物来说，一般根据文物的造型和质地来确定囊匣的外匣种类和卧形不同的内囊。常见多采用硬纸板制作外壳、内絮经消毒处理的棉花做囊的囊匣，也有的用较好的木制板作外壳，里面根据收藏品的形状，个体订制的、固定和保护作用更佳的内囊。

囊匣保存文物还可以达到防潮、防虫的效果。此法在历代珍宝收藏时所广泛采用，而且至今仍是保护藏品的首选，是我国文博事业保管工作中基本而重要的技术措施。囊匣类似于给文物穿上一层铠甲，是预防性保护的基础，可以对文物起到一定的屏蔽作用，隔断外界环境中例如二氧化硫、硫化氢等空气污染物的直接危害；避免光对有机质地文物的材料破坏，引发化学变质反应，导致文物材料老化；同时可以有效防止尘埃落在文物上，避免粉尘对文物造成直接的机械磨损、引起酸碱腐蚀或是滋生霉菌等影响。囊匣中的填充物应选择消毒处理过的天然棉花，不宜使用海绵，由于海绵会与投放的防虫药物发生化学反应，变成粘性豆渣状物质，失去原有的弹性且会污染文物。

由于经费等多方面原因，都江堰市文物局的馆藏文物大多数未制作囊匣，多采用开架式存放，从专业角度来讲并不利于文物保护。对此，都江堰市文物局为地震后的修复文物“量体裁衣”，采取个体订制的方式，按照文物尺寸、质地和形状分别制作囊匣，同时，已开始分批次对馆藏文物制作囊匣，力图最大可能得保护好馆藏文物。

（二）文物的外包装保护

文物运输的外包装分为常规式外包装箱和直接式外包装箱。为便于运输，外包装箱必须设计成长方体型，可以采用大木箱或铝合金箱，铁箱或混合材料的箱体。常见为木箱，设计为类似于板式家具的构件，用螺栓连接，可适用于不同造型和结构的文物包装。目前国际通用的复合木质材料为板材，如多层板、夹心板等。如需使用原木为材料，则必须经过高温灭菌处理的。用于大的金属器的外包装箱，要选择经烘干处理的木材并避免木材中释放的酸物质对金属器物造成腐蚀。

外包装箱的规格必须考虑到所要使用的交通工具的各部位的宽度和高度，以保证有足够的空间使文物箱通过，无论是采用飞机空运，火车汽车陆运，还是用船水运，都应按照运输所用的交通工具中的运输舱（箱）的尺寸去设计外包装箱。外包装箱应具有坚固性及较强的防震、防冲撞、防摩擦、防挤压和防水性能，并且应根据所装的文物的特殊要求，选择合适的包装方式和材料以达到防温湿度变化、防霉等。

一些如大型石雕、陶塑、青铜器等重型器物，以及如屏风、家具等大型器物，多采取直接装箱运输。直接式外包装箱的尺寸规格依据文物的外形尺寸而定，但箱体的尺寸要比文物至少大出 5～10 厘米，以便防震层的制作。除采用常规的悬空、捆扎、点式固定等方式将文物固定好外，对于文物的突出部分、易碎或受力易损部位应做特殊加护处理。包装箱内固定器物的填充物，应按照器物的情形来考虑，填充物应以海绵、各种密度的聚氯板和高密度聚苯板等为材料。容易产生污染、腐蚀、霉变、虫蛀的材料禁用于大器物的包装和填充。《中华人民共和国展览文物出国（境）包装规范》对于文物包装的材料、程序等均做了具体要求，可参照执行。

总之，文物的外包装箱要求结构合理，坚固耐用，拆卸方便，整齐简洁，适于长途运输。在此方面，首都博物馆的做法值得行业内借鉴，其将文物保管保护工作与包装运输工作分离，成立文物包装运输技工队伍专门负责文物外包装与运输，并且包装运输技术达到了国际水平。首博的外包装木箱是分体组合式的，闲置时则将文物箱拆卸成木板，从而节省了库房的空间。木箱分为不同的规格，均可使用叉车等设备进行运输，并按国际标准喷印防水、防震、防倒置等标识。

都江堰市文物局在进行震后文物紧急转运时，文物包装时未采用内、外包装方式，而是用纸箱进行包装，采用报纸和无纺布包装、隔离文物。包装方式虽未严格按照标准执行，但在实施过程中小心谨慎，搬用文物时佩戴手套，报纸均经过揉搓后才用于填充。文物运送全程由武警官兵协助，道路选择较为合理，未出现由于颠簸或其他原因造成的箱体变形。都江堰市馆藏文物运回时将制定合理方案、采用科学的方法，满足文物运输安全需求。

三　搬移、清点及运输中的保护

文物装入外包装箱后，使用打带机或捆扎带在箱体（ 纵、横）上捆扎，将箱体封严、牢固，以防搬运或震动致使箱体损坏，还要在箱体外贴封条、加锁，并刷或贴上如勿压、易碎、怕湿、不可倒置、小心轻放等相关标志。登记每个箱内装入的文物，对包装箱编号。这样不仅便于搬运核查，也利用入库清点。

搬移过程要轻、稳，要严格按照搬运文物的操作规程进行装车（机，船）。之后，包装箱要用绳、网等，将其固定在交通工具上，以防交通工具在行驶过程中颠簏或急刹时出现的撞击，造成对文物箱内文物的损伤。寻找状况良好的汽车和技术高超的驾驶员，选择一条较平坦的道路，尽量走缓一点；尽可能地减少装上卸下的次数，能使用同一运输工具直接运达的为最好的方式，这样可以避免在多次转运中发生的震动而使文物受损。

文物运输要做好保密和防范措施，文物运输的路线、时间、地点的知情人数要严格控制，每一次起运至到达目的地的运输过程中，都应有正规的保安人员（或武警、公安）随行押运。要做到人不离物、物不离人，最大限度地保证文物的安全。

总之，要顺利将文物搬迁至目的地，不仅需要前期细致、周全的准备工作外，还要注重包装运输的各个环节，认真、细致、严格、规范地做好每一项工作。都江堰市文物局也会不断汲取经验，结合本单位实际、深入思考，制定出一套适合本馆文物搬迁工作的程序和办法，以确保文物安全、顺利地返回都江堰市。

加强文物保护实现博物馆文物资源共享

中国国家博物馆　陈红燕

文物是人类在历史发展过程中遗留下来的具有历史、艺术、科学价值的遗物、遗迹。各类文物从不同的侧面反映了各个历史时期人类的社会活动、社会关系、意识形态以及利用自然、改造自然和当时生态环境的状况，是人类宝贵的历史文化遗产，是宝贵的文化资源。文物既然是人类共同创造的物质财富，就理应全人类共享。而文物资源共享主要应由博物馆来实现，博物馆通过举办展览、科学研究、馆际交流等方式，充分发挥馆藏文物的作用，实现文物资源共享。

然而在文物资源共享与文物保护之间也存在着一些矛盾，只有解决好这些矛盾，才能做到既保护了文物，又能使文物最大限度地发挥其作用，被人类共享。笔者结合从事多年的近现代藏品的对外提供工作，对博物馆近现代文物资源共享与文物保护问题进行更加深入地探讨。

一　外供是资源共享的平台

笔者所在的中国国家博物馆是历史与艺术并重，集收藏、展览、研究、考古、公共教育、文化交流于一体的资源丰富的综合性博物馆。自从事近现代藏品的对外提供工作以来，每年都有几十家文博系统的单位从我馆获取近现代藏品的复制品和资料图片，用于建馆和举办展览。外供工作搭建了一个与各省市博物馆共享文物资源的平台。

为了使我馆近现代藏品资源能够发挥更大的作用，我们也非常愿意和其他博物馆进行这种形式的交流与合作。目前我馆馆藏的包括各类文献、实物、珍贵底版照片等近现代藏品20余万件，其中一级品2200余件。庞大的藏品数量已成为其他博物馆丰富展览内容、扩充馆藏的一个重要渠道。多年来，为同行提供了大量珍贵文物的复制品、文物资料图片。我馆近现代文物的外供工作现在已经逐渐成为与其他博物馆共享文物资源的一个重要平台。

在我馆开展近现代文物外供工作，经历了一个从摸索到逐渐形成规范的过程。最初的外供工作只是简单的查找图片、文物复制品等，很不规范，没有维权意识，没有授权书，也根本不签署协议。随着工作的不断开展，一些问题也逐渐凸显。在解决一个又一个问题的过程中，外供工作逐渐规范、完善。现在我们已经拥有一套完整、规范的外供工作流程，包括请示上报、审批、签署使用协议、复制品及图片的查找、制作、交接等等。外供的工作不但给各兄弟博物馆、纪念馆提供了大量丰富的办展素材，而且也对其他馆的业务工作给予了有力支持，促进了馆际交流，达到资源共享。

但是这种形式的文物资源共享，无形中给我馆的文物保护工作带来了很多问题。例如在给其他馆复制一些文献类藏品时，因为某些藏品年代较久，纸张变脆，轻轻一动就会使变脆的纸张脱落，造成藏品受损。如果需求多，造成反复提取复制，势必会损害藏品。还有一些皮毛质地的藏品，更不适宜反复提取复制。例如我馆收藏的一件朱德在延安时期穿的皮大衣，历经战争的洗礼，已经非常破旧，特别是大衣毛领上的毛变得很干、很脆，失去了原有的韧性。拎起大衣，毛领上的毛就会脱落。在这种情况下复制这件藏品，会对藏品产生较大的损害。

如何协调好文物资源共享与文物保护的关系，在尽可能地使文物资源达到共享的同时，又能保护好文物，一直以来是笔者思考的问题。笔者认为文物资源共享和文物保护之间应该是相辅相成的关系，只有做好文物保护才能使更多的文物发挥作用，达到文物资源共享这一目的。所以，博物馆应把文物“保护为主”放在第一位。在外供工作中，笔者经常与复制部门、文物科技保护部门沟通，不断寻求解决这一问题的办法，以确保在我馆馆藏文物不受损害的前提下，为其他博物馆提供文物资源共享的服务。

二　采取多项措施，力争资源共享

我馆有些珍贵的近现代藏品的利用率是很高的，被提取复制、照相、研究的次数也较多。在多年的外供工作中，笔者对在保护好藏品的前提下，使其作用得到充分发挥这一问题不断深入思考，总结出以下一些切实可行的措施：

（一）严格执行审批上报手续，控制一级藏品的复制数量

国家文物局对博物馆藏品保管工作有着严格的规章制度。国家博物馆按照文物局的规定，结合馆情，也制定出了一套规范的提借、复制近现代文物藏品的制度，让制度化管理成为外供工作的前提。在接到外单位请求我们提供文物复制品的信函时，笔者首先要和对方沟通，以确认藏品在我馆收藏。然后了解对方资质及所需文物复制品的意图，对其馆内的收藏保管条件进行相应的了解，以确保我馆提供的复制品能够被妥善保管。在初步判断可以提供的前提下，向馆内领导上报请求复制的审批手续。对于馆藏的一级文物，出于保护的原因，我们一般不予复制。但是遇到特殊情况，必须要复制一级文物的时候，就需要先上报馆领导，然后上报请示给国家文物局，得到正式批准，才能通知相关部门进行复制。

（二）尊重知识产权合理有效保护文物

我们国家近年来对知识产权保护越来越重视。博物馆对其收藏的美术作品、摄影作品等，拥有作品的所有权，在具备一定条件下也可拥有知识产权（主要是版权）。知识产权是指“权利人对其所创作的智力劳动成果所享有的专有权利”，一般只在有限时间期内有效。各种智力创造比如发明、文学和艺术作品，以及在商业中使用的标志、名称、图像以及外观设计，都可被认为是某一个人或组织所拥有的知识产权。知识产权又分为两类：一类是版权，另一类是工业产权。对于博物馆收藏的美术和摄影作品等藏品，更多牵扯到的是版权。对捐赠作品，博物馆享有藏品所有权，但不一定享有版权。作者在捐赠时如果不转让或许可其版权，那么博物馆只享有版权中的展览权

和馆藏合理使用的复制权，版权的其他权利，如出版权仍属于该作品的版权所有者。但是如果版权所有人将其捐赠给博物馆的同时，把版权也转让或许可给博物馆使用，博物馆在使用时才拥有完整的权利。对于博物馆自己的展览，需要复制馆藏文物时，按照《著作权法》的规定可以“合理使用”。但是为外单位复制、借展馆藏文物，尤其对方要进行商业性的展览或者其他用途时，那就必须获得藏品捐赠者的授权。在取得授权人亲笔授权之后再进行藏品的复制或借展。这样做即遵守了知识产权法，同时也在一定程度上起到了保护文物的作用。

（三）签署提供文物复制品协议书，对文物使用者予以约束

随着文物保护意识的加强，在为外单位提供文物复制品和文物图片时，我都会要求与对方签署我馆法规科制定的“提供文物复制品协议书”。有些单位怕麻烦，不想签协议，笔者都会耐心解释，强调签署协议的重要性。在文物原件需要保护，不适合展出时，那么复制品就非常重要了，同样应该受到保护。在协议书中我们做了明确地规定：“乙方需具有良好的文物保存环境，对文物复制品加以妥善保存。如乙方所持有的复制品，因保存不善流于民间被他人所用，甲方有权追究乙方法律责任”、“乙方保证复制品及照片只用于自己的展览及研究使用，不得转借他人或用作盈利等目的，一经发现，甲方有权追究乙方法律责任”。这些条款，对复制品的使用者是一个约束，从法律角度更好地保护了文物。

（四）做好外供复制品的详细记录，掌握复制品的流向

为了便于掌握我馆外供的复制品流向，笔者制作了外供复制品统计表。每次外供工作结束后，笔者都会详细记录复制品的流向，包括要求提供复制品的单位、供出时间、藏品名称、件数等内容，便于掌控提供出馆的复制品的情况，杜绝复制品的重复提供。因为有些单位在获取复制品后不能妥善保存，出现了复制品遗失后流向拍卖市场或损毁等情况。例如曾有一家文博单位发来公函，要求复制我馆藏品“叶挺的囚歌”。笔者在查询了外供统计表后，发现曾经向对方提供过这件复制品。在与对方沟通后，得知由于保管不善，那件复制

品已无法展出，于是提出希望我们再次提供这件藏品的复制品。笔者认为反复复制馆藏的原件会对藏品造成很大的损害，要尽量避免这种损害发生。本着保护藏品的原则，笔者和这家单位进行了多次沟通，最终让他们把那件受损的复制品送回，由我馆的文物修复人员进行修复，使此事得到圆满解决。

（五）及时与相关部门沟通，了解藏品的复制情况，减少文物出库频率

在外供工作中，笔者发现有些珍贵藏品（一级品除外），由于各馆展览、研究等需要，会经常被提取利用。例如我馆的藏品《新青年》杂志，是20世纪20年代中国一份具有影响力的革命刊物，在五四运动期间起到重要的宣传作用。很多近现代博物馆、纪念馆的相关筹备展览中，都会要求复制这件文物。我针对这种情况，向领导做了说明，得到审批后，在第一次复制这件藏品时，增加复制数量，登帐后入到复制品库房保存。这样再遇到需要提供这一复制品的时候，就不用再次提取原件复制，而且自己馆内展览需要临时复制品替代时也可以提出使用，从而使文物得到了有效保护。另外，还要经常和藏品库房的保管员沟通，了解复制品情况，避免藏品频繁出库的同时，进行安全有效的再利用。在外供工作中，及时与文物复制人员、库房保管员沟通，多听取他们的意见和建议是十分必要的。特别是对于那些现状破损严重、已经不适宜挪动的珍贵文物，一定要在听取文物科技保护部门的意见后，再决定是否复制。对于不能进行复制的，笔者会给有需求的单位讲明情况。对有特别需要的单位，要和对方协商是否可以参照文物照片、文物卡片上标注的尺寸、质地等基本文物信息，为其制作仿制品。这样既能满足对方的需求，也有效地保护了文物。

（六）对馆藏近现代美术作品，更要注重对其全方位保护

中国国家博物馆珍藏着一批建国初期创作的优秀的美术作品。近年来，这些美术作品受到了越来越多的关注，前来借展的作者和美术机构不断。馆藏美术作品的外供与近现代文物藏品不同，它基本是以借展的形式为主。一般为作者本人或美术机构来函，向我馆借作品展出。每次在收到借展函后，如不是作者本人借展的，我们会联系作者（作者去世的会联系其家属），取得作者（或

作者家属）的授权书，然后我们才有权将美术作品提供给借展单位。我馆对于美术作品的借展管理非常严格，必须要上报各级馆领导，得到批准后，还要和借展单位签署《中国国家博物馆美术作品借展协议》，以保证美术作品在借展过程中各方面的安全。从这个借展协议中的某些内容，我们就可以一窥我馆对馆藏美术作品保护的重视程度。例如：协议中规定："乙方需依法对借展作品实施包装及运输，乙方的包装及运输方式须得到甲方的认可，甲方的认可不免除或者减轻乙方因为包装或运输方式不当造成借展作品毁损所应承担的赔偿责任"、"乙方应妥善保管借展作品，保证借展作品在包装、装卸、运输、展览过程中完好无损，为此，乙方应采取充分的防碰撞、防刮擦、防潮、防火、防盗、防人为破坏等预防及安全措施"。这些条文的规定，无疑保证了美术作品在外借过程中的安全。协议签署后，库房保管员才能在总账开具借展出库单，出库单必须由部门主任和主管馆长签字。另外，在和借展单位交接的过程中，库房保管员还要填写《中国国家博物馆美术作品借展作品交接报告》，记录美术作品的名称，交接现状、归还时间、经手人等等。在交接现状这一项，除了语言的描述外，还要拍照，留下图片记录，以便在归还时核对现状。这些繁复的工作，都是为了在保护好馆藏美术作品的前提下，最大限度使其发挥作用。

（七）根据需求不同，收取一定的文物保护资料费

对外提供复制品及照片资料，按照规定，除了收取文物复制费之外，我们还会收取文物保护资料费。这个费用用来对文物做日常的保护与管理。收费标准，是根据文物的等级来确定的。收取费用是经济手段，要求利用者充分重视，也是为了有效控制藏品复制的次数，合理有效保护文物。

三　尚待研究解决的文物资源共享问题

（一）文物中的非物质文化遗产如何界定共享

文化遗产分为物质文化遗产与非物质文化遗产，物质文化遗产即文物，而非物质文化遗产必定依附物质实体才能表现出来。在文物中即含有非物质文化遗产内容，即无形的信息，这个如何区分与界定，尚待考虑。

（二）如何对待没有版权的捐献者

一些文物是由无版权的收藏者或单位无偿捐献的，社会利用率又很高，甚至出现商品化物品。捐献者有没有取得一定的回报权利？通过什么途径取得？

（三）文物资源与社会资源的区别与联系

不可否认文物是文化资源，它的内涵与其他资源不完全相同，性质上如何解释清楚，也需进一步思考。

中国国家博物馆新馆建成之后，近现代藏品数量将会更多。与同行博物馆、纪念馆以及相关单位合作交流的机会也将更加频繁。从这个角度讲，未来的近现代藏品的外供工作会遇到一些前所未有的问题。因此外供工作人员必须不断地学习，努力提高业务知识水平。文物资源共享与文物保护的问题也将始终会摆在博物馆人的面前，如何更好地处理这一问题，必将关乎博物馆未来的发展。这也是我们博物馆工作者需要长期研究探讨的课题。

藏品保护与新馆建设

上海市历史博物馆　许垛律

2012年3月9日我馆保管部去参加了在上海美术馆举办的《藏品保护、库存办法和藏品库的安排设计，藏品紧急抢救安排计划》培训课程，由英国国家文物艺术品保护协会司库查尔斯·贺维先生讲授。听完后我觉得受益匪浅，很多地方对于正在筹建新馆的我们有很多帮助，下面笔者就来说一下这次讲座的主要内容和观念，以及我们可以借鉴的地方。

一　博物馆的几个物质因素

首先，贺维先生笼统地向我们介绍了博物馆的几个物质因素，其中包括建筑物、房间、展柜、文物保护、文物利用、相对湿度、光线和污染。

（一）建筑物

建筑物就是博物馆所在的房屋建筑。新建博物馆可能是空地重建，也可能为旧楼改建，不论地址还是建筑本身的结构与质量都要符合做博物馆的标准，确保藏品在其中的安全性。

（二）房间

房间即是博物馆中展品展出的空间，要求地方大，光线足。博物馆作为开放性以展览为主的场所，必须确保有足够的空间来运转文物，有充足的光线来展示文物，缺一不可。

（三）展柜

展柜就是文物藏品展出的柜子，这里提到三个要求，一是需要紧密，这样可以防止污染物、灰尘进入，空气流动量要少，贺维先生曾工作过的曼彻斯特博物馆里展柜的空气流动量在5%以下；二是展柜里需要有空气调节器，这样可以控制湿度；三是需要温湿度监测器，随时把数据连到电脑，监控展柜内温湿度的变化。这对每一个新建博物馆都具有很好的参考作用。

（四）文物保护

文物表面脏了就需要清理，污染物会对文物有损害，但是我们在清理时要避免对文物造成损失，因此，在国外，最好的保护就是将文物放在一个好的环境保存，这样就可以减少清理。干净的文物有利于保护也有利于展出，只是很多时候国内的一些博物馆库房条件不是很好，存放着时很少想到要定时清理，脏了又不得不清理，就容易造成了对文物的多重伤害。

（五）文物使用

合理利用文物，就是博物馆的功能之一。对于各种稀有藏品的研究，观众也应当分享到研究带来的所有成果。

（六）相对湿度

在国外尤其是发达国家，博物馆对此的要求很严格，比如互相借展的话，展览方必须提供场地一系列报告，如环境、温湿度、光照等，不达标可以拒绝借出馆藏文物，而博物馆自己，它的库房、展厅也必须达标，且每一个阶段必须接受考核是否通过。目前国内蒙古博物院物馆间借展很多，既可以促进馆与馆之间的交流，也可以带来异地文化学习的机会，但是我们并没有像国外如此严格地规定借展场地的要求，这样对文物很不利。相信有些大馆已经逐步开始实施严格的借展要求，只是全国博物馆皆做到这步，还要经历很长的时间。

（七）光源

光不能太强但也不能太暗，即达到观赏要求也能满足保护文物的要求，所以光线必须是适合展览。目前比较普遍的就是感应光线，这个在我国很多博物馆也应用，随着观众的到来而加亮，观众离去便又黯淡下来。

（八）污染

不同的污染物对文物有不同的影响，污染物有灰尘、暖气、煤气、油渍、尾气、二氧化硫等各种污染，如何防止污染馆藏库存和陈列时都需要考虑在内。

以上是贺维先生跟我们介绍的博物馆物质因素，有些我们已经掌握，而很多我们还未触及或者说接触很浅。随着社会的发展，新馆的建设需改头换面，将每一点都做细、做好、做到位，这样才能更好地保护好馆藏文物，更好地来服务大众。

二　管理程序

贺维先生向我们介绍完基本要素，接着就说到了管理的程序。程序的要素有政策、构架、过程和人力。政策就是博物馆的拥有权、博物馆的目的、藏品征集和退藏以及立法；构架就是指管理、责任、建筑物、规划和资源；过程是指档案编制、动态、使用、库存展览、维持和保安；人力即数量、学科知识、培训、技巧和积极性。

先说政策，政策是由宗旨产生，所以先要订好宗旨。政策出台后，就要有规划，规划完就是执行。所谓宗旨就是目的、目标和形式。现在好多博物馆都是跟大流，没有自己的宗旨，到底把自己定位在什么样的博物馆，这个博物馆要起到什么作用，这都是宗旨。围绕这个宗旨就可以开始制定相应的政策。政策就是细节，用于推动宗旨的实现。有了政策就能进行规划，规划是做出质量上的安排，即怎样做才能使博物馆运作质量兼备。最后就是执行，执行时需要监控，回顾这些计划是否达到目标，如果没有就要重新开始策划。

构架中有管理、责任、规划，这些都是要形成明确的制度。在英国博物馆资质中，明确规定了一个合格的博物馆需要达到哪些标准，这些标准都包含了博物馆的管理、责任落实。机构的健全囊括了清晰的目的、理事机构可接受的宪法体系、恰当的管理安排、前瞻性的计划等等。在藏品中，提到了令人满意的藏品拥有权安排、发展政策、档案编制政策等。最后，使用者和他们的经验就是指高质量的服务和发展、以使用者为核心的经验、高效的学习经验等。这些标准无论博物馆大小都要达标，且 3 ~ 5 年重审。国内大大小小的博物馆很多，这些资质中，即使是大博物馆有几条也未能达标，更何况那些小的，因此我们也要逐步向这个资质靠拢，以完善我国国内各个博物馆的质量要求。

过程中，贺维先生主要详细说了档案编制。相信每个博物馆都有自己的档案编制，文物档案主要是馆藏的文物的档案。讲座中提到，文物档案也是从博物馆机构的宗旨出发，制定出藏品在馆里的政策后，以此为基准，构成对藏品档案的四大块：藏品发展、藏品信息、藏品行径以及藏品照料和修复。藏品发展就是包括藏品录入准备、藏品录入条目、征集、交换馆藏和退藏。藏品信息也就是档案编制，指藏品的库存控制、位置动态、藏品目录、价值控制、审计、出入库房等一切和藏品有关的信息。藏品行径就是指藏品的借入、使用和借出。藏品照料和修复，即藏品运输、藏品状况监测和技术评估、文物修复和保护、危机管理、丢失和损坏这些方面的信息内容。这四大块都详细地记录了馆藏文物的信息，目前我国已经出台了馆藏文物登录的标准、馆藏文物修复方案制作标准和馆藏文物修复记录标准，这些标准都和上面档案编制提到的内容有关，只是目前我们还不够全面，需要制定的标准还有很多很多，随着更多的标准出台，相信我们的馆藏文物档案编制将会更加完全、更加完善、更加完美。

数字化的现代，档案制作一般都会启用数据库，数据库的完善可以让档案、利用起来更方便更快捷更明了。国内的数据库一直无法统一，每个博物馆性质不同，导致无法使用统一的数据库，这里提供给我们的一个英国博物馆运用的数据库系统，很详细且每个博物馆之间数据库都能共享，这点是如今国内的博物馆已经意识到，也已经开始着手筹备运用的。

从贺维先生向我们展示的他们所用的数据库可以看出，这款名为 Spectrum 的曼彻斯特博物馆使用的数据库内容十分丰富，它包含了提前录入、藏品录入、征集、库存、位置与动态、运输、藏品目录、状况检测、文物修复、危机管理、保险、估值、审计等 21 个程序，其中很多是我们先用的数据库里所没有的，有些也许我们根本没想到，有些我们可能想到过却从未完善过，这点也是值得我们学习的。程序不是只是个名称空摆在那里，不但要有，还必须要完善，这样才能更好地利用、更好地研究、更好地为观赏者使用，为社会服务。

这些程序，每个程序又有其自己特定的流程安排和内容。就拿征集来说，它制定了从人力、过程、相关程序到信息、系统这五大版块，每个版块又有自己的分类和流程。比如人力分了藏品评估的博物馆工作人员和获得定义名称的博物馆工作人员。过程里的流程就有从“在一致同意的政策和过程之基础上制定决策以获得”到“计划接受物件”、“执行藏品状况检测”、“为物品获得不含糊的定义名称”最后再到“根据征集方式获得适当的信息并支持建档”这五个环节，其中在定义名称中又列举了“获得这件物品的正式机构名称”等七个条件，可谓井井有条，一环扣着一环，使征集这个程序细致化、合理化。

以上就是博物馆的管理程序，新馆建设不仅硬件精益求精，作为运行的软件管理程序也要更加完善。如果把博物馆比喻成人，基本因素是主要器官，那管理程序就是骨架，好的骨架才能撑起一个健康的人，管理程序的好坏就直接影响到博物馆的质量。因此如何更好地保护好馆藏文物，这些管理程序的安排执行，每一步每一项都至关重要。

三　标签和标记程序

标签和标记程序是对于博物馆库房而言一个比较重要的程序，所以贺维先生特地提出来讲了一下。在这个程序中，清晰地规定了藏品类型、在哪儿做标记和如何做标记三个内容。

贺维先生拿了骨和象牙以及植物标本做例子。

（一）骨和象牙

骨和象牙在藏品类型中分成两个，一个是骨和象牙的艺术品与标本，一个是象牙的艺术品与标本，且每一个都注明了状况良好。在哪儿做标记中，这两个类型都需在平滑表面上、基部和背面做标记。如何做标记里，这两个也是相同的，写的是“Paraloid B72 ＋黑或白墨水＋Paraloid B67”。

（二）植物藏品

植物标本的藏品类型分了三个，分别是木材、植物模型和图书馆类。木材类的，可以打印标签直接贴在上方；植物模型类的，用原材料制造商的标签贴在底座的上方；图书馆类，电脑生成的金属膜自粘标签粘贴在书脊，用铅笔在内页的首页做备注。

博物馆在编目时需要给文物做标记，但是国内的博物馆无论从标记材料还是标记方法都不是很规范。虽然有些最基本的都能做到，但是碰到复杂的或者材料特殊的藏品文物需要考虑标记材料的就不那么严谨了。在国外，做标记的材料除了我们最常用的标签外，还有保护标签的光油、墨水、小毛笔以及剪刀、口罩、镊子等一般工具，最主要的标记用材料在鉴于文物保护的要求上必须是可逆的。

当然博物馆馆藏藏品不止这两种，每个博物馆性质不同，其馆藏文物种类和数量也不同。每种藏品的标签和标记都有讲究，这样有利于我们研究也有利于我们保护。

四　紧急抢救计划

最后贺维先生跟我们讲了制定紧急抢救计划，这个计划对于我们来说是比较新的。紧急情况一般包括火灾、地震等自然突发下引起的，还有盗窃等人为因素引发的事件。这些情况不论哪一种，一旦发生对于一个博物馆而言都会产生严重的损失，因此博物馆必须去面对，需要有完善的抢救计划去应对。可以说新馆建设，这个计划也是不可或缺的。

紧急抢救计划是为紧急抢救做的一个准备，这个准备蕴含了很多内容和步骤。

（一）召集规划团队

团队包括了所有参与处理突发事件的不同小组的代表，也就是说从馆长到工作人员再到保安、警察，每个部门都要有一个代表在这个紧急抢救计划的团队内，如何安排很重要。紧急抢救的流程由准备开始，到预防再到应对、恢复最后再回到准备。每个博物馆的人员配置都不同，因此如何安排进计划，安排好每个流程的人物都是不一样的。

（二）灾难准备，提前规划，把损失降到最低

这里的准备就分了很多内容，包括评估风险、减少风险、优化处理藏品项目、灾难应变队伍、灾难应变计划、灾难恢复计划、培训和定期地更新程序。这里主要说一下评估风险和优化。

评估风险就是对风险的评估，危机有很多种，每一种都会造成风险，因此需要列举危机和危机分级。列举危机有三种方法，一是在博物馆里的人的经验，这些人包括参观者和工作人员；二是人们记忆中曾经发生过的事；三是周边环境规划的改变。每一个在博物馆工作的人或者参观者，根据自己的经验可以罗列出可能出现的危机情况，比如地震时，可以想到展厅会发生什么危机，库房会发生什么危机。对于曾经发生过的事，那就更要注意，预防再次发生。周边环境，从全球气象变暖到博物馆附近是否有构成对藏品展示、保护构成威胁的情况都算在内，任何一个忽视都可能造成危机的产生。

危机列举出后，就需要给它做分级，就拿地震来说，震级不同产生的损失也不同，可以简单的分高中低，也可以具体分级。其每种危机带来的严重性也需要评估，包括藏品的数量和价值，危机后恢复的成本需要多少，包括时间和金钱。这些都需要系统地进行分级，以便做出应对措施。

藏品也需要优化藏品目录，其实现在每个博物馆都有对文物藏品进行分级，能很清楚地了解到哪些藏品比较重要，而这些重要的藏品在危机来临时必定优先考虑抢救。

准备完后就是预防，预防的目的就是减少风险，需要良好的管理、良好的维护、认知和风险减少计划。良好的管理就是要有前瞻性的思考，良好的维护就是要防水灾、火灾、虫害和盗窃。认知就是不论是队伍、优化目录、各种风险的维护方针，工作人员到观众都需要意识到，这样能确保在危机发生时，能将损失降到最低。风险减少计划包括已装备的资源，已经着手的计划和处理后对计划的检讨。

紧急抢救计划看似用得不多，但是在事情发生后的作用却是极大的，对于一个新馆成列，方方面面都应该考虑到，不论是常态下的还是突发事故，都要有应对计划，这样才能将损失减少到最小。

以上就是这次讲座的内容和笔者对此结合国内博物馆情况的认识，新馆建设是一个机会，一个重新开始的机会，一个创新的机会。藏品是基础，藏品保护必不可少，纵然现在我们还不够完善，但借此机会，我们可以尽我们所能，所学，所知，所研将馆藏文物全面的保护起来，在此基础上同时充分利用起来，相信将来每一个博物馆都将是最优秀的！

浅谈博物馆油画藏品的保护

中日人民抗日战争纪念馆　苏　杭

随着我国文博事业的发展，相当一部分优秀的油画作品进入了博物馆。加上自新中国成立以来建立的多种纪念馆，其长期陈列的优秀油画作品（如表现战争题材、伟人生平等大型作品），随着时间的推移已经成为全社会优秀文化艺术遗产的一部分。

在许多人眼中，油画是一种远比水彩、传统水墨画等更为坚固持久的画种，但实际情况却不是大家想象的那样简单。导致油画老化和损坏的因素很多：制作技法使用不当、制作材料老化、尘污、昆虫、微生物、空气中的酸和水分、紫外线、温度的变化、油画的自重等，都会对油画的不同层次和各层次组合的稳定性施加影响。这些影响缓慢而持续，无时不在，如不加以限制和消除，它们会逐步累积，互补互助，在十几年的时间里足以损毁油画。

在西方，油画大都能以比较理想的条件保存。即使这样，对油画每 50 年也会有一次保护性处理。由于油画在我国发展时间较短，对其保护技术的研究与应用的工作相对其他保护工作来说比较滞后。目前最好的也就只能以恒温、恒湿的库房来减缓它们劣化速度，那些已出现病害的画作却难以得到所需的保护性处理。

想要油画永不老化是不可能的。艺术家可以通过对材料的选择和运用正确的技法，尽可能减慢和推迟老化的进程，从而延长油画作品的寿命。然而一旦作品离开了画家之手，他们只能期望其他人对作品的尊重和精心照料。除此以外还需避免因为意外事故或人为的疏忽而遭到毁坏。一幅油画要能够以其最佳状态供后人欣赏，需要好几代收藏者和修复者的共同努力和合作。艺术家把倾注心血的作品捐赠给我们，作为收藏单位的博物馆、纪念馆对油画及其他艺术品的保护是责无旁贷的。

一　油画的结构

要想保护好油画，就要了解油画的构成。一幅完整的油画作品，其结构可分为画框、内框、基底、底子、色彩层等五个部分。主要是用亚麻仁油、核桃油、罂粟油等快干油调和的颜料绘制成的。一般多画在涂有地仗（底子）的布、木板或纸板上。纯白色地仗的浆料多用白垩、石膏粉与动物胶、亚麻仁油等胶粘材料调制而成。现代也有以合成树脂等胶粘剂代替动物胶的。有色地仗除以上材料外，再添加所需要的颜料。油画绘制完毕干固后，表面髹一层清漆（或称光油）。油画的制作工艺和材料以及保存条件是决定油画保存期的主要因素。

由于其结构相对复杂，对环境非常敏感，如果保存的环境不理想，油画可能会在很短的时间内出现老化甚至劣化等问题。任何一幅油画，在其被完成的同时，就开始了一个自然老化的过程。这由油画本身的材料和构造所决定，并受各种环境因素的影响。因此，创造一个良好的保存环境，是延长油画寿命的关键所在。对藏有珍贵油画作品的博物馆、纪念馆来说，它更是一项非常重要的基础工作。

二　影响油画安全的环境因素

（一）温湿度

危及油画安全的环境因素主要有温湿度、微生物、光线等，而其中温湿度不稳定是最直接也是最主要的原因。任何不同质地的物品都有最适宜其保存的温湿度范围。如果超过了范围，就容易发生病害。

1. 温度

油画保存的温度如果过高，会使油画的纸质或者织物基底的强度受损，出现干裂、发脆、变色等状况。当温度达到40℃时，色彩层中含有沥青的颜料有可能被溶解，形成黑褐色斑痕，污染画面。但温度也不能过低，尤其是不能降到冰点以下，否则，油画纸质基底中所含的结合水和游离水会结冰，从而导致其内部结构受到破坏，使油画质纸基底变硬、易碎。

2. 湿度

湿度的不稳定较之温度不稳对油画的影响更大。湿度的高低，明显地表现在油画的膨胀或收缩上。由于其组成部分膨胀系数不一样，因此可能出现严重的后果。油画的麻布、木板、纸板等基底，均具有较强的吸水性，画布受潮后立即膨胀，相对湿度降低时又会收缩，这时画布背面的张力明显增加，使底子和色彩层因脱离基底而部分隆起，直观的现象是画面的龟裂，油彩的翘起和剥离。

湿度较大还会助长光线的破坏作用，促使色素变化，引起褪色，加速镉、锶、钛、铅等颜料的氧化过程。使油画颜料中的油质呈现出变黄、变白的现象。潮湿也是霉菌滋生的重要条件，霉菌滋生繁殖的最佳相对湿度是 70% ~ 80%。因此，油画库房相对湿度的上限是不能超过 65%。

温度和湿度的作用是相互的，为了避免因温湿度不断变化，给油画作品带来的损坏，必须对库房的温湿度进行控制。

3. 库房、展厅条件

油画库房的常年温度以 20 ±2℃，相对湿度以 50 ±5% 为宜，一昼夜的温差不要超过 2 ~5℃，相对湿度差不要超过 3% ~5%。为了保证温湿度的稳定，库房应配置自动恒温恒湿空气调节系统。保持油画存放环境的湿度应在50 ~60%之间，上下不超过 2% ~5%，以避免油画吸湿膨胀，造成油绘层与基础脱离或部分空鼓，油质变黄、变白，油画生霉腐朽等情况。保存油画环境的温度应 15 ~25℃，上下不超过 2 ~5℃，以避免油画翘曲变形，油绘层老化脆裂，画面变深发黑。

近年来国内外许多博物馆，利用木材制作油画库房。油画库房所有墙面及地面、屋顶全部敷上 2 ~3 厘米的木板，这样做能够保持库房内温湿度处于比较稳定的状态。避免由于温湿度的剧烈变化引起油画的损坏。

油画在陈列时，展厅的温湿度应该和库房保持一致，如果展厅的温湿度达不到库房的要求，必须采取相应的措施，对比较重要的作品，可放在能够调节温湿度的专用展柜中。现在许多博物馆、纪念馆具备长年恒温恒湿的设备，这在以前相当长一段时期内是很难做到的，为此妥善地保护油画作品（特别是大型油画作品）难度也是相当大的。

（二）微生物

1. 污染源

油画上生长繁殖的微生物的污染源是油画自身作画过程中所用的粘合剂。如明胶、兔皮胶、骨胶以及酪蛋白胶等，这些动物胶的主要成分是天然的蛋白质；还有调色所用的干性油，如亚麻仁油、胡桃油等，这些油的主要成分是天然的不饱和脂肪酸植物油脂。除此以外，油画常用的其他天然材料例如亚麻布、达玛树脂、玛蒂树脂、松脂、有机颜料等也会成为微生物生长的污染源。

2. 温湿度及 pH 值

微生物的正常生长需要满足一定的温湿度条件。在温度方面，真菌的最适生长温度范围是 15～25℃，细菌的最适生长温度范围是 20℃～30℃。至于湿度方面，霉菌属如曲霉和青霉等这两类常见真菌，只要相对湿度达到 85%～90% 的范围就能够生长繁殖，而酵母菌则需要更高一点的相对湿度。细菌生长对湿度的要求更严，需要相对湿度达到 100% 又或者有液体的存在（如水珠、水滴）才能实现生长繁殖。

微生物需要在一定 pH 值的基质中才能正常生长。每种微生物都有一个最适生长 pH 范围和可生长 pH 范围。由于油画所用的材料通常都带有弱酸性，所以以油画的 pH 环境是非常有利于微生物生长的。

正常来说，油画表面大部分的微生物是以孢子的形态由空气传播然后才沉积附着在油画上的，小部分是通过人为接触而附上的。如果油画保管放置的环境条件控制得当，这些微生物孢子因为水分、温度或其他环境条件未达到生长要求，则孢子的萌发就会受到抑制并以休眠和停止生长的方式暂存。只有满足生长的环境出现后，这些微生物孢子才会迅速萌发，然后在短时间内发育为成熟菌体并进行繁殖。

3. 存放环境的影响

油画受微生物侵蚀往往是因为摆放的环境不适当所导致的。有时候因为展览、保管以及私人收藏等关系，油画会摆放在一些空气不流通或通风不良的房间里，例如教堂、临时仓库或私人居室等。这些相对封闭的房间与外界环境之间通常存在一段内外温湿差距，一旦这些房间遇上通风透气的时候，室内温湿度就会产生变化。

另外，画面积聚的污垢和尘埃有助于微生物的生长环境形成。因为灰尘除了能吸附湿气、增加画面的表面湿度以外，还为细菌生长提供营养和方便霉菌菌丝的着床固定。

4. 酶的催化分解

由于酶的催化分解具有高度专一性，一种酶只能催化分解一种特定物质，所以决定不同微生物能够降解有机物的种类及能力是各不相同。这样就能够解释为何油画受到微生物侵蚀时，有时只有特定的画面部位或特定的绘画材料受到侵蚀，而其他地方则相对完好。以常见的布面油画为例，微生物的侵蚀通常由画背开始，从画底逐渐蔓延到油画的各个结构层。经过微生物侵蚀的油画其材质都会变差变脆弱，最终构成损毁。

5. 防治微生物对油画侵蚀的方法

要控制和减少微生物对油画的侵蚀威胁，可以有两种途径：第一是防腐，即利用或控制某种物理或化学条件，使微生物暂时处于不生长、不繁殖但又未死亡的状态；第二是消毒杀菌，即彻底杀灭所有微生物或使微生物永久丧失其生活力。对日常的油画保存来说，防腐是平时控制有害微生物的主要手段，而消毒杀菌则建议只在作品出现被侵蚀的情况下才作处理。

（三）光线

过多的光照或者长期缺少自然光照都会使油画受损。强光会引起油画藏品画材糟朽变形，紫外线对帆布造成危害，破坏帆布纤维，使之产生断裂、毁坏。有的绘画颜料及溶剂还相当强烈地吸收紫外光，造成绘画图案和画面油彩产生漂白、褪色而色调暗淡，甚至变为无色。在展览或存放油画的展厅、库房的玻璃窗上，加贴一层含有紫外线吸收剂的胶膜，以避免油画受过多阳光的照射造成退色。然而油画如长期在黑处存放，也会色泽灰暗。

三　油画的保护原则

油画藏品保护原则和理念都遵循文化遗产保护的基本准则，但同时又保持这个领域的独特性，即尽可能真实、全面地保存并延续其历史、美学的信息及全部价值，并使其材料本体不受到伤害。

采取具体保护措施时要注意：

第一，保持原貌、整旧如旧。要保持其历史标志。

第二，要防止“保护性”的损害，处理后不能留下隐患。

第三，既要消除影响文物寿命的病变，又要防止各种有害因素对其的损害。

四　油画的一些保护措施

（一）选材

作为基础的画板、绷钉画布内框的木料宜用直纹干木材，内框木条的制法应是内薄外厚，断面呈斜坡形，四周用活榫加楔，松紧可以调节这样画板和内框不易翘曲变形，画布不致断裂。

（二）除尘

油画放在仓库里或展出悬挂，都是会沾上一层灰尘。如果油画有灰尘遮覆，最理想的清洁方式是用大小狼毫笔把灰尘拂掉。不要用羽毛掸子来清扫，因为它会将油画上的一些小碎片（其中有些在油画表面的小缝中）扫走。但是切记，在挥毫之前一定要看清楚油画表面有没有已经裂掉、松动的部分。如果有，就不要触碰这些部分。油画作品绝对不要用抹布去擦，更不能用湿抹布，用抹布沾肥皂水更危险。湿气会进入油画细致的肌纹里就不容易出来，较老的油画上面还有一层亮光漆，和水汽结合后会产生一层灰白的石灰效果，像是把作品漂白一样。湿气还会让画布不规则缩胀，对颜料的均匀附着更不利。如果问题已经很严重了，还是请油画修复专业人员咨询修复。

（三）涂布保护层光油

从国内很多博物馆，纪念馆的藏品的原有状况看，作品一旦完成后即作为展品展览，未能在颜料干透后（约半年）涂布保护层光油，对以后作品颜料层受损埋下了隐患。现在很多专业画家已经掌握了有关的专业知识，但是在这之前，国内这方面的油画保护知识的信息是很贫乏的。所以，油画藏品做好加固，清洗，然后涂布保护层光油，做好预防性保护修复工作，这一程序是缺一不可的。

（四）放置、移动

另外，油画要全部配置画框保管，把带框的油画侧立在油画柜内，画与画之间保持 2 厘米左右的空隙，既防止了接触摩擦，又保持空气通畅。油画切忌将两张画面对贴，一旦气温升高，可能会使画面粘连，以致油彩脱落、画面受损。搬动油画时手应干燥干净无液体，最好用干净的棉或塑料手套。移动时应托住外框安全的地方，不要触摸油画的正面和背面，触摸会导致裂缝及其他损害。

（五）人为因素

博物馆和纪念馆油画藏品保护知识的普及，对油画藏品的展出是很重要的。在展览过程中，就发生有观众不听工作人员劝阻，不仅近距离观看油画，甚至还有人用手去摸、去抠油画真品，尽管后来相应增派值班人员，考虑增加围栏，让观众与油画保持距离，但该现象屡见不鲜，观众的不文明行为也不利于保护文物。

博物馆的藏品，是研究历史、科学、艺术等方面珍贵的珍贵资料，是博物馆传承人类文明及其他一切社会活动的物质基础。因此，提高油画藏品的科学保管水平，加强对艺术品保管特殊规律的研究，是文博工作者义不容辞的责任和义务，每个文物收藏单位和文物保管员，均应为此做出不懈努力。

天坛纸质藏品保管与修复

天坛公园　王恩铭

天坛位于北京市东城区永定门内大街东侧，是明清两朝皇帝祭天和祈谷的场所。天坛始建于明永乐十八年（1420年），面积273万平方米，有祈谷坛、圜丘坛、斋宫、神乐署四组古建筑群，是中国现存最完整的皇家祭坛，也是世界上现存最大的祭天建筑群。

正是由于天坛的重要性，出于对古建筑群的保护，在天坛区域内严禁增建新建筑。天坛的文物只能保管于无恒温恒湿的房间，在一年中随四季变换、阴晴雨雪之后温湿度变化很大，很不利于藏品的保管。

一　纸质藏品的现状

天坛纸质藏品多为书籍，经过百年来的变迁，保存文件的环境的不善，纸张的酸度较高，纸张已严重脆化变色，部分颜色已呈黑黄色，机械强度几乎完全丧失，翻阅时几乎一触即碎，有的已经脆裂，不能提供使用，并有虫蛀现象。经过详细检查纸质藏品老化部位从书口、脑、天、地、边向内延致15～30毫米不等，且边缘普遍老化、掉粉、缺损、部分多达10毫米有余。

纸张所含的酸性是文件纸张发生脆化变质的主要原因，而较差的文件保存环境，则加重了文件纸张的老化，并造成虫蛀的发生。我们深刻认识如果不及时进行去酸和修复处理，将不可避免的加速老化，为了避免造成不可挽回的损失，天坛对部分纸质藏品进行了修复。

二　修复原则

纸质藏品的不可再生性决定修复的目的旨在延长古籍寿命，修复活动中要始终保持原件历史原貌应修旧如旧，我们首先确定了以下原则。

（一）安全性原则

1. 修复工作环境的安全性

修复工作环境首先安全措施得当，要防水，防火，防盗。修复工作环境温湿度调节设备应完好，门窗密闭性能要好，不使室外有害气体和灰尘侵入，古籍不要受阳光直射。工具齐全设备安全完好。空间布置安全合理，方便工作。

2. 修复措施的安全性

修复技术或修复方法对古籍来说是绝对安全的。

3. 修复材料的安全性

修复材料必须是安全无害的。不能使用木浆纸作为古籍的修复材料。不要使用明矾及其他可以明显改变纸张性状的化学物质，以免对古籍以及环境产生不利的影响。

（二）真实性原则

1. 藏品内容的真实性

藏品内容应修旧如旧，文字数量不少，文字位置不变，文字形状不变。

2. 文献形态的真实性

装帧形式的真实性，不能随便改变装帧形式。

3. 最少干预原则

避免过度修复，补纸面积越少越好够用即可。

4. 可逆性原则

即在古籍修复中所用的纸张和粘合剂等材料一旦老化应该可以重新揭裱甚至多次揭裱。技术措施可逆，修复材料可逆，慎用新材料新技术。

二　确定修复方案

经现代科学证明，酸是纸张纤维发生化学降解的催化剂，能加快纸张纤维的水解反应，使纸张脆化变黄、机械强度下降，直至脆裂粉碎不能使用。所以我们要求对纸质藏品进行整体除酸处理，以便于稳定纸张的理化性能，延长文件的保存寿命。

由于已经出现粉化、虫咬现象，使纸质藏品的边缘缺损。通过查阅资料和咨询有关学者，确定采用裱书页的方法，利用托纸的拉力增强被修复纸张的强度。需修复的藏品一页分外页和内衬页，外页修复对缺损部分采用无搭边盈补方案，内衬页用马尼拉麻纸加固，厚度为 1.8 毫米。

除酸完成后采用人工逐一处理破损、虫咬的边缘。由修复师判断破损处的纸张质地、纤维长短，选好修补用的纸张后，还要把新纸张染成原藏品颜色，达到“修旧如旧”的效果。染好色，再剪裁、锤平，用糨糊粘贴、重新装订。

糨糊，先买来优质的小麦淀粉，然后将面粉搓成面团，醒面后，在水中将面筋滤去，只留下纯淀粉，用清水养着，每日换清水搅匀，去掉杂质，如此一周左右。洗面筋和滤去杂质的过程，就是去掉面粉中的蛋白质等，减少被蠹虫啃噬的几率，更好地保护古籍。

三　藏品去酸

首先测试藏品能否进行除酸处理，经过对局部的除酸性试验，结果字迹完好，除酸效果显著。去酸的实质是去除纸张中的氢离子，利用氢氧化钙溶液能够较好地去除纸张中的酸性，氢氧化钙在水溶液中电离出的氢氧根离子，能与纸张中的氢离子发生中和反应生成水。

除酸后对纸张的 pH 值和碱保留值进行测定，以确保除酸效果。经测定，去酸后文件的 pH 值、碳酸钙含量符合国际标准 ISO9706《信息与文献—文献用纸—耐久性要求》中关于纸张 pH 值和碱保留值的要求，达到了修复的原定要求。

四　修复程序规范

纸质藏品的修复不是简简单单的机械性工作，其难度大，流程多，质量要求高，人员要求细心等等，我们制定了以下规范要求：

1. 保持清洁

要求在修复工作台上不可放置杂物，保持无任何有可能对藏品产生损坏的物品。离开工作台时盖好已修复及未修复的藏品，避免在空气中二次污染。

2. 控制力度

要修复人员在工作时注意控制力度，达到不遗漏、精细的修复，避免大块的粘补，修补纸张平放，避免修补处起皱。

3. 按流程细心操作

修复工作是需要修复人员细心操作，按照流程一步一步只求质量，不求速度。

五　修复效果

纸质藏品除酸修复之后，纸张的 pH 值由达到了平衡状态，恢复了部分白度值，达到了预期目，延长了藏品的保存寿命。经过对除酸修复后的藏品检验，纸张强度和柔韧性有很大程度的提高，原来一触即碎的文件纸张，现在可以正常翻阅。

六　纸质藏品的保管

经过此次的修复，我们更加了解到修复是为了更好地保护，完成了此次修复工作不是结束，而是刚刚开始。

纸质藏品在北方所受到的侵害主要表现于空气侵害、尘土侵害。空气中的氧气与纤维质氧化作用，产生易粉碎的氧化纤维和亚硫酸，从而是纸质藏品的酸度越来越强，导致变色粉化。随着现代化的发展，尘土中所含的酸性化学颗粒、微生物孢子、虫卵等等越来越复杂且严重。纸质藏品长期处于易染尘空间，尘土所含有的有害物质，在适合的温湿度就会产生霉菌的滋生、虫卵的孵化等等问题。

由于库房的现实问题，为了更好的保存藏品，只能在现有的基础上对存放库房进行定期通风、定期清扫除尘；采用对纸质藏品整体打包封存的方法，减少与空气的直接接触，缓解有害物质的侵扰；在存放环境，放置天然樟木块，增加杀虫灭菌的效果。这些只是治标不治本，要想更好的保管存放藏品，只有建立现代化的库房，运用现代化科技为藏品建立适宜的存放环境。

浅谈破损的古旧书画不及时修复的危害

内蒙古包头市固阳县文化馆　吴春龙

我国有着悠久的历史和灿烂的文化，书画是重要的文化艺术表现形式，古今名家书画作品是我国优秀的文化遗产。中国的书画艺术是最能代表中国传统文化艺术的核心。也是世界公认的东方之瑰宝。书画艺术品无论是观赏价值，历史价值，文物价值，还是在艺术市场上的价格，都高于其他文物古玩。书画作品的保存、展示和研究都离不开装裱、修复。历代书画艺术品得以传世至今，其主要原因就是经过装裱修复。否则诸如唐代的《簪花仕女图》等许多名人墨迹，早就变成残渣碎片。但经过修复人员的精心修复补缀，它像一朵盛开的鲜花，重现往日的风采。更加显示出装裱修复艺术独有的艺术魅力。修复装裱是恢复古旧书画艺术品的原貌，延长寿命，提升其文物价值的主要手段。可以说，没有文物就没有收藏，没有修复装裱就没有陈列。

一　要想书画文物流传于后世就必须及时保护修复

古旧书画艺术作品在传世的过程中由于历时较久，或者由于原裱不佳，发生空壳脱落；或者由于收藏保管不善造成受潮发霉、污迹满目、虫蛀鼠咬、糟朽断裂，天杆、地轴的断脱无法展挂，以及自然灾害等和绫绢、纸的自然老化都会使书画产生折裂、破洞等；或者由于在在流传过程中被撕断裁割，或者由于长期埋于地下朽烂叠粘等等，致使古旧书画残缺不全，人们无法见到它的本来面目，也就失去了它的重要价值，等等这些情况就需要修复。如果不及时修复，放在柜里，使有限的文化资源闲置，也可能对其长期遗忘，导致发现时已朽烂而毁于一旦，无法挽回其艺术生命。就会影响古旧书画的寿命和艺术价值，要想将古旧书画文物流传于后世，就必须对古旧书画文物及时修复。否则那些破损残缺的古旧书画就无法展出。

近十年来，笔者参观过我国省市级博物馆展出的古代、现代的书画作品和私人收藏的古旧书画作品中，或有朋友经常拿来古旧书画让看一看是否需要重新装裱。笔者每看过一次都会为这些古旧书画的命运感到叹息，由于传世的古旧书画作品大多年代久远，因保存不善、受潮发霉等损伤损坏的书画作品状况十分严重。许多是因保护知识的欠缺，导致在展示操作过程中由于操作不当，将藏品损伤，对发生霉变等损伤的作品没有及时请专业装裱修复人员“医治”导致错过最佳“医治”时间，损伤由小变大，“病情”由轻变重。有些省市级博物馆因没有资金和能力去修复它们，只能希望国家拨款修复。如个人收藏的古旧书画作品是明清时代的，是文物，也有价值，虽然破损严重，若能及时地修复，就可以防止古旧书画继续遭到破坏。而且损坏的古旧书画作品不利于观赏、研究、陈列展出。如果不把它们“医治”好，修复好，就会影响这些古旧书画发挥应有的作用。随着时间的推移，受害的范围、程度就可能扩大和加深，已遭损坏的书画就有被毁灭的危险。尤其个人收藏的古旧书画作品不少是文物，有年头，甚至破烂不堪，没有天地杆了，收卷困难，每打开一次就增加一次损伤。若不及时修复，这些古旧书画很难再生存。这充分说明文物及时修复对于保存文物是何等的重要。也可以说文物保护与医学上的疾病防治一样，人一旦患重病，医生也总是想尽一切办法去医治，而不是冻在超低温冰柜里，等待科学发展了再去治疗。

古旧书画都有它自身的历史价值和艺术价值，也不论它属于私人或国家博物馆，都是民族、国家的文化遗产和财富，古人书画创作不易，保护传承至今更不易，受损毁了可惜，其不可再生。修复不仅是文物工作者职业责任，也是良知和神圣的使命，认真负责，精心施技，修复好每一件破损的古旧字画，使之枯木逢春延长艺术寿命，也让世人领略到中国文化艺术的博大精深。是为我们中华炎黄子孙永享啊。

二　古旧书画不及时修复所存在的诸多潜在隐患必须予以高度重视

如果将那些有损伤的书画作品带病入库保管，这样对古旧书画作品极为不利，同时也对古旧书画自身的安全和长久的保管也存在着许多潜在的隐患。而这种隐患对于经验不足的收藏者来讲，事先一般不容易察觉。因此，它对书画造成的破坏往往是意想不到，有时很可能是损毁了！从而导致古旧书画作品悄然消失。正如明代周嘉胄在《装璜志》中说："古迹重裱如病延医。前代书画，历传至今，未有不残脱者。苟欲改装，如病笃延医。医善，则随手而起；医不善，则随剂而毙。所谓'不药当中医'，不遇良工，宁存故物。"表现了前人对古旧书画修复和保护的重视。破损的古旧书画文物一般都积压在库房中，由于经费、技术等原因，得不到及时修复，就会无声地损毁消失。就算当初保存完好的文物，如果得不到内行人员的合理护理，也会损毁。及时修复是能使古旧书画作品早日焕发青春、更是延年益寿的最佳"医治"方案。提高收藏保护知识，对古旧书画作品要勤"体检"、查"病源"、早"治疗"，使古旧书画作品永远"健康长寿，永葆青春"！破损的古旧书画经过修补装潢后，不仅便于保管、鉴赏、悬挂和展示，更便于长期收藏保存。

三　要建立起"预防、研究、修复"三位一体的文物保护体系

贯彻从"预防性保护"到"科学认知"再到"抢救性修复"的理念，逐步建立起"预防、研究、修复"三位一体的书画文物保护体系。若以文物医生自比，就是"上医治未病，中医治欲病，下医治已病。"对应了要建立"平时养生"、"定期体检"、"应时治病"的书画文物健康医疗制度，这就是对文物科学保护工作的一项重要研究内容。文物保护工作的长期性方针是"保护为主，抢救第一"。保护为主以突出强调书画文物的预防性保护为主，即对文物的主动性保护，我国有悠久的历史文化，有高超的传统修复技术，积累了丰富的科学修复经验，有众多造诣很深的修复专家，这是我们的优势。只要我们充分发挥这些优势，抓住历史给予的机遇，就能够把文物修复工作做得比以前更好。如此才能更好地保护好书画作品的传世，让祖国优秀灿烂的中国书画艺术发扬光大。

四 结 语

总之，早日采用合理的方法，加以护理。是文物保护最好的途径，如果这些文物得不到及时抢救性地保护而是放入库房中，那么就会像人一样，小病拖成大病。故而早一天给它们实施“手术”便能返老还童，晚一天，就可能使家宝、国宝的书画艺术品在自然界的腐蚀下结束了“生命”。如果失去了这些历史文化载体，就失去了祖先的文化，图片永远代替不了实物，没有文物实物会让后人记忆变得模糊起来。古代书画艺术作品是中华民族共同的精神财富，古旧书画的保护、修复，不仅是国家和各博物馆保存单位的义务，更是每一个人的责任。现在我们国家安定、昌盛，文化繁荣，国家有经济实力，这正是抢救遭毁书画的良好时机。我们一定要把这件功在当代，利在千秋的事办好。

文物藏品包装运输工作中的安全

黑龙江省博物馆　靳红曼

藏品是博物馆赖以生存和发展的重要因素和根本保障，是博物馆生存的根基，是博物馆一切业务往来的基础。改革开放30余年来，中国博物馆事业得到了很大发展，新建、改建、扩建的博物馆相继建成，这就要求博物馆在文物藏品移动、搬迁、运输过程中对藏品的绝对安全保障成为重中之重。

一　藏品的包装运输与文物保护密不可分

文物收藏是博物馆的重要功能，博物馆对藏品负有科学保护管和研究的责任。藏品管理的核心任务就是要妥善保管，使文物藏品永久地保存下来。文物藏品的利用，必须在保护好藏品的前提下，充分发挥其藏品的作用，这是藏品保管的原则。

藏品的包装就意味着保护，使藏品不受各种物理化学和生物因素的影响。对藏品进行包装，是为了文物在移动、搬迁、运输过程中的安全与方便，采用什么形式的包装，选用什么材质的包装材料，是文物藏品包装与保护的关键，如果采用的形式、选择的材料不妥当，不仅不会对文物起到保护的作用，反而会给藏品带来无穷后患，所以文物藏品的包装与文物的移动、运输密不可分，紧密相连。

易破碎的陶瓷、玉器、青铜器等应以囊匣进行包装，囊匣对藏品的保护作用不仅防尘、防潮和方便日常工作中的安全提月，而且还在于防震，更重要的是可防人为震动，囊匣的大小要适宜，特别是内囊制作很关键，其形状要随藏品的器形而变化，根据器型不同，设计出不同的内囊，如带盖的藏品要在匣内专设一段放盖的位置，以便更好地起到保护文物的作用。内囊的大小要与文物尺寸相吻合，内囊过小就会使装入的藏品造成挤压受损，内囊过大搬动时藏品在里面晃动，就会造成摩擦受损。内囊制作应该软而厚，多以软布或丝绸做囊，不仅滑润、柔软，同时还便于藏品的拿取，并用棉花做囊匣的内囊铺垫，使藏品在搬迁、运输的晃动颠簸之中，不会触及到外包装及其他硬物，避免碰、摔、擦等机械性损伤。器内空隙大的，如陶罐、瓷器等，应放入软纸屑或泡沫塑料等填充材料，用以支撑加固。对于彩陶的包装在包装运输前对陶器上的粉彩最好进行加固保护处理，包装时注意不让陶器直接与软囊接触，否则在装入和取出时会因摩擦把粉彩蹭掉，所以装入囊匣前应给陶器包一层软布或软纸，这样可减少脱落或使粉彩不脱落。

囊匣制作过程中最好预先在囊匣内部放进一些防虫药剂，如天然樟脑精，既能杀虫，又对人体无害，可以解决虫害的问题。防霉、防腐也最好在制作囊匣调制糊精等粘合剂时放进适当比例的防腐剂，如苯甲酸钠做防腐剂效果就比较好。对于大型的易碎的藏品，如陶瓷、青铜器、玉器等内囊的内部可采用一种无毒无害的轻型泡沫塑料板，这种泡沫塑料板可随意制成大小形状各异的各种形制。而且它还具有抗震动、抗挤压、隔热、隔潮和具一定的阻燃性，制作囊匣时在泡沫塑料板上垫上一层棉花或海绵在粘裱衬里，可以最大限度地保护藏品，使之不受温度、光照、尘埃、虫霉的侵害，还可避免文物藏品在搬迁、运输等过程中对藏品可能造成的损害。

外囊的要求，最重要的就是坚固，藏品在运输时免不了要相互叠压装箱，所以囊匣的底层必须要有相当的承受力，外囊的坚固首先要保证做工质量，其次就要注意选材，外囊的制作材料主要用纸板，可根据藏品体积的大小相应的增加纸板的薄厚度，但纸板易受潮变形散架，如用木质夹板做外囊，承受力比较强，以保证藏品的安全。囊匣外为木匣，木匣外再用布来包裹而成，这样外匣可防止磕碰，布囊还可防止震动。

对书画、纸质类文物藏品的包装一般采用画套包装或包袱式的包装来加以保护，画套外为粗布，坚固耐用，内层用柔软的稠布做成。书画纸类文物藏品最怕折叠、摩擦、霉菌、虫蛀、潮湿。此类藏品最好用木匣包装保存，可防止磕碰、摩擦、仿潮、防霉等。包装搬迁运输时不可直接把书画放入匣内，可先用双层布做的布套作为内包装把书画包起来，再用聚乙烯（能耐大多数酸碱）带泡塑料膜作隔层，然后把书画放入匣中，这样的包装可使书画在搬迁运输中得到很好的保护。匣内切勿油漆、糊纸，然后将防虫、防潮剂同时放入匣内，以保藏品安全。

油画的尺寸一般较大，加之画面上的颜料层较厚，触动后颜料极易脱落，包装时最好先将油画按其大小加以归类，选其尺寸近似的放在一起，并用略大于画面的薄板将其一一隔开后，用绳扎紧捆好放于文物箱内，由于油画较怕潮湿，在文物箱内一定要添加防潮剂以防止油画受潮。

二　藏品包装在搬迁运输中文物保护工作的重要性

文物藏品的保护工作，一般是指藏品的库房保管，即静态保管。而对藏品在搬迁运输中的包装保护则更需重视，藏品包装运输的基本要求即是确保藏品在运输中安全可靠，这也是文物保护工作的一个重要环节，是特殊形式的保管工作，即藏品在移动中的保管工作，可称为动态保管。它与展厅或库房的藏品保管不同，二者有一定的共性，但更多的则表现为两者之间的特性。第一，前者的保护时间是短期的，而后者则是长期的。第二，前者需临时创造条件，后者一般已有较好的保管设施和条件。第三，前者为动态保护较难，后者为静态保护相对较易。尤其藏品在移动、搬迁、运输过程中增大了藏品损坏的危险系数，这也是藏品包装运输中保护工作的难点，文物藏品的包装就成为文物保护工作的关键，如何使其既能满足静态保护的要求，而又突出具备藏品在动态下防震防碰的功能，应选用最为安全可靠的包装和运输形式，做到藏品在运输中万无一失。

藏品的包装，是为了移动、搬迁、运输过程中的安全与方便，从造册、分类、包装、押运等都需要一套非常科学和保密程度极高的工作，以确保藏品运输安全无事故。在运输过程中要先分析其中的不利因素，采取有效措施防止不安全因素的产生。

文物装箱是文物搬迁运输之前最重要及最关键的环节，因此，选用文物箱必须牢固安全。箱角必须用金属加固，箱盖可用螺丝钉拧紧。箱子内部的表面应糊上防尘、防湿的材料，箱底可从外面钉上板条，这样可使箱子不完全靠在地上。外板壁上最好按上把手，以便搬运。文物装箱之前，箱内先垫些软纸或泡沫塑料，每件包装好的文物囊匣之间，要用软的泡沫塑料垫隔开，文物囊匣装入大木箱时不可能严丝合缝，这些缝隙在搬迁、运输时必须填充，而且需填充一些轻柔的材料防止摩擦，增加安全系数。一般多采用海绵及各种泡沫塑料，它们质地轻柔，剪裁方便，装箱时大小、薄厚可按需要随意取裁，并富有弹性，即使搬迁、移动、运输过程中遭受剧烈颠簸，亦可轻微起伏，减缓震动强度。文物装箱要上轻下重，四周靠箱处要用较软材料塞紧固定。风、雨、雪、雾天气绝对不能在户外运输文物，同时，箱外应标明防潮、防震、防颠倒等标志。

文物装车顺序要上轻下重，藏品包装箱的上下之间及车底和文物箱之间应铺衬垫，减轻动荡摇晃和箱子间的互撞，随车有人押运，人不离车，在任何条件下，押运人员决不能与文物藏品分处两处。藏品是博物馆的基础，搬库中要周密衔接，做到慎之又慎，车上文物箱的件数，押运人要点交清楚。藏品应做到一物一囊，每个囊匣外要标明内装文物藏品的编号、名称，以便于清点。较大文物装囊后可直接装入外包装箱，小件器物一般囊匣较小，直接装箱易受碰撞挤压，最好将几个小囊匣集中装入一个较大的囊匣中，同时在这个较大的囊匣外标明所装入文物藏品的编号和名称。文物藏品装箱时，应同时制作藏品装箱单，装箱单的内容包括：箱号、器物号、器物名称、每箱总件数。装入一件，填写一件，每装完一箱实物与装箱单核实无误后方可封箱。一批文物藏品全部装箱完毕后，应将所有装箱单与藏品提库单据核对，无误后才能装车，装车单一式二分，箱内一分，包装负责人一分，以备随时清点盘查。开箱时要先核对器物与单据，核实无误后再搬动藏品。

文物藏品的搬迁运输应在一定范围内保密，无关人员不得进入包装场地。藏品包装人员不得随意谈论包装内容、方法、搬迁、运输方式及启运时间、路线等问题。藏品提库单及装箱单由专人妥善保管，不得随意放置，更不准遗失。藏品的外包装必须加贴封条和加锁，钥匙由装运负责人保管，不得随意给予他人。藏品的出库、包装、装箱、装车，一定要强调两人操作，互相制约。

文物藏品的搬迁运输工作，要精心制定文物保卫押运方案，包括特殊情况下的应急措施。要安排专人负责两边库房及沿途文物的安全押运。搬运过程中认真履行职责，严格进出库制度，严禁外人进出，确保文物搬迁的绝对安全。在文物出库前，工作人员要核对箱号，然后按箱号登记出库，填写三联单。要在每箱文物上贴上序号。之后的搬迁流程包括：搬运、装车、记录车次与文物箱数、核准出馆、安全运输、核准入新馆、卸车、记录车次与文物箱数、新馆库房（登记入库），最后是清点文物总箱数。搬迁也是清点“家底”的过程。每次文物从旧库房出库时，保管员和搬运人员都要一个个登记，到新库房入库时，再共同点数核对。被打包好的文物摆放也十分讲究，要求每类文物对照文物账，按文物序号装入箱内。封箱之前，还得填写记录，经办人签字。同时，箱外也得标好顺序，贴上“箭头向上”、“严禁挤压”等标识。

解决文物藏品在移动、搬迁、运输中包装问题已成为当前藏品保管的重要课题，它直接关系到藏品能否安全地到达目的地，任何博物馆都不应忽视。总而言之，无论哪种包装，都要以藏品的安全为中心，在实践中不断地完善和提高。

北京宣南文化博物馆藏品搬迁工作的设想与实践

北京宣南文化博物馆　温思琦

2010年北京市政府对首都功能核心区进行了区划调整，原宣武区与原西城区合并为新西城区。新西城区文化委员会下属四家博物馆，分别是北京宣南文化博物馆与历代帝王庙、李大钊故居、郭守敬纪念馆。这四家博物馆有一个共通点就是都是以中国传统木结构式建筑为馆舍，这种建筑从一个侧面体现出了中国传统文化的博大精深，但是并不利于防火、防雷电、防盗，一旦发生火灾、地震等灾害会给保存在其中的文物造成不可估计的损失。又由于受到建筑本身的空间限制以及北京夏季潮湿冬季干燥这种气候的影响，这种建筑也不利于文物的保护与保管。2008年5.12汶川特大地震中身处震区的许多文物和文物古建都受到了不同程度的毁坏，而绵阳博物馆中心库房五千余件珍贵文物仅有一件文物损毁，一件轻微受损的经验告诉我们符合国家规定的中心库房在突发灾害中对保护文物安全起到了重大作用。因此西城区文委修建了四家博物馆的中心库房，对四家博物馆的藏品进行统一、安全的保管，这项工作已于今年5月底正式启动。

四家博物馆与建成的中心库房都有一定的距离，因此将现有馆藏搬迁到新库房是一件非常艰巨的工作，如何保证所有文物安全没有损害的搬运并妥善保管是本篇论文主要探讨的问题。论文将从搬迁的前期准备工作、藏品在旧库房内的下架工作、文物的运输工作、中心文物库内核对、排架工作以及中心库房管理工作等五个方面对文物搬迁过程中的藏品工作进行设想并在实践中予以贯彻。

一　藏品搬运工作的前期准备

藏品是博物馆存在的基础，如果离开了藏品，博物馆就失去了其存在的价值，可见藏品对于一个博物馆的重要作用，没有藏品就没有博物馆。因此，藏品搬迁工作任务艰巨，为保证藏品安全，搬迁工作中的每一环节都不能出现差错，各种细节也都要考虑周全。

首先搬迁正式开始前博物馆工作人员要提前到新的库房进行查看，熟悉新库房内的柜架摆放位置与数量规格。并根据新库房面积、柜架情况对现有藏品在新库内的排架进行初步设计。这样做有利于藏品到达新库房后的排架、核对账目等工作，而且有利于文物的保护与管理。

其次，邀请兄弟博物馆中在文物搬运工作中有丰富经验的专家或是业务人员从文物的搬拿、包装、运输、账目制作等方面对工作人员进行业务培训，有条件下还可邀请专业人员到馆内对工作人员进行实操培训，为正式搬迁工作提供一个良好的前提准备。

培训完成后，就要确定馆内文物搬迁工作的直接负责人以及具体参与人员。文物的搬运次数以及文物接触的人员越少，文物存世时间就会越久。因此，在保证搬迁工作顺利完成的情况下每次应尽量减少人员与文物的接触。由于搬迁工作量大，人员过少可能会延误搬运工作，给馆内其他业务工作带来不便，因此可为搬运工作设置两组人员，交替工作，在保障搬迁工作顺利、安全地完成的同时也保证了每组人员都能得到充分的休息。每组设置四名工作人员，其中一名小组监督人，由所（馆）领导担任，监督全程账目核对以及搬运工作；一名账目核对人员，由负责保管藏品总登记账的财务人员担任，在全程搬运工作中专职负责核对账目、对每箱文物进行清点造册工作；两名具体工作人员，由馆内保管员担任，负责整理、包装、搬运藏品以及排架等具体实操工作。两组人员按照博物馆藏品总登记账上的顺序平均分配搬运文物数量，如果博物馆藏品总登记号是从 1 – 100，那么第一组从总登记号 1 号搬运到 50 号，第二组就从 51 号搬运到 100 号。这种设置方式有利于两组人员相互制约，能够有效遏制馆藏文物被盗、受损情况的发生。

在搬迁工作之前博物馆还要根据国家和北京市各类博物馆藏品相关法律法规制定应急预案，也就是在可能发生的各类特殊情况下的应急措施，明确应急指挥组成员、各项工作责任人，将责任落实到个人。

二　藏品在旧库房内的下架

（一）严格库房各项管理制度

藏品的保护管理是各馆保管部门的中心工作，而对于处在藏品保管第一线的保管员来说保证藏品的安全是其首要工作。在藏品管理工作中保管员要严格按照规范，避免工作中出现任何可能不利于文物保护的差错，尤其是在文物的搬运、拿放中更要谨慎，保管员一个不小心损毁的就是国家宝贵的文化财产。而在博物馆所有保管工作中，文物库房是藏品保管的中心环节，直接关系到藏品的安全以及寿命。因此藏品在旧库房的下架要严格按照国家制定的各种法律法规和条例以及博物馆原有的库房管理制度。首先严格进出库制度，在搬运工作期间只有两组的工作人员可以进入库房，其他人员包括博物馆正式员工一律不得入内。其次为此次搬迁工作专门制定《搬迁工作库房日志》，每天详细记录出入库时间、人员以及当日清点和打包文物数量、类别等。工作人员在进出库房时要认真登记《库房日志》，每名工作人员都要亲自签名确认，这种做法有利于博物馆的文物管理和保护工作，一旦在库房内发生文物丢失、受损等情况，可根据当天记录找到当事人。

（二）文物的包装与核对工作

每件文物在出库时都要进行细致的包装，尤其是瓷器类等易碎类文物，如果包装不严实，搬运或运输途中轻微的颠簸和磕碰就会给藏品造成损毁。因此要为各类文物准备不同型号的整理箱，用海绵将每件文物包好，平整地放入整理箱内，器物与器物之间的缝隙用报纸填充，使器物固定住不会摇晃，在海绵上用不易掉色的签字笔写上该件文物的分类号。一个箱子码完后，要在箱子外贴上不易撕掉的贴纸，写明该箱内每个文物的分类号以及该箱内文物总数量，这样既方便搬运，也有利于到达新库房后拆箱后对文物的清点、检查和排架工作。箱子盖上盖后贴上盖有公章的封条，封条上签上封箱日期和封箱人姓名。在保管员对文物进行包装的同时总账人员要对照总登记账对每一个打包文物进行逐一认真地核对，包括文物的名称、分类号、文物外形特征、具体数量、完残程度等。每天各组的总帐人员还要汇总当日搬运文物情况，制作每日搬运文物清册，组内四名成员确认并签字后由馆内财务室留存，任何人不得私自修改。

（三）工作人员在库房内应遵守的准则

在文物搬运工作的全程，工作人员不要佩戴可能刮擦文物表面的饰物，如戒指或其他首饰、手表等，服饰尽可能简单，也不要穿过于肥大的衣物，避免不必要的剐蹭，造成藏品的损毁。在搬运书画类文物和古籍类文物时工作人员应尽量戴手套和口罩，避免呼出的哈气和唾液沾染文物。禁止在库房内饮食，尤其是液态的饮料，饮料中的碳酸、糖分都对文物有腐蚀作用。在每件文物搬运中，工作人员应避免两人手递手的递交文物，递交文物一定要先将文物放于平稳的台面上，接拿的人再从台面上将文物拿起。金属类文物、纸质和纤维类文物要带薄手套。在搬运器形硕大的文物时一定要适当增加搬运人员，多人进行协助，单人不要负重过大，避免重心不稳和重量过重造成工作人员脱手将文物损毁的可能。总之，在文物搬运过程中要做到耐心细致，保证文物的安全。

三　文物运输过程中的安全工作

文物在装车时，大件、稳固的文物可以直接装车，器物与器物间填充厚海绵，避免磕碰。大件不稳固的文物一定要再加上稳固的底座后再装车。车厢内，箱子不要落箱子，避免车辆刹车时或颠簸中落在上层的箱子掉落下来摔损，也避免上层文物过重将下层文物压碎。在行进过程中保证有最少两名工作人员在车厢内负责文物的安全。车内全体人员禁止吸烟，注意检查车内有无严禁存放的易燃易爆腐蚀性物品及其他有碍于文物藏品安全的物品，如若发现要及时汇报领导并马上处理。并且工作人员确保不将藏品运输工作具体时间、路线、藏品价值等保密信息泄露给不相干人员，保证在运输途中的文物安全。

在车辆行进过程中，一定要优化线路，尽量避开北京交通高峰期，并且选择交通流量较小的路线。行驶中保持中速行驶，还要尽量减少刹车，避免文物滑落。选择路面较为平整的路面行驶，减少行进中的颠簸，避免在颠簸中文物磕碰发生。如果遇到下雨、雷电、大雾等极端天气，要暂时停止运输工作，避免沿途发生意外，而且文物沾染雨水、雾气也不利于文物的保管。

四　新库房内的工作

（一）文物的核对

文物进入中心库房后，总帐人员要检查整理箱包装是否完整，封条是否未被撕毁。检查完毕后与区文委中心库房临时管理人员共同开启封条，对照箱子上注明的文物分类号和数量核对箱内的文物是否齐全。核对完成后填写《入库藏品数量核对单》，《核对单》一式两联，双方签字确认后各执一联留存。

（二）文物的排架

入库藏品清点完毕后，保管员才可以开始进行接下来的排架工作。国家文物局颁布的《博物馆藏品管理办法》中规定“藏品要按科学方法分类上架，妥善庋藏”。科学的排架是为了方便以后的查询和文物的保管与提取。因此，排架工作看似简单，其实既要做到便于提取，又要做到有利于文物的保护。

博物馆目前所占用新中心库房内共有九个樟木柜和七组密集柜。排架工作首先要为樟木柜进行编号，九个樟木柜规格相同，摆放形式为 3×3 式，樟木柜编号本着自里向外，自上而下的编号方式，编为樟 1、樟 2……樟 9。七组密集柜自门口开始顺次进行编号，第一组柜编号为 1，一直编号到 7。每组柜架又分东西两部分，可在柜号前加入方位，如 1 号柜可编号为东 1 和西 1，顺次编号到东 7、西 7。每部分柜架又分六层，自上至下继续按照阿拉伯数字编号，第一排最上一层为东 1-1 和西 1-1，第二层为东 1-2 和西 1-2，最底层为东 1-6 和西 1-6……以此类推到东 7-6 和西 7-6。对于文物柜架进行科学的编号有利于文物的库房管理。

排架过程中首先要按照文物级别，再按照类别进行排架。同一类别的文物尽量摆放在一起，这样便于文物的管理和查找。所有文物的上架本着上小下大、上轻下重、前低后高、高卧矮立的原则。上架过程中保管员一定要将文物双手抱牢，轻拿轻放，不能够提边、提耳、提把。每个箱子的文物上架完成后都要再次检查箱内是否有文物的小附件遗漏其中。樟木柜最上层摆放铜器类和字画类珍贵文物，中间层摆放铜器和字画类一般类文物，下层摆放古籍、杂项类文物。樟木起到防蛀作用，因此樟木柜中存放博物馆书画类、古籍类、铜器、玉器以及杂项类文物。密集柜主要摆放陶瓷类文物。无法入柜的超大型文物单独存放。

在进行上架的同时还要建立藏品顺序卡，每件文物在库房的哪个柜架上要详细登记，便于以后文物的清点和提取，保管员只要对照顺序卡就可以迅速找到文物的具体位置，不用在库房内漫无目的的找，有利于文物的安全。

上架工作完成后，总帐人员和保管员还要对上架后的文物再一次进行清点核查，确保文物不丢失、不损坏，然后将核对完成的柜架贴上封条，等待下次开启。

五　新中心库房的管理工作

藏品全部入库并且账目核对清楚后，并不代表藏品搬运工作已经完成，还要根据博物馆工作和库房实际情况进一步完善新中心库房的各项管理。

首先要制定适用于本馆的藏品保管员的规章制度，规范保管员的行为。严格按照《中华人民共和国文物保护法》、《文物保护法实施细则》、《博物馆藏品管理办法》等各种法律法规制定《库房管理规定》，工作人员在进入新库内严格按照各项规章制度。新中心库房刚刚启用，可能会存在许多原来库房管理中没有遇到的问题，因此在接下来一段时间内还要不断地摸索并完善中心库房管理规定。

其次，要为库房配备防火、防盗、防虫、防尘、放潮等设备，保证文物在新库房的安全。库房内应配备灭火器、烟感报警器等消防器材，及时发现火情，一旦库房发生火灾在消防车没有到达现场时，保管员可以利用灭火器对火情进行初步控制，将损失降到最低。新库房中已经统一配备了恒湿恒温机，每日 24 小时开启，随时监控和调节库房内的温、湿度，让文物处在良好的保存环境。同时库房要配备一台洁净屏，保管员在进入库房时易把外界的灰尘、不洁空气、细菌带入库房，这些污染物对文物有不同程度的危害。而洁净屏可以有效地监控库房内的环境情况，对库房内的甲醛、灰尘、菌团等情况进行全面监控，保管员要根据洁净屏监控结果，对库房进行有针对性的维护与管理，给予文物良好的保存环境，延长文物的寿命。

库房内要制定《库房日志》，保管员不得单独进入库房，两名保管员进入库房后要认真详细的填写事由、时间、人员等，外人进入库房必须经过主管领导同意并在主管领导陪同下进入库房，在《库房日志》上签字确认，写明入库事由。

保管员在离开库房时，要关窗锁门，拉闸断电。每月定期对库房查看，排查文物库房的安全隐患，检查房顶、门窗、文物柜架是否牢固，发现问题及时汇报领导。无论是何原因，凡库房内文物（实物）发现有损毁丢失及异常情况等，及时汇报部门和所（馆）领导，以便及时处理。定时对库房进行清洁工作，保证库内空气的洁净，环境的整洁、卫生。

博物馆藏品是国家宝贵的科学文化财产，是人类科学和文化不断发展的历史见证，也是一个博物馆的立馆之本。因此在藏品管理工作中工作人员务必要做到戒骄戒躁、认真细致，保障藏品的安全，将我国优秀的文化遗产保护传承下去。

长城博物馆文物搬运中的保管问题

中国长城博物馆　朱冬芬

为迎接奥运会，2007 年 5 月中国长城博物馆（以下简称长博）开始了为期一年的改陈工作。2008 年 3 月底，长博改陈工作进入最后阶段——文物布展。为确保布展过程中文物藏品的安全，根据长博的实际情况，严格按照文物安全规定，制定出要详细的文物布展工作方案，以确保文物安全。由于思想重视、责任明确、准备充分，使得整个布展工作有条不紊、安全顺利完成。现就根据此次长博布展工作中的经历，谈一谈中小博物馆在文物布展过程中，文物藏品搬运、保护管理的几个问题：

一　思想重视

我们作任何工作，都应当以正确的思想观念为指导，从而走向成功。文物布展过程中也不例外。文物安全始终是博物馆工作的重中之重，必须自上而下，在思想上高度重视，才能确保文物安全。

在长博文物布展工作中，馆领导非常重视，强调“藏品安全无小事，提高警惕，小心谨慎，确保文物藏品在运输、布展过程中的绝对安全”。为此，成立了布展工作领导小组，带领全馆人员完成布展工作。并邀请技术力量雄厚、各种包装、搬运设施设备齐全、专业技术人员经验丰富的首都博物馆给予帮助和支持。

对参与布展的全体工作人员做好前期培训，统一思想，提高安全意识，落实安全责任，熟悉文物搬运安全操作规程等等。为文物藏品布展工作顺利进行打下良好基础。

二　准备充分

文物布展是一项统一指挥、各部门协调配合的系统工作。布展前期的准备工作至关重要，是布展工作能否顺利进行的关键。

长博布展前期的准备工作，从业务部文物资料的准备开始。业务部保管人员根据改陈大纲，对上展文物进行全面细致的清点，在首都博物馆专家的指导下，根据上展顺序及藏品情况，将文物按展厅、展线布展顺序做好分类清理、登记、编号、电脑录入、打印清单，清单包括文物的基本信息，展出位置，文物照片等，确保上展文物账物相符，利于运输布展。

办公室根据文物布展工作需要，做好藏品包装、搬运所需的各类物品的准备工作。提前购置一些简单必要的工具及物品，如平板手推车、包装整理箱、包装纸、封条等等。

其他科室大力配合下，做好上展的各项前期准备工作。为确保严密、快速、安全、顺利地完成文物布展工作，馆务会经过反复研究、分析，精心制定了切实可行详细的文物布展工作方案。将布展人员分成文物出库、文物运输（两组）、文物布展、文物安全等五个工作组。落实了文物布展工作人员及岗位职责，明确了严格的工作纪律，制定了布展路线、流程及搬运注意事项，以确保文物布展的绝对安全。

三　上展过程中安全有序

在布展过程中，各部门按照方案的分组情况，各负其责，相互配合，确保上展的全过程安全、有序进行。

文物出库组主要由首博专家、业务部保管员组成，他们熟悉文物，具有一定的专业知识，稳重、认真、细心。在首博专家的指导下，主要负责出库文物的包裹、装箱。在文物出库过程中，他们认真履行职责，严格进出库制度，除工作组成员以外，严禁其他人员靠近、进出。文物包装采取“单件包装，分别入匣，减震防护”的原则，做好每件文物之间的包装和减震，防止由于搬动、运输损坏文物。他们小心地用双手捧着准备上展的文物，放在铺着棉垫的桌子上，用适合的包装纸、棉垫等包裹好，如器盖与器身，凹凸相对互叠，在可能相互接触的表面间夹衬衬垫，并在文物每个角放置衬垫，防止磕碰、挤压。然后贴上标签，放入包装箱内，封好。将包装箱及《文物上展明细表》（一式两份）一并交运送组，双方确认后签字，并各持一份。

文物运送组在首博专家的指导下，负责将文物安全运送到展厅。

在文物运送过程中，文物存在震动损坏、被抢、被盗等方面的威胁和隐患，因此一定要轻拿、轻放，推车要保证安全、平稳，安保人员要提高警惕，谨防发生任何问题和事故。文物运送中，要以组为单位，不能单独行动、不能中途拆散整理箱和外包装，并做到小心、谨慎，确保文物在运送过程中完好无损。要求运送人员持《文物上展明细表》，由两人或四人小心地将文物包装箱抬放到运送文物的专用车上，或两人一起抬着搬运到展厅。搬运到位后，交布展组对箱内文物进行查验核对，确认无误后，上展。

文物布展组由首博专家、布展专业人员、业务部、社教部、保卫部等人员组成，在首博专家的指导下，负责将文物固定牢固，放入展柜展位，摆放稳妥。在文物的整个布展过程中，由专家、保管员接触文物，接触器物必须戴手套，其他人不能在没有允许的情况下动手触摸、拿取文物。

文物进入展位要先上后下、先里后外、先大后小，先重后轻，避免造成不可挽回的损伤。

展柜文物布置完成后，锁好两边的锁，钥匙分别由业务部、保管部留存保管，以备今后使用；对于各种原因未上展的文物，及时交回库房，并做好入库手续，防止文物损坏丢失。

文物体量大，搬运工作复杂的，提前进入展厅，工作人员一件件“重点突破”。如炮、石碑等。

文物安全组由保卫部人员组成，主要负责布展全过程的安全保卫工作。不论文物的出库、运输、布展，他们全程进行安全保卫，寸步不离文物，监控系统，对布展的全过程进行监控。使得整个文物布展搬运工作得以安全顺利进行。

从长博的文物布展工作中，我们可以得到一些中小博物馆布展工作中文物安全搬运的一些启示，那就是领导重视、精心组织、专家指导、充分准备、适当培训、严格要求，这是确保文物搬运工作有条不紊进行，文物不损坏、不丢失、不遗漏，行之有效的工作方法。同时在经验丰富的大的博物馆的帮助支持下，既可以降低布展的费用投入；也可以充分利用文物包装材料，减少环境污染；还可以提高中小博物馆保管人员的文物包装、运输、保护管理水平，为中小馆各项业务工作的开展奠定良好的基础。

藏品征集

中国妇女儿童博物馆近现代文物征集的实践与探索

中国妇女儿童博物馆　左　烨

随着我国新时期社会变革的不断深化，博物馆事业面临着前所未有的发展机遇，中国妇女儿童博物馆（以下简称妇儿馆）正是在这种社会背景下应运而生。中共中央政治局委员、国务委员刘延东这样评价中国妇女儿童博物馆。"作为我国第一家以妇女儿童为主题的国家级专题博物馆，中国妇女儿童博物馆的建成搭建了一个研究、挖掘、展示、宣传女性文化的重要平台，为广大妇女儿童提供了一个传承中华美德、提高综合素质的教育基地，这是我国妇女儿童事业和公益文化事业发展的一件大事"。

妇儿馆的建立也是我国文化力量飞速提升的一个重要标志。从2006年3月奠基，到2010年1月开馆，短短5年的建设历程，妇儿馆工程建设、展陈设计、文物征集三项工作同步进行，尤其是文物征集工作，到开馆前，共征集各类文物资料3万余件，保证了全馆十多个展览的成功举办。可以说在党和国家高度重视、全国妇联领导的亲切关怀、指导下，中国妇女儿童博物馆创造了一段新的历史。

妇儿馆筹建时间短，从文物角度来说，是从零文物开始的；从工作来讲，这是一项全新的挑战，专业性很强，对于妇联干部来说没有经验可循，然而，妇儿馆在筹建期间创造性地开展这项工作，在学中干，在干中学，尤其是在近现代文物征集方面大胆实践，探索出了有效的工作方式和方法。

一　确定文物征集方向

筹建期间，博物馆提出的文物征集内容为：反映中国妇女历史生活状态及妇女文化的图片、资料和实物；各民族妇女有代表性的生活民俗用品；中国妇女儿童事业发展历程和妇女儿童国际交流活动中有价值的文献资料和纪念品；各民族儿童生活学习用品、习俗用品及服装、玩具等。其中既有妇女文物，又有儿童文物；既要反映历史面貌，又要体现时代特色；既要有民间文物，也要有精品文物。所涵盖的内容非常宽泛，征集任务十分艰巨。

从客观上讲，由于妇儿馆筹建时间短，家底薄，古代文物的数量与质量难以一蹴而就，而反映中国妇女从家门走向社会，追求民权民主，谋求自身解放，实现男女平等，始终是妇儿馆需要表现的重要主题。

中国的妇女解放运动与中国的旧民主主义革命运动同时肇始的，没有维新变法，没有民主主义革命，中国社会就不会提出妇女解放的口号。旧民主主义革命人士在妇女解放运动的早期，做了大量的启蒙教育工作，中国社会许多优秀的女性是在这一时期开始接受妇女解放的思想与理论，她们对妇女解放和社会变革起了积极的推动作用，比如秋瑾、何香凝、唐群英等等。因此，中国的妇女解放运动是同中国的民主主义革命运动紧紧地联系在一起的。这些最早的妇女解放领袖们，是在积极投身爱国救亡运动的同时争取女权，并且把女权的实现看作衡量民权实现的尺度。我国的妇女解放运动虽比欧美晚了半个世纪，但是，从戊戌变法开始，就掀起了妇女解放的第一次高潮，中国妇女解放的第二次高潮则是从改革开放开始至今。

全国人大常委会副委员长、全国妇联主席陈至立就对中国妇女儿童博物馆提出希望："办出特色、办出水平，成为广大妇女儿童的良师益友，成为妇女儿童努力学习、共同提高的教育和活动天地，成为社会主义精神文明建设的重要基地。"因此，从筹建时期开始到妇儿馆将来的发展过程中，近现代文物始终是博物馆的重点征集方向。

二　高度重视，精心安排

2005 年 6 月，全国妇联与共青团中央、教育部、国家民委、文化部、国家文物局六部委联合下发了《关于征集中国妇女儿童文物的通知》，成立了由顾秀莲任主任、全国妇联书记处书记和相关部委领导任副主任的“中国妇女儿童文物征集委员会”，具体组织实施对文物征集工作的领导。

秀莲主席对文物征集工作高度重视，两次在省区市妇联主席会上亲自部署。党组书记处也非常重视博物馆的建设工作包括文物征集工作，在书记办公会上多次研究，进一步加强力量，明确领导分工。

三　协调各方，整合力量

在妇联党组书记处的集体领导下，文物征集按四条工作线进行分工：

第一，中国妇女儿童博物馆筹建办公室负责组织各省区市妇联的文物征集工作，配合各部门做好文物征集工作，提供相关咨询，负责文物的筛选、鉴定、接收、登记和保管；

第二，全国妇联办公厅（研究所、老干局）负责中国妇女运动、知名老大姐及全国妇联机关和直属单位的文物征集；

第三，组织联络部负责中央国家机关、国务院各部委、军队、人大政协、民主党派、民族宗教界、港澳台侨及全国妇联团体会员等单位的文物征集；

第四，国际部负责中国妇女民间外交、国际交流、世妇会、妇女国际会议及国际合作项目等方面的文物征集，负责世界知名女性及各国妇女儿童博物馆相关资料的收集。

与此同时全国31个省区市和中央国家机关各部委相继成立文物征集工作小组。各地妇联文物征集组在广泛征求专家意见和充分论证的基础上，提出了各省区市的重点征集范围。国家文物局从专业指导、疏通渠道、文物调拨等方面对博物馆建设全面支持。各地文化厅和文物局对文物征集表现出强烈的责任感和高度配合的精神，在业务上提供帮助，组成专家队伍，协助收集确定线索，鉴定等级，还从文博单位调拨馆藏文物，从而保证我们中国妇女儿童博物馆的文物具有较高的品质；民盟中央快速开展工作，很快就征集到了我国妇女运动社会活动家刘清扬和我国幼儿教育第一人卢乐山的重要文物；解放军武警部队也对文物征集工作通力协作、密切配合。

四　广泛动员，统筹兼顾

对于这件中国妇女儿童事业发展中的大事，各地妇联责无旁贷。领导小组制定了《关于分解和落实文物征集任务的通知》中，对各地文物征集的重点范围和数量做了初步规定。经过各方面专家包括历史学家、博物馆专家、民族民俗学专家以及妇女运动研究人员多次研究、反复论证，依据各地的历史发展过程、地区特色以及各地所报文物清单，初步确定了古代、近现代、当代妇女儿童的生活、人物、教育、民俗等20个文物征集子项目。希望各地区能够按照《通知》所规定的重点内容和数量，层层分解任务，积极组织征集，保质保量地做好这项工作。

基层妇联全力以赴，为了征集一个苗绣头巾，海南省妇联的同志三下偏远地区，最终，对方被妇联同志的真诚所感动，把压箱底的宝贝苗绣头巾捐献出来；为了征集湖南湘绣研究所工艺大师刘爱云老师作品，湖南省妇联多次登门拜访、探望。最终，刘爱云慷慨捐出保存多年、连女儿也舍不得给的封针大作——一幅精美的樱花图；江苏省妇联送来了苏绣大师顾文霞的作品，我国第一位女外交官袁晓圆关于文字改革的方案；为了征集广东大革命时期陈铁军烈士的文物，广东佛山市妇联、市党史研究所、市博物馆联合组成的文物征集工作领导小组成员，专程拜访陈铁军的侄女陈惠文，征集到珍藏了80多年的陈铁军生前亲手绣制的牡丹图绣品、绣花用的箍及四缕剩余丝线。

筹建者的不懈努力，终于结出累累硕果。唐群英“中华民国女子参政同盟会”徽章、宋庆龄赠给延安第二保育院的小毛毯、陈慕华使用过的定音木槌、康克清在妇代会上的发言原稿等近三万件文物藏品支撑起了妇儿馆藏品构架。

整合社会资源，依靠各方力量，挖掘文物征集线索，开辟文物征集渠道，这是前所未有的实践和前所未有的奇迹。正如一位德高望重的文博老专家所言，“博物馆的文物藏品征集工作得到了各级党委和政府、各文博单位、老一辈妇女儿童工作者、社会团体和个人的大力支持”。

五　反思与展望

中国妇女运动总是伴随着社会改革或社会革命，在今天，则是伴随着社会发展。新中国成立后，广大妇女在党的领导下，迅速取得了在法律上与男子的平等地位，妇女在较短时间内从“家庭中人”变成“社会中人”。“男女平等”在社会主义制度下拥有合法的意识形态保障，妇女应该享有与男性平等的人格、尊严、权利、机会和发展结果。它是在承认两性生理差异的基础上，消除性别歧视，倡导性别公正，使妇女能够与男子一样，平等地参与经济社会发展的一切领域，平等地分享经济社会进步的一切成果，与经济社会同步前进、协调发展。表现中国妇女“在参与中求平等，在改革中求发展”是我馆的重要任务之一，因此近现代文物是目前乃至以后我馆文物征集的主要方向。

由于前期筹建时间短，缺乏专业人员等原因，我馆现有近现代文物中照片、仿复制品过多、现代文物资料过滥等现象。虽然在新馆建设过程中，文物入藏标准可以适当放宽，但是这种现实仍然对我们目前的工作造成不小的困惑。

国家文物局曾经制定过《近现代文物征集参考范围》和《近现代以及文物定级标准》，使我们在日常文物征集中有一个比较明确的参考目标，但是就我馆来讲，制定适合我馆性质和任务的征集方向是非常有必要和急需的。妇女儿童博物馆虽是专题博物馆，但是妇女儿童概念的外延和内涵极其广泛，如果不加选择地征集，文物鱼龙混杂，对博物馆的研究和展览工作造成难以承受的困惑，对博物馆宣传和教育工作也是出了很大的难题，毕竟博物馆不是妇女儿童用品百货大楼，也不是杂货铺，因此，深入研究妇女儿童问题，确立陈列研究收藏方向，是我馆面临的迫切任务。

随着开馆后各项业务工作的有序展开，这方面工作正逐步开展。例如我们对《中国女性绘画》这个专题进行了分析和论证，认为中国女性绘画，虽然在文化历史的长河中一直游离于以男性为主宰的文化史以外，但仔细寻觅，仍可看出其或隐或现的轨迹，既与主宰文化相融，又有自己独特的领域，尤其是现代女画家，更是创造了巨大的成就，与男画家一起谱写了新中国的艺术史，因此女画家是我国绘画发展史上不可或缺的一部分。此外在绘画这个男性掌握话语权的领域，用性别的观念来研究绘画，也是一个崭新的角度、独特的视角和全新的方法。在全方位征集中国女性绘画作品的基础上，可以此为视点，发挥中国妇女儿童博物馆文化平台的作用，举办各类专题展览；与国内顶尖学术机构联合开展学术讨论，开展国际学术交流；可以将始终处于边缘状态的当代女性艺术家联合起来，形成一套女性自身的批评体系，引领中国女性绘画话语权的建立。

结合临时展览内容，确立开展文物征集方向，有的放矢开展现代文物的征集活动。今年我馆举办了《党的女儿，时代楷模》百名女共产党员临时展览，此次展览突出展示红军长征女战士、抗日女战士、解放战争时期和新中国成立后优秀女共产党员以及中国妇女事业发展的卓越领导人、中国女性先进分子，在中国共产党的领导下，为新民主主义革命、社会主义革命和建设做出的重要贡献。依据这个展览方向，我们征集了女红军战士张文的荣誉勋章，对一些发生在妇女儿童领域的重大事件相关的藏品，我们也是多方联系，及时跟进，如我们及时找到“小巷总理”谭竹青的家人，征集了她生前工作时戴的眼镜等文物。

中国妇女儿童博物馆是个年轻的博物馆，但对我国妇女儿童事业来讲，是个具有历史意义的里程碑。博物馆应该打造成贯彻男女平等基本国策、推进两性协调发展共同进步、促进儿童健康成长的教育基地；开展妇女儿童国际交流与合作的宣传平台。对于文物征集工作者来说，有目的地征集近现代文物，反映从鸦片战争开始，妇女在阶级解放中也有很多可歌可泣的人物和事迹，广大妇女觉醒奋争的过程，一直到现在政府专门为妇女制定了《妇女权益保障法》，使广大妇女感觉到真正站起来了。展示广大妇女的在政治、经济、文化、体育各个方面风采，特别是在改革开放之后广大打工妹群体出现，女企业家出现，在促进社会和谐、经济发展方面都发挥着重要作用，需要我们脚踏实地去探索与实践。

从中国民族博物馆的功能定位浅谈民族文物的征集及入藏标准

中国民族博物馆　谢　军

自古以来，我国就是一个统一的多民族国家。我们伟大的中华民族是由五十六民族共同组成的，各民族都对中华民族的形成和发展作出过自己的贡献，并在各自特殊的条件下创造了各具特色的历史和文化。各民族悠久的历史和灿烂的文化，正是我国悠久历史和灿烂文化的具体体现。传承和弘扬我国优秀的传统文化，既是我国国情使然，也是全国各民族人民的共同心愿。然而，建立一座国家级的中国民族博物馆就是其中一个不可或缺的重要方面。

新中国成立后，毛主席、周总理等第一代领导集体就提出筹建一座中国民族博物馆的设想。由于种种原因，在“文化大革命”之前，全国还没有一座真正意义上的民族博物馆。改革开放以后，全国各地建立民族博物馆像雨后春笋似的涌现出来。这是我国繁荣昌盛，社会和谐，民族团结，人民安康的具体体现。正是在这个基础上，从专家学者到普通百姓，从中央到地方，强烈呼吁建立一座代表五十六个民族的国家级的中国民族博物馆立项建设终于提上具体日程。

中国的具体国情和各族人民的根本愿望决定了中国民族博物馆的功能定位：它是我国民族物质和非物质文化遗产的收藏中心；民族政治、经济文化和社会的展示中心，民族历史、民族政策、爱国主义教育与传播基地，对外文化交流的一个窗口，以及公众休闲、娱乐、旅游、消费的一个空间。中国民族博物馆不仅肩负着展示、传承、弘扬民族文化、凝聚民族精神的重要责任，还肩负着体现并落实党的民族政策和服务经济社会发展方面尽自己应有的责任。这也正是我们中国民族博物馆的民族文物征集和入藏标准所要坚持的基本原则。下面想从自己多年来的工作实践，就这方面谈几点心得体会。

一　首先加强对民族文物征集工作重要性的认识

民族文物是各民族自古以来遗留和保存下来的物质文化资料，所涉及的内涵极其丰富。因为每个民族都有自己悠久的历史、丰富的文化、独特的风俗习惯、宗教信仰、科学技术、生产经验和发明创造。这些都是以文物的形式遗留和保存下来的。鉴于各民族的来源、地理环境、经济类型、生产水平和风俗习惯等方面各具特色，致使遗留和保存下来的民族文物多种多样，异彩纷呈。它不仅是记录和反映各民族发展的社会、历史、文化的载体，也是各民族人民智慧的结晶。对于那些没有本民族文字的民族来说，这些文物本身就是“无文字的文字”。这些集民族历史、文化和工艺于一身的民族文物具有其独特的认识价值、文化价值、收藏价值和研究价值。是我们博物馆的物质基础，也是博物馆进行科学研究的“社会化石”。

长期以来，由于民族文物保护理念落后，相关的保护政策、可操作性的法规和技术标准滞后，加上对民族文物缺乏理论探讨、调查研究、抢救和保护的具体措施以及相关的科学建设跟不上，都给民族文物征集工作遗留下来不少急待解决的问题。

今天，随着改革开放政策的不断深化，中国综合国力不断提高，国际文化交流日益频繁，通过民族文物向世人展示我国各民族悠久历史和灿烂文化提到重要的日程。这不仅是我们传承和弘扬各民族优秀文化传统的需要，也是我们从这是历史文物中吸取有益的精神财富，为我们今天社会、经济、文化可持续发展提供宝贵的借鉴。这是一件功在当代，利于千秋，功德无量的工作，应该引起社会各方面给予足够的重视。

二　民族文物的征集工作必须严格遵守有关法律、法规

严格遵守有关法律、法规进行民族文物的征集工作，是我们始终必须坚持的基本原则。《中华人民共和国文物保护法》第二条第五款规定：“反映历史上各个时代、各民族社会制度、社会生产、社会生活的代表性实物”作为民族文

物的法定表述。在有关地方性的法规中对民族文物也有明确的表述，主要体现在少数民族聚居的自治区和有关省份为实施《中华人民共和国文物保护法》而制定的现行地方性法规。法规中提及民族文物（或少数民族）的有《内蒙古自治区文物保护条例》、《云南省实施〈中华人民共和国文物保护法〉办法》、《青海省实施〈中华人民共和国文物保护法〉办法》、《广西壮族自治区文物保护管理条例》、《贵州省文物保护条例》、《海南省文物保护管理办法》、《西藏自治区文物保护条例》。在这些法规、规章中，民族文物或少数民族文物的概念基本上是指我国现有五十五个少数民族各个历史时期的可移动和不可移动的文物。包括：具有历史、艺术、科学价值的古代文化遗址、包括古墓葬、古建筑、石窟和物质文化品；与重大历史事件、革命运动和重要人物有关的，具有纪念意义和历史价值的遗址和纪念物等；历史上各个时代有价值的艺术品、工艺品；具有历史、艺术和科学价值的文献资料；反映历史上各时代、各民族的社会制度、社会生产和社会生活的代表实物。我们在征集民族文物的过程中，必须不折不扣的遵照这些有关法律和法规进行，切不可自行其是。

三　在广泛深入调查研究的基础上采取多种渠道多种办法开展民族文物的征集工作

在我们这样具有悠久历史和灿烂文化的伟大国度里，有关民族的记载资料十分丰富。从殷商（公元前1766～公元前1122年）出土的甲骨文中，就可约略地了解到当时的一些民族情况，如民族名称，他们的生活、礼仪、祭祀和战争等情况。另一方面，中国幅员辽阔，各民族居住分散，各民族的物质文化和精神文化的表现形式及深层内涵，丰富多彩。这就要求我们民族文物的征集和抢救工作必须在广泛深入调查研究的基础上，制定出切实可行的近期和长期的规划。通过调查研究，逐步掌握各民族地区遗留和保存的民族文物的数量，并对其进行分门别类地做好资料的整理工作，从中筛选出符合馆藏条件的文物，针对其具体情况提出抢救和保护、征集的意见和建议，报上级主管部门审批。只有这样才能使这一工作稳妥有序地进行，不断取得新的成果。

民族文物的征集工作，切忌一条胡同走到黑。必须采取多种渠道、多种形势、多种方法来进行。博物馆之间要加强联系，充分发挥各自的优势，通力合作、优势互补、互通有无、互通支援。自己馆藏那些较多的文物和标本，可以拨出一部分給别的博物馆，以换取别的博物馆拨给本馆所需的藏品。这种有计划的相互交换，是征集民族文物的一个好办法。

随着社会文化氛围的不断高涨，社会上通过各种渠道涌现出来不少有价值的民族文物和庞大的收藏队伍，这是一股难能可贵的民间力量。充分发挥他们的作用，同他们建立长期的工作联系，在他们中间建立征集点，以及通过现代化的信息传递方式，从他们手中获得藏品的图文信息，这无疑是一个很好的渠道。

现代社会是一个有很高信息化含量的社会，网络技术的进步简化了很多繁琐的工作程序，实现了社会资源共享的需求，提高了社会运转效率，很多从前不敢设想的事情变为现实，极大地便利了社会各方面的需求。作为民族博物馆来说，必须紧跟时代发展的步伐，充分利用信息社会和网络技术带来的巨大优势，在民族文物征集的过程中发挥应有的作用。为此，自己要研制一套科学规范的电子商务服务系统，并进行广泛的宣传活动，从而使更多、更好的民族文物涌现出来，使民族文物的征集工作科学、有序、长久、顺利地发展下去。

办展览是博物馆的一项正常的日常业务。通过办展览来征集民族文物也是一个不可忽视的重要渠道。举办展览可以通过对民族文物的宣传报道、实地参观，进一步扩大社会效益；观众在观看展览的过程中，既使他们增长了知识，又进一步认识到民族文物的重要性，从而进一步提高他们支持民族文物征集工作的积极性和自觉性，这也是征集民族文物的一个重要渠道和办法。

新中国成立之前，有不少重要的民族文物流散到海外，被国外的博物馆、研究机构、私人收藏者收藏；另一方面，随着国际文化交流的日益频繁、文化演出和商业活动的活跃，文物走私也十分猖獗。改革开放以来，随着经济体制转轨和文化事业日益繁荣，民族文物越来越受到广泛的关注。我们要与海外侨胞个人、海外有关社会团体建立广泛的联系，及时掌握有关民族文物流失海外的情况，做好民族文物回归的各项相关工作。

与此同时，向专家、学者、社会名流征集民族文物回归也是一个不可忽视的渠道。

由于民族文物的征集工作专业性、技术性较强，涉及面广，应由博物馆有关领导牵头组织馆内专家和保管部工作人员组成藏品鉴定委员会或鉴定小组，对入馆藏品进行鉴定，对藏品的征集工作严格把关。这是搞好民族文物征集工作一项重要的组织保证。

四　严格掌握民族文物的入藏标准

《中华人民共和国文物保护法》第三十六条规定：博物馆、图书馆和其他文物收藏单位对收藏的文物，必须区分文物等级，设置藏品档案，建立严格的管理制度，并报主管的文物行政部门备案。2001 年颁布的《文物藏品定级标准》，2003 年颁布了《近现代一级文物藏品定级标准（试行）》，由于民族文物具有自身的特殊性和差异性，在实际工作中，所颁发的这些标准有不少难以适用于民族文物。

文物定级，首先需要对文物进行鉴定，以辨明文物的真伪，考证文物的时代内涵，评价文物的历史、艺术和科学价值，在此基础上，根据文物的价值高低、给文物确定相应等级。近年来，许多文物专家和民族文物工作者，对民族文物的界定、分类、定级问题，给予越来越多的关注。根据中国博物馆协会民族博物馆专业委员会公布《民族文物藏品定级标准》，该标准按照民族文物藏品的历史、科学、艺术、民族学价值、民族和地域特色鲜明的代表性等方面，区分为珍贵文物和一般文物。在珍贵文物当中又分为一、二、三级。在历史、科学、艺术、民族学价值、民族和地域特色鲜明的代表性民族文物当中，特别重要的为一级，重要的为二级，比较重要的为三级，有一定价值的为一般民族文物。无论一、二、三级的珍贵民族文物，都要源流清晰可考，民族和地域特色鲜明文化内涵丰富，存世时间长久，品相完好，存世数量稀少或较少。一级珍贵民族文物尤其要求反映各民族形成、迁徙、发展、融合；反映各民族生产关系、社会制度、政治制度、经济制度、文化制度；反映各民族社会历史发展变革；反映各民族加强民族团结、反对民族分裂、维护国家统一；反映各民族之间、各民族与境外民族之间的民族关系、文化交流；反映各民族抗御海外、反抗侵略；反映各民族著名人物、重大历史事件、著名起义、革命运动；反映各民族宗教信仰、宗教政策、宗教组织、宗教文化；反映各民族生活方式与生活习俗；反映各民族文化、艺术成就；反映中华人民共和国成立后或民主改革后各民族社会主义革命和建设等方面特别重要的文物。

民族文物种类繁多。首先将入馆文物和标本按藏品和非藏品分别归类，由馆内藏品鉴定委员会负责人签署意见、备案。对于珍贵的和重要的藏品，应由馆内藏品鉴定委员会提出初步鉴定意见，上报有关主管部门审定。对那些可能被定为一级文物的藏品的入库鉴定，应由国家文物鉴定委员会有关方面鉴定委员会出具鉴定意见，存档并报国家文物局。在选鉴藏品过程中，如果出现分歧较大，应将各种意见如实记录在案，暂定入藏，从缓定级。对较为一般的文物和标本，也可以在临时库房存放，暂缓入库。

文物藏品的内容，决定博物馆的性质。文物藏品数量多寡、质量优劣，是衡量博物馆规模和地位的重要标志之一。因此，严格执行民族文物的入藏标准具有特别重要的意义。为了搞好这方面工作，对专业技术人员的引进和对现有的工作人员进行专业知识和综合素质的培训尤为重要。通过培训不断增强他们的责任感和使命感，不断提高他们的法制观念，恪尽职守，勇于开拓，显得特别重要。这是搞好藏品入藏和管理工作最根本的保证。

参考文献

[1] 国家文物局:《博物馆藏品保管工作手册》，群众出版社 1992 年版。
[2] 民族文化宫博物馆:《中国民族文博》(1 ~3 辑)，民族出版社 2010 年版。
[3] 中国民族博物馆:《论民族博物馆建设》，民族出版社 2007 年版。
[4]《中华人民共和国文物保护法》第二条第五款规定。

专业博物馆藏品征集工作的思考

中国邮政邮票博物馆　杨　华

藏品是博物馆立馆之本，发展之源。藏品的数量、质量及其研究利用程度，是衡量一所博物馆发展规模、科学价值、总体水平及社会威望的主要标志。征集工作是博物馆根据自身性质、特点的需要，通过各种途径，有目的地不断补充藏品的基本业务工作。近几年，中国的博物馆事业发展迅猛，各类专业博物馆如雨后春笋般大批建立，但由于各方面条件的限制，藏品征集工作处于停滞不前的状况。这种藏品来源危机的现象长期持续，势必会影响博物馆的发展。如何能建立长效的文物征集机制，源源不断地征集到高质量的藏品，充实丰富馆藏，一直是博物馆业务工作中的难题。本文拟从三点浅谈专业博物馆改善征集工作的对策。

一　根据博物馆的定位来开展文物征集，制定切实可行的征集计划

博物馆有各种不同的类型，文物的种类和范围也很广泛，专业博物馆的性质、任务不同，因而征集藏品的范围也不一样，各有特点和要求。专业博物馆应根据本馆的专有性质和特点界定征集对象与范围，制定科学的征集计划，逐步开展征集工作。

（一）明确的目的性，根据博物馆特性逐步建立完善的藏品体系

征集工作的目标是逐步建立与本馆性质相适应的完善的藏品体系。藏品体系的建设必须要有明确的目的性，根据自身特色及定位，开展征集工作。博物馆特色及定位是指博物馆根据特色文化和文物资源，确定的博物馆主题基本陈

列，它所展示和反映的是最典型、最具代表性、最直观形象、最有生命力的有别于其他博物馆的特色文化①。

每一所专业博物馆应该对所在领域的文化特色与风貌要有充分的了解与研究，并且在此基础上确定本馆的性质、特点与发展方向，找准文化定位。以我馆为例，中国邮政邮票博物馆的建设是为了加强邮政邮票文物的征集、保护和管理，开展科学研究，继承我国优秀的邮政行业传统，弘扬民族通信文化，展示中国邮政发展历史和建设成就，进行爱国主义和邮政科普教育，促进邮政博物馆事业的发展。建馆后，博物馆收藏和利用邮政、邮票文物进行学术研究与交流，并向观众展示中国邮驿邮政文化以及丰富多彩的中外邮票、成为展示中国邮政风采的一个窗口，观众了解邮政的一个沟通平台。邮政文物是我国历史文化遗产的重要组成部分，是邮政通信历史发展的实物见证，是博物馆事业建设的物质基础，必须加以征集保护。本馆收藏的邮政文物，主要包括从古至今在我国各种邮政通信领域内，具有较高历史、文化和科学价值的各种典型的通信实物、文献史料、音像制品、邮资票品，以及与通信有关的、反映重大事件、重要人物和国际交往活动的历史见证物。如其中的邮票设计原图、原稿、印版、印模；邮政用具等就极具专业特色。

目前，不少专业博物馆的藏品征集工作不能够根据本馆的特性来界定确切的征集对象与范围，从而使征集的藏品与其性质极不相称，零乱、繁杂，缺乏特色，这样不但给博物馆的陈列与研究带来不利，而且也给保管工作增加了许多负担。所以，博物馆只有在明确了征集工作的目的性以后，才能够彻底摆脱征集中的盲目性，从而合理地利用有限的征集经费与库房空间来征集所需的文物，使藏品征集工作真正做到有的放矢。

（二）科学的计划性，制定完善的征集计划

征集计划是针对本馆自身的馆藏情况，结合自身的定位制定出来的文物征集的行动目标和方案。征集计划的制定应该以调查馆藏现状、摸清家底为前提，以开展馆藏文物研究为基础，以发展陈列为目的，在充分体现

---

① 陈峻：《关于博物馆开展文物征集工作的几点思考》，《博物馆研究》2009 年第 3 期。

藏品系统性、科学性与完整性的基础上，制定出一整套科学合理的、符合专业博物馆的性质、特点与要求的藏品征集方案①。应该周密细致，可行性强。

这就要求我们对馆藏文物进行更系统、全面的综合性调查统计与分析研究，从中进一步了解原有馆藏的特点，对它们的数量、种类乃至级别进行量的分析和质的剖析，考察其有无形成系列的可能及所存在的薄弱环节和空白。征集重点应放在本馆藏品中的弱项上，着重藏品质量的提高和品种的丰富，不可单看数量的增加。另外，科学的征集方案还要充分遵循本馆目前和今后一个时期内研究、陈列的重点及发展方向，充分考虑科研、陈列和馆藏的需要以及人力、财力的情况，分别轻重缓急，确定征集对象，划定征集范围，明确征集重点。这样的征集方案才能使征集工作有步骤地，卓有成效地进行。

二 建立文物征集的职能部门，打造稳定的具有高素质的文物征集队伍

征集工作能专业有效地付诸实施，还必须要有组织保障。由一个专门的组织机构来牵头，统一指导藏品征集工作。建立专门的征集机构，配备必要的专业人员，这是规范并加强藏品征集工作的重要条件。

（一）机构保障

藏品征集工作有长期性与经常性的特点，不是临时的任务或突击性的工作，因此需要设立专门负责的日常工作部门，来执行长期的征集计划。目前，不少中小型博物馆没有条件设立专门的征集部门，藏品征集工作多隶属于保管部，而保管部的工作重点是对藏品进行管理和保护，征集工作并非其工作重点。由于没有专职部门和专职队伍，致使专业博物馆的征集工作没有计划和重点，没有任务和要求，严重地影响了征集工作的正常开展。

要建立专门的征集机构，就必须使博物馆各级领导充分认识文物征集工的

① 赵丽娟：《试谈博物馆的文物征集渠道》，《大庆社会科学》2009年第2期。

重要性和紧迫性。通过机构改革，健全博物馆的组织体制，对于大馆来说，可以设立专门的征集机构，直属馆长或隶属于保管部。中小型博物馆，则可在保管部内设立征集组或配备专职征集工作人员。

以我馆为例，做好邮政文物普查、挖掘、征集、保护和管理工作，是全国各级邮政单位和干部职工应尽的义务。加强邮政文博机构建设，为邮政博物馆体系建设提供有力保障，这是征集工作有序开展的前提。目前，邮政文物的征集工作由各地区邮政机构负责文史工作的部门协办，在企业内开展文博工作已属不易，各地区各级邮政企业更没有条件设专业的邮政文物征集部门或人员。这样，开展大规模的、长期的征集工作就非常困难。随着中国邮政邮票博物馆的发展，社会影响力的日益扩大，邮政企业各级领导益加重视，邮政文博工作也逐步确保能在各省做到领导到位、机构到位、人员到位、条件到位、经费到位，努力保持机构的相对稳定性。

（二）人才保障

一流的人才创造一流的博物馆，文物征集是一项科学性和技术性比较强的工作，培养一支具备使命感、责任感和对文物征集有较高的博物馆学专业水平的文物征集队伍对一个博物馆的发展延续至关重要。

其一，要熟悉博物馆业务。征集人员要对本馆的定位性质了如指掌，熟悉本馆库藏情况，知道本馆藏品的优势和薄弱环节。这样才能游刃有余地开展征集工作，并在执行过程中，根据情况的变化，不断地对征集计划进行必要地调整。

其二，要有专业知识的积累。征集人员需要不断提高对专业文化的认知，加强自身对文物的鉴定、保管、研究能力，不断更新观念、求实进取，这样才能适应征集文物的要求。要强调的是征集队伍中需要有一些具有较高专业水平与鉴定能力的业务人员。征集任务要对被征集文物的真伪、时代、质地及历史、科学、艺术价值作出准确的鉴定与判断，并从中确定是否符合本馆的收藏标准与要求。

其三，要有强烈的事业心。征集人员要热爱本职工作，能严格执行文物政策法令，并具有吃苦耐劳、认真负责的精神。

三　打通文物征集途径，实现征集方式的多样化

藏品征集的主要途径有：考古发掘、田野采集、社会调查征集、收购、接受捐赠、交换、调拨等。对于专业博物馆，现有条件下可实行的征集方式却是有限的。笔者认为可以从以下三点打通征集渠道：

（一）依托行业，加强行业内征集力度

专业博物馆依托于行业，本系统领导的支持是我们做好文物征集工作的前提，各级党政领导的重视支持往往会起到事半功倍的效果。专业博物馆要积极主动地与各地相关部门交流工作，宣传文物征集工作的重要意义，努力争取各级领导及企业对文物征集工作的关注重视并列入议事日程。另外，争取上级主管部门的支持，对蕴藏当代社会政治、经济、文化变革重要信息的物品的及时收藏十分重要。当代社会变革速度加快，物品更新速度日新月异，稍纵即逝，因此加强当代文物征集工作已成为藏品征集中的一项紧迫任务。

目前，我馆依托邮政部门的领导协调，基本形成覆盖各省的征集网络。邮政系统内部一般采取组织系统征集和直接接纳职工捐赠的方式。组织系统征集，是由博物馆和各级邮政文史机构制定征集计划，确定征集任务和工作方法。通过邮政上级主管部门，向各级各地区邮政机构下发文件征集文物。近现代邮政文物资料还有不少散存在各地各级邮政组织，职工手中，所以，鼓励企业内积极捐献近现代邮政文物是我馆征集工作的一项重点。

（二）充分利用私人收藏，接受社会的文物捐赠

现在私人收藏队伍日趋庞大，其藏品将成为未来博物馆潜在的、雄厚的文物资源库。动员社会力量捐赠藏品已成为博物馆增加藏品的重要途径。

国有博物馆作为国家文物收藏研究陈列展览的主体机构，在社会上具有很高的知名度和广泛的影响。国有博物馆的性质与社会地位也吸引着社会中的收藏者。不少收藏者基于爱国、信任，有意将自己的藏品捐献给博物馆作永久珍藏。因此，博物馆征集部门要主动与民间收藏组织及收藏家、专家、知名人士

广泛建立联系，研究制定鼓励私人收藏者捐献文物或有偿转让文物的奖励政策，及时了解收藏者有无出售或捐献藏品的意向。征集部门也要做好普通群众的来信、来访工作，其中可能有提供文物线索的，有要求代为鉴定文物的，有捐献和出售文物的，情况比较复杂，对这些线索要认真分析，区别对待，不要放过有价值的线索。

总之，博物馆应努力拓宽和加深在社会上征集文物信息的宽度和深度，借助多重媒体的优势，开通文物捐赠热线，发布征集信息，鼓励捐赠。作为征集人员，应该热情接待捐赠藏品或来访咨询人员，主动向其说明藏品的价值以及捐赠藏品对促进博物馆建设的重要意义，有需要时也可给予适当的经济补助，切实调动捐赠者的积极性。

（三）适时开展专题文物征集活动

专业博物馆可采取专题征集的方式征集文物。专题征集的特点是：针对性强，只为某项专题而开展的文物征集活动，形式简便灵活，易为群众了解和接受，博物馆能集中人力和物力，在相对较短的时间内完成某项专题文物资料征集工作，效率较高，成效显著。

以汶川地震文物征集工作为例。在2008年5月发生的汶川特大地震中，中国邮政沉着应对，各地邮政企业通力协作，很好地完成了抗震救灾和恢复邮政生产工作，灾后重建工作有序进行。四川、陕西、甘肃、重庆、宁夏、云南六个受灾地区的各级邮政企业和广大干部职工经受住严峻考验，为中国邮政夺取抗震救灾和灾后恢复重建工作胜利作出了重要贡献，赢得了社会各界的广泛赞誉，进一步树立了邮政的良好社会形象。为了全面、系统和完整地反映中国邮政在汶川地震抗震救灾中所付出的努力和作出的贡献，中国邮政邮票博物馆在上级部门的大力支持下，进行了一次大规模的汶川文物资料专题征集工作。征集范围包括四大类：第一，地震灾害损失类：邮局遗物；牺牲员工的遗物；受灾图片、影视资料。第二，抗震救灾类：临时和流动邮局文物；灾后第一时间的邮寄文物；抗震救灾宣传类物品；全国支援灾区的邮寄类文物。第三，灾后重建类：重建或异地重建邮局设计图、模型、实景图片；中央领导在地震灾区视察邮政机构和慰问邮政员工的图片、影视资料。第四，抗震救灾人物类：先进人物和集体，职工生活等。

在各级邮政组织的配合下，博物馆最终征集到有效的图片资料近万张，文字资料50万字，实物近百件。编辑出版大型图册《绿色邮路，热血铸就——中国邮政·汶川特大地震抗震救灾图志》，及电视纪录片《汶川记忆》。汶川地震邮政文物资料专项征集工作的顺利进行，有赖于上级领导的高度重视，在财力上、政策上给予大力支持，各级邮政部门的高度配合，和博物馆征集工作人员的科学计划和耐心沟通，给今后邮政文物征集工作很好的示范作用。

综上所述，专业博物馆的征集工作还面临着严峻的考验，这将是今后博物馆工作中一项重要的研究课题。藏品征集工作是博物馆一项长期的基础性的工作，困难大，回报慢，所以就更需要博物馆立足于当代，着眼于未来，高度重视和持之以恒。积极探索藏品征集的途径和方法，主动克服征集过程中的难题，努力为博物馆征集更多更好的藏品，推动博物馆事业与时俱进，不断攀登新的高峰。

参考文献

[1] 李军:《博物馆征集工作的思考》,《中国博物馆》2000年第3期。
[2] 孟悦:《文物征集途径刍议》,《博物馆研究》2011年第1期。

新时期博物馆藏品征集刍议

济南市博物馆　李晓峰

收藏、展示、研究是博物馆的三大功能。文物藏品的收藏量在一定程度上决定着博物馆自身存在的基础和未来发展。而一个博物馆文物藏品及文物标本的来源，主要是通过考古发掘、接受捐赠、市场价购、政府调拨等途径逐步积淀和积累起来的。由于社会的转型，经济的发展，价值的取向，文物价格的虚高，人们的追求等诸多因素的影响，使很多博物馆，特别是地市级中小型博物馆文物的征集收藏面临着各种困扰，文物征集几乎无望。特别是过去我们综合性博物馆注重明清以前的历史文物，原来的文物征集渠道基本中断。简述如下：

第一，考古发掘。我国幅员辽阔，历史悠久，很多远古文化遗址和历朝历代的墓葬分布于各省市地区的沃土之中，其考古发掘品及零散出土的历代文物是地方综合性博物馆收藏的主要来源，见证着本地区历史文化的发展。但由于体制上的原因，现在，多数原属于博物馆承担田野考古发掘的部门被分离出来成立了独立的考古发掘机构。这虽然是对进行科学的田野或城区考古发掘调查的重视，但也不同程度带来很多问题，信息不畅、沟通不够，协调不到，利益之争，使考古发掘出土的文物迟迟不能移交给承担收藏功能的博物馆，影响了博物馆的收藏来源及及时将考古发掘科研成果展示出来。

第二，市场购买。过去各类文物价格低迷，虽然可能与其价值不太相符，但通过博物馆人走街串巷，上山下乡还是能从城市居民或农民中用较少的经费收购到较有价值的文物。各城市的文物商店在按政策经营的情况下，同时承担着向博物馆输送重要文物的责任。当时，博物馆从文物店价购文物，只是在文物店购买的基础上再加很少的手续费即可如藏博物馆，而现在，文物商店向博物馆提供文物，往往高于收购价格若干倍，使博物馆只得望尘莫及。就济南市来说，济南市文物店建店60余年，积累和收藏了近10万余件不同时期不同类别的文物，经过上级领导的努力和市政府的重视，使文物店在深化改革过程中，没有像其他省市那样改制推向市场，而是将人员、资产全部整建制划归博物馆，使济南市博物馆增加馆藏文物近10万件，这在全国也是不多见的。

第三，接受捐赠。接受各界人士的捐赠也是博物馆藏品来源的主要途径。济南市博物馆也曾多次接受过社会捐赠，我省著名教育家、文物鉴赏家姜守迁先生在20世纪80年代向我馆无偿捐赠了10余方砚台、碑刻；老红军、原山东省水利厅副厅长刘香之捐赠了明清及近现代书画作品100余幅，传为佳话。时过境迁，现在几乎再没有类似情况，个中因素，心知肚明，不再赘述。

第四，政府调拨。计划经济下，全国一盘棋，国家、省级博物馆调拨文物是可行的，而随着经济的发展、旅游项目的开发、文物资源也被点缀其中，不管有没有保管利用条件的基层博物馆，也往往在当地政府的“重视”下，不愿将收藏文物提供给其他收藏单位。例如济南地区，近十年余来曾先后七次获当年度的“全国十大考古发现”，但济南市博物馆没有收藏一件。

上述新中国建国后促进博物馆收藏、发展、壮大的几种文物征集入藏途径，几乎都已停止。博物馆没有新的藏品来源，缺乏征集经费，是很多地市级博物馆面临的严峻问题。为此，笔者认为，作为新时期博物馆应该转变征集思路，扩大征集范围，调整征集方向，重点抓好近现代及当代见证本城市本地区政治、经济、文化各领域的文物征集，兼顾历史文物的征集，使博物馆能真正担当起历史发展教育课堂的作用。

仍以济南为例。作为山东省的省会城市，济南历史悠久，发展脉络比较清晰，是第二批国务院公布的历史文化名城，特别是在城市发展过程中，济南有几件大事值得关注。

第一，自开商埠。1904年，德国人修建的胶济铁路即将开通，时任北洋大臣兼直隶总督袁世凯与山东巡抚周馥，为抵制德人侵略，挽回利权，顺应时代发展潮流，联名奏请在济南、潍县、周村自开商埠，得到清廷批准。济南成为中国近代史上第一个主动自开商埠的大城市，商业结构发生了根本变化，济南从一座自给自足的封闭城市逐渐成为华北的重要商业集散地，相继出现了济南电灯公司、泺源造纸厂、金启泰铁工厂、小清河轮船公司、宏济阿胶厂、火柴厂、鲁丰纱厂等一大批近代新式企业，涌现出瑞蚨祥绸布店、亨得利表店、祥云寿百货店、铭新池澡堂、宏济堂药店等著名商号。美国学者包德威的专著《中国的都市变迁：山东济南的政治与发展（1890—1949）》就把济南作为研究近代中国的范例。同时，商业的发展，也带来济南文化等各方面的繁荣，吸引许多文化名人驻足济南，如著名作家老舍，先后两次客居济南，写下了《济南的秋天》、《济南的冬天》、《趵突泉的欣赏》等名篇。百年前的济南也因此一时走在了当时国内城市发展的前列。时至今日，昔日的商埠区仍保留有很多优秀的近代建筑。

第二，济南战役。1948 年秋，中国人民解放军华东野战军对国民党重兵守备的山东省济南市进行了大规模攻坚战，攻城兵团于 9 月 16 日晚发起攻击后，经 8 昼夜激战，至 9 月 24 日全歼国民党内城守军，俘获第二绥靖区司令官王耀武等国民党高级将领 23 人，共歼国民党军 10.4 万余人，使华北、华东两大解放区连成一片。济南战役是解放战争时期我军大规模围歼国民党军主力和解放国民党军重点设防的大城市的开始，是我军全歼速决的攻坚战典范，揭开了人民解放军与国民党军进行战略决战，大规模围歼敌军，夺取大城市的序幕。20 世纪 70 年代，我馆征集人员多次赴南京、北京、福州军区采访征集，现馆藏济南战役各类武器、资料、锦旗、支前用具 2000 余件。

第三，社会主义建设时期。自新中国诞生到 20 世纪 60 年代中期，济南市初步建立起门类齐全的工业体系，工人阶级艰苦奋斗，奋发图强，创造了诸多奇迹。50 年代，成功研制了我国第一台对板精磨机，第一台龙门刨床——729 龙门刨床，试制成功第一辆黄河吉普车。1960 年，济南汽车制造厂制造的第一批黄河牌重型汽车，结束了我国不能生产重型汽车的历史。1964 年研制生产出第一代轻骑牌轻便摩托车。据济南学者的研究“早在 1958 年 7 月 28 日，济南就生产出了我国第一辆红旗牌汽车，而一汽生产的第一辆红旗牌高级轿车则是在 1958 年 8 月 1 日，比济南晚了 4 天，况且当时的汽车叫‘东风’牌，1959 年 5 月，一汽才将‘东风’定名为‘红旗’，比济南晚了整整 10 个月”[①]。进

① 张继平：《首辆红旗牌汽车系“济南造”》，《济南日报》2013 年 7 月 2 日。

入改革开放后，济南还生产了全省第一批“泰山”牌彩色电视机，全国第一批“小鸭”牌全自动滚筒洗衣机等，其他行业也是成就斐然。而这些见证发展的诸多“第一”现在征集也已非常困难。

所谓“文物”，是指历代遗留下来的在文化发展史上有价值东西。如建筑、碑刻、工具、武器、生活器皿和各种工艺品等。作为我们从事博物馆工作的人员来说，征集范围“应该包含所有曾对该城市建设和变化起过重要作用的事物”，既要注重征集收藏历史文物，更要征集收藏近现代文物，特别是涉及本地区本城市各个领域的见证物，通过收藏、研究、展示，更好地宣传，更好地传承，更好地保护。“城市承载着一层层相互重叠的物质废墟，包括建筑元素、历史遗迹或街道。它们几乎都没能以完整的面目保留下来，而是以残片的形式存在的，包括其他时代的残存，帮助记忆的物质，书写在现实空间中的过去的回忆”，而新形式下地方中小型博物馆正是这些残存碎片的继承者与收藏者，更是将它们编缀整理并使之重现于世人面前的创造者。

浅谈当代中国博物馆征集现状与改革思路

中国妇女儿童博物馆　刘治平　张晶晶

一　征集的含义及其重要性

在博物馆学研究领域，藏品是其研究的重要对象，是博物馆业务活动的物质基础。其重要性不言而喻。试问，没了藏品的博物馆还能称之为博物馆吗？正是一定数量的“物”根据一定之规汇聚在一处，才形成了博物馆。所以，藏品是博物馆存在的基石，是博物馆研究、教育、欣赏等功能发挥作用的起点与根源所在，而他们的获得途径则是征集。

博物馆根据其性质、特点的需要，通过各种途径，有目的的不断补充文物这一基本业务工作称之为藏品征集。只有通过征集，才能获得构成博物馆陈列的基本实物资料。在此基础上不断征集丰富高品质藏品数量，才能保证一馆业务的开展与水平之提高。所以说，征集工作成果好坏一定程度上决定并直接影响着一馆的品质优劣和实力强弱。

二　征集工作现状及遇到的困难

藏品征集工作的重要性众所周知，但我国各博物馆征集工作普遍开展困难，成果甚微也是不争的事实。我国文物市场出现的种种弊端以及人们思想中的许多错误观念，严重阻碍了博物馆文物征集的工作，其表现如下：

（一）盗墓猖獗使文物破坏严重

陵墓盗掘之风自古有之，也为现代考古发掘留下了诸如洛阳铲一类的优良工具。挖坟掘墓在我国传统观念里是有损阴德之行为，是对先人的大不敬。故古人盗墓多以家族性质团伙作案为主，也有贫民为生计而为之，虽亦有“官方政府”行为，但多掺杂倒前朝之势的迷信因素及政治需要。但行至今日，盗墓之因越来越多的源于经济利益驱使，不但造成了地下文物大量流失，更对众多文化遗迹、遗存造成了严重破坏。

（二）拍卖兴盛使价格水涨船高

90年代后期兴起的拍卖市场，不但以利益驱使盗墓者大行其道，某些利己者找到了一条“致富之道”。人们惊觉，原来祖上留下来的、身边正在用的许多物件竟然如此值钱！民间收藏家和一些财团财阀关注的不仅仅是价值连城的古代重器或金银珠宝，大到家具宅院，小到针别儿玩具，都会因不同人群的不同喜好登上台面。更有甚者开始有人为了追逐更高利益开始像炒期货股票一样的炒作文物藏品，故意哄抬拍卖价格，左右文物市场，谋取中间利益。一路利好的态势拱得整个文物拍卖市场拍价水涨船高，居高不下。近些年更是在业内屡屡爆出一些顶着专家头衔的人受金钱诱惑，里应外合的将真文物称假，以便他人以仿品价格购得真迹，专家本人谋取好处费等令人不齿的劣迹。市面上流通的文物藏品价格因为大肆炒作，早已远高于其实际价值，这让众多以非营利为目的存在的博物馆望而生畏，博物馆内靠拍卖所得之物更是寥寥可数。

（三）造假多样使市场鱼龙混杂

虚高且诱人的文物价位更是带动了文物造假之风盛行，甚至发展成产业链形式。古人造假尚且以古仿古，造假之人自身艺术造诣也往往不低，制假用料更是精细考究，即使为赝品也多堪称艺术品。而如今随着科技发展，越来越多的现代工艺、技术和高分子合成材料被造假者大量运用，造型之逼真、描摹之精准令不少行家走眼，甚至能骗过仪器的检测。博物馆被视为国家保藏文化财富的机构，本就缺少的文物资金更是因为赝品横行无忌而慎于动用，很多时候直接导致了错失真品收藏的机会。

（四）非遗难存使文化加速消失

我国是个多民族国家，各地各民族留存下诸多珍贵的民间文化、风俗、技艺。但这些宝藏却常常存于无形，难以以实物形态保藏。随着改革开放的步伐，中国民族文物所赖以生存的自然环境和社会环境发生了翻天覆地的变化，民族地区的汉化和现代化现象日益扩大和深入，民族文物也日渐消失。如景颇族、黎族等民族的取火器已被火柴、打火机取代，赫哲族的鱼皮衣袍被棉丝衣取代，还有大量的藏族唐卡、苗族衣饰等外流。民族特色藏品的制作技艺往往靠老人言传身教，年轻人生活方式与观念的现代化转变使得愿意传承技艺的人越来越少，致使如鱼皮衣制作工艺一类的优秀技艺面临消亡的窘境。民俗自不用说，当人们的生活方式已经开始向现代化转变，老的传统、习俗已大多不被重视，往往难以沿承下去。众多传统的非物化的优秀文化其消亡速度令人咋舌。

（五）内部壁垒使合法流通困难

在博物馆藏品征集中，调拨无疑占据着重要的地位，它是我国许多博物馆，尤其是建国以后建立起来的历史类博物馆藏品的主要来源。调拨主要包括考古发掘品的拨交以及文物商店收购的流散文物的拨交。考古发掘品即出土文物的处理，《文物保护法》及其《实施细则》有明确规定，1997 年国务院《关于加强和改善文物工作的通知》强调指出：考古发掘单位的发掘项目结束后，要在三年内完成资料整理和考古发掘报告编写工作。发掘出土的文物，除少量经国家或省、自治区、直辖市文物行政管理部门批准可作为标本留存外，要及时移交指定的博物馆。但这些规定实际上并没有得到贯彻执行。考古发掘和研究机构如考古所，行政级别与博物馆一样。由于发掘单位与收藏单位的博物馆在文物收藏权、使用权等方面利益的冲突，导致发掘单位出于自身部门利益的考虑不愿向博物馆移交出土文物，博物馆大多又无发掘权，陈列和科研亟须的出土文物不能及时补充。大量的出土文物存放于并非永久性收藏机构、库房面积和保管条件不足的考古所里。文物商店因为需要企业化管理，经济压力大，为了留藏镇店之宝和足够品质与数量的藏品组成标本室陈列，更是将许多文物秘而不发。目前文物博物馆界对藏品存在着垄断和封闭的思想和行为，使得很多重复类的藏品绝大多数被人为地束之高阁，作为我国博物馆藏品征集主要途径的馆际交换和调拨方式越来越难以实行。

（六）保管不力使现存文物受损

受内部壁垒和个别地方政府对文物垄断行为的影响，很多出土发掘的文物，被保存在考古所、研究所、政府机关下属单位中。但这些单位往往未配备专业条件的文物库房，没有健全的文物保管制度，专业保管人员也少之又少。这就致使许多文物在出土之后由于未能及时进行清洁、消毒、恒温恒湿保存而出现化学性或生物性损坏。野外露天的遗址遗迹，很多也存在重视不够、资金不足、人手紧缺等原因造成的保存不利，损坏日益严重，且往往为不可逆性损坏。

三　征集观念需要进行改变与校正

面对如今藏品征集环境整体不利好的态势，作为博物馆人，想要为国家更多更好的保藏文化遗存，就势必要摒弃陋习，开拓思路，与时代并进。不能只是一味地依赖传统的征集方式，而要潜心研究现代社会群体的思维模式，顺应潮流发展，开拓出一条可持续发展的道路。征集观念的改变与校正可谓势在必行。

（一）为了未来保藏当下

文物中一味的注重文物的历史性，强调文物要够“老”，这样才能体现博物馆藏品的质。这种做法其实是错误的。博物馆要反映历史和文化，不能一味只在古代文物上下功夫，要古今兼顾，不能忽视现代艺术作品在未来的升值空间。我们必须清醒地认识到，由于近现代这一百年是中国历史上社会迅速发展、变动最大的时期，许多近现代文物，尤其是建国以后的实物、史料正以惊人的速度退出历史舞台。但由于近现代文物距今时间不远，不被人重视，导致时代越近，存世数量越小的局面。博物馆征集文物，既是为现代人征集，用来教育和宣传给现代人看的，让现代人了解我们民族的历史和文化。又是为儿孙征集的，为未来征集的，为了让后人了解我们民族的历史和文化而征集的。我们不止是在保护历史，同时也是在见证历史，创造历史。

要用发展的眼光看待文物征集工作，文物征集工作要站在历史的角度，高瞻远瞩，要同时征集具有现代人文气息的近现代文化艺术精品，因为这是在为后人保存文物。

（二）不被政治局势所控

我国百余年的近现代历史中，出现了不少敏感时期，期间的事件、人物、话题、物品因存在年代特殊，就被自然而然刻上了时代烙印。这些敏感时期的产物因为与当时特殊的政治局势相关联而变得格外烫手。文博机构作为国家的文化机关，虽然身负为国家保藏历史文化的重任，但往往为了规避政治风险而选择对这些见证历史的人事物处以视而不见、敬而远之的态度。很多历史见证物被这样放任自流，不是被海外收藏者垄断，就是在时代的洗刷中渐渐消失。身为博物馆人，应时刻谨记，我们不仅仅是在为自己的国家保藏文物，留存历史见证，更是为全人类保存这些珍贵史料。政局的变革不应左右博物馆人的原则，即使敏感的话题不可在当下提及，也应及时的收集保存住见证物，为未来保存住今天的历史。

（三）增加新技术运用

博物馆的藏品绝不应仅仅限制于瓶盘碗碟、书画笔墨等实物，对于无形的文化资产，如民间风俗、传统手工技艺等，博物馆征集人员应当主动走出去，运用新媒体新技术手段，通过录音、录像、摄影、文字记录等多种方式留存下无形文化资产的影像、文字资料。应及时探访传统技艺传承人，完整记录口述史，并配以清晰影像记录。后期应做系统梳理，形成系列或纪录片，为未来的文化传承与研究留存好珍贵资料。

四　多方推动促进征集工作有效开展

除了拓宽传统的征集思路以外，想要为国家保藏更丰富更有价值的藏品，还需要党和政府、行业内部以及社会各界群策群力，携手共营一个和谐的博物馆收藏环境。

（一）对于政府来讲

首先，要尊重市场经济的规律，加大征集经费的投入。改革开放以来，国家加大了对文物事业的投资。1983～1993年，国家各级财政累计投入文物保护经费已达11.05亿元，1992年以来的五年，仅中央财政用于文物抢救保护的专项补助经费就有7亿元，基本落实了国务院在财政计划中，落实文物经费，并争取逐年有所增加的计划。但是与藏品征集所需要的经费相比仍有较大的矛盾，文物藏品征集经费仍然捉襟见肘，国家必须增加藏品征集经费，这样才能通过经济手段来征集流散文物藏品，制止流散文物流失。

其次，要完善法律法规的制定，加大对盗卖文物哄抬价格的打击力度。对于危害藏品征集的文物犯罪活动要予以坚决打击。进一步规范文物市场，在流散文物以及文物市场管理方面，文物部门与工商、公安、规划、海关、物资回收等部门协调配合非常重要，为此要取得共识，认识到各部门协调关系的重要性。同时要成立相应的协调机构，定期召开联席会议。对查获或收缴的非法文物，要依法及时移交给博物馆，任何单位不得借口拖延非法文物的移交工作，也不能向博物馆提出诸如办案补偿费、奖金等要求。如有违者，应以法律法规予以严惩。

最后，要改革文博系统管理体制，理顺博物馆、考古所、文物商店之间的关系。国家必须将文博系统内部的从属关系理顺，使馆际间调拨、考古所移交、文物商店购买等传统合法的文物流通方式能够行之有效，而非纸上谈兵。必须破除行业内部各单位之间的“锁国”壁垒，改变内部垄断思维，使藏品能够均衡分布，为更多普通民众欣赏、学习、研究带来便利。

（二）对于文博行业内部来讲

首先，要加大宣传力度，争取捐赠人支持。博物馆不可坐等捐赠上门，要充分利用现代媒体的作用，利用网络、广播、电视等多媒体手段宣传征集理念和方向。拍摄宣传片，让民众了解博物馆的同时，吸引潜在的捐赠人群。只有真正做到打入群众内部，走进群众心里，才能让大家对博物馆从陌生、模糊转变为亲切、清晰。普通民众有一些并不清楚手中藏品的真正价值，即使想要捐赠也所投无门。博物馆加大自身宣传力度，让民众了解不同的馆所需的藏品类型，就能够指导这些民众将藏品正确的捐赠给更需要的馆。

其次，要加强协作力度，争取大藏家合作。现如今，像建国初年那样收藏颇丰的大家已不多见，人们的价值观念也发生了变化。有的人名为捐赠，实际上提出了经济以及其他方面的要求和条件，博物馆限于自身条件，无法接受这类捐赠。但应清楚地认识到，手里掌握大量精品的大藏家或艺术家本人，他们自身除了自我欣赏的需求以外，还有很强烈的展示欲望。需要和这些作者或藏家主动建立联系，通过友好合作的形式提供场地为其藏品办展，达到互惠互利，福利民众的目的。并且，在这种合作之后，还有进一步寻求长期借展或捐赠的可能性。

最后，要增加回馈力度，争取各界的认同。所谓饮水思源，对于那些已经对博物馆收藏做过许多贡献的捐赠者，要时时不忘他们的功劳，争取尽可能多的机会为他们举办捐赠展览。对捐赠大批或重要藏品的捐赠人，要利用办展、海报、媒体等多种形式和手段向社会宣传捐赠者的义举，以表彰他们的高尚情怀。对捐赠藏品较多的个人或团体，博物馆在展陈时应开辟专区并加以说明，以彰显其对博物馆事业发展作出的重要贡献。这样做，既可以使他们的捐赠品得以展示，又可以强化社会名人的示范作用，通过其影响力号召社会各界向博物馆捐赠藏品。

五 结 语

藏品的征集工作是博物馆的首要工作，身为博物馆人，应当全身心的人投入到博物馆的建设中去，真正关心并重视征集问题。征集道路上困难重重，只有做到从党、国家政府到人民、社会各界共同努力，才能渐渐打开博物馆征集的困兽局面。真正体现文物和文物征集的方式方法，不应该仅仅流于表面。最重要是改变每个人思想中的模式，变被动为主动，变陈腐为先进。改革势在必行，博物馆人的征集道路纵使荆棘遍地，也不会阻碍我们前进的脚步。

适应社会发展的文物征集工作新探索

昆明市博物馆　李晓帆

博物馆以保存自然界和人类社会物质文明、精神文明发展的见证物为己任，而文物藏品则为博物馆存在的意义和发展的基石。文物藏品的保有状况也决定着博物馆的发展规模和方向。文物征集是博物馆获得藏品的手段和途径。文物征集不是短期和阶段性行为，而是长期积累沉淀的工程。然而长期以来，由于各种原因，博物馆文物征集工作并没有得到足够的重视和持续的关注，有的博物馆藏品数量还停留在建馆之初的藏品数量上，有的地方注重博物馆场馆建设的一次性投入，将博物馆场馆建为地区的地标建筑。博物馆文物征集工作缺乏长远规划，缺乏主动性、针对性，而没有将博物馆文物征集经费纳入每年的财政预算，没有持续的经费保障致使文物征集工作难以开展或陷入被动局面。面对这些困难和不足，作为博物馆人的我们，一方面要积极行动，加强宣传和引导，提高社会各界对博物馆文物征集工作，博物馆可持续发展的重视程度；提高文物藏品征集工作的专业性；积极争取构建多途径、多来源的资金保障体系；另一方面我们也要认清社会形势，勇于探索，总结适应社会发展的文物征集方法，举措。本文从当前博物馆文物征集工作所面临的形势入手，结合征集工作之特点，提出一些思考和尝试的方向。

一　博物馆文物征集工作所面临的社会形势

（一）文物资源日益匮乏

随着国家文化大发展大繁荣战略的实施，博物馆业迎来了新的发展机遇，各地筹建新馆、改扩建老馆。新建的博物馆如雨后春笋般迅速发展起来，截止

2012年底，全国博物馆总数达到3589个[①]。博物馆展陈区别于诸如展览馆等其他展陈机构的特点是：博物馆是以展示文物藏品（实物资料）为主的文化传播机构。文物藏品是博物馆立馆之根本，存在之意义。而文物藏品的数量和质量则体现了博物馆的软实力。

2008年国家文物局出台《全国博物馆评估办法》、《博物馆评估暂行标准》，针对不同级别的博物馆，在藏品数量和质量上有了量化和细化的考核指标，而且藏品数量和质量的指标成为博物馆评估定级的硬性指标。如申报一级博物馆，藏品总量要达到20000件/套或三级以上珍贵文物2000件/套以上；且具有很高的历史、文化、科学、艺术价值，或其中一类价值具世界意义[②]。申报二级博物馆，藏品总量要达到10000件/套或三级以上珍贵文物1000件/套以上；且具有较高的历史、文化、科学、艺术价值，或其中一类价值具全国意义。申报三级博物馆，藏品总量达到5000件/套或三级以上珍贵文物500件/套以上；且具有较高的历史、文化、科学、艺术价值，或其中一类价值具省级意义[③]。博物馆评估定级标准出台后，对博物馆藏品征集工作来说，是契机和压力并存。一方面有评估定级的具体指标要求，博物馆藏品征集工作就细化有年度的目标、方向，在政府资金政策方面可以争取相应的支撑。另一方面这将促使博物馆摒弃原有“等”、“碰”、“遇”等被动的工作作风，变被动接收为主动出击，为展览陈列而征集，为研究教育而征集，为博物馆发展的明天而征集。

近年来各地新老博物馆为了征集到更多更好的文物藏品，经费充足的博物馆已经跨省，甚至跨国进行征集。全国各地的文物市场、古玩店、拍卖会上都能看到博物馆同行的身影。经费匮乏的中小型博物馆，积累较晚的新建博物馆更是在为馆藏数量的增加而煞费苦心。

随着经济的发展，社会文明的进步，文物收藏也不再为博物馆一家独揽，许多个人、机构、企业都加入到文物收藏的行列中。然而文物资源毕竟是有限

---

① 2012年全国文物局长工作会议公布数据。

② 国家文物局关于开展第二批国家一级博物馆定级评估工作的通知（文物博函〔2012〕1404号）。

③ 国家文物局关于开展第二批国家二、三级博物馆评估定级工作的通知（文物博函〔2012〕2255号）。

的、稀缺的，还是不可再生的，加之文物征集工作的经济效益和社会效益并非显性收益，往往要历经很长时间才能显现出来，因而征集工作更需要长期坚持和持续积累。文物资源僧多粥少的局面已经出现，而且随着时间的推移，这种状况还将日益突出。

（二）社会各界对文物经济价值的认知

伴随着社会经济的发展，公众文物意识的提高，收藏热潮的席卷，越来越多的人对“古董”、“旧物”的经济价值有了新的认识，甚至是一种盲目高估。文物以及艺术品的价格飙升，有的数年时间翻了数倍。有些受到收藏人士追捧的种类甚至出现了前所未有的天价。文物拍卖行情的节节攀升，也拉高了整个民间文物、旧物交易价格行情。如前十年通过拍卖会征集徐悲鸿书画作品一幅仅为几十万元，而近一二年在拍卖会上徐悲鸿的书画作品的起拍价已经达到几百万。面向社会征集各类文物的价格也是水涨船高，传统文物（如瓷器、金石器、书画）价格高得离谱，有的甚至漫天要价。就近现代文物而言，过去关注、收藏的人少，博物馆征集和收集的费用较低，甚至许多文物资料是通过无偿捐赠的方式进入博物馆的，而现在普通的老百姓都知道有些旧物也是值钱的，博物馆文物征集的成本越来越高。而博物馆依靠政府投入征集经费的增长速度远远不及文物价格的增长速度。

另一方面由于社会舆论偏向对文物的经济价值的宣传和引导，博物馆原有的一些文物征集渠道变得不畅。如原来博物馆获得文物藏品的途径有考古发掘、田野采集、民族学调查征集、社会调查征集、收购、接受捐赠、交换、调拨等①。近年来各省都成立了独立于博物馆之外的考古研究所，博物馆通过考古发掘获取藏品的途径虽说更多原因是因为机构分设而导致不畅，但这也与文物经济价值被认可、被重视是不无关系的。同样的原因也导致了其他征集途径的受阻。如调拨方式，在20世纪末通过调拨方式获取文物藏品基本不用支付任何费用，而今调拨方式在实际操作中几乎都要支付一定数量的补偿金。以前的方式如在废品收购站收购、公安机关、海关等罚没移交等方式更是几乎绝

① 王宏钧：《中国博物馆学基础》，上海古籍出版社1990年版。

迹。面向社会征集的成本也越来越高，甚至是深入到基层，入户到村社。

二　博物馆文物征集工作之思考和探索

（一）文物征集突出特色，分清主次

文物的吸引力源于人们对文物背后的母体文化的认同感。目前博物馆中有许多馆藏文物脱离了其文化母体地区，如一些历史上的名人物品，流入某个与该名人毫无任何文化关联的地区，这些脱离其文化母体的落单藏品要么很难被展出，要么很难引起主流观众的文化认同[①]。现今的博物馆，尤其是地方公益性博物馆多为综合性博物馆，因为它既是国有文物收藏机构，要避免文物流失和被破坏，又是一个肩负展示本地区的历史内涵和文化风貌的文化阵地，所以博物馆文物藏品往往出现种类多、涉猎广，面面俱到，但藏品特色不明显，重点不突出的现象日趋突出。有的博物馆没有将文物征集的重点放在体现地域特色和文化特色方面，只专注于传统文物、历史文物的收藏，被动接收地方的出土文物，导致博物馆藏品体系难以建立，单个或不成系列的文物藏品难以被利用。博物馆藏品征集是一项科学活动，是博物馆作为保护自然、文化和科学遗产的专业工作。博物馆要力求打出名牌，办出特色，改变“千馆一面”局面，吸引更多关注，文物征集工作应首当其冲，改变原有的一些工作思路，摒弃原有“等”、“碰”、“遇”的征集思想，主动挖掘地区文化资源特点，把持突出和彰显博物馆特有的文化资源尤为重要。文物藏品征集工作要体现针对性、专业性、科学性，要根据博物馆所处地域、相关专题、人文特点、文化差异及博物馆所能掌握或希望掌握的文化资源，经过分析研究明确博物馆的目标定位，建立系统科学的征集藏品体系及征集规划、长期发展方向、重点征集主题，具体征集计划和专题，分清主次，层次分明，重点突出。将有限的文物征集经费系统地、有重点地用于征集体现博物馆区位特点、专题特色、人文精神的文物藏品，从而确立博物馆在地域范围、专业领域、文化差异中的权威地位和主导影响。若能如此，即便是小型博物馆也能做到不可代替，不可复制，具有竞争

① 国家文物局博物馆与社会文物司：《新形势下博物馆工作实践与思考》，文物出版社2010年版。

力和生命力。

（二）重视征集文物的研究工作

对藏品的研究一方面是为文物藏品进行科学分类整理和收藏保管提供依据，另一方面也揭示征集文物所具有的科学、历史及艺术价值，以便于科研工作的深入和社会教育活动的开展。博物馆藏品是知识的来源，是社会教育的载体，是支撑社会发展的文化资源。博物馆藏品征集要基于知识创造、验证、扩展的需要，要把人类已有的知识作为藏品征集的科学依据，把扩展知识作为藏品征集的目的，把传播知识作为藏品价值体现的重要手段①。然而一直以来征集文物的研究、挖掘工作并没有引起和得到博物馆同仁的足够重视，往往是文物藏品进入库房，征集工作就宣告结束。而事实上，笔者认为文物征集工作应贯穿以研究工作并以研究成果的展示和利用为终点。

规模较大的博物馆如上海博物馆，不设保管部或研究部，而是以藏品类别设立书画部、陶瓷部等专题部，部室内有文物保管员、研究人员。这样部室设置对征集文物研究工作的开展和深入是十分有利的。规模小的博物馆没有条件设立专题部，通常只有文物保管部，有的也设研究部。若只设文物保管部，那么保管部专业人员就应担负起文物藏品的研究工作。而既设有保管部又设研究部的博物馆则应明确部室的研究方向和侧重，同时保管部也要积极配合专业人员对征集文物藏品的研究工作。

征集文物的研究工作服务有三：其一为研究工作服务于展览陈列；博物馆征集到的文物藏品只有经过专业人员对其名称、时代、质地、形制、用途、来源等进行探究，藏品才能作为被认知的展品进行展示。而博物馆陈列内容的丰富与否，取决于文物承载的信息量的大小；而文物信息量的大小，则取决于博物馆征集人员对文物线索的调查和挖掘，即对历史事件或人物动态的考察深入程度。博物馆征集人员不仅要注重文物征集的手段，更应为文物征集工作做细致的调查，在对历史事件和人物的考察采访中，以博物馆工作者特有的视觉和新闻记者本能的敏锐，密切注意文物线索的出现，扩大博物馆文物征集的信息量，

---

① 宋向光：《博物馆不是“百宝箱”》，《中国文物报》2013 年 10 月 2 日。

从而扩大博物馆文物展示的信息量，以博物馆独特的角度诠释历史。其二，为研究工作服务于宣传教育。博物馆是传承文明的公益之所，随着对成为展品的文物资料研究和展览反馈工作的深入，可以挖掘文物藏品背后更多的内涵、信息及特点，让不会开口的展品为观众讲述它的历史和背后的故事，让单独的文物藏品回归所属时间、空间，让观众获知其本来的历史文化面貌。另外对于一些征集的文物资料，如暂不能成系列、成专题进行展览，或不能与博物馆的主题展、专题展览相呼应，相关联，有的是很难得以展示，甚至一直都“藏”于库房，难见天日。文物藏品的研究工作以及对其研究成果多途径、多媒介的展示、宣传既能让这些文物“藏”品以不入展厅的方式，被人知晓、了解、关注，同样能展现其作为文物藏品的价值。这方面研究工作能起到延伸展览空间，扩大宣传内容，弥补展陈手段方式不足的作用。其三，为研究工作最终还将服务于文物征集。研究工作是从文物藏品的基本信息入手，不断深入的过程。在研究的过程中，专业人员对文物藏品的来源、流传、质地、用途、特色进行系统地梳理，梳理的过程也将伴随有征集工作回顾、经验总结以及征集线索整理、跟踪。虽然有时这些工作不一定能让文物征集工作有立竿见影的成效，但这为后期的征集工作奠定了坚实的基础。同时，征集文物的研究工作能让更多的人知晓、关注文物本身，甚至扩大博物馆的社会影响力。随着征集文物藏品研究成果的不断被公开、被获知、被利用，将收获更多观众对博物馆的热爱和信赖，保护和激发文物收藏者的捐赠热情，促成更多的捐赠行为。在这当中也将吸引更多与被征集文物有共鸣、相关联的人员或机构，他们中一部分将又是下一步文物征集工作中亟须关注的目标和对象。

（三）加强对社会捐赠行为的引导和服务工作

接受捐赠是博物馆文物征集工作中的重要途径之一，而且随着社会文明的发展进步，接受捐赠应该成为博物馆获取藏品最重要的途径之一。在国外，特别是发达国家，向博物馆、图书馆等公立收藏机构捐赠文物藏品、图书资料的意识已深入人心，并形成社会风气。而在中国这种意识开始萌芽，但还需社会各界不断地培育、保护、引导和强化。在现今这样的社会环境、氛围中，博物馆接受社会捐赠，一定要树立“服务意识”，做好服务工作，尊重捐赠者的合理要求，保证其合法权利，引导和激励更多的捐赠行为。树立“服务意识”其实就是要转化博物馆高高在上的身份，树立将捐赠者视为“顾客”、“上帝”的服务思想，关注细节，服务细致入微。捐赠者首先是博物馆的观众，所以除了博物馆观众能享受到的服务外，具体对应到藏品捐赠方面，还应做好以下几方面工作：其一，重视捐赠线索的收集和整理工作；博物馆接受捐赠的公告、联系方式广而告之是必不可少的，如通过报刊、网站、博物馆自己的宣传栏等，让捐赠者能及时获知，方便联系。积极型、主动型捐赠者多采用电话、电邮、来访、留言等方式告知博物馆其捐赠意向，博物馆上上下下（不仅仅是负责征集文物的专业人员，应是全体人员相互配合协作，甚至包括安保人员），秉承着热情接待、认真解答、回复及时、主动联系、提供方便等原则服务于捐赠者。对于犹豫型、等待型捐赠者，博物馆文物征集人员更是要有“主人翁”精神，不卑不亢，不畏被拒，耐心解答、多加引导、大胆开口、主动询问、保持联系、长期关注。其二，注重对捐赠行为的宣传工作；对捐赠行为的宣传应以多种形式达成，要充分考虑到各年龄阶段、文化层次观众的获取信息的途径，充分挖掘和利用各种媒介及方式对捐赠行为进行宣传，如举行捐赠仪式，邀请媒体进行播报，对捐赠者进行采访；对捐赠文物进行展示，标注捐赠者；公示捐赠者名录并定期更新年度新增名录；利用相关馆藏文物出版物、展览等宣传资料、网站进行宣传等。其三，形成与捐赠者之间良性的信息分享、反馈机制，定期对捐赠者进行回访、探望，保持博物馆和捐赠者的密切联系；对于已捐赠文物资料的捐赠者，除确保其合理正当的要求及权益外，要加强联系，及时反馈博物馆相关活动、激发其更多捐赠行为。

总之，博物馆的文物征集工作是一项体现文博专业水平，汇集人员智慧、展现细节管理、需要长期坚持的系统工程，每个环节都不能缺失，也不可偏废。我们只有首先转变自己的心态、工作思路、方式方法，才能吸引和影响更多的社会力量关注和支持此项工作，也只有不断地在探索、尝试、总结中才能让博物馆事业在顺应时代发展和博物馆自我完善的道路上越走越远。

浅谈民俗类藏品的征集

——以北京宣南文化博物馆为例

北京宣南文化博物馆　宋媚丽

藏品是博物馆各项业务活动的物质基础。博物馆以藏品立馆，在开展藏品征集时，应该根据博物馆自身的性质、特点及其实现自己主要社会功能的需要有目的地开展，一方面使藏品在博物馆内得到更好地保护，一方面也可丰富馆藏，树立博物馆鲜明的特色。特别是对于中小型博物馆来说，把握自身特色，开展藏品征集是十分必要的。笔者所在的北京宣南文化博物馆是一家以展示宣南历史文化为主题的综合性博物馆。宣南是北京建城、建都的肇始之地，宣南文化有着厚重的历史积淀，它不仅见证了北京城数千年的发展、变迁，同时也记录了这一地域的民俗特征和地域文化特色。因此，在开展藏品征集工作中民俗文物（实物）也是我们征集的主要对象之一。本文将以笔者所在的北京宣南文化博物馆为例谈谈民俗类藏品的征集。

一　民俗类藏品征集的重要意义

（一）民俗类藏品能够反映某一地域的文化特色，是博物馆开展特色陈列的基础

民俗文物作为不同地方不同风俗的代表物，其真正的价值不仅在于有形的实物本身，更在于其所承载和蕴含的无形的民俗文化。一件近现代的民俗文物，可能就是几千年前民俗文化的传承和再现。它为我们研究、了解某一地域文化特色提供了有形的实物资料。宣南文化作为反映北京地域性文化的典型代表，包含了众多文化内容，不仅有以辽、金旧城为代表的皇城文化，以明清士人、学者为代表的宣南士人文化，还包涵了许多民俗文化的内容。被誉为老北

京民俗文化发祥地的天桥，在北京民俗文化中占有重要地位。位于大栅栏的众多知名老字号，每一家都有说不完的传奇故事；还有被誉为东方“麦加”的牛街，体现了回、汉两族民俗文化的和谐交融。它们是研究老北京民俗文化最珍贵的历史文化资源。在我馆开展的一项调查问卷中72%的观众对老北京民俗文化的内容更为关注。因此，我们在博物馆第三次展陈改造中，重点针对天桥民俗、牛街回族文化开展了藏品征集工作，利用征集到的民俗藏品布置展陈，并通过对征集藏品的进一步研究开辟了“老天桥情景模拟展厅”，使我们的展览更生动、更接地气儿。

（二）民俗类藏品反映了历代民俗文化的传承，是弘扬传统文化的重要遗产

民俗文物来自民间智慧的结晶，有些物品直到现在仍在使用，有些则随着时代改变逐渐被替代。由于对民俗文物的认定业内尚无统一标准，所以人们对其重视的程度与历史性文物相比还存在差异，有些民俗实物甚至因为不被人们认知而被遗弃，难以得到妥善保护，特别是民俗文物背后蕴藏的一些无形的文化遗存更容易遗失和消亡。在开展藏品征集时我们发现有不少民俗文物（实物）散落民间。像是我们征集到的石杵、铛子等就是在居民的院子里意外发现的，当时这些物品就闲置在院子里，根本得不到基本的保护。而相关法律法规的不健全，也使得很多有价值的民俗文物流失境外。因而，作为文物的保护收藏、研究机构，针对有代表性的民俗文物开展抢救性征集是博物馆义不容辞的责任，对文物的保护有着非常重要的现实意义。

二　开展多种途径的民俗类藏品征集工作

北京宣南文化博物馆是一家中小型博物馆，于2005年对外开放。在建馆初期，博物馆的藏品征集途径主要以接受调拨和移交为主。近几年随着博物馆藏品征集工作的逐步深入，针对民俗类藏品征集我们也开展了社会调查征集、民族学调查征集、收购、接受捐赠等多种途径的征集方式。

（一）以区文物管理所为平台，积极开展藏品社会调查和民族学调查征集

北京宣南文化博物馆与区文物管理所是一个实体单位，承担了辖区流散文

物的征集、保管职能，这为我们开展民俗类藏品征集提供了有利条件。由于民俗藏品的特殊性使得不少民俗文物（实物）还没有被大众所认知，不少还流散于民间。因而通过社会调查开展民俗类藏品征集是一项非常有效的途径之一。社会调查的方式辐射面广、实施性强。我们正是通过这种方法征集到靴行会馆石刻等实物，为进一步研究宣南商业文化和会馆文化提供了重要的实物依据。

牛街是宣南地区的一条特色街区，在这里居住了1.2万回族同胞，是我们研究回族文化的代表区域之一。在开展牛街回族文化藏品征集中，我们采用民族学调查征集方法，对回族文化进行系统研究、学习，深入街区与回族文化的代表人物联系、沟通，搜集文物征集线索，征集到掷子、戥子、驼铃等民俗类实物藏品，丰富展厅内容。

（二）广交朋友，鼓励多种形式的捐赠

天桥是老北京民俗文化的发祥地，也是艺术家的摇篮。这里人才辈出，侯宝林、魏喜奎、新凤霞等都是天桥名家的代表人物，他们见证了北京民俗文化的发展，其本身就是一本值得研究的历史书籍。他们口述的经历和保留下来的实物都是我们研究老北京民俗文化的重要资料。随着时间的推进，不少天桥的老艺术家们离开了我们，而与他们相关的实物资料何去何从？对此开展抢救性征集已成为当务之急。我们在工作中十分重视与天桥老艺术家，包括其后人建立良好关系，邀请他们参与博物馆组织的特色活动和陈列改造工作，尊重他们的意见。通过不断的接触与其建立良好的信任关系，动员他们将手中保留的实物资料捐赠给博物馆。通过这种方式，我们征集到北京琴书泰斗关学增先生生活、表演时使用过的珍贵物品、道具数十件。开馆几年来，我们还收到不少热心观众的捐赠，捐赠品以民国和解放初期的民俗类实物为主，像水缸、澡盆、冰棍桶等。在捐赠文物中也不乏一些珍贵文物，像热心观众捐赠的瑞蚨祥茶叶桶就被认定为国家三级文物。

（三）调整民俗类藏品征集费用的比重，有针对地进行收藏

对于大多数博物馆来说，征集经费有限是我们面临的实际问题。而重历史文物类藏品轻民俗类藏品是常有发生的，大家普遍认为历史文物藏品更珍贵、

更有价值，这也导致了在有限的征集经费中民俗类藏品的征集费用更加捉襟见肘。其实面对青铜、陶瓷这类身价不菲的历史文物，中小型博物馆倒不妨关注一下更接地气的民俗文物，突显自身特色。首先，要正确认识民俗类藏品的价值，适当增加民俗类藏品的征集费用。以我馆为例，我们针对藏品征集制定了相应制度，规定藏品征集人员定期探访报国寺、潘家园等文物市场，并设立民俗类藏品征集的专项经费，对发现的有价值的文物实物进行征集。在“百年兴商”展厅中陈列的一个民国时期的老算盘就是藏品征集人员在报国寺收购的。其次，要合理利用征集经费进行有目的的征集。在经费有限的情况下，博物馆无法做到撒网式的全面征集。但随着民间收藏队伍的日益壮大，他们手中存有不少有价值的民俗文物，与其建立“博物馆之友”的良好关系，了解和掌握他们手中藏品的情况，却能达到事半功倍的效果。2013 年，我们在组织《走进尘封的记忆》专题展览中结识了民间收藏家刘鹏先生，其收藏品多以民俗实物为主，我们根据展示需要，有目的地征集专题性强的系列民俗文物，向其定向征集了民国时期同仁堂广告印版一块，经鉴定具有一定的历史文化价值，为国家三级文物。

三　实践中遇到的问题

（一）民俗类藏品的认定

文物认定是开展藏品征集工作的前提和基础。目前，对民俗类文物认定还缺乏权威性的统一标准。特别是民俗文物中有大量出现在 1949 年之后，如何对其进行界定成为开展民俗类藏品征集的难题。国家文物局曾制定《近现代文物征集参考范围》和《近现代一级文物定级标准》，对近现代文物的征集有了一个比较量化的指标。2009 年文化部又颁布了《文物认定管理暂行办法》。对于大多数博物馆而言，这只是个纲领性的文件，在实践中我们通常被“文物”、“实物”两个概念所困扰。目前，博物馆界通常的做法是在参考以上政策文件的基础上结合自身特点，把握文物鉴定的四个核心内容，即文物的历史价值、科学价值、艺术价值、经济价值进行综合考证和评价，而不是仅按时间、做工精良来判断文物的价值。此外，作为藏品征集者我们还要具有超前的眼光。随着社会经济的发展变革，有些看起来并不起眼或是现在仍在使用的生活用品、生产工具将会随着时代发展渐渐在人们的生活中消失，就像以前博物馆基本不入藏的民国期间的器物，如今也成了市场上的抢手货，作为文物征集者我们一定要牢记为未来收藏的使命。

（二）对民俗类藏品蕴含的非物质文化遗产的保护

参考徐艺乙教授在《中国民俗文物概论》中对民俗文物的论述："民俗文物，是一个国家或一个民族中广大民众所创造、享用和传承的民间生活文化中的物质文化遗存和精神文化的物化遗存。"其中将民俗文物分为"物质文化遗存"和"精神文化的物化遗存"两部分。笔者认为，这两者之间有着非常密切的关系，"非物质文化"离不开"物质"的载体，它不仅要依附于人，还要依附于物。民俗文物往往就是非物质文化的"物质载体"，征集有形文物与搜集非物质文化并驾齐驱，才能使保护工作得以完善。20 世纪二三十年代，"陈云亭镌碑处"是琉璃厂著名的碑刻工坊，三代人刻碑皆是名家。陈仁山是清末京城琉璃厂最著名的镌碑拓帖艺人，曾经参加过京城孔庙进士碑林的镌刻；陈云亭是"陈云亭镌碑处"的创始人；陈志敬则是人民英雄纪念碑奠基碑的制作者，陈家的碑刻技艺精湛出众，被誉为"北京最后的碑刻世家"。在工作中，我们通过与陈志敬之子陈光铭的不断接触，征集到其父镌刻人民英雄纪念碑奠基碑时所用的一套工具，并在征集过程中详细了解、记录了陈氏家族的刻碑技艺和镌刻人民英雄纪念碑奠基碑的经过，使这件藏品的信息更为完整，也丰富了琉璃厂文化研究的资料。

（三）关注藏品持有者与藏品之间的特殊情感

一件藏品能够在持有者手中长久保存，这其中包含了人与物之间的特殊情感，处理不好这种情感可能会对我们开展征集造成一定困难。因此，在征集过程中，我们一定要学会关注、尊重持有者对藏品的情感。金业勤是老天桥的一位艺人，1950 年他随中华杂技团赴莫斯科列宁勋章马戏院演出，这是中国派向国外的第一个演出团。1957 年，他与姐妹合作表演的《车技》荣获第六届世界青年与学生和平友谊联欢节杂技比赛金质奖章，为中国杂技团赢得了第一块国际金牌。1992 年，金老获得了中国杂技最高奖“百戏奖”。金老是一个极为细致的人，他保留了许多珍贵物品，包括 1945 年外国记者拍摄的他在天桥表演的老照片，到国外演出时外国媒体的报道材料，以及他演出使用的道具、获奖证书等，这些对我们研究天桥民俗文化、丰富展陈有十分重要的意义。而这些物品对老人来说也是大半辈子的陪伴，是他艺术生涯的见证，把收藏多年的物品捐赠给博物馆，对老人来说心中更多的是难以割舍的情感。当我们发现老人的顾虑后，我们并没有急于开展征集工作，一方面邀请金老到博物馆参观，征求他对老天桥民俗陈列的意见，并通过借展的形式将获奖证书、表演道具等布置展陈，另一方面组织工作人员深入了解金老的艺术成就，加强与金老的沟通、联系，关心老人的生活，并邀请他参加博物馆开展的一些业务活动。通过不断地接触使老人感受到我们的真诚，并逐渐了解博物馆的社会教育意义和文物保管优势，几年时间我们分批次先后征集了能够反映金老艺术成就的实物百余件，并收藏了金老撰写的书籍《老天桥说杂技人生》。书中详细记录了他在天桥的经历和他的表演艺术生涯，有效延伸了实物收藏品的内涵。

（四）文物收藏热导致民俗类藏品征集更加困难

随着时代发展和社会进步，人们越来越重视文化的社会价值。博物馆数量每年都在增加，民间收藏队伍也在逐渐壮大，文物收藏热已经成为当下的一种社会现象。博物馆之间、博物馆与个人之间的竞争大大增加，这些对我们开展文物征集都增加了难度。近两年许多老字号纷纷开设了自己的博物馆，收集、保管与其品牌相关的老物件，用于展示老字号的文化内涵。他们手中保存了大量珍贵实物，并且很难转让、租借。在我馆的百年兴商展厅中，曾经展出瑞蚨祥老字号民国时期的电扇和存钱柜，现在都被老字号收回保存。博物馆要发展，藏品征集不能停滞不前，依靠上级调拨、移交是不现实的，我们要顺应时代要求，加强自身实力参与市场竞争，挖掘文物征集线索，开展多种途径的征集。

（五）市场经济下的藏品征集

长期以来，我们习惯于依靠博物馆的名称吸引更多的人将自己的藏品捐赠给博物馆，对捐赠人大多只能给予一些象征性的奖励，奖励金额也没有严格的标准。特别是对于中小型博物馆来讲，由于征集经费有限，物质奖励的金额十分有限，能否征集得到，还要看藏品持有人有着较高的思想觉悟和不计得失的心里。但在市场经济下，文物的经济价值不断攀升，精打细算，衡量得失，成为不少人把藏品交给博物馆的先决条件。在实践中，我馆除了对捐赠者给予证书及少额的物质奖励外，还采取了在陈列中注明捐赠者姓名的做法。社会上不少人士及艺术名流，以在博物馆藏品中占有一席之地而倍感自豪，注明捐赠者姓名的做法不仅能给予捐赠者名誉上的表彰，更以此宣扬、鼓励更多人将收藏品捐献给博物馆。另一方面，大大小小的文物拍卖会也成为文物交易的重要方式，博物馆事业要发展，博物馆藏品要扩大征集，客观形势要求我们顺应时代潮流，从根本上更新观念，勇于尝试、拓展新的征集途径。

目前我国对民俗类藏品的界定和范围还没有权威说明，实践中我们要把握科学征集的原则，根据本馆的性质、特点和陈列的需要，注重民俗文物的典型性、代表性、配套性及完整性，有计划、有目的进行征集，使我们的藏品更具特色，重点抢救征集那些具有重要历史文化价值的民俗文物，使那些濒临消亡的民俗文物、文化得到保护。

藏品：博物馆的立馆之本，发展之源

——谈新形势下如何拓宽征集渠道，增加藏品数量

昆明博物馆　梁玉珠

1974 年，国际博物馆协会第十一届大会通过章程，明确规定：博物馆是一个不追求营利的、为社会和社会发展服务的、向公众开放的永久性机构，为研究、教育和欣赏的目的，对人类和人类环境的见证物进行搜集、保存、研究、传播和展览。各国根据自己的不同解读，又对博物馆的内涵做出更为具体化的解释。美国《简明不列颠百科全书》指出：现代的博物馆是征集、保藏、陈列和研究代表自然和人类的实物，并为公众提供知识、教育和欣赏的文化教育机构。美国博物馆协会认为：博物馆是收集、保存最能有效地说明自然现象及人类生活的资料，并使之用于增进人们的知识和启蒙教育的机关。《苏联大百科全书》提出：博物馆是征集、保藏、研究和普及自然历史标本、物质及精神文化珍品的科学研究机构、科学教育机构。日本的博物馆法规定：博物馆是收集、保存、展出有关历史、艺术、民俗、工业、自然科学等资料，供一般民众使用，同时进行为教育、调查研究、启蒙教育等所必要的工作，并对这些资料进行调查研究作为目的的机关。中国对于博物馆的认识，有一个逐步深入的过程，对其定义也有过多次修改。20 世纪 30 年代中期，中国博物馆协会认为：博物馆是一种文化机构，不是专为保管宝物的仓库，是以实物的论证而作教育工作的组织及探讨学问的场所。中华人民共和国建立后，对博物馆的定义进行了两次大的讨论和修改，直到 1979 年，全国博物馆工作座谈会通过的《省、市、自治区博物馆工作条例》中明确规定：博物馆是文物和标本的主要收藏机构、宣传教育机构和科学研究机构，是我国社会主义科学文化事业的重要组成部分。博物馆通过征集收藏文物、标本，进行科学研究，举办陈列展览，传播

历史和科学文化知识，对人民群众进行爱国主义教育和社会主义教育，为提高全民族的科学文化水平，为我国社会主义现代化建设做出贡献。

综上所述，对文物资料进行征集、收藏、陈列、研究是博物馆的四大核心功能。无论是陈列还是研究都构建在藏品的基础之上，因此，藏品的征集和管理是博物馆一切工作的基础和前提。博物馆藏品的数量和质量更是立馆之本，发展之源。保管部的核心工作职责是博物馆的藏品管理，涉及到藏品保护和管理工作的诸多方面，包括藏品搜集工作方针、搜集工作所涉及的法律、法规、搜集方式、藏品档案、藏品库房、安全保障、研究和利用。如何有效拓宽藏品的征集渠道，提高藏品的数量和质量，成为新形势下博物馆人，尤其是藏品管理人必须认真思考的问题。

结合多年的保管部实际工作，对于新形势下如何增加馆藏数量、丰富藏品种类，笔者有以下几点粗浅认识：

一　要转变思路，打破思想禁锢，增强近现代文物意识

博物馆的职责之一就是要通过收藏文物来见证历史，再现史实。任何的文物都是客观存在的事物，在它的表象背后都有着深刻的历史背景、社会背景和文化背景。对于文物，在人们的传统观念里，甚至在学术界里，重古轻今的思想从来都占据绝对上峰。许多人片面认为文物越古老的越珍贵，把主要精力都放在古代文物上。在新形势下，博物馆需要打破思想禁锢，增强近现代文物意识，清楚地认识到近现代文物是中国百年屈辱史的历史见证；是中国浴血奋战，取得独立自主的历史见证；更是中国改革开放、走向富强的历史见证。缺失了近现代文物的任何一个环节，就无法全面反映一个半世纪艰难曲折、波澜壮阔的中国近现代历史，历史就将出现断代的危险。

近现代文物从时间上来讲，是指从 1840 年鸦片战争开始到现当代，跨越了资产阶级革命时期、民主革命时期、抗日战争时期、解放战争时期以及社会主义革命和建设时期的一切文物。由于意识不到位和长期忽略，各博物馆对反映社会主义革命和建设、政治经济变革、社会生产发展和人民生活水平变化的文物资料搜集几乎是一个空白。即使有，也只是零零星星不成系统。随着我国

现代科学技术和经济建设的快速发展，社会生产、生活和物质条件的迅猛改善，新的事物不断出现，旧的事物加速消亡。由于人们对此缺乏前瞻的眼光和足够的重视，使得近现代历史上各类具有重要价值、颇具收藏意义的实物资料未能得到及时、系统的收集。从服务观众的角度来看，中国近现代史是中华文明的重要组成部分，而且这部分文物相对古代文物来说与人们的时空距离更小，和人们的生活贴得更近。通过举办近现代文物展览，能够更轻松达到与观众的交流与互动，真正体现文化的本质在“人化”，文化的目的在“化人”的文化工作的精髓。博物馆应该清楚认识到这一点，并以此为契机，一方面加强对过去一个半世纪的文物的关注、探访和征集；另一方面也不能忽视和放弃当代有重要价值的实物资料，要有预见性和前瞻性地进行有计划收集。

二　要加强研究学习，拓宽工作思路，多渠道并行增加藏品

据传统模式，博物馆藏品的主要来源是旧藏和考古发掘，而在新的文物法中确定了“保护为主，抢救第一，合理利用，加强管理”的文物工作方针，新的形势决定了各考古所、考古队原则上只能进行抢救性的发掘。博物馆想按照传统思维，以通过发掘增加馆藏为主要途径的方式已经脱离了现实。根据 2007 年 12 月 29 日颁布的《中华人民共和国文物保护法》第三十七条之规定，文物收藏单位可以通过购买、接受捐赠、依法交换，以及法律、行政法规规定的其他方式取得文物，包括通过文物行政部门指定保管或者调拨方式取得文物。如何在法定范围内有效增加藏品数量保证藏品质量是保管部工作的重要课题。我馆在多年实践，不断创新的基础上，形成了一套行之有效的多渠道并行藏品搜集模式，主要包括考古部门发掘移交、拍卖会购买、民间定向征集、宣传并鼓励私人及单位捐赠、通过文物行政部门指定保管、通过协商进行系统内文物调拨等途径。其中，拍卖会购买、民间定向征集和鼓励私人及单位捐赠三种方式是保证藏品数量可持续、稳定增长的重要方式。

（一）拍卖会购买方式

征集目标主要为历史文物。

由于我馆建馆时间较短，藏品基础较为薄弱，建馆之初，基础馆藏皆为原昆明市文物管理所旧藏，多为昆明周边地区历年墓葬出土文物，具有数量少，种类单一的特点。我馆立足于历史及区域特点，兼顾每年文物征集经费有限的实际情况，从建馆之初便确定藏品征集以与地方史相关的实物资料购买为大方向，征集目标主要为地方历史文物，包括书画、瓷器、金属器、杂器等。通过多年参加拍卖会，我馆藏品数量和种类大幅增长，尤其是明清书画和瓷器，现已形成多个系列可供展陈。

（二）民间定向征集

征集目标主要为民族民俗文物和当代艺术家作品。

《中华人民共和国文物保护法》规定，文物包括历史文物、革命文物和民族民俗文物三大部分。我馆作为一个地区性综合博物馆，在搜集文物时，一直坚持三项不可偏废的原则。昆明地处少数民族地区，具有丰富的民族民俗文物资源和得天独厚的区域优势。认清优势、确立方向，我馆保管部在负责民间文物征集过程中重视并长期关注民间有关文物信息的收集，及时筛选、整理、汇总、上报，积极组织文物鉴定和具体的文物征集实施工作，多年下来，成效显著。我馆从建馆之初的民族民俗文物资料一片空白，到如今千余件的积累，无论是馆藏数量还是保管部工作能力都在此过程中得到大幅度提升。民族民俗文物也由此成为我馆对外交流，服务社会的又一有力资源。

对于当代艺术家作品的征集思路，是我馆本着“历史责任感和现实紧迫感，承当起文物搜集既为现阶段发展大局服务，又为未来而收藏；即为子孙后代流传文化血脉，又为社会积累公共财富的神圣职责”的思想为指导，所确立的一项具有前瞻性的定向征集方式。通过细致深入的工作，我馆先后定向征集到云南已故著名画家张建中先生大部分作品，包括素描、习作、早期油画、变形期实验作品及成熟期代表作品共计五百余件；云南当代著名画家邵培德先生旅德期间创造的油画作品五十余副。此外，通过举办笔会的方式，我馆力邀云南当代书画名家积极参与，共征集到书画作品一百余件。此举不单大大丰富了馆藏数量，同时对云南地区现当代文化艺术的研究和传承具有重大意义。

（三）鼓励私人及单位捐赠

征集目标主要为近现代文物和反映当代社会政治、经济、生活重要变迁的实物资料。

以下有三个通过捐赠方式增加藏品的成功案例，供大家参考。

1. 南侨机工文物征集

南侨机工是南洋华侨机工的简称，是指抗日战争时期由南洋华侨筹赈祖国难民总会招募并资助回国参加滇缅公路抗日运输工作的爱国青年群体，由华侨汽车驾驶员和修理工共同组成。他们满怀“国家有难，匹夫有责”的高度民族责任感，毅然离别父母亲人，远涉重洋，回到祖国，投身于神圣的抗日救国服务工作，为抗日战争的最后胜利做出了巨大贡献。南侨机工同时也是抗战中最大的一支海外援华队伍，南侨机工的历史在中国近现代史上本该占有一席之地，但由于历史和政治的原因，这段历史长期被忽略，相关文物资料也在“文化大革命”中被损坏丢弃大半。我馆注重信息收集，抓住机遇，于 2010 年派出三名工作人员跟随南侨机工历史研究会访问团，飞赴马来西亚，进行为期 14 天的历史考察研究，先后辗转东、西马多地，访问健在的高龄机工和已故机工后人，进行相关史料搜集和征求捐献文物活动。期间，共访问机工及其后人 10 余位，征集到文物 400 余件，包括照片、证件、信函、委任状、嘉奖状、徽章、日记等。通过这批实物资料，为我们还原出一段血肉丰满，历历在目的历史原貌，让我们对抗战时期回国服务的南侨机工逐渐有了一个真实、客观而全面的认识。

2. 飞虎队文物征集

飞虎队是对二战期间由陈纳德将军领导的美国援华空军的誉称，飞虎队员们英勇无畏、能征善战，与中国军民一起浴血奋战，为中国抗战和世界反法西斯战争的最终胜利作出了卓绝的贡献。这段历史无论是在中国近代史，还是在世界战争史中都具有重要意义。飞虎队在华参战的总部设在昆明，我馆抓住机遇，早在 2009 年就积极参与飞虎队纪念馆的筹备工作，并随政府代表团专程赶赴美国会晤陈纳德将军遗孀陈香梅女士，就纪念馆筹建工作细节进行磋商。期间获得陈香梅女士捐赠部分与飞虎队历史相关的文物资料。之后我馆经多方努力，在广州市侨联和昆明市侨联的引荐和帮助下，与身居海外的美籍华人陈灿培先生取得联系，通过多次交流，陈先生决定向我馆无偿捐赠其常年收藏的部分飞虎队文物。在2010年5月至2012年4月间，陈先生夫妇分五次向我馆无偿捐赠飞虎队文物和资料900余件，同时还动员在美国的飞虎队老兵及家属也进行捐赠。在陈先生的无私帮助下，我馆在短短两年时间内，共获得无偿捐赠文物资料千余件，包括飞虎队各种军阶制服、徽章、标志；私人身份证件、身份牌、生活用品；相关的历史文件、合同、信函、照片、报刊、杂志等，品类繁多，历史价值极高。这批文物的征集，奠定了飞虎纪念馆成立的基础，并为抗战历史的研究工作及相关学术交流活动提供了平台，更提升了我馆藏品的数量和质量。

3. 已经或正在退出历史舞台的反映当代社会政治、经济、生活重要变迁的实物资料征集

这是我馆又一个增加藏品数量，积累公共财物，保存历史资料的新尝试。我馆集思广益，以举办“昆明人60年生活变迁”展览为依托，多渠道组织展品，注重宣传，动员展品所有人对我馆进行无偿捐赠。通过这次活动，我馆征集到实物资料百余件，包括不再流通的各时期钱币、票证；老式家具、家电；现已罕见的生活用品；反映城市变迁的老照片、书刊杂志；已消失的工矿企业产品等等。这些看似平凡的实物资料记载着一个地区的历史变迁，真实反映本地区近现代全方位发展变化的历史过程。我馆以这次展览为起点，一直注重后续工作，加大新闻和网站宣传力度，鼓励私人和单位对我馆进行社建文物和现当代文物的捐赠。此后，我馆一直陆续接收到社会各方面相关实物资料的无偿捐赠，每年都有相关藏品的数量增加。这对于博物馆的基础职能是一个探索性的扩充。

通过鼓励无偿捐赠增加藏品，是克服博物馆征集经费极其有限，阻碍藏品数量增加的有效途径，也是值得各博物馆进行尝试，长期投入精力和人力的有效方式。

三　要注重信息收集，加强合作，共享资源整合

由于各地博物馆、文管所存在发展的不均衡性，各馆所的文物保管场所和

和保管条件差别较大，而且各馆所都制定有适合自己发展的方向和目标，在此现实条件下，各馆所通过加强联系，互通有无，进行有效的资源整合，对各自的发展无疑是互利的。各馆所之间可以通过积极友好磋商、相关行政部门协调进行文物调拨，把不具备保管条件要求的藏品调拨到具备保管条件的馆所，并按规定给付一定数额的补偿，用于文物保管场所的建设和改造；对于数量较大的重复藏品，可以通过调拨的方式进行交换，或者以所得经济补偿充作文物征集经费，根据自己的实际需要和所确定的征集目标进行再次征集。这样既可以使文物避免因保管条件不善造成人为损伤，同时又可以物尽其用，充分发挥文物的价值，可谓一举多得。我馆曾先后使用调拨的方式从石林县文管所、云南省文物店获得文物 500 余件，其中珍贵文物就有 150 余件。通过加强与区域内各博物馆、文管所及相关单位的联系，互通有无，共谋发展，对藏品资源进行更为合理的重新整合，最终取得多赢的局面。

总之，博物馆的所有职能体现，所有相关活动都立足于藏品基础之上。藏品，是博物馆的立馆之本，发展之源。只有不断增加馆藏数量，提高馆藏质量，加强对藏品的合理利用，博物馆事业的发展才能进入一个良性循环的通道，最终实现既为后人流传文化血脉，又为社会积累公共财富的神圣职责。

简易书画收藏

广西壮族自治区博物馆　蒙顺安

中国书画是我国一门独特的艺术，被誉为东方艺术瑰宝，它由宣纸、墨、颜料、水等绘制而成。经多年风雨侵蚀保存至今完整的很少。因为中国宣纸是由植物纤维经手工加工而成。字画受潮、虫蛀老化是严重危害书画寿命质量的病害之一。解决受潮发霉虫蛀老化，延长书画寿命的问题是历代收藏家们重点解决的问题。传统的防发霉、防虫方法是利用植物药物中的气体、液体或者固体来去虫防霉。常用的植物药物有胡椒、檀香、烟叶、樟脑、黄连、灵香等。随着时代的发展，目前多利用现代科技手段来杀虫防霉。比如用红外线、微波辐射、低温冷冻、除氧剂封存等各种现代技术和仪器设备来杀虫防霉。但现代技术设备的价格昂贵，操作复杂，一般小型博物馆和个人收藏爱好者都用不起。而传统的方法是靠植物药物中的强烈气体杀虫防霉，植物药物散发出的气体，对杀虫防霉有效，但长期使用对人体却有害。笔者从事书画装裱及收藏书画近三十年，利用现代化工材料塑料薄膜包装封存收藏的书画，可达到理想的杀虫防霉效果。笔者曾做过这样的实验：三幅相同纸质的书画在同一时间、同一气候装裱后，一幅常年挂在居室；一幅按传统方法加上樟脑丸收藏到木柜内；另一幅用现代塑料薄膜封存不放任何植物药物收藏到木柜里。十五年后，挂在居室中的那幅字画已霉迹斑斑，纸质老化发黄，绫绢脱落；藏于木柜内的那幅字画打开时，却被虫蛀得千疮百孔、面目全非；唯有用塑料薄膜密封的那幅字画，纸质画面变化不大，就像刚新裱一样。

以上的实验看出，挂在居室内的那幅字画常年暴露在光线和大气中，受气候变化和各种气体的污染，受潮发霉，纸质老化很快。传统的收藏方法密封性不好。植物药物时间过长会失去药效，或植物药物经过多年使用后蛀虫已适应了这种气味，产生了抗药性，已起不到杀虫的作用。而现代化工材料塑料薄膜封存收藏的书画效果最佳。封存后的薄膜袋里没有氧气，形成了真空的小环境，水分也进不去，断绝了虫菌滋生的氧气和水分，使之不能生存，达到了防霉防虫蛀的效果。这种收藏方法，简易方便，成本低，对人体环境无害，是目前书画收藏中最有效，最简便的方法。

第一，有缝薄膜收藏袋。利用日常生活中厚度 0.01～0.02 毫米塑料薄膜，按所收藏字画的尺寸裁出长度和宽度。比如制作一幅长度为 70 厘米，宽为 0.6 厘米的三尺字画收藏袋，收藏袋薄膜裁成 90 厘米，宽 20 厘米，把薄膜两口对平，用小型热塑器加热封边和口，然后把密封边翻到袋内，让薄膜外面平整使画袋整齐美观。再给袋内吸气，看看有没有泄气的地方，如有再用热塑器再封一次。装好字画后尽量把袋内空气挤出。如果是长期收藏可用热塑器封口，短期收藏可用绳子扎口，以便随时打开。如果一袋收藏多幅字画，制作收藏袋时应选用厚一点的薄膜，或采用双层薄膜制作的袋。热塑器一般县市级城市卖文化用品商店都有卖，口径为 20～80 厘米不等。

第二，无缝薄膜收藏袋。无缝薄膜收藏袋是由专业厂家用吹塑机按商家所定尺寸吹成，一般一捆为一千多米或按公斤计，坚固耐用、耐压、密封性好，用作收藏袋比有缝的自制塑料薄膜袋好。无缝薄膜袋制作厂家一般的印刷厂都有吹塑机，千米左右就开吹，袋的长短由收藏人定，就像用保鲜袋一样，用一个撕一个。

第三，铝箔薄膜袋。铝箔薄膜袋，无臭无味无毒，具有良好防气、防潮、遮光等特点，用作包装收藏名贵书画。防紫外线对字画的伤害起到防老化的作用。但铝箔薄膜本身强度低，折叠时易断裂，产生扎眼，不耐酸碱，热塑器不能封口。为防紫外线对字画的侵害。在字画装薄膜袋前，用铝箔薄膜先包一层，再装袋，可起到防止紫外线的作用。装好的字画最好一年或半年打开一次检查看看字画有没有虫蛀发霉，如有就是薄膜袋出现了问题，应重新换薄膜袋。

此种用薄膜袋收藏保护书画的方法，笔者是根据民间黄豆、绿豆用塑料饮料瓶装后拧紧瓶盖，黄豆、绿豆可放几年而不生虫发霉的原理。经多年实践实验做出的一个收藏书画简单而有效的小方法。此方法也适合于书本、纸质文件、布麻类物品、小型竹木器等。写此文谨供收藏爱好者、小型博物馆同行参考试用，以达到收藏效果，改善收藏环境的目的。

保管员职业道德建设

刍议博物馆藏品保管员的职业规范

广西壮族自治区博物馆　黄慧光

藏品是自然、人类发展的历史见证，是自然造化与人类智慧的结晶。它是博物馆存在的基础，是博物馆赖以生存和发展的重要载体。博物馆是文物和标本的主要收藏机构，具有收藏保管、陈列研究、宣传教育的职能，博物馆的一切活动都是围绕文物来进行。因此，藏品保管工作是整个博物馆工作的基础。国际博物馆协会在1986年召开的第十四届大会通过了《采用ICOM博物馆职业道德准则的决议》，提出了“博物馆专业人员，不管从事哪项工作，都要诚实、正直、严格遵守职业道德准则，按客观规律办事”，强调了博物馆职业道德规范的重要性。博物馆藏品保管员的职业道德规范是由其工作性质、特点和职责所决定，与每个保管员的具体岗位、工作任务紧密联系并受其制约和规定。本人结合十多年来的藏品保管实践工作，从以下五个方面刍议博物馆藏品保管员应具备的职业规范。

一　藏品保管员必须模范遵守法律法规

中华民族具有悠久的历史和博大精深的文化内涵，给我们留下了丰富而灿烂的文化遗产。为了科学保护和合理利用这些藏品，从国家到地方都制订了一系列文物法律法规、规章制度。如《中华人民共和国文物保护法》及实施细则、《广西壮族自治区文物保护管理条例》、《博物馆管理办法》、《博物馆藏品管理办法》等。特别是《博物馆藏品管理办法》，对博物馆藏品收藏定级标准，藏品接收、鉴定、登帐、编目、建档、提用、注销手续以及藏品库房的管理、藏品的保护等等作了严格的规定和要求。

做好博物馆藏品保管工作，不仅要有切实可行的保管工作方法，更要有严密的行业标准和工作制度。实践证明，只有认真执行藏品保管行业标准和工作制度，才能确保各项保管工作有条不紊地进行。作为一名合格的藏品保管员，除了必须熟悉和掌握《中华人民共和国文物保护法》、《博物馆管理办法》、《博物馆藏品管理办法》、《中国文物博物馆工作人员职业道德准则》等法律法规外，还要熟悉《馆藏文物出入库规范》、《馆藏文物登录规范》、《文物藏品档案规范》、《馆藏文物保存环境质量检测技术规范》、《馆藏文物展览点交规范》等中华人民共和国文物保护行业标准，将行业标准规范作为博物馆藏品保管工作的指导。同时，还要熟悉保管员职责、登记提取、库房管理、库房进出人员登记等藏品保管工作制度，在开展登帐、编目、建档、入库出库、保管、提取等工作时，不仅要一丝不苟地按照规定程序进行，而且要严格遵守有关政策规定，这是藏品保管员顺利完成工作任务的保证。

此外，根据新形式需要，《文物保护法》及实施细则对馆藏文物做了修改，对馆藏文物移交、调拨、交换、借用的手续，及修复、复制、拍摄、拓印等方面做了详尽的规定，为博物馆藏品管理工作提供了法律依据。只有建立健全了各项制度和法规，藏品保管员在从事实际工作的时候才能有法可依、有章可循。制度和法规一旦通过，就必须严格执行，把各项工作落到实处，一切违反制度和法规的行为，均应受到相应的处罚，严重的要追究法律责任。

二　藏品保管员必须具有思想道德素养

文以载道是中华文化的优良传统，修身立德是成才立业的根本所在，一个优秀的藏品保管员，首先应该具有较好的思想道德修养，树立正确的世界观、人生观、价值观，弘扬职业精神、恪守职业道德，努力做到德才兼备。

文物是不可再生的，保管员可谓是文物的第一保护人。在工作中，保管员要扎扎实实地执行博物馆保管工作相关规定，忠实履行自己的职责，不能有任何放松懈怠，更不能有悖规章或者敷衍了事。文物库房内的工作环境十分恶劣，保管工作又是一件十分艰苦而危险、具体而琐碎、连续性较强的工作，保管员要讲究职业道德规范，许多从事藏品保管工作的同志一辈子默默无闻，好像没有什么成绩，但其管理的藏品做到了保管妥善，查用便捷，为馆内其他部门提用藏品提供了方便。选择做博物馆人就选择了清贫，选择做博物馆的保管员就选择了清贫加辛苦。因此，藏品保管工作要求保管员必须具有良好的职业道德和高尚的情操，有高度的责任感和敬业精神。作为藏品保管员，我们要严格要求自己，洁身自好，廉洁奉公，不收藏文物，不参与文物经营活动，严禁利用职权侵占国有文物，禁止将国有文物赠送、出租或出售给其他单位或个人。严守国家机密，不得擅自公开文物藏品的重要信息和资料。发现文物损坏，要及时向上级主管部门汇报，发现文物被盗、被抢或丢失，还要及时向公安机关报案。在工作中严格执行法定程序，以防文物遭到灭失或损坏。

三 藏品保管员必须夯实专业基础

博物馆藏品保管员不等同于一般的仓库保管员，他必须具有精湛的业务知识，这是做好藏品保管工作的前提。《博物馆藏品管理办法》明确规定，保管工作要做到“鉴定明确，账目清楚，编目详明，保管妥善，制度健全，查用方便”二十四字方针，要实现藏品的科学化管理，就要求保管员充实专业知识，夯实专业基础。

一是高度重视知识的积累和专业技能的培养，掌握保管员应具备的历史、文物保管、考古学、器形学等知识，并在日常工作中多向老专家请教，不断积累专业技能，使保管专业素质得以巩固、提高。同时，还要具备博物馆相关岗位的业务素质。由于一些基层的中小型博物馆普遍存在人手少，身兼数职的情况，因此，一些博物馆的保管员又具有陈列设计、考古发掘、讲解等综合素质的复合型保管员。

二是熟记程序、规范操作，不辞劳苦。藏品管理的主要任务是接收、鉴定、登帐、分类、编目、定级、建档、入库、排架、提用、注销和统计，每一个藏品管理员要严格按照这些规定进行藏品的管理。博物馆日常的藏品保管工作不仅辛苦、麻烦，而且相关的规章制度、条条框框与博物馆其他岗位相比，严格且十分繁琐，要不折不扣地执行实属不易。例如每次藏品出、入库的登记、交接和验收，点交人员应保持手部清洁与干燥，并佩戴手套，持拿藏品稳当小心等等，这些都要求保管员在工作中牢记在心，严格执行。

三是严格规范藏品的登记、编目、建档手续。藏品登记过程中，需建立一套完整、准确的藏品登记账薄。其最根本的一项就是细致认真、严谨求实地做好藏品总登记账，将其与藏品登记卡、藏品作为彼此相符的一套一并入库保管。书写总登记账应按格式逐项填写。每一件藏品对应一个总登记号和一个分类号，总登记号应该标示在器物隐蔽处，以防影响美观。

四是在传统管理模式基础上，开辟科学化、现代化管理模式。博物馆保管事业飞速发展的今天，除了传统的保管方式方法外，引进科学的、现代化数字管理系统尤其重要。在藏品数字化管理系统中，如果一件藏品存储的内容越具体，对于陈列展览和科学研究发挥的作用就越大。保管工作是博物馆科研工作的基础，保管员对文物的鉴定和研究能力越好，能够提供给陈列展览和科学研究的资料就越具价值。反之，会给业务工作带来许多弊端。例如，博物馆陈列展览内容设计人员在接受陈列展览任务的第一时间，就会与保管部发生业务关系，保管部提供的文物清单直接关系到展品的质量。藏品保管员和内容设计人员对藏品熟悉和研究的程度，直接关系到陈列展览的水平。只有这两者的紧密配合，才能在大纲产生之初避免选择展品的失误。所以，现在有博物馆采取一条龙的业务管理体系，即保管、研究一条龙，内容研究人员同时是保管部成员，可以参与文物整理工作，接触和研究藏品的机会大大提高，对于产生高质量的陈列展览非常有利。广西博物馆在编写陈列展览内容时，内容设计人员与藏品保管员紧密合作，举办了“瓯骆遗粹——广西百越文化文物精品展”、“瓷美如花——馆藏瓷器精品展”等基本陈列。另外，许多文物鉴定专家出自库房保管员，保管员对文物进行深入研究和鉴定，是文物鉴定和研究人才成长的重要途径。

四　藏品保管员必须具备安全意识

藏品安全是一切藏品管理工作的基础，只有保证藏品的安全，博物馆才有存在的价值。博物馆、纪念馆免费开放的今天，博物馆藏品的利用率日益加大，这给博物馆的发展带来良好机遇的同时，也给博物馆藏品安全带来的挑战。在这种形势下，作为博物馆保管工作的一名专业人员，有责任、有义务加强博物馆藏品的安全保管工作。藏品是博物馆业务活动的基础，没有藏品的安全就等于破坏了博物馆的正常运作。保护管理的重要性在于使博物馆的藏品处于最佳保护环境中，尽量防止藏品的自然损坏和避免人为伤害。藏品要永久保存，藏品的安全保管工作就要坚持始终，否则，稍有不慎，都有可能给藏品造成不可挽回的损失，使多年的保管工作成果毁于一旦。藏品的易损坏性和不可再生性决定了藏品安全保管的必要性和重要性。在现实中，很多博物馆不顾制度的规定，违反制度让藏品出库，这些不负责任的行为可能会给藏品带来无法弥补的损失。例如，雨天、大雾天藏品不宜出库，出库就有可能出事。特别在梅雨季节，藏品库房绝不应该打开，文物也不能出库，否则文物由于出库受潮，很容易出现长霉锈蚀的自然损坏。

长期以来，一些博物馆的藏品保管条件较差，没有文物保存环境达标的库房，潮湿漏雨，环境较差，藏品堆放，以及设备设施老化，有的库房建设或改造未考虑文物防震、防雷、防虫、防潮、防干、防光和防尘等方面的因素，藏品安全存在严重隐患。这些要求我们藏品保管员要有忧患意识，在保管文物时多留心，多考虑文物的通风、防潮、防虫、防尘和防有害光线等方面的因素，避免文物遭受自然损坏。采取相应保护措施，每一件藏品分类排架，有囊匣保护；不论是库藏品或是陈列品都要加防虫、防潮剂等等，尽量避免文物受到自然和人为的损坏。

五　藏品保管工作要有所创新

创新是一种厚积薄发的创造性劳动，需要我们不断地学习、不断地积累。要适应日新月异的信息技术的快速发展和现代科技的日益渗透，作为藏品保管人员应当保持清醒的认识，树立终身学习的理念，养成勤奋学习的习惯，掌握新知识、新技能、新本领，开阔视野思路，努力掌握计算机及网络、数码摄影等技术，实现藏品及档案的现代化管理。充分发挥藏品信息化系统的作用。按照国家文物局发布的《博物馆藏品信息指标规范（试行）》和《博物馆藏品二维影像技术规范（试行）》规定，通过文物调查及数据库管理系统建设等手段来管理好藏品、提高工作效率，特别是摸清家底，减轻保管员繁杂的事务，使藏品档案撰写、账册登记、卡片制作过程中藏品的定名、分类、计量计件等规范化，利用馆藏文物信息管理系统来建立博物馆馆藏文物的台帐，最终达到博物馆资源的社会共享。

综上所述，藏品是博物馆的基础与灵魂，没有藏品就没有博物馆。而要使藏品安全、完整则取决于藏品保管员熟悉行业标准规范、有较高的业务素质和辛勤的努力。因此，只有高度重视藏品管理才能确保藏品的可延续性，并最终实现藏品乃至博物馆的社会价值。

浅谈北京宣南文化博物馆保管人员职业规范

北京宣南文化博物馆　温思琦

北京，一座三千多年历史的文化古都，拥有着深厚的文化底蕴和丰富的文物、文化资源。而了解一个地方过去与现在的最佳场所就是博物馆了，通过博物馆我们完成了历史与现代的对话。截至2011年8月，北京地区注册博物馆已达159座，而在其中占有很大比例的一类博物馆就是中小型博物馆。中小型博物馆虽不像大馆拥有数量众多的藏品，高科技的展示手段，但也为文物的搜集、保存、研究、传播和展览发挥着积极的作用。不过在他们身上也普遍存在着一些问题，比如馆舍较小、资金相对缺乏等，直接或间接地导致这类博物馆专门从事藏品保管工作的人员少之又少，有的馆保管部门只有两三个人。这少数的几名保管员要从事文物征集、文物账目管理、藏品管理、文物库房管理等馆内的全部文物工作。而人员少就会导致缺少必要的监督条件，这就需要各馆制定适用于本馆的藏品保管员的规章制度，规范保管员的行为。本人所工作的北京宣南文化博物馆就是一家小型博物馆，博物馆坐落在北京市级文物保护单位明代古刹长椿寺内，自2005年11月30日正式对外开放以来已近六年时间，六年当中博物馆针对馆舍较小、专业人员少、资金短缺的情况，在保管工作过程中不断探索，逐步摸索出了适合本馆保管员在工作中遵守的各类规范。

所谓“规范”，《现代汉语词典》中的定义为“约定俗成或明文规定的标准”。可见规范是准绳，是供同类事物比较核对的标准，不论成文或不成文都应该严格遵守。本文就将以北京宣南文化博物馆为例，从藏品管理规范、人员管理规范、文物库房以及文物的安全管理规范和文物使用规范四个方面探讨北京宣南文化博物馆藏品保管员在工作中所遵循的各项职业规范。

一 藏品管理中应遵守的规范

藏品是博物馆存在的基础，具有重要的历史、科学和艺术价值，是国家宝贵的科学文化财产。藏品为博物馆的展陈、宣传教育工作以及研究工作提供了丰厚的实物资料，同时也为博物馆的发展与建设提供了坚实的物质保证。如果离开了藏品，博物馆就失去了其存在的价值和意义。而藏品的保护管理是各馆保管部门的中心工作，可以说藏品保管员永远处在藏品保管的第一线上，保管好这些珍贵的人类文化遗产是每名保管员身上肩负的重大责任。因此，在藏品管理工作中保管员要以高度认真的态度来对待保管工作，严格按照规范，避免工作中出现任何可能不利于文物保护的差错。

（一）征集工作中的规范

北京宣南文化博物馆是一所小馆，专职从事保管工作的只有两名同志，这两名保管员在负责藏品保管工作的同时还肩负着辖区内流散文物和出土文物的征集工作，这点是与许多大馆的不同之处。征集与保管工作由同样人员负责有利也有弊，利在于征集上来的实物能够快速登入博物馆实物入藏账目并且及时放入库房保管；弊在于人员少互相不利于监督。根据这一点，博物馆制作了《出现场情况登记表》，登记表中包含出现场人员、地点、时间、事由、经过、现场照片等事项，每次出完现场后保管员都要做好登记工作。如果现场有责任单位，保管员有责任向责任单位出具盖有博物馆公章的征集证明，一式两份，双方各执一份。对征集上来的每一件实物保管员还要详细的做好《实物入藏登记表》，表中包含实物名称、实物入藏编号、征收方式、文物来源、质地、件数、尺寸、保存地点以及保存状况等信息。做好表格之后保管员要在该表上签字确认，并将实物及时入库妥善保存，等待专家的进一步鉴定。

捐赠人来馆协商捐赠事宜时必须由两名专职工作人员同时接待，不得单独洽谈。物品接收后应立即进行登记、拍照，留取资料，并及时入库，不得由保管员个人保存。对实物捐赠人所给予必要的奖励金额数必须经由专职人员三人及以上集体讨论协商后经馆领导批准方可办理，并严格履行财务手续，不得个人单独洽商所付金额数量。

（二）总登记帐、分类帐的管理规范

博物馆的总登记帐是国家文化财产帐，许多博物馆保管部门设有专职总账人员，但是像宣南文化博物馆这种小馆由于人员问题很难做到这点。本馆目前只有两名保管员，如果其中一人负责总登记帐，那么根据帐物分管原则，他就不能再负责管理库房实物，另一名库房保管员在一人的情况下也不可能独自进入库房。因此根据本馆的这一特殊情况，严格规定总账由档案员管理，而两名保管员从事文物征集、藏品管理以及库房管理工作，并分管各类文物分类账。博物馆严格执行保管员帐物分管原则，同时档案员与保管员之间又起到了相互制约的作用。

（三）藏品清点中应遵循的规范

进行藏品清点工作是每家博物馆掌握馆藏文物准确数量、保存现状最有效的途径，保管员每年都应该对馆藏文物做一次彻底清查，这已经是许多博物馆中不成文的规定了，像河南省文物局将核查工作直接列入了《河南省文物藏品保管员岗位规范》中，明确提出了“一级文物藏品每年核查两次，其他文物藏品每年核查一次”的要求。为了摸清、掌握馆内文物藏品现状，北京宣南文化博物馆每年年初也都会对文物库房内的文物进行全面清点。两名保管人员要对保存在库房内的每件文物与账目进行核对，清查工作完成后编制核对清册，由两名核对人共同签字确保清册的真实性，保证文物不丢失、不损毁。

二　人员管理规范

保管员是与馆藏文物接触最多的人，藏品管理工作的主体就是保管员，保管员自身的素质就关系到博物馆整个藏品管理工作开展的情况。因此要想真正做好保管工作，保管员就要努力提高自身的职业道德修养和业务素质。

（一）藏品保管员的职业道德规范

所谓职业道德就是大家约定俗成的并且认可的一定职业范围内的特殊道德

要求，是在思想和行为方面应遵循的道德规范和准则。因为职业道德的特定性，它时刻规范着、引导着职业者的前进和发展。同其他行业一样，藏品保管员的职业道德由其工作性质、职责决定，是与保管员的具体岗位、工作任务紧密联系并受其制约和规定的道德规范。

1. 遵纪守法，严格执行文物相关法律法规

在职业道德中最重要的，也是最起码的道德规范准则就是遵纪守法。北京宣南文化博物馆严格按照《中华人民共和国文物保护法》、《文物保护法实施细则》、《博物馆藏品管理办法》等各种法律法规制定了保管员的岗位职责，保管员自觉遵守文物保护管理的各项规章制度。遵守法律法规可以使保管员清楚地认识到自己的工作职责，提高了藏品保管工作水平，也是做好保管工作的根据，更是遏制藏品被盗、受损的重要手段。

2. 坚持制度，以身作则，树立高度的工作责任感

做任何工作都需要高度的责任感和对本职工作的热爱，而保管工作又是一门非常严谨的、专业性很强的实用科学，这就需要保管员以更加认真负责的态度对待本职工作。工作中出现了差错，都会给工作带来一系列不良后果，这就要求保管员对藏品做到登记准确、保管妥善，结合各馆实际制定规章制度。博物馆就根据本馆特点制定了《北京宣南文化博物馆文物管理有关制度》，保管员严格按照该项制度严格要求自己，以身作则，并且负起监督的责任。

（二）保管员应对文物藏品进行合理保护，努力提升自身的专业素质

保管工作的特点决定了保管员的日常工作是非常辛苦的，并且保管员还承担着一定的风险，如果不慎损坏文物，不光个人要接受行政甚至法律处分，还会给国家财产造成难以挽回的损失，因为文物的不可再生性，所以保管员的专业素质必须过硬，还要有高度的责任心，才能对文物进行妥善保管。

1. 保管员应熟悉了解各类文物的保存环境

博物馆藏品种类繁多，质地不同，保存条件因此也不尽相同，应该分库管理，但是资金、场地等因素都在很大程度上制约着中小型博物馆的文物库房建设。北京宣南文化博物馆是一所小型博物馆，根据自身藏品特点将藏品分为瓷器、铜器、陶器、玉器、杂项、书画、古籍等七大类，但目前博物馆没有足够

的空间建设分类库房，多种质地文物放在同一间库房内。这种情况下，就要求保管员努力提高自己的专业水平，详细了解各类文物的保存条件，照顾到各类藏品，将保存条件相近的藏品集中保护，积极做好防潮、防霉等工作，保证文物处在良好的保存环境。

2. 拿取搬运文物中应遵循的规范

保管员在拿取文物时务必做到双手拿放，轻拿轻放。不抓握文物突出部位如把手、嘴、耳、提梁、腿足、边缘等。传递文物时，两人不能手递手，必须将文物放下另一人再拿起，防止传递过程中不慎损坏文物。

（三）保管员应及时提出文物藏品保护的意见和建议

保管员处在保管文物的第一线上，对文物最为熟悉和了解的就是保管员了。在从事保管工作的过程中保管员会遇到很多对藏品保护不利的问题，这时保管员就应该及时提出对文物藏品保护的合理意见和建议，供领导参考改进保管工作。

2008 年 5. 12 汶川特大地震给震区大量的珍贵文物带来了毁灭性的灾难，而大地震也给所有保管人员都敲响了警钟。保管员在地震发生不久后就拟定了《关于做好震后文物保护工作的几点建议》，考虑到本馆藏经阁的现有条件和抗震能力，从文物安全角度考虑，建议尽快将所有存放在藏经阁二楼档案室和图书室的文物转移到相对安全的库房保管。该项建议得到了领导的大力支持，博物馆立即腾退出一间办公室将其改造成文物库房，并于2008 年 7 月将原保存在档案室、图书室内的文物迁入新的文物库中进行妥善保管。

经过长时间观察，保管员认为现有库房内字画类文物不应继续暴露在空气中保存，空气中的有害气体对纸的变质有加速作用，而库房的灯光照射也会使纸张颜色变黄、脆裂，因此字画类文物应该保存在暗处、密闭的环境当中，保管员建议制作囊匣对字画类文物实施保护。博物馆于 2010 年底为馆藏全部字画类文物统一制作了囊匣进行保护。

三　文物库房以及文物的安全管理规范

文物库房是藏品保管的中心环节，直接关系到藏品的安全以及寿命，因此保管员在文物库房工作中一定要遵守各项规范制度，做好文物库房的管理工作。

（一）文物库房出入库制度

目前，馆内共有两间文物库房，博物馆规定不论任何人、任何情况下，不得单独进入库房，本馆保管员未经馆文物部门领导同意也不得进入库房，外部人员一律不得进入库房。进入文物库房时，保管员必须认真填写《文物库出入单》，详细登记出入库时间、出入人员以及事由。宣南文化博物馆以古建筑为馆舍，地面容易受潮，一旦遇到雨雪天气，空气相对潮湿的时候，对古建筑类的博物馆造成的影响会更大。为避免开关文物库时将外界湿气带入库房内对文物藏品造成破坏，因此在这种极端天气博物馆还规定保管员不得进入库房工作。

（二）保管员要定期对文物库房进行通风换气、调节库房温湿度，随时保持库房的整洁、卫生

博物馆库房内控制温湿度的设备目前主要是空调、洁净屏以及除湿机。北京处于温带季风气候区，夏季炎热多雨，冬季寒冷干燥。根据北京的气候特点，保管员在夏季时节要对库房进行除湿降温，开启空调和除湿机。冬季对库房进行保暖换气，主要开启空调。

藏品库房不清洁是库房害虫的主要来源，保管员在进入库房时易把外界的灰尘、不洁空气、细菌带入库房，这些污染物对文物有不同程度的危害。本馆在库房配有洁净屏，要求保管员定期对文物库房的温湿度、异味、菌团、灰尘以及甲醛等进行全面监控，并且保管员根据洁净屏监控结果，要对库房进行有针对性的维护与管理，给予文物良好的保存环境，延长文物寿命。

（三）保管员必须经常对库房进行检查，发现问题及时报告

保管员在离开库房时，要关窗锁门，拉闸断电。每月对库房查看，排查文物库房的安全隐患，检查房顶、门窗、文物柜架是否牢固，发现问题及时汇报领导。无论是何原因，凡库房内文物（实物）发现有损毁丢失及异常情况等，

及时汇报部门和馆领导，以便及时处理。

（四）文物库房钥匙管理规范

文物库房钥匙必须由二人分别保管并做到一把钥匙打不开库房，只有二把钥匙才能打开库房或持磁卡与钥匙分别保管方能入库的原则；保管员进入文物库房必须经过领导的批准后并得到领导手中的另一把钥匙才能进入。

四　文物利用规范

保管员应谨遵“保护为主，抢救第一，合理利用，加强管理”十六字方针。文物利用必须在保护的前提下进行，充分发挥藏品的作用。可以说保护是利用的前提，利用是保护的最终目的。

北京宣南文化博物馆自开馆以来，共举办了两次文物临时展览，分别为2009年举办的《馆藏文物珍品展》和2011年《物之记忆——寻找老北京的生活》专题展。两次展览共从文物库房内提取文物120余件（套）。在提取文物出库之前，保管员要先考虑该件文物是否适合上展，上展会不会加速文物的损坏速度，展览中尽量少的提用纸质（古籍、书画类）、漆器类以及竹木器类文物，因为这些文物质地较为脆弱，易受光线影响，紫外线长时间照射纸张会发黄变脆，漆器、木器经长时间照射水分减少就会开裂。如果必须要上展这几类文物，保管员要及时与布展人员协商，调整射灯位置，尽量避免射灯直射文物。之后保管员要制作一份展品清单，报给部门主任以及馆领导，领导确认后制作《文物出库单》，详细记录提取的每件文物的总登记号、分类号、名称、级别、数量、完残程度以及用途等，并由两名保管员、本馆文物部门领导和馆领导共同签字确认，现场清点核查。展览结束后及时制作《文物回库单》，回库单中同样包括文物的各类详细信息，之后由保管员详细地对归还的文物进行检查确保文物完好无损之后在回库单上签字，同样也需经业务办公室主任与馆长共同签字确认后方能入库。临时展览期间，临展厅两把钥匙由两名保管员持有，由保管员每天开、闭临时展厅，同时对上展文物进行安全检查，发现异常要及时汇报。

对于外馆或上级有关部门借展本馆文物（实物）时，要严格执行国家有关法规，必须经由本馆文物部门领导、馆领导、上级主管领导共同签字，正式签订合同书并严格履行相关手续后方可办理。

作为一名站在保管工作第一线的保管员来说，我们有责任将我国优秀的文化遗产保护传承下去，这就要求每一名保管员严格的规范自己的行为，努力做好保管工作。

浅谈藏品保管员的职业规范

广东省博物馆　郭东慧

什么叫做职业规范？它是指各种从业人员按照所从事的工作而确立的行为标准，或者说按照一定的职业道德原则和规范通过教育、劳动实践和自我规范等途径形成和发展起来的。它们可以由组织正式规定，也可以是非正式形成，是作为每个行业的规范要求。博物馆通过藏品进行宣传教育，而藏品的好坏直接影响到博物馆的兴衰。由于它是国家宝贵的科学文化财产，是博物馆进行业务活动的物质基础，需要加以科学地保护、利用、保存，因而藏品保管员的职业规范更显得十分重要。本文试就如何规范藏品保管员的工作提出自己的看法，以便更好发挥博物馆藏品资治育人的社会效应。

一　藏品保管员应具备的职业理想及职业定位

“理想是指明路的明灯，没有理想就没有坚定的方向，就没有生活”。这是伟大的诗人托尔斯泰的一句名言。藏品保管员由于职业的特殊性，保管着人类宝贵财富，并为全人类文化事业作出自己的贡献。它的职业理想及职业定位显得极其重要。

（一）保管员的个人专业知识

每一个藏品保管员，必须具备很强的责任心、不断上进的进取心、对事业成功的追求心。在自身的岗位上，都应当具有一定的专业知识，能在具体工作中运用，并为提高这个专业知识水平而不断努力学习。我们说藏品是有一定的历史价值和艺术价值。这些珍贵文物到了今天才呈现在我们的面前，展现它们各自的时代背景、特征、用途等，就像翻开了一本本历史画册。它们都是价值不菲的财富，稍不留心就会给国家和人民带来不可挽救的严重后果。保管员就需要有专业的知识来保管这些藏品，它们都是古代劳动人民智慧的结晶，值得我们子孙后代好好地保留下来。

（二）保管员的兴趣和爱好

兴趣和爱好是人们在社会活动中不可缺少的元素，可以调动人的工作积极性。只有符合自己兴趣的工作，才能会体现个人劳动的成果，才能证明自己存在的价值，才能为实现自己的理想而努力奋斗。保管员的兴趣及爱好应与日常工作结合起来，大量阅读著名鉴定家、收藏家及博物馆的专家、学者所著的专业书籍，从中去学习思考，以便自己尽快掌握理论并联系实际，学以致用。

（三）保管员工作目标的设定

目标是个人、部门或整个组织所期望的成果。设定工作目标是成为一名优秀保管员必不可少的条件。保管员属于文博专业人员，职称分为初级、中级、高级这三种。笔者认为，每个保管员对自己工作目标应该有一个规划，比如说在一到二年内短期目标：因刚开始接触保管的文物，首先要熟悉文物，包括文物资料档案中的各项内容，例如它的流传经历、征集过程、鉴定意见等等。然后熟悉它的存放位置，需要平时认真整理库房，科学合理进行文物存放编目，随时方便查找。三到五年内中期目标：有了前段时间的工作积累，现阶段可以对文物进行更详细的研究。同时也要与时俱进，掌握基本的鉴定知识。对于文物，要有一双慧眼去辨别它的真伪。五年以上的长期目标：做个复合型保管员，成为拥有多种专业知识、丰富鉴定知识，德才兼备、综合素质突出的保管员专家。通过这种目标规范不断进取，积极向上，更好地把握自己职业的发展方向。

二　藏品保管员应具备良好的职业修养

当今是一个知识膨胀、科技突飞猛进、社会不断更新变化的时代。这要求我们除了要有过硬的专业技术水平外，还要有良好的科学精神和人文精神。具备良好的职业修养是在新时代成为复合人才的关键。

（一）提高文化修养水平

孔子曰：“学而时习之，不亦乐乎”，“学如不及，犹恐失之”。我们这个时代强调的以人为本、与时俱进、社会和谐、和平发展。这既有着中华文明的深厚根基，又体现了时代发展的进步精神。藏品保管员除了掌握好本岗位的业务知识外，还需要加强文化学习，掌握学习本领，养成终身学习的好习惯，只有在不断学习中才能提升文化修养。

（二）培养艺术修养

博物馆是征集、典藏、陈列和研究代表自然和人类文化遗产实物的场所，馆内各类展览都具有一定的趣味性及欣赏性。藏品保管员有着得天独厚的条件，可以从许多藏品中感受艺术创作、艺术风格、艺术水平，陶冶性情，提升艺术修养。

（三）增强个人品德修养

由于经常接触这些珍贵的文物，保管员要有高度的责任心。如不注重个人品德修养、抵受诱惑，就容易知法犯法，做出对不起国家、对不起人民的事情，不仅给国家造成财产损失，而且最终将受到法律的制裁。

三　藏品保管员应具备爱岗敬业的奉献精神

每个保管员都要热爱岗位，刻苦耐劳，自觉钻研业务，不计较个人得失，默默耕耘奉献，耐得住文博工作的清贫和寂寞。这样才能成为一名优秀的保管员。

（一）做好藏品资料档案整理

保管员要熟悉每一件藏品，知道它的来源、征集过程、专家鉴定意见等，做好藏品的征集、鉴选、建账、鉴定分级、编目制卡、保管等一系列基础工作。这就需要平时查阅相关的专业书籍，学习相关的专业知识，不懂的地方及时请教专家学者。

（二）做好藏品的安全保护和管理

藏品安全保护是很重要的。例如陶瓷存进入库房柜子后，位置的排放要有一定的规范：一般遵循上小下大、上轻下重、前低后高、高卧矮立的原则，不要一个叠一个，尤其是薄胎和加彩的文物。没有囊盒的文物放一层，不能把有囊盒和没囊盒放在一起。比较大件的文物一般放到排架上，一目了然。取文物时一定要轻拿轻放，不能为了方便工作双手同时拿两件文物，要一只手托着文物的底部，另一只手扶好文物，或者双手捧拿文物为宜，绝不能为了贪图方便只拿文物的提柄。文物进出库房要做好登记，出库应履行严格的审批手续，文物出去展览必须要有囊盒，特别是一级文物必须严格按照国家文物局有关保护文物的规定执行。同时也要做好文物藏品的防霉、杀菌、杀虫工作。

（三）熟练掌握电脑操作，推进博物馆数据化建设

我们正处在一个全球化、大开放的时代，信息急剧膨胀，知识加速更新。随着电子计算机信息技术的不断发展，以及人们对计算机和网络知识的逐步了解，电子计算机将进入博物馆，给博物馆的工作带来新的变化。藏品文物的基本信息，包括藏品名称、时代、窑口、类别、件数、重量、规格和影像资料等作为基础档案资料是博物馆数据化的重要内容。熟练进行藏品信息电脑操作，方便查找文物数据、系统整理文物信息，使藏品更好地为观众服务，促进博物馆事业发展。

藏品保管员的职业规范问题除以上几点外，笔者认为还应包括科学精神、团结互相精神、职业培训技能等方面。总之，作为21世纪的藏品保管员，一定要有过硬的业务知识、高度的责任心，锲而不舍地学习文化知识，才能成为具有高尚道德和丰富知识的复合型专业技术人才。

浅谈文物库房保管员的素质

北京古代建筑博物馆　凌　琳

文物藏品是自然界和人类社会物质文明和精神文明发展的见证物，也是博物馆展示和传达信息的标本。藏品保管是博物馆一项经常性的业务工作，其直接影响到博物馆工作开展是否顺利、业务效益是否明显。藏品保管员是藏品最直接的管理者，其对藏品的保护和管理工作是博物馆开展业务活动的基础。科学的保护和规范的管理都能使藏品内涵价值得到长久的保存并不断转化为社会价值。随着博物馆事业的发展，对藏品保管员提出了更为严格的要求。要求藏品的保管能更便捷地为博物馆各项工作与社会需求提供有效的服务。现就结合我馆的一些实际做法及思考，谈谈文物藏品保管员要具备什么样的素质，才能胜任保管工作。以此求教于各位专家和老师们。

一　具备良好的职业道德和高度的岗位责任感

具有良好的职业道德和高度的岗位责任感是作好博物馆藏品保管工作的首要条件。所谓职业道德，就是一定职业范围的特殊道德要求，即人们在从事正当的社会职业，并在履行职责过程中，在思想和行为方面理应遵循的道德规范和准则；其基本内容包括职业意识、职业感情和职业行为三个方面。同其他职业道德的一样，藏品保管员的职业道德是由其工作性质、特点和职责决定的，是与藏品保管员的具体岗位、工作任务紧密联系并受其制约和规定的道德规范。

文物藏品都是经由文物部门的工作人员及其他社会各界人士共同努力通过征集、发掘、采集等途径获得的珍贵文化遗产，其具有不可再生性，藏品保管员应首当其冲担负起保护和管理的责任。在这里特别指出：藏品保管员应遵纪守法，严格执行国家有关文物的各项法规制度，树立正确的工作态度和高度的工作责任感，热爱本职工作。保管工作的性质和特点决定了藏品保管员工作大部分是管理性、事务性的劳动，是默默无闻完成室内工作，不容易出成绩。完成如此平凡而重要的工作，保管员需要正确处理好客观困难和主观努力的关系，淡泊名利，宁静致远。许多从事藏品保管的同志工作一辈子不被人提起，但其管理的藏品和有关资料却有条不紊，这就是最突出的业绩，也是最高尚的行为。

因此，具备了良好的职业道德和高度的工作责任感，才能认识到保管工作的重要意义，才能自觉地完成自己所担负的工作职责，才能以极大的毅力去学习，不断提高自己的业务素质。

二　具备扎实的专业知识和专业技能

所谓保管，就是保护和管理之意。藏品的保护和科学管理是保管员的基本任务。藏品的保护就是要积极主动地按照《博物馆藏品管理办法》的规定予以执行，藏品的科学管理就是要保持藏品井然有序、检索方便、资料齐全。要做到以上两方面，必须要做好文物藏品的鉴定工作。藏品鉴定就是揭示藏品的内涵价值，并做出科学的论断，为博物馆藏品的科学管理、公开展示、研究利用把好第一关。而鉴定内容主要是识别真伪、断定年代和确定价值。从中可知鉴定工作不同于一般的事务性工作，具有很强的专业性。要做到鉴定科学、准确，则必须具有丰富扎实的专业知识和在长期的工作实践中总结的经验。

三　加强藏品保护技术的学习，将藏品持久不变的保存下去

为进一步改善藏品保护，要加强藏品保护的学习。保管员应明确藏品的损坏不仅受制作材料的影响，还与不适宜的温湿度、光辐射、虫霉等客观环境因素有关，要相应地采取一定的措施实现藏品的科学保护。

根据空气的温度、湿度及空气所含质的不同采取有效措施避免或减少对藏

品的破坏作用。藏品在博物馆建筑物的小环境内，受影响最显著的是空气湿度，故防干燥、防潮是藏品保存环境的必要措施。一般来说，空气相对湿度在45% ~65%较好，过高易于霉菌繁殖。而空气温度在15 ~25℃波动，藏品一般不会受损。保管员应利用温湿度调节设备改善室内的空气环境，经常注意温湿度数值变化情况。此外，还要注意室内的卫生，做到防尘除尘。

做好藏品的防霉、杀菌、杀虫工作。霉菌微生物极易在有机质地文物里繁殖、发育，使文物腐败变质。潮湿是虫菌生长的温床，只要将温湿度控制在一定范围内，生物、微生物都不会发育。

四　严格实施文物库房管理程序，促进库房建设

博物馆文物库房、周转库房和展品临时存放库房的大门上都要安装两把锁，分别由两人拿钥匙；库房窗户都要安装保险锁。藏品保管员每次上班入库房时，要仔细检查各种设备，如电闸电灯开关、门窗、门锁，各种控制设备是否正常，若有异样要及时报请修复。出库时关好一切应关的设备，雷雨天气及时关闭库房内电器，以防意外事故。藏品库房严禁烟火，严格禁止带易燃易爆品入库房；在藏品库房周围严格禁止停放汽车和堆放易燃易爆物品。

严格把好藏品出入库房关，严守库房秘密。库房保管员必须一丝不苟地按规章制度办事，对入库的藏品必须填写入库单，藏品出库要报馆领导批示，认真填写藏品提取清单，注意填写各项内容，尤其注意“现状”一栏对藏品的完整情况仔细检查，并用确切的语言表达清楚，倘若实在难以言表其现状，可附器物照片以示。对退库的藏品有问题或出现新情况，应立即停止办理手续，双方各写报告交领导批准后再行验收，并在账卡上注明。

五　学习新技术，推进藏品管理电脑化

博物馆保管工作经过前辈呕心沥血的努力，形成了一个完整的工作体系，这个体系涉及到法规制度、管理程序、管理方法。通过这个管理体系运作达到“制度健全，账目清楚，鉴定确切，编目详明，保管妥善，查用方便”的要求。

这个管理体系是半个世纪以来博物馆藏品得以充分保护的保证，它为中国的文物保管工作打下了坚实的基础。然而这个体系还需要完善，保管工作还需要发展，作为21世纪的藏品保管员不仅要立足于在此管理体系上做好保管工作，更要不断深入研究，开拓进取，学习新技术，提高运用能力，使自己更适应当今保管工作的现实要求，将保管工作水平推上一个新的台阶。

首先，保管员要规范地做好人力保管工作，即做好藏品的定名、分类、计量计件、分类帐、填表制卡的规范登记工作。运用国家文物局从全国各博物馆筛选出来的科学而且适用的方法进行藏品管理，实现数据规范化，这是藏品电脑化管理的前提准备工作。

其次，保管员熟练掌握计算机操作技术，利用计算机进行藏品检索、统计、出入库管理、藏品存量、藏品档案的贮存等工作。随着博物馆藏品库房的不断改善和发展，还可以运用计算机进行保管环境的自动调控，使库房成为适于藏品存放的环境。利用计算机报警系统做好库房的安全防止工作。

总之，良好的职业道德、扎实的专业知识和技能、不断探索学习、掌握新技术是藏品保管员为完成自己所负责的工作必须具备的业务素质。在充满着挑战和机遇的博物馆事业发展的道路上，努力学习、学习、再学习，不断提高自身素质，才能肩负起历史赋予我们的既艰巨又平凡的重任。

浅谈对博物馆管理员职业规范的思考

北京市颐和园管理处　隗丽佳

21世纪给博物馆的发展带来了新希望，同时也使博物馆工作者面临新挑战。作为博物馆核心工作的藏品管理同样任重而道远，博物馆的藏品是国家宝贵的文化财富，是博物馆开展业务活动的物质基础。为了使这些具有不可再生性的、人类文化不断发展的物证得以妥善保存，留给子孙后代，管理人员一直在不懈地努力工作着。近些年来，随着新科技在博物馆工作中的应用，藏品的管理日趋科学化，在日常管理中从文物保护、文物保管、文物征集等等方面细化了分工。而藏品管理理念的先进还是藏品管理手段的现代化与否都不可能离开合格的管理员，藏品保管员是藏品最直接的管理者，其对藏品的保护和管理工作是博物馆开展业务活动的基础之基础，科学地保护、规范地管理都能使藏品内涵价值得到长久的保存并不断转化为社会价值。

当前，我们在藏品管理和保护方面，因为各种原因面临着较大的困难。首先，博物馆管理中，对人力资源配置与开发的研究相对滞后，人力资源结构失调与断层并存，专业人才匮乏，知识老化，消息闭塞，能从事文物科技保护的人员更是寥寥无几，以致于对文物的管理措施原始，管理手段单一，客观上制约着对文物进行科学化的管理和有效的保护。这一切已成为制约博物馆事业健康有序发展的严重障碍，无法使藏品的管理工作迈上新的台阶；其次是对藏品的管理缺乏规范，体现在文物管理人员长期以来各管一摊。管理人员只熟悉自己管理的那一摊，遇到人员变动，新接手的人员就难以说清楚情况；第三是对藏品的管理措施不够科学，由于资金、库房、技术等原因，难以根据藏品的种类、级别、质地等采取有效的保护措施，而是对所有藏品都采取单一的保护方式，不利于藏品的保护和利用。

在以上种种困难面前，怎样对藏品进行科学化的管理和保护，是我们当前文物管理中遇到的一个难题，也是我们在工作中要努力实现的目标。根据这些年的工作体会，要达到对藏品的科学化管理和保护，作为一名文物保管工作者应该做到：

一　端正的工作态度与清晰的工作认识

藏品的保管最首要的是重视对文物的保护，保管人员应有极高的文物保护意识。“保护”一词，对博物馆保管工作者来说，包含有两层意思，一是控制环境，使文物和标本的变质降低到最低限度；第二是采取措施，制止损坏及使文物标本尽可能的稳定以防进一步变质。

藏品保管人员侧重第一层意义的文物保护。在保管文物的日常工作中，文物的存放和文物的安全操作都与保护文物密切相关。博物馆文物的质地种类繁多，每一种质地的文物所要求的保管条件都不相同，有些文物还兼有多种质地。因而文物保管人员要熟悉所管理的文物对存放环境的要求，如含有机物质的文物：纸、棉、麻、木材、皮革、丝绸、毛发、染料、油类、动物胶、树脂及其制品等，对存放环境的光、温度、湿度要求较高，而且具体到每一类的要求又有差别，所以每一位藏品管理人员经常接触文物，不能仅仅做到保证文物不遗失、方便提借这些简单机械的工作，还要对文物的自然变化进行监测，及时掌握外部环境对文物的损害情况，这是文物保管员所拥有的优势，可协助科技保护人员寻找产生的原因，探求防止其继续损害的办法。

二　高远的使命感与自觉的能动性

保管人员首先要有高远的使命感与自觉的能动性素质，由此必然会又快又好地提高业务能力。保管人员必须明白科学保管与合理利用文物藏品不是为了自己，而是受国家和人民的重托与信任，为国家管理珍贵的科学文化财富。不但是为了现在的利用而保管，更重要的是为了使这些文物藏品妥善地永存于世，并传之于后人。有了正确的认识就会热爱本职工作，埋头苦干，不计个人得失，兢兢业业，踏踏实实地去干工作，不懂就学，想方设法地保护好藏品，研究藏品，细心地观察藏品，精心地呵护藏品，使之能真正地延年益寿，保存久远。只有认识到保护藏品工作的重要性，才能自觉地钻研业务，不断提高业务素质，逐步成为所管藏品的内行里手。

另一方面，如今由于人们的物质生活水平已经有了大幅度提高，对精神文化生活的质量要求较以往有很大差别，对博物馆的展览不再是你展我看。因而博物馆需千方百计筹划观众所喜闻乐见的展览，充分发挥博物馆作为精神文明建设的阵地作用。这样一来博物馆就要举办多种多样的陈列，不单是发掘本馆的文物资料，还要走出去，请进来，甚至踏出国门，加强对外文化交流，弘扬祖国的传统文化。这些都大大提高了文物的利用率，在客观上又为保管人员提出了以前少有的文物包装的保护技术的要求，文物运输的风险绝非昂贵精密的物品所能比，万一损坏就失去了原来应有的价值。所以藏品保管人员要考虑到文物在提取、包装、运输过程中可能发生的一些危险，要有较强的文物保护意识，熟悉不同质地文物的性能及其包装、装箱方法，将人为可能造成的损伤尽量减少到最低限度。这不但要求从事文物保管的工作人员在工作中有较强的责任心，还要在平时注意观察相关行业的工作方法，从中得到有意的借鉴。因此保管人员应不满足已有的知识或现有的学历，不断学习，熟悉业务，在工作中不断积累经验。

三　良好的职业道德与无私的奉献精神

所谓职业道德，就是一定职业范围的特殊道德要求，就是人在从事正当的社会职业，并在履行职责过程中，在思想和行为方面理应遵循的道德规范和准则。博物馆藏品保管人员从事的工作是一种特殊的职业，所保管的是我们先辈创造和遗留下来的宝贵历史文化遗产，具有重要的历史、科学、艺术和社会经济价值。同时，藏品保管员的作用是博物馆一切业务活动中最基础性的基础。能否保护和管理好珍贵的文化遗产，使其传之久远；能否做到文物藏品账目清楚、鉴定确切、编目详明、保管妥善、查用方便，均有赖于藏品保管人员的工作责任心和职业道德。因此，藏品保管员应当具有良好的职业道德修养，自觉遵守国家的各项文物法令和有关规章制度；热爱本职工作，忠于职守，不辞劳苦，乐于奉献也是博物馆保管人员所不可或缺的素质之一。

四 加强文物鉴定知识学习，提升文物鉴定能力

藏品鉴定是保管工作始终不可缺少的重要一环，关系到博物馆藏品收藏的质量和范围。在文物鉴定中，最基本的工作简单来说就是判断文物的真假，即确定时代、作者、产地。虽字面上看似简单，实际上鉴定工作是一项复杂的、专业技术很强的科学研究工作，并非一朝一夕所能掌握，需要长期对文物研究和摸索，在实践中逐步积累。大多从事文物保管的人员常常认为这是鉴定专家的工作，往往忽略这方面的学习和研究。通常收入博物馆的文物，首先要通过鉴定，确定其为某一年代的实物，方可成为藏品，这是保管工作编目的前提。在历史已翻开新的一页的今天，博物馆人也要跟上时代步伐，摒弃过时的、旧的思想观念，保管人员应该利用自己接近文物的优势，举一反三，反复琢磨体会，尽快踏入鉴定领域的大门。另一方面对已经入藏的文物进一步的研究，它原本不为人知的历史信息，通过再鉴定可重新审视这一文物的所具有的价值。对文物的鉴定过程，也是保管人员的学习、提高的过程。藏品管理人员应把掌握基本的鉴定知识放在首位。近些年博物馆机构为了尽最大可能将流散在社会的文物收藏起来成为国家的宝贵财富，扩大了征集文物的渠道。这就要求鉴定人员学习了解社会上各类文物仿造可能使用的手法，既要了解以往的造假方法，还要知晓先进科技发达的今天，一些高新技术在造假方面的应用。

五 扎实的文史功底与丰富的科技知识

文化素质指个人所具有的文化知识水平。文物藏品管理工作并不是单纯的事务性工作，而是一项融合文物保护科学管理和藏品研究于一体的重要工作。保管人员既要保护管理好文物藏品，又要对藏品进行科学鉴定与编目建档，同时还要对藏品进行科学研究、利用藏品举办陈列展览等。为适应现代博物馆事业发展的需要，博物馆藏品保管员应当熟悉中国历史，熟悉博物馆学；熟悉文

化史、工艺美术史、民俗史等，了解我国历代典章制度；熟练掌握古文献知识和文史工具书使用技能。此外，懂得一门外语、能阅读和理解外文专著，这也是相当重要的基本技能。特别是在改革开放的今天，随着中外文化交流的日益频繁，文物藏品管理工作也需要吸收国外的先进保护技术和国外的同行管理经验；在藏品研究方面也要进一步扩大同国外博物馆的合作交流，如果不懂外语，就难以顺利地进行文化交流。目前，我国大多数博物馆的藏品保管员，文化水平参差不齐、整体水平尚需提高。博物馆要跟上时代发展的潮流，就要大力培养和吸纳专业人才，充实藏品保管员队伍。从实际情况出发，一方面要有计划地加强对现有专业人员文化素质的系统培训。要求每个保管员根据自身的实际情况制定明确的学习目标。对一些不具备专业高等教育学历的保管人员，应该提倡、鼓励、支持他们参加各种形式的业余学习，这样既不影响工作，又可提高他们的理论水平与业务水平。基础好的，也不能满足现状，而要不断学习、提高，使知识和理论不断深入和系统化。要着力培养文物保护专业高、中级人才，使科研队伍的年龄、层次、学科结构更趋合理化。

六　全面的藏品管理法规知识与熟练的藏品保管技能

藏品的管理，是博物馆的一项重要的业务工作，也是文物保管部门的中心工作，藏品管理的最终目的主要有二，一是保护藏品的安全，防止丢失、损坏；二是方便研究，利用，使藏品的内涵价值转化为社会价值。博物馆的藏品管理是否得当，不仅关系到文物保管的完善与否，还影响到该博物馆实施公众教育的效果。

具体地说就是要深入了解文物藏品科学保管工作法规制度，熟练掌握藏品保管业务流程，掌握文物保养技术和各项操作规程。藏品管理工作如藏品的接收、鉴选、登记、编目、入库、保养、提用、统计、注销等日常业务都有一整套完善而行之有效的工作程序和规章制度。文物保管人员要做好保管工作的前提是熟悉这些工作程序和管理制度，并在日常工作中养成自觉遵守各项规章制度的良好习惯。例如：藏品进库要填写原始资料单、调拨出库要填出库单，上架要填方位卡，出库填出库单，每天进库要写库房日志等等。平时要注意库房的清洁、通风、温湿度调节、防虫、防霉、防尘、防盗等等。文物的取用、上架、包装、搬运等工作看似平常，但都具有很强的技术性，要求在工作实践中熟练掌握，不能有丝毫的疏忽。

七　熟练的信息化采集管理技能与交流传播技能

随着藏品信息化录入工作在全省各市全面展开，我们基层藏品保管人员，必须尽快掌握计算机操作与管理技术。但是现在多数基层博物馆缺少专业编程人员，要在短时间内实现藏品信息化管理，并达到上级要求，实非易事。这也促进我们必须与时俱进，不断学习，提高素质，尽快掌握计算机技术。只有这样，才能不被时代所淘汰。

实现基层博物馆藏品的信息化管理，是21世纪新型文物保管人员的基本目标。电脑的使用有利于将藏品准确的数据迅速提供给各类查询利用人员，有利于轻而易举地解决那些由于信息量大、处理时间较长、人工解决又非常困难的问题。长期以来，藏品管理与使用，一直是一对矛盾，特别是对博物馆陈列人员而言，如不能准确熟悉了解本馆的藏品，就会给陈列工作内容设计、形式设计带来诸多不便。因而，藏品一旦实现电脑信息化管理，就有利于解决这对矛盾。实践证明，文物藏品的电脑信息化管理既可大大减轻保管人员的劳动强度，明显提高工作效率，又有利于对文物藏品的保护与取用，这是我国新时期博物馆文物管理事业发展的基本要求。

八　认真执行各项规章制度

制度是工作秩序的体现和保证，做好藏品保管，不仅要有切实可行的保管工作方法，而且要有必要的规章制度。实践证明，只有认真执行各项保管规章制度，才能确保各项工作有条不紊地进行。

基层博物馆制定的具体保管制度，应简单明确，切实可行，不宜繁琐。必须依照国家文物局颁发的《博物馆保管试行办法》及《省、市自治区博物馆工作条例》中的有关规定来制定。这些制度主要有：《藏品接收制度》、《藏品登记制》、《藏品管理制度》、《藏品外借、调拨制励》、《藏品注销制度》、《藏品统计制度》、《库房管理安全制度》，以及各项保管工作细则等。制度建立后，要明确分工，实行岗位责任制，使各项制度的执行落实到人，并以此来加强保管人员的责任心，约束他们的行为。只有一切工作按章进行，才能奠定良好的工作程序，维系藏品库房的工作秩序。

综上所述，新世纪博物馆事业需要负责文物收藏保管的工作人员高标准、高要求，加强各方面知识技能的学习，不断提高自己的业务水平，才能走出一条文物保管工作科学化、规范化、法制化的道路。藏品是博物馆的基础与灵魂，没有藏品就没有博物馆，而要使藏品安全、完整，则取决于藏品保管人员较高的素质和辛勤的努力。因此，只有高度重视藏品管理，才能确保藏品的可延性，并最终实现藏品乃至博物馆的社会价值。

谈博物馆藏品保管人员的培养

广东省博物馆　孔粤华

《省、市、自治区博物馆工作条例》指出：我国博物馆“是文物和标本的主要收藏机构、宣传教育和科学研究机构，是我国社会主义科学文化事业的重要组成部分”。这说明，博物馆具有收藏、教育和科研三重性能。其中文物藏品保管工作，是一项专业性工作，因为不仅藏品本身有研究价值，而保管工作本身也是一项研究工作。要真正科学地做好藏品保管工作，使藏品保管工作能够实现科学化管理，就必须要有一支高素质、高质量、高水平的专业队伍，因为藏品保管工作不同于一般行业的保管，是对民族和人类文化遗产的保护和管理。这是一种非常神圣的职责，作为藏品保管人员通过什么渠道，采取怎样的措施才能成为一名合格藏品保管员？作为一名老保管员，在这里需要和同行共同讨论一下。

一　培养藏品保管人员的重要性

文物是我国历史保存下来的宝贵的文化财产，是不能再生的具有一定历史价值、艺术价值和科学研究价值的人类社会文化遗存的珍贵实物。既然藏品保管工作如此的重要，那么从事文物保管工作的队伍就要非常重视培养。在过去从事藏品保管工作的人员大多数学历不高，因为那时高等院校博物馆专业较少。虽然这几年有了大的改观，但保管工作繁琐、细致、责任大、业务强，相对来讲，保管人员的力量还是不够雄厚，离高科学的管理还有一定的距离。同时随着电脑、网络迅速发展和普及，我国博物馆藏品数字管理现代化、网络化进程正在加快发展，藏品统计信息、文、图、声、像一体化统计资料日趋丰富，所以，要有意识地选择一些学历高、素质高、接受新技术能力强的保管员，才能肩负起历史赋予我们的重任。

二　藏品保管人员思想素质、职业道德的培养

提高思想素质。博物馆库房保管员，具体直接管辖文物。作为一名合格的保管工作者，他的先决条件是要有较高的思想素质。思想素质的高低至关重要，它直接影响到文物的寿命和保护。只有不断提高个人的政治修养，才能适应社会的发展和工作的需要。

树立良好的职业道德。这是对每一位保管工作者的要求，也是工作的关键。库房保管人员要公私分明，坚守原则，尽心尽力，尽职尽责，自觉地维护国家和民族珍贵的文化遗产。保管员除了坚决贯彻执行国家文物法规外，还要严格执行岗位责任制、各种规章制度和操作规程。保管员都有自己的工作岗位和具体职责，如对每件文物登记编目、建帐制卡、提取注销、安全保护等等，耐心细致地做好科学管理工作，避免出现帐与物不符的现象。保管员还要做到严守库房机密，不能随便把文物的数字向外界透露，以确保藏品的安全。

三　藏品保管人员业务素质的培养

对文物藏品的鉴定能力。博物馆学、历史学和考古学知识，对于每个保管员来讲都是应该具备的，这是保管工作的业务基础。文物保管工作不仅要对文物进行保护、管理，而且还要对文物进行鉴定与研究。为了做好这项工作，要在长期的实践中不断学习，对每件文物反复去摸索，从中积累、总结。同时还要参加进修、培训，通过学习系统的理论和专业知识，才能提高鉴定的准确性。目前，博物馆的保管部的人员以年轻居多，在这种情况下，可采取老师带新徒的办法，边工作，边传授经验，为新同志打下良好的基础。

文字表述能力。在藏品的保管工作中，对每件文物要有许多相关的描述和记录，如藏品的形状、纹饰、现状、价值、用途，作者小传，保护、修复、出库记录等等。这就要求藏品保管员应具有较高的文字表达能力。

科学研究能力。藏品保管工作的科学研究性，决定了藏品保管人员应具备相应的科学能力。藏品保管员除了在工作中对文物轻拿轻放外，还要做到对文物细心观察，也就是说对文物所处的环境、采取的保护措施应当心中有数，如库房的温湿度调节、去霉、除虫、防潮、除锈等。所以说，科学研究贯穿于藏品保管工作的整个过程。

组织管理能力。藏品进库以后，要安排专家鉴定，确定鉴定时间、内容、件数，做好记录等。文物如何摆放合理，也能看出一个保管员的管理水平。要做到藏品的快速、准确、提取使用，必须进行有效的组织和管理，组织管理能力的提高，也是藏品管理人员应具备的重要素质。

保管员还要具有创造性思维，头脑灵活，视觉独特，善于在工作中发现问题，及时提出新方法去解决问题。

总而言之，作为一名藏品保管员，每一天都有很多新的知识需要我们去学习，唯有把握住事业发展的方向，才能肩负起历史赋予我们的责任。

博物馆藏品保管员的职业素质

周口店北京人遗址博物馆　宋冬勇

一　“文、保、藏、展”的内涵

“文、保、藏、展”是社会赋予博物馆的一项最重要的职能，在其履行其职能时，文物藏品则是博物馆各项业务活动的重要物质基础，离开藏品，博物馆就成了“无水之源，无本之木”。而对于藏品的保管和展陈虽然是博物馆一项经常性工作，但其作用之关键，直接影响到博物馆职能的行使和发挥，展陈工作开展是否顺利、业务效益是否明显，同时也作用于是否能为其相关学科的研究最大限度地提供利用等方面。为此，如何使博物馆藏品得到妥善和科学的保管，使之最大限度地发挥其价值的潜能，也是对藏品直接管理者最基本的要求。过去的博物馆只注重展，不注重管，只注重大，不注重小，只注重面，不注重点，致使很多有价值的藏品没能发挥其应有的作用，这对藏品的保护和管理者以及他们的职能机构博物馆来说，无疑是使其职能工作的开展、业务活动步入了一种误区。众所周知，文物藏品是博物馆的基础，而管理这些藏品的人则是博物馆之基础的基础，如何使博物馆的保管员运用科学的方法和优秀的管理手段，有效地保护、规范地进行博物馆藏品管理，使藏品内涵价值得到长久的保存并不断转化为社会价值，这也正是博物馆界同行们需要亟须解决的问题。

随着知识经济的发展和社会的进步，博物馆产业化的强势发展已经对藏品保管提出了更为严格的要求。作为一名藏品保管的管理者以及博物馆的实际管理者，更要具备什么样的素质呢，这些直接影响博物馆前途和方向的问题更应引起我们深深的思考。

二　人员的素质要求

何为素质要求呢？即人的业务素质和人的思想素质的合称。

（一）业务素质

人的业务素质来自后天的学习，如文化知识、历史知识、文博知识等，这些知识通过学校进修、专业学习或自学成才等不同获得形式。总之，不论通过什么渠道，只要能够熟悉掌握对专业工作进行科学管理的技能，并能进行有效地管理职能工作，同时熟悉掌握相关的各项法律、法规要，即可以视为业务工作合格者。

（二）思想素质

藏品保管员的思想素质是一种综合素质，如具有高度的思想觉悟、端正的工作态度、高尚的职业操守，这是针对人的思想追求信念而言，因为只有这样才能出色地完成自己的本职工作，成为一名合格的藏品保管工作者。

三　完善的法律法规和规章制度

博物馆文物藏品，都是在经由国家相关的文物管理部门及行政管理上级单位严格的法律法规及规章制度所限制的制度管理下进行工作的，所以文物的来源以及途径都应受到国家法律的保护。在这些珍贵文化遗产展品的征集、发掘、采集等过程中，时刻要从法律的高度提高管理人员的思想意识。因为，就其资源而论，藏品是不可再生的，藏品保管员首当其冲要担负起保护此“资源”不被灭绝的责任。国家和地方为发挥文物藏品潜在价值出台了一系列文物政策、法规、条例和管理办法，对藏品管理作出了严格的规定和要求。

这些制度，则对藏品管理人员提出了更高的要求，即前面提到的人的素质要求。在业务素质方面我们应懂业务、会管理，成为文物展品的管理专家，成为业务尖子、行家里手。在思想素质方面应遵纪守法，严格执行有关政策和制度，树立正确的工作态度，热爱本职工作。因为，保管工作的性质和特点决定了藏品管理员工作大部分是管理性、事务性的劳动，主要是室内工作为主，不容易出成绩，却又是专业性很强的实用性科学。完成如此平凡而重要的工作，藏品保管员需要正确处理好客观困难和主观努力的关系，淡泊名利，一心为公，脚踏实地、默默做人。

虽然从事藏品保管是一项默默无闻的工作，但是在管理的藏品和有关资料时应做到有条不紊，账目清晰，资料齐全。这是衡量工作的准则，也是做人的最高尚行为。需要提及的是，藏品保管员要严格要求自己，以身作则，秉公办事，不得利用业务之便谋求私利，不参与文物营利活动，不收藏文物，这是作为藏品保管员工作的基本原则。这不仅有利于藏品保管员努力工作，也利于提高工作的透明度。

四　严格执法，照章办事

健全的法律规章制度是管好博物馆藏品的依据和准则，也是藏品有秩序地得到完善保护和使用的保证。在《中华人民共和国文物保护法》、《中华人民共和国文物保护法实施条例》、《博物馆管理办法》以及《文物藏品管理办法》等法律法规的基础上，作为周口店遗址博物馆的藏品保管员还要遵守周口店北京人遗址博物馆的各项规章制度要求，藏品保管员应成为忠实地执行这些规章制度的典范。因为，这种规章制度产生于实践的基础之上，又经藏品保管员不断地修改、补充，才形成今天的现状。但这些还相对不够，在工作中还要进一步完善，以达到最科学、最合理、最规范。

从目前博物馆藏品管理与整个社会其他产业相比，博物馆的规范化程度还不是太完善，原因之一还是有法不依。因此，迫在眉睫、亟待解决的问题是如何严格按照国家的法律法规、馆内规章制度去掌握科学规范的管理方法，严格按照“鉴定明确，账目清楚，编目详明，保管妥善，制度健全，查用方便”二十四字方针，遵从《博物馆藏品管理办法》中的规定，并结合自身的实际情况去发挥主观能动性处理日常工作，以达到“妥善保管、提用方便”的要求，这才是作为藏品保管员工作的真正目的。因此，如何严格执行国家法律法规、馆内规章制度是实现博物馆藏品规范管理的关键。

五　依法履行入藏，严格藏品质量

（一）严把鉴定关

藏品的鉴定是藏品科学管理的前提和基础。对征集来的文物，只有严格鉴选，认真研究，才能辨其真伪，确定其年代和藏品的价值。

进行文物鉴定对藏品保管人员要求是较高的。如鉴定史前遗址的化石标本时，首先是要有具体的出土地点和埋藏的层位；其次是利用不同的测年方法进行综合测定其年代；第三是经过考古科学家对其标本的本身进行定名、确定部位，进行完残程度描述；第四是收集相关化石标本论著。所以，藏品鉴定不是一锤子买卖，真伪或时代含混不清等问题，应通过大量资料、书籍、图录，根据文物的形制特征进行鉴定、复查、研究、纠正、多方查证，一丝不苟的工作态度是藏品保管员必须具备的。

（二）规范登记、编目、建档工作

文物鉴定之后，还要进一步综合研究，做出科学而详细的记述，包括登记、编目、建档等一系列手续，这也是鉴选工作的延续和补充。藏品登记过程中，建立一套完整、准确的藏品登记账簿，最根本的一项就是细致认真、严谨求实地做好藏品总登记账，其与藏品登记卡、藏品作为彼此相符的一套一并入库保管。书写总登记账应按格式逐项填写。每一件藏品对应一个总登记号，总登记号应该标示在藏品隐蔽处，以防影响美观。

周口店遗址作为史前遗址，目前，共发现27处具有科学价值的化石地点，出土了近200件古人类化石标本、10余万件石器、近百种动物化石和大量的用火遗迹，成为在国际上享有极高声誉的重要史前遗址之一。化石标本是研究史前史的重要证据，是分析史前地质环境、气候、植被、古生物分布情况、古人类生活环境、地质年代、时代分期等的主要信息来源。

文物的保护与收藏因近年来博物馆事业的发展，已经形成了一个较为完整的体系。博物馆馆藏品一般分为两类——一般文物和珍贵文物，这是在文物博物馆系统内的标准分法。而化石标本因直接与科学研究相关，所在的分类保管、分级保护等方面并不完善。

2006年7月3日中华人民共和国文化部公布了《古人类化石和古脊椎动物化石保护管理办法》（第38号），并在第四条明确了定级标准："古人类化石和古脊椎动物化石分为珍贵化石和一般化石；珍贵化石分为3级。……一、二、三级化石和一般化石的保护和管理，按照国家有关一、二、三级文物和一般文物保护管理的规定实施"。这是中国首次出台对古人类化石和古脊椎动物化石保护管理定级的标准。在此基础上，并结合中国科学院古脊椎动物与古人类研究所专家的意见，周口店遗址标本化石以现有已经鉴定并命名的化石标本为主体，进行了定级，建立了藏品档案、总账和分类账。这为今后的藏品保管和展示奠定了基础。

六　藏品保管员的特定功能

作为珍贵文物的直接接触者和管理者，藏品保管员不仅要有一定的业务素质，更要有良好的思想素质。这是成为一名优秀保管员所应具备的先决条件。思想素质包括了品格气质、道德素养、政治素质等多方面，但最根本的还是要有爱岗敬业的精神。这对博物馆保管员来说尤为重要。文博工作是一项特殊行业，作为21世纪的博物馆保管员，不仅要有高度的责任心，还要有敬业爱岗的精神。只有这样，才能抵挡住外界的种种诱惑，耐得住文博工作的清贫和寂寞，成为真正的可造之材。

（一）保管员的耐心与细致

文物保管是一项轻拿轻放，小心翼翼的工作，任何的脾气暴躁、粗心大意都与保管工作格格不入。过去，常常对此忽视，但现代人力资源学的相关研究已经证实了这一点的重要性。除了具备良好的思想素质外，保管员还需要拥有良好的业务素质，如具备一定的历史、艺术史、地方史、文物保管、考古学等知识，特别是器形学的基础知识，才能完成业务中对一般文物的登记、分类、造册、编目、制卡、建档、保管等。

（二）保管员的法制与原则

作为一名文博保管员必须是法律法规和单位各项规章制度的严格执行者，在所接触的各项业务范围内，应坚持原则，严格依法办事，依法行使权力，照章办事。这才能胜任文物保管员的一般业务性工作，完成所为之担负的工作职责。

（三）保管员的行为与操守

作为一名藏品保管员，其工作不能仅停留在一般业务性工作上，还应具有相当的专业研究水平，成为基层博物馆的业务骨干，这就要求保管员在具备历史学、考古学、民俗学，文物保管学知识外，还应具有相当的外语水平、文字功底、计算机和文物法规知识，有一定的组织、管理、公关能力，能独立完成文物调查、鉴定、征集、修复工作，完成具有一定水平的研究论文。

（四）保管员的素质与能力

这是指藏品保管员在具备专业素质的同时，还应具备博物馆相关岗位的业务素质。所以培养具有综合素质的保管员意义重大。根据岗位的不同，综合素质的保管员又大致可以分为陈列设计型、考古发掘型、讲解型、复合型等几种。

1. 陈列设计型是指文博保管员具备陈列设计的专业素质，可以对陈列内容进行设计和策划。如何发挥馆藏作用是许多博物馆都在考虑的问题，保管员参与陈列设计则有助于问题的解决。保管员对馆藏品最了解、最有发言权，有保管员参与陈列大纲的设计，有助于进一步揭示文物内涵，开发馆藏优势，也有助于从陈列角度出发，有针对性地征集文物。

2. 考古发掘型是指藏品保管员具备考古发掘作业的专业素质。例如，周口店遗址博物馆和中国科学院古脊椎动物与古人类研究所合作，从 2009 年开始对周口店第一地点（猿人洞）进行抢救性科学发掘中，遗址博物馆领导就对此项工作非常重视，抽调一名藏品保管员每天参加发掘工作。这样既锻炼了保管员又增长了考古发掘知识，同时，对今后的藏品登记、分类、编目、制卡及研究工作均有帮助。

3. 讲解型，藏品保管员在藏品保管的基础上应对本馆业务十分熟悉，可以适合接待讲解业务。例如，周口店遗址博物馆的藏品保管员全是从讲解一线抽调组成的人员，对馆内展览内容十分熟悉，这也对从事藏品保管工作起到了促进作用。

4. 复合型，集几种业务为一身的藏品保管员，在博物馆尤其适应工作，也是博物馆最需要的人才等。

总而言之，随着社会的进步和观念的转变，文物库房同样成为博物馆的教育场所。许多博物馆一年要接待几批甚至十几批重要的专家和领导，库藏文物也在参观之列，这就要求有相应的讲解来满足他们的特殊需求。对馆藏文物最熟悉的当然是保管员，最佳的讲解员也应该是保管员。讲解型保管员对于各博物馆来说无疑都是需要的。

七 结 语

就目前而言，博物馆的藏品保管员的素质还有待进一步提高，大部分只停留在第一、二层面，或鉴于两者之间，高档次的综合性的藏品保管员比较缺乏。随着博物馆及文博事业的不断发展，只有大力培养德才兼备，同时具有良好的思想素质和业务素质，综合素质突出的藏品保管员，并在此基础上培养高级保管专家，才能适应博物馆事业日新月异的发展和现代化博物馆进程，这也是21 世纪博物馆保管员的发展和努力的方向。

试述藏品保管员的职业素养

——以周口店遗址博物馆为例

周口店北京人遗址博物馆　赵桂珍

藏品是博物馆业务活动的物质基础，所有的社会教育、服务，陈列、研究、编辑出版物等等，都离不开藏品。博物馆藏品具有重要的历史、科学或艺术价值，是国家宝贵的科学文化财富。因此藏品的质量直接影响到博物馆的业务水平和社会效益。藏品保管员是藏品最直接的管理者，如何对藏品进行科学地保护、规范的管理，才能使藏品内涵价值得到长久的保存并不断转化为社会价值，是每一个藏品保管员值得深思的问题。作为博物馆保管工作的一名专业人员，笔者很热爱自己的本职工作，并且有责任做好博物馆藏品的安全保管工作。现就周口店北京人遗址博物馆的一些实践经验和方法与大家共勉。

周口店北京人遗址博物馆位于北京西南西山脚下，距北京城西南 50 公里处，是一家遗址类博物馆，是唯一保存了纵观 70 万年史前人类活动的遗址，我们的祖先在这里以勤劳和智慧谱写了一部跨越久远、内容翔实的无字的早期人类历史传记。馆内保存有距今 50 ~ 70 万年左右的古人类化石模型、古动物化石、人类活动的遗物——石器及用火遗迹等，标本库房内保存有两千多件石制品和四千多件动物化石。自从 2003 年以来，我们的保管工作是在实践摸索中逐渐成熟起来。

一　保管员首先要热爱本职工作，严格遵守藏品管理规范，具有良好的职业道德素养

（一）作为一名合格的保管人员，必须具有强烈的政策、法规意识

我国针对文物保护工作制定了一系列的政策和法规。而作为藏品保管员，

必须了解、熟悉和掌握这些文物法律法规和政策。在开展登帐、编目、建档、入库、保管、提用等工作时，不仅要一丝不苟地按照规定程序进行，而且要严格遵守有关政策规定，这是做好藏品保管工作的保障。

（二）作为一名博物馆保管专业人员，必须具有良好的职业道德和强烈的责任感

众所周知，藏品保管员的工作是在无人监督的情况下进行的，自觉性很关键。自觉遵守文物保护管理的各项规章制度，自觉地为国家保护好珍贵的文化遗产，自觉做好藏品的各项日常工作。

（三）作为一名藏品保管员要有踏踏实实，甘于奉献的精神

在库房日常工作中，很多时候都是靠自己搬上搬下，默默无闻属于幕后工作者。藏品保管员每天都是重复劳动，但它却是一项基础性的工作，需要我们认真，细致，尽职尽责的对待每一件藏品。同时还要有奉献精神。对标本进行修复和保养时，所使用的保养材料刺激性气味很大，但保管人员要克服困难，耐心、细致的对每一件标本进行保养。保养完毕后小心翼翼的放回展柜内，这一过程深刻的体现出保管员对藏品的无限热爱，对本职工作的热爱。如果没有踏踏实实、勤勤恳恳的工作态度，是做不好藏品保管工作的。

二　保管员需要具有一定程度的业务水平，尤其应思考并建立本馆藏品管理的方式和方法

自2003年以来，周口店遗址博物馆建立了一套具有本馆特色的管理方法：

（一）藏品管理是按照一定的方法和步骤进行的

主要是：登记、分类、入库排架、编目、统计、建档、检查和清点。建立藏品的总登记帐，是保管工作的基本要求。在记账的过程中，藏品的总登记号为ZKD0001，以周口店首个大写拼音为标志。周口店遗址博物馆的藏品简单分为四个类型：古人类化石、动物化石、石器和文化遗物。其中动物化石分类号

是从 Zd0001 号开始的，以动物化石的首个拼音作为标志，石器从 Zs0001 号开始的，以石器首个拼音为标志，文化遗物以此类推。在 2005 年，周口店遗址博物馆请来旧石器时代考古学家黄慰文先生，先后两次用了一个月的时间，对标本库房内保存的石器进行分类、鉴定和定名，并指导保管员对石器进行辨认、测量和建立自然标本类型的明细账。2008 年，周口店遗址博物馆内石器的鉴定已经基本完成。按照分类号制定的标准，石器标本分类账基本建立。2009 年，已对所有馆内标本的分类账基本建立。并且藏品管理能够做到制度健全、账目清楚、鉴定明确、编目详明、保管妥善、查用方便。同时还对馆内所有标本或模型建立了藏品档案。藏品档案是对藏品原始资料进行全面、系统地鉴定研究、经过整理后立卷的各种资料。它和藏品一样，是国家宝贵的文化财产，包括了从征集到利用全过程，涉及标本价值详备的记录。

（二）实现藏品的信息化管理是保管工作发展的必然趋势

藏品保管工作是一项复杂的工作，从事保管工作要经常、及时地进行藏品的登记、分类、编目、保养和修复等一系列工作，还需要把有藏品的信息迅速、正确地提供给利用者。为适应现代科学快速发展的今天，要提高保管工作的效率，达到现代化的科学管理，计算机管理是必然的发展趋势。周口店遗址博物馆 2005 年建立了标本数据库，数据库分为五个库：古人类库、古生物库、石器库、文化遗物库和资料库。周口店遗址是世界范围同时期遗址群中发现最早、最丰富的一处，有近百种哺乳动物化石、近 10 万件石器，还有丰富的用火遗迹，这些珍贵的历史资料都要录入到标本数据库中。我们在建立标本数据库时，结合了藏品录入人员的日常工作特点，提供日常工作的查询界面、管理界面，随时补充、修改、记录藏品的出入库情况、保管情况，内容包括藏品的所在展厅、架位、层次，发掘年代、图片以及藏品的完残描述状况等，其信息必须要明确、清晰。可根据需要打印出日常报表、明细汇总表、统计报表以及上报情况等报表。在提取藏品时，监控馆藏标本出入库房等情况。藏品信息化的实现使繁琐手工操作查询变为计算机自动化操作，减少了人为因素，提高对馆藏文物管理的透明度，使保管工作更具有科学性、系统性、全面性。为了更加完善标本数据库，2011 年对数据库软件进行了升级和改造，增加了一些文档信息栏，并实现了互联网访问功能。通过网络平台，观众可以直接了解到周口店遗址博物馆的藏品的各项信息，更好地实现了博物馆的社会功能。

（三）在藏品保管工作中积极学习和培训，遵循新的管理模式

从2003年年底开始，周口店遗址博物馆引进了ISO14001环境管理体系及ISO9001质量管理体系，保管工作也成为其中一项重要的运行内容。为确保标本化石保管工作的有序进行，在现有文物保管方式方法基础上，周口店遗址博物馆在自身运行的ISO14001环境管理体系及ISO9001质量管理体系中专门制定了《遗址化石地点及藏品保护工作程序》及《藏品保管程序》，对周口店遗址博物馆内保存化石标本如何进行保护、管理作了详细的分工和说明，以指导保管工作，提高工作效率。在现有的文物周口店遗址博物馆的管理目标中，“保护为主，确保安全”即加强遗址本体的保护，确保遗址本体、馆藏标本及观众参观的安全，将藏品保管上升为博物馆的重要工作。除制定管理目标和程序文件对保管工作进行规范外，周口店遗址博物馆还针对保管工作，制定了《标本库房及馆藏品管理制度》，严格规定了标本库房内保管工作如何进行、标本库房出入、标本进出库及馆藏化石标本的变动等，并且制定了相应的表格记录，严格进行填写，保证标本化石的安全和完好。与此同时，周口店遗址博物馆保管工作所在部门每年也会制定相应的保管工作目标，作为每年保管工作的考核标准。通过两个体系的运行，完善了藏品保管制度，促进了保管工作有序进行。

三　保管员不仅要对藏品进行科学管理，还要掌握藏品的保养和修复技术

藏品保管员的目标是保存好藏品，尽可能长的保持它们的原状，延缓它们的衰老。维护藏品的质量，既要取决于材料的质地，更要取决于它所经历的环境。环境因素影响着藏品的寿命，博物馆的环境应有益于藏品的保存，不论是在库房收藏、陈列展览、鉴赏研究、养护修复等各个环节里，都要维持一个相对稳定的环境条件，使藏品处于适宜的环境中，阻止或延缓其自然损坏过程。

影响藏品质量的环境因素，主要是环境气候、空气污染、光线辐射、昆虫损害、微生物繁殖等，所以藏品保管员要加强对藏品环境因素的控制从而对藏品进行科学的管理。

（一）控制环境温湿度

在环境因素中，最基本的并经常起作用的因素是空气的温度和湿度。所以创造好博物馆和标本库房内的环境气候，是保护好藏品的前提。尽量把博物馆环境气候的标准控制在温度15～25℃，相对湿度45%～65%，在此数值范围内缓慢波动，对保存藏品是适宜的。

周口店遗址博物馆2003年安装了温湿度表及各个展室配备了空调。每天两次读数并记录。每个季度打印出温湿度监测曲线图，时刻关注藏品保管环境的采暖、通风和空调设备的地方环境变化的数据。并写出监测报告报主管领导，如有问题及时分析原因何在。在气候不宜的季节，库房应紧闭门窗，陈列室应壁挂窗帘；室外适宜时，可以开窗换气。另外还要控制藏品贮藏的小环境。博物馆开放后，室内外空气对流是难免的，将藏品置于陈列柜中以免于外界干扰。我馆的藏品展柜内和库房内的温度一般控制在15～25℃，夏季库房温度不高于25℃，一天温度变化不超过2～5℃，相对湿度控制在50%～65%之间，相对湿度变化不超过3%～5%。因此，自建馆以来，馆藏标本从未因温湿度的变化而造成损害。

（二）控制和防止光线辐射

光辐射的破坏力主要是紫外光，红外光和可见光也有一定的破坏作用。紫外光具有足以使有机化物化学键断裂的能量，使有机质地藏品损坏。藏品被红外光照射，表面及内部温度会急剧上升，产生内应力，出现翘曲、龟裂现象。最有效防止光线损害的方法是库房建筑应避光，室内采用能吸收阻止紫外线的材料，光源亦进行紫外线吸收过滤。博物馆内、藏品库房均应坚持低照明度的要求，但不能超过规定标准。将藏品贮存于柜、箱、盒、匣、囊、袋、密封保存，是防止有害光线损害藏品的简易方法。这些贮藏器具也应与光源保持一定距离，避免热效应。

（三）防止病虫害及微生物的繁殖

微生物繁殖要一定的温度，而水分是微生物生命活动的必须物质。霉菌最适宜生长的温度范围为25～37℃，相对湿度范围为80%～90%，将陈列室和标本库房温度控制在15～25℃，相对湿度控制在65%，对抑制霉菌是有作用的。在控制好温湿度的同时，我们还要定期对展厅周围、展厅内、展柜内和地面采用高效低毒、滞留喷洒和空间雾化的方法进行全方位消毒，彻底净化环境。消毒后由专业人员进行验收合格后，藏品才可进入展厅。在征集入藏前和提取使用后，应严格检查并及时进行消毒杀虫处理，防止将害虫带入库房。保存和接触藏品的设备器具，包括库房藏品箱柜、囊匣、陈列柜、台座、版面、藏品包装箱等，凡其材料为有机质地的均应进行消毒处理。展陈人员定期到展厅内进行检查，每年对展厅进行消毒，保证展厅达到要求。

（四）藏品保管员还要掌握一定的保养和修复技术

藏品保护技术的核心是修复和保养，对已损藏品进行技术处理，使其病害消除，劣化现象受到控制，毁损得以恢复。使文物标本以崭新完美的姿态展现给观众，最大限度地转化为社会价值，是藏品保管员的共同心愿。

周口店遗址博物馆为了更好保护和珍藏这些不可再生的标本，专门聘请了古脊椎动物与古人类研究所高级工程师赵忠义老师对藏品进行保养和修复，在此过程中，藏品保管人员全程学习并协助。

藏品修复的一个重要原则是保持其原状，最大程度地恢复标本的原貌、重现包含的信息。只有保存藏品的本来面貌，才能保持其珍贵价值。所以，周口店遗址博物馆逐一对博物馆内藏品进行了保养和修复。在馆藏品保护和修复工作中，无论使用什么方法、用到什么材料，都要进行长远的考虑，比较典型的进行石膏修复的藏品是犀牛下颌骨。它是在周口店第9地点发现的，风化破损程度较为严重，此前从未进行过保养，藏品上有未处理干净的堆积，修复的石膏部分与藏品表面分不清楚，藏品空隙处有野外发掘处理过程中填充的棉花，有极轻微的化石皮剥落现象。此件藏品修复保养处理的方式包括：第一，将野外处理不当的填充物及少量堆积清理干净。第二，用502胶对清理干净处、化石松散部位进行渗透加固，共加固两次。第三，待胶干透后，用石膏填补藏品空隙处，以使藏品更加牢固。第四，石膏凝固定型后进行修复，对多余部分进行清除。第五，对石膏修补部分用丙烯画颜料进行上色。上色时对石膏修补部分要轻扫刷，最后对整件藏品用稀胶（丙酮加硝基清漆）以点蘸的方式进行加固。

在当今社会，博物馆保管工作充满了机遇和挑战，作为藏品保管员要与时俱进，创新发展。保管新方式的引进为藏品保护和吸引观众提供了更为有利的条件。保管工作的重心也将更多地转移向预防性保护，以确保所有的藏品随时都可以用以科学研究、展览、社会教育。这就要求藏品保管员对自己的工作高标准、严要求，不断加强各方面知识技术的学习，不断提高自己的业务水平，以保护好历史留给我们的宝贵的科学文化财富。

参考文献

[1] 王宏钧：《中国博物馆学基础》，上海古籍出版社 2001 年版。
[2] 北京博物馆学会：《博物馆藏品保管学术论文集》，中国林业出版社 2009 年版。

文物保管员素质要求之我见

山东博物馆　李林翰

藏品是国家宝贵的文化遗产，是博物馆业务活动的基础。藏品保管工作的优劣是衡量博物馆整体工作水平的重要指标，而保管水平的高低，又取决于文物保管人员的综合素质，《中国博物馆学概论》指出："保管人员担负着保管藏品的重任，必须具有忠实可靠、廉洁奉公的思想品质和一定的科学文化和管理知识。"这对保管员的工作职责、政治素质和业务能力提出了明确要求，也指明了文物保管员的努力方向。

一　文物保管员的一切工作围绕藏品来开展

作为博物馆的三大职能之一，藏品保管是博物馆整个工作的基础和核心，是博物馆开展陈列展览、实现社会教育功能的前提。博物馆对藏品负有科学管理、保护、整理研究和提供使用的责任，文物保管员的一切工作都要围绕藏品来开展。《博物馆藏品管理办法》规定："保管工作必须做到：制度健全、帐目清楚、鉴定确切、编目详明、保管妥善、查用方便"，对保管工作的任务提出了具体要求，是文物保管员的工作方针和指南。

博物馆藏品是人类文化活动的特殊符号，是各个历史时期人文精神的物质载体，是人类科学和文化不断发展的真实写照。它不仅是历史的见证者和传承者，还是再现历史的重要依据和化石。无论是陶器、竹木器、铜器，还是书画、古籍碑帖、钱币等等，其千姿百态的物理外观，不仅饱含着先人的思维理念，也凝聚着他们的聪明才智和辛勤汗水，蕴含着丰富的历史文化信息。因此，从某种角度来说，博物馆收藏的一件件文物，不仅仅是单纯的物质形态，更是创造这些物质的人们灵魂的体现。作为文物保管员，应努力发掘藏品内涵，通过与先人灵魂的对话，认知文物所承载的历史、科学和艺术价值，并通过陈列展览和其他一切辅助手段或形式，弘扬祖国优秀的传统历史文化，从而引领人们构建全社会共同的精神家园。

二　爱岗敬业是对文物保管员的内在要求，是他们实现人生价值、社会价值的前提和基础

爱岗敬业是衡量文物保管员思想素质的重要参数，爱岗是敬业的基础，敬业是爱岗的具体体现。孔子说："君子素其位而行，不愿乎其外"，这就要求人们以尊敬、虔诚的心灵对待职业，努力干好本职工作。爱岗敬业还是一种人生态度，更是一份沉甸甸的社会责任。这种精神是时代的呼唤和社会发展的需要，是国家对每一个从业者的基本期待，也是每一名文博职工实现自我价值的主要渠道。

因此，每一位文物保管员都必须把爱岗敬业当做自己人生价值中的定盘星，以高度的责任感、崇高的使命感和坚定的理想信念，把自己的人生坐标定格在藏品保管之中，以饱满的工作热情去保护文物、认识文物、研究文物，努力发掘其蕴含的内在美感和价值，真正使文物服务于社会，服务于生活，服务于群众。

那么，如何培养爱岗敬业精神？

首先，文物保管员要增强对自身工作重要性的认识，真正意识到自己所从事的是让文化薪火代代相传的崇高事业。文物是历史的载体，是自然造化和人类智慧的结晶。我们保护文物，就是为了守护中华民族共同的精神财富，同时也是为了铭记历史，在传承中激发创造的火花，向社会公众提供更多的精神文化产品，使文化遗产的价值功能得到更好地体现。

其次，要耐得住寂寞，守得住清贫，要有淡泊名利、宁静致远的情怀和节操。保管工作的性质和特点决定了藏品管理人员的工作大部分是管理性、事务性的劳动。博物馆外面的世界喧嚣浮华，而一墙之隔的藏品库房中，则充满着寂寞和冷清，这就要求藏品保管员坐得住冷板凳，用心于此，倾情于斯，把文

博事业当做精神支柱和寄托，爱岗敬业，在无怨无悔中奉献人生的大好年华。同时藏品保管员也要严于律己，以身作则，不利用业务之便谋求私利，不参与文物营利活动，不收藏文物，这不仅有利于藏品保管员集中精力工作，也利于提高自己工作的透明度。

第三，要加强对藏品保管员的岗位培训，增强他们的角色意识。岗位培训要定期进行，其主要内容就是对保管员进行系统的职业道德教育和专业技能培训。通过培训，保管员不仅要学习相应的文博理论知识，更重要的是提高对文物保管职业的认识，遵守国家法纪，坚定理想信念，增加对本职工作的责任感和使命感，成为践行爱岗敬业精神的典范。

第四，以制度引领和规范文物保管员的爱岗敬业。要做到爱岗敬业，单靠保管员的内在努力还是不够的，还必须依靠外在的制度来促进和规范，形成长效机制。一是建立激励机制。把保管员的爱岗敬业和表现与利益分配结合起来，依据他们贡献的大小决定分配结果，充分调动主观能动性，促进他们提高工作效率，形成勤奋工作，积极研究，奋发向上，开拓进取的良好局面。二是建立发展机制。重视保管员未来的发展，关注他们对职业发展的期盼。要根据他们的发展需求和发展目标，为其提供自我发展和培训机会，切实提高保管员自身素质和履行工作职责的能力，以此增强他们的自豪感和责任感，激发他们的爱岗敬业精神。三是完善文物保管员评价机制。构建一个由领导、员工和专家作为评价主体的评价体系。不仅考察文物库房的日常管理，还要考察对文物的认知程度、熟悉程度和科研水平。在文化日趋繁荣的今天，保管员不应仅仅做一个文物的守护者，还应做一个文物的研究者，努力挖掘文物内在的科学价值、历史价值、艺术价值，充分发挥文物的社会效益。

三　做融保护、管理与研究于一身的专家型保管人才

近年来，随着藏品管理规范化、科学化水平的提高，文物保管面临着新的课题，新的挑战，这对保管员的素质提出了更高的要求。文物保管员只有与时俱进，全面认识藏品保管的科学规律和技术要求，不断提高专业素养和业务能力，做融保护、管理与研究于一身的专家型保管人才，才能胜任新形势下的文

物保管工作。

首先要加强文物保管基本技能的学习，把文物安全和文物保护放在首要位置。要学习防火、防盗、防止藏品自然老化或损毁等方面的业务知识，确保文物藏品的安全。博物馆文物质地种类繁多，不同质地的文物对光、温度、湿度等保存环境存在不同的要求，因此文物保管员要加强这方面的理论学习，熟悉各类文物对保管条件的要求，对文物的自然变化进行监测，及时掌握外部环境对文物的损害情况，研究和应用现代科技手段于藏品保管工作。同时要加强文物安全操作规程方面的学习，如文物的取用、上架、包装和运输，这些工作看似平常，但都有很强的技术性，不同质地的文物有不同的要求，保管员要精通各类文物的特性，在实践中熟练掌握，尽量将人为损害降到最低限度。

其次，要加强藏品管理理论的学习。在传统的管理模式下，一些文物保管员往往做的是简单机械的事务性工作，账目十分简单，导致一些文物的出处不详，记录也不完整，文物入库后便被束之高阁，缺乏整体系统的研究。随着科学技术日新月异的发展和社会的进步，简单粗犷的管理模式已经不能适应新形势下对藏品管理的要求。1986 年《博物馆藏品管理办法》的颁布，使文物管理工作有法可依，有章可循。根据《办法》的要求，文物保管员要认真学习登记、鉴定、分级、分类、入库排架、编目、统计、建档、提用等方面的业务知识，使藏品管理走上科学化、规范化的轨道。近些年来，随着信息技术的广泛应用，文物藏品的数据库建设日益提上日程，其主要目的是对藏品的检索和统计实现高效化和安全化，加快博物馆运作效率，提高藏品保管的有效和安全性，为博物馆和藏品进一步对社会开放创造条件，精确和及时地为相关研究机构或人员提供所需的有关藏品的总数量、库存、陈列、借调等各类统计数字。这就要求文物保管员成为既精通文物知识，能提供真实、准确、完整的文物信息，又熟悉软件操作，掌握一定信息技术的复合型人才。

第三，要加强文物鉴定知识的学习。藏品鉴定是保管工作的重要环节，博物馆征集的文物，首先要经过鉴定程序，去粗取精，去伪存真，符合要求的才能够作为藏品进入库房。藏品的鉴定，是一项细致的复杂的科学研究过程，不仅是鉴定藏品的真伪，确定科学名称，而且要正确揭示藏品特征，评定它在政治上、学术上的意义和价值，这一工作需要查阅大量的资料，甚至要借助现代科技手段，才能得出正确的科学的结论。由于博物馆藏品种类繁多，涉及的科学门类极其广泛，就需要有丰富的历史以及相关学科的专业知识，需要长期对文物进行研究和摸索，在实践中逐渐积累经验。文物保管员要知难而上，认真学习文物鉴定的理论知识，将传统的鉴定方法和现代高科技手段相结合，同时利用自己接近文物的天然优势，举一反三，在实践中反复琢磨体会，尽快成为鉴定领域的行家里手。

第四，要对藏品进行科学研究，充分挖掘文物内涵。藏品研究是博物馆重要的基础性业务工作，高质量的藏品研究，是博物馆的文化软实力的体现，也是衡量博物馆综合实力的重要指标。

藏品研究包含两个层面，一个层面是对藏品的质地、来源、工艺、制作材料、外观特征、主要特点等方面进行准确的描述；第二个层面是对文物的制作背景，与其有关的风俗民情，其本身的政治、历史、文化内涵，与其相关的重大事件等方面进行正确的阐述。文物的征集、鉴定、管理和保护，都需要科学的研究做支撑。在文物入藏之前，文物保管员要严格把关，分析文物是否具有历史、科学、艺术价值，不符合要求的不予以收藏。文物成为正式藏品后，对其研究主要体现在专题研究上，对不同种类器物的产生、发展、演变的规律进行研究，在认识文物内涵的同时，找出科学有效的保护和管理办法。因此，藏品保管员要认真学习历史学、考古学、博物馆学、工艺美术学、民俗学、文物保护学等方面的专业知识，不断提高自身素质，为开展学术研究打下良好的基础。

在研究中，要如实叙述文物本身的情况，进而研究和阐述它所反映的问题，决不能脱离文物去说明历史问题，去研究历史规律。藏品研究的一个重要特点是跨学科研究，文物是人类历史发展进程的见证，它既是社会的产物，也体现了人与自然的辩证关系，因此它既有社会科学的范畴，又有自然科学的范畴，在研究过程中必须得到有关学科的支持、帮助和配合，才能完成藏品研究任务。

其他

现代博物馆藏品复制的规范化管理

东北烈士纪念馆　于　玲

文物是人类社会活动遗留的具有历史、艺术、科学价值的遗物和遗迹，它体现着人类发展的历史渊源和文明程度。文物入藏博物馆，博物馆通过对藏品的科学管理、科学保护、整理研究、公开展出和使用，实现人与历史的隔空对话。然而，由于自然规律制约，这些承载着历史的物品在各种因素的作用下会出现损毁现象。

博物馆依照藏品原件的原状进行制作，以复制件代替藏品原件使用，有利于藏品的保存和藏品价值的最大实现。通过复制的方式，藏品形态及基本信息是可实现长久存在的，藏品在这层意义上的生命是可以长存的。对文物藏品进行科学规范化管理及复制是一项繁重且技术要求高的专业工作。不管是对文物藏品的保护、管理还是进行复制，都必须遵循科学化、规范化的原则，才能更进一步地满足陈列布展的需要，更好地为社会公众服务。

本文从进行复制的藏品范围、藏品复制的方法以及规范化藏品制度管理的必要性、可行性等方面进行了探讨，希望为提高藏品复制规范化管理提出建设性意见。

一　藏品复制的范围

复制与修复不同，藏品原件所展现的是前人创作，复制品表现的则是后人技巧，复制品再逼真也非原件。出于对文物的爱护而一味地将珍贵文物深藏，大量以复制品代为展出，需建立一套关于藏品复制使用方面的明确规范。

从目前来看，需进行复制的藏品范围主要应包括以下几方面：藏品已严重受损，虽经保护技术处理，仍难长久保存的和濒临毁坏且有珍贵价值的藏品，需进行复制；藏品未完成或暂不能完成保护技术处理，为使观众早日见到藏品，可用复制品展出；陈列环境不佳，为避免藏品受损，可用复制品代替；博物馆为充实丰富本馆陈列内容，需展出非本馆藏品，可用复制品取代；私人收藏家将自己的珍藏捐献给博物馆收存，博物馆则可将复制品回赠原物主，以资纪念。

二　藏品复制原则和方法

文物藏品的保护是为了更好地利用，只保不用或只用不保都不是科学的态度。然而藏品的利用总或多或少地对文物造成损害。因此，我们必须做好利用中的保护工作，当保与用发生矛盾时以保为先决条件。如展示陈列、研究等利用过程不利于文物保护，应以复制品代替。

为了保证藏品的有效利用，实现其价值的最大化，复制品必须忠于藏品原件的原状，应具有真实性，保证复制品的质量。对普通的复制品，要求在造型、规格、纹饰、文字、色彩、质感、风格、完残等方面，均与原件保持一致，使复制品与原件在外观上难辨真伪，这类复制品适用于陈列。对要求标准高的复制品，除保持外观一致外，在材料质地、化学成分、物理性能、重量、硬度、音响、手感等方面，也要与原件基本相同。对藏品原件残缺，而又需恢复原状的复制品，必须有科学依据，不应随意创造。复制工艺过程，必须确保藏品安全无损。复制品应注明标志，避免真伪不分，造成混乱。

三　规范化的藏品复制管理制度

博物馆藏品复制是藏品管理的重要内容。为规范藏品复制行为，国家文物局已发布《文物复制暂行管理办法》。复制品是博物馆为保护原文物和扩大宣传阵地，经过管理部门审核批准的，由有资质的复制专业人员，在原文物的基础上，按原型制规格、原材料、原工艺重新制造出来的。主要用于陈列展览，少部分回赠无偿捐献者。这就要求复制品无限逼近原文物，达到两者摆放在一起，分辨不出真假的程度。为与原件相区别，相关法规明确规定要在复制的同时制作复制标志。

由于藏品的性质和质地等各不相同，藏品复制工作也呈现多样化的态势。古生物化石、古代文物、近现代文物等藏品复制的规范化管理也应有各自的特点。总的来说复制规范化管理应从以下几方面入手：

第一，制定藏品复制的相关制度并严格按照其执行。藏品的修复和复制应按照《文物保护法》、《文物复制暂行管理办法》的规定，严格执行报批手续。由专业人员制定藏品复制计划、复制方案，说明复制的原因、用途、方式、合作单位以及注明复制的基本程序。按文物等级分别报经各级文物行政管理部门审批后，方可实施。藏品复制方案中，对藏品复制过程制定详细流程，对每一个步骤都进行详细规定，落实到专人负责，保证藏品的每一次移动都有专门的程序。

第二，记录严格完整。藏品的修复和复制，要严格按照科学的程序和方法进行，并做好图片和文字记录，建立“文物修复、复制凭单”。复制品使用的材料、工艺程序、复制数量和复制时间等，均应做出详细记录并归入藏品档案。

第三，复制之前严格检查藏品状况。藏品复制之前，首先对其现状进行检查，必要的时候要用精密的仪器进行检测。如藏品原本存在安全隐患，则应首先去除这些安全隐患再进行复制。古生物标本藏品如有损坏现象，先要对标本进行保养修复，有些易于破碎藏品必须使其加固，才能进行复制。

第四，严格控制藏品复制过程中使用的材料。选择能够最大程度保证原有标本不受损、且能够最真实表现标本信息的材料进行复制，保证复制品能够进行科学研究和展示之用。

第五，在藏品复制过程中，适当引进新技术，新材料，新工艺，让现代科学技术为保护藏品服务。对于新的藏品修复、复制技术，应先经过实验，通过主管文物行政管理部门组织有关技术人员和专家评定后推广运用。博物馆不得随意采用未经过实验和评审鉴定证明的新技术，以确保藏品的安全。

四　高素质藏品保管复制人员队伍

要实现藏品复制的规范化必须采取一系列措施，完善、理解、遵守、执行法规，提升文物藏品保管复制人员的专业素质和职业道德水准是实现藏品复制规范化管理的必要保证。作为藏品保管员必须遵守文物法规，思想端正，力求公正，坚持制度。敢于负责既是保障藏品安全也是对保管员自身安全负责。要学习掌握关于研究藏品和藏品管理知识，利用接触文物多的得天独厚的机会不断提升自身业务能力。

藏品保管修复人员要严格按照规范行事，而订立的规章制度必须符合实际，不能太空泛，还要具有可操作性。

博物馆文物藏品复制既是对物质文化遗产的保护，又是非物质文化遗产的传承。文物复制品虽不属于文物，也未纳入文物管理范畴，但毕竟与文物有源流关系，其同样具有弘扬民族传统文化，展现传统技艺，满足民众文化需求的社会效益。做好文物藏品规范化管理工作，从抢救和保护文物藏品的大局出发，来规范博物馆文物藏品的管理、保护和复制工作，使文物长留后世，永续利用。

藏品复制与文化传承

晋商博物馆　高丽荣

博物馆是沟通传统文化和现代文化的桥梁，博物馆在现代社会的快速发展充分说明了传统和现代的紧密关系。如何充分凸显博物馆在文化传承中的作用和功能，使得博物馆的文化由“死文化”转变为“活文化”这是摆在正处于激烈现代化过程中的中国社会的一个重要问题。文物复制作为一种古老而又先进的技术手段在文化传承中可以起到重要的作用，更为重要的是文物复制应该成为博物馆发展和管理中的一个重要理念。本文试图就上述问题作一些简要探讨。

一　博物馆与文化传承

中国的现代化道路是在西学传入的背景下通过与传统决裂的方式来发展的，这绝不是现代化的唯一道路，甚至也不是现代化的通常道路。西方的现代化进程恰恰在大部分时候是通过回到传统的方式来实现的。欧洲进入现代文明的两个核心事件文艺复兴和宗教改革都是一种传统复兴运动。如果欧洲现代化还具有反对中世纪的新传统而复兴古代世界的老传统的特色的话，美国现代化过程中的大觉醒运动更是直接向基督教传统的回归。日本的现代化过程也是向传统神道信仰的回归。这样我们就可以理解在人类历史上博物馆发展最为迅速的时期恰恰是一个强调发展，把发展作为一种基本信仰的现代社会。越是强调发展和变革，才越是需要去传统中寻找发展的动力和资源。越是传统就越是现代，越是现代就越是不够现代。“我们都应该承认中国现代化得不彻底，不能让人充分满意。但这种不满意究竟是为什么呢？我认为这反映的是一个极为悖谬的问题，即中国之所以现代化得不彻底，恰恰是因为她已经变得太现代了，我们已经过于强调现代的这个外壳，而没有充分发育外壳里面应该有的文明内涵，使我们的现代生活不够丰富，这从而也会影响到现代性的整体外观，使得一些现代制度好像永远无法在中国安顿下来。针对这样的状况，我认为，要充分实现中国的现代化，恰恰是要努力发掘古代传统，才能使这个现代文明变得丰富而厚实”。博物馆在现代社会的迅猛发展是这种现代性的基本属性的一个表现形式。

和西方不同，在中国，博物馆主要是和历史文物和传统文化联系在一起的。因此，中国的博物馆比西方博物馆更容易体现传统与现代的关系。然而，中国的博物馆发展开始于近代中国社会，在特定的历史背景下，它具有了一种独特的现代性理念，那就是民族主义色彩。中国博物馆发展从一开始就被烙上了深深的民族主义的烙印。

中国博物馆的民族主义色彩又给中国的博物馆的发展带来了新的问题。中国博物馆所展示的传统文化只是一种“死文化”，它的价值仅仅用来证明某种民族主义的理念，例如：中国曾经有个辉煌灿烂的文化，历史上的中国曾经很强大，中国近代遭受怎样的屈辱等等。这些文化对于现代人的生活来说更多地只具有一种“反证”的意义，而根本不会介入到人们真实的日常生活中。因此，几十年来中国博物馆虽然发展迅速，但是却越来越远离人们的日常生活，成为一种不折不扣的和“死文化”。它只放在博物馆的展柜后面供人观瞻，而与现实生活毫无关系。这样的一种博物馆发展理念严重束缚了博物馆的发展。这已成为中国博物馆发展中亟待解决的一个理论问题。

二　藏品复制的观念

藏品复制是一个在中国有悠久历史的技术手段，中国历代都有大量的艺术珍品的复制品，这些复制品有些在当代也成为了珍贵的藏品，很多艺术珍品正是靠着复制品才得以流传于世。以前的藏品复制更多地时候是从文物保护和展示的角度来考虑的。对于有些破损比较严重的藏品，通过复制来恢复它的原貌；为了保护原藏品，不公开展出藏品，为使观众见到藏品，也用复制品来代替。显然，这些情况下藏品复制只是在不得已的情况下的一种无奈的选择。

当我们将博物馆及其藏品放在文化传承这个视角下来看待的时候我们就会对藏品复制有一些新的认识，这可以大大拓展我们藏品复制的观念。

如果说家庭可以算作第一种文化传承类型的主要阵地，学校可以算作第二种文化传承类型的主要渠道，那么博物馆就是第三种文化传承类型的主要载体了。博物馆的最大特点就是它保存着大量历史文化的器物，这些实物载体以一种独特的方式述说着历史。然而，事实上目前博物馆在文化传承中起到的作用远远没有家庭和学校重要。其中很大一部分的技术原因就是器物的可复制性是最差的。器物的复制成本较高、周期较长、传播又困难，这些都从技术角度限制了大家以器物的方式来完成文化传承。但是技术上的困难只是一个方面，而且只是不太重要的一个方面，更重要的方面还在于我们对于博物馆的观念和对于文物复制的观念上的陈旧。我们没有充分强调博物馆的文化传承功能，也没有更多地从文化传承的角度来理解文物复制。

博物馆理应成为文化传承的一个主要阵地，正如学校是新思想和新文化的策源地一样，博物馆也应该成为传承传统文化、开拓新型文化的一个主要发动机。北京大学考古文博学院教授宋向光早就指出“只有将博物馆置于更广泛的历史发展和现实社会背景中，才能更准确地认识博物馆文化。……要关注博物馆与环境的互动，关注制约、认同、联系和支持博物馆发展的社会关联，关注博物馆主动创造存续环境的可能和措施。……博物馆只有自觉融入社会发展进程才能实现自身价值”。博物馆的发展不能离开现实社会，它必须在文化传承中扮演重要角色。

相应地，从文化传承的视角来看博物馆的藏品复制也需要有一些新的观念。首先，藏品复制应该是一个很宽泛的概念，凡是以实物载体的形式来转换博物馆藏品和传播博物馆文化都可以称为藏品复制，这和传统观念不同，传统观念更多强调要准确完整的以实物再现藏品。其次，藏品复制是一种独特的方式将博物馆藏品融入到普通群众的日常生活中去，因此它不应该局限于用于在特殊情况下展示藏品的一种方式。第三，藏品复制不是简单机械的复制，而是本身包含着某种对传统文化的传承和在传承基础上对新文化的开拓，因此其中应该引入策划和设计的理念。第四，藏品复制不应该排斥工业化的规模化生产，这样可以降低复制成本，增大复制品数量，扩大复制品的影响力。第五，应该打破博物馆各自为政的界限，通过复制品的方式来实现藏品资源的互通共享。总的来说，藏品复制不应该仅仅从文物保护的角度来思考，更应该从文化传承和传播的角度来思考藏品复制，这样可以大大拓展藏品复制的内涵和外延。对于博物馆的实体和文化的发展的探索都有重要意义。

试述古生物化石藏品复制的管理与规范

周口店北京人遗址博物馆　赵桂珍

藏品是博物馆各项工作的基础，博物馆的科研、社会教育等功能都依赖藏品开展，藏品安全工作是藏品工作的重中之重。藏品复制是藏品工作的一项重要内容。我国的复制技术有着悠久的历史和丰富的经验。在中国博物馆藏品中，保存着不少前人的文物复制品，如宋摹晋唐书画，宋仿商、周、秦、汉青铜器等。由于时代久远、工艺精湛，这些复制品已成为历史文化遗物，被博物馆收藏。随着人类社会的发展，藏品复制技术也日臻成熟。随着藏品复制技术的先进和完善，进一步规范藏品复制的管理就显得尤为重要，藏品复制管理的规范化，成为藏品工作的一项新的课题。周口店遗址博物馆所收藏的藏品以古生物化石和人类文化遗物为主，古生物化石藏品的复制工作与文物藏品复制有很多不尽相同的地方，但应遵循的规范基本相同，下面以古生物化石藏品的复制，来论述藏品复制的规范化管理。

一　藏品复制相关基本概念

（一）藏品复制的概念

藏品复制是指依照藏品原有的体量、形制、纹饰、质地等，基本采用原制作工艺复制与原文物相同的制作的活动。但随着博物馆分类越来越细致、门类越来越多，藏品复制的内容也在扩展。对周口店遗址博物馆来说，古生物化石的复制工作无法采用化石标本本身的材料，因此选择能够最大程度保证原有标本不受损、且能够最真实表现标本信息的材料进行复制，保证复制品能够进行科学研究和展示之用。

（二）藏品复制的重要意义

由于藏品具有不可再生性，虽经保护技术处理，仍难长久保存的和濒临毁坏且有珍贵价值的藏品，均需进行复制；藏品未完成或暂不能完成保护技术处理，为使观众早日见到藏品，可用复制品展出；陈列环境不佳，为避免藏品受损，也可用复制品代替；博物馆为充实丰富本馆陈列内容，需展出非本馆藏品，也用复制品取代；私人收藏家将自己的珍藏捐献给博物馆收存，博物馆则可将复制品回赠原物主，以资纪念；在社会教育工作中，用模型作为教学标本，可以避免标本在手中传来传去的危险，以保护珍贵的文物藏品；经常使用的一级藏品和容易损坏的藏品应予复制，作为陈列、研究的代替品。

古生物化石藏品与文物藏品一样，具有不可再生性，标本从地下埋藏中发掘出来，环境发生了改变，很容易发生损坏，一旦损坏或消失，将对人类历史的记忆造成无法挽回的影响。许多古生物藏品在经过长时间的保存后，由于自身的老化、环境的影响及人为的作用，不同程度上都受到一定损害。为了使藏品在更多的领域发挥功能和作用，藏品复制是很有必要的。有研究价值的藏品复制后可供多处研究和陈列，甚至还有更加重要的作用，如周口店遗址博物馆“北京人”和山顶洞人化石不幸在1941年战乱中丢失，然而这些化石在发掘出土、修复完成后，均及时进行了复制，使这些珍贵化石的原始资料保存了下来，目前的科学研究和陈列展示均用的是最初复制的那批复制品。虽然不能完全弥补“北京人”和山顶洞人化石丢失的遗憾，但至少后人能够看到这些人类化石的模型，还是很值得让人欣慰的。

（三）藏品复制的要求

首先，要保证文物原件的绝对安全，不得损坏、污染，文物复制品必须忠于藏品原件的原状，应具有真实性，保证复制品的质量。对普通的复制品，要求在造型、规格、纹饰、文字、色彩、质感、风格、完残等方面，均与原件保持一致，使复制品与原件在外观上难辨真伪，这类复制品适用于陈列。对要求标准高的复制品，除保持外观一致外，在材料质地、化学成分、物理性能、重量、硬度、音响、手感等方面，也要与原件基本相同。对藏品原件残缺，而又需恢复原状的复制品，必须有科学依据，不应随意创造，复制工艺过程，必须确保藏品安全无损。复制品应注明标志，避免真伪不分，造成混乱。

复制品应加标志，以免真假混淆。复制品使用的材料、工艺程序、复制数量和复制时间等，均应做出相应详细录入藏品档案。为藏品保管和陈列研究需要，复制一级藏品，由主管副馆长或馆长批准，这类复制品，不得作为商品对外提供。复制其他藏品，国家博物馆和省、自制直辖市博物馆由藏品保管部门负责人批准，其他博物馆由主管副馆长或馆长批准。

（四）藏品复制所应遵循的相关法律法规

为规范藏品复制，国家文物局颁布了1998年8月20日正式生效的《文物复制暂行管理办法》规定，为藏品复制工作提供了法律依据。其内容详实而具体，对文物复制的要求、报批、复制程序等均有较明确的规定，文物复制工作人员必须认真学习和掌握并严格贯彻该法规的规定。

二　藏品复制过程中保证藏品安全

藏品复制和藏品安全是相辅相成的，藏品安全是藏品复制的前提和基础。与其他对藏品的操作一样，藏品复制之前首先要确保的就是藏品的安全，以下以古生物化石标本的复制过程为例，介绍藏品复制过程中，如何保证藏品的安全。

（一）复制之前严格检查藏品状况

藏品复制之前，首先对其现状进行检查，必要的时候要用精密的仪器进行检测。如藏品原本存在安全隐患，则应首先去除这些安全隐患再进行复制。古生物标本藏品如有损坏现象，先要对标本进行保养修复，有些藏品则易于破碎必须使其加固，加固液必须深深地浸透到标本中去才会有效。对于破碎的标本，要把碎块粘在一起，事前要对每一块标本进行加固，在用胶粘接之前，须把每块要粘接的标本摆好，看看标本是否对好了，接触不好，往往是由于一、两个接触面上有其他外来的东西造成的，必须清理掉，需要多对几次，才能找出发生障碍的地方。一般来讲一次仅粘接两块，注意看看有无突出来的地方。为了不至于粘歪，两个接触面要对准，保持到加固溶液晾干为止。

（二）严格控制藏品复制过程中使用的材料

在藏品复制过程中，要适当引进新技术，新材料，新工艺，让现代科学技术为保护古代文化遗产服务，藏品复制首先要制作模具，制作模具使用材料有硅橡胶、胶泥、石膏、医用纱布等。硅橡胶是制作模具所使用的重要材料，对造型复杂、纹饰深凹的器物，石膏模不但不能全部翻出，还会影响复制品的真实性，这就需要用硅橡胶。硅橡胶是新型有机高分子化合物，具有弹性好、热稳定性高、耐臭氧、防紫外光、绝缘、抗水等优良性能，用于翻制模具，其脱模性能良好，既不伤害藏品，也不损坏模具，并能充填器物的细部，可以准确真实地将器物纹饰复制下来。硅橡胶模具还可以反复使用多次。由于硅橡胶的性能优于石膏，现在博物馆已推广使用。藏品复制主要用石膏或环氧树脂等材料，成本较低，工艺也简便。

（三）严格藏品复制程序

标本复制流程：

1. 制作模具

在藏品复制之前，要看所要复制的标本表面必须是完好无损的。首先要对次标本进行加固，加固物质不应受制模材料或制模温度的影响。要把藏品的裂缝用橡皮泥塞好，在复制头骨模型时，也要把眼眶、鼻孔以及凹进部分都用橡皮泥塞好，并且藏品与桌面接触得地方都用橡皮泥填平，用肥皂水均匀刷在藏品表面上，肥皂水的主要作用是保护好藏品表面，肥皂水光滑，会使模具与藏品接触面容易分离，不至于损害藏品表面。第一遍肥皂水干后，在刷第二遍。在等待时，去调硅橡胶加3%～5%催化剂，调匀。把硅胶均匀刷在涂有肥皂水的藏品表面上。注意不要有气泡，第一遍干后，刷第二遍，同时加一层医用纱布，纱布作用使模具更加坚固，再刷第三遍，硅胶凝固后从标本上取下，用石膏做硬托。

2. 利用模具翻制模型

模型分为石膏模型和树脂模型，石膏廉价而且使用方便，石膏类藏品耐受力差，要避免重叠放，注意防尘，应把石膏类藏品放置在封闭的空间中，还要避免高温，要注意防火。熟石膏耐腐蚀性差，应避免接触到强酸强碱环境，还要注意空气中腐蚀性气体对石膏藏品表面的影响。树脂模型比较坚硬，但空心处脆弱，容易断裂，注意轻拿轻放，避免磕碰。保存时要恒温恒湿。缺点就是复制时刺激性气味较大，制作时需戴口罩。避免伤害呼吸道。现在复制品主要采用石膏或环氧树脂等材料，各有优缺点，选择那种材料进行复制要根据所需要的复制品要求而定。

3. 对翻制出的模型进行修理、上色

翻制出模型后再进行精细的雕琢加工和表面修饰处理，上色一般用丙烯画颜料，因为它们可以配出各种颜色，并且能在一种颜色上加另一种颜色，上色和修理的标准是使之与原件的色调风格达到完全一致。

三　藏品复制过程中的规范管理

（一）制定藏品复制的相关制度并严格按照其执行

藏品的修复和复制应按照国家文物局《文物保护法》的规定，严格执行报批手续。保管研究部主任负责制定文物修复和复制的计划，文物修复人员负责制定文物修复方案，报经上级文物行政管理部门审批后，方可实施。

（二）记录严格

藏品修复人员具体负责藏品的修复和复制，文物的修复和复制，要严格按照科学的程序和方法进行，并做好图片和文字记录，建立“文物修复、复制凭单”。复制品使用的材料、工艺程序、复制数量和复制时间等，均应做出详细记录并归入藏品档案。

（三）按照藏品级别，规范也有不同

藏品的复制应有专门的复制方案，说明复制的原因、用途、方式、合作单位以及注明复制的基本程序。按照级别不同，上报主管文物行政管理部门批准，未经批准的方案不得提前实施。

（四）藏品修复做好配合

在藏品复制完毕后，从模具取出后，藏品上面会附着一层胶泥，藏品脆弱部分还有可能断裂，所以要对藏品进行修复和保养。

1. 藏品清洗

主要是针对那些附着在藏品表面的污染物。主要用丙酮进行清洗，用刷子轻轻的进行，表面清理干净后放干。

2. 藏品修复

对藏品脆弱部分断裂进行修复，对于断裂的标本，先要对每一块标本进行加固，须把每块要粘接的标本摆好，再用502胶粘在一起，必要时进行石膏修补。

3. 藏品加固、上色

石膏修补完毕，待石膏凝固定型后，对多余部分进行清除掉。对石膏修补部分用丙烯画颜料进行上色。上色时对石膏修补部分要轻扫刷，最后对整件标本用低浓度粘接剂用点蘸的方式进行加固。

四 结 语

藏品复制工作是藏品工作中的一项重要组成部分，复制品是藏品利用的重要而有益的补充。然而，藏品复制也不宜过多过滥，每个博物馆都应遵循现有法律法规，按照其要求，结合博物馆的实际，建立自己的藏品复制规范，按照藏品的分类，对藏品复制的过程、工艺、材料进行规定，以保证藏品复制工作的科学和有序。周口店遗址博物馆古生物化石藏品的复制工作与文物藏品复制虽然有所不同，然而大同小异，也在逐步规范藏品复制的管理。随着藏品复制技术的进步，科学管理水平的提升，藏品复制的规范也将更加完善。

浅谈文物复制规范化管理的实施

广西壮族自治区博物馆　唐剑玲

文物是人类文化的遗存，是历代先人创造的物质文明的成果，具有重要的历史价值、艺术价值和科学价值。尽管近年来伴随着文博事业的发展与繁荣，各个文博单位对文物的需求量也越来越大，但是由于文物不可再生的特殊性质，各个文博单位只能通过对文物进行复制的形式来满足需求博物馆出于对文物的保护而将文物复制品用于展出、研究，各个博物馆、纪念馆的成立因特定文物的缺乏只能用文物复制品来代替。

文物复制是指依照文物的体量、形制、质地、纹饰、文字、图案等历史信息，基本采用原技艺方法和工作流程，制作与原文物相同制品的活动。文物复制工作普遍化和扩大化的同时，如何管理好文物复制工作、使之规范化和制度化成为文博学者关心和重视的问题。文物复制与文物有着非常紧密的关系，鉴于文物的不可再生性，对复制过程必须规范化管理，以对文物原件无损为前提。

一　文物复制规范化管理的内涵

所谓文物复制规范化管理，也就说对文物复制工作进行科学有效的管理，使之合理化、制度化和规范化。既即能保证文物复制工作取得最好效果的同时，又能将文物复制过程中对文物无损。文物复制规范化管理的内涵可以概括为以下几个方面：程序的规范性、文物的安全性、方法的科学性、技术的保密性、档案的完整性。

（一）程序的规范性

文物是国家财产，对文物进行复制必须按照文物复制相关法律法规和程序办理。制定文物复制工作方案、报批复制内容、批复后方可实施文物复制以及复制完成后复制品验收和建档等等，每一程序不可或缺。规范程序管理，是文物复制规范化管理的基础。

（二）文物的安全性

文物安全不仅是文物保管工作的职责和任务，更是文物复制工作首要关注和解决的问题。与博物馆将文物复制品用于展出、研究，以防止文物在展出和研究过程中遭受人为和环境的影响和损害的初衷一样，在复制过程中重视文物安全问题，都是为了更好地保护文物，确保文物的安全。文物的安全性是文物复制工作的重心，更是整个文博工作的重心。

（三）方法的科学性

文物复制需要采用原技艺方法依照文物的体量、形制、质地、纹饰、文字、图案等历史信息按照一定的工作流程制作而成。文物复制过程中所使用的方法直接关系到文物的安全与否、复制品的好坏。且文物材质、复制品要求等的不同，使用的复制材料和方法也不尽相同。注重方法的科学性是文物复制工作成功的关键。因此，研究和制定出符合既定文物复制的方法非常重要。

（四）技术的保密性

由于文物性质和文物工作的特殊性，文物复制工作涉及到有关知识产权的归属等内容。与文物本体及其内容相关的复制等活动应当按照国家保密法律法规的规定执行。文物及其内容的保密等级，则按照国家保密法律法规的规定确定。文物与其复制品一般要达到远看差不多，近看有区别的效果。重视文物复制技术的保密性，主要是为防止因技术泄露为非法分子利用于制造赝品，而以假乱真、扰乱文博行业秩序。技术的保密性也非常重要。按照相关规定，未经文物行政主管部门同意，国有文物收藏单位或管理机构及其工作人员不得向任何单位或个人提供文物复制模具和技术资料。

（五）档案的完整性

文物修复档案，是文物基本信息和文物日常记录的重要补充。与人的档案一样，修复档案是文物档案的重要组成部分。要完成一项文物复制，涉及到方案制定申报、复制工作的开展、复制品论证验收等等众多的环节，每一环节都有大量的与文物相关的信息、相片和资料等。制定一套完整的文物复制档案，记录文物复制工作的全部情况，不仅可以验证该项复制是否规范、合理和科学，而且可以为之后的复制提供参考，还将对用于复制的文物终身的保护修复有一定的指导作用。对于科学、全面了解和掌握文物全貌具有重要意义。为文物的科学化和规范化管理打下了良好的基础，从而有利于文物资料信息的准确、详明。

二　文物复制规范化管理的程序

（一）前期工作准备

1. 文物复制工作方案的制定

文物复制工作方案的制定，就是根据具体的复制任务，包括材质、数量和复制要求等，确定文物复制的工作人员、技术路线、复制场所和文物安全应注意的问题等。工作方案是在一定的样品试验或已有案例支撑、经过多方商量以及综合考虑的基础上制定而成，对于文物的复制工作具有指导性作用。在确保文物复制工作的顺利完成上意义重大。

2. 上报审批

按照《中华人民共和国文物保护法实施条例》第三十二条规定："修复、复制、拓印馆藏二级文物和馆藏三级文物的，应当报省、自治区、直辖市人民政府文物行政主管部门批准；修复、复制、拓印馆藏一级文物的，应当经省、自治区、直辖市人民政府文物行政主管部门审核后报国务院文物行政主管部门批准。"在对文物进行复制前，一定要根据文物的等级分别进行上报审批文物复制内容。文物行政主管部门对文物复制内容的审批，主要包括以下三个方面：一是确定文物的现状是否允许被用于复制；二是严格控制珍贵文物特别是一级文物的复制，掌握其复制品的数量、去处和用途；三是确定承担文物复制的单位在资质、场所、人员和安全措施等方面是否达标。

因此，文物申报的材料应包括：申请书，申请书应包括申请单位名称及相关证明材料、修复、复制、拓印场地、技术设备情况；修复、复制、拓印馆藏二级文物和馆藏三级文物的目录清单、照片；修复、复制、拓印的工作方案及保证文物安全的防护措施；专家论证意见；承接复制任务的单位的修复资质和相关工作人员的技术证明材料等。文物复制一定要在相应的文物行政主管部门的批复文件下达后方能开展。

（二）文物复制的开展

1. 复制场所

文物的复制不是一两天就能完成的，需要一定的时间，并经过几个阶段。特别是金属文物的复制，从翻模、干燥、浇铸、作旧，需要的时间很长。因此，文物复制必须要选择具备与文物等级相适应的风险防范等级的场所进行。通风、防火、防盗、防污染等等都是必须的。

2. 复制人员

文物复制过程中将存在着度的把握和许多不确定因素，因此文物复制实施前要认真做好试验和分析，以防止复制过程中所使用的方法和药品材料对文物造成的损害。而且在具体操作过程中应特别小心细致。基于文物的特殊性和复制工作实施技术的严格性，操作必须由具有文物修复保护实战经验的专业人员进行。随时观察，发现问题及时纠正，将损失控制在最小范围。

3. 复制方法

文物种类不同，复制方法各异。根据文物不同的材质采取不同的复制方法。

复制金属文物选用玻璃钢或铅锡合金材料，采用翻模作旧方法进行复制。试验选用样品试验，以确定翻模复制过程中所使用的材料对文物的损害程度；翻模先将硅橡胶涂抹于文物表面，后将石膏涂抹于硅橡胶上；起翘取下石膏模和硅橡胶模；浇铸将玻璃钢（树脂胶）或铅锡合金溶解后灌注到模具中，待外模凝固后去除石膏；作旧用颜料和镀铜液对模型进行上色和作旧。

复制布质和纸质文物等选用相同或相近的材料进行。临摹选择相同或相近的材料作为临摹用料，然后用笔墨等对照文字和图案进行临摹；作旧将已经临摹好的复制品用染料进行作旧。

4. 复制过程中的安全问题

第一，文物的存放。对需进行复制的文物交由专人或专门机构进行统一管理，以保证文物复制过程中器物的存放安全。在具体复制过程中，需确保运输过程中的文物安全，且文物应安全稳妥摆放好，以防止复制过程中所使用的药品及工艺过程等对文物造成损害。

第二，严格挑选文物复制实施人员。参与文物复制的工作人员要严格按照操作规范开展文物复制工作，复制过程中做好防火、防盗、放虫、防潮、防紫外线和防污染等措施，以确保文物的安全。

第三，环境保护方面。力求文物复制实施过程中所用的化学试剂对人体危害最小；使用的化学试剂尽量回收利用，对于无法再利用的，经处理后再排放；减少污水排放；复制过程中所产生的气体，通过排气系统进入大气，减少工作环境的影响，严格执行现行国家标准 GB 8978 – 1996 和 GB/T 18883 – 2002 的有关规定；对防火防盗等应严格执行现行国家标准 GB 50016 – 2006 的有关规定。

（三）文物复制结题

1. 资料整理及档案建立

工作人员应及时地对所掌握的文物复制过程中翔实可靠的记录加以归类、整理，并依次编制可供方便查阅的目录资料和分类索引，以便于今后查找文物修复资料信息，并永久性安全妥善保存。建立文物复制档案目的是为今后保存查阅、进一步保护、评估保护方法提供依据和借鉴，为进一步完善文物保护奠定基础。在进行复制之前，拍照并记录器物的现状、病害特征等，进行取样分析、做前期试验，对试验结果进行对比分析，对选用的材料、实施方法通过试验确认。在复制过程中，跟踪记录拍照必不可少。

2. 复制品利用说明

利用文物原件进行复制应坚持少而精的原则，严格控制复制品数量。文物复制品应有表明复制的标识。用于展出所用的复制品，需本着对观众负责的原则，在复制品的说明牌上标明为“复制品”。

三　文物复制规范化管理的意义

1. 文物复制规范化管理是文物复制工作发展的前提

文物复制制度的建立和健全始于近年。在此之前，文物复制基本处于比较混乱的状态。文物复制不报批、复制数量不控制以及因复制过程中材料和方法的使用不当对文物所造成的损害现象等等非常普遍。文物复制相关规定和条例的出台，对文物复制工作各方面进行了详细的规定，使得文物复制逐步规范化和制度化。这样，文物复制才得以顺利和健康发展。文物复制规范化管理是文物复制工作发展的前提。

2. 文物复制规范化管理是文物保管工作的基础

文物复制是文物保管工作的内容之一。文物保管就是将文物搜集珍藏于博物馆中，防止文物受到人为方面和自然方面的进一步损坏，为文物提供一个安全的环境。无论是文物复制还是文物保管工作，都是围绕安全这个中心来开展的。文物规范化管理，在一定程度上置文物复制工作于安全环境之中，使其循秩序、遵制度、合法律。这是文物保管工作的基础。

3. 文物复制规范化管理是确保文物安全的途径之一

文物复制规范化管理，才能有效确保文物的安全。对文物复制进行规范化管理，就是从根本上确保了方案的可行、人员的可靠、方法的可取，使文物复制处于可控制和可干预的范围中，大大降低了因使用的方法不当、工作人员经验不足等将对文物造成的威胁。文物复制规范化管理，也杜绝了文物复制过程中的一模多用、一物多复等情况的产生，维护了文博界文物的秩序，也确保了文物的安全。

4. 文物复制规范化管理是博物馆工作科学化的保障

随着文博事业的发展，对博物馆工作的要求和评估的标准越来越高。科学化的博物馆工作，就是制度健全、任务明确、资料翔实、管理科学。文物复制规范化管理，使得对文物的管理和修复保护工作日趋规范化、科学化、合理化。对文物复制规范化管理是一项任务繁重、技术性强的专业工作。文物复制规范化管理是博物馆工作科学化的保障。

唐代记忆的挖掘和再现

——陕西历史博物馆唐墓壁画上展记

陕西历史博物馆　韩建武　胡　薇　李文怡　卢　轩　杨　洁

中国古代壁画指绘制在建筑（包括宫殿邸宅、寺观洞窟和墓葬三种形式）墙壁上的美术作品，它是东方文化史册闪光的一页，这种独特的传统艺术，反映了中国古代的信仰崇拜和风俗时尚。唐代壁画墓大多数发现于陕西，主要集中在以西安市为中心的唐长安城及其附近。基本上都是皇亲国戚和官僚权贵的墓葬，绘于墓中的墓道、过洞、天井、甬道、墓室的壁上，壁画描绘墓主人生前的生活场景和美好的理想，表达着生者的情感和死后对另一世界的期盼，洋溢着对生命、对自然的肯定和热爱，闪耀着大唐文化浓重的人文光彩。

西安及附近墓葬揭取的壁画主要收藏在陕西历史博物馆、陕西省考古研究院、西安博物院和昭陵博物馆等单位，以陕西历史博物馆收藏最多。所藏壁画1000多平方米，540余幅，仅一级品就有100余幅，这些壁画分别揭取自20余座唐代贵族墓葬，从20世纪50年代揭取的咸阳底张湾万泉县主薛氏墓壁画，西安李爽墓、苏思勖墓壁画，60年代揭取的永泰公主墓壁画，70年代揭取的章怀太子墓、懿德太子墓、李寿墓、李凤墓、房陵公主墓壁画，80年代揭取的唐安公主墓，南里王村唐墓壁画，90年代揭取的新城公主墓壁画，一直到2003年揭取的淮南大长公主墓壁画，2009年揭取的贞顺皇后陵壁画，壁画数量之多，等级之高，保存状况之好，时间序列之完整，在全国乃至全世界都是绝无仅有的。欣赏这些珍贵的画面，观者都好像面对着由生动线条和缤纷色彩构成的百科全书，几乎可以破解所有关于唐代宫廷生活的难题。

由于壁画保护对展厅的光线、温湿度、空气质量和柜内微环境都有极其严格的要求，所以长时期以来，只能深藏在库中。1991 年陕西历史博物馆建成后，曾在东展厅中展出，共 40 幅。因保护条件有限，很快归入库中，以至于很多重要来宾和专家学者都将能进入壁画库参观视为在陕博的一种特别的礼遇。

将馆藏壁画中的精品做成展览公开展出是大家共同的愿望，但由于壁画陈列耗资巨大，技术条件要求高，故一直未能实现。经过长期的酝酿论证，1999 年，中意双方达成合作设想，提出利用意大利政府软贷款和原来陕西历史博物馆预留的地下展厅，建设唐墓壁画馆的设想。根据此设想，我馆开始筹备工作，2001 年 12 月 7 日陕西省文物局下发陕西历史博物馆《关于唐墓壁画馆有关事项的批复》指出，第一要立即着手唐墓壁画设计方案的招标，第二成立唐墓壁画馆建设领导小组，办公室设在我馆并负责项目的实施，这标志着唐墓壁画馆项目正式启动。此后在陕西省计委、陕西省文物局等上级单位和有关领导的支持下，2002 年 4 月，陕西历史博物馆完成了壁画馆项目可行性研究报告和总体设计。2003 年 9 月，中、意两国政府正式签署谅解备忘录，确定中、意合作的条款，并且得到省上领导的肯定和有关部门的大力支持。该项目计划投资总额为 7300 万元人民币，其中意大利无息贷款 403 万欧元，陕西省政府补助资金 1800 万元人民币。根据项目的设计方案，唐墓壁画馆建筑总面积 4200 平方米，展线总长 800 多米，计划展出壁画近百幅。目标是建设一座管理科学，设施先进，功能齐全，集壁画保护、修复、展览、科研为一体的现代化艺术展览馆。但由于贷款程序的繁复，项目一度进展缓慢，后经多次与意大利驻华大使孟凯蒂、意大利文化遗产部部长布提廖内等人沟通，2006 年该项目最终有了突破性进展。2006 年 11 月完成了设备的国际招标工作，2007 年 11 月进入正式施工阶段，2009 年基本完成土建装修工程和设备安装工程，2010 年 4 月开始，从意大利采购的壁画展柜到场并开始安装，至 2010 年 10 月全部完成了展柜安装。

2011 年 6 月 20 日，陕西历史博物馆新馆建馆 20 周年之际，唐墓壁画珍品馆正式对外开放。壁画馆设在陈列楼东侧地下展厅，参观者将拾阶而下，恰似由地面步入神秘的墓室。而展厅内的装饰及设备，又使人充分感受着现代化的氛围，洁净和恒温、恒温环境自动控制系统，具有独立恒温、净化、密闭系统的展柜和国际最先进的高强度、高透光率、高清晰、低折射率的安全设备以及三维虚拟场景、人机互动的多媒体技术，壁画馆的设备和陈列，已达到世界一流博物馆的水平。

一　上展壁画的修复

陕西历史博物馆收藏的壁画，由于揭取时间不同，加固方法多样，修复标准的差异，文物现状不一，这些因素都影响唐墓壁画的展陈，为了更好地保护这些壁画，同时彰显展示效果。从 2006 年起我馆文保工作者就开始了上展壁画的修复保护工作。

此次唐墓壁画修复保护根据每幅壁画不同情况，修复内容主要有表面污染物的清除；原支撑体的更换、矫正；制作隔离层；颜料层、地杖层的加固和修复；缺失地杖层的补缺等等。修复工作从 2006 年底至 2010 年 6 月结束，共分为三个阶段，2006 年下半年至 2007 年底，进行壁画现状调研，文物病害分析，修复方案设计等一系列研究过程。2008 年初至 2009 年底，完成上展壁画修复 55 幅，合计 121. 64 平方米，其中涉及更换支撑体壁画 16 幅，合计 25. 96 平方米，支撑体加固壁画 3 幅，合计 10. 5 平方米。2010 年 1 月至 2010 年 6 月修复壁画 35 幅，合计面积 90. 52 平方米。这次大规模的壁画修复是非常慎重的，仅方案调研、制定、论证就达一年半之久，并且给了一条大的原则，即争议较大的技术和方法尽量少用或不用，以保守修复为主。2009 年 12 月根据前期修复中出现的困惑与新问题，保管部召开了上展壁画修复中期总结会。因为之前都是先将壁画从陈列架、陈列柜上取下，抬至实验室修复，但到此时所剩壁画幅面较大，最大的青龙图达 14. 75 平方米，如果仍采取实验室修复方法则存在一些问题，针对这种情况制定了修复方案，壁画尺寸较大的保持现有存放条件不变，修复在库房中进行，壁画竖直放置给壁画修复带来许多不便，如果某些操作存在安全隐患则坚决停止。同时根据目前修复经验进行了交流，例如清洗的程度、过渡层及支撑体的问题等等。通过总结达到相对的共识，为修复工作的完成打下了良好的基础。所以说，此次修复前期准备充分，中期有方案调整与讨论，最后有总结，修复保护慎重而科学。

这次唐墓壁画的大规模修复保护是空前绝后的，意义重大，首先文保人员在时间紧、任务重的情况下加班加点，如期完成了修复任务，为唐墓壁画馆的顺利开放提供了保障；第二通过科学的修复保护手段，阻止了唐墓壁画的进一步损害，例如馆藏壁画中，石膏加固的壁画，超过一半出现不同程度裂缝、断裂、地仗层空臌、脱落等病害。木龙骨或钢管加环氧树脂加固的壁画也有部分变形，此次对这些旧支撑体作了全面更换，画面也采取加固措施，大大延长了壁画的寿命；第三培养了人才。唐墓壁画修复实践和理论之间距离很大，在每一幅壁画的保护修复工作中，我馆文保人员全力以赴、集思广益，充分发挥团队协作，通过大量实践工作，修复保护水平得到很大的提高。在完成具体修复工作的同时，也将墓葬壁画保护修复研究的使命感和责任心植入每一个工作人员的心理。第四文保科研水平得到了很大的提高，结合保护修复壁画，完成了《濒危馆藏壁画抢救性保护修复》项目，该项目由中国文化遗产研究院牵头，我馆承担其中“馆藏壁画本体保护修复技术规范研究”和“馆藏壁画支撑体技术研究”两个课题，此项目 2009 年批准立项，2009 年 11 月通过国家文物局组织的验收。第五通过壁画修复加强了中意两国壁画技术的合作，早在意大利政府“支持陕西历史博物馆项目”建立之初，建立一支技术水平高超的壁画保护队伍，提高陕西历史博物馆壁画保护力量是该项目的重要组成部分，在壁画修复过程中，两国专家互相交流，意大利先进壁画保护修复理念、流程、方法得以介绍与研讨，推动中西壁画保护修复技术的融合，取得到较好的成果。

二　上展壁画数字化信息采集

壁画的数字图像采集是通过高精度摄影得到壁画的数字图像文件，此文件将用来进行虚拟展示、替代展品、出版图录等工作，更重要的是建立文物数字档案和数据库。为此，2011 年 3 ~ 8 月，我们对上展壁画进行了高精度数字图像采集。

我们确定的采集设备为：Sinar P2 型大画幅技术相机，Sinar 75LV 型数字后背，施耐德 Apo – 210mm 1：5. 6 镜头，德国巴赫聚光灯。同时使用测光表、红外打线器、激光测距仪、夹角测量仪、色卡等工具作为采集质量控制的辅助工具。

在整个拍摄工作进行前首先要确定影像采集设备的最佳光圈以及拍摄画面内可使用的有效面积。另外，在每一幅壁画拍摄前都要进行严格的机位调整。最后对光源位置及照射角度进行调整，确保最终图像在全幅范围内保持一致的光照强度。

前期的各项准备完成之后根据壁画的大小、形状安排采集的镜头数。此次壁画图像采集中，我们每个平方米大约拍摄 4 ~ 5 个镜头，最终拼合而成的图像大约每平方米的数据量在 300 ~ 500MB 之间。图像采集时使用同一像场原理采集，即利用技术型相机可以移轴的功能，移动相机后组对壁画进行数据采集。图像采集时按照从上至下，从左到右的顺序进行，保证图像间的重合度及采集的完整性。

为了准确还原图像的灰平衡，每次在正式拍摄前，都要拍摄一张色卡，才可以进行正式的拍摄工作，并把这个色卡文件与所拍摄的影像文件放在一起保存。在后期拼接时，需根据拍摄的色卡文件制作专有的色彩特性描述文件（ICC Profile）才能正确冲图。

上述采集过程完成后得到的是 DNG 文件，即 Sinar 后背的 Raw 文件，这种文件格式不能直接进行拼图，必须转化为其他格式。经过比较，我们采用仙娜公司自行研发的 Sinar captureshopTM 专业拍摄软件将原文件转化为 16bit、350dpi 的 TIFF 文件。在拼图过程中，我们选用的是电脑自动配准进行图像拼接，即利用 Photoshop CS5 的自动图像拼接功能进行图像拼接。利用 CS5 调整位置的拼接模式，任何源图像都不发生伸展、斜切等变形，具有最真实的图像还原性。在图像拼接完成后，还有很重要的一步程序，即图像色彩校正。虽然在 Raw 文件冲图时已经进行了色彩管理，但在拼接完成后仍需根据色卡文件，生成相应的 ICC 色彩特性配置文件，对最终的图像进行准确的色彩还原。

此次图像采集共得到四种类型的文件：第一，DNG 文件：采集所得的最原始数据，是图像感应器将捕捉到的光源信号转化为数字信号的原始数据；第二，TIFF 文件：该文件是由 DNG 文件转换而来的，每幅壁画均包含了若干分镜头的 TIFF 文件、完成拼接的全景 TIFF 文件及色卡文件。以上文件均为 16bit 位深。为了便于一般的图像出版，又特别生成 8bit 位深的全景文件；第三，

JPEG 文件：采用此种格式保存一份采集图像和最终全景图像，以便于日常调用；第四，数字画廊文件：这里所指的数字画廊文件并不是单一的一个文件，而是通过 Photoshop Zoomify 工具生成的一组文件，包括 html 网页文件、swf 文件及由若干文件夹组成的图像分割 JPEG 文件。

三　壁画上展的形式与支架设计

壁画作为一类特殊的文物，其展出是有很多困难的，壁画陈列与参观环境的分离，壁画的照明，壁画的摆放方式等都有别于其他文物。正是因为这种种原因，我馆珍贵的唐代壁画藏品一直无法全面向观众展出。2001 年，我馆唐代壁画珍品馆项目正式启动，中意双方的专家专门设计了密闭的、可完全开启的、最高达 5 米的展柜以满足壁画的展出要求。同时，考虑到壁画的特殊结构，设计要求壁画展出必须上仰 5°，但是壁画在展柜内的支架问题却一直悬而未决。意大利设计人员曾提出一种悬臂式的结构方式，但这种方式只适合自重很小的油画展出，对于壁画的展出却不适合。

为了唐墓壁画珍品馆能按时开馆，2009 年 10 月，我们就开始研究壁画展陈时的支撑结构和边框问题，反复论证了各种边框的优缺点，结合多年壁画展览的经验，从文物保护的角度考虑，既要使壁画展陈出它的魅力和震撼，又要最大程度减少壁画展陈时的损害。大家一致认为抛弃传统的固定边框形式，采用完全分离的边框，这样可以大大减轻壁画搬运的重量，使得壁画的搬运，上架，调整，撤换都变得容易很多。而且，分离式的边框形式也适合于多样性的壁画支撑体结构。在确定了支架和边框的总体方案之后，我们开始了对边框形式、结构、颜色等的具体设计。

根据分离式的边框思路，我们设计了多种壁画支架、边框结构，每种结构各有优缺点，一时难以取舍。一种结构是壁画固定在一组 5°倾角的钢结构支架上，面板则根据展柜尺寸制作，留出画面。这种设计的优点在于完全回避了壁画结构给画框带来的影响，画框只起遮挡作用，并且这种结构的支架便于文物调整。但是，这种结构对画框质量要求十分苛刻，既要保证平整，又不可过厚，否则会因上方的照明而产生壁画上的阴影。同时，对于幅面尺寸较小的壁画，画框显得过分厚重，不能凸显文物本身。另一种结构将画框对壁画的影响降到了最低。但由于壁画大小、厚度不一，每件钢结构的支架和画框都需定制，制作成本大，周期长，画框与壁画连接也有一定难度。对于边框颜色，设计中也有不同意见，有的主张采用展柜颜色，有的主张边框颜色接近壁画地杖颜色，有的则建议采用壁画中土红色的颜色，对于不同颜色我们都制作了实物或效果图进行了对比。

经过多次讨论和修改，最终决定支架采用内部角铁结构支撑，按壁画尺寸制作支撑横梁，边框则以活动画框形式，外露的支架部分则以展台形式遮挡。画框及展台整体颜色采用接近展柜颜色的深灰色。

壁画在陈列支架上是由支撑横梁与支架连接的，放置面积较小，考虑到防震、防变形等需要，壁画与陈列支架间必须进行连接固定。我馆唐墓壁画由于揭取年代的差异，支撑体结构也存在很大的差异，大致可分为石膏支撑体、大漆木龙骨支撑体、环氧木龙骨支撑体、环氧铝合金支撑体（铝合金方管和铝合金圆管）、环氧不锈钢支撑体、蜂窝板支撑体六大类。不同的支撑体结构在壁画陈列支架上则需要采用不同的连接固定方式。

大部分的壁画是将支撑体通过螺钉与横梁连接在一起的，但是环氧不锈钢支撑体、环氧铝合金圆管支撑体和蜂窝板支撑体则必须采取特殊的连接方式。不锈钢支撑体，其刚性较好，因而其管材的壁厚较薄，无法使用自攻螺丝连接。这类壁画在上架安装时必须使用特制的连接件，将壁画与横梁连接在一起。环氧铝合金圆管支撑体结构的壁画，圆管与横梁接触面积很小，无法使用螺钉连接，安装时则是使用粗铁丝将壁画与角铁支架捆扎在一起。最特殊的是蜂窝板结构的壁画，由于蜂窝板的结构是无法直接使用螺丝或销钉连接的，所以在此类壁画上展前，文保人员专门为此类壁画加装了铝合金龙骨支撑体，壁画的连接固定是通过铝合金龙骨架完成的。

最后，特别指出的是，在壁画上展期间，我们还特别设置了质监人员，负责壁画支架及边框的制作检查工作。每幅壁画的支架密度够不够；支架焊接是否牢固；焊缝是否经过打磨、防锈处理；多个支架的组合是否在一个平面上；壁画固定是否牢固……是严谨认真地工作确保了唐墓壁画顺利、完美的上展陈列。

四　壁画的拆卸与上展

唐墓壁画上展难度大、风险高，又无经验可借鉴，需要慎之又慎，所以各级领导非常重视，成立了壁画上展领导小组，经过仔细研究，制定上展方案，确定了先易后难的上展顺序，先从小幅壁画作起，在实践中积累摸索经验，最后20幅壁画和有关专业机构合作，互相配合，最终顺利完成了任务。

（一）展前筹备

1. 筹备、统计核对工具等基本设施

由于上展壁画目录几经讨论，多次易稿，在上展工作正式展开之前，我们首先进行了逐一核对，特别是针对不同的支撑体结构进行了详备的统计。其次，根据在壁画库房旧有的保存方式进行了逐一调查，提前准备了大量工具设施，为下一步工作奠定了基础。

2. 拆卸

这一项工作的难点在于原来固定在密集柜中的以及固定在墙体上的大幅壁画。在每一幅壁画拆卸前，先进行讨论，准备充分后，固定好保险绳，慢慢从下部施力，保持画面竖直，缓缓落在预先准备好的砧木上，再平移到工作台上。

3. 针对不同问题的壁画进行最安全、最有利展览的紧急处理

因为过去的壁画加固方式不一，这次要统一展览，为了更好的展示效果，在确保安全的前提下，去除了影响展览的多余木龙骨，铝合金框架、龙骨，高出太多的木质边框进行了刨除。对于大幅面积的壁画，在拆卸伊始就进行了加固，采用粗大的木质龙骨配以角钢配件固定。

4. 包装

为了确保搬运过程中画面的安全，我们需要先对壁画包装，主要采用两种方式，一是用了柔软的绵纸覆盖画面，覆加软的海绵，再以紧绳器捆缚稍硬质的聚氯乙烯板。二是根据壁画的尺寸制作画面保护面罩。画面保护罩为“凵”字形、“十字”方格状结构，方格的大小等同于壁画背面的支撑体方格的大小。

保护罩上将固定4个左右的受力点（壁画背面的支撑体上相同位置也将衬垫后固定受力点）。将保护罩与壁画四周的支撑体连接、固定，使之与壁画形成整体，不仅起到稳定壁画表面状态，加强壁画支撑结构，确保壁画搬移时的安全性和方便性的作用，而且使壁画表面与操作人员之间隔离出安全距离，杜绝了操作人员在操作、搬运过程中碰触壁画表面的可能性。

（二）搬运

1. 搬运方案的讨论确定

经过请教以前的老同事和我们反复多次的讨论以及模拟实验，最终确定了以特殊定制的壁画搬运车为主要的搬运工具，个别特殊情况的壁画特殊对待的方案，广泛的讨论确保了整个搬运工作的最终成功。

2. 搬运工具的设计订制

结合以前修复一部分壁画积累的经验，定制了特殊的搬运车，四个万向轮确保了搬运车的灵活性，两侧的靠栏以及侧棱确保了壁画不会在搬运中滑动跌落，并且，在新的壁画展厅有限的高度下，最大可能地确保了搬运中的安全。

3. 搬运实施

将制作好的保护面罩与壁画四周的支撑体用拉紧带、螺栓等连接、固定。连接过程中所有面罩与支撑体的接触面均采用软垫材料隔离、衬垫，使画面、画框不与保护面罩直接接触。操作人员利用支撑木杆顶住保护罩及支撑体的受力点并向上施力，脚手架上操作人员和地面其他操作人员也同时向上将壁画抬起，将壁画垂直平移至地面。针对高度太高、无法直接搬运出门的壁画，操作人员用支撑木杆，同时施力于壁画背面支撑体上的受力点和正面保护罩上相应位置的受力点，顺时针（或逆时针）垂直调整壁画方向，使其高度适合搬运。在壁画背面的支撑体和正面的保护罩上固定受力点，即克服了由于壁画高度过高，单凭人力施力受限的问题，使操作过程中更容易、方便的借助支撑木杆的作用，在壁画正面和背面同时给力，保证了壁画在拆卸、调整方向及移动过程中的平稳和安全；而且受力点固定于支撑体和保护罩的“十字”交汇部位，受力更容易被分散，大大减少了支撑体和保护罩四边形方格不稳定，受力易变形的风险。同时，操作全程保证壁画垂直，有效地避免了壁画受重力影响而弯曲的可能性。

4. 针对特殊情况的紧急处理

在壁画搬运过程中，少量特殊结构的壁画进行了紧急处理。诸如李寿墓的列戟图，原本是两幅壁画，布展过程中，我们进行了紧急处理，现在看上去基本上就是完整的一幅画。再如懿德太子墓的两幅阙楼图，因为长宽高都超过了壁画馆的大门尺寸，再三核对后，精确去除掉部分龙骨后，采用人工拖拽滑行走门的对角线的办法，克服两侧柜门不能全开的困难，最终还是安全的搬到了展厅。

（三）安装

1. 不同结构不同材质区别对待

馆藏上展壁画结构极其复杂，可以说集合了目前所有可见墓室壁画的结构，从石膏支撑体到金属支撑体，无所不有，在安装时可谓难度颇大，在确保安全的情况下，充分考虑到展览中美观的需要，采用最巧妙的办法进行了固定。先放置工作台面于壁画对应的新展柜前，在工作台面与新展柜的接缝处做衬垫处理，使工作台面与新展柜尽量紧密结合，并在工作台面上铺设合适尺寸的毛毯，不仅便于壁画入柜，也避免移动壁画时保护罩等剐蹭展柜，利于保护展览设施。用支撑受力点的方法，操作人员将壁画抬起，撤走板车，并将壁画逆时针（或顺时针）调整至正确方向，垂直放于铺设在工作台面的毛毯上。支撑壁画正面、背面受力点、壁画两侧人员护扶、拖动壁画底部毛毯三方配合的方式，操作人员从工作台面上将壁画平稳移至展柜指定位置。针对玻璃展柜门无法全部打开的展柜，壁画将先从相邻的展柜门中垂直放入，然后缓慢、平稳的横向移动至其正确位置。拆除画面保护罩及壁画包装等，并固定壁画。

2. 特殊个案进行记录

对于安装固定过程中，极个别特殊结构的壁画进行了较为翔实的记录。诸如李寿墓一幅步行仪仗图，因为展柜尺寸和画面大小几乎一样，在安装时反复讨论，最终决定在侧面后背处用螺钉进行了固定，预先标记好具体的固定点，并针对性的进行了备案，以备以后再拆卸时方便。

五　辅助文物的选定与上展

唐墓壁画珍品馆共展出97幅壁画，均是我馆馆藏壁画中的精品。形式上基本是按照其在墓道中的位置陈列于展厅的两侧，为了丰富陈列形式，形成错落有致的视觉效果，展厅内还设计了17个独立柜陈列辅展文物。

关于壁画馆辅助展品陈列，我们遵循的原则是：为了更好地解读壁画。因此对于上展文物的挑选，主要从几方面考虑：

（一）与壁画同墓葬出土的文物

尤其是一些典型的或有代表性的器物。如彩绘贴金甲马俑仅在懿德墓有出土，将其作为懿德墓的第一件辅助展品，具有一定的代表意义。在永泰墓陈列的彩绘骑马女俑，既是同墓葬出土的典型性器物，又突显了墓主人的女性身份。

（二）与壁画内容相关的文物

唐墓壁画所表现的内容，多来自于现实生活，因而在考古资料中常会发现与画面内容近似的器物，如房陵长公主墓壁画表现的大多为侍女形象，这些侍女手中持有各种形制的饮食器，于是在此区域我们挑选了与画面中类似的五曲高足银杯、白瓷高足杯、白瓷胡瓶三件器物，观众可以将实物与画面相互对比进行观赏。在懿德墓的狩猎出行图附近，陈列了三彩骑马狩猎俑，俑与画面表现的内容一致，同时三彩又体现唐代特有的工艺。

（三）不同材质、不同造型的器物

整个展厅沿两侧的墙壁陈列了大面积的壁画，容易使观众产生审美疲劳，因此需要用辅展文物适当调节，我们选取的文物，从材质上分有瓷器、金属器、陶俑，同类器物尽可能挑选形态各异或有一定代表性的，如展厅中陈列的几件女俑，有彩绘的、也有三彩的；有展示唐代审美观——体态丰腴的，也有体现唐代妇女另类风尚——女着男装的。

最终，我们选取了22件展品陈列于壁画馆的17个展柜中。展柜四面通透，位于展线的中部，观众可以从不同方位来欣赏文物，因此对于每件展品摆放的角度都需格外慎重，同时，对于展品的安全固定也需要做得更加隐蔽。展柜的灯光，也是经过反复考虑，既需要足够的亮度使观众欣赏到文物的精美，同时作为辅助展品，不能太过抢眼，展厅内的总体效果要以突出壁画为主，最后通过多次调试才取得了满意的效果。我们所做的是希望观众能够透过这些精美的文物，对壁画内容有更深层次的理解。

六　唐墓壁画珍品馆保护管理

唐墓壁画珍品馆，其定位是一座集壁画保护、修复、展览、科研为一体的现代化艺术展览馆，以此为初衷，我们对展馆的壁画保护、展示形式、管理模式等方面提出了一些设想，有些方面已开始尝试。

（一）珍品馆中的壁画保护现状

在壁画馆筹建之初，针对壁画材质的脆弱性，中方提出了相应的要求，经中意双方代表多次交流，在壁画的修复保护、展柜、展陈方式等方面最终达成一致意见。

1. 陈列支架

陈列中文物的安全是第一位的，“唐墓壁画珍品馆”中展陈的每幅壁画均有陈列支架作为支撑，其结构和作用之前已有介绍，在此不作赘述。总之，陈列支架确保了壁画能够长时间安全陈列，而不会因重力的作用使得壁画支撑体变形。

2. 密闭展柜

展柜的钢板均使用无烟环氧灰涂料处理，金属门和玻璃门在支撑结构的隐蔽区域都有金属棒和铰链连接，展柜整体通过背板钢管支撑并连接到墙体上，保证柜体连接紧固，且起到基本防震作用。展柜正面的玻璃采用高透光率的无色玻璃，厚度约13毫米，玻璃柜门采用合页连接，旋转开启，最大开启角度约90°。玻璃四周有一圈特殊的密封条，当玻璃门关闭后，保证展柜内的空气完全密封。柜内所使用的化学物品包括金属结构件的无放射性环氧涂层和无气体排放的中性密封硅胶，以上材料均符合文物保护的技术要求。

3. 柜内空气循环系统

展柜内部空气质量控制由一套特殊的空气循环系统完成。

柜内空气通过过滤装置、湿度调节装置实现空气的净化及湿度的控制。空气过滤装置循环过滤柜内气体，通过预防性过滤、活性炭过滤及两重微粒过滤的四层过滤系统，可有效的过滤柜内空气中的煤灰颗粒、尘土颗粒、挥发性气体、油雾等可能附着在壁画表面的颗粒物，预防壁画表面污染。柜内温度由展厅空调系统整体控制，设计温度为21℃ ±5℃。柜内湿度范围由循环系统控制，湿度可调范围为50% ~80%，在可调范围内设定柜内湿度区间。当湿度低于设定下限时，湿度控制系统加湿器气路上的球形阀开启，加湿系统开始加湿，湿度达到设定温度后，5 号球形阀关闭。当湿度高于设定上限时，湿度控制系统硅胶颗粒气路上的球形阀开启，硅胶颗粒开始除湿，湿度达到设定温度后，6 号球形阀关闭。

以上各系统在出现故障时有 LED 灯及声音报警，展厅内有工作人员定时巡视，加湿系统定期加水，过滤系统每年更换一次过滤芯。

4. 照明

一直以来，壁画展出难就在于壁画的陈列需求、陈列方式、壁画保护之间存在着相互牵连又相互影响的问题。壁画的陈列需突出画面内容，而普通高显色性的照明光源均为含紫外光或热光源，长时间的照射必然对文物造成损害。众所周知，近年来，LED 技术发展突飞猛进，社会使用上因为其具有高效、节能的优点而广泛采用。在博物馆陈列技术上，也因其具有无紫外、红外的优点而备受关注。此次“唐代壁画珍品馆”就特别为壁画展陈定制了展柜 LED 光源作为照明光源。柜内照明光源在 0 ~ 300Lux 范围内可调，具体使用照度50Lux。由于壁画展柜的宽度限制，壁画的照明角度较小，为更好的展出，个别壁画在柜外补光，补充光源为同色温的 LED 光源。

5. 无线环境监测系统

为了及时了解壁画柜内陈列环境及展厅参观环境的技术参数，“唐代壁画珍品馆”内还安装了“无线环境监测系统”。通过该系统，可以即时了解展柜及展馆内的温度、湿度、二氧化碳浓度、光照度、氮氧化物浓度、降尘浓度等文物保护的重要技术指标。该系统首先通过架设无线传输信号网实现对壁画馆整个展区的信号覆盖，在信号区内可任意增设和更换监控节点，监测信号通过网络传输到办公区域，方便工作任意随时了解文物保存状况。同时系统具有偏离设定值的报警系统，为以后实现环境自动控制打下基础。

（二）展示设想

壁画馆中的展品相当精美，但由于展品和陈列方式相对比较单一，容易令普通观众产生审美疲劳，因而我们需要在展馆中利用不同形式的展示手段，增加观众互动项目，使展览形式丰富多彩。

1. 数字画廊

我们前期已完成了所有上展壁画的高精度数字图像采集，并利用已生成的数字浏览文件，制作了简单的网页式“数字画廊”，实现浏览器中壁画全景图的快速浏览。我们计划在展馆中以墓葬为单元设置触摸屏，观众可以在触摸屏上观赏此墓葬壁画的全景图和局部放大图，解决了壁画画面过大或灯光较暗无法观赏到画面细部的问题。

2. 建立数字博物馆

通过对壁画馆实地的精确测量和建模，结合已完成的数字画廊文件，建立可供网络平台使用的数字博物馆，实现基于网路的壁画馆的虚拟漫游，满足不同观众的需求。

3. 虚拟漫游

通过计算机技术实现全方位互动式观看的真实场景还原展示。由于技术条件的限制，壁画是从原址揭取后在博物馆进行保护，我们应尽量使观众通过展览对墓葬形式有一个直观的认识，同时了解壁画在原墓中的具体位置，目前我们已完成 18 幅章怀太子墓壁画的数字化物址合一，实现了章怀太子墓的三维全景浏览，我们计划将这一结果展示于展馆中，给观赏者提供各种操纵图像的功能，可以放大缩小，各个方向移动观看场景，以达到模拟和再现场景真实环境的效果，有身临其境之感。

4. 虚拟修复及展示

由于考古发掘时技术条件、文物状况等因素，壁画往往被分割为块揭取保存，且画面内容局部缺失。随着现代科技发展，数字图像修复技术也在不断进步，为了更好的展示文物原貌且在文物状况相当稳定的情况下不改变文物现状，提出利用数字技术对文物进行虚拟修复的概念。通过对考古发掘时资料的研究，对已经分割的壁画进行定位，确定壁画现状况间的关联关系及缺失部位的画面内容，并利用计算机图形处理技术，进行缺失部位的图像修复，由于现代计算机的高速运算性能，可实现细部的远高于一般的人工临摹及图像处理对图像的线条及色彩的模拟，最可能的还原文物。虚拟修复后所得到的图像为高精度数字图像，能满足文物的原大输出及数字展示。

5. 画面动态展示

我们的设想是将现分割为五幅的马球图，通过虚拟修复拼结为整幅，之后将壁画所展示的画面内容通过动画制作、多媒体放映，以鲜活的动感方式呈现出来。使参观者似乎穿越时光隧道回到一千多年前马球竞技的赛场上。

6. 观众参与的留言墙

现代博物馆陈列中贯穿“以人为本”的理念，在展览中增添观众参与项目，与观众的互动是非常必要的。在展览结束时设置一面留言墙，既可以像普通展览一样让观众将留下自己的参观心得，又可突出壁画的特色，使观众体验在墙壁这种特殊材质上书画的感受。

7. 原大输出复仿制品展览

2011 年 4 月，本拟定上展的唐南里王村六屏风画借展到西安世园会长安塔中展出，为了不影响壁画馆的展出陈列，我们利用数字化采集所得的图像，制作了替代展品。这次成功的尝试使我们产生了一些新思路，由于材质的特殊性及相关政策的限制，壁画很难外出展览，于是我们计划以此为例继续进行其他壁画的原大输出和复仿制，最终向其他省市推出一个成型的壁画展，一方面可以满足无法亲临壁画珍品馆的观众一睹壁画的风姿，同时可以使更多的观众产生观赏壁画珍品的愿望。

（三）管理设想

拟建立唐墓壁画保护中心，工作内容涉及壁画的陈列保管、保护规划、修复实施、数字化工作、人才培养等方面，这种模式打破了旧有文物管理中的条块分割，也是将传统的保管部转化为文物保护科技中心的初步尝试，其目的是为了更好地保护文物。中心拟在壁画珍品馆文物保护方面做以下完善。

1. 制度方面

实行壁画保护安全监察制度，建立以预防为主的保护模式。成立壁画馆文物保护工作小组，做好经常性监察管理工作，对壁画本身及壁画保存环境问题进行管理监督、定期检查、汇总分析、提出建议、研究对策和及时处理，确保壁画安全。

2. 人员方面

壁画馆的文物保护工作采用文物保护工作专干。为此专门安排四名壁画保管人员和三名壁画保护修复人员，定期进行安全保护检查工作。要求每周五下午三时前向主管领导提交本周安全保存环境监察报告和保存安全监察报告。发现紧急状况及时通报主管领导。对于提交的监察报告，相关职能部门必须及时给予回应。

3. 设施方面

在现有的条件下，准备增设入口处的风淋门装置，以确保游客及工作人员进入时带入的灰尘、微生物等。在展厅增设若干洁净屏，努力使展厅成为真正意义上的“洁净”环境。尽快完成无线监测系统的安装，坚持专人检查与仪器监测共同进行，确保壁画安全无虞。

4. 灯光方面

因为壁画的特殊性，不少展柜的灯光还存在一些小问题，我们计划尽快完成 LED 灯与感应灯的转换，尽量减少壁画的见光时间，确保每一幅壁画展示时光照度在 30lux 以下。对游客进行多方式的劝导，杜绝各种形式的拍摄行为。

十年磨一剑，经过十年的筹备和辛苦，中意双方有关专家及人员付出了辛勤的劳作，唐墓壁画珍品馆终于落成开放，这是我馆馆藏壁画首次大规模地对公众开放。大唐盛世留给我们太多值得骄傲的记忆，我们希望通过这个展览把它们传递给观众。同时，我们也希望将壁画珍品馆做成一个文物保护理论和实践相结合的典范。我们知道，实现这样的目标，任重而道远，我们相信，只要不断地求索，我们的目标一定能达到。

周口店遗址博物馆新馆石器鉴选与研究

周口店北京人遗址博物馆　邱京春

周口店遗址是一处自然科学类博物馆。位于北京市西南房山区周口店镇，距市中心约50公里。地处华北平原和太行山脉的接壤处。

周口店遗址发现于1918年，1921年进行试掘，1927年正式发掘至今，先后发现不同时期的人类化石和文化遗物地点27处。出土了人类化石近200件，石器近10万件和100多种动物化石。地质时代从早上新世至晚更新世，年代范围从距今500万年前到距今1万年前为止。在漫长的历史岁月中，这里曾生活着距今70万~20万年前的"北京人"、20万~10万年前的新洞人、3.85万~4.2万年前的田园洞人和距今3万年前的山顶洞人。

1953年，周口店遗址在考古发掘的基础上建立了工作站，同年，由中国科学院拨款建成300平方米的"中国猿人陈列馆"，是新中国成立后最早建立的博物馆之一；1972年，改扩建为1000平方米的"北京猿人展览馆"；随着博物馆事业的迅速发展，公众文化需求，现状的博物馆已不能满足需求，在馆长的努力及政府的重视支持下，2009年开始了新馆筹建工作，2012年下半年主体工程完工。新馆占地38000多平方米，建筑面积7989平方米，限高9米，分地下一层和地上二层，新博物馆将集陈列展览、科普教育、藏品保管、科学研究和管理办公一体。通过运用现代化科技手段和高新技术，将一个在展览形式、展陈内容、服务标准、管理功能上具有国际水准的，崭新的、充分体现遗址文化内涵的博物馆。

周口店遗址博物馆在新馆即将开馆之际，为更好地发挥博物馆的功能，为社会主义服务，让观众更多的了解人类最早的工具——石器，以及它在人类发展中的重要作用，在石器原展品64件的基础上计划作调整、增加。为填充新的石器标本，周口店遗址博物馆石器标本的鉴选，命名暨初步研究工作从2007年开始进行。成立了以馆长为组长，保管部主任为副组长，另有从事保管工作多年及博物馆学专业、中级职称等六名组员组成。聘请了中国科学院古脊椎动物与古人类研究所研究员，旧石器考古学专家黄慰文，贵州省科学院喀斯特研究中心副研究员、法国国家自然博物馆史前研究所客座研究员。

目前，已完成了新馆石器展陈标本的拣选，鉴定、定名及初步研究工作。为新博物馆的藏品利用打下良好基础。

此次，鉴定，命名、初步研究工作是针对周口店遗址1978～1983年发掘出土的2096件石器标本进行。其中石英石器1366件，定名的种类分别为，石英碎片，捶击石片，鸟喙状器，圆头刮削器，端刮器，雕刻器，刮削器，钻具，凹缺器，捶击石片，拇指刮削器，锯齿刃器，石片，捶击制品，尖状器，两极石核及石片，捶击石核，断块，手斧等。非石英石器730件，定名的分别为，石核，石片，凹缺器，刮削器，手斧，不完全手斧，薄刃斧，手镐，砍砸器，完整砾石，零星片疤砾石，断砾石，断块等。除以上鉴定、定名外，对其类型，打制方法及特征进行了初步研究工作。主要简述以下六种类型、方法及特征：

一　北京猿人制作石器及用料

石器原料以脉石英为最多，绿色砂岩次之，石灰岩、燧石又少于前两类。石料的来源大部分是取之于河滩上的砾石，脉石英则是由风化的山坡堆积或河边阶梯的石英堆中拾来所得。

制作石器的各种原料在北京猿人洞穴堆积的上部和下部分布不同，下文化层多为砂岩砾石大石片，在最上部则燧石石片特别多。这种情况说明北京猿人在劳动的实践过程中，对原料的选择能力是逐步提高的。

北京猿人的石器是以石片石器为主，石核石器较少。根据研究，北京猿人使用石锤直接打击法，碰砧法和垂直砸击法打制石片。使用石锤直接打制石片的原料为脉石英、砂岩和燧石，尤以燧石为多，石片角在95°～105°。用碰砧法打制石片的原料多为砂岩，一般片角在120°以上，石片肥硕粗厚，台面宽大，半锥体较散漫，垂直砸击法，是从脉石英上打下石片的一种特殊方法，原料多是脉石英，也有极少数量是燧石做的。用这种方法打制石片的特点是：无台面、疤痕和波浪纹，石片较小，约介于2～4厘米之间。石片的一端或两端有因砸击产生的剥落碎屑的裂迹，砸击的一端或受反冲力作用的另一端，往往有稍微凹入的边刃。用此方法产生石片后所遗留下来的石核，往往是周身遗有小的石片疤并且两端都有剥落碎屑的痕迹。石核的形状呈多棱柱形或枣核形。北京猿人的石器根据它们的形状、加工的方法和用途，大致可分为砍伐器、尖状器、刮削器、两端刃器，还有使用痕迹的砾石和斧状器等类型。

二　砍伐器

这是北京人最常用的工具之一，数量相当多，1978～1983年发掘出土的石器标本中，其中砍伐器有120件（以上数据是目前遗址博物馆库房现保存下来的）。主要原料是砂岩，其制作方法有一面打击和交互打击两种。前者数量较多，用石片和砾石打制而成，因便于手握，和刃缘相对的一边，常保留一部分砾石面。用交互打击方法制成的砍伐器数量较少，多用砾石制成，沿着砾石的边缘用石锤相互敲击，因而刃缘呈锯齿形。此外，还有一些只有砍伐痕迹的大石片，它们也是被作为砍伐器使用的。

北京猿人的砍伐器一般都很粗大，刃缘的修制主要是用石锤直接敲击，其形态也不固定，其形则依毛坯的形状而定。砍砸器的刃缘都有碎屑剥落的痕迹，实验证明，多由于砍伐树木而产生的。它们是被用来砍柴和对木头加工用途的。

三　尖状器

多发现于堆积的中上部，原料以脉石英为较多，燧石、水晶较少，多用石片制成，是一种有尖刃的工具。制作尖状器所用的石片不是很规则，有薄有厚并且有的石片还没有台面，但其第二步加工的方法却比较一致，多是沿着石片的中腰的两侧边缘，向尖端有破裂面向背面一面加工，修制成两刃夹一尖。在全部石器中，尖状器占的数量比较少并且器形也不大，长度多在 3 ~6 厘米之间，最大的重 40 克，最小的重 5 克。这种石器可能是作为割剥兽皮的工具。

四　刮削器

这是北京人使用的最普通的工具，数量占石器的第一位，在堆积的各层都有发现。制作刮削器的原料多为石英、砂岩和燧石。绝大部分的刮削器，是把石片的边缘进行第二步加工修整。修整的方法有一面敲击和交互敲击两种。形状有直刃，凸刃和凹刃等。在发现的许多石片中，边缘没有第二步加工但却有由于刮削而产生的使用痕迹，所以，北京猿人也用未经过第二步加工修整的石片作为刮削兽皮，切割筋肉和刮削木棒之用。

五　两端刃器

多用石英做原料，其制法是将一端垂直放在石砧上，用石锤直接敲击另一端，这样被敲击的一端和受反冲力作用的另一端，都形成较直或稍凹的边刃。两端刃器器形较小，约介于 2 ~4 厘米之间，多呈长方形、椭圆形和三棱形，两侧边缘常有使用痕迹，它们的用途还不太清楚。这种工具发现很多，由以下文化层为丰富。有敲砸痕迹的砾石在堆积中尤其是第五层以上的堆积中常见到。石料多为砂岩，它们的表面都有许多坑疤。据研究它们是被当做石锤和石砧使用的。作石锤用的多为长形，坑疤多在砾石的一端或两端，疤痕的形状不规则，分布也不集中，做石砧用的砾石都比较大，以面比较平坦。在砾石的上面，由于锤砸石片而产生条状，不规则状散漫的小凹坑。

六　斧状器

发现数量 25 件，7 件为石英石，18 件为砂岩，先从大的砾石上打下厚大的石片，再沿着侧缘或一端进行第二步加工修整，使成为刃，并将与刃部相对的台面部分加以修理，以便手握。这种器形较大，形以扁斧，是砍砸器的一种。

观察北京猿人石器，既能看出它们之间的共同性质，也可以看出地层由下而上的石器的发展情况和制作技术进步的倾向。其共同性是石片石器为主，石核石器占少数；第二步加工多用石锤直接打击，以一面打制为主，并且绝大多数是由破裂面向背面加工和打击石片时多利用自然台面等。从石器的层位分布看约以第六层为界，上下地层中所出之石器有所不同，即石器原料比例由大到小的发展趋势，使其由大而粗糙变为小而稍精致，上部底层石器的种类有所增加的倾向和打制石片的技术及第二步加工技术有所进步等。这种情况一方面说明了北京猿人生活时代的长久，另一方面也说明了他们在长期的劳动中，通过实践对岩石的性质和石器的制作技术有所认识和逐步提高。

总之，藏品是博物馆为了社会教育和科学研究的目的，根据自己的性质，搜集保藏的自然界和人类社会物质文明、精神文明发展的见证物。同时，藏品也是博物馆赖以生存的基础，在对其科学的鉴定和研究是必要的先决条件，只有这样才能保证展示的科学严谨性，才能更有利于周口店遗址博物馆的更好发展。

参考文献

[1] 王宏钧:《中国博物馆学基础》，上海古籍出版社 2001 年版。

城市记忆的保护和传承

昆明市博物馆　高静铮

昆明具有悠久的历史、灿烂的文化，是国务院公布的首批 24 个历史文化名城之一，历来十分重视文化遗产的保护工作。当前，城市化进程发展迅猛，科学技术日新月异，在文化遗产的保护和利用上，博物馆作为文化遗产的展示场所，是了解城市历史文化的重要窗口，同时也是城市记忆的忠实保护者、见证者、体验者和传承者。昆明市博物馆与时俱进，不断积累经验，积极探索实践，力求探索一条独具昆明城市特色的发展道路，满足人民群众日益增长的文化需求。2012 年 9 月，昆明市博物馆被中宣部、文化部、国家广电总局、新闻出版总署联合授予“全国文化体制改革先进单位”荣誉称号。

昆明市博物馆成立时间短，1997 年 9 月才建成开馆，馆藏文物比较少。为走出藏品缺乏的困境，我馆长期以来十分重视藏品征集工作，征集重点始终围绕昆明城市区域特色和滇池区域文化来展开，针对性强。每年集中精力、人力和物力，循序渐进地开展文物征集工作。十几年来，通过考古发掘、社会征集、拍卖会购买、捐赠等多种途径，取得了一定的成效，极大地丰富了馆藏，使众多即将消失或损毁的、散失在社会和民间的各类文物得到了有效地保护和收集整理。经过十几年来坚持不懈地努力和循序渐进地积累，我馆滇文化青铜器、云南地方窑陶瓷器、云南名人书画、民族服饰、飞虎队文物等专题文物收藏体系已经渐显雏形，独具春城昆明的独特魅力。本文仅就昆明市博物馆的专题陈列馆——昆明飞虎队纪念馆作为个案，探讨昆明市博物馆在见证城市历史、传承城市记忆，激发城市活力中承担的重要使命。

一　昆明飞虎队文物收藏情况介绍

1941 年 8 月 1 日，在美国政府的支持下，应中国政府招募，美籍援华志愿军第一大队成立，投入中缅印战区对日作战。一年之后，美国空军特遣队和第十四航空队先后进驻中国。由于这三支空军部队均由美国人克莱尔·李·陈纳德指挥，都采用“飞虎”图案作为队徽，并因其英勇无畏和能征善战，威震长空，战绩惊人，被誉为“飞虎队”。飞虎队员与中国人民并肩作战，流血牺牲，为抗日战争的胜利作出不可磨灭的贡献，受到中国人民永远的缅怀和纪念。

二战期间，昆明作为飞虎队总部所在地，并且是飞虎队首战告捷的城市，从此与飞虎队结下了不解之缘。时光荏苒，似水流年，七十多年的岁月转瞬即逝。时至今日，春城昆明的人们，仍然铭记着飞虎队在中国的卓越功勋。2008 年，昆明市政府计划筹备昆明飞虎队纪念馆，并与陈纳德将军的遗孀陈香梅女士进行了接洽和磋商。

机缘巧合，在得知昆明将建立飞虎队纪念馆的消息后，鉴于昆明作为“飞虎队总部”的历史地位，美籍华人陈灿培夫妇决定向昆明市无偿捐赠其所收藏的部分飞虎队文物。陈灿培先生身居海外，一直致力于飞虎队文物的收集，他认真考察文物资料，遍访飞虎队老兵，花费巨资收购了数千件飞虎队文物。在广州市侨联、昆明市侨联的帮助和引荐下，陈灿培先生与昆明市博物馆进行了沟通和洽谈，昆明市博物馆积极联络并接受陈灿培先生的无偿捐赠。自 2010 年 5 月至 2012 年 4 月，美籍华人陈灿培夫妇先后五次向昆明市博物馆捐赠二战飞虎队文物和资料。陈灿培先生还动员飞虎队的老兵及老兵家眷对昆明市进行飞虎队文物捐赠。此外，我馆在历年的文物征集工作中，也征集到一部分飞虎队文物。

经过多年来的文物征集，特别是近年来美籍华人陈灿培夫妇多次向我馆捐赠飞虎队文物，进一步充实了昆明市博物馆飞虎队文物的收藏，并在国内飞虎队文物收藏中崭露头角，逐步形成独具地方特色的收藏优势。馆藏飞虎队文物数量较多，种类齐全，历史价值较高，根据飞虎队文物的使用功能和质地等综合因素，简要分类介绍如下：

（一）二战美军军服

馆藏飞虎队文物中有种类繁多、款式各异的美军二战军服。美军军服质地优良，做工精细。以毛料为主，也有棉质的薄型军服、皮质的飞行员夹克、夹绒的飞行员冬裤等。此外，还有罕见的配备电路设备的保暖连体冬服也让人叹为观止。军服款式形式多样，在时间上有冬服夏服之分，在用途上包括军服外套、衬衫、裤子、帽子、鞋、领带、手套等等。军服包括二战时期美军飞虎队各时期的军服，其中有一件军服上绣有英文“AVG”字样，（American Volunteer Group，简称 AVG），即飞虎队原称中国空军美军志愿援华队的英文缩写，这件军服是飞虎队队员雷恩的遗物，十分珍贵。此外，还有第十航空队军服、十四航空队军服、二十航空队军服等。其中以军服外套数量最多。美国军服上的纽扣、领徽大同小异，但军阶、臂章、袖章区别显著，最常见的标志性臂章为中缅印臂章、美国航空总队章、飞虎队臂章等等。

（二）形态各异的徽章和标志

徽章和标志五花八门，在辨别名称上需要狠下一番功夫。从质地分，各式各样的徽章有金属徽章、布质徽章、塑料徽章等各种质地。从实际用途划分，主要有支持飞虎徽章、二战胜利纪念章、亚太战场纪念章、好行为勋章、卡宾及机关枪手勋章、服务中国纪念章、防卫美国本土纪念章、卓越飞行十字勋章、二战纪念铁条章、空勤员扣章、退休布章、中华民国抗日战争纪念章、飞行胸章、国民政府云麾勋章、中国空军飞行员的飞翼胸章等。在这些形态各异的徽章中，既有美国政府颁发的勋章，也有中国国民政府颁发的奖章，彰显了二战期间以及二战后各国对于参战英雄的奖励和激励，这些勋章是对于历史最直接的缅怀和记忆。

除各式各样的徽章外，还收藏有许多二战时期的军队标志。在这些标志中以飞虎队徽和求救血符最为闻名，自二战以来在中国广为传颂，妇孺皆知。飞虎队徽是一只张着翅膀的老虎跃起扑向目标，老虎的尾巴高高竖起，与身体共同构成了象征胜利的 V 形。插翅飞虎的队徽和鲨鱼头形战机名闻天下。由此，“飞虎队”的美誉也家喻户晓。

求救血符在战争中发挥了重要作用。求救血符又称“血幅”，“救命符”。求救血符一般都缝制在部队配发的夹克里，这块布条大约有一张手帕大小，上半部分是国民党当局的青天白日旗，下面写着“来华助战洋人，军民一体救护”字样，盖有“中华民国航空委员会”的大红印章，并标有编号。当时“飞虎队”的美国队员都配发了这种求生布条，一旦被迫跳伞落到地面，飞行员便可用它来与当地百姓沟通，请求救助。求救血符还有一种形式是美军制作的印有美国国旗的求救血符，并有中缅印等多国文字，文字大意是“我们是美国空军来华助战打日本鬼子，请把我们送到有中国国民党军队或者有美国人的地方”，这种血符大多用于二战中缅印战区。这小小的求救血符，在二战中挽救了许多美国飞行员的宝贵生命，谱写了中美军民联合抗战血肉相连的历史篇章，如今已经成为中美两国并肩战斗的历史见证。

（三）反映二战时期政治、经济、军事的重要历史文件

此类历史文件十分珍贵，均为纸质，其中以飞虎队员雷恩相关文件较为完整，涵盖了雷恩军事生活的方方面面。雷恩志愿援华参战的合同书，极其珍贵，陈灿培先生曾告知这是他花费了9000美元巨资获取的。与合同书相对应的是在云南昆明签发的雷恩收入清单，二者互为印证，相辅相成，在雷恩参战合同书中提及的薪酬为每月600元工资，在雷恩1941年11月至1942年6月的收入清单中得以印证。此外，还有陈纳德亲笔签发的领航员名单文件，国民政府主席林森签署的美籍飞虎队员雷恩的勋章证书以及国民政府颁发给雷恩的云麾勋章和三星飞翼勋章的历史文件都属于凤毛麟角的珍贵物件，弥足珍贵。

（四）反映二战历史的书刊杂志

馆藏飞虎队文物资料中，美国二战书刊众多，包括美军基本训练手册、技术训练手册和语言手册等，有《士兵手册》、《步兵操练规则》、《军机要则》、《救急时如何使用降落伞》、《森林生存之道》、《军事情报手册》、《美军歌集》、《如何绝境求生》、《中文手册》、《日文手册》、《中国地方指南》等等。这些书刊对于研究二战历史的相关细节具有重要的参考价值。

除美军二战书刊外，反映二战历史的杂志也是五花八门，包括二战时期以

陈纳德、史迪威、尼米兹、韦德将军为封面的美国期刊杂志。有 1942 年陈纳德封面的美国《生活杂志》、1943 年以陈纳德为封面的《时代周刊》等。此外还有反映二战时期战况的军报：1943 年、1944 年《中缅印战场军报》、《美军周报》、《费城报》、《新闻杂志》、《展望杂志》、《常识杂志》等。这些二战时期的书刊杂志记载了二战时期的社会状况，也是对二战历史的最好见证和反映。

（五）代表二战时期军人身份的各种证件、身份牌等

如飞行员证、持枪证、护士证等。比如中国空军美国志愿援华队员雷恩的飞行员证、持枪证；二战驼峰中尉飞行员罗拨 ·史密菲的退役军人证、社安证、旅行证等，这些信息明确、言之凿凿的证件，是对证件主人身份的最好诠释。从 1941 年 5 月 21 日颁发的美国海军飞行员证件内可以得知，雷恩生于 1918 年 2 月 22 日，1941 年 5 月 7 日成为一名海军飞行员。此后雷恩从海军退役，并成为第一批派遣中国志愿援华的美国飞虎队飞行员。人物的身份明确，有血有肉的人物故事和事迹更能让人们信服，也更能让人感动。

（六）反映二战历史的实物

包括军用地图、望远镜、飞行护眼镜、美空军六分仪、飞机配件、军用喇叭、军用罗盘、大小帆布工具袋、急救盒、饭盒、水壶、耳机听筒、美军空军基地火柴盒等实物。随着时光的流逝，反映二战历史的实物更显得弥足珍贵。这些珍贵的物件伴随着战争的洗礼，走过上个世纪进入到当下，尽管默默无声，但饱含历史的沧桑和变迁。无声的语言，更具有令人震撼的历史意义。

（七）反映二战历史的照片、信件等

这部分信件均为英文书写，虽然在翻译上存在较大难度，但对于研究当时的社会状况具有较高的历史价值。值得一提的是 1944 年、1945 年二战美军邮件信封中，其中有由昆明寄出的信封，信封邮戳上有 APO 627 昆明邮政代号为证。这对于印证昆明作为飞虎队总部的历史事实有着很重要的意义。此外，还有 1945 年 10 月 1 日，二战结束后，中缅印战区总司令托里将军告中缅印战场

各单位的公开信、1945 年罗斯福总统首日封等也弥足珍贵。

（八）反映二战历史的书籍和著作等

其中弥足珍贵的是美国老兵根据亲身经历写成的著作，这些著作对于今后深入研究飞虎队历史具有重要历史价值，可信度较高。比如 1984 年出版的《与陈纳德在中国——飞虎队员罗伯特·史密斯的日记》等等，对于研究二战历史具有重要的意义。

（九）反映二战老兵纪念活动的期刊、光碟、照片、纪念品、模型等

比如美陆军第十四航空队战后季刊——《警报》杂志数量较多。反映二战时期以及老兵聚会的光碟多种多样，其中反映二战的光碟《飞虎及飞虎驼峰》、《史迪威公路》、《二战对日宣传纪实》、《飞虎英雄》等纪实性较强，具有重要的参考价值和资料价值。P－40 飞机是飞虎队的主要装备，也是太平洋战争中美国陆军的主力战机。P－40 等飞机模型还原了历史的真实，让人们睹物思人，回忆往昔。而那些历年来飞虎队老兵参加聚会的照片、期刊、纪念品以及飞虎队年会的秩序表以及人员名单等，寄托了二战老兵们对历史的追忆，对现实的思索和对未来的憧憬。

二　昆明飞虎队纪念馆《长空飞虎》主题展览

昆明市博物馆依托丰富的飞虎队文物，发挥昆明曾经作为“飞虎队总部”的历史优势，成立了昆明飞虎队纪念馆，专题展示波澜壮阔的飞虎队历史，以此期待更多的人进一步了解飞虎队的辉煌历史，铭记中美两国人民的传统友谊，珍惜和平，共同发展。

2012 年 12 月 20 日，在飞虎队昆明首战 71 周年纪念日，昆明飞虎队纪念馆隆重开馆，美国飞虎队指挥官陈纳德将军的外孙女尼尔·凯乐威女士，美籍华人陈灿培夫妇，94 岁高龄的飞虎队华裔老兵陈炳靖先生、美国太平洋航空博物馆主任卡乐尔·阿诺特女士、文物捐赠者查尔斯·彼德森先生等海外来宾莅临参加了开馆典礼。

昆明飞虎队纪念馆开馆当天，由昆明市博物馆编撰的飞虎系列丛书《见证飞虎——飞虎奇兵“鲶鱼”雷恩》一书也进行首发。此书是馆藏飞虎队文物资料精粹系列丛书之一。飞虎队员雷恩的相关文物资料，是我馆收藏飞虎队员个人文物资料中相对最完整的一部分，内容涵盖飞虎队员雷恩传奇人生经历的不同时代，他的经历是飞虎队员的缩影和见证。我馆计划今后出版馆藏飞虎队文物资料精粹系列丛书，逐步将馆藏飞虎队文物资料整理和出版，以便于更多学者和专家研究飞虎队历史。

在昆明飞虎队纪念馆开馆当天，昆明市博物馆馆长田建与美国陈纳德航空军事博物馆馆长尼尔·凯乐威还签订了结为友好博物馆的协议，由陈灿培先生作为见证人。双方约定今后将互助互惠，致力于历史研究、社会教育等方面的交流与合作。

昆明飞虎队纪念馆开馆后，弥补了昆明作为飞虎队总部所在地，长期没有飞虎队专题纪念馆的缺憾。馆内名为“长空飞虎”的飞虎队专题陈列通过六个单元的专题展示，从“飞虎扬名”、“艰苦奋战”、“迎接胜利”、“驼峰空运和马特豪恩行动”、“共创辉煌”、“飞虎将军陈纳德”几个主题内容进行集中展示，以大量珍贵的图片、详实的史料、逼真的影像和类型多样的实物，全面展示飞虎队的传奇历程，回顾飞虎队的卓著功勋，铭记中美人民珍贵的传统友谊。

昆明飞虎队纪念馆开馆后，游人如织，人们扶老携幼，接踵而来。飞虎队文物展厅内陈列的一张张展板，一件件展品，悄无声息地静默着，用无声的言语向人们诉说着一个个感人肺腑的飞虎队故事。通过公开展览作为桥梁和纽带，越来越多的昆明市民和来自全国各地的旅游者，包括远涉重洋，千里迢迢来到中国的美国朋友，纷纷走进昆明飞虎队纪念馆，重温飞虎队历史，缅怀中美人民的传统友谊。此外，通过昆明飞虎队纪念馆“长空飞虎”专题展览的平台，我们也拓宽了与观众交流和沟通的渠道，有许多飞虎队员的后裔或者亲属，在参观“长空飞虎”展览之后，总是按捺不住激动的心情，纷纷来人、来电或者来信，咨询和查找飞虎队家人信息等飞虎队相关的历史资料。在资料查找和相互交流的过程中，我们也收集到一部分有用的信息，有利于在今后的工作中加强沟通，总结经验，完善展览，服务观众。

三　飞虎队文物的综合利用

近年来，随着昆明市博物馆飞虎队文物收藏的日益丰富，越来越多的专家学者、学术机构、新闻媒体纷纷慕名而来，关注和宣传我馆飞虎队文物的收藏和研究工作。昆明市博物馆尽力满足来访者的需求，充分发挥馆藏飞虎队文物资料的优势，进一步发掘文物资料的内涵，拓展文物资料利用的深度和广度。下面简要介绍几例有代表性的文化交流与合作，以此彰显昆明飞虎队文物资料服务社会功能的有益尝试和拓展。

2011 年 3 月 6 日，著名电影导演吴宇森携夫人和制作团队，来到昆明市博物馆，了解我馆收藏的飞虎队文物，为其今后开拍的二战飞虎队题材电影收集素材。当看到那么多珍贵的飞虎队文物资料，还有很多反映昆明市当年生活状况的史料，吴宇森十分激动，仔细地查看了一件件珍贵的实物，并让随行团队的工作人员对提供的文物资料进行记录和拍摄。

2011 年 3 月 15 日，云南省档案馆副局长张文芝一行四人，慕名到我馆了解飞虎队文物的收藏情况，并为档案馆正在筹备的飞虎队展览寻找欠缺的文物资料。应省档案馆的要求，我馆提供了馆藏飞虎队员雷恩的合同书、飞行员证以及国民政府主席林森签发的勋章证书等一部分纸质文物的复印件，用于充实省档案馆展览的内容，并就今后双方的交流与合作进行了友好磋商。

2011 年 3 月 15 日，由中国国际友好联合会的中方人士陪同，美国太平洋司令部前司令、退役海军上将、现任太平洋航空博物馆董事会主席等职的罗纳德 - 海斯（Ronald - Hays）先生及其助理一行前往昆明市博物馆考察飞虎队文物的收藏情况。当看到形式多样的一件件飞虎队实物和一系列飞虎队文物清单时，海斯先生掩饰不了内心的激动，欣然表示：此行的目的是为了寻访飞虎队的踪迹，努力争取在太平洋航空博物馆增辟以美国援华抗日作战的专题展览，并约定今后将和我馆进一步加强展览和研究领域的交流和合作。

2012 年 7 月 19 日，云南省人民政府台湾事务办公室派员陪同台湾中天电视股份有限公司的记者莅临昆明市博物馆，拍摄有关飞虎队的实物和资料。台湾中天电视台摄制组此次的云南之行，是为拍摄《陈纳德与中国》的纪录片所作的专题拍摄。昆明市博物馆对于相关文物的拍摄给予了大力支持，提供拍摄了馆藏部分飞虎队文物。

2012 年 9 月 21 日，云南电视台卫视频道《经典人文地理》栏目组编导、摄影师一行三人到我馆拍摄飞虎队相关文物资料，重点拍摄飞虎队（即中国空军美国援华志愿队）队员雷恩参加飞虎队的合同、勋章证书、照片、飞行头盔等珍贵文物资料。此次拍摄工作是为了配合云南电视台正在制作拍摄的 12 集纪录片《飞虎传奇》，该节目 12 月 20 日在云南卫视频道首映播出后，反响热烈。

2012 年 12 月 20 日，昆明飞虎队纪念馆开馆前后，受到电视、报纸、广播、网络等各种公共传媒的密切关注，大量的集中报道一度使昆明飞虎队纪念馆成为社会关注的热点，社会效益显著提高。凭借飞虎队历史记忆保存、展示和传承，充分展现了昆明深厚的文化底蕴和悠久的历史内涵，扩大了昆明的影响力和知名度，提升了整个城市的文化品位。

2013 年 3 月，美国太平洋航空博物馆教育部主任带领夏威夷恺撒中学的师生一行 13 人考察昆明飞虎队纪念馆；此后美国前参议员代表团一行 13 人也莅临飞虎队纪念馆参观；2013 年 7 月 4 日，美国布莱特大学人文学院的师生一行 6 人参观昆明飞虎队纪念馆，并在馆内拍摄纪录片。来宾一致赞赏飞虎队英勇善战，与中国人民并肩作战、同仇敌忾的国际主义精神，对“长空飞虎”的主题展览给予了高度评价。

诸如此类的文化交流与合作，在此不再一一赘述。昆明飞虎队纪念馆是昆明城市文化最具有代表性的文化符号之一，我们也一直在积极地探索，采用形式多样的交流手段来展现更多昆明城市记忆的深厚内涵，进一步拓宽飞虎队文物资料的传播和普及，有利于飞虎队文物资料历史价值的提升和昆明城市文化品牌的树立。

四　今后努力的方向

昆明飞虎队纪念馆的成立和开馆，标志着昆明市飞虎队历史研究工作迈入了新的台阶。任重道远，未雨绸缪，今后我们需要做的工作还有很多。

首先，我们要依托现有的文物资源，加大文物征集力度，建立科学合理的藏品征集机制。当前，文物征集工作面临巨大的挑战，文物征集经费严重欠缺、艺术品价格迅猛上扬等外在因素制约着博物馆藏品增长。如何摆脱困境，独辟蹊径，夯实馆藏，是摆在我们面前的严峻考验。我们必须迎难而上，进一步拓宽文物征集的广度和深度，扩大藏品征集的范围，集思广益，加强与各种征集线索的联系，加大我馆飞虎队文物乃至二战文物的征集力度。

其次，要推陈出新，发挥昆明作为“飞虎队总部”历史名城的优势，举办高质量的飞虎队主题巡回展览。我们希望在城市博物馆之间开展广泛的馆际交流，增进相互的了解和交流，展示各自独具魅力的区域文化，协调发展，共同进步。可喜的是，因为“长空飞虎”主题展览的知名度，广东省东莞东江纵队纪念馆闻讯后，到我馆进行实地考察，并诚挚邀请我馆于 11 月 30 日到东江纵队纪念馆举办飞虎队主题的临时展览。我馆对此次飞虎队外展高度重视，并积极安排相关业务部门落实展览的相关事宜，力求使飞虎队外展赢得东莞当地民众的认可和青睐，建立飞虎队外展的良好声誉，为今后举办巡回展览积累更多更好的经验。

最后，我们还将加快对馆藏飞虎队文物资料的整理研究，并编辑出版，为更多研究飞虎队历史的学者和专家提供方便，推动飞虎队文物研究的深度和广度，使昆明成为飞虎队乃至二战文化研究的重要阵地。飞虎队的历史是二战历史的一部分，二者相辅相成，不可能孤立存在。云南对于二战历史研究具有得天独厚的优越条件。第二次世界大战期间，云南各族人民坚定地站到世界反法西斯阵营中，为保卫祖国、维护民族尊严，万众一心，浴血奋战，英勇顽强地抗击日本侵略者。在云南抗战历史上赫赫有名的飞虎队援华作战、开辟驼峰航线、中缅公路修建与运输、中国远征军悲壮远征、南洋华侨机工归国抗战等二战著名历史事件，奠定了云南省乃至昆明在二战中的历史地位。因此我们要承担保护和发扬城市记忆的重任，进一步推动飞虎队以及二战文物的研究工作。

总而言之，城市博物馆承担着见证城市历史、传承城市记忆，激发城市活力的重要历史使命。昆明飞虎队纪念馆保护和传承昆明城市历史发展中飞虎队的珍贵记忆，是卓有成效的历史文化品牌保护、展示和传承的有益尝试。昆明市博物馆努力适应社会政治经济发展的趋势，进一步增强服务意识，建立形式多样的服务体系，拓宽博物馆服务社会的领域，满足人民群众日益增长的文化需求。城市博物馆工作任重道远，机遇与挑战同在，只要把握机遇，勇敢挑战，明确目标，乘风破浪，再传佳绩。

简谈文物展览陈列的安全问题

北京市颐和园管理处　周尚云

随着社会的发展，中国的博物馆和一些文化产业机构，不断推出各种文物的展览，满足人民日益增长的精神文化需求。这些文物展览大多精品荟萃，形式新颖，内容丰富，通常分为长期展览和临时性商业展览两类，尤以临时商业性文物展览举办频繁。在文物频繁用于展览利用的过程中，文物安全风险陡然而升，这就引发我们不得不更加重视文物展览陈列的安全问题。无论是长期展览，还是临时展览，展厅的现场情况是我们文物展览陈列安全问题关注的重点。

在我们举办文物展览陈列时，建筑展厅的牢固性是我们要重点关注的问题。对于国内各博物馆建筑修建应符合国家建筑相关要求，同时通过国家建筑相关机构的质量验收，才能投入使用。除此之外，在展览举办之前，要到展厅现场实地检查情况，特别是在文物外展时，更要提前在文物陈列展览的展厅进行实地考察，察看作为展览所用的建筑是否稳固，尤其是展厅内部结构和附属装修及设备、设施是否稳固，没有坍塌、掉落、脱落等安全隐患的前提下，才能够进行文物展览陈列使用。

在设计展览时，要充分考虑展厅内部的门、窗、灯、空调换气、电源和消防设施等设施、设备的位置情况，避免布展不合理造成的文物不必要的损坏。距离门口较近的位置或容易造成参观人员拥堵的位置不宜设置展柜，或根据情况减少设置展览设施，以避免造成无意识人为碰撞等情况的发生，减少文物展览时的意外碰撞发生的机率。在某些室内照明灯较近位置，尽可能不要直接展览陈列文物，以免非展览安全效果灯光直接照射文物时，造成火灾或文物脱色损坏等情况的发生。在窗户附近设置展柜时，也应特别注意安全性，避免窗户与展柜的碰撞，及窗户有漏风、漏雨的可能。在展厅空调换气口下端，尽可能不要设置文物展柜，避免空调口流水造成文物损坏，或造成风、尘问题对脆弱文物产生不良影响。展厅的电源位置要合理、安全，使用更要妥当，避免电源方面出现安全隐患。在展厅设计展览时要避免文物、展柜等展览设施阻挡或阻碍消防设施，造成不必要的安全问题。

在文物展览陈列时，要注意采用安全稳妥的展柜、展具等设施、设备。对于展柜的选用要注意其稳固安全性，同时考虑其使用的便捷性。例如：有些新制作的木质展柜，时间稍长就会出现开裂、变形，且易燃，不适合作为长期展览的展柜使用，因此要慎用。在展览中使用的展台、展座等辅助设施，要注意其稳固程度及防火性能。展柜镶嵌的玻璃要牢固，同时贴附具有防紫外线和防爆的保护膜，减少有害光线对文物损坏，避免玻璃破碎的意外发生。

对于展厅的防火问题，也要引起我们的重点关注。通常博物馆建筑（展厅），均通过了消防局的安全验收。对于一些临时性展览和外展，防火问题常被我们忽视，但这方面仍需我们不断提高消防安全意识，加强安全防火工作。对于展厅日常性的防火检查是必要的，经常查找安全隐患，检查消防设施、设备和管道，对于过期、失效的消防设施、设备及时更换，确保防火安全。此外，一些展览建筑我们要加强建筑外部和室内装修隐患的查找，采用防火材料进行必要的展览装修，避免易燃装修物造成的火灾。对于合理设置电路，规范使用电器设备，科学使用电源，防止因电路、电器、电源发生问题而产生火灾也十分重要。展厅内还应避免或减少热光源的使用，避免因热光源照射造成的火灾，要设置必要的消防烟感报警设施，以便发生问题及时处置。最后，对于展厅内、外部的安全通道也不容忽视，保证消防通道的畅通，也是防火安全工作中的一项重要环节。

在展厅中应设置必要的警示、导引牌示或标志，避免意外发生。导引牌示的设置可以帮助参观人员顺畅的参观，避免拥堵造成触碰展柜或文物，确保人员参观和文物展览的安全。展柜玻璃或光线较暗处的警示标志，也可以起到避免碰撞展柜或文物情况的发生。此外，一些禁止烟火、禁止闪光等必要的牌示、标志仍能起到一定安全的作用。

对于文物展厅的防盗问题，仍然需要注视，采取必要的设备、设施和手段，特别是临时性文物展览和外展更应重视防盗工作。通常在文物展览陈列的展厅中要设置监控探头、红外对穿、双鉴、玻璃破损预警等安防、技防设施，同时要安排安保人员的巡逻检查和值班，对于封闭院落的展厅可以根据情况设置护卫犬看护，确保展厅文物的看护安全。文物展厅夜间值班人员要有责任心和高度的警觉，保持通讯和联动报警的畅通，起到文物的看护职责。

在文物展厅中防霉、防蛀、防潮、光照度及温、湿度控制的也尤为重要。在长期的展览中，一般都会有一些防霉、防蛀的药物使用来确保文物安全，临时性展览一般少有防霉、防蛀药物使用，但是希望在条件允许的情况下还是使用一些防霉、防蛀药为好，或在展览中尽可能使用一些防霉防蛀的展具材料，发挥一定的防霉、防蛀作用。对于文物展厅，一般都有空调系统来控制温、湿度，但是一些外展要责成展览单位重视温、湿度的控制问题，尽可能达到展览文物所需温、湿度环境条件，必要时可以适当采用蒸馏水杯或活性炭增、祛湿度。对于展览中的光照度问题，展览方要足够的重视，减少展览光源对书法、绘画、丝织品等文物的损害，要科学设置展览光源的光照度，采用专门的冷光源可控光照度的展览用灯，尽可能减少灯光照射文物的时间，确保此类文物展览的安全。书画、古籍等纸质文物及丝绢文物应在 25 ~ 50lux 的照度，竹、木、牙、漆等文物小于 150lux 的照度，金石、陶瓷等文物小于 300lux 的照度，光太强危害文物，太弱不利于观摩。

对于文物展厅应合理的规划参观人数，适时适度地进行室内通风，保证文物展厅内良好的空气质量是必要的。由于国内大多数博物馆已免费参观，参观人数大为增加，个别商业性文物展览也人流涌动，展览单位要认真规划、测算展览参观的合理人数和最大限制，严格控制参观人数，防止拥挤事件发生。此外，文物展厅大量参观人员呼出的污浊空气和文物展览装修产生的一些有害气体对展览的文物会有一定的威胁，因此适时适度的通风及改善展厅的空气质量是相当必要的，空气质量细微对文物的影响也是值得关注的。

对于文物布展时的操作安全，也是我们要注意加强的。在很多博物馆和文物单位中，都设有文物操作安全相关规范制度，对文物操作工作进行指导，这就要求我们文物工作人员在文物布展时，严格按照文物安全操作相关规范制度进行操作，做好文物包装、装箱、运输、搬移、拆装、布展、固定等环节工作，谨慎、认真的完成文物布展每一步骤工作。布展工作完成后，要再次检查展览中文物的稳固安全性，确保文物安全万无一失。

最后，在文物展览陈列安全问题上，我们要注意建立安全应急反应程序及预案。建立应急程序及预案时，要区分不同应急情况，制定具体的应急程序及预案，如：火灾、人群拥挤、地震、水灾、盗抢等。应急程序及预案要责任到人，应急步骤清楚合理，处置反应迅速，联系保持畅通。另外，要定期开展预案演习，检验应急程序及预案的可操作性和完备性，及时总结应急程序及预案的不足，加以修改和完善。应急程序及预案的建立是发生问题时，避免或减少文物损失的重要保证，因此它的建立不容忽视，要认真根据展览实地情况建立和落实，确保文物安全。

历史上制瓷工艺的创新

北京文物公司　郝培云

随着历史的发展和社会的进步，事物的发展总是伴随着发现、发展、创新而进步的。任何事物的出现都是由小到大，从无到有循序渐进地向前发展，都要经历创新、发展、改变、提高、完善的过程。每当历史发展到一个节点上，总会有一个新事物的诞生来弥补它的不足，解决一个又一个难点，而向新的高度挑战。它必将推动历史向前发展。如瓦特发明的蒸汽机吹响了工业革命的号角，使人类进入了蒸汽机的时代；一个苹果落地引出了物质万有引力的定律；电的发现和电动机的发明则使人类跨入了现代的文明社会。而制瓷工艺的不断创新则推动了瓷器的向前发展。

一　轮制法的发明使生产力得到提升

陶器制作的早期方法只有手捏法和盘筑法。其方法非常笨拙、落后，属于原始手工业。而轮制法的使用，是一次生产力的改造和提升，它不但减轻了工匠的负担，而且还带动和提高了工作效率，进而也就提高了产品质量，使烧出来的器物也就更加规整。

轮制法出现在仰韶文化的晚期。此时的轮制法还是慢轮制，属于轮制法的初创时期，运用的也不广泛。到了龙山文化晚期则出现了快轮制法，快轮的出现使得陶器制作工艺产生了一次较大的飞跃。快轮制陶的出现，是社会生产力发展水平提高的标志之一。

（一）轮轴机械制陶的起源和沿革

早在新石器时代晚期的河姆渡遗址出土了木板。而木板在当时起的作用，是将木板垫在陶泥的下面方便转动，这种制陶方法可以称为垫板制陶。是轮制法的前身。垫板制陶流行了很长时间。后来工匠们在长期的劳动、实践、摸索、创新中，终于在仰韶文化中期，创造出了慢轮制陶法，而又在龙山文化时代晚期，创造出快轮制陶法。此方法一经应用，便在黄河中游地区、黄河下游地区、长江中游地区和长江下游地区得到推广、迅速发展起来，尤其是山东龙山文化，呈现出快轮制陶技术的第一次高潮。而轮制技术也发展到了一定的高度。制作出的陶器重量极轻，胎薄如纸。反映出当时制陶高超的工艺水平。

（二）轮轴机械制陶的原理和意义

慢轮制陶的普及，提高了制陶手工业者的劳动生产效率。减少了工匠们的劳动强度。但是缺点是：只能在泥片筑成法或泥条筑成法的基础上进行加工、修坯成型，属于手制范畴，不可能将泥料直接拉坯成型，这说明慢轮装置还是具有它的原始性。

快轮制陶是由慢轮装置改进而发展起来的，是较先进的轮轴机械。快轮装置与慢轮装置较之具有优点是：操作方法简单，速度快、效率高、随意拉坯、优点显著、摩擦力小、惯性力大、旋转速度快等特点。快轮拉坯成型在很大程度上提高了制陶手工业的劳动生产率，让更多的劳动力从繁重的劳动中解放出来，是当时的社会生产力发展水平提高的标志之一。

二　高岭土的使用使瓷器的制作产生了飞跃

高岭土产于我国的江西省境内，因首先发现于景德镇以东 45 公里的高岭村而得名。高岭土呈白色，其矿物组成除高岭石外，还含有多量的石英和云母。其耐火温度约高达 1735℃。它土质洁白细腻，粘度高，是烧制瓷器的最好的原材料。我国是使用高岭土的烧制瓷器的最早国家。

元代景德镇的制瓷工艺取得了辉煌的成就。特别是高岭土作为制瓷原料的使用，是一个具有划时代的意义。据专家考证，高岭土作为制瓷原料大量引入瓷胎，最早发生于元代的景德镇。此前，景德镇制瓷业一直是采用单一的瓷石为原料。南宋以后，随着瓷石的逐渐减少，景德镇瓷业开始面临原料危机。元代景德镇瓷工发现了一种新的优质制瓷原料——高岭土，他们把高岭土与瓷石配合使用，发明了瓷石加高岭土的“二元配方”制胎法，使景德镇瓷业出现了柳暗花明的转机。由于高岭土耐火度高，在瓷胎中起到骨料的作用，从而提高了瓷胎的耐火度和可塑性，使大件瓷器的烧造成为可能，同时也减少了制品的变形率，也改善了瓷器的物理性能。景德镇瓷器从此由低火度的软质瓷变成了高火度的硬质瓷，高岭土的发现与使用，给景德镇制瓷原料的开发和瓷业生产的持续发展带来了新的生机，为后来元、明、清三个历史时期瓷器的巨大的发展，提供了一种重要的制瓷原料。

高岭土的使用是我国乃至世界制瓷史上的一次重大革命。它完成了中国陶瓷历史上一个巨大的质的飞跃，可以说高岭土用作瓷器制胎原料是世界瓷业史上的重大变革。它导致了瓷石加高岭土的二元配方制胎法的出现，二元配方的使用极大地提高了景德镇瓷器的质量。并给景德镇制瓷业带来了一系列的重大变化。使景德镇真正走上了瓷都这个特殊的位置。

三　釉的发明是瓷器的本性的一大特征

（一）釉的发现与发明

釉的发明不是偶然的，它的发明是源于釉的现象发现。我国商周时期，南方盛产印纹硬陶。一次偶然的机会陶工们在烧制印纹硬陶时发现出窑的印纹硬陶器皿的口沿和肩部上，有一层类似玻璃体的光泽，经过多次观察，窑工们认为这层类似玻璃体的光泽是窑中燃料燃烧后的落灰所造成的。而商周时期烧造陶器的燃料是草木，那落灰自然就是草木灰了。草木灰中主要含有氧化钙，氧化钙与硬陶坯体表层的石英、长石等成分作用，把石英长石（主要玻璃原料）溶解熔化形成了玻璃体，这就自然所形成的釉。根据此原理，陶工们便把燃烧过的草木灰收集起来用水搅拌成浆状，用手或毛刷等工具把草木灰浆涂抹在器皿上入窑烧造。从此“釉”就诞生了。我们把这种刚诞生的“原始瓷”上面的“釉”称之为“原始釉”或称之为“灰釉”。“灰釉”这种高温釉的发明是瓷器发明的重要条件。至今景德镇还流传着一句：“无灰不成釉”的说法。

（二）釉的发明的意义

一般釉的厚度只有坯体厚度的1%～3%，好像是瓷器的外衣，但经过窑火焙烧后，就紧紧附着在瓷胎上，使瓷器致密化、光泽柔和，不透水、不透气，给人以明亮如镜的感觉。同时可以提高使用强度，起到防止污染便于清洗，同时还起到了美观等作用。

在中国陶瓷史上，釉的发明和应用应该具有划时代的伟大意义，是人类长期从事陶器生产实践的结果。到了宋代将其改进为石灰碱釉，使其黏性增加了，釉层也变厚了，明显地提高了瓷釉的艺术效果。

（三）石灰碱釉的出现，使得龙泉釉更加璀璨

龙泉窑是一个历史久长，影响深远的窑系。它有着一千五百多年的历史而闻名海内外。尤其是宋代龙泉窑的产品，其釉面厚润细腻，光泽柔和，釉色青翠，右手触摸有玉的感觉。其中釉色滋润的粉青和翠绿如玉的梅子青釉的成功烧造，是我国青瓷史上的一项成功的杰作。此时期被认为是龙泉窑的鼎盛时期，从而奠定了成为宋代名窑的基础。宋代龙泉窑青瓷以釉色美而著称，特别讲究青釉的色调、质感。追求湿润滋厚，翠玉一般的艺术效果。为了弄清这个问题，从20世纪50年代始，专家们就对历代龙泉青瓷进行全面、系统的挖掘和研究，并利用了科学手段全面地进行科学测试和分析，取得了新的收获。学术界认为龙泉青瓷釉大体分为石灰釉与石灰碱釉两种。属于石灰釉的青瓷釉特性是高温粘度比较小，烧成中易于流釉，釉层比较薄，光泽较强，南宋前多属此类釉。而属于石灰碱釉的青瓷釉在高温中粘度大，不易流釉，釉层丰满滋润。南宋、元、明龙泉青瓷属于此类。而粉青釉、梅子青釉则是石灰碱釉的典型代表。石灰碱釉的发明与运用，对青瓷来说是一个创造性的巨大进步。

四　化妆土的出现丰富了原材料的选择的范围

化妆土是一种含氧化铁较低的白色瓷土装饰原料，经过人工认真淘洗加工

后，将其均匀地涂抹在胎体的表面，填充胎坯表面上小孔、凹坑及其他的一些瑕疵。使得原来比较粗糙的坏体表面光洁平整，质地细腻，呈奶白色。将原先较暗的灰色、深紫色的胎质得到巧妙地覆盖，弥补了胎体颜色不统一的缺陷，使用过化妆土的器物烧成后釉面显得光滑包满、滋润浑厚、釉层外观美丽光亮且颜色统一。大大地提升了产品的质量，增加了器物的美感。为坯料的选择开辟了一条新路。化妆土的出现，既为原料的选择扩大了范围，也为提高瓷器的质量，制瓷业普及和发展，起到了推进作用。

化妆土的使用是何时出现的？有人认为可能出现在隋唐时代，有人认为是晋代。化妆土作为一种装饰原料到唐代一直继续使用着，化妆土的发明和使用是西晋婺州窑工匠在制瓷工艺上的一项创新。冯先铭先生称之为“是一项很有意义的创造”。由于它的工艺先进，而且实用性较强被全国各地窑场广泛推广和采用。

例如：婺州窑是用当地的胎土来烧制瓷器，因含铁量高，烧成后胎色深灰或深紫，色彩会发暗。用了化妆土后再施青釉，最后烧造出了漂亮的青色；浙江的窑德清窑，因其胎土红色，烧成后胎成灰色或紫色，直接影响青釉的呈色，因此在胎外面施奶白色化妆土，烧后使之色正；唐代耀州窑的胎骨有黑胎与白胎，黑胎往往施白色化妆土；唐代邢窑有两种胎骨，一种细净的白胎，另一种是灰黄胎，前者往往做高档品，不用化妆土；而后者必须施化妆土。唐代长沙窑在陶瓷史上贡献很大，发明了釉下彩，使得陶瓷装饰进入一个新的境界，但长沙窑胎骨色泽较差，灰白或土黄，如果不施化妆土，装饰效果明显受影响，所以在制胎后，施化妆土然后再进行彩绘等等。

除上面所述的之外，也有利用化妆土来装点图案的，最有代表性的是宋代磁州窑。它的白釉划花的工艺是这样的，施化妆土后划花，露出灰褐色胎骨，这样形成了白釉地灰褐色花纹的效果。白釉剔花的方法也相似。白釉釉下黑彩划花工艺稍微复杂一些，是在覆盖白色化妆土上施黑彩，然后根据图案剔去黑彩露出白色化妆土。有的工艺更复杂一些，连第二层化妆土也剔划掉，露出深色胎骨，这样就形成三个层次：黑（纹饰）、白（化妆土）、灰（胎骨），立体效果变化丰富，艺术性十分突出。

人类社会总是在不断地发现、创造、发明的道路上前进，任何事物的出现都有它的意义。无论大小、强弱都会对社会的前进、发展起着作用。轮制法、釉的发明、高岭土的运用、化妆土的发明皆是陶瓷发展过程中一个又一个的里程碑。每一项的发明都推动了中国陶瓷史的向前发展。

浅谈以文物建筑物为馆舍的中小型博物馆在利用古建筑中遇到的安全问题

北京宣南文化博物馆　温思琦

中国是四大文明古国之一，而最能体现中国各个历史时期文明的标志就是古建筑。时至今日古建筑经过千百年的岁月有些仍为人所使用，一些使用和保管单位也不再是简单的管理这些古建筑而是利用它们建成了各类博物馆，这类博物馆中有些规模相对较小，加上古建自身形制的限制使得这些以文物建筑物为馆舍的中小型博物馆各类安全服务设施都不如大馆和新建馆舍完善，因此在利用古建筑的时候会遇到诸多安全问题。这里所谈到的安全问题不仅包括文物建筑物自身的安全问题，同时还包括身在其中的人所遇到的安全问题。本篇论文将以北京市级文物保护单位——长椿寺（北京宣南文化博物馆）为例谈一下以文物建筑物为馆舍的中小型博物馆在利用自身文物建筑过程中遇到的几个主要的安全问题。

一　以木结构为主的文物建筑物所面临的火灾隐患

古建筑在漫长的岁月当中会经历各种自然或人为的破坏，自然破坏包括风雨侵蚀、地震、雷电引起的火灾等；人为破坏包括拆毁、改造、失火等，这里主要谈一下火灾对于古建筑的破坏。古建火灾主要包括雷击引起的火灾、用火用电不当等人为因素引起的火灾、各种可燃物引发的火灾等类型，它是威胁我国古建筑安全的最大隐患。

我国古建筑不论是皇家庭院、寺庙庵堂还是商铺民居，其主要构件如梁、柱、椽、门窗等多为木结构。木材是易燃物，耐火性极差，易造成古建筑发生火灾。加之我国古建筑一般多属建筑群，建筑大部分毗连建造，建筑与建筑间空间狭小，易引发火灾，但是只要保管单位能够采取科学的保护措施是可以遏制火灾的发生的。北京宣南文化博物馆坐落在市级文物保护单位长椿寺南院内，长椿寺是一座始建于明万历年间的佛教庙宇，其主体建筑坐落在南院当中，自东向西分别为天王殿、大雄宝殿和藏经阁，南北两侧配殿建筑毗连。正是由于这种形制造成一旦一殿着火会波及相邻建筑使火势加大，给灭火带来困难，如果救火不及时极有可能使整座庙宇化为一片灰烬。针对火灾这一安全隐患北京宣南文化博物馆制定了一系列安全措施确保文物建筑物不受火灾破坏。北京属于温带季风气候，春秋天气干燥、夏季多雷阵雨，这种气候特征易使木材这种可燃物质发生燃烧从而引发火灾。根据北京的气候特点和木结构的特殊性，北京宣南文化博物馆于 2009 年将长椿寺控制地带范围内建筑全部安装上避雷针。避雷针的安装确保了古建筑在雷雨季节免受雷击，导致火灾的发生，保证文物建筑物的安全，切实从根源处杜绝火灾的发生。

长椿寺是市级文物保护单位，院内禁止使用明火也禁止堆放易燃物，然而有些游客在参观过程中不自觉地抽烟并将抽剩的烟头随手扔在地上，若烟头点燃附近的可燃物极有可能会引起火灾。根据这一点，博物馆在院内明显位置摆放“文物保护单位请勿吸烟”的提示牌提醒参观游客，工作人员一旦发现有人吸烟也会及时的前去制止。在办公室内，工作人员也禁止同时使用多种大功率电器，每天下班时要将所有电源开关关闭，确保从源头把好用电关，避免人为因素引起火灾造成不必要的损失和破坏。

有些中小型博物馆没有配备足够的消防设施，导致有些小火灾没能得到及时的发现和很好的控制，最终导致发展成破坏力强大的大火灾。为了避免此种情况的发生，北京宣南文化博物馆在展厅及院内安放消防器材，2009 年新增灭火器 14 个、消火栓 3 个，使全院灭火器数量达到 60 个，遍布院中各个角落。保证发现火情后可以将小型起火立即扑灭；一旦火势加大，在消防车没有到达现场的时候馆内工作人员可以先进行自救，避免更大的损失。在配备灭火器的同时还在每个展厅内安装了烟感报警器，能够及时发现火情。2008 年博物馆将中控室扩大到近原有的两倍，每天 24 小时专人监控，监控人员一旦发现安全隐患能够及时汇报处理。为了配合监控人员确保院内防范无死角，工作人员每天还不定时在展厅及院内进行整体巡视，很好地做到人防与技防的结合，确保馆内没有引发火灾的安全隐患存在。针对工作实际和每名工作人员的职责，博物馆还设立了包括处理火灾在内的各种应急预案，并且不定期举行消防安全演练和培训。通过演练让全体工作人员能够熟悉在火灾发生时自己的职责及具体所处位置，从思想上高度重视火灾所造成的危害性，避免造成国家财产的损失和人员的伤亡。

以古建为馆舍的中小型博物馆在设置消防设施时会存在一些不足，有的这类博物馆因为形制没有设置供消防车出入的安全通道，导致一旦发生火灾消防车辆不能进入馆内，延误最佳灭火时机，加大了损失。北京宣南文化博物馆在建馆初期就非常重视火灾所引起的安全问题和消防通道在灭火中所起到的重要作用，因此在筹备建立过程中就在院内设置了三个安全通道，一旦发生突发事故，可以供馆内人员进行快速疏散，其中位于前院南侧的消防通道可供消防车方便进入。博物馆还在该消防通道上安装摄像头进行监控，保证该通道不被社会车辆和人员占用，避免发生火灾后消防车不能进入火灾现场进行扑救延误救火时机。

二　古建筑形制给游客参观带来的安全问题

2002 年，宣武区政府制定了《宣武区古都风貌保护规划要点》，根据该要点宣武区政府保护、修缮了长椿寺等一批文物保护单位及其周边环境。长椿寺采用修旧如旧政策，在修缮过程中虽保护和恢复了历史原貌，但同时也带来了一些安全问题。

古建筑每座殿前大门处都会加一道门槛，在封建王朝门槛是身份、地位的象征，因此门槛越高代表主人身份就越尊贵，但当这些古建筑作为对外开放单位后越高的门槛就会带来越大的安全问题。据测量长椿寺山门处门槛高 25 厘米，这道门槛对于普通人来说轻迈一步就可跨过，但对行动不便或者坐轮椅的人来说就有些困难了，这些人在跨门槛的过程中可能会由于重心不稳摔倒，给他们造成身体上的伤害。为了能够更好地发挥北京宣南文化博物馆爱国主义教育基地和红色教育基地的作用，也为了让更多的人能够进入博物馆了解宣南文化，本着以人为本的理念，当看到有行动不便的残疾人或老人想进入博物馆参观时，工作人员就会马上打开供消防车辆进入的南侧安全通道，让他们能够方便地将轮椅推进博物馆。此举不光为行动不便的人提供了方便同时还使消防通道得到了合理地利用，使其在平常不进入消防车的时候成为了博物馆的一个无障碍通道，这一做法正是北京宣南文化博物馆工作人员切实践行以人为本的理念的具体体现。

以文物建筑物为馆舍的中小型博物馆在设置无障碍坡道时也存在许多天然上的不足，会给游客参观带来一些安全问题。以北京宣南文化博物馆宣南士乡展厅门前坡道作为实例，士乡展厅位于长椿寺南配殿最东端，其北侧为天王殿（悠悠宣南展厅），士乡展厅门前台阶垂直高度约为 80 厘米，根据《城市道路和建筑物无障碍设计规范》对于无障碍坡道坡度的要求，通过计算可以得到无障碍坡道应达到 13 米左右，但该展厅台阶距天王殿外墙仅为 8 米多。为了不占用行人过道，加之本身形制的限制，导致在实际当中展厅门前的坡道坡度很陡，轮椅很难被推上坡道，即使将轮椅推上坡道由于坡度太陡很可能让轮椅发生倾翻和下滑，给坐在轮椅上的游客和在后面的人造成伤害。这个问题是许多这类博物馆普遍会遇到的难题，亟待科学的方法解决。

三　古建地面带来的安全问题

我国以文物建筑物为馆舍的中小型博物馆大部分为单层建筑，地面直接与地表接触，不可避免地会受到地下水的影响，被地下水浸染后古建地面会出现反潮现象，院中的潮气会随着蒸发挥发到大气当中，而留存在建筑内部的潮气在屋内逐渐上升后会弥漫到整个建筑当中，使展厅处于一种潮湿的状态。在我国博物馆界普遍认同博物馆是通过征集收藏文物、标本，进行科学研究，举办陈列展览，传播历史和科学文化知识，对人民群众进行爱国主义教育和社会主义教育的机构这一说法。因此只要是博物馆就一定会展出与自己定位相符的文物藏品。对文物藏品中的书画、铜器、竹木牙角等类文物来说，潮湿是他们的最大天敌，书画遇潮后，虫、菌会蔓延感染整幅作品；铜器在潮湿条件下会生出有害锈，蔓延速度极快，发展起来会使器物溃烂或穿孔；竹木牙角类受潮会逐渐朽烂。为了应对潮湿给文物藏品带来的危害，一些较大型的博物馆都会在展柜或展厅中安放恒湿恒温设备并且根据所处环境自动调节适宜的湿度和温度，确保文物处在最佳的保存环境。但相对于这些大馆来说，中小型博物馆不论在资金上还是技术上都与之存在很大差距，因此在保管文物藏品方面遇到很大的困难。以长椿寺为例，博物馆各展厅及展柜中并没有控制恒湿恒温的设备，但为了能够缓解展厅内的潮湿问题，达到一定的排湿效果，博物馆在每个展厅都安装上了排风扇，每天对展厅进行通风换气，但是这种方法的效果并不是很显著，在今后的工作中博物馆全体工作人员需要寻找更加科学的方法防止潮气对文物藏品的损害。

我国古建筑墙体、地面及屋顶多为砖石结构。前面提到古建地面与地表直接接触，易受地下水影响。地面常年受地下水浸泡加之走地下管道易造成地基下沉、地面下陷；古建筑地面受到人为的碰、砸也很容易造成地面砖的残损；风吹、日晒、雨淋使地面砖易发生酥碱、碎裂、湿滑等现象。这些残损不光损毁了古建筑也给参观者带来不便，尤其雨雪天后地面湿滑，容易造成游客摔伤。为了避免游客摔伤事件的发生，北京宣南文化博物馆在雨天和雪天都会及时向馆内游客播放提示广播，提醒游客在雨雪天气参观时注意脚下安全，通过此法尽可能避免游客摔伤。一旦下雨、下雪工作人员还会在每个展厅台阶前铺上地毯，防止游客上下台阶的时候摔伤，此举也是工作人员坚持以人为本理念的体现。

以文物建筑物为馆舍的中小型博物馆虽然在利用古建筑时存在诸多不利因素，但是通过寻找适合自身发展的方法就可以在利用时相应减少对古建的破坏程度和对身在其中的人的伤害。作为文物工作者我们有责任而且必须将文物建筑物保护好并继续传承下去，因为它们见证了中华民族悠久的历史，是祖先留给我们后人的宝贵的文化遗产和精神财富。

浅谈博物馆数字化建设

——以新疆维吾尔自治区博物馆为例

新疆维吾尔自治区博物馆　牟新慧

当代世界博物馆的发展趋势表明，现代博物馆不仅仅是收藏、展示、研究机构，而是应该成为面向社会、服务于公众的文化教育机构和信息资料咨询机构。博物馆作为社会文化的特殊载体，充分利用现代信息技术整合文物文化资源，最大限度地发挥社会服务职能，是博物馆顺应时代潮流，拓展博物馆社会化的内涵与外延的必然举措。

博物馆数字化，即以数字形式对博物馆的收藏、展览、科研、宣传、管理等各方面的信息进行存贮、处理，是综合利用计算机技术、通讯技术、微电子技术等高新技术的信息管理系统①。博物馆数字化，对于单个博物馆来说，是指利用数字化手段，实现藏品保存、陈列展示、科学研究和社会教育等功能，构筑虚拟世界的博物馆文化信息资源集中地②。博物馆的数字化建设主要着重点在于利用数字化技术、现代通讯技术和网络技术等，收集、整理、保存、加工、展示、研究各类文物的信息；运用现代计算机技术科学地管理信息并通过互联网在全球范围内广泛地传播信息；建立数字化博物馆（虚拟博物馆），以利于科学管理和加强学术交流。近几年，新疆维吾尔自治区博物馆逐步开始数字化建设，其中以文物藏品的信息化建设、展馆陈列的数字化、博物馆网站的建设、数字博物馆建设、博物馆官方微博的建设等方面为主。

① 李文昌：《试论博物馆信息化》，《北京博物馆学会第三届学术会议文集》，北京燕山出版社2001年版。

② 郑津春：《对博物馆数字化建设的思考》，《天津科技》2006年第4期。

一　文物藏品的信息化建设

文物藏品的信息化建设是博物馆数字化建设中的重点，文物藏品数据库的建设是信息化建设的重要内容之一，文物藏品信息化要做好各方面准备工作，确保文物信息真实、准确、完整，充分实现建立文物藏品信息化数据库的价值和意义。文物藏品数据库的建立，是博物馆信息化、规范化、标准化建设的基础。博物馆藏品保管是纷繁复杂的工作，主要的信息化处理就在于对藏品的检索和统计实现高效化和安全化，加快博物馆运作效率，提高藏品保管的有效和安全性，为博物馆和藏品进一步对社会开放创造条件，精确和及时地为相关研究机构或人员提供所需的有关藏品的总数量、库存、陈列、借调等各类统计数字。新疆维吾尔自治区博物馆藏品数据库建设分为以下几个阶段进行。

（一）文物藏品信息采集

信息采集阶段是藏品数据库建设工作中最艰巨的工作，最基础的工作，也是长期的、枯燥的过程。在文物调查项目和藏品数据库建设项目中要求藏品信息采集包含三个方面：文字信息、图片信息及视频信息的采集。在藏品数据库建立的初期，以藏品的文字信息和图片信息最为基本，随着数据库的逐渐完善，可以逐渐增加视频资料。

1. 文字资料

全面确定文物调查各类指标项是获取完整规范文物信息的前提保障。按照要求，规范开展文物调查时文物信息数据库建设的核心工作。按照馆藏珍贵文物数据采集指标项的内容以及相应的著录规则，规范藏品各项信息。为规范采集程序，我馆及时组织培训，规范采集程序。在具体工作中，根据文物藏品档案和资料整理藏品信息，采用手工录入藏品信息的方式，做好藏品基本信息登记，对不完整、不准确信息进行求证、完善，形成完善的信息资料。组织抽调一批人员进行合理的分工，根据每个人的工作岗位合理分配职责。

2. 图片资料

图片采集是文物调查采集工作的重要内容。按照标准要求，采集图片并合成进入数据库是信息化工作的重要组成部分。我馆根据本馆自身的特点和馆藏文物的具体情况，组织成立了两个摄影小组进行文物图片资料的采集，保证了图片采集的进度、与质量。

（二）数据录入

将文物藏品信息采集完毕并经过核对后，数据库建设工作进入第二个阶段，藏品信息数据的录入。由于文物藏品数量巨大，录入工作相当繁重。此阶段要合理搭配人员，确定职责，明确分工。为了保证藏品数据录入的准确性，我馆分配专门的人员进行初步的信息录入，之后，再由其他人员对数据进行校对和审核，校对正确后保存信息。最后，将图片与文字信息合成，形成完整的藏品信息情况。博物馆藏品管理系统中的关键环节就是信息的采集，信息采集的准确性、完整性，直接影响着整个藏品数据库建设的质量。

（三）应用测试阶段

将藏品的信息、图片资料录入到藏品管理系统之后，通过检索文物基本信息、图片等项目以检测藏品管理系统是否可以正常运转，通过测试及时发现数据库中文物信息不全、不准确、照片缺乏等现象，以及时补充和更正信息。在应用测试阶段结束后，数据库还需要不断地补充和完善，做到及时补充、完善。

博物馆在应用数据库管理软件过程中要与实际业务工作流程相融合，从而达到分工合理，衔接紧密、写作流畅，才能更好地开展各项工作。建立一个规范、有序、标准化的文物信息资源库，是博物馆信息化建设的首要任务。通过建立藏品信息数据库，不仅可以使文物账目清楚、详明，还可以很好地解决收藏与利用的矛盾。

二　数字化陈列

随着博物馆的发展及科学技术的日益发展，展馆陈列的信息化也在不断地更新与发展。在展馆的信息展示中，可根据观众参观停留时间、感兴趣的内容等综合考虑，通过视频、照片及文字的适当编排设置不同栏目，开发制作多媒体系统。我馆在2005年新馆建成之初就开始在展馆使用了多媒体展示及互动。观众可通过触摸屏检索以了解自己感兴趣的信息。2010年新增设的展览“永远和祖国在一起”中使用了大量的多媒体科技技术。设立的“电子翻书”，投影机将画面投影到一本书的模型上，观众能看到一本书打开的样子，当观众伸手做出翻书的动作时，会惊喜地发现这本虚拟图书竟然真的可以翻页，展示栩栩如生的动态翻页效果并伴有音效。电子书中生动地展示了古代各个时期的西域地图及简明的新疆历史及相关展示的文物。通过多点触摸互动投影实现了同一显示界面上完成多点或多用户的交互操作，还能实现在没有传统输入设备下肢体与投影画面中的内容进行人机交互操作。此外，展览中还应用了虚拟仿真幻影成像，系统利用光学成像原理，运用三维动画、虚拟现实等先进技术，实现观众自主式漫游，再现了“张骞出使西域”的场景，适合青少年观众了解、学习此段历史。2011年我馆举办的“故宫博物院清代新疆珍藏展”中也大规模使用了多媒体技术。其中立面多媒体互动投影展示吸引了观众的目光，并获得观众的好评。立面多媒体互动投影实现用手指或其他自然物品在投影屏幕上的触摸选择，打开界面、转换画面、信息查询等控制功能。多媒体互动投影展示系统不仅具有屏幕大，画面细致柔和，色彩艳丽逼真的表现特点，其特有的触摸选择、查询功能，令用户能够更加便捷深入的了解所需信息内容。用户只需在投影幕表面玻璃上触摸和点击，就能控制计算机，带给用户一种神秘和魔术般的感觉。实现了个性化的传递方式，使用户成为信息的主动查询者，而不是被动接受者，宣传的针对性更强，效果更为显著，同时吸引了更多受众群体的目光。从而产生互动的宣传形态。提高宣传形象，加深用户信息接受印象。

这些具体的数字化服务都给我们的陈列宣传教育工作带来了便利，更多的观众可以通过高科技技术感受藏品的魅力，且比传统的展览更立体，更全部，拉近了观众与博物馆藏品的距离，也让他们更深入地学习了关于藏品的知识，对于藏品文化的宣传与传播有更好的效果。

三　博物馆网站的建设

博物馆网络化建设对于博物馆发展的重要性，网络化建设是博物馆数字化建设中十分重要的一环节。博物馆的网站建设是博物馆数字化工程中最简便易行、可操作性最强、见效最快的方法。博物馆网站是博物馆数字遗产传输展示的窗口。互联网上的藏品信息，观众可以不受时间和空间的限制，随时浏览网上博物馆的信息，这使博物馆在信息展示上可以更全面，涉及博物馆各个方面的信息。在网络上发布博物馆专题陈列和临时陈列的内容以及将博物馆库房中的文物藏品情况制成数字化信息（虚拟藏品），借此可以扩大博物馆藏品陈列范围，增加陈列内容，增强陈列效果；同时可以采用虚拟现实、三维空间、图像、声音、超文本链接等多媒体化的方式，将藏品进行网上陈列。这样可以弥补藏品的实体陈列因受多种因素限制而不能经常展览的缺陷。目前，国内的博物馆多数都建立了自己的网站。我馆开设了自己的网站。在网站中展示的藏品有信息介绍，同时配以详细的文字说明，附大量照片。为更好地实现文化交流，增设了本馆历年所出版的各种图书资料等，并建立了数字博物馆。网站的建设使受众通过网络传播快、从而获得更多的藏品信息。此外，网站建好后，还需随着博物馆信息的更新而不断更新，网站管理人员应该配合受众进行网站信息的实时交流。

四　数字（虚拟）博物馆的建设

实现博物馆的网络化是建设现代数字博物馆，即虚拟博物馆的基础；利用博物馆的数字化信息将实体博物馆与数字博物馆结合起来，共同使博物馆的基本职能得以实现。

建立数字博物馆（或称虚拟博物馆）可以运用电子计算机合成文物图像显示在国内、国际互联网上，向公众直接展示其网络形象。数字博物馆充分利用了博物馆的资源优势，跨越了传统的建筑藩篱，没有了空间和数量上的限制，是博物馆在形态方面的又一次重大突破，成为人文与现代科技相结合的一个良好范例①。

博物馆的藏品陈列由于受到资金、展室等条件的限制，能真正进行展览的

---

① 黄豫民：《博物馆信息化建设小议》，《科技信息》2008 年第 18 期。

藏品占总藏品数量的比例还是比较小，大部分藏品闲置在库房里。因此，博物馆藏品陈列的数字化建设克将藏品数据库中的藏品利用多媒体技术进行网络上虚拟的陈列，三维空间的图像与声音相结合，在数字（虚拟）博物馆中通过网络进行展示。通过网络建立的数字（虚拟）博物馆上模拟的实体博物馆展馆的陈列，可以使更多的人了解藏品。数字博物馆在视觉艺术上有外景、大堂、等陈列室的全景三维互动展示，还有以文博专题片为核心内容的视频点播节目以及相关的绘画技法的三维展示，人们可以足不出户就领略到比身临其境更加全面的视觉享受，这种特殊的展览语言比吃饭、旅游更具有实际效果，也更为人们尤其是年轻人所接受。

目前，我馆的数字博物馆已建设成立了实体展馆、汉代展馆、唐代展馆、民俗展馆、文字展馆、俑类展馆、文字展馆和钱币展馆，其中除实体展馆外，其他展馆均为模拟展馆。专题展馆是我馆数字博物馆中的一大特色，其分门别类地对藏品进行了分类和集中，既突出了新疆出土文物的特点，也方便了受众自主选择自己感兴趣的藏品进行有目的的浏览。数字博物馆中展示的每件藏品都配有详细的文字说明和清晰的照片，精品文物还配有中国特色音乐衬托的语音解说。对藏品照片使用了放大镜等特效，通过360°的角度展示藏品。用户可以按照自己的意愿以任意角度、尺寸去查看虚拟文物、文物造型、纹理等，能充分反映文物的原貌。精品文物不仅配有图文简介，还有相关的视频。数字博物馆不仅有展示功能，同时要突出它的宣传功能，我馆在藏品视频展示中增加了宣传视频，以宣传同时期我馆的举办的各种流动展览，扩大流动博物馆的宣传力度和广度。

五　博物馆微博建设

随着网络的发展，新疆博物馆不仅建立了自己的网站和数字博物馆，还充分利用了网络评论这一平台，充分展示了馆藏文物及博物馆的各种动态等信息。随着这几年的微博热，越来越多的人在网络上开设微博，新疆博物馆也紧跟时代的步伐，于2011年开设了新浪和腾讯的博物馆官方微博的中文版和有维文版。微博中充分体现了网络更新的速度与影响力。2011年中秋节时，我馆微博中展示馆藏的“唐代月饼”等点心，春节时展示馆藏的“饺子”、“春卷”，元宵节时展示了“杂技俑”和“舞狮俑”等文物，以配合节日的气氛。通过这种切合生活的展示，新疆博物馆的微博受到越来越多的关注。作为一种宣传、舆论手段，微博需要不断地更新与发展。

总之，随着现代博物馆数字化建设的不断深化，博物馆的数字化建设要根据数字化建设目标和博物馆的实际，制定统一建设规划和框架，统筹利用硬件资源、技术资源、信息资源和人才资源，将现代科技中的数字信息技术发展的需要，迎接信息技术对博物馆的挑战，促进现代博物馆不断向前发展。

参考文献

[1] 梅杉：《关于博物馆藏品的信息化建设的探讨》，《重庆邮电大学学报》（社会科学版）2007 年第 1 期。

[2] 王裕昌：《博物馆信息化建设的理性思考》，《甘肃科技》2004 年第 10 期。

[3] 秦新华 ：《关于博物馆信息化建设的思考》，《文物世界》2009 年第 3 期。

[4] 祝敬国：《中国博物馆数字化建设概述》，《回顾与展望：中国博物馆发展百年——2005 年中国博物馆学会学术研讨会文集》，紫禁城出版社 2005 年版。

藏品动态信息数字化管理初探

四川博物馆　彭代群　张丽华　司　锐

藏品是博物馆开展一切业务活动的物质基础，为了准确鉴别藏品的价值，确保藏品的安全，充分发挥藏品的作用，必须对藏品进行科学管理。博物馆藏品管理有一套完整的工作程序和方法，包括接收、鉴选、分类、定级、登账、编目、建档、入库、保管、提用、注销、统计等项任务和内容，这是一个动态的管理过程。

藏品信息的管理是一个完整的、连续的工作流程，除藏品基础信息之外，还包括藏品收集、保管、利用过程的动态信息。忽略藏品动态信息的变化性、连续性和完整性，不及时对藏品信息更新，就不能全面反映藏品的真实状态。藏品动态信息管理要追踪与藏品保管相关的全过程及其每个重要的变化细节，对与文物相关的事件、结果及反馈信息要如实记载，这样才能及时、准确地掌握动向，适时做出相应的决策或修正决策。

在动态信息管理过程中如何引进计算机、网络技术综合各个业务流程的数据信息，实现对藏品进行动态管理控制，是当代博物馆业必须面临的课题，本文尝试以四川博物院自主开发文物动态管理软件为例探索动态信息的数字化管理的现实意义。

一　文物动态管理现状

2011 年 6 月，国家文物局“文物调查及数据库管理系统建设项目”在全国范围内结束。四川博物院也于 2010 年完成了馆藏数万件珍贵文物的数据采集工作，将文物的基本信息纳入了数据库。由于现有的馆藏文物信息管理系统只能记录文物的基本信息，如总登记号、文物名称、文物质地、文物形态特征、文物完残情况等等，这些藏品信息登录、信息查询的简单功能，尚停留在静态管理上，缺少动态管理环节，不能记录文物所发生的“动作”信息，如文物借展信息、文物接收信息、文物撤展信息、文物归还信息等反映藏品流程管理的数据。

目前，我院根据文物出、入特性，动态管理仍然按照出、入两条线。出库有外展借出，临时性出库（如文物出库鉴赏、文物修复出库等）以及暂存文物的出库。入库分为展览归库（包括外展归库和馆内陈列归库），征集文物入库（包括捐赠、购买和采集），暂存文物。暂存文物分为两种：一种暂存后归还物主；一种暂存待征集，条件成熟转总登记入藏。由于没有现成的软件可用，我们设计了多达10余种的各种信息表格，如《文物出库归库凭单》，《文物藏品、资料入库凭单》，《文物接收凭证》，《物品寄存及提取凭单》，《藏品图片资料拷贝申请表》，《藏品外展出库归库清单》，《已征集（捐赠）文物汇总表》，《已征集（购买）文物汇总表》，《暂寄存文物动态表》，《馆内文物动态表》，《外展文物动态表》等等，将这些繁琐的文物动态信息录入到word、excel等办公软件中保存。因为存在文物办理接收手续后不同状态的流转，一件藏品的动态信息非常的繁多，因设置条件的不同，由此派生出一个繁杂的表系。即便这样同一件文物的流转以及相关信息还不能清晰反映出来。经过近几年的信息累计，这些表格数据越来越庞大，往往到了年底总结时，需要工作人员在这10余种表格信息中反复的比对、查询，才能得出对应的统计数据。但因为各环节是人工统计、查询，不能确保无漏计、重计，管理功能欠缺。

国家文物信息中心在尝试开发藏品综合性管理软件，我院曾派人前往学习，由于该软件也仅仅处于试验性阶段，开发人员缺乏馆藏文物管理经验，从其目前完成的成品来看，涉及范围涵盖面大，但具体操作起来，每个环节的实用性有待检验，特别是该系统的统计报表模块功能不够强大，操作过于复杂，不利于数据表格的导出，导出内容容易出现错误，不能应付报表的设计。另一方面，该系统上传照片模块设计不够合理，相机所拍摄出来的照片不能直接导入上传，同时上传照片的像素必须在4000×4000以下。删除上传的照片后，照片序列号不会重新计算等等。这种软件设计上的缺陷直接导致实际工作的不便。

经过调查，全国多家软件开发公司都开发有针对博物馆藏品管理的软件，但他们都缺乏对文物管理流程的了解，缺少藏品管理知识，所以设计出来的产品在使用中都不能完全满足藏品管理工作的需求。

二 整合资源，研发文物动态管理软件

随着文物征集工作、各馆际间日益频繁的文物交流活动以及库房对外寄存等业务工作的全面开展，文物及库房工作动态的数字化管理被提上日程。四川博物院典藏部总登记组在使用国家文物局馆藏文物信息登录系统的基础上，结合市面上其他领域管理软件模式，以文物资料进出库流程管理为核心，结合藏品管理工作实际，尝试研发"藏品动态信息管理软件系统"来记录管理繁琐的文物动态信息。

自2009年7月起，四川博物院成立专门的文物数据库建设小组，使用国家文物局的馆藏文物信息管理系统 V1.2 进行数据库建设及管理工作。目前建有珍贵文物数据库作为基础数据保存、查询的有利平台。利用该登记录入管理系统，可导出藏品基本信息（包括总登记号、完残情况、形态特征、藏品图片、藏品方位等），作为动态管理系统的基础数据。

研发小组由博物院业务副院长直接领导，打破了各部门间的壁垒，实现了资源的有效整合、利用，充分调动文物保护、管理、科研、展览、宣传教育等各业务部门的参与。研发项目成员均为具有多年文物管理经验的中高级职称专业人员和既熟悉 java 语言编程又熟悉文物管理日常流程的计算机专业设计人员组成。项目小组中有多位熟悉业务流程的同事参与制定、划分具有较高的科学性及实用性的数据指标，采用螺旋形的开发模式，开发一点总结一点修改一点，步步为营，尽量将所有考虑的需求都进行整合，并在研发期间做需求调研，广泛采纳意见。结合各部门管理的经验，设计的软件集信息查询、账物统

计、库房管理、陈列展览以及藏品征集、鉴定、摄影、装裱等各种业务管理于一体，能够覆盖馆藏文物管理的各个流程。

三　动态管理软件研发规划

藏品动态信息软件系统分为前、后两期。前期开发藏品出库入库登记查询系统，后期阶段以完善和开发新的功能为主题。前期阶段的主要开发方向为数据采集和必要的查询、排序和指定日期提示功能，待时机成熟，进入后期开发。

开发语言的选择上，由于 Java 语言除支持封装、多态性和继承三个概念外，还支持多线程技术，特别有利于在程序中实现并发任务，具有其他编程语言所不及的特性，同时它提倡面向对象的编程方式，也符合人类对世界的认知方式，使用习惯，是现在最适合开发企业级应用的编程语言。我们采用 Spring + Struts + Hibernate 相结合的轻量级架构设计藏品动态管理系统，其好处在于可以改变应用程序设计的紧密性和灵活性，可以允许层替换而不影响到其他层的代码，可以方便地处理请求服务，减轻开发者处理复杂问题的负担。在整个藏品动态管理系统框架中采用 MVC 设计模式将整个系统分为四层：表示层、业务逻辑层、数据持久层和域模块层，其中，Struts 实现表示层，Spring 实现业务逻辑层，Hibernate 实现数据持久层。

软件的权限系统设计采用 Spring AOP 技术进行编写，这种技术可以将系统程序分解成多个切面是一种非侵略性的轻型框架。

软件的日志系统采用 Log4j 进行记录，通过 Log4j 可以控制日志信息输送的目的地是控制台、文件、GUI 组件、甚至是套接口服务器、NT 的事件记录器、UNIX Syslog 守护进程等等，同时也可以控制每条输出日志的格式、输出级别从而能更加细致地控制日志生成过程。

系统前台页面多使用兼容性好的 html 代码，js 采用 jquery 框架，最大限度解决兼容浏览器的问题，系统对藏品的图片数量未加限制，并支持电影、动画、声音、三维环视、三维环景等各种媒体格式。

（一）系统功能（表一）

表一　系统功能表

大模块	子功能	完成功能
文物与外展管理	文物外展出库归库	主要管理文物与外展信息，如文物基本信息、出库时间、归库时间、接收人、点交人、领导人等
	文物非外展出库归库	主要管理藏文物非外展信息，只要文物出库不是外展都包括在这类信息里面，如藏文物出库复制、借用等等
入库管理	文物接收	不管是购买、征集、捐赠的文物都先要在这个模块里进行信息登记，记录相关的文物信息、接收时间、接收人等，此模块可以将文物进行状态的转变，如将文物转入购买文物、非购买文物、暂存、归还等等
	非文物接收	这个模块记录非文物暂存信息，此模块里的物品不是文物，单单只是记录仓库信息，此模块同样可以将文物进行状态转变
上账管理	非购买文物	记录文物详细的基本信息，接收流程信息，按照接收方式如果没有涉及到发生金额那么这件文物的信息将会存入此模块进行管理，准备进行上账工作
	购买文物	记录文物详细的基本信息，接收流程信息，按照接收方式如果涉及到发生金额那么这件文物的信息将会存入此模块进行管理，准备进行上账工作
	临时文物	此模块主要管理临库类以前所沉积下来的几万件旧藏文物信息
分发管理	文物分发管理	此模块记录将上账好的文物分发至具体类保管员的过程信息
电子资料拷贝、礼品管理	电子资料拷贝	待开发
	礼品管理	待开发

（二）功能预览（图一）

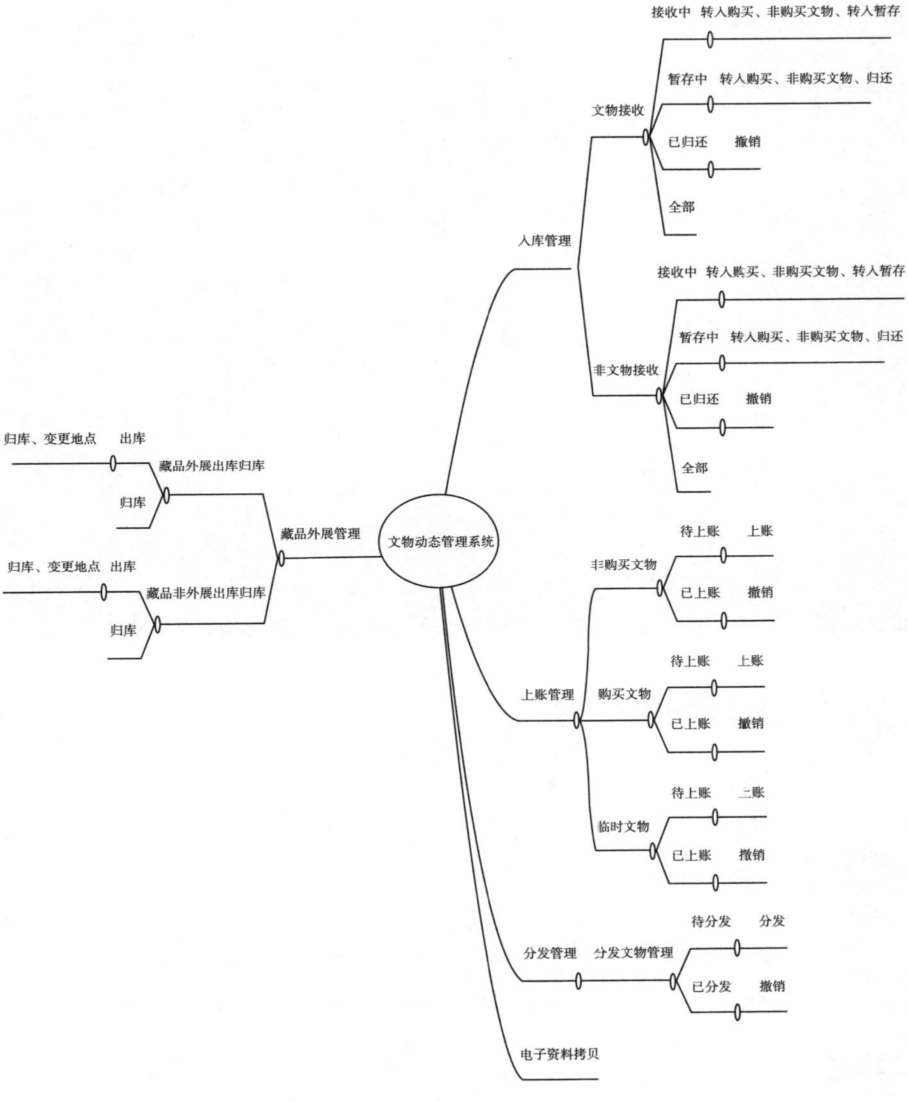

图一 功能预览图

3. **部分界面图（图二）**

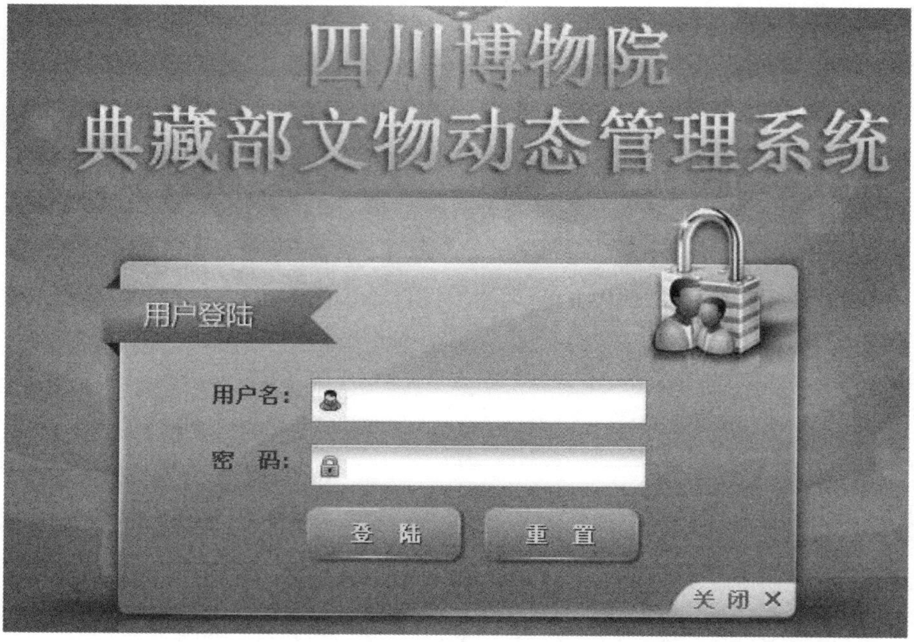

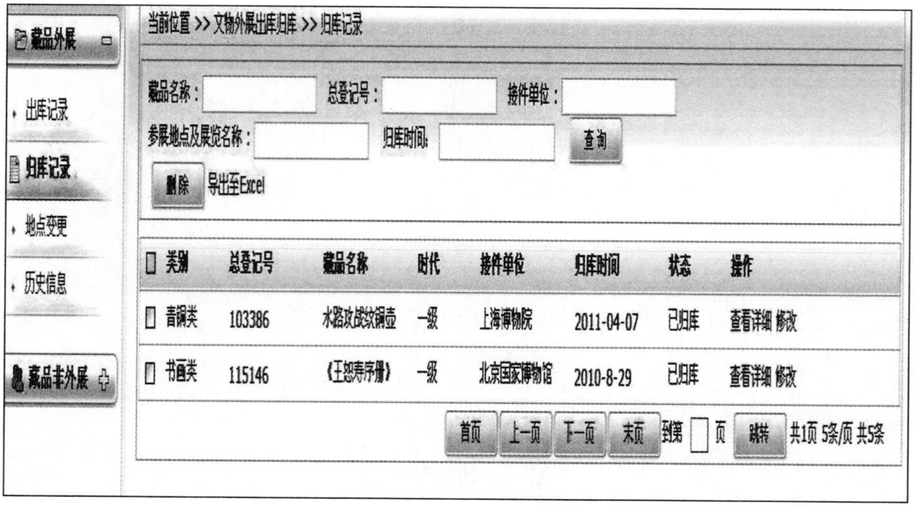

图二　部分界面图

自主研发“藏品动态信息管理软件系统”，在文博领域几乎没有相关的资料可以参考和借鉴，因此只有一边开发一边总结，有一定的开发风险。前期软件设计规划如何将记录藏品信息的10余种表格对应到数据库中，需要编程人员和使用者反复设计、反复斟酌。因为是团队第一次合作，开发经验不足，在系统后台开发使用框架技术上可能会有代码重用性低，代码耦合过紧，不易扩充功能等问题。由于这个项目是web项目，如今市面上浏览器种类繁多，每种浏览器所支持的html代码、js代码各不相同，因此只有不断参考网上跨浏览器html、js代码进行前台页面的编写，做到兼容大部分浏览器。所以，我们前期规划设计相对单一的内容，将首先解决文物出入库动态的管理技术问题，杜绝人工统计作业的差错率，提高整体的业务管理能力、工作效率、服务水平。

前期软件设计小巧、有针对性，具有强大的查询功能，并在设计规划上考虑了可扩展性和方便维护。通过出库、入库、上账、分发几大模块的分类及流程控制实现规范信息录入、方便查询藏品出入库信息以及对文物资料流动情况进行实时监控、对到期未入库的藏品进行归库警示。前期软件设计成功后积累的技术和经验，将为后期开发提供资源储备。该软件留有二次开发接口，可以极大地缩短软件升级、更新的开发周期。

后期阶段将思考藏品相关产品开发管理及知识产权管理等新的业务功能；自定义藏品指标；随时与国家文物行政部门颁布的新藏品指标规范保持同步更新；调整藏品分类；解决博物馆不同分类的要求，实现多层次、多方向、立体交叉的藏品管理权限控制；对软件模块、藏品指标、藏品级别类别、藏品库房、审核范围均可授权；自动记录操作日志，确保可管理、可追溯的安全性等。

“藏品动态信息管理软件系统”的编制是博物馆利用自身优势、探索现代化管理手段的先例。该软件的利用可使博物馆馆藏文物管理工作实现科学化，精细化，规范化，并提高藏品的可控率、使用率，使其发挥最大的社会效益和经济效益。

论博物馆藏品的智能化管理

北京奥运博物馆　冯　云

2008 年第 29 届北京奥运会和第 13 届残奥会在北京的成功举办，实现了“两个奥运同样精彩”的目标，履行了中国人民对国际社会的郑重承诺。

为了纪念这次盛会，全面反映和再现北京申办、筹办和举办第 29 届奥运会的重要历史过程，宣传北京奥运会“绿色、科技、人文”的理念，展示奥运会给整个北京乃至全中国留下巨大的物质和精神文化遗产，北京市政府于 2008 年 5 月决定筹建北京奥运博物馆。

北京奥运博物馆位于鸟巢零层南侧，建筑面积 34500 平方米。2008 年奥运会的大部分遗产将进入博物馆收藏和陈列。北京奥运博物馆作为对北京奥运会成功举办所取得历史功绩的全面总结和回顾的集中展示的专题性博物馆，同时也将成为继续弘扬和宣传奥林匹克精神与宗旨的重要场所。奥运博物馆建成以后必将吸引来自北京、全国各地以及世界各国的旅游者前来参观。

北京奥运博物馆将通过奥运实物、经典图片、丰富视频、原景重现等多手段，多角度展示奥林匹克的魅力，弘扬奥林匹克精神和文化，结合观众互动，给人们在此留下难忘的“奥运”经历。

每一届奥运会都给举办城市、举办国乃至国际奥林匹克运动留下了丰富而宝贵的物质财富和精神财富。这些财富构成了奥运会独特的遗产，薪火相传，泽及后世。在北京举办的 2008 年奥运会也必将为世人留下一笔丰硕的遗产。

奥运藏品目前已经征集到近 8 万件套。主要分类包括：奖牌、奖状、奖杯、服装、道具、运动用具、生活用具、医疗用具、工作人员用具、运动设施、裁判用具、纪念品、相关物、书画、饰品、证件、票证、宣传画/册、图片、视频、其他。

北京奥运博物馆对于藏品的管理办法是根据北京奥运会的相关特点进行研究定制的，充分利用 RFID 技术，对博物馆的物品检验、入库、出库、移库移位、库存盘点、自动定位等各个作业环节的数据进行自动化的数据采集，保证博物馆管理各个作业环节数据输入的效率和准确性，确保管理人员及时准确地掌握库存的真实数据。实现从藏品及相关资料的征集、藏品信息的编目、藏品的保管、藏品的鉴定以及藏品的展陈管理等一系列的功能。为博物馆的管理与决策提供有价值的基础数据与分析数据。通过 RFID 技术完成对馆藏品的科学管理。

一　什么是 RFID 技术

RFID 是射频识别技术的英文（Radio Frequency Identification）的缩写。射频识别技术是 20 世纪 90 年代开始兴起的一种自动识别技术。是一项利用射频信号通过空间耦合（交变磁场或电磁场）实现无接触信息传递并通过所传递的信息达到识别目的的技术。为便于推广和应用，近年来人们习惯于将 RFID（无线射频识别）称之为“电子标签”。

按照目前比较标准的说法，电子标签是一种非接触式的自动识别技术，是目前使用的条形码的无线版本。它通过射频信号自动识别目标对象并获取相关数据，具有条形码所不具备的防水、防磁、耐高温、使用寿命长、读取距离大、标签上数据可以加密、存储数据容量更大、存储信息可更改等优点。

电子标签的应用将给零售、物流等产业带来革命性变化，很有可能在几年以内取代条形码扫描技术。这种标签可以透过货物的包装进行读取，即使是集装箱中也可以，而不需要向条形码那样逐个扫描，也不一定非要向现在的条形码安放在货物的表面，而且一个 RFID 读卡器可以同时读取多个标签的内容。不过，目前 RFID 所使用的无线频率并没有统一，目前所使用的无线频率主要是 125 ~ 135kHz、13.56MHz、860 ~ 960MHz、5.8GHz 三种，前三种属于电磁感应方式，而第四种则属于微波方式，微波方式使用无线电波传输信号。RFID 的天线接收到读卡器发出的无线电波后，就会在天线内部共振产生电流供应 RFID 标签。读卡器和 RFID 标签就是通过天线的通信来完成交换数据的。RFID

目前已经广泛应用在多个领域了，比如物流和供应管理、生产制造和装配、航空行李处理、邮件/快运包裹处理、文档追踪/博物馆管理、动物身份标识、运动计时、门禁控制/电子门票、道路自动收费、固定资产管理等都是很成熟的应用了。

二　RFID 系统组成

射频识别（RFID）系统通常由电子标签、阅读器和天线这三个主要部分组成。

1. 电子标签（Tag）：由耦合元件及芯片组成，每个标签具有唯一的电子编码，附着在物体上标识目标对象；当受无线电射频信号照射时，能反射回携带有数字字母编码信息的无线电射频信号，供阅读器处理识别。

2. 阅读器（Reader）：有时也被称为查询器、通讯器或称为读出装置，用以产生发射无线电射频信号并接收由电子标签反射回的无线电射频信号，经处理后获取标签数据信息，有时还可以写入标签信息的设备，可设计为手持式或固定式；

3. 天线（Antenna）：在标签和阅读器间传递射频信号。

4. 数据管理系统主要完成数据信息的存储及管理、数据管理系统可以由简单的小型数据库担当，也可以是集成了 RFID 管理模块的大型数据库管理软件。

5. 一些大型的 RFID 系统由于读写机具的多样和数据库管理的复杂，还需要用到 RFID 中间件。

三　电子标签分类

1. 按照载波频率划分：低频标签、高频标签、超高频标签；

低频标签（30～300kHz）：常用的是 125KHz、134. 2KHz 的产品。

高频标签（3～30MHz）：常用的是 13. 56MHz 的产品。

超高频标签（300～3GHz）：常用的是 433Mhz、860～960MHz、2. 45GHz 和 5. 8GHz 等。

2. 按照电子标签的供电方式划分：主动式标签、半主动式标签和被动式标签。

3. 按读写方式划分：只读标签与可读可写标签。

根据内部使用存储器类型的不同，电子标签可以分成只读标签与可读可写标签。只读标签内部只有只读存储器 ROM（READ ONLY MEMORY）。ROM 中存储有标签的标识信息。这些信息可以在标签制造过程中由制造商写入 ROM 中，也可以在标签开始使用时由使用者根据特定的应用目的写入特殊的编码信息。这种信息只能是一次写入，多次读出。只读标签中还有缓冲存储器，用于暂时存储调制后等待天线发送的信息。只读标签通常容量较小，一般可以用做标识标签。对于标识标签来说，一个数字或者多个数字字母字符串存储在标签中，这个储存内容是进入信息管理系统中数据库的钥匙（KEY）。标识标签中存储的只是标识号码，用于对特定的标识项目，如人、物、地点进行标识，关于被标识项目的详细的特定的信息，只能在与系统相连接的数据库中进行查找。

可读可写标签内部的存储器除了 ROM、缓冲存储器之外，还有非活动可编程记忆存储器。这种存储器一般是 EEPROM（电可擦除可编程只读存储器），它除了存储数据功能外，还具有在适当的条件下允许多次对原有数据的擦除以及重新写入数据的功能。可读可写标签还可能有 RAM（RANDOM ACCESS MEMORY），用于存储标签反应和数据传输过程中临时产生的数据。可读写标签一般存储的数据比较大，这种标签一般都是用户可编程的，标签中除了存储标识码外，还存储有大量的被标识项目其他的相关信息，如生产信息，防伪校验码等等。在实际应用中，关于被标识项目的所有的信息都是存储在标签中的，读标签就可以得到关于被标识目标的大部分信息，而不再必须连接到数据库进行信息读取。另外在读标签的过程中，可以根据特定的应用目的控制数据的读出，实现在不同的情况下读出的数据部分不同。

一般电子标签的 ROM 区存放有产商代码和无重复的序列码，每个产商的代码是固定和不同的，每个产商的每个产品的序列码也是肯定不同的。所以每个电子标签都有唯一码，这个唯一码又是存放在 ROM 中，所以标签就没有可仿制性，是防伪的基础点。

四　RFID 工作原理

电子标签附着在待识别物体的表面，电子标签中保存有约定格式的电子数据。阅读器无接触地读取并识别电子标签中所保存的电子数据，从而达到自动识别物体的目的。阅读器通过天线发送出一定频率的射频信号，当标签进入磁场时产生感应电流从而获得能量，发送出自身编码等信息，被读取器读取并解码后送至电脑主机进行有关处理。

一般而言，低频和高频的射频识别（RFID）系统的是通过线圈之间的磁场耦合的方式工作，产品通常具有工作距离近，成本低，天线尺寸大，通讯速度低等特点，这类电子标签一般对人体没有影响；而超高频的射频识别（RFID）系统是通过无线电波发射和反射的方式工作，产品通常具有工作距离远，天线尺寸小，通讯速度高等特点，这类电子标签一般会有发射功率限制，以避免对人体或环境造成伤害。

在当前有关的射频约束下，在欧洲的大部分地区各向同性有效辐射功率限制在 500mW，这样的辐射功能在 870MHz，可近似达到 0.7 米。在美国、加拿大以及其他一些国家，无需授权的辐射约束为各向同性辐射功率为 4W，这样的功率将会达到 2 米的阅读距离。在获得授权的情况下，在美国发射 30W 的功率将使阅读区增大到 5.5 米左右。如果采用有源电子标签，能够阅读的距离能达到 10 米以上。

电子标签系统一般由两部分组成：电子标签和读写器。读写器是寻呼器，通过射频信号同电子标签进行近距离通信，系统通过读写器给电子标签发送指令，并通过读写器分析电子标签返回的有关信息；电子标签是应答器，用来相响应读写器的指令，并报告处理的结果。

电子标签是 RFID 系统真正的数据载体，由标签天线和标签芯片组成。标签天线是读写器和标签芯片之间信号和能量传递的中介，标签芯片则根据读写器的指令作出相应的操作和响应。在读写器的感应范围之外时，电子标签处于无源状态，当电子标签进入到读写器的感应范围之内时，读写器则通过耦合单元传输能量给电子标签使之工作。

读写器是读写电子标签中数据的装置，由 RF 模块、控制电路、接口电路以及天线等组成。读写器的基本功能就是提供与标签进行数据传输的途径。读写器还提供相当复杂的信号状态控制、奇偶错误校验与更正功能等。读写器通常采用 RS232 或 USB 数据接口同电脑进行通讯，以便将所获得的数据传输给计算机。电子标签中除了存储需要传输的信息外，还必须含有一定的附加信息，如错误校验信息等。

五　RFID 电子标签的特点

数据存储量大、读写速度快、数据安全性高、使用方便、封装形式多样、读写距离远。

RFID 技术随着现代化博物馆对效率、信息流和灵活性的要求的提高应运而生，总体优势如下：

1. 传统的博物馆系统内部，一般依赖于一个非自动化的、以纸张文件为基础的系统来记录、追踪进出的货物，以人为记忆实施博物馆内部的管理。对于整个馆区而言，人为因素的不确定性，导致劳动效率低下，人力资源严重浪费。

2. 随着馆区内的物品品种及数量的增加以及出入库频率的剧增，传统的博物馆作业模式严重影响正常的运行工作效率。而现有已经建立的计算机管理的博物馆管理系统，随着物品流通的加剧，也难以满足博物馆管理快速准确实时的要求。通过 RFID 系统，自动化程度提高，大大缩短藏品出入库核对时间，提高整个业务操作效率。

3. RFID 技术在解决了博物馆作业人员的数据输入的自动化的同时，实现了数据的准确传输，确保博物馆作业效率，有利于充分利用有限的博物馆空间。大批量数据实时采集能力，缩短藏品盘点时间，增强藏品盘点的准确性。

4. 在博物馆管理中，由于产品品种、式样的多变性，使得博物馆管理人员频繁处理各种出入库单据，往来穿梭于计算机与博物馆之间。致使工作效率低下，出错率较高。采用无线 RFID 手持终端机，使得博物馆管理人员在任何地点都可以及时通过无线传输得到由后台管理系统传来的信息，根据手持终端机的提示进行操作。同时利用条码技术一一扫描货物上的条形码，校验物品的准确性。

5. 借助于行业标准和信息共享，可以实现藏品在整个参观环节的跟踪，明确出错环节，提升管理水平。

RFID 馆藏智能化管理系统由 RFID 专用设备系统、RFID 藏品标签管理系统、RFID 智能移动终端应用系统、RFID 智能通道管理系统、RFID 智能定位系统及接口系统组成。通过这个管理平台博物馆可以实现对库房内藏品放置的位置和环境变化进行实时动态追踪、监测；对藏品整个管理流程（包括文物的入库、出库、盘点、移库、维修保养以及出让等）进行全程跟踪管理，并与藏品综合管理系统、门禁系统等从业务层面、数据层面、应用层面、界面层面实现无缝集成。

RFID 馆藏智能化管理系统是融合当前 RFID 技术发展先进成果和符合文物管理发展要求的智慧型现代化藏品业务管理系统，它结合计算机技术、网络通讯技术、自动控制技术、数字监视技术和 RFID 技术于一体，实现了文物库存保管中入、出、查、盘的科学、高效地管理。系统符合当前文物管理技术发展的要求，为博物馆藏品管理提供了崭新的先进和科学的手段。

汽车类藏品档案的管理及利用探讨

——以上海 SH760A 型轿车为例

北京汽车博物馆　王蓓蓓

北京汽车博物馆是我国第一个由政府主导建设的汽车专题类博物馆，藏品工作是北京汽车博物馆工作的重中之重，汽车博物馆藏品共涉及车辆类、文献类、构成类、杂项类等 6 大类，21 个小类，共计 6000 余件。其中，汽车类藏品是博物馆藏品的重要部分，主要包括汽车发展历程中的经典车型和在汽车社会进程中有着重要影响的汽车。作为一个新建汽车类专题博物馆，通过对汽车藏品的研究探讨，我们陆续解决了藏品分类、藏品定级、藏品修复等系列的问题，并摸索形成了一定的规律和规则，我们希望将这些工作经验和成果与各位从事博物馆研究工作的专业人员进行交流，相互学习。笔者在汽车博物馆藏品部从事档案管理工作，参与了汽车类藏品建档的全过程，本篇论文主要探讨研究北京汽车博物馆汽车类藏品档案的管理及利用，笔者结合几年工作实践中的体会，从藏品征集、保管、维保、修复档案管理以及藏品档案利用这几方面谈谈一些想法，与各位专业人员交流、分享经验和体会。

一　汽车类藏品档案概述

（一）汽车类藏品的定义及特点

汽车类藏品主要包括汽车发展历程中的经典车型和在汽车社会进程中有着重要影响的汽车。与传统文博类藏品相比，其相同点在于它们都是博物馆收藏的具有一定历史价值、科学价值和艺术价值，反映了自然界发展变化的规律和人类生产生活，体现了特定时期人类审美、精神文化的追求，且与社会发展和经济发展有一定的联系，是科学文化进程的历史见证物但在具有相同属性的同时，它们又具有一些不同点。首先，汽车是具有一定功能的被人类使用的交通工具，它从设计、制造到使用、保养、维修，是一个完整的生命周期。作为耐用、长久使用的工具，在它的生命周期中，可能会被拥有者进行维护、维修甚至更新，其本身会发生改变。其次，汽车作为工业产品它涉及的知识门类、运用的技术材料、制造工艺极其复杂，体现了人类科学技术的革新。再次，汽车类藏品的体积与重量普遍很大，是由部件和零件组成，且组成材质包括金属类和非金属类，因此在藏品保护、修复、保养工作上有一定的特殊性。

（二）汽车类藏品档案的特点

与传统藏品藏品档案相比汽车类藏品档案具有收集范围广、征集阶段原始资料少、藏品修复资料整套性等特点。汽车类藏品征集工作以社会征集的方式为主，随车的原始资料较少，其流传经历也以藏品拥有者口述为主。因此在藏品征集阶段就要收集一切相关的背景资料、图书资料、音像资料等，为日后藏品研究工作的开展打下坚实的基础。此外，由于汽车类藏品作为交通工具，属于耐用消耗品，使用痕迹明显。因此，在征集入藏博物馆后，要提升藏品的展览展示效果，藏品修复工作的开展是重中之重。汽车类藏品制造工艺极其复杂，藏品修复工作涉及工作流程较多，在各阶段中均产生了大量的、载体形式多样的档案，这些档案真实地记录了汽车类藏品修复工作的详细情况，为汽车类藏品的研究工作提供了重要基础和依据。

二　北京汽车博物馆藏品档案管理实践——以上海 SH760A 型轿车为例

博物馆建立藏品档案是一项重要的基础工作。它的建立是一个由少到多、由简到繁、长期积累的过程。因此在博物馆业务工作中、展陈布展中、科学研究过程中，任何藏品利用情况的点点滴滴，都要一一记录在案，记入藏品档案。在北京汽车博物馆上海 SH760A 型轿车建档工作中，藏品档案的建立从征集入手，贯穿始终。鉴于征集阶段随车原始资料少，我们在藏品入藏后进行了大量的资料搜集工作，从不同渠道查找相关资料，互相佐证，从多个侧面不断丰富资料，形成了较为完善的藏品背景、品相资料以及技术构成资料。此外，通过对藏品修复、维保等各项业务工作中形成的文件资料进行收集、整理，最终形成了较为系统、完善的上海 SH760A 型轿车藏品档案，下面具体就我馆上海 SH760A 型轿车藏品档案管理工作进行阐述。

（一）上海 SH760A 型轿车归档范围

上海 SH760A 型轿车档案组卷内容广泛，要全面地、系统地、准确地反映出藏品的全貌和文化内涵。应收录入档的材料，可概括为藏品的原始资料、征集资料、鉴定记录、修复、保护措施记录、动态记录、品相资料、研究与著录资料等诸多方面，具体应该归档立卷的材料分述如下：

1. 原始资料

包括上海 SH760A 型轿车搜集时的原始记录、汽车登记证书、使用说明书、获奖凭证材料、接收清单等。

2. 征集资料

包括上海 SH760A 型轿车征集单、品相报告、专家初审意见、专家验收意见、审批文件、合同文件、征集验收资料、手续文件等。

3. 鉴定记录

包括上海 SH760A 型轿车历次专家鉴定意见、专家会议记录、文物鉴定表等。

4. 修复、保护措施记录

包括上海 SH760A 型轿车日常维保、定期维保工作记录以及藏品修复全过程产生的相关资料。

5. 提供使用记录

指馆内、外举办短期陈列展览使用上海 SH760A 型轿车的记录，包括出馆前、后品相信息、出入库手续、藏品跟踪追踪核查记录表等。

6. 品相资料

包括上海 SH760A 型轿车的文字介绍、照片、音像资料等。照片拍摄车身主视图、侧视图、后视图以及底盘、发动机、电器仪表等照片。文字资料应包括详尽的汽车零部件信息，保证资料的完整性，方便藏品的使用与管理。

7. 研究与著录资料

包括馆内研究上海 SH760A 型轿车所形成的文章、专刊、技术说明以及所涉及的照片、音像和光盘资料等。

（二）上海 SH760A 型轿车征集档案的管理

上海 SH760A 型轿车在征集过程中经历了藏品初选、鉴定、确定征集目标到运输、布展等过程，面临整个征集周期较长，车辆原始信息相对较少等问题。因此在征集过程中，要求征集工作人员进行全面调查了解。通过调查，在征集阶段我们记录了上海 SH760A 型轿车的年代、生产厂家、基本品相资料等信息，留存初选记录、征集手续、征集合同等原始记录。此外，在藏品入藏后，我们还进行了上海 SH760A 型轿车大量的资料搜集工作，从不同渠道查找相关资料，互相佐证，从多个侧面不断丰富资料，形成了较为完善的藏品背景及品相资料。经整理，现上海 SH760A 型轿车征集阶段档案包括车辆背景信息、车辆原始资料、征集过程文件、品相报告、初选记录、鉴定记录、审批手续文件等，并在藏品档案册中详细记载征集过程。

（三）上海 SH760A 型轿车修复档案的管理

汽车类藏品修复工作是重要的业务工作之一。2013 年我馆开展了上海 SH760A 型轿车修复工作，经前期的大量调查研究工作和试修复工作的开展，将修复过程稳定为政府立项、团队选择、启动准备、修复方案论证、零配件采购及审价、实质性修复、最终验收 7 个阶段，每个阶段均产生大量的资料。通过对应修复流程将这些资料梳理分类，确定应归档保存的修复档案分为：修复立项文件、过程文件、采购文件、验收文件等工作记录 4 类 18 项，具体为：

1. 修复项目决策立项文件

（1）可行性研究报告及批复。

（2）立项会议纪要及批复。

（3）修复审批请示及批复。

2. 修复合同及商务文件

（1）修复合同及合同流转单。

（2）采购清单，比价过程资料及原始票据。

（3）审计意见。

3. 修复过程文件

（1）修复方案。

（2）修复变更方案。

（3）方案报审表。

（4）修复车况检查表（照片、文字）。

（5）修复日志。

（6）修复项目隐蔽检查记录表。

（7）工作联系单。

（8）会议纪要。

（9）修复影音资料。

4. 验收文件

（1）修复项目验收记录表。

（2）修复项目总结。

（3）修复项目验收报告。

上海 SH760A 型轿车藏品修复档案在修复项目验收完成后，将立项审批文件、商务文件、修复过程文件、验收文件，纳入藏品档案中，并如实记录整个修复过程，作为日后查找考证依据。藏品修复档案的建立，既完善藏品品相资料、技术构成，又对今后博物馆汽车类藏品修复、研究等工作提供了极为难得的客观证据和实例。

（四）上海 SH760A 型轿车维保档案的管理

汽车类藏品由于体量较大、结构复杂、组成材质多样，且又是暴露在展区中的，针对这个特殊性，我们建立了上海 SH760A 型轿车的藏品巡视档案、藏品维护保养档案。其中藏品巡视档案是指藏品管理人员每日展厅巡视过程中，对藏品安全情况、日常保养情况、藏品的状况及展厅温湿度进行记录。藏品维护保养档案包括藏品美容护理资料和藏品技术维保资料，藏品美容护理是日常维持藏品的展示状态，对汽车外观、内饰、轮胎等采用不同保养用品和方式进行保养，形成的档案主要包括藏品维保工作记录表、藏品维保用品使用记录表等。藏品技术维保是针对汽车类藏品的特性，定期对汽车类藏品进行更换机油、三滤等深度技术保养，形成的档案主要包括藏品技术维保记录表、车况检查表等。

三　藏品档案的利用及价值拓展

汽车类藏品档案的收集、整理等工作的目的是为了建立一套完整的藏品档案。通过藏品档案反映出藏品的价值，为博物馆科普教育、展览活动服务，从而提高藏品的利用价值。

（一）“让藏品说话”为博物馆科普教育提供支持

博物馆既是文化的传播者，又是文化的创造者，因此“让藏品说话”，充分挖掘藏品背后的故事，实现博物馆科普教育，是博物馆的重要的社会职能。通过研究完善藏品背景信息，我们对已展出的藏品信息进行了及时补充，并将内容增加到讲解词中，提高藏品的感染力与生动性，让观众了解藏品背后的故事以及藏品的流传经历；通过藏品维保和修复形成的技术资料，我们编制了上海 SH760A 型轿车、北京 BJ212 吉普车等系列车辆技术构成手册，充分利用了藏品档案所记载的内容，向广大观众传播藏品本身所蕴含的内在价值。

（二）提供“一手资料”为博物馆展览、活动服务

丰富的藏品档案的建立是博物馆业务工作的必要保证，建立和不断完善藏品档案为日后博物馆开展专题活动、展览提供了第一手资料。2013 年 5 月 18 日国际博物馆日，北京汽车博物馆开展了共享爱车文化品鉴经典汽车主题活动，展示了包括 75 周年纪念版的黑色摩根汽车在内的 6 辆经典名车，让观众了解车辆的造型设计、色彩设计、生产工艺应用等，从深层次体会汽车所承载的文化内涵和工业之美。此外，通过对修复完成的车辆类藏品——上海 SH760A 型轿车的维护保养，展示了车辆类藏品维护保养的过程，并利用藏品修复档案及维保档案提炼的相关内容向观众普及车辆维护保养知识，充分体现

了藏品档案提供“一手资料”的作用。

博物馆的藏品档案，记录了藏品的全部情况，是藏品科学管理的重要依据。北京汽车博物馆藏品档案管理工作，通过两年的努力藏品档案管理工作已较为完善，并尝试通过藏品档案进一步展现藏品的内涵和价值。今后，我们会逐步建立系统完善的藏品档案管理体系并着力开展藏品档案信息化工作，最终实现藏品档案资源共享，充分发挥藏品档案的作用及价值，为博物馆各项业务工作服务。

参考文献

[1] 程莺:《浅谈文物档案的价值》,《浙江档案》2001 年第 6 期。

[2] 范俊涛:《博物馆藏品档案的信息价值及管理》,《浙江档案》2002 年第 6 期。

[3] 王方平:《博物馆藏品档案研究》,《中国博物馆》2003 年第 1 期。

[4] 张淑华:《博物馆藏品档案综述》,《山东档案》2003 年第 3 期。

[5] 胡均:《博物馆文物藏品档案的管理与实践》,《兰台世界》2006 年第 2 期。

[6] 冯惠玲:《档案管理学》,中国人民大学出版社 2001 年版。

细节彰显品质

——日本关西、九州博物馆库房观感

上海博物馆　陈　菁

20世纪90年代开始，中国博物馆事业伴随着中国经济的腾飞而进入高速发展阶段。大规模的城市改造、修路、架桥等等基础性的经济建设，使地下考古发掘量成倍增长，新的文化遗存不断被发现，为此兴建了不少新的博物馆。而原有的各大省馆乃至国家馆，因旧的场地和设施已无法满足社会日益增长的文化需求，纷纷进行了改扩建或另建新馆。全国各地的地、区、县博物馆更如雨后春笋茁壮成长，新建馆的数量占据了绝大多数。可以说近二十年博物馆新建馆的数量，已远远超过以前中国博物馆几十年发展的总和，而几乎所有的旧馆都进行了改扩建或另建新馆。在中国博物馆中，依然在使用20世纪90年代以前馆址的，实属凤毛麟角，他们同样也在酝酿着基础设施的更新。

博物馆是一个非常特殊的行业，也是一个新兴发展的学科，它的很多东西都在摸索和探讨过程中。博物馆的建筑同样如此，而且空白点更多，因此现在很多博物馆在使用花费巨资建造起的新馆中，无法避免地遇到各种问题。如何解决或规避这些问题，成了今天博物馆界的新课题。

2011年笔者有幸作为上海与奈良博物馆双向交流的一员，对关西与九州部分博物馆进行了考察。在整个考察过程中，日本博物馆界对于博物馆建设的布局、设备、用料、陈列等等细节的处理，使笔者看到了基础工作的差距。由此想到，如果我们在新馆的建设中，除了关注于建筑的整体形式和功能区分，能否更关注于细节的处理和工作的实用性，以此减少新馆启用后所面临的实际问题。下面就以感受较深的几个方面，作些简单的介绍。

这次考察的博物馆中，九州国立博物馆、大阪历史博物馆、大阪府立飞鸟博物馆和九州历史资料馆都是近些年新建成的博物馆，这其中以九州国立博物馆的库房建设给人影响最为深刻。

一　文物收藏库的抗震处理

九州国立博物馆坐落于日本南部九州岛的福冈县太宰府市，比邻当地的名胜古迹太宰府天满宫和光明禅寺，整体建筑处于青山绿水环绕的山间，空气清新，环境优美。由于日本列岛处于太平洋环地震带上，地震相当频繁，九州国立博物馆在建馆之初就充分考虑这些因素，在整个馆的下层采用了三种防震装置吸收和控制震动：147 台层叠橡胶隔离装置、40 台钢棒减震器、45 台弹性滑动支撑。正是这些防震装置的使用，能使地震时上下左右的震动，减弱为水平左右晃动，并阻止地震力上传至建筑物。2005 年 3 月博物馆开馆前夕，福冈县以西海域发生 7 级地震时，馆内文物安然无恙。而在一次当地的 5 点多级地震时，经测定馆内的震级只有 2 级。这样就把有破坏力的地震，减轻为无破坏力的地震，文物的安全也就有了充分的保证。文物收藏库处于博物馆的防震装置之上的箱体结构内，防震能力也就大大提高了。

九州历史资料馆位于九州岛福冈县小郡市，整个馆的建筑与周围环境统一和谐，融为一体。此馆虽名为历史资料馆，但实际上仍是一个以文物为主体的博物馆，此馆与三沢遗址相隣，主要承担福冈县的地下考古发掘工作。由于地理环境的特殊性，九州是日本离大陆最近的地区，是早期人类往返日本和大陆的交通枢纽，因此早期文化遗存较多，出土的陶器在文物中占据相当高的比例。此馆有两个文物库房，一个是存放对保存要求高的文物库房，基本与日本其他博物馆的库房相似。另一个主要存放考古出土的陶器、石器等等对保存要求不高的文物，由于这些文物数量庞大，因此整个库房面积较大，采用天然通风的保存环境。此库房地面是水泥地，但用细磨打制得非常光滑，极易清扫。文物架是用钢结构的架子，上放塑料周转箱存放文物。因为考虑容积，文物架非常高，将近 4 米左右，库内配备电子的升降梯提取文物。此库的设施虽然简陋，但是在防震细节上却非常仔细。文物架除整排相互连结外，每一根入地的钢架都用 T 型钢扣件直接打入地底，与库房地面相连，而文物架的顶部则用密集的钢架把一排排的文物架连结在一起，整个库房的文物架就变成了一个占地面积很大的整体，它的抵抗震动能力也就大大地提高了。

这两个博物馆在文物库房抗震设备上的投入相差悬殊，却能根据实际情况进行不同的处理，在细节上的有效把握，使其实际效益达到了最高。

二　文物库房在整体建筑中的布局

这次考察的博物馆由于建成时间不同，文物库房在博物馆的位置也千差万别，即使新建馆库房也分散在不同的楼层或楼内，但九州国立博物馆的文物收藏库却是一个集中于一处的文物库房，并且从它的布局上，我们可以非常强烈感受到日本文物工作者的严谨和细致。

此馆的文物库房坐落于一个箱体结构内，箱体由两层墙体组成，外墙与内墙之间有一个60厘米的空气隔离层，文物库房内部与空气隔离层有各自的空调调整温度和湿度。内墙则用隔热材料——玻璃棉、调湿材料——隔热板、调湿材料——杉木板构成。整个箱体结构位于博物馆建筑的内部，与博物馆建筑的外墙之间还有走道和厅室相隔。博物馆的内部工作环境也有空调系统，实际文物的收藏地与外部自然环境之间实际就存在了两个隔离空间，所以文物绝不受外部环境的干扰，一直处于一个恒定的环境中。九州国立博物馆曾做过一个试验，把库房的空调整个关闭两个星期，但库房的温湿度依然保持原样。

一般博物馆在建设时，往往对内部布局只是按功能分区，为了安全考虑，文物库房往往只是简单地占据一个楼层或楼层的一部分，总是与建筑外墙连结在一起的。这样的设置在安全上较好，很容易把这一区域与其他区域加以分离，做成一个完全独立的区域，有利于安全保卫。实际上，与建筑外墙相连的文物库房，存放文物有许多不利因素。紧贴外墙的文物库房，由于没有与外界有一个有效的隔离层相隔，在外界温度极高和极低的季节，维持恒温状态的能源耗费就会急剧增加，当遇到空调系统出现故障时，库房的温湿度就无法保证。夏天和冬天，由于受外界气候的干扰，靠近外墙的库区，湿度明显比远离外墙的区域高。新建博物馆的库房紧挨建筑物外墙，麻烦就更多。国内建筑物的建筑结构桩体，一般都打在地下的土层中，地层软硬会影响到整体建筑的沉降。所有的新建建筑在建成后的若干年内，一定会面临地面沉降的问题，地面沉降虽然不会危及到整体建筑的安全，但土层的沉降不会是均匀的，它的不均匀性会造成建筑物的墙体开裂，即使再细小的外墙墙体裂痕，也会给库房带来渗漏水的麻烦。把文物库房安排在远离外墙的建筑中心区域，外围的办公区域就成了库区与外界的天然隔离区，对于保持库区的温湿度，以及防范各种渗漏水都会起非常有效的作用。文物库房处于建筑物的何处，看似是一个非常小的事情，但实际上对于文物库房长期的使用和维护关系很大。库房渗漏而引起的维修，关系到内部存放着的文物的安全，因此，在文物库房的管理上这样的库房维修是应尽可能加以避免的。

三　建筑材料和修复材料的严格选用

在日本的博物馆，文物库房主要选用的材料是杉木和金属构架，九州国立博物馆的文物库房全部采用杉木。用杉木做库房内部的墙体包裹和文物架，整个墙体没有任何硬的地方裸露在外面。用杉木包裹墙体是日本博物馆文物库房中比较常用的方法，依靠木材天然的调湿能力，对库房空调系统进行补充调节。

在库房使用木材的选择上，九州国立博物馆的做法可算近乎苛刻。第二次世界大战结束后，日本曾开展过大规模的植树造林运动，种植的树种主要为杉树，所以杉木的原料相当充足。这次他们选择的是九州当地树龄在 50 年以上的大树。据专业研究，人工种植的杉树在 10～30 年间是材积生长速生期，心材比例显著增加，细胞壁加厚，木材趋于坚实致密；超过 60 年的人工杉树则生长会趋于缓慢。因此 50 年以上树龄的杉树紧密度符合使用要求，大量的砍伐又不会给生态带来致命的打击。从产地到博物馆，九州国立博物馆木材进行了全方位的管理。不单知道那些木材是哪座山哪块地生长的，对土质和施肥情况也进行了详细的调查。在每间库房门外都挂着记载库房木材来源地的牌子。

杉木做库房的内饰墙有些什么好处呢？据新的研究表明：杉木表面具有因细胞结构而造成的微小的凹凸，会对光产生散射，视觉上觉得自然舒服，也不会反射有害的紫外线；能够平衡地吸收低音、中音、高音等亮音，以排除令人不快的杂音，让声音变得柔和；杉木中的芳香成分称为精油，它除了具有镇静效果外，还有消臭、防壁虱、杀虫、防霉和抗霉作用；杉木有调节湿度的功能。

为了有效地调节湿度，九州国立博物馆文物库房所有的木材都不施用任何人工制剂，外表做精细打磨，保持木料的素材。木材本身含有一定的酸性物质，为防止酸性物质对文物的损害。杉木板弃用木材中心部分酸度较高的部分，只选用外围 3 厘米左右的木材，还要避免酸性较多的树节。严格的选材，降低了天然材质本身对文物藏品损害，却最大限度地发挥了天然材质的优势。

在文物修复上，日本博物馆对材料的选择也是非常严格的。在奈良博物馆的文物修复室内，锯成一段段的木料整齐地码放在专门的地方，所有在修复中使用的材料都要在馆内存放几年，当它物理特性稳定后才使用。裱画使用的浆糊，制作好以后密封，贴上封条写上日期，存放于阴凉不见阳光的室内，留待十年以后开封使用。修复所使用的纸张，他们与专门从事生产传统用纸的厂有着密切的联系，能专门定制接近被修复文物相近的纸张。

四　博物馆对于虫害的防治

现在很多博物馆的设施比以前有了很大的改进，都在博物馆内部使用恒温恒湿设备，把温度控制在 14 ~22 ℃；湿度控制在 50 % ~65 %。这样的温湿度虽然对虫害有一定的抑制作用，但却无法根治虫害。因此，日本的博物馆与中国的博物馆一样都无法回避虫害问题。在奈良博物馆的陈列室、库区和办公室，不断会有一些小盒子出现在地上，这些就是测量昆虫数值的工具。博物馆在不同的地点，放置测量昆虫数的盒子，盒子上标明测量的时间段，按照盒子中粘捕到的昆虫的种类和数值，决定放药和虫害处理。这一检测工作是博物馆的长期固定工作，对于监测虫害效果明显。

日本大部分的博物馆仍然在投放药剂，单一的药剂使用时间长了，会使虫形成抗药性，效果不佳。在日本的博物馆的库房大门上，我们看到比我们的库房大门多了些可以开关的圆孔。经了解是为进行文物库房整体灭虫预备的投药孔，在库房发生大规模虫害时，能请专业的杀虫公司，通过这些门孔进行密闭熏蒸杀虫。这种化学杀虫法，在日本的文物库房，实际上没有真正使用过。化学杀虫法使用得较多的是磷化铝、硫酰氟、溴甲烷、环氧乙烷等毒性较强的制剂，如何在布满空调管道、电线管道等等使用中央空调的博物馆内运用，还是一个未知数。

现在，日本博物馆使用较多的是物理杀虫法，我们这次看到的主要是降氧灭虫法，这种方法比较安全，也较易实施，对环境影响较小。

在九州国立博物馆，对于环境保护要求较高的文物杀虫使用的是氮气杀虫。氮气杀虫的氮气浓度要达到99%以上，因此对设备要求较高，必须在专门的容器内进行。九州国立博物馆氮气杀虫容器，能容纳7立方米的文物消毒。氮气是地球空气的主要成分，占大气总量的78.12%（体积分数）。直接排入空气中，对环境不会产生影响。对于对环境要求不是太高的文物，现在主要采用二氧化碳杀虫。二氧化碳杀虫的浓度要求只有60%，只要搭一个简易的薄膜棚就可以了。他们采用工厂生产中产生的废弃的二氧化碳，在灌入液化瓶内运入博物馆，在博物馆内的杀虫棚外，经过气化导入棚内。二氧化碳在常温下气化的过程中，能造成-80～43℃的低温，引起环境内相对湿度的大幅度变化，因此还要对气化的二氧化碳进行除湿处理。二氧化碳杀虫最大的好处在于，浓度要求不高，薄膜棚可以在任何地方搭建，大小也可以随文物的大小、多少变化，非常随意。由于不是有毒气体，因此可以向空气中排放，虽然过量排放二氧化碳，会加重地球的温室效应，但杀虫用的二氧化碳，是采集的工业废弃二氧化碳，不会对环境造成进一步的破坏。氮气和二氧化碳都属于不燃性可缩气体，因此在博物馆内使用非常安全，只要做好必要的防护工作，以防工作人员过量吸入引起的缺氧窒息和冻伤。

五　博物馆文物库房的有序开放

文物库房一直是博物馆中的禁地，只对博物馆中涉及到的部分工作人员开放，对于整个社会来说，绝对是一个神秘之地。今天的社会已经进入了信息高度发达的时期，人们的主人翁意识也在不断增强，中国博物馆界不得不面临着越来越多的社会监督和质疑。博物馆内的文物保管，因为它的神秘性反而更引起世人好奇和关注，如何引导社会正确地看待博物馆的工作，将是博物馆无法回避的新课题。这次日本之行给我最大的感触，是日本博物馆界已主动拉下了自己神秘的面纱，给了社会公众一个了解博物馆的窗口。

九州国立博物馆在建造时，就在库房所在的箱体结构处开了一个窗口。此窗口用双层玻璃建造，完全密闭，对应的内隔墙也是一个双层玻璃的窗口。通过这个窗口可以看到库房箱体结构的组成，也可以清楚地看到库房内部的陈设。这一窗口就是接待社会人士参观的地方，通过申请、审核就可以来此参观。在这个参观地，放置了许多介绍博物馆库房建筑结构、使用材料和文物保护的宣传资料，人们通过参观能直观地了解博物馆是如何保护和管理众多文物藏品的。

大阪府立飞鸟博物馆，地处古坟时代墓葬集中的大阪南部，周边有 200 余座飞鸟时代的墓葬。这个以考古发掘为主的博物馆，文物库房相当简陋。正是在这样简陋的环境中，他们还划出一个库房，面向学生开放，向学生传播基础的出土文物知识。这个库房把大多数的文物打包，存放于塑料周转箱内，将给学生参观的部分文物直接放置于文物架上。这些文物，有直接出土后没有修复的，有残缺不全的，有修复完整的，有新制的复制品。通过这些，让学生们了解，在陈列室内陈列的鲜亮文物背后的真实状态。沟通才能了解，了解才能理解，陈列室背后的东西能让世人更了解博物馆，也更了解博物馆人的工作。

六 结 语

这次的日本之行虽然短暂，看的也是很小的一部分。我们明显地看到今天中国博物馆的硬件设施已与日本相差无几，但我们还是感受到了两者的差距。这种差距表现在各个方面，这是对待细节问题的不同处理所形成的。差异虽小，聚沙成塔，无数细节差异的聚集会放大双方的差距。因此，中国的博物馆在做基础建设的同时，一定要关注具体细节的处理，这样才能真正提升中国博物馆的品质。

新疆维吾尔自治区博物馆
文物库房规划设计初探

新疆维吾尔自治区博物馆　李　达

文物是国之瑰宝，是历史的见证，也是博物馆开展各项业务活动的物质基础和灵魂。文物的寿命除了取决于自身的物理结构，更主要的是它的保存环境。文物保管就是通过各种保护措施，努力减缓文物承受的自然损坏，防止人为损伤，使其保持固有的属性和特点。文物库房是博物馆收藏国家珍贵文物、标本的场所，从某种意义上讲，是博物馆的心脏。建造安全先进的文物库房，创造适合于文物保存的最佳环境条件，是各博物馆科学发展的内在要求。

新疆自古以来就是多民族聚居、多种宗教、多元文化并存的地区，各族人民不仅共同编织和创造出了辉煌灿烂的古代文明，而且也留下了丰富多彩的文化遗产，是中华民族文化宝库中特色鲜明、光彩夺目的重要部分。1959 年，新疆维吾尔自治区博物馆（以下简称新疆博物馆）正式成立，一直没有专门的文物库房，直到 1983 年利用国家专项拨款建成了面积为 2300 平方米的文物库房，使得文物藏品保存的安全环境和设施得以改观。2005 年新疆博物馆新展馆正式启用，随着国家对文化事业的重视和博物馆免费开放的进行，新疆博物馆相继举办了一系列具有影响力的陈列展览，而文物库房和保管设备发展却相对滞后，这在某种程度上影响了新疆博物馆事业的发展。如何建设一个适用于本地区地理气候条件，能够跟上新时期文博事业发展需要的文物库房，是当前新疆博物馆面临的一个重要课题。

本文围绕新疆博物馆二期文物库房的建设，就库房建筑和馆藏文物保存环境进行初步的探讨。

一　新疆博物馆现有文物库房概况

目前，全国大部分的博物馆都建立有专门的藏品库房，建筑型制、建筑规模都各不相同，而且主要是依据博物馆的总建筑面积以及藏品种类与数量来建造。我国疆域辽阔，各地区的自然环境、气候条件不尽相同，各地经济社会发展状况不平衡，文化底蕴不尽相同，经费投入情况也不一样，建造文物库房时也没有制定统一的标准。

就目前新疆博物馆而言，整个馆由几幢分散的建筑组成，正在使用中的文物库房自成一幢，建造于 1983 年，为地上三层，地下一层的砖混结构建筑，建筑面积为 2300 平方米，实际使用面积为 1400 平方米，有 21 间独立的文物库房，在当时属国家重点文物库房之一。文物库房历经近 30 年的使用，为新疆文博事业的发展发挥了重要作用，但鉴于当时的设计理念，没有更多的考虑文物库房相对于一般库房的特性，在设计文物库房时对建筑本身功能要求不高，与当前免费开放后文博事业迅速发展的要求存有较大的差距，因而现在看来，在许多方面与现代意义的文物库房存在较大差距。

二　新建文物库房应注意的几个方面

博物馆建筑作为一个独立的公共建筑类型，有着区别于其他建筑类型的专门概念、特点及设计注重点。其中，由于文物库房承担着各类文物的保管、整理、科研，为各种展览输送文物的任务，在博物馆建筑中占据着十分重要的位置。博物馆文物库房建筑需要注意的方面很多，在设计中如何融入科学、合理与实用的理念是至关重要的，因为这直接关系着藏品的安全和科学保管。要使文物库房能满足功能要求，根本的是要研究两方面的问题：一是安全，文物库房建筑首先是要保证文物的安全；其次是造成文物损坏的环境因素，力求将库房环境控制在适合文物存放的条件内，具备形成独立保存环境的功能。

（一）文物库房的选址和布局

建设文物库房要从文物库房的选址开始。文物库房的选址非常重要，首先要建在地势干燥，地基坚固而稳定的地方，其次要远离有污染的工业场所、喧闹的商业场所和居民生活区，尽量降低直接或间接对文物产生危害的各种因素。同时，主动改造周边环境，在文物库房、博物馆的周边植树绿化，不但能美化环境，而且有净化空气、杀菌、降温、降尘的功效。

在充分考虑满足文物库房对于安全防护要求的前提下，应考虑到以后博物馆各项事业发展的需要。目前，新疆博物馆文物库房和陈列展厅都为相互独立的建筑，总体上不利于文物安全。规划新建的文物库房应建有通向陈列厅的专用内部通道，使得文物库房与陈列厅成为一个整体，有效地减少文物在运输过程中可能的安全隐患。这既符合安全保护的要求，也有利于陈列展览工作的正常开展。

（二）文物库房的建筑形式和结构

从新疆博物馆文物库房的现状来看，修建时由于受到资金限制，未能充分考虑新疆地区冬季寒冷、降雪多，夏季炎热、干燥，昼夜温差变化悬殊，且风沙大，灰尘多等自然条件和特殊的地理环境。因此，文物库房在设计上存在许多缺陷。

整体建筑为地下一层，地上三层的砖混结构建筑，抗震能力有限。库房只有两侧有回廊，屋顶没有遮阳棚，造成没有回廊一侧的文物库房和顶楼夏季炎热，冬季寒冷，室内温度变化很大。楼层之间只有楼梯没有坡道，文物出入库只能靠保管员手拿肩扛，对文物安全十分不利。虽然有 21 间文物库房，但每间面积只有 60 平方米左右，相对于省级博物馆来说库存容量十分有限，许多文物只能装入箱中进行存放。

库房的建设是文物保管的基础，规划新建的文物库房应充分考虑以前的经验教训。文物库房的建筑首先要坚固，应根据当地的抗震标准和承受能力来修建，抗震性能强，隔绝性能好。门、窗密封要严，防止污染物进人库内。作为库房结构来说，要在库房外门和内门之间加装一个过渡间，防止室外空气侵入，干扰库房内温湿度。库房外要专门设有回廊，这不但能增强库房的安全性，也能减少外界对库房的影响。文物库房的建筑只有隔绝性能好，才能做到库内的温度和湿度不受外界大气变化的影响，才能按照所藏文物的材质，对环境的要求调节库内的温度和相对湿度。

（三）文物库房的环境控制

在博物馆建筑中文物库房的防护问题尤为突出，这也是库房建筑不同于其他类型公共建筑的特点之一。收藏有大量珍贵文化遗产的博物馆文物库房建筑，要具备全面而严密的防护能力。防护能力体现在多方面，涉及的内容与领域也较多。为了保障文物安全，除最基本的要做到防盗、防火、防水外，还必须建设适宜的库房文物保管环境。

在影响文物保存环境状况诸因素中，空气中的温湿度是最基本的因素，是直接影响甚至决定一切物理、化学、生物作用的两个基本条件。因此，必须有效地控制温湿度，使温湿度的变化趋于缓和，让温湿度的变化振幅尽量减小，不至于危害文物的安全。库房环境的温度和相对湿度能够按所藏文物的材质进行调节，适应所藏文物对环境的要求，使文物保存环境尽量达到一个稳定的状态。

新疆博物馆现有文物库房没有空调、库内的温度和相对湿度全靠自然调节，所有文物均处于自然存放状态之中。库房的墙体隔绝性能比较好，库内没有引起潮湿的因素，但是，通风系统落后，门、窗密封不严，容易进入沙尘。新疆四季和早晚温差较大，库内没有回廊一侧的库房温差较大，不利于文物的保护。在新文物库房建设中，要配备的空气清新与过滤系统和恒温恒湿装置等文物保护基本设施，结合本馆藏品分布状况认真分析不同质地文物对保存环境的主要技术要求和文物库房的环境状况，进行专门设计。使用恒温恒湿机组对改造库房的温度、相对湿度和空气中可吸入颗粒物加以控制。

其次，空气污染也是对馆藏文物保存环境影响较大的因素，包括外部空气污染和库房内消毒造成的空气污染。乌鲁木齐地区空气中污染物主要以可吸入颗粒和二氧化硫为主，这也是影响新疆博物馆馆藏文物保存环境的主要因素。在库房内部消毒上，新疆博物馆主要使用天然樟脑粉和环氧乙烷作为文物消毒药品，坚持文物入库前的杀虫、灭菌，原有文物及时观察，做消毒处理，保障了文物的安全。文物库房从使用至今，没有发生过微生物、虫类和鼠害侵害文物的事件。但文物库房无论使用什么杀虫药，都是对库房环境的污染，都是对长期工作在库房的保管员健康的伤害。根据这些问题，新疆博物馆计划在二期文物库房改造时，先委托专业机构对文物库房内外空气质量状况进行检测分析，做到有的放矢，有针对性地确定空气净化项目。通过优化通风系统，安装空气净化装置，用低污染药品消毒等措施，使空气污染得到控制或净化，创建一个没有污染的、清洁的、适宜文物保存的库房小环境。

最后，在光源的选择上也应注意，库房内灯光的强度与其破坏性成正比，光越强，破坏性越大，必须对库房光源进行有效控制。库内的灯要用冷光源和无紫外光灯，以减少紫外光对文物的损害，对于光比较敏感的藏品应放在柜内保存。

文物库房建设是博物馆建设中的一项基础性工作，也是博物馆更好的发挥社会效益的根基。文物保管必须与时俱进，加大投资，进一步提高管理的科技水平，在修建文物库房时必须要达到保护与收藏的要求，进而从根本上解决博物馆文物藏品有序存放，科学保管的问题。筹备中的新疆博物馆二期文物库房，在改造过程中既要将改造项目合理性和实用性一并加以考虑，同时也要考虑它的前瞻性、规范性，为文物创造最佳保存环境。

周口店遗址博物馆新建过程中的藏品库房建设

周口店北京人遗址博物馆　宁　娟

近年来，随着文化事业的繁荣，博物馆事业的取得了长足的发展，博物馆的数量进一步增加，截止到2010年，我国已经注册的博物馆的数量已经达到了3415家，与此同时，博物馆事业的发展也体现在很多原有馆舍开始改建、扩建。这些博物馆无一例外地会遇到藏品库房建设的问题。藏品是博物馆一切工作的基础，保管好藏品是一个博物馆赖以生存的基础，而藏品大部分时间会保存在藏品库房之内。因此，藏品库房的建设，就成为博物馆的新建过程中的一个最为关键和重要的一环，是博物馆新建过程中的重中之重，是衡量一家博物馆建筑水平的重要标志之一。同时，为了更好地保管藏品，利于藏品的保护，在藏品库房建设之初，必须将其内部设备设施的进行全面的考虑，为将来更新和扩充做好准备。

周口店遗址博物馆是一座遗址类博物馆，在遗址内出土了大量珍贵的古人类化石、古脊椎动物化石以及人类遗物等，数量巨大，随着科学研究的推进、考古发掘工作仍在进行，因此藏品数量还在不断增加。为了更好地保护大遗址，周口店遗址博物馆将进行博物馆新馆建设，藏品库房的建设也是新馆建设的最重要和核心的内容之一。下面就以周口店遗址博物馆为例，简述博物馆新建过程中的藏品库房建设。

一　藏品库房选址

藏品库房是进行藏品保管的主要场所，应该能使藏品得到最为妥善的保护，因此，库房的选址首先必须要满足防尘、防有害气体、防虫、防潮、防紫外线、防火和防盗的要求。

1. 考虑到北京地区气候比较干燥，一年四季光照时间较长，因此，周口店遗址博物馆新馆的藏品库房选择了建设地下库房，很好地满足了光线的问题，同时，在考虑防火防盗的问题上，库房区域与展出区域为两个通道，除了相关工作人员，其他人不得进入库房区域，并配备了相关的安防技防设备设施。

2. 藏品库房建筑也应充分考虑防止地震、泥石流等不可抗力的自然灾害对藏品带来的影响。因此，库房建筑主体须坚固结实，内部布局合理，方便藏品的入库排架。周口店遗址博物馆藏品库房采用了坚固的钢结构，将藏品库房按照分类进行分别间隔，有利于藏品合理地进行排架保存。

3. 藏品库房的位置。藏品库房的位置对藏品的保护管理、安全防范、防火以及博物馆的环境都有较大影响。一般来说，藏品库房应与陈列室既有分隔，又有联系。分隔是为了防止外界人员混入，以保证库房的安全；联系是为了展品运送的方便。藏品库房要与博物馆其他各部分组成统一有机的整体，建筑紧凑，节省用地，结构经济，并与环境相协调。为了藏品运输安全，藏品库房选址必须要考虑到藏品运输问题。周口店遗址博物馆的新馆藏品库房与展厅联系紧密，并且有专门的藏品运输通道以及专门的藏品运送电梯，能够保证在运输过程中的藏品安全。

4. 周口店遗址博物馆的藏品以化石标本为主，标本保存需要较为恒定的温湿度，因此在建设的过程中，库房建筑本体考虑到应该具有很好的隔潮隔尘的作用。标本库房建设在地下，在做好建筑墙体的隔潮效果后，可以很方便地通过设备设施来控制其温度和湿度。

二　藏品库房建设中应注意的几个问题

1. 藏品库房面积应该合理。藏品库面积的大小，取决于博物馆的性质和馆藏量的大小。周口店遗址博物馆属于自然科学类的专题性博物馆，库房内馆藏品数量较大，但相对分类比较单一，因此，库房面积较小，则不能满足未来馆藏品的数量增加或者对馆藏品进行排架等日常工作的要求；库房面积过大，则不方便藏品的保护和管理。按照博物馆新馆建设的要求，周口店遗址博物馆的藏品库房面积占整个新馆面积的五分之一以上，能够满足藏品库房建设的要求。

2. 为了更好地保护藏品，周口店遗址博物馆的藏品库房进行了分级、分库管理。在博物馆新馆规划中，周口店遗址博物馆设置藏品库房内有珍贵藏品库一个，专门用来存放已经定级的珍贵标本，包括一、二、三级标本；与此同时，按照周口店遗址博物馆的藏品分类，珍贵藏品库房外还设置了一般藏品库房。一般藏品库房分为四个，分别为古生物化石标本库、古人类化石标本库、石器标本库、文化遗物标本库。藏品按照分类入库，可以更好地控制其保存环境，更方便进行保护和管理。

3. 为了保证藏品库房的可持续性，能够在未来的发展中，为接纳更多藏品、更新藏品保护和管理相关的设备设施等，藏品库房应该具有可扩展性。随着科学研究的深入，藏品管理的方式方法也会有很多的改进，藏品保管的设备设施也会有很多更新，因此，在藏品库房建设之初，应考虑到藏品库房的可持续发展，在库房区域留有足够的空间以供未来藏品发展。

4. 藏品库房内部布局应该合理。除了对藏品进行分库分级管理之外，藏品库房内部的布局也应合理。珍贵藏品库房和一般藏品库房之间应该有足够的空间，并保留藏品库房的库前区或者叫做暂存区域，以保证藏品在入库登记之前的保管。藏品库房也应有一定的附属用房，以便对藏品进行入库之前的登记手续和前期处理工作。包括标本暂存室，为接纳藏品入库前开箱清点工作之用，布置在库前区的最前部靠近入口处，便于对外联系和运送藏品的车辆靠近，室内可设电梯或者专用通道以便将藏品运送到各层房间。登记室是对出、入库的藏品进行登记用的工作房间。消毒室是对藏品进行熏蒸消毒的用房。消毒室应设排气管可将有害气体排出室外。室内要有良好的通风和采光照明。清洗、整理室是对藏品进行清洗整理的一般工作房间。编目室是库前区较重要的房间。藏品经过接纳登记、清洗、整理、消毒等处理后，在编目室进行鉴定编目后即可入库。编目室内应附有一间暂存库。与此同时，为了更好地保护藏品，周口店遗址博物馆在新建的藏品库房中，专门单独开辟了藏品保护修复室。

三 藏品库房配套设备设施

在库房建设的过程中，主体建筑是非常关键的，但在藏品保管的过程中，藏品库房的配套设备设施对藏品保护同样具有极其重要的作用。

藏品库房的建立就是为了更好地保护和管理藏品。藏品是博物馆一切工作的物质基础，是珍贵的国家财产，具有不可再生性，如何保护好藏品，是藏品管理和保护研究的终极目的，也是藏品库房建设的最终目标。为了使藏品能够永续利用，藏品库房的配套设备设施就显得尤为重要。

1. 藏品库房的安防设施。藏品是国家财产，防火防盗是博物馆首先必须达到的目的。因此，博物馆藏品库房建设中必须安装安防设备设施。周口店遗址博物馆新馆库房的藏品安防设施进行了专门的设计，计划对整个库房进行安全监控，并安装先进的消防设施。

2. 藏品库房建设中，不可或缺的是藏品保管相关的设备。包括藏品的消毒、熏蒸、清洗、整理等所需要的设备设施。在库房建设之初，就需要提前考虑安装这些设备，以免建设完成无法安装。进入库房，应安装风淋设备，在藏品入库登记环节，需要安装清洗熏蒸消毒设备。周口店遗址博物馆为了更好地保护藏品，在新馆规划中，已将这些设备设施纳入到新馆藏品库房建设计划之内。

3. 温湿度控制设备。藏品库房的建设，是为了藏品保护和管理，而温湿度的变化，是影响藏品保存的最主要因素之一。周口店遗址博物馆新馆的藏品库房重视温湿度变化的控制，专门设计了温湿度调控设备，按照化石标本的分类，对每个分类库房进行温湿度控制。

4. 藏品保护的设备设施。藏品库房内还应包括对藏品进行保护保养的设备设施，甚至包括一些藏品研究的设备。藏品在长期的保管过程中，时间会让藏品产生很多无法避免的细小破坏，及时进行保护和保养，可以避免产生更大的藏品损坏。周口店遗址博物馆在新建的藏品库房中，专门单独开辟了藏品保护修复室，修复室内部配备藏品修复的设备设施，包括显微镜修复设备，环形放大镜设备，空气洁净设备、修复专用器械、标本清洗机、标本打磨设备等等。

这些可以随时保证周口店遗址博物馆的藏品如标本化石等，可以及时得到修复和保养。

博物馆藏品库房建设是任何一座新建或改扩建博物馆需要面临和解决的重要问题。博物馆修建藏品库房，不仅是博物馆建筑所必需，而且是博物馆建筑的一个重要组成部分，是关系博物馆藏品是否安全和保管好坏的重要条件。藏品库房的建设效果如何，也是博物馆管理水平的一个重要体现。在博物馆新馆建设过程中，博物馆新建藏品库房的建筑设计、设备设施等等相关主题，是博物馆事业发展研究的一个重要方向，周口店遗址博物馆在努力达到一流藏品库房的水平的同时，也在进行相关的研究探索。

浅谈中小型博物馆的文物库房建设

北京古代建筑博物馆　宋长忠

博物馆藏品数量是一个衡量博物馆实力的指标，体现了博物馆的综合实力，同时也是博物馆存在的物质基础，对博物馆具有实质性的意义。我们一直致力于文物的征集与收藏就是为丰富博物馆的藏品，提升博物馆的实力。众所周知文物征集收藏不是目的，而是一种手段，而真正的目的在于更好地保护文物，充分利用文物的科学价值。因此如何能更好地保管好、利用好文物藏品才是我们努力的方向。

博物馆在神州大地上走过了沧桑百年，在这一百多年的发展历程中，博物馆从无到有，从小到大，进入新世纪后我国博物馆事业迎来了发展的新的高峰，截至2010年全国共有博物馆3415家。博物馆事业发展的局面令国人欣喜，但同时博物馆的现状也不容乐观，在全部博物馆中小型馆占据了绝大多数。在如此众多的小型博物馆中还存在这样那样不尽如人意的地方，例如小型博物馆在文物库房建设方面还有待加强。

北京古代建筑博物馆2011年对文物库房进行了升级改造，笔者作为博物馆文物藏品管理人员，亲身参与了此项工程。现结合笔者在文物藏品管理过程中一些认识以及本次库房改造过程中的具体情况，谈一下对中小博物馆文物库房建设的一些认识，与大家探讨，希望得到大家的指正。

一　中小博物馆文物库房建设刻不容缓

文物藏品是博物馆存在的物质基础，是博物馆立馆之根。因此，文物藏品对于博物馆的重要性是不言而喻的，但在现实工作中，对文物藏品保存方面的重视似乎还不能得到与其重要性相适应的对待，这一表现在中小博物馆中较为突出。

近年来，我国博物馆事业发展速度迅猛，涌现出一大批新建博物馆，与博物馆的新建速度相比较博物馆文物库房的建设步伐显得有些缓慢，据统计，截至2002年，我国博物馆文物库房有87%尚未解决或彻底解决库房温、湿度的人工控制问题。由于文物库房条件的好坏，环境的优劣将直接作用于文物藏品，对其能否长期保存有直接的影响。

在现实工作中有些博物馆建有文物库房，这些库房只是因为存放的是文物，所以被叫做文物库房，但其本质和普通的房屋并无太大的区别。还有一些博物馆使用古代建筑的宫殿、寺院、庙宇建筑等作为文物库房，条件之差令人惊讶。这些所谓的文物库房存在着大量的隐患，如水患、鼠患以及安全隐患等等。这些库房尽管他们在特定的条件下起到了一定的对文物的保护作用，但从长远发展的角度来说，他们已经不能适应新时期博物馆事业发展的需要。

还有一些小型博物馆干脆就没有文物库房。例如2000年时的陕西周原博物馆，其馆藏品中有近百件国宝级珍贵文物，在历史研究上具有重要地位，但由于没有自己的文物库房，只能将大量文物存放在法门寺的地库中。

目前，在中小博物馆中文物库房问题普遍存在，已经成为影响文博事业健康发展的因素之一 。所以解决中小博物馆文物库房问题刻不容缓。

二　中小博物馆文物库房建设要适度超前

文物库房作为文物的长期居住场所与文物的保护工作伴随一生，库房建设计建造的“宜居”与否直接影响着馆藏文物的“身”、“芯”健康。我们要本着对历史负责、对社会负责、对文物负责的高度责任心为文物设计建造好“宜居”的文物库房。

在现实中每个博物馆的馆情不同，有的在发达地区，有的位于内陆偏远地区；有些博物馆经济条件较好，有些就相对差一些。因此，文物库房建设一定不能脱离博物馆的馆情，盲目追求高标准、和现代化，最终只能造成不必要的浪费。另外，由于博物馆性质不同，所涉及的文物藏品种类多样，因此文物库房的建设要求也不相同，搞一刀切或是拿来主义都是行不通的，但性质相近的博物馆文物库房建设的经验还是可以借鉴的。

由于我国幅员辽阔，从南到北，从东到西地域差别和气候差别显著，因此文物库房建设还要充分考虑到这些因素。南方湿润多雨，北方严寒多风这些自然条件就决定了南北方文物库房建设的标准和工艺的不同。

中小型博物馆日常运作资金并不十分充裕，所以每笔支出都要谨慎，投入要物有所值，万不可轻率、盲目从事，经费预算多的可以起点定的高一些；如果条件不是很好的博物馆就应该本着实用、可靠的思路出发。

中小型博物馆要有发展的眼光，根据实际情况适度适当地进行一些超前设计，切不可贪大求全，而在科技防护方面可以预留适当空间，以备将来发展之需。中小博物馆文物库房建设的超前思路主要是因为博物馆自身的条件和所处的地位决定的。第一，文物藏品对博物馆来说是最最重要的核心财富，不能出现任何闪失，因此保护文物藏品是博物馆工作的首要任务，而文物库房又是实现这一任务的关键，应该对其进行着重投资。第二，现代化的推进促进了现代化文物库房的发展，各种先进的文保设备在文物库房中大量使用。在今后很长的一段时间里随着事业发展，更多更好的现代化设备会陆续进入文物库房，为今后文物保护设备更新发展预留更多的接口，提高文物库房的现代化水品，从而更好地实现文物保护的目的。第三，文物不同于一般物品，具有不可再生的性质，一旦进入文物库房，就要尽可能少的移动，从而减少人为损坏的可能。减少或避免文物的来回挪动，搬运等行为的发生，能确保文物免遭损失和破坏，因此文物库房建成后就要使用很长时间，从长期性的考虑出发，要使用更高的建筑施工标准和质量可靠的建筑材料。第四，出于人性化的管理也应该充分考虑到文物库房管理人员的工作环境，超前的设计体现了人性的关怀，舒适的工作环境有利于文物工作者安全高效的工作，从而起到保护文物藏品的间接作用。中小博物馆在建设文物库房时从馆情出发，因地制宜，进行适度超前的设计就是文物藏品保护任务中的“天时、地利、人和”，得此三者，事可成矣。

三　文物库房建设的基本程序

博物馆文物库房的建设是博物馆工作中的一件大事，从其调研立项到工程竣工有一套完整的程序，了解这一过程对文物库房建设施工有很大的帮助。下面我就文物库房建设的基本过程做一下简单介绍。

（一）立项

进行博物馆文物库房建设施工首先就要工程项目立项。在立项的过程中首先要根据博物馆的规模，文物藏品数量的多少以及今后博物馆的发展情况进行综合考量，制定文物库房的建筑规模、等级、形式等规划，在这个过程中还要邀请相关专家或专业人士进行论证，方案成型后就可以上报申请了。立项得到批准后，就可进行招投标工作了。

（二）招投标

根据财政制度的要求 100 万以下的项目不需要招投标，操作相对简单；而 100 万以上项目要进行招投标工作。以 100 万以上工程为例，第一步选定有资质招投标代理公司，制作投标具体要求，其中的内容主要包括投标公司的资质、项目的规模、项目说明等内容。招投标代理公司将制作好的项目相关要求在公共媒体或网络上进行广告，凡符合要求中相关资质的建设单位都可以到代理公司购买标书，并在规定的期限内完成项目标书，进行投标。博物馆方、代理招标公司方、投标方之后会进行开标和评标工作，最后经综合考量打分，确定中标单位。中标后还要进行网上公示，公示期满后签订项目建设合同，接下来就是具体的施工过程了。

（三）建筑施工

文物库房施工阶段，博物馆工作人员参与的工作就相对的较少了，但在这个期间还要做以下几件事。首先是在施工前与施工方进行充分的沟通与交流，以确保博物馆方的设计规划和具体要求能够得到落实，其中包括中标方设计图纸上并不符合博物馆文物库房要求的地方，还要提出具体的改造要求；另外从博物馆专业出发提出文物库房的相关要求，比如，建筑地基的高度、墙体的厚度以及门窗的参数，安全等级、朝向等等。其次，还要选定有资质的监理公司，对施工方进行工程项目监理，引入第三方监理有利于工程质量的提高和预防腐败的发生。最后，在施工的过程中还要经常到施工现场巡视，发现问题及时提出。另外巡视还可以起到监督监理方和施工方的作用，确保各方尽职尽责，保证工程质量。

（四）工程验收

文物库房施工结束后，由博物馆方、施工方、监理方以及相关专家一同对工程进行验收，其内容主要是依据签订的施工合同，逐项进行验收，确保项目符合并达到博物馆方的标准 。另外，还要验收在施工过程中博物馆提出的调整意见是否得到落实。最后，还有一项内容就是建设资料的收集归档工作情况，要求代理招标公司方、承建方、监理方将手中的项目资料整理后交给博物馆方，大致包括项目说明书、标书、施工合同、后续补充合同、设计图、上下水及电路图、建材合格证等项内容。通过现场验收、和材料验收后，就可以签订验收报告了。

四　文物库房建设施工中的一些注意事项

文物库房不同于平常的民用建筑，它的侧重点在于建筑的特殊性与功能性，因此在博物馆文物藏品库房建设工作中，有以下几点应值得注意。

（一）坚固

文物对博物馆来说至关重要，文物进入库房就不能出现任何闪失，防抢、防盗、防破坏是最基本的要求，因此文物库房整体的强度应首先得到保障。墙体的厚度、使用材料的质量、建筑设计的可靠性等是实现文物库房整体坚固的基础。2008 年 5 月 12 日下午 2∶28 分，四川汶川发生特大地震，绵阳成为重灾区。坚固的绵阳中心库房位于博物馆最底层，处于半地下状态。现存放文物

25000 余件，其中珍贵文物 5000 余件。5 月 13 日上午，绵阳市文物局（市博物馆）领导带领展览保管部业务人员冒着余震的危险进入中心库房查看文物受损情况。令人意想不到的是整个库房受损情况轻微，全库只有一件直接放在地面的三级文物（清代彩瓷瓶）被震倒摔碎受损。然而，与绵阳中心库房相比，仍然存放在各县（市）文管所、博物馆简陋库房中的可移动文物却损失惨重。北川县 805 件红军文物和羌族民族文物全部掩埋在废墟之中，江油市损坏 600 余件，三台县损坏 110 余件，安县损坏 40 余件，盐亭县损坏 60 余件，平武县损坏 3 件。上述数据从侧面说明了文物库房坚固的重要性，同时也反映了中小博物馆文物库房的现状还是令人担忧的。

（二）防盗

由于文物藏品具有较高的经济价值，所以其一直是犯罪分子关注的重点目标。设计建造文物藏品库房应当充分考虑防盗措施。比如文物库房大门就要具有防撬、防破坏、防火保温等功能。另外，双重锁具、多锁点也是基本要求。文物库房的窗子的设置也很有讲究，因为设置了窗子就会增加文物藏品的安全隐患，所以有些文物库房干脆就没有窗子。如果必须开窗，那就要仔细考虑窗口的位置与大小，并配备必要的安全防护装置。窗口的高度应该高于库房内的文物藏品架、柜，在外部要高于正常人身高的高度，这样就不利于外部攀爬和钻窗盗窃。同时，门窗的防盗报警性能、光控监视仪等也需要配套使用，才能提高防盗水平。

（三）防潮湿

由于文物藏品种类丰富，历史久远，他们大多较为脆弱，因此对文物库房的要求都较为苛刻，温度和湿度变化都会加速文物藏品的消亡速度。为了保护好文物藏品文物库房应尽量保证恒温、恒湿，但这在中小博物馆文物库房当中很难实现，所以我们在进行文物库房建设时就要对其防潮处理格外仔细，尤其是在温度、湿度较高的地方。解决防雨、防潮问题首先就要在选址上，挑选地势较高、不易积水的地段；其次，还要做好建筑物地基的防潮处理，尽可能的多做几层防潮层。地基和墙体连接处也要进行防潮湿处理。最后在加强地基和墙体防潮湿工作的同时还要注意屋顶的防雨、防漏工作。

（四）防火

火灾的破坏力巨大，对文物藏品安全威胁最为严重，如果文物库房失火往往会造成大批量的文物损毁，并且大多数是彻底损毁无法修复，因此防止火患是文物库房建设的关键。本着减少和杜绝火灾发生的出发点，我们在设计建造文物库房时应尽量减少使用可燃性建筑材料，如果确需使用，就应进行相应的阻燃处理。随着现代建筑技术的广泛应用和新博物馆建设的推进，钢筋混凝土等现代建筑材料被广泛使用，取代了传统的木质梁架，极大地降低了发生火灾的可能，提高了文物库房的防火水平。

（五）防污染

近年来现代化的建筑材料被广泛地应用到各种建筑施工领域，使得建筑施工效率大大提高，建筑物的强度也得到了保证。如今在中小博物馆文物库房建设工程中也使用了大量的现代建筑材料，从而使得文物库房的强度、空间、结构都有了很大的提升。环境更加美观，性能更加出色，可靠性也是大为提高，这些特点都使得现代建筑材料大有取代传统建筑材料的趋势。但是，在现代建筑材料的大量使用的同时，也随之出现了一些新的问题，比如污染问题。由于新型建筑材料是以现代高分子材料学为基础的新型材料，它们大多具有一定挥发性，这就产生了一些新的污染源，大量的苯类、酚类物质会释放到文物库房当中，形成室内污染，再加之文物库房相对封闭，其内部空气流动性相对较差，造成大量污染物充斥其中，这些污染作用在文物上就会对其产生严重的损害，因此使用现代建筑材料也具有一定风险，需要我们谨慎对待。

五 结 语

文物库房建设是博物馆工作中的头等大事，尤其是在中小型博物馆中，在资金有限的情况下，科学地进行统筹规划，充分地利用好每一分钱，高水平、高质量地设计建造好自己的文物库房，为文物藏品提供一个安全、舒适的保存场所，最大限度地延长文物藏品寿命，为博物馆可持续性发展提供强有力的支持，促进文博事业的大发展、大繁荣。

文物库房搬迁工作中安全问题

北京古代建筑博物馆　张　辉

北京古代建筑博物馆，坐落于北京西南方的北京先农坛内，是一处以收藏展示中国古代建筑技术艺术为主题的科普类型博物馆。建馆24年来，博物馆的基础设施从无到有、从临时到专业，经历了较为漫长的过程。特别是文物库房，历经若干次搬迁，使用了不同场所，也面对过不同的存放环境。2011年，经过漫长的努力，我馆终于将西坛墙附近的一处原存放模型的红砖木质梁架结构库房翻建为钢梁结构库房，并正式作为本馆文物库，同时按照国家局要求实现三铁一器。这样，困扰多年的无正式文物库的问题终于得到初步解决。

2011年是古建馆《中国古代建筑展》基本陈列改陈年。这一年中要完成的业务工作首推陈列撤展、布展，以及相关的展品出入库。这些内容的操作无一例外地都涉及到文物展品的安全问题。摆在面前的情况是：多年来的工作欠账导致文物临时存放地的处处开花；改陈整体进度为文物搬迁所预留的时间短暂，仅30余天；该职能涉及的业务部门只有五人，不可避免地会出现工作实施中的疲于应付，监管人力不够。但文物的安全问题并不因这些客观困难的存在而减少，反而一定程度上可能加深。这是工作实施前的最大担心之处。

比如，由于常年来缺乏专用库房，古建馆和许多其他中小型馆一样，馆藏文物的存放处于到处撒盐的状态，先农坛拜殿西尽间用钢龙骨石膏板墙隔出古建一开间，作为馆藏品中小件藏品临时库，该库因处于古建中，虽场地环境的安保尚可，但文物的出入要经过古建筑的高阶及狭窄的台明，存在一定场地回旋上的人员安全隐患；太岁殿与神厨两组建筑之间的夹道，原建有钢架大棚，用来存放大型石质文物，因文物具有相当的体量、质量，毋庸置疑地搬运中肯定要存在不同程度磕碰或局部摩擦等安全问题；同时办公用房后还零散堆放着一些文物，需要翻越围墙才能转运。

再如新建的库房也不是处处都能合乎使用要求。其一，由于库房建设中的资金使用原因，导致原本计划于2010年11月交付使用的库房直到10月时尚未建设，只平整土地、清运完建筑渣土，时至冬季，整体建设工作就此搁浅。至来年2011年3月时继续开工，而进度是要求同年5月交付使用，短短两个月的期限要完成土建、装修、通风晾干等程序，尤其是对于文物库房最为关键的通风晾干来说，无异于天方夜谭。但现实的工作进度如此，于是赶工完成进度。俗话说慢工出细活儿，此时赶工的情况下不可避免有瑕疵，如地基在极度潮湿（与泥地无异）根本没有进行大量搅拌生石灰去除水分的情况下就打上水泥地面，这就为以后水泥地面返潮埋下隐患。同时，为了安置展厅撤展展品搭建的临时库，由于采用彩钢板作为建材，存在不同程度的渗漏，其所在的院门由于有木质门槛，进出极其不便等诸问题。

作为馆里2011年一项重大工作安排，虽然存在前述诸多的困难与问题，但是库房的搬迁不仅是必需的，而且还要严格按照安全操作规范程序予以稳妥完成。为此，通过对存在问题的逐一分析，我们采取了以下应对的解决办法：

首先，对此次库房搬迁工作给予了高度的重视。以往强调的认识自不必言，这次特别强调的是专业认识。该项工作由本馆保管部门负责，项目开始前召开部门座谈会，就面临的具体技术问题及大家可以想象到的困难充分交换认识，并拿出可操作的应对方法。部门一再强调的是，必须本着对文物负责的态度一丝不苟，文物的旧库出库、搬运、新库上架个程序严格把关，仔细核对。工作中文物安全、人员安全第一，绝不强行操作，操作过程绝不赶工。

其次，项目实施人员分配上体现出合理性、流程上跟进到位。保管部门一共5人，主任1名、总账管理员1名、库管员3名。实施前，由总账管理员将大帐做出复印件，然后由总账管理员和库管员联合清对藏品，在大帐复印件上标识出藏品所处位置，以利搬运时明晰；实施当天，由部门主任带领一名库管员执大帐复印件负责旧库文物出库，并开出现场装运文物的核对清单交由搬运人员，同时，新库由另两名库管负责指挥上架，总账则现场进行接收核对。这样做到全程严丝合缝，确保了文物的安全。

再次，通过一切努力在项目实施前力所能及的改进了硬件中存在的问题，在实施的最后时刻加强了硬件设施的规范性。硬件设施存在的问题，更多地涉及到相关人员的思想重视程度没有准确到位。但这种不到位会直接影响到将来文物管理中的文物安全。特别是前述的新库房地基未干透即进行地面施工，这是一个可能祸及文物安全的重大隐患。通过艰苦反复的协调工作，在外联专业博物馆展架施工单位的指导意见下，由市文物局古建公司对新库房地面铺装了地溜平（环氧树脂，一种专用于文物库房地面防潮的化学材料，有很好的隔潮作用）。这一措施的补上，真正为文物库房的地面防潮打了“保票”。同时对于库房设计施工单位建设过程中因没有与使用方及时沟通造成的其他不该存在的问题，譬如新库房大门门槛高度不符要求、临时库门槛高度不符要求、临时库院门木质门槛过高不便进出等问题，都请市文物局古建公司协助制作了钢质或木质可放置内外两侧使用的人工坡道。这些看起来虽有“马后炮”式的补救措施，在很大程度上发挥了重要的补漏功效，花费不多但效果显著。

第四，发动馆内可调动的力量适时参与此项工作，做到既不加重协作部门的负担，又能发挥重要作用。由于文物库房搬迁由保管部门实施，但该部门人员不足的问题不可回避，特别是在从旧库到新库转运过程中出现的无馆内人员值守的情况，是安全工作所不允许的。为此，馆里安排保卫部门2人分上下午轮流对文物从旧库到新库转运过程进行值守，完善了文物搬运全程的安全系数。

最后一点，就是请专业文物搬运公司进行项目实施是关键中的关键。我馆的馆藏品中，有相当部分是石质文物，这些文物的特点就是笨重，不易移动。2011年的文物库房搬迁工作开始前，针对实施资金所限调研了几家单位，就文物搬运的专业性进行了比对，最后选中在北京文博界具有近25年实践经验的北京五塔寺文化艺术发展有限公司进行石质文物搬运。虽然从资金支出上讲要比其他搬运企业多一些，但该公司经验极其丰富，其搬运工人具有在文博系统常年工作的实践经验，可以说对于石质文物的搬运上架都能在无值守情况下顺利完成。本着突出文物安全操作第一的原则、突出性价比的原则，“好钢要用在刀刃上”，馆里确定由其作为搬运单位。实践证明，具有专业经验的实施单位的确为博物馆的文物搬运中的安全工作省却大量宝贵经历和时间。

通过2011年我馆文物库房搬运专项工作的实施，不难看出在多样复杂的中小博物馆生存环境的现实情况下，严格恪守文物保管安全、搬运安全、存储环境安全等方面的意识不仅十分必要，而且更应加强。虽然一些馆的硬件设施相比以前有所改善，制度也在不断完善，但更关键的是人的专业责任心在发挥着无法替代的作用。不为物质条件改善而松懈责任心，应该是对去年这一专项工作实施的最大感想。

浅谈博物馆文物库房的建筑设计理念

孔庙与国子监博物馆　张　慧

博物馆是一个国家、一个城市历史文化的缩影，从现代社会的发展趋势看，博物馆将成为所在国家、地区历史文化的象征。

在博物馆的群体建筑中，藏品库的建筑尤为重要。因为藏品库的建筑结构、装饰材料及空间质量的规划直接影响到藏品的保护及寿命，而藏品是博物馆的心脏，永久性的藏品更是博物馆的灵魂。为了更好地满足博物馆对藏品收藏保管、展览和教育职能的需要，藏品库的建筑设计应具有前瞻性和全面性，必须满足以下条件：即最大限度地满足藏品的保管条件及事业的可持续性发展，包括藏品库房、藏品登记室、消毒室、研究台修复室、藏品库分区、藏品的无障碍运输通道等等，符合藏品的“十防”要求。这些理念要力争在库房设计中得到详尽的体现，使藏品得到充分的保护和利用。

众所周知，藏品是博物馆全部活动的物质基础，没有藏品，就不成其为博物馆。保护藏品的实质是保护其历史价值、艺术价值和科学价值。为此，藏品库的设计首先具有安全性、长效性、前瞻性、全面性。

一　设计方案计划书

建筑的灵魂体现在它的设计理念上，没有一个好的设计，就不可能有好的建筑。随着现代化水平的不断提高，藏品库房设计使用功能也日趋多样化。

（一）选址与布局

1. 藏品库的选址和布局应有长远规划

必须根据本馆的性质、藏品数量，使库房建筑结构更加合理，充分满足博物馆发展的需要。做到必须有博物馆专家共同参与，严禁只是交钥匙工程。要充分考虑藏品库的特殊性，合理选址，多地点选择、比较，确保文物的安全性。设计者应注意建筑同周围的关系及建筑的内部结构，避免窗户设计过大，导致温湿度难以控制。

2. 藏品库的设计要力求功能齐全

安全是博物馆的生命线，安全主要通过“人防”和“技防”来实现。在设计初期，应充分考虑监控设备的安装位置，避免出现安全死角。要满足藏品保管的“十防”要求，即防火、防震、防盗、防雷、防潮、防光、防尘、防虫、防裂、防空气污染等。

设计初期博物馆工作人员和设计人员应充分听取多方意见或建议，多次进行现场勘察，并参照相关博物馆藏品库的建筑设计，拟出多种设计方案，经过反复研究、对比，最后确定设计方案。

（二）藏品的具体分析

1. 要分析现有藏品的占有空间，根据材质、类型、类别和大小对藏品进行分类，并根据每一类别的比例和特性赋予其相应的分布空间，这样有利于对每一类别藏品的增长速度做出估算，并为以后征集的藏品预留出空间。

2. 应充分考虑藏品的体积、重量和质量，这些关系到空间和地面承载的重量。

3. 空间的质量问题，如安全、环境、监控等，这是必须考虑的，因为它关系到藏品的永久性保存。

4. 藏品库应有较宽敞的通道，利于藏品的运输及展出。并有相应的藏品库分区，便于不同质地藏品的保管。

5. 应配备消毒室、藏品登记室、照相室、研究及修复室等。

二　建筑装饰材料及设备

（一）藏品库对建筑材料的选择尤为重要

施工阶段必须做好对监理人的监督、巡视和检查，做到事前检查、事后监督。对每批次的建筑材料要认真核对，随时进行抽查，严禁那些偷工减料、偷梁换柱的情况发生，确保建筑材料的质量。

（二）设备的选用及安装

1. 藏品的安全保卫是博物馆的重要任务之一，需做到“以防为主，以消为辅”。设计安装“安全管理智能系统”，包括安防监测、报警系统、出入口的电子控制、各个陈列柜的内外所有电子门锁等。所选设备不但安全耐用，而且要为未来的升级和技术改选留有空间。

2. 恒温恒湿设备。温湿度对文物的保管具有不可忽视的影响，控制温湿度是长期保存好文物的重要措施之一。现代化的计算机控制系统可严密地自动控制调节某一个特定范围的小气候。库房内部温湿度受着室外天气的影响，它们的变化息息相关。温湿度的变化能引起器物的膨胀和收缩。如有机物吸收了空气中的水分后，纤维膨胀，排出水分后又重新收缩，导致藏品的变形、开裂、表皮脱落现象的发生，控制好温湿度，也是防止微生物蔓延的重要手段。

3. 采光照明设备。藏品库必须有足够的光线，以保证在藏品收藏或提取时因光线太暗导致的损坏，同时也要符合《博物馆照明设计规范》的要求及有关规定，并将藏品对光的敏感度不同加以分类，如对光线不太敏感的藏品，金属、陶瓷、岩矿等；对光线敏感的藏品，油画、漆器、木器等；对光线特别敏感的藏品，纺织品、古籍善本、文献等。

三　空间质量的规划

1. 藏品库所有的通道和开口做详尽的规划。所有库门、通道、大厅及电梯的尺寸及藏品运输到展厅的距离要测量，尽可能全面。楼层的高度、台阶的数量，任何转弯处等也应具体注明。

2. 对于存放藏品的柜架、囊匣，应测定出它们所占有的面积，使空间得到充分利用，同时也便于提取藏品。对于各类藏品，尤其是大型、珍贵藏品的搬运及存放问题，可利用大型叉车直接开进升降梯、库房和展厅，避免因搬运途中带来的文物损坏。

3. 充分考虑藏品的存放空间。多大的空间、什么样尺寸才是最有效的？尤其是大件藏品，避免陈列和下架时所引起的各类问题的发生，如在搬运甲文物时意外碰倒了乙文物。因此，空间应被设计为能够容纳标准尺寸的藏品。

4. 全面考虑藏品的空间利用率，既保证藏品的安全，又要考虑人和藏品的安全走动，通道是否畅通？展柜内的藏品收藏是否太挤？藏品存放的高度是否合适，员工是否可以安全取到？每一类藏品的增长速度及预留空间是否明确？藏品库剩余面积是多少？同时，空间需求的规划设计还应考虑足够的流通空间。这些问题的考虑都应尽可能的全面。

5. 在设定收藏空间时，必须为今后潜在的变动预留空间。

6. 出于对藏品密度的考虑，空间设备的增加也是可能的，因为空间的功效依赖于它的配置。

总之，为未来规划是任何一家博物馆在规划中的工作之一。搞好藏品库房的建筑布局和功能区分，将现代设施和计算机管理纳入藏品库的设计建设中，借鉴各馆经验，不断完善，凡涉及藏品库设计和建设之事，均应全面考虑。

博物馆藏品保管功能用房设计的实践与思考

中国国家博物馆　安　莉

2012年3月1日，竖立在天安门广场东侧的中国国家博物馆（以下简称国博）新馆正式开馆。建筑面积将近20万平方米，居世界博物馆之首，国博"已成为拥有5千年辉煌历史文明大国的一张靓丽文化名片，是中国特色社会主义文化大发展大繁荣的标志性建筑"。

中国国家博物馆是由原中国历史博物馆和中国革命博物馆合并组建而成。2003年3月国博正式挂牌不久，即成立了国家博物馆新馆建筑功能设计工作组，按职能又分为几个小组，分别负责调研、撰写功能设计书的不同章节。从开始进行功能设计到新馆改扩建后重新投入使用，前后经过了将近十年时间。在前期的功能设计期间，功能组查阅了大量国内外资料，并考察调研国内外数十家博物馆，在借鉴、吸收兄弟博物馆的经验、教训的基础上，完成前期的功能设计。笔者有幸参与功能设计书的《文物藏品的收藏、保管与科技保护》等有关章节的调研及起草工作。"实践是检验真理的标准"，国博新馆投入使用已一年有余，本文对国博保管功能用房的设计及使用等相关情况，作以下回顾与思考。

一　国博文物藏品保管与科技保护功能用房设计的实践

根据国家博物馆的收藏、保管与科技保护等具体职能，我们将文保区划分为藏品库区、文物管理区（或库前区）及馆藏文物科技保护中心区三部分。

当时原历博和原革博的藏品共计61万件，包括青铜器、玉器、陶器、瓷器、纺织品、纸质品等几十个种类。其中，原中国历史博物馆的文物藏品数量从1949年的4.2万余件，经过53年间的发展，到2002年底增至41万余件，净增36.8万件。原中国革命博物馆的文物藏品数量到2002年底已拥有近20万件。在新中国成立以来的50余年时间里，两馆共增加文物56.8万件，即年均增长1万余件。根据我们对国博发展前景的展望，预计从2004年至2008年的5年间，将是国家博物馆藏品迅速增长期，当时我们预计年增长量为2万件。而2008年以后藏品增长数量按每年1万件计算。到2030年，国家博物馆的藏品将增加32万件，加上原有的61万件藏品，将达到93万件左右。因此，新国博的文物藏品库按照93万件藏品的规模与标准进行设计。

按照国际通行的博物馆藏品库房一般存放量平均为每平方米30件计算，国博文物藏品库总建筑面积设计为约30000平方米；文物管理区建筑面积为6550平方米；科技保护中心的建筑面积为1250平方米。包括楼梯、过道及安防设施等用地，整个文保区域总建筑面积为37800平方米。

（一）文物管理区

文物管理区，我们又习惯称之为库前区。顾名思义，此区域是文物进入藏品库之前进行处理的场所及内外展文物出纳地。主要担负文物的接收、鉴选、登记、编目，入库前的拍照、消毒、修复等技术处理及内、外展文物的出入馆和寄存等功能。按照新入藏文物入库流程，即捐赠者→文物征集→文物登编→文物拍摄→文物消毒→正式文物库房，文物管理区包括了与流程中各工作环节相关的全部功能用房。

文物管理区建筑面积约6550平方米，使用面积共计4600平方米，按其工作流程及性质分为七个功能区，即文物征集区、文物登编区、文物摄影区、文物消毒区、文物查询区、文物观摩区、文物出纳区。

文物管理区各功能区域的具体组成如下：

1. 文物征集区：包括文物征集库、文物鉴选室、对外接待室；
2. 文物登编区：包括文物编目室、编目库、文物档案室、文物研究室；
3. 文物摄影区：包括文物拍摄室、图像编辑室、图片洗放室；
4. 文物消毒区：包括清洗室、低氧消毒灭菌室、低温灭菌室；
5. 文物查询区：包括文物查询室、图片查询室；

6. 文物观摩区：包括多功能文物鉴赏室、文物观赏库房；

7. 文物出纳区：包括文物装卸平台、文物包装器具库、出展文物库、入展文物库、点交工作间；

另外，根据海关总署要求，建立一个大型的面向全国的海关监管中心，担负文物出入境管理。以及安防系统分控室等辅助性用房。

文物管理区为半开放区，某些区域可对特殊人群开放，且部分为接待区及文物出纳区，来往人员相对校多，宜设在地上一层，且一面靠近藏品库，便于提取文物，另一面靠近博物馆建筑外围，便于与外界联系。海关监管中心要求单独设置，有独立通道与市政道路连接。出纳区的文物装卸平台为适应不同规格的文物装卸车辆需要，还应设置相关的装卸机械。平台附近应安装可直达展陈区的主货梯一部，规格为宽 3 米，进深 4 米，高 3 米，前后均可开门，承重 2.5 吨。

（二）藏品库区

藏品库区是藏品的主要保藏场所及保管人员工作区。博物馆的藏品库房的最大功能就是要最大限度地保藏文物，使之尽量少地受到各种主、客观因素的侵害，使藏品最大限度地留存于世，不断传承。

藏品库区为非开放区，宜独立设置于地下，靠近入库前文物管理区。设封闭性专用无障碍通道和专用货梯与展陈区相连。库房通道要统一，并于整个物流系统相匹配，便于工作及文物提取和运输。

藏品库区面积及建筑要求：总建筑面积约 30000 平方米，使用面积 20910 平方米。层净高 3 ~5 米。楼板承重一般为每平方米 5KN，但是 3 个石刻库房及 1 个铜器库房要求达到每平方米 10KN。根据文物质地、数量及其体积，设置不同规格的文物库房。单个库房使用面积一般应在 100 ~200 平方米。超大文物如汽车等可考虑另建大件库房，面积以 400 平方米为宜。

不同的物质有着不同的适宜保存环境，根据不同质地文物对环境的要求，我们将藏品库区分为Ⅰ、Ⅱ、Ⅲ、Ⅳ、Ⅴ、Ⅵ6 个区。Ⅰ为石刻陶瓷类文物库房，Ⅱ区为金属类文物库房，Ⅲ区为漆木织绣等有机类文物库房，Ⅳ区为书画、文献等纸质文物库房，Ⅴ区为考古发掘品、现代艺术品等混合质地文物库房，Ⅵ区为温湿度缓冲库、暂存库等可与建筑整体温湿度一致的功能用房。各区有大门与其他区相隔。另有几个特殊库房单独考虑。

库区建筑设施要求做到十防：防火、防盗、防震、防雷、防水、防潮、防干、防光、防污染、防虫菌。此外，库区还有以下具体要求：

1. 库区出入口设三防功能（水、火、破坏）大门，规格为宽 2 米，高 3 米，紧邻大门外置货梯两部，规格为宽 2 米，高 3 米，进深 3 米，承重 2 吨。大门内设一风帘过渡室，以作温湿缓冲和除尘。各库安装门禁系统，库区设监控系统。一般库房大门规格宽 2 米，高 2.5 米，大件库房大门宽 3 米，高 4 米。

2. 库房内应避免上下水管道及其他管道通过。

3. 温湿度调节系统因藏品质地而异。

4. 消防采取气体灭火系统，库内置空气过滤系统。

5. 照明使用无热、无红外和紫外线的光纤照明系统。

6. 强弱电线路要求暗管敷设，库房电路控制设备设在库房外，总控制设备在入库前文物管理区。

7. 采用防滑地胶，墙面刷以抗菌涂料。

（三）馆藏文物科技保护中心区

该区主要担负馆藏文物及外来文物修复、复制、保养及对文物环境监测。包括文物保护处理室、文物修复室、文物检测室、工作间、保养文物临时库房、备件材料库房、文保资料查询室、书画装裱间、临摹间等。书画装裱间、文物修复室因需要充足的自然光线，建议设置在建筑物顶层。临摹间层高 4.5 米，两明两暗。

因其工作特殊性，分为馆内科技保护中心和馆外科技保护中心。科技保护中心与文物日常保养、保护关系密切工作职能设置在馆内，靠近藏品库区，如，小件藏品的修复，新入馆藏品的清洁、消毒等。建筑面积约 1250 平方米，使用面积 870 平方米。

二　几点思考

以上是根据藏品保管工作的需求从理论上设计的保管功能用房，最终建成后与之相比有些变化，主要有三个方面，首先是面积随着整个大楼面积的变化也与前期设计有出入；其次是有的功能用房内的具体设施与原设计不符；再次没有按照原设计的功能使用等等。投入使用后，有一些问题便显现出来，现在反思一下，造成这些问题应该有多种原因，有主观的，也有客观的，有些是我们无法左右的，但有些是经过努力可以避免的。根据自己的体会作以下思考：

（一）关于藏品观赏库房

受到国内外博物馆的启发，我们在功能设计中提出设立藏品观摩区，包括观赏库房和文物鉴赏室。

观赏库房，顾名思义，就是可以参观的文物库房，其性质应当介于正式库房与展厅之间，即具有文物库房的安全性，同时也具备展厅的开放性。当然，参观观赏库房不能像参观展厅一样，它也要有一套严格的管理制度。设置观赏库房的意义在于，使普通观众了解文物，了解文物工作，了解文物工作者，进而拉近了普通观众与文物之间的距离，与博物馆工作的距离。使大家在享受祖国灿烂文明的同时，更自觉地提高文物保护意识。再一个，使文物捐赠者可以看到我们保存文物的库房环境，更愿意把自己收藏的文物捐献国家。我们经常会遇到这样的情况，有些捐赠者在捐赠文物若干年后，要求再到博物馆看一看文物。实际上，他们不但是要看文物本身，更重要的是要看一看文物的保藏环境和条件，这样，他们把文物交给我们，放在我们的库房，心理才踏实。而按照相关规定，文物库房一般不对外开放。观赏库房的设置就可以解决这一矛盾。

关于观赏库房的模式，也不应千篇一律，可根据各馆的具体情况。观赏库房因其文物保存环境的需要，其位置应在库区，又因其可供人们参观，应与正式库房相对隔离，又宜置于接近入口、便于出入的位置。澳大利亚海事博物馆，观赏库房设置在距正式展厅几百米的一个单独建筑里。建筑被隔为两层，里面用木质玻璃展柜密集地陈列文物。在二层的陈列室可以看到一层工作人员修复木船的工作场景。

当然，设置观赏库房并不是适合所有博物馆。各馆应视具体情况而定。

（二）关于功能设计的前瞻性

前瞻性，就是对未来发展的一个预测。这是我们做任何工作都应注重的问题。在功能设计阶段的初期，我们已经注意到了这个问题。比如，当时我们的藏品总数大约60余万件，而我们按照历史上两馆每年藏品递增的平均值测算，又考虑到在新馆建成及转型这样一个特殊历史阶段的情况，预计到20年后的2030年，国家博物馆的藏品总量将增至93万件。因此，国博新馆的藏品库区按照93万件藏品的规模与标准进行设计。

经过实践检验，这个规模还远远不能满足藏品增长的需要。由于国家对国家博物馆的重视和各有关部门的大力支持，原国家文物局向我馆调拨近40万件古代文物，加之原国际友谊博物馆1.6万余件国际礼品划归，中央办公厅、全国人大、政协等单位管理的中央礼品的移交等，国博藏品总量到新馆建成的2011年底已达百万件之上，虽然当初设计时已考虑到发展因素，但这个特殊的情况在当初功能设计无法预料。因为建筑总有一个周期，或长或短，因此，如何尽量避免保管功能用房设计的滞后，灵活应对藏品数量的超常增长及不可预见的事情，是在功能设计阶段预先考虑的问题。

（三）关于前期设计和实际使用的关系

以库前区的功能设计为例。库前区是专业性很强的区域，因不同功能所要求的各种设施也有严格的区别，如果后期使用时与前期设计的功能不符，首先给使用造成很大的不便，人为阻滞了工作环节的畅通，对工作造成不利影响，其次是造成一些浪费。

按照工作流程及工作需要，库前区我们即设计有藏品库房（征集、编目）、藏品编目室、藏品信息查询室，又有接待室和文物研究室。遗憾的是，由于种种原因，实际上，最终有些用房并没有按照当初设计的功能使用，而建筑要求则是按照最初的设计要求做的，最后就形成建筑及设备要求与实际使用不相符，如：有的原设计为存放文物的场所，根据需要设计使用气体灭火功能，并且与之相对应的是窗户为封闭式，不设活动窗扇，并且门朝外开。有些设施与建筑同时完成，几乎无法更改。后改作主要用作人员的活动场所，不需要气体灭火，并且窗户不应全封闭，应有活动窗扇等。

以上是个人工作中的点滴体会，与大家分享。博物馆种类很多，性质及规模也各不相同，各有其特点，因此，对藏品保管功能区的设置要根据各博物馆特殊性及实际工作需要，切忌面子工程，应当把有限的资金确实用于保护祖国文化遗产，为博物馆事业可持续发展作贡献。

博物馆新建、改扩建库房应注意的问题

湖北省博物馆　蔡路武

库房建设是一件基础性的大事，事关文物的安全和以后的利用，要在规划、建设过程中加以特别的重视。由于方方面面的原因，很多博物馆的库房在建成后，或多或少存在这样那样的问题和遗憾，不尽如人意。为此，结合本馆新库房的建设，谈谈博物馆新建、改扩建库房应注意的诸方面的问题。

第一，库房建设不单单是领导和基建的事情，保管部先期要参与介入，多多考察，反复讨论，提出自己建设性的意见。

保管部是使用者，对库房建设自然要有发言权，不能全由领导或基建部门说了算，对需要并建成什么样的库房，要成竹在胸，心中有数。保管部不能当局外人，袖手旁观，库房不能成为交钥匙工程。在规划、设计阶段，就要参与，要介入，不要等到在建或建成后再提修改意见，以避免很多不必要的麻烦和浪费。

基建部门和保管部门不能各唱各调，互不通气，要密切配合，进行充分的反复的沟通。包括布局、功能、设施等等，保管部要有自己的意见，要以主人的姿态深入参与。既重视宏观布局，大到分区、布局、结构、功能、安防、消防、空调、管道设施等等，又重视微观细节，小到插座的定位、电话和信息网络的布点等等。同时，在前期要多出去参观、考察，包括国外的博物馆，学习和借鉴它们的优势和特色，取长补短，为我所用。切忌闭门造车，故步自封，坐在家里拍拍脑袋，交差了事。眼光要开阔，要有前瞻性，要保证建成后较长时间内不会落后，做到适用性和现代性兼具。

第二，库房应相对独立，条件允许的话，最好不要建在展厅下面。

库房区、展览区、办公区、设备区应相对独立，但又有机联系。库房最好不要建在展厅下面，以避免下列问题：

承重的问题。展厅建在库房上面，而展厅底层一般都布置有大件、重量级的文物展览，势必存在地面承重的问题，对下面库房或多或少造成影响。如雕塑展览中，一尊大的石雕就有一定的重量，多尊重量就相当可观。本馆曾侯乙墓展览中，一套编钟就重达2500多公斤，需要对地面予以特别的加固，以增加强度。上面展厅过重，必然会对下面库房造成影响。

上面漏水的问题。库房上面是展厅，而展厅使用部门多，有宣教部门（或开放管理部门）、保卫部门、文化产业部门、餐厅、咖啡室、保安保洁等，用水的地方多，特别是卫生间，如果管道或地面防水做得不好，就有可能漏水到下面库房，那就麻烦了。

管道密集在库房的问题。这些管道包括照明、安防、消防、空调、通风等，必不可少。若库房建在展厅的下面，那么，库房本身的管道，加上展厅的管道也需要从下面库房走，两方面的管道加在一起，就会显得比较密集、拥挤，可谓管网密布。一者占用库房的空间，二者检查、维修不便，三者视觉上不美观，显得压抑。总之，库房管道不宜多，不宜密。

管理混杂的问题。库房和展厅楼上楼下连在一起，涉及到多个部门的使用，就存在管理混杂的问题，存在安全隐患。包括人员的进出，文物和货物的进出，用水、用电等等。本馆在库房建设中途，突然在库房区域挖出一块用作讲解、保安、保洁人员的更衣室、出入展厅通道，既减少了库房面积，又造成管理混杂和安全隐患，不能不说是一大败笔。

第三，以人为本，库房及办公室最好不建在地下而建在地上，要特别注意库房温湿度环境、空气环境。

库房建在地下，主要是受用地面积的限制，不得已而为之。若条件允许，还是建在地面上的好。下面可做架空层，放置搬运设备、包装材料、运输箱等，或可做管道层。建在地下，存在的弊端有：一是温湿度不好控制，一是空气不好，有害健康，同时，也存在库房消防喷淋水往哪里排的问题。

库房保存环境的好坏，是文物预保护的关键所在。主要包括温湿度环境和空气环境。

目前，大家比较关注的是温湿度环境。库房建在地下，涉及到地下水位的问题，相对地面来说，地下比较潮，湿度大，易长霉，加上全封闭，通风效果不好，这就必然对空调系统提出较高的要求。现代化的博物馆的库房应该是恒温恒湿的，而且，库房系统和展厅系统应该是独立分开的。不应只由设备管理部门进行监测控制，笔者认为，保管部也应该有一套远程自动监测系统，可随时掌控库房环境，并可以和设备部门互动。

但不容忽视的是空气环境。现在的博物馆大多是封闭式、半封闭式的，多建在地下室，通风条件很差。有新风、恒温恒湿等空调的库房还可以，没有这些设备的地下库房就存在比较大的问题。库房装修造成的空气污染、柜架散发的甲醛等有害气体，严重威胁工作人员的身体健康，在以人为本的今天，我们万万不可掉以轻心。本馆很多同志患有鼻炎，女同志患有卵巢肿瘤，就和库房空气环境不好有很大的关系。上博的地下库房现在看来，也不是很成功。

谈到库房空气环境问题，就涉及到库房的柜架。一般而言，目前主要是金属和木制柜架。对于木制柜架，要特别强调的是：务必要注意环保和防虫。因此，材料要做消毒处理，要环保，要从源头把关。但值得警惕的是：厂家的材料名义上说是环保的，单个柜架的检测也是达标的，但柜架多了，散发的有害气体聚集，加上库房是封闭的，空气污染就超标了。因此，材料务必要真正的环保，要做检测，特别是甲醛。而且柜架做好以后，最好能放上一段较长的时间，以便有害气体的散发。

新库房建成后，不要急于搬迁文物，要空置敞上一段时间，待其干燥。要观察一段时间，最好一年左右，一是减轻装修、柜架散发的空气污染，二是及时发现问题，解决问题。

第四，务必要做好防潮、防蚁处理，特别是地基。

库房的地基是基础中的基础，不仅要求坚固，而且要特别注意防潮、防蚁。

如果防潮做得不好，尤其是南方地下水位高，夏天梅雨季节，地下冒出的湿气不仅对文物、柜架、囊匣等造成很大的影响，而且对人的身体健康也不好。即便有通风和空调设备，效果也会打折扣。本馆编钟馆地下室库房由于防潮做得不好，地面泛潮，虽然有通风设备，但时间长了，木制柜架仍然长霉，有斑点，囊匣霉变，垮掉，以致损坏。

如果在建地基之初防蚁没做，或做得不好，那就更麻烦了，可以说是后患无穷。同样是这个编钟馆地下室库房，由于防蚁措施是根本没做或做得不到位，库房柜架、囊匣都不同程度地受到白蚁的侵害，就连楼上编钟演奏厅的复制编钟的木制台座都蛀空了，怕出危险，不得不更换新台座。结果是年年有蚁害，年年请公司来治，用药水灭杀，但都治标不治本，因为白蚁都是从水泥地面缝隙里钻出来，没法治理到到根部和巢穴。

因此，库房地基务必要做好防潮、防蚁处理，库房下面最好有架空层，一来防潮，二来防蚁，三来可放置设备设施，多全齐美。

第五，库房只进管道，其他消防、电器等控制设备不能安装在库房内，最好有管道层，利于观察、维修。

为了保证库房的绝对安全，库房只进管道，不得安装消防、电器等设备。这些设备应安装在设备房，设备房和库房应有物理的隔离。不得在分库内设置小间，认为在里面安装设备是安全的，这也是不允许的。本馆的新库房就在各分库内建小间，里面安装水电、消防等设备，不仅不安全，而且进出维修不便，还误报警。为此，在文物搬进新库之前，全部进行了改造，拆掉小间，迁走设备。前期基建设计、建设的失误，势必会造成后期改造的麻烦和浪费。

一般而言，库房的管道主要安装在顶部。可吊顶，遮盖管道，美观整洁，但不利于检查、维修，也降低了库房的高度。不吊顶，美观程度要差一些，但利于检查、维修。比如哪个地方管道漏水，一眼就看得见，一目了然。如果条件允许，最好做管道层，或在库房顶部，或在库房下面。管道层高度不宜太低，也不要求太高，以节省空间，里面能走人即可，利于检查、维修。

第六，库房到库房、库房到展厅要有安全、隐秘、宽敞、便捷的运输通道。

库房和展厅，不管是独立分开，分属不同的建筑，还是平面（指同一层面）或立体（指楼上楼下）的连在一起，都要考虑到文物的运输问题。原则是，一是安全，二是隐秘，三是便捷。或可采取地面回廊的连接，或可采取地下通道的连接，要注意运输的安全性、隐秘性，不为外人知道。

库房内部的过道、库房和展厅的运输通道尽量要宽敞，利于大件文物的运输，比如叉车的进出。切忌设置台阶、门槛等障碍，既不安全，也不方便。

库房上下库、库房和展厅之间，特别是楼上楼下式的结构，务必要安装电梯，而且电梯尽量要大，利于大件文物的搬运。比如本馆新馆货运电梯设计就存在问题，虽然比较大，但还不够大，一些大的漆棺从库房到展厅就极为勉强，从楼梯走，很不安全和方便。首博和美国佛利尔博物馆的电梯就可以走车子，大件文物更不在话下。

第七，要选择最合适的库房地面。

库房地面有好多种材料，有水泥、水磨石、自流坪、塑胶、木质等多种，各有利弊。前两种以前多见，后面几种现在多见。水泥地面或水磨石地面成本低，耐磨损，但硬度高，没弹性，感觉有点冷，脚感不好。塑胶地面有一个老化的问题。自流坪干净整洁，但弹性不够。比较而言，PVC 地板胶比较好，包括展厅基本都用这种材料。一是整洁美观，易于清洁，二是有一定弹性，比水泥地面、水磨石等地面有优势。书画库以铺木地板为宜，和传统书卷气氛相宜。

第八，要考虑各种功能需求，各种功能用房和设施、设备。

为满足各种功能需求，除文物库房外，还要有各种功能用房、设施设备。包括值班室、鉴赏室、摄影室、文物消毒室、囊匣室、大件文物库、文物周转库、展览文物暂存库、设备存放室等等。可分库前区、核心库房区，根据工作需要和安全考虑，进行合理安置。

值班室置于大门口，是最重要的关卡，必不可少。由馆内保卫人员和保安值守，人员固定且精当。值班室不得作为保安人员集中休息、用餐、更衣的场所，因为保安流动性大，素质参差不齐，安全上存在隐患。

鉴赏室最好安置在库房门口，减少外人进入库房的机会，以利于文物的保管和安全。

摄影室不管属于保管部，还是信息部等其他部门，涉及到文物的拍摄，就必须在库前区单独设置摄影室，就近拍摄。一是利于文物的搬运，二是利于文物的安全，三是不受天气条件的限制。摄影室宜大不宜小，宜高不宜低，要考虑到大件文物和书画长轴的拍摄需要。

文物消毒室不要建在库房内，因为涉及到有害气体的排放。应该在库房旁边，和库房有物理的隔离。最好建在文保部门，由他们负责。

囊匣制作室包括两部分。一是外框的制作，应该设在库外，最好在库房的旁边。一是内囊的制作，应该在库前区有单工作室，文物不出库，以便就近度身定做内囊。

大件文物库、备用库同样是必不可少的。比如家具、雕塑、石质或木质棺材等，就需要大的空间。要有前瞻性，空间要预留，要有发展余地，不要等到将来有了大件文物再来考虑，到那时可能就晚了。本馆在建馆之初，就预先考虑到了类似于九连墩楚墓出土文物、梁庄王墓出土文物、三峡出土文物、南水北调出土文物的存放。

文物周转库主要用于放置刚征集入馆的文物、出库利用的文物。刚征集入馆的文物，因为还存在鉴选、消毒等处理，还未确定具体分库，所以，先应放置在周转库。文物出库展览、修复，也可先在周转库集中，办理手续，减少外人进入库房核心区的机会。

展览文物暂存库主要放置从外面引进的临展文物，避免和馆内文物混杂。特别是免费开放后，交流展览越来越多，越来越频繁，利用率越来越高。因此，展览文物暂存库是库房的重要组成部分，不可遗漏。

设备存放室不可或缺，而且面积要大。或建在库房旁边，或建在库房下面，主要用于放置木箱、包装材料（海绵、泡沫等），搬运设备（叉车、液压车、拖车、手推车等）。

文物柜架等设施经费要落实，应包含在新馆总体规划当中，而不是库房建好了，文物柜架却没有着落，只好重新申请，或东挖西补。

总之，只有做到胸有成竹，心中有数，先期介入，多方协商，反复讨论，才能在库房建设中少出问题，少留遗憾。库房规划和建设要有适用性、现代性、前瞻性，如此，才能建设一个有足够容量的、功能齐全的、设备完善的现代化的博物馆的库房。

博物馆藏书库保存设备的配置

中国国家博物馆　周　丹

博物馆内图书馆的藏书，不仅是为馆内各专业工作人员提供检索查询阅读；为陈列展览、藏品保管、保护科技、美术设计、考古发掘、安全防卫、观众服务、文博创意和行政管理等部门提供广博的信息资讯，配合全馆各项工作的开展。更重要的功能是收藏，图书馆藏书的不断丰富和妥善保存，是图书馆实现其任务的基础，故必须建设高标准现代化的藏书库。新扩建的中国国家博物馆，其图书馆的使用面积为 2800 平方米，现收藏古籍善本等各类纸质图书文献共 58 万余册。目前藏书库仍不足，尚有大量纸质图书文献暂时散存在馆外库房里，加之在藏书的不断扩容，藏书库还需相应增加。

藏书库的保存设备，主要指为贮藏、保存、管理、运送藏书的专用设备。它们是图书贮存的小环境空间，在库内长期伴随着藏书，该环境空间的质量，更直接影响着藏书的安危。因此，科学合理地配备藏书库的各种设备，是保存藏书的重要措施。藏书库设备包括柜、架、箱、匣、盒等收藏设备；推车、抬箱、梯等运送设备；桌、椅、凳等读者服务设备，他们是库房空间的组成部分。

藏书库保存设备的功能要求是：坚固经久耐用、密封性能优良、有效利用空间、整齐规范实用，尤其是选材无损藏书。库房设备与藏书长期共存，因此设备选材要权衡材料的利弊，首选对藏书材料无损的材料制作库房设备，不能使设备材料成为污染源。制作藏书库保存设备的原材料有木材、金属、纺织品、棉花、纸板、玻璃和高分子合成材料等，但主要的材料是木材和金属。现对这两类材料的利弊作如下阐述。

木材的选用。木材主要来源于乔木，其性质的差别很大。中国有树木约

7000 余种，其中材质优良、经济价值高的树种千余种。由于取材方便，故木材成为制作家具设备的首选材料，木材具有下列优点：木材具有绝缘性，对热传导性极小，干燥木材则不导电；热胀冷缩现象不显著；容易施行机械加工，可按设计要求随意开料，能使用粘、钉、榫等多种连接工艺；木材质轻，但抗压强度和容积重的比值大，俗称立木顶千斤；木材有吸收释放水分的特性，可自动调节库房内湿度；有的木材释放的挥发性物质具有驱虫避蛀功能。

木材的弊端是：木材是有机质地材料，容易受霉菌、虫鼠等生物危害而腐朽蛀损；木材是吸湿性物质，受环境湿度波动影响，常引起乾缩湿胀变形开裂；木材容易燃烧不利安全。为发挥木材的优越性，在制作藏书库设备之前，要经过干燥、防腐、防蛀、耐火、脱脂等加工技术处理，使之克服缺点，改善材料性能。

木材是切忌砍伐即用的，伐后经两年的风干方可使用。树木生长不可缺少水分，新采伐的木材称生材，其含水率约 70% ~140%。生材长期在大气中自然脱水干燥，至含水率达 12% ~18% 时水分不再减少，这种含水状态的木材称气干材。仅靠大气干燥是不够的，还应采用炉窑干燥、微波干燥，红外辐射干燥等方法，可简便、快速、有效地使木材脱水干燥。经炉窑干燥处理的木材称窑干材，含水率约为 4% ~12%。制作藏书库设备的木材含水率以 10% ~12% 为宜。

木材腐朽是受霉菌侵蚀的结果，各种菌类的寄生，都要适宜的生长环境，即养分、空气、水分、温度等条件，缺少任何条件，则可限制菌类的滋长。木材细胞壁和细胞腔内的糖分、淀粉等是菌类的食物。干燥或过湿的木材都可防止菌类侵蚀，适合菌类滋生的木材含水率，一般在 30% ~60%，菌类繁殖的最适宜温度为 25 ~ 30℃，在木材加工干燥时，可将温度升至 60℃ 以上，即可杀灭腐朽菌类，亦可将木材作药物消毒药处理，防止霉菌滋生。

危害木材的昆虫很多，主要有白蚁、天牛、小蠹虫、树蜂、象鼻虫等。在树木伐倒后，应及时剥皮，从速将原木干燥，使成虫杀灭不易产卵，还可用药液喷洒毒杀幼虫。

木材是易燃材料，防火是突出问题。在木材使用前应做耐火处理，方法主要是用阻燃防火剂浸渍木材，此类阻燃材料遇火时就熔化，在木材表面形成隔火层，封阻氧气进入。或可分解出大量的不燃性气体，将木材与空气隔绝，使木材不易燃烧。

藏书库设备的木材，可选用樟木、楠木、柏木、桐木、柞木、榆木、杉木、楸木、水曲柳等。亦可同一设备使用不同树种的木料，如柏木柜内为樟木隔板，利于收藏纸图书。

藏书库设备要挑选不翘曲变形，无虫蛀孔洞的整块板材。制作的时间要选在气候干燥适宜的秋季，以免设备制成后收缩开裂。制作工艺要求，接合严紧无缝，开启灵活自如，板面平整光滑。

木材对纸张材料的加速酸化等问题值得关注。木材是天然高分子化合物，主要化学成分是纤维素、木质素和半纤维素，它们是长链的醣分子聚合物，水解后会产生乙酸和少量甲酸、丙酸、丁酸。乙酸释放速度与环境温湿度和木材含水量有关。在潮湿环境中，木材的酸度随时间延续而增大。木材除有挥发性有机酸外，还有萜烯类挥发份。木材还含树脂、脂肪、丹宁酸等成分，如松木分泌的树脂为松脂，常温下多为浅黄色或黄绿色，松脂由固体的树脂酸松香和松精油混合而成，不溶于水。有的图书馆以松木柜架，松木渗出的松脂沾污了藏书。

据对木材的研究测定表明，中国的 45 种木材中，44 种的 pH 值在 4.0～6.3 之间；国外的 150 种木材中，有 120 种的 pH 值在 4.0～6.0 之间，如桦木 pH＝5.0；红松 pH＝5.2；榆木 pH＝6.1；水曲柳 pH＝6.3。说明木质库房设备为天然的微酸性环境空间。

木质设备通常用油漆髹饰，而各种油漆涂料，皆会在长时期内释放脂肪酸和醛类物质，清漆使用的溶剂组成中有乙酸酯类，水解后生成乙酸。若木质设备不用原木而采用经加工的复合板材，其胶合剂多用醛类树脂而它的原料主要为甲醛，氧化后产生甲酸。胶合板的 pH≤4，这是更不利的，木材的挥发物对纸质藏书可加速酸化，不应忽视。

金属材料的选用。金属材料具有硬度高、弹性强、坚固耐久、机械成型、整齐规范、抗震防盗、不易燃烧、不怕虫菌危害、不挥发污染物、易于养护等优点，故被逐渐用于制作藏书库设备的材料，以金属代替木材是发展方向。

金属材料制作设备有以下不足之处：不能调节环境湿度，不如木材有吸收和释放水分的功能；普通钢材易生锈；机械加工质量低的金属柜不密封，不能控制设备内微环境。馆内环境无空气调节装置，库房温湿度随自然气候而波动，使用金属材料制作的藏书柜架，在库内湿度过高时，则水分在其周围冷凝。冬季库房无取暖设施，金属柜架上会结霜。在此情况下使用金属材料是不妥的。

目前制作藏书库设备的金属材料有：普通碳素钢、不锈钢、铝镁合金等。普通钢材造价低，但易腐蚀。不锈钢耐大气、水汽和空气污染物的腐蚀，但成本较贵。铝镁合金具有抗腐蚀性能，力学性能良好，较易加工，精密度高，合金呈银白色，亦可用氧化着色方法使氧化膜产生不同色调，美观庄重。

综上所述，为建成高水准的国家博物馆藏书库，实施了保存设备以优质的钢材为主，木材为辅的选材方案。

古籍善本库采用优质钢材为藏书柜的主体结构，内以樟木的实木板材作隔板，具防虫作用。普通藏书库全部采用优质钢材为藏书架的主体结构。由于空气调节系统为藏书库提供了适宜纸质藏品保存的温湿度环境，金属材料的缺点即自行排除。藏书库保存设备的形式规格，外形标准一致，整齐规范，便于管理使用，也可充分利用库房空间。

为避免木材及涂料、粘结剂等产生气体的环境污染，对藏书库内的木质家具材料选择，进行了文献和实地调研，确定采用草花梨的实木板材制作。

硬木一般指密度较高的木材，常见有：核桃木、樟木、楸木、楠木、榉木、水曲柳、槐木、柚木、花梨、紫檀等。

我国自唐代就已用花梨木制作器物，被称为花梨木的檀木是海南岛特产，它喜生于山谷阴湿之地。木材颇佳质地极坚硬而色红，边材色淡，质略疏松，心材红褐色，坚硬。纹理精致美丽，是制作硬木家具的上乘材料。我国自唐代就已使用花梨木制作器物，至清末民国初期，海南黄花梨几乎砍伐殆尽。

草花梨的称谓最早出现于晚清末民初，是民间为了方便起见，将草花梨作为黄花梨的补充被引入家具材料中。草花梨为豆科紫檀属多个树种的统称，它没有十分准确的范围。

目前木材市场出现的草花梨，有缅甸花梨、越南花梨、巴西花梨、非洲花梨等。选用草花梨作藏书库的设备材料，对藏书保存管理是有益的。目前，国家博物馆图书馆配置的木质藏书柜、大型阅览室桌椅等，大多选用缅甸花梨制作。

百年传承与创新发展：面向变革世界的北京博物馆

——浅谈数字技术与博物馆发展

北京市古代钱币博物馆　李　廙

先进的数字技术是文博系统走向信息化、现代化的必由之路，时代的变化带来人们思想观念上的转变。在信息时代高度发展的今天，采用各种计算机应用技术进行工作、学习、服务及业务的科学管理已经成为一种必然。

当今社会已进入到以各种数字计算机应用技术为依托的信息时代，信息化管理、计算机自动控制、网络技术等已不再是新名词。随着博物馆事业的飞速发展，数字、计算机技术与博物馆工作逐渐贴近，信息化工程建设已经成为当今博物馆建设中一项必不可少的工作。博物馆网络建设、藏品管理信息化、陈列展览中多媒体技术的应用、数字导览讲解服务、数字博物馆建设等载体的不断应用推广，使博物馆的信息化建设之路越走越远。

简言之，数字博物馆是以数字形态存在的“博物馆”，是运用数字技术对传统博物馆的功能进行再现和延伸。传统博物馆以藏品为基础，围绕藏品开展收藏、研究、展示等活动。数字博物馆继续保留了上述功能，并以新的理念、技术和方法加以扩展。数字博物馆应至少包括三方面的内容：数字典藏、知识管理和虚拟展示。

1. 数字典藏是数字博物馆的基础，实则是用数字手段建立的更加规范化和标准化的藏品档案（数据库），但可以脱离传统博物馆的征集、建帐和保管方式，实现高效协同操作和管理。

2. 知识管理是数字博物馆的关键，数字典藏的目的是实现有效利用，如随时掌握藏品动态，提高保管水平；建立资料共享平台及互动体系，推动科学研究；发布藏品信息，服务展示教育和文化传播等，这些都需要把各类数据整合为知识化的内容体系，进行科学地挖掘、分析、推送和管理。

3. 虚拟展示是数字博物馆的灵魂，是使博物馆成为“全人类的博物馆”（文化集中地）——而非“博物馆的博物馆”——的重要环节。虚拟展示可以用于博物馆内对实物展品内涵的辅助解读，可以独立在互联网上形成又一个完整的、没有围墙的“博物馆”，也可以“化身”为数字文化产品供用户收藏与欣赏。

综上，数字博物馆是一个利用数字技术来针对博物馆藏品信息采集、存储、加工、服务的综合信息系统，包括了信息资源建设、数据库管理、信息网络设施、信息化展示等多方面的内容，主要具有以下特征：

1. 数字博物馆必须以数字藏品为核心，数字藏品信息可以在空间和时间维度上不断积累，也可以被无限地复制、存储、加工与展示传播。

2. 数字博物馆展示形式多样化，其根本目的是以多种形式介绍藏品精华，揭示文化内涵，传递人文价值。

3. 数字博物馆可以而且应该打破传统博物馆的界限，实现资源和知识的整合，以最低的成本实现最广泛的信息共享。为此，必须制定一系列的标准规范，并注意合理保障知识产权。

4. 数字博物馆为多种技术应用提供了综合平台，鼓励技术的不断进步，更欢迎高科技走向“平民”。

5. 数字博物馆突出强调与受众的互动，关心用户的需求，致力于文化的全民“所有”和全民“享有”。

在我国数字博物馆的应用已经起步，但相比于全国2300多座博物馆（其中文物系统1500多座）、1600多万件馆藏文物（其中珍贵文物320多万件、一级文物近5万件）、数十万处文物保护单位（其中2351处全国重点文物保护单位）以及其他大量的物质文化遗产和非物质文化遗产，仍具有非常广阔而且日趋增长的需求，目前的发展也还很不平衡，主要表现和归因于以下方面：

1. 文博系统长期以来在社会生活中居于弱势，政府强职部门忽略文博单位信息化建设对于社会发展的重要作用，数字博物馆建设缺乏必要的政策和财力支持。

2. 对数字博物馆的认知水平不平衡。文博系统内部看不到数字博物馆建设对于提高博物馆管理水平和促进发展以及忽略基础的数字典藏而只在意新鲜的虚拟展示的大有人在，观念成为制约数字博物馆发展的“瓶颈”。

3. 与数字博物馆相关的（信息资源、设备、技术、知识产权保护等）标准规范研究和制订严重滞后，已建立的数字博物馆系统各成体系、互不相容，为将来资源共享和整合传播带来隐患。

4. 当前数字博物馆需要使用的数字技术（特别是虚拟现实等展示技术）成本过高，与博物馆的强烈需求形成巨大反差，众多博物馆普遍只能“望洋兴叹”而于心不甘。

5. 数字博物馆建设发展急需的复合型人才极度缺乏。有系统的机构指导和人才引进、培养均停留于口头，迟迟未能取得实际进展。

目前，随着以“文物调查及数据库管理系统建设项目”、“数字故宫”等为代表的一批文博信息化项目的开展，数字博物馆的应用得到很大发展：国家文物局颁布了博物馆藏品信息指标体系规范；山西、辽宁、河南、甘肃四省300多家文博单位完成了38万多件珍贵藏品数据采集，故宫、上博等单位也完成了10万件以上文物数据采集；全国有近200家博物馆建立了互联网站；几十家博物馆建立了内部局域网并使用了各种版本的藏品信息管理软件、图书资料管理软件和办公自动化系统；故宫、首博、上博、南博、金沙、敦煌等单位充分利用信息技术在馆内进行辅助展示，并开展了三维数据采集和利用；一批深入解读遗产价值的数字文化产品（如《故宫》、《圆明园》）广泛传播，并取得良好效益。大量的IT产品和信息技术企业开始关注数字博物馆应用，有的大部分博物馆已经从中获益。

综观国内外数字博物馆发展，大体呈现出三种形式（或曰经历了三个阶段）：即单馆模式、群馆模式和整合模式。但无论何种模式（阶段），独立博物馆的数字化建设均是一切工作的基础。

数字博物馆集藏品数字信息资源的采集、管理和展示于一体，服务于文物保护、管理和利用工作，主要提供了以下应用需求（包括相关的培训和服务）：

1. 数据采集。包括对藏品基本信息、管理信息和研究信息的文本及二维影像数据采集，以及有条件的进行特殊功能和复杂信息的采集（如三维数据等）。需求：采集设备工具、采集标准规范、数据交换和存储设备、特殊数据采集和加工技术等。

2. 藏品信息管理。既有对进入藏品数据库的信息进行统计、查询和知识整合，又有将人作用于藏品的保护、研究和管理信息不断积累，形成藏品的“生命档案”。需求：以藏品信息管理为核心的博物馆综合业务管理软件、数据库管理软件、知识库管理和信息服务平台等。

3. 网络。包括博物馆内部局域网连接和互联网接入。需求：网络和计算机设备、综合布线、网络管理技术、安全设施等。

4. 虚拟信息展示。涵盖博物馆内部辅助实物藏品的展示（如集管理、传播和收藏功能于一体的电子门票、导引观众和检索信息的电子触摸屏、配合展览说明的数字播放和投影、可供点播讲解的手持 PDA、可以自助查询服务的电子阅览终端、可以人机交互包括非接触式交互的展示平台、数字特效影院等）、互联网上的展示和数字文化产品等。需求：图像辅助搜索、多媒体互动、虚拟现实、幻影成像、场景仿真、感应控制等技术和相关设备，网站策划设计制作，数字文化产品策划开发等。

数字博物馆建设方兴未艾，在逐步敉平其发展障碍的同时，将展开广阔的应用发展前景，未来的数字博物馆必将更加开放，从而更具活力。

1. 数字博物馆的建设必将超越博物馆的围墙，融入到社会文化生活和社会全面发展的潮流之中，来自各方面有识的力量都能参加到其中，发挥作用。

2. 数字博物馆将更具知识化的形象，智能地提供为社会和社会发展所需的文化信息，充当社会教育的主要力量。

3. 数字博物馆必将采用更丰富、更廉价的展示手段，寓传承文明于轻松娱乐之中，满足民众日益增长的文化生活的需要。

4. 数字博物馆创建、发展的主体将由博物馆转移至用户，其单向传播的模式必为双向、多向传播而取代，个性化的“人人”的博物馆会不断涌现。

5. 数字博物馆将突出体现共建、共享的特性，整合资源成宏大的平台，为中华文化的弘扬和文化认同的培养，担任中间力量。

数字博物馆脱胎于传统博物馆，植根于数字技术对于博物馆建设，又将跨越博物馆围墙的束缚，将尘封的文化财富唤醒，使文化的价值为全体民众分享，让数字技术的光芒照耀不朽的文明！

参考文献

[1] 王宏钧：《中国博物馆学基础》，上海古籍出版社 2001 年版。

[2] 李文儒：《全球化下的中国博物馆》，文物出版社 2002 年版。

[3] 国家文物局博物馆司：《博物馆建设思考答卷》，文物出版社 2003 年版。

[4] 马希桂、张春祥：《北京博物馆学会第三届学术会议文集》，北京燕山出版社 2001 年版。

[5] 马希桂、张春祥：《北京博物馆学会第四届学术会议论文集》，北京燕山出版社 2004 年版。

后　记

本书是北京博物馆学会保管专业第11、12、13届学术研讨会提交论文的合集。由于前言中所述多种原因，迟至现今才出版，切望同行理解。

本书由高和、周宝中、王璧三位专家进行了认真审阅，并提出存在的诸多问题，这在前言中已作交代。首都博物馆技术部刘树林、胡媛媛、李瑾三位同志承担了收集稿件、联系作者和评审专家等大量繁重工作。文物出版社编辑张晓曦为本书出版给予大力协助。对以上诸位的辛勤工作一并表示诚挚谢意！

北京博物馆学会

2014年11月2日